UMA BREVE HISTÓRIA DA TEORIA DO DIREITO OCIDENTAL

UMA BREVE HISTÓRIA DA TEORIA DO DIREITO OCIDENTAL

J. M. Kelly

Tradução
MARYLENE PINTO MICHAEL

Revisão técnica e da tradução
MARCELO BRANDÃO CIPOLLA

SÃO PAULO 2018

Esta obra foi publicada originalmente em inglês com o título
A SHORT HISTORY OF WESTERN LEGAL THEORY
por Oxford University Press
Copyright © Delphine Kelly 1992
"This translation of A Short History of Western Legal Theory originally published
in English in 1992 is published by arrangement with Oxford University Press."
Esta tradução de A Short History of Western Legal Theory publicada originalmente
em inglês em 1992 é publicada por acordo com Oxford University Press.
Copyright © 2010, Editora WMF Martins Fontes Ltda.,
São Paulo, para a presente edição.

1ª edição 2010
2ª tiragem 2018

Tradução
MARYLENE PINTO MICHAEL

Revisão da tradução
Marcelo Brandão Cipolla
Acompanhamento editorial
Márcia Leme
Revisões gráficas
Maria Ângela Azevedo
Cláudia Cantarin
Produção gráfica
Geraldo Alves
Paginação/Fotolitos
Studio 3 Desenvolvimento Editorial

Dados Internacionais de Catalogação na Publicação (CIP)
(Câmara Brasileira do Livro, SP, Brasil)

Kelly, J. M.
  Uma breve história da teoria do direito ocidental / J. M. Kelly ; tradução Marylene Pinto Michael ; revisão técnica e da tradução Marcelo Brandão Cipolla. – São Paulo : Editora WMF Martins Fontes, 2010. – (Biblioteca jurídica WMF)

  Título original: A short history of western legal theory.
  ISBN 978-85-7827-128-2

  1. Ciência política – História 2. Direito – Filosofia – História 3. Jurisprudência – História I. Título. II. Série.

09-02794   CDU-340.11

Índices para catálogo sistemático:
1. Direito ocidental : Teoria : História   340.11

Todos os direitos desta edição reservados à
Editora WMF Martins Fontes Ltda.
Rua Prof. Laerte Ramos de Carvalho, 133 01325-030 São Paulo SP Brasil
Tel. (11) 3293.8150 e-mail: info@wmfmartinsfontes.com.br
http://www.wmfmartinsfontes.com.br

ÍNDICE

Introdução VII
Prefácio XIII

1. Os gregos 1
2. Os romanos 51
3. A Alta Idade Média (até 1100) 103
4. A Baixa Idade Média (1100-1350) 149
5. Renascimento e Reforma (1350-1600) 207
6. O século XVII 265
7. O século XVIII 321
8. O século XIX 397
9. A primeira metade do século XX 459
10. A segunda metade do século XX 517

Índice remissivo 601

INTRODUÇÃO

> "'O homem nasce livre, mas em toda parte está acorrentado': palavras como essas [de Rousseau] deram um encanto polifônico ao que poderíamos chamar de o cantochão dos direitos naturais, enunciado por Locke."

O tom da passagem é inequívoco: somente John Kelly poderia ter escrito uma sentença ao mesmo tempo tão graciosa e sonora, tão repleta de sabedoria e refinada na escolha das palavras. Kelly sempre foi apaixonado pela língua inglesa (entre outras); deve às vezes ter sentido, como Auden, que:

O tempo, intolerante
Com os bravos e inocentes,
E indiferente em uma semana
A um belo físico,
Cultua a língua e perdoa
A todos pelos quais ela vive.

Mas só às vezes, porque conhecia a insuficiência da língua em si como veículo do sentimento; e podemos entrever também nessa sentença sua paixão pela música, principalmente a mais complexa e a várias vozes, como as obras-primas de seu querido J. S. Bach.

Tudo isso pode parecer muito distante dos assuntos fortes e inevitáveis que estão no âmago da ciência jurídica ocidental, com os quais ele lutou neste seu último livro. Contudo, quando nos apresenta, com seu incomparável dom para a exposição, as batalhas intelectuais desses grandes homens, de Platão e Montesquieu, de Aquino e Voltaire, de Locke e Bentham, não deixa de nos lembrar, reiteradamente, quanto tudo isso é uma batalha travada com palavras.

Com efeito, ele se distanciara com desagrado das contorções verbais típicas de parte da ciência jurídica anglo-americana contemporânea, e somente o grave sentimento do dever pode tê-lo compelido, no último capítulo deste livro, a seguir alguns dos escritores preocupados com o que ele, com característica severidade, descreve como "uma espécie de curso de atletismo mental e moral, suando em volta da pista de corrida da análise linguística de meados do século XX e dos assuntos políticos do final do século XX".

Seu propósito era fornecer aos estudantes uma introdução acessível, até então não disponível em inglês, à história da teoria do direito no Ocidente, e ele era generoso e compreensivo demais para não reconhecer as muitas perspectivas inovadoras e empolgantes que os modernos estudiosos têm oferecido sobre problemas básicos da ciência jurídica. Sua primeira preocupação, todavia, foi fazer-nos ver esta em seu cenário histórico, ilustrando vividamente, dessa forma, as preocupações recorrentes dos pensadores cujos temas dominam seu texto. Quer seja o direito natural de Aquino, as *grundnorms* de Kelsen ou quaisquer outras, vislumbramos nestas páginas a busca constante de escritores de textos sobre direito que forneçam uma estrutura coerente para explicar o papel que este desempenha na vida e na atividade humanas. Também podemos observar o assombro da mente ocidental por questões que continuam sem resposta. Qual é a justificativa para a punição pelo crime? O direito deve se ocupar da moral privada? Podemos ter certeza de que o direito não é simplesmente, como certa vez disseram os marxistas, uma estrutura que apoia os valores burgueses e capitalistas?

Ao iluminar esses temas, Kelly não se valeu simplesmente de seu conhecimento histórico da ciência jurídica,

INTRODUÇÃO IX

mas de sua ampla familiaridade com a literatura do mundo clássico e das eras posteriores. Com uma habilidade assombrosa, pintou o panorama histórico que é essencial para seus principais temas e, embora se refira de maneira depreciativa, na Introdução, à sua falta de qualificações como historiador, acho provável que o leitor destas páginas fique muito mais impressionado pela grande extensão de sua leitura e pela destreza com que ele relacionou o desenvolvimento da ciência jurídica às convulsões que marcaram milênios de história.

Entende-se que não houve espaço para tudo. Quando li seu relato da disputa entre o papa e Guilherme de Ockham sobre como a Ordem Franciscana conciliou a propriedade dos bens com o voto de pobreza, perguntei-me se ele tinha conseguido ler o encantador romance policial medieval de Umberto Eco, *O nome da rosa*, no qual essa controvérsia figura de modo proeminente. E pode haver outras áreas – paralelos entre o que acontece na teoria do direito e em outros campos do pensamento e da ação – que ele certamente teria se dado o trabalho de explorar. Mas agora aquela torrente de atividade intelectual, de inteligência cintilante e monumental erudição estancou para sempre. Conforta-nos um pouco saber que gerações de estudiosos terão Kelly na estante, lado a lado com outros grandes escritores que conscientizaram todos nós, profissionais e estudiosos do direito, a respeito da parte que esta ciência desempenhou na história de nossa civilização.

John Kelly entrou para o University College, Dublin, em 1949, com uma bolsa de estudos para os clássicos da antiguidade: um ano depois, segui-o pela mesma rota. Mas nossos caminhos de estudo separaram-se durante algum tempo, uma vez que ele continuou com os clássicos enquanto eu mudei para história. Foi a sociedade dramática, eu acho, que nos uniu outra vez: John tinha uma opinião rígida e depreciativa acerca de nossas atividades, considerando-as perda de tempo, mas o número de amigos da faculdade envolvidos era muito grande, e ele não conseguiu restringir-se à companhia de Tucídides e Tácito. Tinha, de fato, garantido para si a função de ponto, em 1949, numa turnê a Oxford e Cambridge. Em consequência, aprendeu *The Playboy of the Western World* [O playboy do mundo ocidental] de cor, e alusões à peça surgiam naturalmente em suas conversas nas décadas seguintes. Então, quando começou a estudar advocacia, passei a vê-lo com mais frequência. Naquela época, a faculdade de direito do UCD seguia rigorosamente o horário de meio período, e o mais importante de seus membros, professor Patrick McGilligan – uma figura magra com um sotaque puro de Derry não corrompido pelos cinquenta anos vividos em Dublin –, teve considerável influência sobre John. A atenção deste foi cativada pela Constituição irlandesa, sobre a qual McGilligan dava aulas, mas que era então quase ignorada pela maioria dos advogados praticantes. E McGilligan foi também uma das primeiras pessoas a ser tema dos incomparáveis dons de John como imitador – para ele, o menos malicioso dos homens, isso era sempre sinal de afeição e respeito pelo alvo.

A bolsa de estudos para viajar com que foi premiado em 1953 o levou de volta aos clássicos, mas com a dimensão jurídica ainda presente. Em Heidelberg ele encontrou a riqueza da tradição alemã dos estudos de direito romano, que seria outro interesse permanente. Mas também foi um tempo de amadurecimento intelectual e emocional: ele havia crescido na Irlanda sufocante e isolada dos anos 1940, e o romance que escreveu logo depois, baseado no período que passou na Alemanha, é a história comovente e cômica de um jovem irlandês que encontra seu caminho na vida com a simpática ajuda de várias garotas alemãs.

Seu trabalho em Heidelberg resultou no primeiro de seus estudos de direito romano, que viriam a dar-lhe uma reputação internacional nesse campo. O período seguinte, passado em Oxford, reacendeu seu interesse pela Constituição irlandesa, agora alimentado por Robert Heuston, supervisor de uma tese publicada posteriormente sob o título *Fundamental Rights in the Irish Law and Constitution* [Direi-

INTRODUÇÃO

tos fundamentais no direito e na Constituição irlandesa]. Em Oxford ele fez muitas amizades duradouras, mas foi ali também que surgiu um conflito que viria a dominar sua vida: a contradição entre o mundo acadêmico, que ele tanto amava, e os atrativos do plano da ação. Kelly voltou a Dublin para atuar durante algum tempo como advogado e encontrou na Biblioteca Jurídica (e entre os juízes) uma rica galeria de figuras para aumentar seu repertório crescente de imitações. Mas a sedução da vida acadêmica ainda era potente, e ele voltou a Oxford nos anos 1960 como professor adjunto. Esse foi outro período crucial em sua existência: casou-se com Delphine, e sua vida feliz e recompensadora de marido e pai começou.

No final dos anos 1960, retornou ao UCD para dirigir o corpo docente revitalizado da faculdade de direito – na qual já vigorava o regime de período integral –, constituído em grande parte pela dedicação de seu então decano, William Finlay. Não há espaço, aqui, para detalhar as contribuições de John para a reestruturação dos estudos jurídicos irlandeses a partir de uma base radicalmente nova. Todavia, um projeto que deve ser mencionado é o lançamento do novo *Irish Jurist* [Jurista irlandês], para o qual ele prodigalizou seu tempo e suas ideias.

Mas o mundo dos negócios do Estado ainda o chamava. Na carreira política, primeiro foi senador e, depois, deputado do Parlamento; depois ainda, foi chefe de bancada de seu partido, procurador-geral e ministro da Indústria e Comércio. Levou para a vida política irlandesa um talento para a oratória, um espírito coruscante e uma agudeza nos debates quase inigualada desde a fundação do Estado irlandês. Mais importante ainda, lutou contra algumas das características menos amáveis da vida irlandesa: a hipocrisia, a duplicidade e o farisaísmo. Tanto os aliados como os adversários políticos reconheciam sua honestidade e integridade, e sua decisão de abandonar a vida política foi amplamente lamentada.

O que a vida pública ganhou com a dedicação de John, o mundo acadêmico perdeu. Contudo, mesmo quando estava extremamente preocupado com a política, continuou produzindo trabalhos de excelente qualidade. *The Irish Constitution* [A Constituição irlandesa] foi, na época, o trabalho mais abrangente já publicado sobre esse assunto e refletiu em muitos pontos o conhecimento prático que ele adquirira em seus anos de atividade política.

O romance sobre a Alemanha tinha sido publicado com o título banal de *Matters of Honour* [Questões de honra], preferido pelo editor à escolha mais alusiva de John, *Heidelberg Man* [O homem de Heidelberg]. Houve outro que li ainda datilografado há mais de trinta anos, que retratava com extasiante precisão a vida da jovem classe média de Dublin daqueles dias. Não sei por que ele nunca foi publicado, e espero vê-lo impresso algum dia.

Pelo menos seus escritos nos fornecem muito material para recordações. Mas nada pode trazer de volta aquele olhar dardejante e travesso atrás dos óculos, a fala borbulhante de gracejos e um infinito prazer com o absurdo e a singularidade da vida. Ele era uma dessas raras pessoas que parecem iluminar o lugar onde entram. Quando foi abruptamente levado de sua família e amigos, há um ano apenas, os muitos que o amavam só puderam consolar-se sabendo que a vida teria sido muito mais pobre se eles não o tivessem conhecido. E até uma pessoa tão autocrítica quanto ele deve ter ficado satisfeito com o que conseguiu. Ele tinha o direito de descansar.

O dia luminoso terminou,
E estamos na escuridão

18 de dezembro de 1991
RONAN KEANE

PREFÁCIO

Este livro é uma tentativa de oferecer aos estudiosos de direito e política um guia, de tamanho prático, para a história dos principais temas da teoria do direito na civilização ocidental.

A ideia de escrevê-lo veio de minha experiência de ensino em Dublin. Sob a rubrica de ciência jurídica, ou teoria do direito, os professores ficam incrivelmente mais livres para escolher seus próprios materiais e métodos que quando lidam com as partes práticas da lei. A ausência de um conteúdo convencional fixo pode ser percebida nos planos muito diferentes adotados pelos que têm escrito livros didáticos nesse campo, como demonstrará uma vista-d'olhos em Dias, Friedman, Lloyd, Paton, Salmond e Wortley. Minha preferência é tentar conduzir a classe através da história dos principais temas da teoria do direito, começando com os gregos e chegando aos dias atuais. Porém, a abordagem da maioria de meus colegas no mundo do *common law** é diferente. Eles preferem concentrar-se na teoria do direito contemporânea, nas doutrinas dos jusfilósofos ainda vivos ou falecidos há não muito tempo.

Essa concepção de ciência jurídica, pelo menos como matéria obrigatória do programa de uma faculdade de di-

---

* O direito consuetudinário do Reino Unido, dos Estados Unidos e de vários países da Comunidade Britânica. (N. do R. T.)

reito, aparece por exemplo em um exame que vi recentemente aplicado ao *Final Honour School* (ou seja, o exame final para o bacharelado em direito), em Oxford. Havia dezesseis perguntas, das quais os candidatos deviam responder três. As perguntas, como se pode imaginar, eram em sua maioria de uma sofisticação formidável, e eu me dei por feliz por não ter de satisfazer aqueles examinadores de Oxford. Qualquer pessoa a quem conferissem uma nota de primeira classe certamente seria dona de um cérebro de primeira classe e teria recebido uma instrução de primeira classe. Por outro lado, seria perfeitamente possível para o candidato, quaisquer que fossem as três perguntas escolhidas, escrever respostas de primeira classe mesmo que vitimado pela ilusão de que o mundo começou por volta de 1930.

Acho que isso é uma pena. Não sou historiador e hoje lamento não ter tentado tornar-me historiador autodidata em meus anos de estudante. Nem sequer sonho em explicar as razões pelas quais o conhecimento do passado – das raízes remotas e dos padrões de crescimento de nosso mundo e das ideias que o governam – é importante para um estudante que pretenda ser um adulto educado e um cidadão de seu país. Mas creio nisso firmemente – em particular no caso de estudantes de direito, cuja disciplina se torna cada dia mais especializada e mais repleta de modernos mecanismos baseados em leis escritas, operados por uma técnica que precisa ser aprendida somente uma vez. A ciência jurídica que lhes é ensinada deve, portanto, dar um fundamento humano para a profissão que seguirão pelo resto da vida. Em vez disso, parece-me que atualmente eles recebem sobretudo uma espécie de curso de atletismo mental e moral, suando em volta da pista de corrida da análise linguística de meados do século XX e dos assuntos políticos do final do século XX. Se fosse preciso criar uma representação gráfica desse provincianismo histórico, e se fosse permitido procurá-la em uma dimensão diferente da existência, eu proporia a famosa e brilhante ilustração de Steinberg para uma capa do *New Yorker* de 1976: o mundo visto dos escritórios do *New Yorker*. No primeiro plano a Nona Avenida, lotada de carros e pedestres, latas de lixo, semáforos, furgões de entrega, o quiosque de entrada para um estacionamento; um quarteirão na direção oeste, vê-se uma esquina da Décima Avenida com um posto de gasolina; depois o rio Hudson com a chaminé de um navio atracado; do outro lado, Nova Jersey; depois uma planície deserta, amenizada por algumas montanhas indefinidas em forma de cactos, representando o resto dos Estados Unidos, com Washington, Texas e Chicago escritos a lápis, por obrigação; depois um trecho de água, menor que o rio Hudson, para representar o oceano Pacífico; e finalmente três corcovas baixas e desconsoladas, rotuladas de "Rússia", "China" e "Japão".

Naturalmente, já existem excelentes livros didáticos que não negligenciam a dimensão histórica da teoria do direito: usei muito a *Legal Theory* [Teoria do direito] de Friedmann e a *Introduction to Jurisprudence* [Introdução à ciência jurídica] de Lloyd, aconselhando os alunos a lê-los, bem como o excelente *Lectures on Jurisprudence* [Lições de ciência jurídica] de H. F. Jolowicz, cuja expansão e atualização seriam um bem merecido tributo à memória de seu autor. Mas o que eu teria desejado – embora um filósofo ou historiador competente fosse muito mais qualificado para tentar escrevê-lo – seria algo que representasse para a teoria do direito, ainda que num nível modesto, o que a *History of Western Philosophy* [História da filosofia ocidental] de Bertrand Russell representa para o assunto: um relato simples, em ordem cronológica, das teorias do direito produzidas pelas principais épocas da história ocidental e que, por sua vez, a influenciaram.

Quando comecei a trabalhar, nenhum livro moderno desse gênero parecia existir em inglês, exceto a tradução de *Geschichte der Rechtsphilosophie* [História da filosofia do direito] de C. J. Friedrich, muito condensada. Havia alguns em alemão, italiano, espanhol e holandês; mas, por várias razões, nenhum deles teria sido satisfatório, mesmo que traduzido. *Storia della filosofia del diritto* [História da filosofia do direito], de Guido Fasso, é o melhor deles, mas é uma obra em três volumes, portanto grande demais para um estudante; em alguns lugares, é excessivamente italocêntrica para os leitores de outras nacionalidades; acima de tudo, tem vinte anos de idade e, assim, foi respingada por apenas algumas gotas da catarata de ciência jurídica anglo-americana dos recentes anos. Depois que eu estava bem adiantado, descobri a *Short History of Legal Thinking in the West* [Uma breve história do pensamento jurídico no Ocidente] do estudioso sueco Stig Strömholm (1985). Este tem sido uma espécie de salva-vidas para meus alunos; mas nele não há praticamente nenhuma citação dos escritos de pensadores significativos; não há notas de rodapé referentes às fontes ou que encaminhem a novas leituras; frequentemente, ele parece dirigir-se a pessoas de seu próprio nível de sofisticação, e não a alunos que têm apenas vagas noções do que distingue o século XVII do XII. Acima de tudo, Strömholm fecha sua história em 1900. Na verdade, o fato de ele não se aventurar a contar a história de sua própria era tem muitos pontos positivos; Bertrand Russell, por exemplo, evidentemente pensava do mesmo modo, visto que a segunda edição de seu livro (1961) nem sequer menciona Wittgenstein, que morrera dez anos antes; os dois últimos filósofos que ele discute, William James e John Dewey, nasceram em 1842 e 1859 respectivamente. Mesmo assim, ainda que correndo o risco de supervalorizar algo que uma era futura poderia rejeitar como trivial ou efêmero, ou de negligenciar algo cuja verdadeira importância me escapou, acho que eu teria pelo menos tentado dizer aos estudantes o que anda efetivamente acontecendo no campo da ciência jurídica.

Isso me leva à primeira de umas poucas explicações pessoais. Este livro está dividido em dez capítulos que tratam de dez fatias do tempo que separa o mundo de Homero do de Gorbachov. O último desses dez capítulos, bem mais longo que a maioria dos outros, tenta cobrir os anos passados desde a metade do século XX. Mas não pretende nem pode ser uma investigação completa, e muito menos crítica, da ciência jurídica ocidental das últimas décadas. Tais investigações existem em várias e excelentes obras contemporâneas, e não tento competir com elas por meio de um trabalho necessariamente feito em escala de miniatura. Assim, várias figuras familiares que hoje avultam na Nona Avenida da teoria do direito estarão ausentes destas páginas, ou serão pequenas a ponto de, talvez, ficarem irreconhecíveis.

Em segundo lugar, certamente não consegui mencionar todos os assuntos importantes da teoria do direito em meus dez períodos sucessivos. Quanto mais eu trabalhava neste modesto livro, mais me convencia da infinidade do tema, e mais sentia que toda uma educação liberal (e um excelente curso superior) que se estendesse para a história geral, a filosofia, a política, a economia, a antropologia e até a estética poderia ser construída ao redor da história da teoria do direito. Um trabalho adequado para ancorar tal curso poderia ser projetado em uma escala suficiente para absorver várias vidas e preencher muitos volumes. Porém, em um livro de meras quinhentas páginas, alguma coisa tem de ser deixada de lado. Em cada capítulo, tentei – ao modo de Russell – oferecer, depois de um pequeno esboço da história geral e intelectual da época, uma ideia do que foi sentido e escrito sobre os principais problemas do direito. Por essa razão (conquanto certos temas surjam somente mais tarde, e outros desapareçam mais cedo), tento seguir até o fim, em seções separadas dentro de cada capítulo, matérias como os fundamentos do Estado, a fonte da autoridade do governante e da obrigação legal, a relação entre costume e legislação, a ideia de direito natural e direitos naturais, a soberania da lei ou Estado de direito, o conceito de equidade, a essência da justiça, os problemas que surgem do valor da igualdade, a natureza da própria lei, o *status* da propriedade, o objeto próprio e o alcance do direito penal, a teoria de um direito para governar as nações, e mais algumas. A ordem de meus temas, embora eu espere que não seja arbitrária ou excêntrica, é naturalmente seletiva; e suponho que poderia ter acrescentado a essa lista assuntos como a personalidade jurídica, a teoria dos contratos, a teoria das sucessões, a teoria da prova... Porém, onde parar?

Em terceiro lugar, uma palavra sobre o material que usei em minhas pesquisas. Nos primeiros capítulos, quase nada foi composto conscientemente como "teoria do direito", porque esse tipo de texto praticamente não existia antes do fim da Idade Média. Portanto, para apresentar o "pensamento" jurídico da primitiva Europa, temos de reconstruí-lo pesquisando a efetiva prática do direito ou do Estado, ou as obras de homens cujo principal propósito não era teorizar sobre o direito, mas sobre a sociedade, ou a ética, ou a teologia, ou a política. Na verdade, com exceção talvez das páginas sobre o século XX, a maior parte do material poderia ser classificada igualmente na história do pensamento político e na do pensamento jurídico. Mas essas áreas não podem ser nitidamente separadas. Se examinarmos o volumoso *Medieval Political Theory in the West* [Teoria política medieval no Ocidente] de Carlyles, ou a *History of Political Theory* [História da teoria política] de Sabine e Thorson, veremos que o direito, em especial o que poderíamos classificar como direito constitucional, é a coluna vertebral dos dois livros e não poderia ser extirpado sem ocasionar o desmoronamento do conjunto. As ideias de leis e direitos fundamentais, de contrato social, de primado do direito, dos limites ao poder do Estado são essenciais para o interesse do cientista político, porém não menos para o do jurista.

Finalmente, embora tenha tentado oferecer um quadro da teoria do direito na história ocidental de modo geral, estou consciente de o quanto a ciência jurídica de língua inglesa vai predominando conforme o século XX avança. Suspeito que isso tem alguma relação com o farto tamanho das equipes das faculdades de direito inglesas e americanas, comparadas com as da França, Alemanha ou Itália. Mas também pode estar relacionado com causas mais profundas, intrínsecas às tradições filosóficas ou políticas dos mundos do *common law* e do *civil law* respectivamente. Nesse nível, entre a ciência jurídica anglo-americana e a do continente europeu, parece haver – coisa estranha em uma era de progressiva integração europeia – uma barreira maior do que a que poderia ser explicada pelas meras diferenças de idioma. Por exemplo: num mesmo ano, 1985, vieram a lume a quinta edição de *Introduction of Jurisprudence*, de Lloyd, e a quarta edição de *Grundzüge der Rechtsphilosophie* [Esboços de filosofia do direito], de Helmut Coing. No capítulo sobre teoria contemporânea, Coing diz que "deve-se dispensar particular atenção à importante contribuição feita principalmente por Niklas Luhmann para estabelecer uma teoria do direito" (sua sociologia do direito, que ele descreve a seguir). Mas Lloyd, embora seu índice de autores contenha cerca de oitocentos nomes, nem sequer menciona o professor Luhmann. Ao contrário, naturalmente dá ampla proeminência a H. L. A. Hart e alguma a Ronald Dworkin; mas, na obra de Coing, Hart é resumido em quatro linhas e Dworkin, em nenhuma. Aos olhos do Continente, são os autores do mundo do *common law* que estão fora da corrente principal do pensamento: um crítico italiano de *The Legal Mind: Essays for Tony Honoré* [A mente jurídica: ensaios para Tony Honoré] (1986) escreveu que, ao entrar no mundo habitado pelos que escreveram textos de ciência jurídica para aquela coletânea, o advogado ou jurisconsulto continental sente-se como Alice no País das Maravilhas e indaga se a ciência jurídica anglo-saxônica ganhou alguma coisa por persistir em seu "esplêndido e tradicional isolamento em relação à experiência jurídica continental".

J. M. K.

O livro, com exceção de algumas notas de rodapé, estava praticamente completo antes da morte súbita de John Kelly. Nós havíamos conversado e trocado cartas em que falávamos sobre ele. Essa citação extraída da última carta que me enviou, a seguir, ajuda a pôr seus propósitos em perspectiva.

> Sinto muito se meu prefácio dá a impressão de que sou um crítico da ciência jurídica anglo-americana dos anos recentes. Pelo contrário, vejo nela um florescimento surpreendente. Só quisera que minhas faculdades mentais fossem mais extensas, para compreendê-la completamente e, talvez, acompanhar um tópico ou outro. A meu ver, o problema é que seu crescimento é tão luxuriante que, nos cursos modernos de ciência jurídica, ela parece encobrir todo o resto, e meu livro é um esforço despretensioso para corrigir a perspectiva dos estudantes. Talvez haja barcos demais navegando sob a bandeira da "ciência jurídica", e poderia ser mais racional dividi-la em duas disciplinas didáticas: *(a)* história da teoria do direito; *(b)* moderna filosofia do direito. De qualquer modo, acho que os estudantes de direito não deveriam formar-se sem saber um pouco sobre como chegamos aonde estamos. *Vixere fortes ante Hart et Dworkin multi.*

Ele insistiu especialmente para que eu lesse o livro e o aconselhasse. Em consequência, fiz algumas correções e acrescentei algumas referências, mas as opiniões apresentadas pertencem unicamente a ele.

TONY HONORÉ

Os editores gostariam de agradecer a Tony Honoré por ter assumido de tão boa vontade a tarefa de ler e conferir o texto digitado antes de enviá-lo para a impressão. Também gostariam de agradecer ao senhor Ernest Metsger, do Braseone College, Oxford, por localizar várias dezenas de referências que estavam faltando no último manuscrito do autor.

Devemos agradecer também a Faber & Faber por sua permissão para fazer citações de *In Time of War, Commentary from Journey to a War* (1939) [Em tempo de guerra, comentário da jornada a uma guerra], de W. H. Auden.

Capítulo 1
Os gregos

A Grécia como ponto de partida

Se a Grécia ocupa um lugar especial na história da civilização, não é simplesmente porque lá a maioria das obras da literatura e das artes visuais alcançou níveis que as eras posteriores concordaram em ver como clássicos, isto é, como padrões permanentes de excelência. É também porque os gregos foram o primeiro povo – o primeiro, pelo menos, do qual a Europa guarda alguma consciência – em que o pensamento e o debate refletido se tornaram hábitos dos homens educados; uma formação para alguns e uma profissão ou vocação para outros, não limitada à observação do mundo físico e do universo – na qual os egípcios e os babilônios os tinham precedido de muito –, mas se estendendo até o homem, sua natureza e seu lugar na ordem das coisas, o caráter da sociedade humana e o melhor modo de governá-la.

Outros povos antigos haviam tido sacerdotes e profetas cujos ensinamentos ou inspirações poéticas incluíam um conhecimento da natureza humana e dos preceitos morais; boa parte do Velho Testamento dos judeus, por exemplo, poderia ser colocada nessa categoria. Do mesmo modo, outros povos antigos, por terem leis, devem ter tido alguma capacidade para raciocinar sobre a função de uma lei e a melhor maneira de fazê-la atingir um propósito particular;

isso pode ser presumido das civilizações da Mesopotâmia, de cujas ruínas foram recuperados o grande código do babilônio Hamurabi (cerca de 1800 a.C.) e as leis de Eshnuna (cerca de duzentos anos mais antigas). Essa época antecede o alto período da civilização grega por aproximadamente 1.500 anos. Não obstante, foi entre os gregos que a discussão objetiva da relação do homem com a lei e a justiça tornou-se uma atividade da mente educada e foi registrada em obras literárias que, desde então, têm sido parte de uma tradição europeia mais ou menos contínua. É, portanto, com os gregos que a história da jurisprudência reflexiva do Ocidente, ou teoria do direito europeia, deve começar.

Uma cronologia comparativa

Se nos voltarmos para aquele período da antiga Grécia que foi mais bem registrado nas obras de historiadores, oradores e filósofos, digamos, da morte de Péricles à de Alexandre o Grande e de Aristóteles (em datas aproximadas e arredondadas, 420-320 a.C.), e olharmos para o resto da Europa a partir do ponto de vista dos gregos, veremos em primeiro lugar que os romanos, o outro grande povo da Antiguidade europeia, mal apareciam no horizonte grego. No tempo de Péricles, Roma ainda não passava de um povoado mais ou menos amplo perto da desembocadura do modesto rio Tibre; seu povo era uma das nações da península italiana que falavam um dialeto da família itálica (no caso de Roma, o do distrito chamado Latium: a língua latina); entretanto Roma, mesmo naquele tempo, já sofrera a influência da Grécia, em parte mediada pela poderosa e misteriosa civilização etrusca ao norte e em parte, talvez, diretamente pela proximidade das muitas cidades gregas ao sul (a colonização grega da costa meridional da Itália e da Sicília havia começado no século VIII a.C. e é atestada ainda hoje pelos nomes derivados do grego de cidades como Nápoles, Palermo, Taranto, Agrigento e Siracusa). Mas o poder de Roma nesse tempo não ia além de seus arredores imediatos, uma área muito menor até mesmo do que a do menor município irlandês de hoje; as guerras com os cartagineses que puseram Roma no caminho da expansão imperial e na conquista das províncias de além-mar ainda estavam cem anos ou mais no futuro. Com efeito, é pouco provável que muitos gregos de 420 a.C., além dos que viviam na Itália meridional, tenham sequer ouvido falar em Roma. O primeiro acontecimento da história romana do qual os gregos parecem ter tido notícias foi o saque da cidade, em 387 a.C., pelos celtas gauleses; os romanos propriamente ditos não fizeram grandes incursões na Grécia continental até cem anos mais tarde, quando o rei grego Pirro de Épiro, aventurando-se pela Itália meridional, foi derrotado por eles.

Quanto aos demais confins da Europa a oeste e ao norte, eles eram, para os gregos daquele período, selvas mais ou menos desconhecidas, habitadas pelo que eles chamavam de bárbaros (*bárbaroi*, palavra que imitava supostamente a fala rude dos estrangeiros). Eles sabiam, de modo geral, dos citas que viviam na área da atual Rússia meridional; e dos celtas, uma raça sem fronteiras ou instituições políticas estáveis, mas cujos povoados (como nos ensina a moderna arqueologia) se estendiam naquele tempo por toda a Europa, do mar Negro à Irlanda. Mas a geografia grega antiga estava, nos lados ocidental e setentrional, limitada ao litoral mediterrâneo; seu mundo terminava mais ou menos no oceano além do estreito de Gibraltar. O historiador Heródoto, escrevendo imediatamente antes de nosso período, menciona o Danúbio, os Pirineus e os celtas continentais, mas nem a Irlanda nem a Inglaterra. Eratóstenes, bibliotecário em Alexandria cem anos depois de nosso período, menciona a Irlanda (Iérne) e a Inglaterra, baseado talvez em informações transmitidas por mercadores ao longo de toda uma cadeia de comércio, mas nada diz sobre essas ilhas. Na época da Guerra do Peloponeso (431-404 a.C.), entre Atenas e Esparta, período totalmente histórico para a Grécia e (embora de modo muito mais imperfeito) até para

Roma, a Irlanda encontra-se envolvida pela escuridão histórica; a arqueologia e a filologia sugerem que nessa época as migrações dos povos celtas para essas ilhas haviam começado, mas a subsequente onda dominante de migrantes gaélicos para a Irlanda só chegou cerca de 250 anos mais tarde. Portanto, o brilhante sol do meio-dia da civilização clássica ateniense coincide cronologicamente com a modesta e rústica aurora da república romana e com as fabulosas primeiras horas da noite irlandesa, o escuro silêncio rompido apenas pelos ecos legendários dos *Fir Bolg* e dos *Tuatha Dé Danann**.

A estrutura política da Grécia Antiga

Durante todo o período do qual estamos tratando, os gregos não viviam em um único Estado grego. Nos séculos XVII, XVI, XV e XIV a.C., o povo que falava um ou outro dialeto da língua grega e reconhecia em suas afinidades linguísticas e culturais uma nacionalidade helênica comum estava distribuído pela Grécia continental, pelas ilhas do mar Egeu, pela costa e as ilhas costeiras da Ásia Menor ao leste, e pelas costas da Sicília e da Itália meridional a oeste. Havia também alguns povoados gregos às margens do Mediterrâneo na França e na Espanha, na Líbia e no Egito, e no mar Negro. Esses gregos viviam em centenas de "cidades" (*póleis*), uma das quais – Atenas – era de tamanho considerável mesmo pelos padrões modernos, mas que variou muito, até algo pouco maior que um povoado do mundo moderno junto com a zona rural imediata. Essas cidades eram entidades políticas essencialmente independentes; relações transitórias e ascendências regionais podiam sujeitar uma cidade a outra, uma sujeição expressa talvez pela obrigação de pagar um tributo em dinheiro ou barcos, ou por uma aliança militar forçada, ou pelo domínio, na cidade

---

* Fir Bolg e Tuatha Dé Danann: tribos da Irlanda. (N. da T.)

sujeitada, da facção que favorecia a mais forte. Mas essas condições – mesmo quando múltiplas sujeições a uma única cidade dominante permitiam falar-se de um "império" ateniense – nunca implicavam a extinção da personalidade das outras cidades, que permaneciam teoricamente autônomas, isto é, capazes de fazer suas próprias leis e decidir sua própria política.

Consequentemente, quando falamos da literatura grega ou (ainda mais) do direito grego, estamos nos referindo a algo completamente diferente da ideia contida na expressão *literatura romana* ou *direito romano*. A literatura e a poesia gregas exibem uma grande variedade dialetal, ao passo que os romanos tornaram seu dialeto itálico, o latim, o padrão para a península italiana e para grande parte do mundo mediterrâneo que eles dominavam. Do mesmo modo, enquanto o direito romano significa o conjunto das leis elaboradas dentro de um Estado soberano mais ou menos unitário, "direito grego" é uma expressão muito mais ampla, que designa os vários códigos ou normas originados em um grande número de unidades políticas independentes habitadas por povos de língua e cultura helênicas. Podem-se identificar certas semelhanças "familiares" muito amplas entre as instituições legais de diferentes cidades, mas na era clássica um sistema grego unificado nunca existiu, porque não existia um Estado grego unificado.

Em qualquer relato sobre a civilização grega, incluindo o direito grego, a figura de Atenas tende a avultar, e frequentemente parece sinônimo da própria Grécia. Isso acontece porque, das centenas de cidades-estado gregas, Atenas era sem dúvida a maior em população, em poder e influência, em riqueza, na arte e na literatura, até que sua derrota diante de Esparta, na longa Guerra do Peloponeso, deu início a um rápido declínio. Mesmo esse declínio, na área que nos concerne de imediato, não é óbvio; pois foi no século que se seguiu à Guerra do Peloponeso que surgiram grandes nomes da retórica ateniense: os oradores Demóstenes, Lísias, Isócrates, Iseu, bem como duas das grandes figuras da filosofia ateniense, Platão e Aristóteles; o professor de Platão, Sócrates, foi executado logo depois do fim da guerra. A infância da filosofia grega decorreu principalmente nas cidades da Jônia (como os gregos chamavam a orla marítima ocidental da Ásia Menor, moderna Turquia); mas sua maturidade, expressa nesses nomes, é essencialmente ateniense; como também é do século V a maturidade da tragédia grega (Ésquilo, Sófocles, Eurípides), da comédia (Aristófanes), da historiografia (Tucídides) e da escultura (Fídias). Como Atenas foi brilhantemente ilustrada para nós pela literatura dos séculos V e IV, sabemos mais sobre a vida e a política da cidade, inclusive sua vida jurídica, do que sobre os elementos correspondentes de qualquer outra cidade grega (isso sem considerar o fato de que a cultura militarista da rival de Atenas, Esparta, era tão prosaica que, de qualquer modo, a literatura espartana já não existia). Contudo, é inteiramente errado presumir que uma norma legal ou constitucional existente em Atenas se refletisse em normas semelhantes em toda parte. A despeito da ampla semelhança "familiar" acima mencionada, as cidades gregas diferiam imensamente em seus sistemas políticos – que variavam, com numerosas gradações, da monarquia à tirania (a maioria destas, em nosso período, na Sicília) e da oligarquia à democracia, com frequentes revoluções de um sistema para outro –, como também diferiam em seus dialetos; seus sistemas jurídicos, embora tenhamos pouquíssimas informações sobre a maioria deles, provavelmente refletiam essa variedade de regimes.

Fontes do direito e da teoria do direito gregos

Os materiais referentes à história do direito grego não são encontrados em textos jurídicos gregos; os gregos, tão férteis em tantas áreas do intelecto, nunca produziram uma ciência jurídica prática; os juristas romanos foram os primeiros a oferecer isso ao mundo. Realmente, não existe nenhum tratado de direito grego, e tampouco nenhum indício de que tal coisa tenha sido escrita, mesmo em Atenas, ou que alguma escola de direito tenha funcionado ali. As leis segundo as quais o povo da Grécia vivia devem ser recolhidas em outro lugar; a melhor fonte são os restos físicos dos códigos legais ou estatutos gravados em pedra ou bronze, que a arqueologia tem descoberto dispersos por todo o mundo grego, não passando a maioria de fragmentos problemáticos; somente um – o código de Gortina, em Creta, de cerca de 450 a.C. – é grande e está bem preservado. Os demais indícios devem ser buscados onde quer que possam ser encontrados, principalmente em vários setores da literatura: uma boa parte, por exemplo, do direito de Atenas é conhecida por meio dos discursos dos oradores do século IV; as obras dos historiadores, filósofos e até dramaturgos também fornecem materiais úteis. Do mesmo modo, boa parte, do conhecimento que temos das leis do Egito helenístico, em época posterior, é fornecida pelos numerosos papiros (documentos feitos com o caule de papiro) que foram escavados ali. Quanto ao período mais primitivo a que temos acesso, todavia, os poemas de Homero e Hesíodo contêm nossos únicos indícios sobre a vida legal.

A posição da teoria do direito, como disciplina distinta do direito efetivo, é semelhante. Não havia um ramo distinto e reconhecido da filosofia voltado especificamente para o direito; questões como a origem e as bases do Estado, a fonte das obrigações legais ou a relação do direito com um padrão mais alto ou mais fundamental não foram discutidas em monografias que versassem exclusivamente sobre esses temas nem por teóricos especializados nelas. É certo que as ideias gregas sobre esses assuntos estão registradas em grande quantidade e são os primeiros brotos de um crescimento intelectual que as eras posteriores cultivaram de modo mais específico e organizado; mas encontram-se dispersas nas mais variegadas fontes literárias, muitas delas contribuições totalmente inconscientes para a história da ciência jurídica, ciência para a qual os gregos nem sequer tinham um nome (assim como não tinham uma palavra que designasse o "direito" como um conceito abstrato). Portanto, não só as obras filosóficas – embora sejam certamente as mais importantes –, mas também as obras dos poetas, dramaturgos e historiadores devem ser investigadas para fornecer o primeiro capítulo dessa história.

Ideias gregas arcaicas sobre direito e justiça

O primeiro conjunto coerente de indícios que temos sobre a vida e o pensamento gregos é fornecido pelas epopeias homéricas, a *Ilíada* (sobre o assédio de Troia) e a *Odisseia* (sobre a perambulação do grego Ulisses, tentando chegar em casa após a guerra troiana). Esses poemas parecem ter sido postos na forma em que os conhecemos por volta de 800-700 a.C., mas essa forma representa a concretização de uma longa tradição de poesia épica transmitida oralmente. E concorda-se que os poemas refletem uma época muito mais primitiva da sociedade grega, aproximadamente 1300-1100 a.C., era na qual o "assédio de Troia" (segundo os dados arqueológicos, talvez tenha sido um acontecimento histórico) pode ser situado.

Essa sociedade arcaica já reside nas "cidades", cada qual com uma organização política formada pelo rei, o conselho dos anciães e o povo. É uma sociedade que vive de acordo com um padrão conhecido de todos os seus membros, na qual o sobrenatural desempenha um papel importante e em que várias virtudes ou faltas morais são respectivamente louvadas ou deploradas; mas na qual a ideia do direito, no sentido que a palavra transmite imediatamente para a mente moderna – ou transmitia para os romanos, ou mesmo para os gregos de uma época posterior –, é fluida e sutil. Em Homero, parecemos contemplar o estágio formativo da ideia de direito; na verdade, se avaliamos a sociedade homérica do ponto de vista de nossa concepção de direito como algo conhecido, certo e objetivo, vemos que, naquela época, a Europa encontrava-se numa condição pré-jurídica.

Não há "legislação". O rei não "faz" leis, no sentido de regras a que o povo deve obedecer. Não há, ao que tudo indica, consciência do costume como algo normativo. Em vez disso, existe a *thémis*. É difícil captar a força dessa palavra, mas ela é aplicada a uma área em cujo centro talvez esteja a ideia de uma decisão ou diretiva ou descoberta inspirada por Deus. Essa descoberta não é arbitrária, mas reflete um senso comum do que é apropriado. É a palavra usada para transmitir determinações dos deuses, bem como dos reis; e, "como os deuses passaram a ser vistos como bons no sentido de justos e virtuosos, *thémis* adquiriu o sentido não de algo meramente útil, e sim de algo moralmente necessário para deuses e homens igualmente. Assim, *thémis* começou a implicar um princípio mais amplo do qual era simultaneamente a expressão e a aplicação", escreveu J. W. Jones; "desde o início, há sempre em *thémis* a suposição de uma sociedade de seres pensantes, sejam deuses ou homens, e de certo tipo de consciência social coletiva"[1].

Ao lado de *thémis*, encontramos nos poemas de Homero a noção de *díke*, palavra que na era homérica não havia adquirido os sentidos claros que depois recebeu (justiça abstrata, processo, julgamento), e no entanto tinha uma borda um pouco mais cortante, um "semblante mais severo"[2] que *thémis*. "*Thémis* é uma lei do céu, *díke* é a lei terrestre que a imita", escreveu R. Köstler; "a primeira repousa na instituição divina (*thémis*, de *títhemi* = eu coloco, fixo), a segunda na direção da lei assim instituída (*díke*, de *deíknymi* = eu mostro, indico), e é portanto lei derivada que entra em vigor por meio da sentença do juiz"[3]. Essa formulação da obscura relação entre as ideias talvez seja compacta de-

---

1. J. W. Jones, *The Law and Legal Theory of the Greeks* (Oxford, 1956), 29-30.
2. R. Hirzel, *Themis, Dike und Verwandtes* (Leipzig, 1907), 57.
3. R. Köstler, "Die Homerische Rechts – und Staatsordnung", em E. Berneker (org.), *Zur griechischen Rechtgeschichte* 180.

mais; porém, dos dois conceitos, *thémis* é o mais venerável, o mais associado com os seres sobrenaturais ou com a inspiração que fornecem aos governantes humanos; *díke*, por sua vez, é a palavra que mais tarde teve um conjunto de sentidos e derivados plenamente seculares e práticos. Citando Köstler outra vez, "com o crescimento de um sistema legal terrestre, o sistema legal dos deuses retrocede e, mesmo nas epopeias homéricas, o conceito de *thémis* é cada vez mais suplantado pelo de *díke*"[4].

Esses nebulosos embriões conceituais, *thémis* e *díke*, são os símbolos de um mundo ainda não consciente do direito (apesar de habituado com a decisão judicial de disputas, como atesta a famosa cena sobre o escudo de Aquiles)[5]. Mesmo a noção de costume – embora as respostas morais e emocionais comuns que *thémis* e *díke* pressupõem sugiram que a ideia de costume era compreendida – não aparece nos poemas homéricos como dotada, em princípio, do que chamaríamos de força de lei. A palavra *nómos*, que em época posterior passou a significar o costume (e, mais tarde ainda, uma lei escrita), não aparece absolutamente em Homero. Nessas epopeias, não há sinal de nenhuma coisa que possa ser chamada de teoria do direito, ou de reflexão sobre a natureza da sociedade, do Estado ou do governo; por outro lado, elas transmitem uma ideia muito completa de como a sociedade helênica vivia e pensava no fim do segundo milênio antes de Cristo.

No período que se seguiu ao de Homero, ou seja, entre os séculos VIII e VI a.C., embora as obras de Hesíodo e dos poetas líricos reflitam um conceito de justiça – Hesíodo (século VIII) reclama contra o mal dos "julgamentos tortos"[6] –, ainda não há nenhum sinal de que o conceito de lei tenha emergido. A palavra tardia mais comum para designar a lei, *nómos*, aparece de fato nesses poetas; mas, além de signifi-

---

4. Id., ibid.
5. Homero, *Ilíada* 18. 497 ss.
6. *skoliai dikai*: Hesíodo, *Os trabalhos e os dias* 224-6.

car "costume", ela tem vários outros sentidos, cuja característica central e unificadora (retrocedendo à raiz do verbo *némo* = eu reparto, distribuo) é a ideia de medir ou dividir, em contextos que vão desde uma medida musical até a medida das terras para pastagem; inclui ainda a ideia de um arranjo aceito como uma partilha adequada. Os autores modernos, usando um método impressionista, tentaram construir uma ponte entre essa sutil família de ideias e algo que podemos compreender mais facilmente como *direito* consuetudinário; assim, diz De Romilly: "*Nómos* efetivamente reconcilia e combina o ideal abstrato de ordem com o do simples costume observado na prática"[7]; e Jones: "Até o período da democracia ateniense, *nómos* preservou em grande medida seu antigo sentido de modo de vida de qualquer grupo existente. Mas na vida em grupo há sempre a tendência de identificar o que é feito habitualmente com o que deve ser feito; de confundir 'é' com 'deve ser'."[8]

O período dos legisladores

A primeira manifestação europeia de algo que corresponde obviamente à nossa "lei" no sentido positivo deve-se aos famosos legisladores Drácon (final do século VII) e Sólon (começo do século VI a.C.). Essa foi a era em que, por todo o mundo helênico, e sem dúvida por causa do recente desenvolvimento da arte de escrever, foram feitos os primeiros esforços para formular de forma pública e permanente as normas que anteriormente tinham o *status* mais vago de costume, e cuja interpretação, ou cuja simples declaração, podiam ser distorcidas em virtude dos interesses pessoais das aristocracias que dominavam a maioria das cidades gregas e em cujos membros estava concentrada toda a justiça que então havia.

---

7. *La Loi dans la pensée grecque* 23.
8. Jones, *Legal Theory* (vide n. 1), 34.

As primeiras leis positivas a serem registradas não são chamadas a princípio de *nómoi* (*nómos* aparentemente ainda significava, em seu sentido mais próximo deste assunto, apenas *costume*), mas de *thesmoí*, que, como *thémis*, é formada do verbo *títhemi*. O dramaturgo Eurípides, escrevendo no final do século V, apresenta o aparecimento das leis escritas como uma conquista que tende a igualar as condições de ricos e pobres; as leis, uma vez escritas publicamente na pedra ou no bronze, tornavam-se conhecidas e igualmente acessíveis a todos, deixando assim de estar sujeitas à declaração e à interpretação arbitrárias de uma casta fechada e privilegiada[9].

Posição (e inviolabilidade original) da lei escrita

A fase mais primitiva da legislação grega está associada a legisladores como Drácon e Sólon em Atenas, (o talvez mítico) Licurgo em Esparta, Charondas em Catana, Zaleuco em Locre. Depois disso, porém, o processo legislativo, pelo menos nas cidades em que vigorava a democracia, apoiava-se na maioria dos votos do povo. A legislação democrática parece também ter produzido a ampliação do significado de *nómos*: não mais apenas o simples costume, mas também a lei, no único sentido agora reconhecido, isto é, o de lei escrita. Uma vez passada sobre o mundo grego a onda de codificação, a lei escrita passou a ser pensada não apenas como uma vestimenta mais eficaz para o direito, mas como sua única fonte; não há sinal de o costume ser visto como uma fonte independente ou complementar. Na verdade, o preconceito em favor da lei escrita chegou ao ponto de fazer com que, onde uma regra antiga era efetivamente praticada, embora não fizesse parte da lei escrita existente na ocasião, ela fosse atribuída a um legislador antigo, mesmo que mítico[10].

---

9. *As suplicantes* 429 ss.
10. H. J. Wolff, "Gewohnheitsrecht und Gesetzesrecht", em E. Wolf (org.), *Griechische Rechtsgeschichte*, 112.

A democracia ateniense do século V evidentemente viu em seus *nómoi*, suas leis, uma feição característica que a distinguia – como também distinguia, pela mesma razão, os outros gregos de seus vizinhos não gregos ("bárbaros"); estes, entre os quais os persas derrotados em Salamina e Maratona pareciam os mais importantes, eram governados por tiranos guiados somente por sua vontade arbitrária, enquanto os gregos – usando as palavras colocadas pelo historiador Heródoto na boca de Demarato, o rei fugitivo de Esparta, conversando com Xerxes, o rei dos persas –, "embora livres, não são livres em tudo: eles têm um senhor, isto é, a lei, que eles temem mais ainda que vossos súditos vos temem"[11]. Ver nessa afirmação o mais antigo registro da expressão do que chamamos o "império da lei" talvez seja simples demais, porém ela transmite o sentido de uma lei objetivada, concreta, situada onde antes havia o vago amálgama de um costume discutível e de "descobertas" inspiradas e imprevisíveis. A tradição literária dos séculos V e IV, segundo De Romilly, "implica a aguda consciência de um direito comum que os cidadãos foram capazes de dar a si mesmos e do qual esperavam ordem e liberdade. Mesmo depois, a liberdade foi definida por eles como obediência às leis"[12].

Esse sentimento de superioridade pela posse de leis escritas pode ter algo a ver com a forte diferença de atitude em relação à lei escrita entre os gregos e o mundo medieval e moderno (e, até certo ponto, entre eles e os romanos). Aos olhos modernos, o texto original de uma lei sancionada não é inviolável de modo algum, uma vez que pode ser modificado, até com certa frequência, diante de mudanças na situação do país; mas – os gregos, a princípio, eram contrários à alteração de suas leis. A predisposição geral em favor da estabilidade e permanência de uma lei depois de feita é atestada tanto por passagens da literatura (Ésquilo, Tucí-

---

11. *Histórias* 7. 104. Vide também Eurípides, *Medeia* 536-8, *Orestes* 487.
12. De Romilly, *La Loi* (vide n. 7), 23.

dides, Aristóteles)[13] como pelo que conhecemos das regras que efetivamente regiam o processo para propor uma nova lei (que necessariamente revoga ou modifica a lei anterior). O exemplo mais extremo é o relatado por Demóstenes sobre os lócrios, povo dório que vivia na ponta da bota italiana e tinha a reputação de ter sido o primeiro povo grego a adotar um código escrito; qualquer pessoa que propusesse uma alteração nas leis tinha de fazer sua proposta com uma corda em volta do pescoço, a qual, no caso de a proposta ser rejeitada, era puxada até o fim[14]. Os atenienses, que faziam parte do outro ramo (jônico) da família grega, não tinham uma lei tão espetacularmente drástica; mas o processo legislativo em Atenas era restringido por barreiras formidáveis. Quem propunha uma nova lei tinha primeiro de instaurar uma espécie de processo (*graphé*) contra a lei antiga a ser substituída e correr o risco de ser processado pelo que poderíamos chamar de comportamento inconstitucional, no *graphè paranómon*, se negligenciasse alguma formalidade exigida ou se sua proposta fosse vista como contrária a algum valor fundamental.

No período seguinte, esse rigor diminuiu, pelo menos nos primórdios do declínio de Atenas; as novas leis multiplicaram-se, o processo legislativo foi rebaixado à categoria de máquina de guerra política, e até o registro de novas leis tornou-se caótico a ponto de frequentemente não se saber se uma suposta lei existia ou não, ou se uma lei frontalmente contraditória podia coexistir com ela. Outra fonte de confusão era a obscura relação dos *psephísmata* (resoluções, decretos) com os *nómoi*, as leis propriamente ditas; o máximo que podemos afirmar é que os *nómoi* eram vistos como disposições gerais permanentes, ao passo que os *psephísmata* eram medidas *ad hoc*, suplementares ou executivas; por outro lado, Aristóteles usa a palavra no sentido de algo que

---

13. Vide Friedemann Quass, "Nomos und Psephisma", *Zetemata*, 55 (1971), 20-1.

14. Demóstenes, *Contra Timócrates* 139.

modifica a lei geral para atender à equidade de um caso particular[15], e os *psephísmata* eram ocasionalmente incluídos na categoria de *nómoi*. Todavia, está claro nas expressões dos oradores que esse quadro de incerteza, e de contaminação do processo legislativo por conveniências políticas do momento, era visto como uma decadência vergonhosa em relação aos padrões de uma era anterior, que encarava as leis ancestrais como imutáveis.

O surgimento da teoria do direito: origem do Estado e da lei

Quando os filósofos gregos começaram a refletir sobre a condição humana, deixando de lado suas meditações sobre o universo físico, eles e seus vizinhos já viviam em cidades, muitas das quais tão velhas que sua fundação se confundia com os mitos. Como explicar aquela organização? A resposta era interessante não só no mesmo sentido em que o seria a explicação de qualquer outro padrão natural, mas também por sugerir prescrições para a conduta que os homens devem adotar ao associar-se.

Dado que a existência urbana na Grécia parecia imemorial, ela não podia ser explicada simplesmente como um tópico da história, e admitia somente hipóteses. Platão (427- -347 a.C.), em um de seus diálogos mais antigos, o *Protágoras*, tratou brevemente do problema, explicando que, embora o homem primitivo tivesse a capacidade de alimentar-se, ele era incapaz como indivíduo de defender-se dos animais selvagens; nessa fase ele ainda não tinha a "habilidade cívica" (*politikè tékhne*), a faculdade de viver em comunidade com outros; no entanto, os homens aprenderam a necessidade de associar-se para derrotar as ameaças da selva e salvaram-se fundando cidades. Isso não funcionava

---

15. *Ética nicomaqueia* 5. 10. 6.

muito bem, no começo, por causa do mau comportamento dos homens entre si; mas, por fim, Zeus conferiu-lhes o respeito mútuo e o senso de justiça que tornaram a existência cívica possível[16]. Em sua última obra, as *Leis*, uma ideia praticamente igual é apresentada de modo mais extenso. Nesse diálogo, Platão imagina que os atos políticos primordiais dos homens haviam desaparecido no dilúvio (uma ideia tanto grega como judaica), depois do que eles foram obrigados a enfrentar um novo começo. O alimento era abundante e não era necessário competir por ele; e, pela solidão em que viviam, os homens eram amistosos uns com os outros. Não necessitavam de leis formais, mas viviam segundo o costume e as regras patriarcais; seus agrupamentos transformaram-se progressivamente em comunidades maiores e finalmente em algo semelhante às comunidades organizadas nacionais[17]. Aristóteles (384-321 a.C.), discípulo de Platão (e, a longo prazo, mais influente), também apresentou a origem da existência cívica como um desenvolvimento orgânico, baseado na progressiva e natural acumulação de unidades, começando com a família e daí evoluindo para a cidade ou Estado (*pólis*) por meio da união de povoados vizinhos[18].

De permanente importância na concepção de Aristóteles é sua ênfase no caráter *natural* dessa solidificação familiar e social. Desdobrando sua ideia de que a natureza de cada ser ou coisa é avançar sempre em direção a sua perfeição na realização de sua finalidade, ele apresentou a cidade-estado como a estrutura mais perfeita para se levar a vida feliz, e o impulso dos homens de se associar numa tal organização como algo natural, por essa mesma razão. Em uma passagem que culmina com uma frase muito famosa, ele representa o homem como uma criatura que tende a uma existência cívica por sua própria natureza:

---

16. *Protágoras* 322 a.C.
17. Ibid. 677 ss.
18. *Política* 1. 1 ss.

A associação composta finalmente de vários povoados é a cidade-estado; ela atingiu então o limite da autossuficiência virtualmente completa e, assim, embora venha à existência por causa da vida biológica, sua finalidade é a vida feliz. Consequentemente, toda cidade-estado existe por natureza, visto que as primeiras parcerias assim existem; pois a cidade-estado é o fim das outras parcerias, e a natureza é um fim, visto que aquilo que cada coisa é quando seu crescimento está completo é a natureza de cada coisa, por exemplo de um homem, um cavalo, uma casa. Ademais, o objeto para o qual uma coisa existe, seu fim, é seu principal bem; e a autossuficiência é um fim e um bem principal. De acordo com isso, portanto, está claro que a cidade-estado é um crescimento natural e que o homem é por natureza um ser inclinado a uma existência cívica (*politikón zôon*).

Mas essa característica do homem, de ser impelido por seu instinto natural a viver em uma comunidade ordenada com seus semelhantes, não o torna um mero análogo, em sua ordem, de outros tipos de animais gregários; pois (ao contrário das abelhas e assim por diante) "só o homem tem a percepção do bem e do mal, do certo e do errado e de outras qualidades morais, e é o compartilhamento dessas coisas que faz uma casa e uma cidade-estado"[19].

Essa apresentação da natureza humana como tendente a uma associação organizada do tipo que a cidade-estado grega personificava – tendente, em suma, à existência cívica, no que parece a melhor interpretação da frase *politikón zôon*, pois quando traduzida como "animal político" é frequentemente mal entendida – não esgotou a contribuição grega para a teoria do papel do indivíduo diante do resto da sociedade e do Estado. Foi considerando esse problema, perguntando de onde surge a obrigação do cidadão de obedecer à lei, que a filosofia grega prefigurou a mais propalada e prolífica teoria política e legal europeia, a do "contrato social": a ideia de que a submissão ao governo e à lei,

---

19. Ibid. 1. 1. 8-9, 11.

dever cívico fundamental, baseia-se em um suposto acordo original do qual o cidadão é, implicitamente, uma parte.

Essa noção, na medida em que podemos localizar seu início, surgiu no desmoralizado clima de Atenas no fim da Guerra do Peloponeso, atormentada pela doença e pela derrota, e num episódio famoso e trágico. Atenas, nessa época, tinha uma escola ou movimento intelectual chamada desde então pelo nome de sofística. A palavra *sophistés*, derivada do adjetivo *sophós* (sábio), pretendia porém transmitir uma modulação insultuosa da ideia de sabedoria, implicando uma inteligência superficial aliada à ausência de princípios morais. Uma das ideias defendidas pelos sofistas (e talvez sugerida pela ambiguidade da palavra *nómos*) era que, uma vez que os costumes humanos são evidentemente diferentes em diversos lugares[20], as leis (mesmo no sentido de regulamento escrito e deliberado do comportamento humano) talvez também pudessem ser vistas como relativas e contingentes. Em outras palavras, será que a lei (*nómos* no sentido posterior de lei escrita) tem um conteúdo moral mais vinculante que um costume (*nómos* no sentido anterior), o qual pode ser totalmente diferente – e de fato o é – entre as pessoas que vivem do outro lado do mar ou da montanha? Por que a desobediência à lei é perniciosa, se ninguém pode estigmatizar racionalmente a não observância, por uma tribo, de um costume reconhecido por outra? Os sofistas tendiam a responder que toda lei é meramente convencional, contingente, acidental, variável; essa observação, evidentemente válida para o mero costume, tinha todavia o efeito de fixar na lei o caráter de relatividade e indiferença e assim deixá-la flutuar para longe dos ancoradouros morais que proveem o senso do dever de obedecer a ela.

A esse *nómos*, meramente convencional, os sofistas contrapunham a natureza (*phýsis*), que era imutável. Não se

---

20. Vide, para um exemplo famoso, Heródoto 3. 38 (costumes dos gregos e indianos com respeito ao destino dos cadáveres).

tratava, aí, daquilo que um período posterior chamou de "leis da natureza", passíveis de ser descobertas pela razão, mas do universo físico natural e da natureza instintiva de seus habitantes humanos, que era a mesma em todo lugar. Essa fórmula, que, sob certo aspecto, era apenas uma constatação, desenvolveu uma dimensão moral assim que o sofista Antífon[21] afirmou que a natureza humana consistia na vontade de dominar os mais fracos e seguir cada qual o seu próprio interesse; por isso, a lei era uma mera violência contra a natureza, já que inibia a busca irrefreada do interesse próprio (e dado que a lei era um sistema puramente convencional, que poderia ser diferente em outro lugar). Na opinião dele, as pessoas só teriam interesse em obedecer à lei se estivessem sendo observadas pelos outros (se pudessem desobedecer a ela impunemente, não teriam por que não fazê-lo). Esse ensinamento, que poderíamos chamar de antissocial, causou uma reação de indignação; o comediante Aristófanes satirizou a desmoralização e a falta de respeito às leis (geralmente, então, inculpada aos sofistas) ao mostrar um filho que, depois de bater no pai, se justificava com o exemplo dos animais que atacam seus pais[22]. Porém, o efeito global da doutrina sofista, em seu apogeu na era da derrota ateniense, no final do século V, foi o de tirar o recheio moral da ideia de lei, a que estava ainda num estágio incipiente e, assim, despojar o sistema legal de toda autoridade permanente e racionalmente defensável.

O primeiro filósofo a desafiar a posição sofística foi Sócrates (469-399 a.C.), que terminou seus dias executado por razões ainda obscuras – oficialmente, por "corromper a juventude", mas provavelmente, pelo menos em parte, por causa do espírito de distanciamento crítico em relação às ideias recebidas e às crenças ancestrais, espírito esse que toda a tribo dos filósofos – Sócrates, bem como os sofistas – manifestava. Na prisão depois de sentenciado, Sócrates po-

---

21. *Sobre a verdade*, fr. 44A (Diehls).
22. De Romilly, *La Loi* (vide n. 7), 108 ss.

deria, ao que parece, ter escapado facilmente; seus amigos estavam ansiosos para arranjar isso, e as autoridades (afirma-se) fechariam de bom grado os olhos para a frustração de uma sentença que alguns agora lamentavam. O diálogo platônico *Critão* mostra esse amigo de Sócrates tentando persuadi-lo a agarrar a oportunidade de continuar vivo; Sócrates opõe-lhe firme recusa, determinado a permanecer obediente às leis de sua cidade, embora fosse a vítima inocente de seu funcionamento injusto. Ele imagina as leis, personificadas, discutindo com ele sobre os fundamentos de seu dever de a elas obedecer, um dever que residia de fato na "convenção", mas num sentido muito mais profundo e moralmente mais grave que o pretendido pelos sofistas: convenção no sentido de um contrato implícito, mas não obstante obrigatório. Sócrates fora beneficiado por aquelas leis toda sua vida; se não quisesse ter sido protegido por elas, poderia ter deixado Atenas e ido viver em outro lugar; e assim, com sua conduta, ele concordou tacitamente em respeitá-las. "Para nós, alguém que permanece aqui" (ele imagina as leis dirigindo-se a ele),

> depois de ter visto o tipo de justiça e governo que operamos, concordou efetivamente em sujeitar-se às nossas medidas; e o cidadão desobediente, consideramo-lo injusto de três modos: ele nos injuria como a seus pais, como a seus educadores e também ao descumprir o acordo de obedecer-nos (embora não consiga persuadir-nos de que estamos erradas).[23]

E caso Sócrates aproveitasse a oportunidade de escapar, essa desobediência equivaleria (dizem as leis) a "fazer o que está em seu poder para destruir as leis e, com elas, todo o Estado"[24]. Essa determinação quixotesca de observar as leis, mesmo com o injusto prejuízo da própria vida, dá

---
23. *Critão* 12-14.
24. Ibid. 11.

uma força peculiar ao elemento do acordo, ou contrato, como a rocha sobre a qual o Estado e a lei estão fundados.

Na verdade, a visão que os sofistas tinham da natureza humana também havia produzido uma explicação contratual da origem do Estado. Em sua *República*, Platão mostra Sócrates debatendo a natureza da justiça com Glauco, que, expondo a posição de que o homem, por natureza, tende a cometer a injustiça sempre que conseguir fazê-lo sem ser castigado, diz:

> Assim, quando os homens injustiçam e são injustiçados e conhecem ambas as coisas, os que não têm poder para evitar uma e cometer a outra determinam que, para seu próprio bem, devem fazer um pacto uns com os outros a fim de não cometer nem sofrer injustiça; e esse é o princípio da legislação e dos convênios entre os homens, e de eles chamarem lícito e justo o que a lei manda, e do fato de ser essa a gênese e a natureza da justiça, um meio-termo entre o melhor, que é cometer a injustiça impunemente, e o pior, que é sofrer a injustiça e não ter poder para se vingar.[25]

Havia, pois, duas teorias – uma mais nobre, outra menos – segundo as quais o Estado e as leis tinham suas raízes num acordo entre os homens; e ambas continuaram a reverberar no século seguinte. É possível atribuir ao lado materialista dessa linha o argumento usado por Demóstenes em seu discurso *Contra Mídias*, que conclui[26] com um apelo aos membros do tribunal para que reflitam em que a segurança pessoal de cada um deles depende da solidariedade de todos em sustentar a lei (mediante uma infração da qual o próprio Demóstenes fora atacado) – uma invocação clara do interesse próprio como justificativa da obediência à lei. Aristóteles, por outro lado, que rejeitava a teoria de que o Estado nasceu das exigências da natureza puramente animalesca do homem, via os seres humanos como essen-

---

25. Platão, *República* 358e-359a.
26. *Contra Mídias* 223 ss.

cialmente diferentes dos outros animais por ter uma tendência natural a se associar em uma estrutura civil, fórmula que, embora não fosse explicitamente contratual, e, na verdade, tivesse sido concebida como um ataque à posição sofista, nem por isso deixava de implicar, na expressão simultânea das naturezas civis das pessoas, um padrão de paciência e cooperação pontilhado e compreendido por todos.

A lei como um comando

A pergunta "o que é lei?", tão importante na moderna teoria do direito, mal parece ter ocorrido aos pensadores gregos. Na era clássica da filosofia ateniense, a expressão "as leis" transmitia um sentido e evocava uma resposta suficientemente claros para os propósitos do discurso de então; não se empreendiam análises para saber se um preceito caía dentro ou fora da categoria de *nómos*. Contudo, a literatura grega não deixa de mencionar o assunto; ele aparece – não, porém, de modo conclusivo – sob uma forma que pressagia a que, no início do século XIX, Austin (seguindo Bentham) lhe daria. Aristóteles insiste em que a lei tem o caráter de um "tipo de comando" (no sentido de regulamento ordenador: *táxis tis*); a boa lei deve significar boa ordem[27]. Mas a lei tem força coercitiva (*anankastiké dýnamis*)[28], diz ele, sendo o produto racional da mente e da ponderação.

Aqui a nota de coerção, da qualidade imperativa da lei, talvez seja apenas vislumbrada em um texto que é difícil de qualquer modo. Porém, alguns anos antes, Xenofonte relata uma suposta conversa entre Péricles e o jovem Alcibíades, na qual os problemas centrais da ciência jurídica são debatidos. Um é a relação da lei com a expressão de um comando de uma autoridade política (o outro é se a existência

---

27. *Política* 7. 4. 5.
28. *Ética nicomaqueia* 10. 9. 12.

de um comando de uma autoridade política é suficiente para conferir o caráter de lei ao que ele decreta). Em resposta à pergunta de Alcibíades sobre o que é a lei, Péricles diz primeiro que "são leis todas aquelas medidas, que o conjunto do povo, em assembleia, aprovou e fez escrever, propondo a conduta a ser observada ou evitada". Alcibíades mostra a insuficiência, ou imprecisão, dessa definição. A autoridade do povo estipulada por Péricles, diz ele, não pode ser essencial para o sentido de "lei", porque em uma oligarquia "todos os decretos do grupo dominante e reunido em conselho também levam o nome de lei", e isso vale igualmente para a tirania, visto que o comando decretado por um tirano também é chamado de *nómos*. Consequentemente (diz Alcibíades), o que parece ser uma lei seria, na definição de Péricles, um mero exercício de força e, portanto, na prática, uma ilegalidade (*anomía*). Péricles admite que o constrangimento pela força, e tudo quanto não se baseia na persuasão, é na verdade violência e não lei, por mais que seja formalmente promulgado[29]. Porém, note-se que em toda essa conversa, em que se imaginam os decretos de uma democracia, oligarquia ou tirania, a lei é apresentada essencialmente como uma ordem ou proibição emitidas por uma autoridade política. Do mesmo modo, o orador Licurgo, contemporâneo mais jovem de Xenofonte, diz que as leis são muito breves para dar instrução; elas simplesmente declaram "o que deve ser feito" (*hò deî poieîn*: a frase que Xenofonte também usa)[30]. Não há aqui a consciência evidente de que a palavra "lei" poderia designar inclusive normas de outros tipos. No pensamento grego registrado, o único vestígio de que – para usar expressões cunhadas nos tempos modernos por H. L. A. Hart – se concebeu uma distinção entre normas "primárias" (ordens e proibições) e normas "secundárias" (tais como as normas "que conferem poderes"), sendo estas também leis, encontra-se na

---

29. *Memorabilia* 1. 2. 40-6.
30. Licurgo, *Contra Leocrates* 102.

classificação dos tipos da "justiça corretiva", como veremos abaixo.

Elementos que condicionam o direito na prática

Os gregos tinham consciência das variações entre as leis de povos diferentes, e alguns deles usavam esse fato para negar qualquer dever moral de obedecer à lei particular de sua cidade. Aristóteles, no entanto, no final de sua *Ética*[31] e como introdução para sua *Política*, admite que coletâneas das leis de diferentes cidades podem ser úteis para os homens públicos "capazes de estudá-las criticamente e julgar quais medidas são valiosas, quais não são; e que tipos de leis são adequadas a que tipos de pessoas". A última oração pretende reproduzir uma frase grega superconcisa (*poîa poíosis harmóttei*) e, se estiver correta, sugere que Aristóteles reconhecia a necessidade de as leis serem adaptadas aos diferentes tipos e circunstâncias das pessoas que iam governar.

A percepção da lei como expressão do interesse da classe dominante, associada, no mundo moderno, à crítica marxista da sociedade burguesa, aparece na Grécia antiga no princípio frequentemente reiterado de que a legislação deve existir para o benefício de todas as pessoas (do qual falaremos adiante) e nas observações de Platão que sugerem que o elemento dominante em um Estado tende a fazer leis que beneficiam a si próprio. Na *República*, o áspero sofista Trasímaco desenvolve a tese de que "cada forma de governo promulga as leis de acordo com seus interesses", consagrando assim a legislação "que é de seu interesse – dos governantes –, e o homem que se desvia dessa lei eles castigam como um transgressor da lei e um malfeitor"[32]. Sócrates contesta a conclusão de Trasímaco de que a justiça

---
31. *Ética nicomaqueia* 10. 9. 21.
32. Platão, *República* 338d, e.

seja de fato o interesse do mais forte, embora não contradiga sua observação ao que acontece na prática. No último livro de Platão, as *Leis*, o mesmo ponto de vista é apresentado como uma opinião defendida por todos[33].

A relação do direito com um padrão mais alto

Um dos problemas centrais da ciência jurídica é saber se a lei, para ser reconhecida como tal, precisa somente estar de acordo com critérios formais, ou se sua validade depende também da conformidade com um padrão "natural" mais alto e permanente. Em outras palavras, mesmo presumindo em termos gerais que o Estado e suas leis devem ser obedecidos, isso significa que toda e qualquer medida, desde que tenha os sinais formais da aprovação, deve receber essa obediência, embora possa ser contrária aos valores morais do cidadão? Ou existiria um padrão transcendente e supremo?

Essa pergunta, sobre cuja resposta a teoria cristã não teve dúvidas desde a Alta Idade Média, e que se encontra na raiz de todo o debate moderno sobre os "direitos fundamentais", não foi proposta pela antiga filosofia grega, mas aparece na literatura grega. É levantada numa tragédia ateniense de meados do século V, *Antígona* de Sófocles, em que é apresentada na forma de um célebre dilema, tratado com tanta naturalidade pelo poeta que nos faz suspeitar de que era comum mesmo em seu tempo. Uma guerra civil havia separado dois irmãos, um dos quais morreu no ataque a Tebas, e o outro, em sua defesa. O rei proíbe que o primeiro seja enterrado e pretende deixar que seu corpo seja devorado pelos animais selvagens; porém, de acordo com as ideias religiosas gregas, com isso impede a alma do morto de encontrar o repouso que somente o enterro – mesmo um enterro simbólico sob um punhado de terra – pode as-

---

33. Platão, *Leis* 715a.

segurar. A piedade de Antígona, irmã do morto, impele-a à desobediência; ela põe terra sobre o corpo, que está exposto na planície, e é presa. O rei pergunta-lhe se ela tem conhecimento de sua ordem e, se tem, por que a desobedeceu. Ela responde:

> ... Essas leis não foram decretadas por Zeus,
> E aquela que foi entronizada pelos deuses,
> A Justiça, não promulgou essas leis humanas.
> Nem julgo eu que tu, um homem mortal,
> Poderias com um sopro anular e invalidar
> As leis do céu, imutáveis e não escritas.
> Elas não nasceram hoje nem ontem;
> Elas não morrem; e ninguém sabe de onde brotaram.[34]

Leis eternas de origem sobrenatural são mencionadas por Sófocles também em outra passagem[35], embora não em um contexto de semelhante confrontação dramática. Porém, por outro lado, essa passagem de Antígona, apesar de muito citada na literatura clássica posterior[36], é única. Contém um pensamento que nunca aparece entre os filósofos que escreveram sobre o direito, nem entre os oradores que pleiteavam diante dos tribunais de justiça. Em geral, o pensamento grego desconhecia a ideia de que há uma escala de valores capazes de invalidar uma lei humana que conflite com eles.

Não obstante, os gregos revelam, de dois modos, estar convictos de algo que transcende as leis positivas, algo "naturalmente" certo e próprio, algo que se pode chamar de um direito ou justiça "natural". Primeiro, Aristóteles enunciou[37] efetivamente a distinção teórica entre o naturalmente justo (*tò physikòn díkaion*) e o que é justo somente em consequência de ter sido prescrito pela lei positiva (*tò nomikòn díkaion*):

---

34. *Antígona* 453-7
35. *Édipo rei* 865 ss.
36. Aristóteles, *Retórica* I. 18. 2.
37. *Ética nicomaqueia* 5. 7. I.

Da justiça política [*tò politikòn díkaion* = algo como "as regras que governam os cidadãos"], uma espécie é natural e a outra, convencional; e a espécie natural tem a mesma força em todos os lugares, independentemente de nossa opinião a favor ou contra ela, ao passo que a norma convencional, conquanto inicialmente possa ser fixada de um modo ou de outro, uma vez fixada deixa de ser indiferente; como, por exemplo [várias quantias de resgate arbitrariamente fixadas, sacrifícios etc.].

Porém, o exemplo de norma natural que ele dá é infeliz para nossos propósitos. Ele não descreve uma lei natural na ordem moral, mas uma "lei" do universo físico – algo que chamaríamos de lei somente no sentido metafórico –, a saber, o fato de o fogo queimar do mesmo modo na Grécia e na Pérsia. Não aventa exemplos de normas "naturais" na esfera do comportamento humano; e, embora diga mais adiante na mesma passagem que "existe uma espécie de justiça natural", ele a chama de "variável" do mesmo modo que as regras puramente convencionais são variáveis, e novamente dá um exemplo da natureza física e não da moral: o fato de que, não obstante em sua maioria as pessoas nasçam manidestras, elas possam tornar-se ambidestras.

Em segundo lugar, uma série de passagens da literatura grega sugere que determinadas relações de parentesco envolviam direitos e deveres "naturais" (embora sem afirmar a nulidade das leis positivas conflitantes). Na opinião dos gregos, os laços de sangue levavam o dever natural de os filhos providenciarem um sepultamento digno para os pais[38] e ampará-los na velhice, exatamente como os pais haviam tido o dever natural de sustentar os filhos na infância[39]. Além disso, conquanto Aristóteles admitisse que todos os homens nasciam livres por natureza e tivesse dificuldade para justificar a escravidão (instituição universal no mundo antigo), a escravização era considerada consequên-

---

38. Vide Jones, *Legal Theory* (vide n. 1), 59 ss.
39. Ibid.

cia natural da captura na guerra[40]. Os direitos de sucessão sem testamento eram atribuídos às circunstâncias naturais da relação sanguínea[41]; o direito de legítima defesa era igualmente localizado na natureza[42]; e, como veremos, o castigo que se equiparava exatamente ao modo da ofensa (retaliação ou retribuição simétrica) era considerado o que a natureza sugeria[43].

O propósito e o alcance do direito

Como vimos, os filósofos sabiam que, na prática, os governantes dos Estados atendiam aos interesses de sua classe. Porém, as referências que possuímos sobre o assunto mostram que as leis feitas para beneficiar somente uma parte do povo, ou o interesse predominante, eram tidas como más. Esse tema não surge com tanta frequência como na Alta Idade Média, quando os clérigos tinham de advertir os semibárbaros senhores germânicos da Europa de que o domínio temporal lhes havia sido confiado por Deus para o bem de seus súditos, não para seu prazer arbitrário. Platão, tanto na *República* como nas *Leis*, deixa claro que a promoção do bem *geral* é o papel próprio da lei. Na primeira obra, Sócrates, envolvido em um conflito com o agressivo Trasímaco, traça uma analogia entre o ofício do governante e as profissões de médico e piloto, vistas estritamente como tais. Assim como estes, enquanto profissionais, consideram o interesse dos pacientes e marinheiros de que estão encarregados, e não o seu, "tampouco alguém em qualquer cargo de governo, na medida em que é um governante, considera e impõe seu próprio interesse, mas os interesses dos governados, para quem exerce seu ofício, e mantém seus

---
40. *Política* 1. 4–5.
41. Jones, *Legal Theory* (vide n. 1), 62.
42. Ibid.
43. Vide abaixo, no fim da seção, "Teoria da pwena".

olhos fixos nisso e no que é vantajoso e adequado para eles, em tudo o que diz e faz"[44]. Nas *Leis*, Platão condena os regimes em que o poder é zelosamente monopolizado pelos interesses vitoriosos; esses, diz ele,

> nós, naturalmente, negamos que sejam *politeía* [termo que, aqui, significa algo como "sistemas constitucionais"], assim como negamos que as leis sejam verdadeiras, a menos que sejam promulgadas em vista do bem-estar comum de todo o Estado. Mas onde as leis são feitas em benefício de uma parte, chamamo-lhes *stasioteíai* [palavra que ele cunhou de *stásis* = facção, como poderíamos dizer "facciosidades"] em lugar de *politeía*; e a "justiça" que eles atribuem a essas leis é, dizemos, um nome vazio.[45]

Nessas passagens, tomadas isoladamente, Platão pode estar pensando no alcance funcional que as leis tipicamente tinham numa cidade grega. Se tomarmos por modelo o código de Gortina, em Creta (ele é mencionado somente porque é o mais completo conjunto de leis, de uma cidade grega, que chegou a nós), elas tratariam de vários tipos de crime, dos direitos de propriedade, de sucessões, contratos e assim por diante, e teriam alguma analogia, embora remota, com os sistemas legais dos Estados modernos. Mas a ideia de Platão sobre as funções do direito – entendido em um sentido mais ou menos coercitivo – não se limita a essas funções triviais. Ele atribuía ao direito não apenas a regulamentação de condições inerentes ou pelo menos comuns na sociedade humana, mas também a tutoração deliberada (não só no sentido que esse termo tem para o professor, mas igualmente para o jardineiro) dessa sociedade rumo a um estado de perfeição ideal. Assim, ele vislumbrava para o direito uma dimensão adicional que, embora vários regimes tenham procurado tornar uma realidade, o Ocidente rejeitou completamente.

---

44. Platão, *República* 342d, e.
45. Platão, *Leis* 715 b.

A concepção de um Estado no qual o direito tem essa dimensão foi formalmente expressa por Platão; mas, na época dele, ela já existia na prática do mais singular de todos os Estados gregos: Esparta, que parece ter sido a inspiração de Platão. Essa cidade, um exemplo, naquela época e agora, de rigorosa austeridade, fortalecia seus costumes por meio da educação e treinamento dos jovens e conservava-os vivos neles na idade adulta. Tais práticas não se baseavam no que poderíamos reconhecer como uma moralidade religiosa, mas eram dirigidas para a produção e a constante renovação de um Estado militarista e irresistível. Os outros gregos, entrevendo, como imaginavam, algo da primitiva simplicidade e virilidade de sua raça num meio que deve ter sido semelhante ao de um internato para ignorantes incuráveis, sentiam uma admiração furtiva por Esparta, expressa, no caso de Platão, por sua proposta de um modelo semelhante ao espartano para sua comunidade política e seus governantes ideais.

Esses governantes ("guardiães") são fundamentais para todo o sistema[46]. A primeira geração de governantes deve ser selecionada pelo legislador, que também dividirá a população restante em uma segunda classe (soldados) e uma terceira (povo comum); depois, será propagado um mito oficial, segundo o qual essas três categorias correspondem a uma classificação preordenada pela divindade. Todo o processo reprodutivo da classe dos governantes deve ser governado por rigoroso regulamento eugênico, pelo qual os fracos serão evitados ou eliminados. Os governantes – que podem, aliás, ser de um ou outro sexo – devem observar um comunismo não só de propriedade, mas também de companheiros sexuais e de filhos. A família nuclear, o conceito em torno do qual gira grande parte do direito e da ética cristã e mesmo da não cristã, não existiria. A educação dos jovens deve estar sujeita a um minucioso regulamento, com certos modos de música excluídos do currículo por tender a encorajar a moleza ou a frivolidade; o corpo deve ser treinado para suportar o sofrimento, o espírito, para mostrar cora-

---

46. *República* 374 ss., 395 ss.

gem; a formação do intelecto deve estar voltada para produzir governantes que serão filósofos (os "reis filósofos", em uma expressão comumente usada para resumir essa ideia de Platão). A formidável austeridade e a conformidade (para nós, repugnante) que Platão buscava – encontradas até certo ponto em seu modelo espartano – não eram, todavia, subordinadas ao tipo de ideologia imperialista ou racista com a qual poderíamos esperar encontrá-la associada no século XX. Era simplesmente um regime que, em sua ingênua opinião, produziria um Estado nobre no qual a justiça poderia reinar. Assim, era um regime que à primeira vista obedecia à doutrina de que as leis devem existir para o benefício de todos; porém (pelo menos em nossa opinião), conflitante com ela em nível mais profundo, porque cobrava um preço grande demais da liberdade e dignidade humanas.

Essa concepção do direito, ampliada para encerrar uma função tão ambiciosa quanto a construção de um novo tipo de Estado, não encontra eco em outros filósofos gregos clássicos, embora Aristóteles, em sua *Ética*, pareça atribuir às leis uma função não somente reguladora, mas também formativa, isto é, de treinamento na virtude.

> É difícil [diz ele] obter uma educação correta quanto à virtude desde a juventude, sem ter sido educado sob leis certas; pois viver com temperança e simplicidade não é agradável para a maioria dos homens, especialmente quando jovens; por isso a criação e os exercícios para os jovens devem ser regulamentados por lei... Precisaremos também de leis para regular a disciplina dos adultos, e, com efeito, toda a vida das pessoas em geral; pois a multidão é mais sensível à coação e ao castigo que à razão e aos ideais morais. Consequentemente, alguns sustentam que, embora seja próprio do legislador encorajar e exortar os homens à virtude com base na moral, na expectativa de que os que tiveram uma educação moral virtuosa correspondam, ele está todavia obrigado a impor castigos e penas aos desobedientes e agressivos, e a banir totalmente do Estado os incorrigíveis.[47]

---

47. *Ética nicomaqueia* 10. 9. 8-9.

O Estado de Direito

O ideal do Estado cujas autoridades atuam de acordo com leis conhecidas e preexistentes, e não de modo arbitrário ou sem considerar essas leis, não foi explicitado nessa forma abstrata na Grécia clássica. Contudo, a substância do ideal é frequentemente expressa pelos filósofos e historiadores. A soberania *geral* da lei – em lugar do governo arbitrário – era percebida (segundo Heródoto, citado acima, num diálogo entre um espartano e um persa) como uma feliz característica distintiva das cidades gregas livres. Sua soberania *específica* sobre os próprios governantes surge em passagens que os mostram efetivamente sujeitos a elas, ou que prescrevem essa sujeição como essencial para o bom governo.

Assim, nas *Leis* de Platão, o orador principal, um ateniense, chama os magistrados de "servos" das leis, considerando isso uma condição vital para o sistema ideal: "Pois, em qualquer Estado onde a lei seja subserviente e impotente, sobre esse Estado vejo pairar a ruína; porém, onde quer que a lei seja senhora dos magistrados, e os magistrados sejam servos da lei, ali avisto a salvação e todas as bênçãos que os deuses conferem aos Estados." Seu interlocutor, um cretense, concorda com ele[48]. Aristóteles, em sua *Ética*, diz: "Não permitimos que um homem governe, mas a lei" (visto que um homem tende a governar em seu próprio benefício e assim torna-se um tirano)[49]. Em sua *Política*, ele diz que as leis, se feitas corretamente, devem ser soberanas, cabendo aos governantes somente a questão dos detalhes que as leis gerais não podem cobrir exaustivamente (embora ele também pareça dizer que as leis não devem ser soberanas se "saírem dos trilhos", isto é, talvez, se elas se torna-

---

48. *Leis* 715d.
49. *Ética nicomaqueia* 5. 6. 5. A palavra grega *tyrannís* significa um governante absoluto, mas não necessariamente com a sugestão de opressão ou crueldade que o derivado em inglês carrega.

rem completamente inadequadas)⁵⁰. A obediência à lei é um alto elogio aos governantes: Aristóteles, em sua obra sobre a constituição de Atenas, elogia Pisístrato, autocrata do século VI, por ter governado conforme as leis (de Sólon, segundo Plutarco)⁵¹ e não ter tirado nenhum proveito para si; e relata que os principais magistrados atenienses, os arcontes, faziam, ao assumir o cargo, o juramento de governar de acordo com as leis⁵²; qualquer cidadão poderia processar um funcionário público por não observá-las⁵³. Plutarco (escrevendo, como se sabe, quatro séculos depois, e no mundo romano) bate na mesma tecla em seu elogio aos antigos governantes gregos; além de Pisístrato, ele menciona, no mesmo sentido, o tebano Pelópidas e o coríntio Timoleão por terem governado de acordo com as leis. É verdade que a atitude de Plutarco para com os homens de Estado que torcem a lei para favorecer seus amigos é ambivalente – na biografia de Temístocles, ele parece desaprovar essa prática; porém, na de Aristides⁵⁴, parece apoiá-la. Esse talvez seja um contexto especial. Em geral, a mente grega, até onde os escritos da época nos permitem vislumbrá-la, acreditava que o governante de uma cidade tinha de estar sujeito às leis dessa cidade.

Aristóteles e a análise da justiça

A coisa que mais se aproxima de uma teoria do direito na literatura grega clássica é o quinto livro da *Ética nicomaqueia*⁵⁵, de Aristóteles, dedicado à análise da justiça e da equidade. A justiça, na opinião de Aristóteles, "só pode existir

---

50. *Política* 3. 6. 13, 3. 10. 5. Vide também 3. 9. 3-5, 3. 10. 10.
51. *Sólon* 31.
52. *A Constituição de Atenas* 16. 8. 55. 5.
53. Ibid. 57.3
54. Plutarco, *Pelópidas* 26, 31, *Timoleão* 10, *Temístocles* 5, *Aristides* 2.
55. Assim chamada porque (parece) ter sido dedicada ao filho de Aristóteles, Nicômaco.

entre aqueles cujas mútuas relações são reguladas pela lei, e a lei existe para aqueles entre os quais há uma possibilidade de injustiça, porque a administração da lei está em discriminar o justo do injusto"[56]. Porém, numa classificação que se tornou célebre, Aristóteles disse que há dois tipos de justiça: a "distributiva" e a "corretiva". Justiça distributiva seria "aquela que é exercida na distribuição de honras, riquezas e outros bens divisíveis da comunidade, que podem ser distribuídos entre seus membros em cotas iguais ou desiguais"[57]. Levando em consideração a extensão muito maior da regulamentação material no Estado moderno, poderíamos dizer que essa definição corresponde evidentemente à "justiça legislativa", que esperamos ver estampada nas leis e outros atos normativos governamentais que distribuem benefícios ou impõem encargos em padrões e proporções que podemos aceitar como justos ou racionais, considerando o assunto; o tipo de justiça – usando uma expressão que entrou no direito constitucional irlandês vinda dos Estados Unidos – que está livre de toda "discriminação hostil". A ideia de Aristóteles torna-se clara através de algumas propostas gerais como, por exemplo, de que os iguais devem ser tratados igualmente, os desiguais, desigualmente[58]; de que a justiça é proporção, a injustiça, desproporção[59]. Ele resume essa teoria numa espécie de fórmula: a justa distribuição envolve, no caso mais simples, um par de pessoas e um par de "cotas", e abrange assim pelo menos quatro termos em uma "proporção geométrica", isto é, "uma proporção na qual a soma do primeiro e do terceiro termos guardará, em relação à soma do segundo e do quarto, a mesma razão que um termo de qualquer um dos pares guarda em relação ao outro termo"[60]. Ele não chega, todavia, a discutir uma hipotética situação concreta a ser

---

56. *Ética nicomaqueia* 5. 6. 4.
57. Ibid. 5. 2. 12.
58. Ibid. 5. 3. 6.
59. Ibid. 5. 3. 14.
60. Ibid. 5. 3. 10-13.

regulada pelo direito, situação que, naturalmente, não será medida por uma fórmula abstrata, mas pelo instinto de justiça do legislador.

A "justiça corretiva", por outro lado, não é a justiça legislativa, mas sim o que poderíamos chamar de justiça judicial, a justiça dos tribunais. A justiça corretiva põe nos eixos algo que estava errado, restaurando o equilíbrio onde a balança da justiça fora alterada. Aqui a fórmula é mais simples: uma proporção aritmética em lugar de uma proporção geométrica, uma vez que as qualidades das pessoas envolvidas não têm a ver com o assunto:

> Pois não faz diferença se um homem bom defraudou um homem mau ou um homem mau defraudou um bom, nem se foi um homem bom ou um mau que cometeu adultério; a lei contempla apenas a natureza do dano, tratando as partes como iguais e perguntando meramente se um cometeu a injustiça e o outro a sofreu, se um infligiu um dano e o outro o sofreu. Consequentemente, o injusto sendo aqui o desigual, o juiz diligencia para igualá-lo: já que, quando um homem tomou e o outro aplicou um soco, ou um matou e o outro foi morto, a linha que representa o recebimento e a execução da ação está dividida em partes desiguais, mas o juiz empenha-se para torná-las iguais por meio da pena ou perda que impõe, retirando o ganho [o "ganho", nesse caso, inclui o fato de ter cometido um crime e até agora ter saído ileso].[61]

Essa justiça corretiva, além disso, aparece em duas formas: quando intervém em situações "voluntárias" e quando intervém em situações "involuntárias". Essas palavras, por si sós sintéticas demais para deixar transparecer seu verdadeiro significado, ele explica assim:

> São exemplos de transações voluntárias: vender, comprar, emprestar a juros, empenhar, emprestar sem juros, depositar, alugar; essas transações são denominadas voluntárias

---

61. Ibid. 5. 4. 3.

porque são feitas voluntariamente. Das transações involuntárias algumas são ocultas, como, por exemplo, o furto, o adultério, o envenenamento, a alcovitagem, a instigação de escravos, o assassínio, o falso testemunho; outras são violentas, como, por exemplo, ameaça, prisão, homicídio, roubo, mutilação, linguagem injuriosa, tratamento insultuoso.[62]

A distinção entre transações "voluntárias" e "involuntárias" corresponde superficialmente à distinção que reconheceríamos entre os contratos, de um lado, e os ilícitos civis e penais, de outro. Ela é, no entanto, particularmente interessante porque também corresponde, pelo menos de modo aproximado, à distinção traçada por H. L. A. Hart entre as normas "que conferem poderes", as quais não se enquadram na concepção do direito como um puro sistema de ordens respaldadas por sanções e emitidas por um superior político, e as "normas primárias de obrigação", que se enquadram; isso a despeito das passagens de Aristóteles e outros escritores, acima mencionados, que mostram que a mente grega, como a de Austin, visualizava o direito como um ordenamento imperativo.

Lei e equidade

No quinto livro da *Ética*, em que Aristóteles discute a justiça, ele também trata da "equidade" (*epieíkeia*), por ele considerada um conceito distinto. A concepção de equidade, diz ele, não é genericamente diferente da de justiça; o equitativo é sempre justo, mas não de acordo com a lei; é antes uma correção da justiça legal, porque a lei fala em termos gerais e porque, em virtude da natural irregularidade e variedade do material que tenta regulamentar, ela não pode dar um tratamento perfeitamente justo para todo caso possível:

---

62. Ibid. 5. 12. 13.

Quando, portanto, a lei estabelece uma regra geral e depois surge um caso que escapa um pouco ao modelo geral, é correto, onde as palavras do legislador se tornaram simples demais para satisfazer o caso sem cometer injustiça, retificar a deficiência, decidindo como o próprio legislador teria decidido se estivesse presente na ocasião, e como teria feito se tivesse conhecimento do caso em questão.[63]

Nesse sentido, diz ele, a equidade não adquire eficácia mediante uma modificação da lei geral, mas por meio de um voto popular (*pséphisma*) que torna menos rígida, *ad hoc*, sua aplicação[64]; ou também, aparentemente, por um árbitro aceito pelas partes de um pleito, porque em outra obra, a *Retórica*, ele diz que o imparcial e equitativo, embora seja justo, é uma espécie de justiça "paralela" à justiça legal, sendo por isso que as pessoas preferem um árbitro, o qual leva em consideração a equidade, a um juiz, que deve aderir estritamente à lei; aliás, esse é o motivo pelo qual (ele diz) esse tipo de árbitro foi inventado[65].

Por outro lado, não há análise da *epieíkeia* que a correlacione com um sentido "natural" de justiça, ou com qualquer hierarquia moral em que a persuasão da consciência, o espírito da lei, seja preferido à sua letra. Está claro também que aquelas expressões de Aristóteles não chegam a evidenciar o reconhecimento efetivo, na prática judicial de Atenas ou de qualquer outro lugar, de um sistema dual de "lei e equidade", como ocorreu na história jurídica inglesa e, sob forma um pouco diferente, na romana. Ao contrário, pode-se demonstrar, mediante alguns pleitos que nos foram transmitidos pelos oradores, que, mesmo que os fatos revelassem que uma das partes atuara de má-fé, o que nos sistemas inglês e romano poderia dar causa a uma defesa equitativa ou a algum tipo de remédio equitativo, os tribunais atenienses ficavam presos à letra da lei e não ti-

---

63. *Ética nicomaqueia* 5. 10. 5.
64. Ibid. 5. 10. 6.
65. Ibid. 1. 13. 19.

nham jurisdição para desenvolver princípios de equidade em oposição a ela[66].

A igualdade perante a lei

Esse valor – às vezes representado pela palavra *isonomia* – não deve ser buscado na ciência jurídica formal da Grécia clássica, que não existia; mas está claro que a mente grega, ou pelos menos a ateniense, lhe atribuía conscientemente certo peso. Para essa mente, o igualitarismo nivelador e antiaristocrático, expresso pela moderna etiqueta "um homem é tão bom quanto o outro", era certamente estranho. Aristóteles cita versos do venerável Sólon, por exemplo, nos quais esse arquetípico legislador grego nega toda disposição a deixar que a plebe tivesse, no país, a mesma participação que a nobreza[67]; e, na célebre oração fúnebre feita por Péricles e relatada por Tucídides, o estadista menciona, como característica digna de orgulho do sistema ateniense, que nele o mérito pessoal leva à honra e à precedência. Mas, na mesma passagem[68], Péricles diz que, a despeito dessa hierarquia de classes baseada no mérito, "diante da lei, todos os homens encontram-se em pé de igualdade no que se refere às suas disputas privadas". Drácon – segundo Demóstenes – proibiu a promulgação de leis que tivessem por objeto indivíduos particulares; Demóstenes diz que a teoria por trás disso era que, "como todos compartilhavam o resto do Estado, assim todos deviam compartilhar igualmente suas leis"[69]. Em outro verso de Sólon citado por Aristóteles, o legislador gaba-se de que, apesar de sua decisão de não colocar os maus cidadãos no mesmo plano que os bons, estabeleceu leis iguais para

---

66. Vide Aristóteles, *Retórica* 1. 15. 5-6, que parece sugerir isso.
67. *A Constituição de Atenas* 12. 3.
68. Tucídides 2. 37.
69. Demóstenes 23. 86, 24. 59.

ambos os tipos, "moldando uma justiça imparcial para cada um"[70]. Platão, em seu *Menexeno*, diz (talvez fazendo eco à passagem do discurso de Péricles citada por Tucídides) que "nossa igualdade de nascimento impele-nos por natureza a buscar a igualdade perante a lei e a não ceder em nada a ninguém, exceto por sua reputação de bondade ou conhecimento"[71].

O devido processo legal, padrões elementares de justiça

Não há nenhuma expressão técnica grega que corresponda à nossa noção de "devido processo legal". Por outro lado, sabemos que executar alguém que não fora julgado ou condenado (*ákriton kteínein*) era considerado uma abominação; passagens de Heródoto[72] e Demóstenes[73] englobam essas execuções sumárias na mesma categoria que a violação de mulheres, como manifestações típicas do governo de um tirano. A questão aqui não é simplesmente o fato de a execução não ser precedida de uma prolatação formal de sentença, mas de o próprio julgamento não ocorrer – impossibilitando a averiguação de culpa segundo os moldes tradicionais. Esse é o sentido de *ákritos* (= não julgado, de *krínein*, julgar).

Quanto a esses moldes tradicionais, ou critérios judiciais, novamente não há uma doutrina formal sobre a valoração das provas ou sobre o que hoje chamamos de justiça natural. Mas a substância da característica mais notável da justiça natural – a obrigação de ouvir os dois lados de uma causa e dar ao acusado uma oportunidade de se justificar – era reconhecida por todos. O juramento judicial ateniense (atribuído a Sólon por Demóstenes) continha a promessa

---

70. *A Constituição de Atenas* 12. 4.
71. *Menexeno* 239a.
72. *Historiae* 3. 80. 5.
73. Demóstenes 23. 27, 76, 81.

de ouvir igualmente o autor e o réu[74], e o comediante Aristófanes, em certo trecho de uma peça, parece dar voz ao sentimento generalizado de que ambas as partes de todas as causas devem ser ouvidas (nesse mesmo trecho, porém, esse sentimento é contestado pela opinião de que tal coisa é desnecessária se a matéria já é notória e "gritante")[75]. É verdade que há passagens em Aristófanes e Eurípides que apresentam o princípio do contraditório como um preceito de sabedoria, e não de justiça[76]. Contudo, quando coligimos todas as referências negativas à condenação sem julgamento ou à ausência de contraditório, fica claro que existia – pelo menos entre os atenienses – um forte sentimento, mesmo que não profissionalmente organizado, em favor de um procedimento judicial regular e imparcial.

Novamente, o instinto de não levar alguém a juízo pela segunda vez sob uma acusação pela qual já tenha sido julgado, ou, de modo geral, o princípio de não reabrir um assunto que já tenha sido decidido judicialmente, é evidenciado em Atenas, desta vez efetivamente por uma lei. Em um discurso, Demóstenes, sem citar uma lei escrita determinada, diz em geral que as leis declaram que a mesma pessoa só pode ser processada uma vez pelos mesmos atos[77]. Em outro discurso, ele cita um texto legal com idêntica finalidade, cujo contexto parece mostrar que o princípio era aplicado de modo generalizado, tanto em questões que poderíamos chamar civis como nas penais, para excluir um segundo processo sobre um assunto já decidido judicialmente[78]. Não sabemos se o princípio era reconhecido com a mesma ênfase em todos os outros lugares do mundo grego.

---

74. Demóstenes, *Contra Timócrates* 149-51.
75. *As vespas* 919 ss.
76. Vide J. M. Kelly, "Audi Alteram Partem", em *Natural Law Forum*, 9 (1964), 104-5.
77. Demóstenes 38. 16.
78. Ibid. 24. 54.

A teoria da pena

A administração da pena nas eras mais primitivas era provavelmente instintiva e irrefletida, produto dos sentimentos de uma vítima e de sua família ou, nos casos suficientemente graves para envolver toda a sociedade, o produto de uma sensação de indignação ou perigo. É um passo importante quando a calma reflexão é aplicada à administração da pena e razões objetivas de política são encontradas para justificá-la. Esse estágio do pensamento ocidental é registrado pela primeira vez em Platão, para o qual a pena tinha dois aspectos: o corretivo, que tendia a forçar o infrator a mudar seu modo de ser; e o intimidativo, que desencorajava os outros de imitá-lo[79]. Desses dois valores, o que aparece com maior frequência daí em diante é o intimidativo; ele é comum entre os oradores áticos das épocas posteriores. Desse modo, Demóstenes, em seu discurso contra Androcião, diz aos juízes que o espetáculo do culpado sofrendo a pena por seus muitos crimes seria uma lição salutar para que todos os outros se comportassem com mais moderação[80]. Esse elemento quase educativo da pena é enfatizado também por Licurgo: os jovens, diz ele, são muito influenciados quando veem o culpado ser punido e o bom, recompensado; o espetáculo da punição, através do medo, faz com que eles a evitem[81]. E Ésquines, acusando Ctesifão, diz que, quando um alcoviteiro malvado desse tipo sofre uma pena, "outras pessoas recebem instrução"[82].

Muito tempo depois, o escritor romano Aulo Gélio, no início do século II d.C., pretendeu reproduzir a doutrina grega sobre esse assunto, ou pelo menos usou palavras gregas para denotar, segundo ele, os três objetivos da pena[83]. Além da correção e da intimidação, ele menciona um terceiro, a

---
79. Platão, *Górgias* 525a.
80. Demóstenes, *Contra Androcião* 614.
81. Licurgo, *Contra Leócrates* 149.
82. Ésquines, *Contra Ctesifão* 246.
83. Aulo Gélio, *Noctes Atticae* 7. 14.

timoría, que diz significar a proteção da honra da vítima, a qual seria impugnada se o culpado ficasse incólume. (Parece haver aí uma confusão surgida da associação com a palavra *timé*, honra; *timoría* significa somente pena ou punição, e é duvidoso que os gregos tenham incluído em seu significado o que Gélio descreve. Significativamente, ele ressalta que Platão não menciona esse elemento entre suas justificativas da punição.)

A mente grega ligava também a pena à intenção do malfeitor. A noção, elementar no mundo moderno, de que a culpa e a punibilidade dependem do estado mental que acompanhou o ato ofensivo – uma noção expressa no direito penal do *common law* pela máxima "*actus non facit reum nisi mens sit rea*" – não era axiomática no mundo antigo. Com efeito, a irrelevância da intenção, na percepção grega arcaica, manifesta-se nas lendas: na história de Édipo, por exemplo, que matou o próprio pai involuntariamente (cumprindo uma profecia que levou o pai a abandoná-lo quando criança), a nódoa e a culpa parecem atacá-lo a despeito da qualidade involuntária do patricídio. Todavia, o código atribuído a Drácon, na Atenas do final do século VII, reconhecia graus de homicídio relacionados com o estado mental da pessoa causadora da morte[84]: uma realização que transcendia o âmbito do puramente legal e refletia com particular clareza o nível que a civilização atingira pela primeira vez. Distinguiam-se o homicídio premeditado, o homicídio não intencional em uma competição atlética (ou algo semelhante a um homicídio cometido depois de grave provocação da vítima) e defesa legítima. As palavras das leis, conforme foram reproduzidas por Demóstenes[85], podem não ser originais em todos os seus detalhes, e o esquema total não transmite para o olhar moderno um quadro claro e bem organizado; mas não há dúvida de que as leis de Drácon, embora tidas como um exemplo de severidade, manifestam

---

84. *IG* i2. 115.
85. Demóstenes 20. 158, 23. 22, 28, 54, 60.

certa consciência do fator intenção, da maior ou menor culpabilidade relacionada com a condição subjetiva da mente do autor e do efeito das circunstâncias do caso sobre ela.

Nos séculos seguintes, a pertinência da intenção para a punibilidade foi universalmente reconhecida. Tucídides relata que o demagogo ateniense Cléon, num discurso em que estimulava o massacre dos aliados que haviam se revoltado contra Atenas, proclamou que "eles conspiraram conscientemente contra nós, e não nos prejudicaram apenas involuntariamente: porque o que não é intencional é perdoável"[86]. Essa ideia recebeu dos filósofos sua formulação teórica formal. Em sua última obra, *As Leis*, Platão (embora expresse a opinião, que não precisa ser explorada no presente contexto, de que ninguém jamais *deseja* realmente fazer o mal) ainda admite, como algo muito bem estabelecido para ser impugnado, que "os males voluntários e involuntários são reconhecidos como distintos por todo legislador que já existiu em qualquer sociedade, e considerados distintos por todas as leis"[87]. Tratando do caso específico do homicídio, ele propõe categorias diferenciadas com mais sutileza: o homicídio involuntário, por exemplo, ocorrido em um acidente esportivo, em que o agente fica livre do mal pela simples purificação ritual; um homicídio "sem intenção", mas aparentemente com algum grau de culpa, semelhante talvez a um homicídio culposo; e um homicídio "passional", no qual se distinguiria o ato cometido sob um súbito impulso de fúria do ato premeditado. A demarcação entre essas categorias não é tão clara quanto deveria ser numa lei escrita; mas declara o princípio geral de que o ato que parece um mal maior deve receber uma punição maior, e o que parece um mal menor, uma punição menor[88]. A proporção entre a intenção e a punição é mantida mais à frente, quando ele dispõe sobre o homicídio de pessoas espe-

---

86. *Histórias* 3. 40.
87. *Leis* 861a, b.
88. Ibid. 865-7. Vide também Aristóteles, *A Constituição de Atenas* 57. 3.

cialmente próximas do assassino (amigos, familiares etc.)[89]. Aristóteles, na *Ética nocomaqueia*, considera necessário definir o que é voluntário e o que não é, um exercício, como ele diz, útil também para o legislador que tem de distribuir recompensas e punições[90]. Os legisladores "castigam e punem todos os que fazem o mal, a menos que a coação ou a ignorância inocente tenham sido a causa de seus atos"[91]. Seu contemporâneo, o orador Demóstenes, confirma a posição dos filósofos e até lhe dá um fundamento expresso na natureza:

> Entre outros povos, vejo que essa espécie de distinção é universalmente observada. Se um homem faz o mal intencionalmente, ele é afligido pela repulsa e pela punição. Se errou involuntariamente, o perdão toma o lugar da punição... Essa distinção, além de estar consignada em nossas leis, é determinada pela própria natureza em suas leis não escritas e no senso moral dos homens.[92]

Por outro lado, se a impossibilidade de avaliar o que está fazendo é causada pelo próprio comportamento do agente, como naqueles casos em que a embriaguez ou a ignorância culpável da lei estão por trás do delito, essa incapacidade de avaliação, de acordo com Aristóteles, não deve servir de desculpa[93]. Aristóteles também menciona uma lei de Mitilene, no século VI, que punia mais severamente a agressão em estado de embriaguez que de sobriedade; o legislador, tendo em mente o fato de que os homens são mais insolentes quando bêbados, havia dado mais peso ao benefício público (com essa medida severamente intimidadora) que à circunstância atenuante que a embriaguez poderia representar[94].

---

89. *Leis* 877.
90. *Ética nicomaqueia* 3. 1. 1.
91. Ibid. 3. 5. 7.
92. Demóstenes, *De corona* 274-5.
93. *Ética nicomaqueia* 3. 5. 8.
94. *Política* 2. 9. 9.

A proporção entre as penas e a gravidade das ofensas – considerada à parte do papel da intenção no cálculo de sua gravidade – é um princípio de que os filósofos atenienses não tratam especificamente. Por outro lado, parece decorrer naturalmente das regras gerais enunciadas por Platão e Aristóteles sobre proporção e medida. Na opinião de Platão, como já vimos, tratar igualmente coisas desiguais, isto é, tratá-las como se fossem iguais, produz desigualdade, a menos que haja a devida medida[95]. A teoria de Aristóteles sobre a justiça requer que as coisas iguais sejam tratadas igualmente, e as desiguais, desigualmente; logo depois ele diz que justiça é proporção, e injustiça, o que é contrário à proporção[96]. Essa questão é expressamente mencionada por Plutarco em sua biografia de Sólon; o grande legislador ab-rogou as medidas de seu precursor Drácon, que não distinguia, quanto à severidade, delitos triviais de delitos graves, e elaborou sua própria legislação de modo que refletisse essa distinção na escala de punições[97].

Finalmente, vale a pena mencionar neste contexto uma ideia que permeia o direito antigo (e o folclore) e aparece também no pensamento grego: a de adequar a pena ao crime, não somente no sentido da proporcionalidade há pouco mencionada, mas no da retaliação: o ofensor deve sofrer a mesma violência que praticou. Plutarco – escrevendo, devemos admitir, em época bem mais recente, e sobre uma figura semilegendária, o rei-fundador de Atenas – diz que Teseu administrava uma justiça moldada na injustiça do malfeitor[98]. Um indício mais firme de que essa ideia fazia parte da teoria penal grega é fornecida por Platão nas *Leis*: sofrer o mesmo mal que se infligiu, ele chama de "justiça segundo a natureza" (*katà phýsin díke*), o modo de punição que a própria natureza sugere[99].

---

95. *Leis* 757.
96. *Ética nicomaqueia* 5. 3. 6 e 14.
97. *Sólon* 17.
98. *Teseu* II.
99. *Leis* 870d, e, 872d, e.

A teoria da propriedade

Os filósofos atenienses tinham consciência das dimensões moral e política da propriedade dos recursos materiais, e, em suas obras sobre o Estado ideal, propuseram modos de ver a propriedade e (no caso de Platão) de regulamentá-la legalmente. Deve-se sublinhar, primeiro, que eles jamais afirmaram que o direito à propriedade privada era um atributo natural do homem; essa posição, como veremos, foi sustentada pela primeira vez nos primeiros anos do Império Romano cristianizado, e mesmo depois disso teve de competir com uma forte corrente comunista[100] dentro da Igreja; só se tornou a ortodoxia da Europa cristã na Baixa Idade Média.

Platão, nas *Leis,* visualiza uma comunidade ideal (chegando a estipular o número ideal de lares, qual seja, 5.040) cujo legislador deveria manifestar o mesmo espírito do que propusera um esquema de educação totalitária na *República*. Deveria ordenar a comunidade das esposas, dos filhos e também, em certa medida, da propriedade; porque toda a terra disponível nessa cidade recém-fundada deveria ser considerada um bem comum e depois dividida em lotes, tanto quanto possível iguais, entre os cidadãos. Essas cotas, todavia, não deviam ser recebidas e mantidas com a atitude ciumenta de um livre proprietário; a divisão devia ocorrer "com um pensamento como este, de que aquele para quem o lote cair ainda está obrigado a considerar sua porção como propriedade comum de toda a sociedade"[101]. Platão reconhece que a completa igualdade de propriedade entre os novos cidadãos será impossível, pois cada um dos colonos chegará com quantidades de riqueza diferentes. Ele não propõe expropriação e redistribuição dos bens que chegam à cidade desse modo, nem proíbe a aquisição futura de bens por meio de doação, de empreendimentos comerciais

---

100. No sentido de propriedade comum de todos os bens.
101. *Leis* 739-40.

ou de tesouro encontrado. Mas deve haver um limite no desenvolvimento de desigualdades entre as classes proprietárias:

> Para que uma sociedade esteja imune à mais fatal das desordens, que pode mais propriamente ser chamada de loucura que de discórdia, não deve haver lugar para a penúria em nenhum segmento da população, nem tampouco para a opulência, pois as duas produzem iguais consequências. Consequentemente, o legislador deve agora especificar o limite em ambas as direções. Assim, digamos que o limite do lado da penúria seja o valor de uma cota; este deve permanecer constante... O legislador tomará isso como uma medida e permitirá a aquisição de duas, três e até quatro vezes seu valor.

Qualquer excesso além de quatro vezes a cota mínima básica deve ser entregue (por força de lei) e "consignado ao Estado e a seus deuses"[102].

Dentro desses limites, contudo, Platão estava disposto a fazer com que a propriedade privada fosse respeitada: "Eu não permitiria que homem algum tocasse em minha propriedade, se pudesse impedi-lo, nem que a perturbasse, ainda que ligeiramente, sem algum tipo de consentimento de minha parte; e, se for um homem de juízo, tratarei a propriedade alheia do mesmo modo."[103] Com efeito, ele mesmo admite, em outra passagem, que o instinto das pessoas comuns é contrário à interferência na livre administração da propriedade privada: na fundação das cidades dórias[104], diz ele, quando os primeiros legisladores tentaram efetuar mudanças na propriedade da terra e propuseram o cancelamento geral das dívidas (os gregos chamavam tal ato de *seisáchtheia*, "deitar os fardos") para "estabelecer uma

---

102. Ibid. 744-5.
103. Ibid. 913a.
104. As cidades de Creta, do Peloponeso e da Itália meridional, habitadas por populações do ramo dórico da raça grega, eram tidas como pioneiras da legislação. O legendário Minos, de Creta, era o arquétipo dos legisladores.

certa igualdade de posses", eles encontraram forte resistência[105]. Em Atenas, o principal magistrado eleito por um ano também costumava jurar, segundo Aristóteles, que protegeria os bens dos homens[106].

O tratamento que Aristóteles dá à propriedade é muito mais pragmático e cauteloso. Ele não perde tempo com o comunismo doutrinário, por simples razões de senso comum: "A propriedade deve ser comum em certo sentido, mas, como regra geral, deve ser privada; pois, quando cada qual tem um interesse distinto, os homens não reclamarão uns dos outros e farão mais progresso, porque todos estarão cuidando de seus próprios negócios." Um comunismo nivelador, por outro lado, extinguiria a iniciativa, facultaria uma administração ineficiente da riqueza comum e aboliria os motivos e a capacidade para a generosidade privada[107]. Mesmo assim, ele não oferece nenhuma justificativa mais elevada para a instituição da propriedade privada; esta, em alguma de suas formas, é "necessária para a existência"[108], mas não necessariamente – exceto pelas razões práticas há pouco mencionadas – na forma da propriedade exclusiva, por parte dos indivíduos, de qualquer quantidade de bens materiais que sejam capazes de acumular.

Duas formas de direitos de propriedade provocaram hesitação em Aristóteles; uma delas era a propriedade de escravos, uma característica universal do mundo antigo, em torno da qual a economia deste era organizada. Os escravos eram, de fato, uma propriedade viva:

> mas acaso há alguém destinado pela natureza a ser escravo, e para quem tal condição é conveniente e certa? Ou, antes, será que toda escravidão é uma violação da natureza?
>
> Não há dificuldade em responder a essa pergunta, por motivos tanto de razão como de fato. Pois que alguns devam

---

105. *Leis* 684d, e.
106. *A Constituição de Atenas* 46. 2.
107. *Política* 2. 3, 5.
108. Ibid. 1. 4.

governar e outros ser governados é algo não só necessário, mas conveniente; desde a hora de seu nascimento, alguns estão destinados à escravidão, outros, ao senhorio.[109]

Isso é o que ele chama escravidão "natural", uma justificativa não muito feliz – mas talvez a única possível na prática – do que ele via ao seu redor. Outro tipo de escravidão, tão disseminado no mundo antigo quanto o conceito de escravidão natural, é meramente convencional: a escravidão resultante de captura na guerra; e aqui ele admite que há argumentos poderosos, que outros desenvolveram com base na natureza, para condenar a pretensão de qualquer um de rebaixar outros à condição de escravo pelo simples exercício da força[110].

A outra área em que a propriedade privada parecia, a Aristóteles, pedir por certas restrições era a do comércio. Ele explica em sua *Ética nicomaqueia* que a função do dinheiro[111] é atuar como uma medida, para tornar as coisas comensuráveis – porque seu valor é expresso em diferentes quantidades do mesmo meio de troca – e, assim, equalizá-las[112]. Porém, como os filósofos cristãos fariam mais tarde, ele só parece considerar respeitável o emprego do dinheiro para facilitar as trocas de produtos primários. O papel de um intermediário, um comerciante varejista, é censurável de algum modo. Mas a pior coisa é a usura, o empréstimo de dinheiro a juros. Pois o uso do dinheiro não como um meio de troca, mas meramente para gerar mais dinheiro (a palavra grega para juros provenientes de empréstimo de dinheiro é *tókos*, cujo sentido primário é "prole"), é antinatural[113].

---

109. Ibid. 1. 4-5.
110. Ibid. 1. 6.
111. Na época de Aristóteles, o dinheiro não tinha uma história muito antiga na Grécia. As primeiras moedas datam de 600 a.C., aproximadamente; os lingotes de metal remontam a uma data mais antiga.
112. *Ética nicomaqueia* 5. 5. 14.
113. Ibid. 1. 3. 2-3.

Capítulo 2
Os romanos

Roma e a Itália

No início do capítulo anterior, tentamos correlacionar o período clássico da civilização grega com a cronologia de Roma e da Europa Setentrional; naquela época, como dissemos, Roma ainda estava no estágio mais primitivo de sua história. A península italiana continha não só o povo romano, que ocupava apenas a área das "sete colinas" perto da foz do Tibre e a zona rural imediata, mas também outras comunidades políticas de língua e sangue similares ou intimamente relacionadas (isto é, outros membros do ramo itálico da família indo-europeia), bem como outras civilizações poderosas e refratárias a estrangeiros. O litoral da Itália meridional e a maior parte da Sicília eram pontilhados de cidades fundadas, do século VIII em diante, por colonos gregos; essa área era essencialmente uma parte do mundo grego. A Itália central, principalmente a região da moderna Toscana (que deles toma seu nome), era habitada pelos misteriosos etruscos, de origem não europeia, talvez fenícia, cuja cultura havia sido fortemente influenciada pela da Grécia (foi por meio da adaptação etrusca do alfabeto grego que os romanos adquiriram o seu); o poder etrusco chegou a estender-se até Roma, e os etruscos parecem ter instalado ali a dinastia real cujo último representante, Tarquínio Soberbo, foi expulso em 509 a.C. No norte da Itália viviam os celtas, linguisticamente muito mais próximos dos povos itálicos que quaisquer outros, e cuja inquieta agressividade – sua imagem usual no mundo antigo[1] – os levou também até Roma, que saquearam em 390.

No decorrer dos séculos IV e III, o poder de Roma cresceu; desse modesto começo, transformou-se na força dominante na Itália. O padrão desse desenvolvimento foi a construção gradual de uma rede de relações, na maior parte alianças, com os povos vizinhos; a implantação de colônias e assentamentos; e a progressiva extensão da cidadania romana. Esse desenvolvimento foi marcado ocasionalmente por guerras, quando este ou aquele povo se revoltava contra uma aliança que era na verdade uma dependência; mas em seu conjunto o progresso de Roma para a supremacia na Itália não foi uma conquista puramente militar. Uma política generosa de concessão de cidadania e uma prudente restrição do exercício da autoridade ao mínimo necessário para a segurança militar – não houve a tentativa de impor um sistema uniforme de governo local, judicatura ou religião – ajudaram a produzir uma Itália genuinamente harmoniosa, romana em seu padrão de linguagem, sentimento e submissão.

Na metade do século III, Roma envolveu-se num confronto com Cartago, uma antiga e poderosa cidade fenícia no norte da África, perto da moderna Túnis. O cenário das primeiras hostilidades foi a Sicília, aonde os interesses comerciais de Cartago a tinham levado; e quando as guerras com Cartago (as guerras "púnicas") terminaram, mais de 150 anos depois, com a destruição dessa cidade, Roma havia se transformado no poder dominante não só na Itália, mas no Mediterrâneo. A Sicília se tornara uma província romana; e foram criadas províncias também no norte da África, na Espanha e no sul da Gália. Em épocas posteriores, os roma-

---

1. Vide T. G. E. Powell, *The Celts* (Londres, 1958), 73-4. O grande estudioso alemão da Antiguidade clássica, Theodore Mommsen, escreveu sobre os celtas que "eles abalaram todos os impérios e não fundaram nenhum": *History of Rome*, trad. ingl. W. Dickson (Londres, 1908), i, livro 2, cap. 4.

nos avançaram até o norte da Gália e os Países Baixos, a península Balcânica, a Ásia Menor através do Bósforo e, por fim, o mar Negro e o Eufrates. Com a sujeição do Egito ao domínio romano, depois das guerras civis que se seguiram ao assassinato de Júlio César e terminaram com a morte de Antônio e Cleópatra em 30 a.c., toda a civilização em volta do Mediterrâneo e grande quantidade de territórios mais além formavam o Império Romano. Apesar disso, a expansão romana não estava completa; o século I d.C. assistiu ao acréscimo da Britânia e da Dácia (a moderna Romênia). A única parte da Europa continental em que os romanos nunca fizeram incursões substanciais e duradouras foi a terra dos povos germânicos, ao norte do Danúbio e a leste do Reno; esses povos, em eras posteriores, viriam a subverter a ordem e o Império romanos e a lançar as fundações dos principais Estados nacionais da Europa moderna.

O Estado romano

O Estado romano primitivo, após a expulsão dos reis, foi uma república: não uma democracia igualitária como o mundo moderno conhece, mas fortemente marcada pelo domínio de uma aristocracia. Era, contudo, uma república pelo menos no sentido de que os cargos públicos eram eletivos e o poder legislativo era formado por todos os cidadãos adultos do sexo masculino; até perto do fim, os magistrados eram trocados anualmente, embora sempre dentro da classe governante. O padrão geral por meio do qual a constituição dessa república evoluiu é razoavelmente bem conhecido. Mas ele nunca foi incorporado em uma carta ou lei escrita ("Constituições" nesse sentido são uma invenção moderna), e mesmo a concepção de uma Constituição, como nós a entendemos (ou o que os gregos chamavam de *politeía*), talvez não fosse uma noção distinta para os romanos, ainda que a expressão *ius publicum*, "direito público", pudesse substituí-la adequadamente na maioria dos contextos.

Sabemos muitas coisas sobre a república em sua fase final, a época de César e Cícero no último século a.c. Ela surge então como uma comunidade política na qual a suprema posição de prestígio e autoridade é ocupada pelo Senado, um órgão composto originalmente dos chefes das principais famílias (*senatus*, de *senis* = um velho; literalmente, portanto, significa "conselho de anciões"); sua natural diminuição numérica era contrabalançada pelo recrutamento de novos membros junto às classes mais altas e pela incorporação anual das pessoas eleitas para as magistraturas mais altas: o Senado não era, a rigor, uma assembleia legislativa, embora desfrutasse virtualmente da autoridade de legislador[2]. O poder de promulgar *leges*, as leis propriamente ditas, cabia ao povo, reunido em diferentes modos de assembleia para diferentes propósitos; mas esse poder era usado muito ocasionalmente[3]. Além disso, uma assembleia romana era muito diferente de um parlamento moderno; ela não podia propor, debater ou emendar um projeto de lei, mas simplesmente aceitar ou rejeitar um projeto proposto por um magistrado (que teria solicitado previamente a aprovação do Senado para ele). O poder executivo cabia aos magistrados eleitos, cujo peso político variava desde o par de cônsules eleitos anualmente (ou, quanto à dignidade, desde o do censor eleito quinquenalmente), passando pelo dos pretores, cuja responsabilidade especial era supervisionar a administração da justiça, até o dos questores, que eram oficiais do Tesouro, e o de magistrados inferiores como os edis, que desempenhavam uma espécie de função de

---

2. Gaio, *Inst*. 1. 4: "Uma resolução do Senado (*senatusconsultum*) é o que o Senado ordena e estipula; tem força de lei (*lex*), muito embora isto tenha sido questionado". A posição do Senado é justificada por Cícero, *De republ*. 2. 9, 10.

3. Em todo o período da república – digamos, de 509 a 28 a.C. – conhecemos de nome apenas cerca de trinta *leges* (é menor o número das que conhecemos o conteúdo, e menor ainda o das que conhecemos o texto). Deve ter havido *leges* das quais nenhum registro chegou a nós, mas estas muito dificilmente aumentariam de modo significativo esse total. Vide W. Kunkel, *Introduction to Roman Legal and Constitutional History* (Oxford, 1973), trad. ingl. J. M. Kelly (2ª. ed.), 131.

polícia nas ruas e mercados públicos. A parte da população originalmente diferenciada da aristocracia patrícia, isto é, a *plebe*, tinha suas próprias autoridades, chamadas de tribunos, que dispunham de considerável peso político. As províncias distantes eram administradas por governadores que eram ex-cônsules ou ex-pretores, enviados ao exterior, após seu ano de exercício dentro do país, para exercer a função por mais um ano; afirmava-se que governavam "na qualidade de" cônsul ou pretor respectivamente (*pro consule*, *pro praetore*), e por isso eram chamados de procônsul ou propretor.

A justiça era administrada em um esquema que contrastava fortemente com os padrões modernos. Primeiro, havia no lado civil várias jurisdições diferentes que não concorriam entre si nem se sobrepunham, mas cuja coexistência não pode ser explicada teoricamente, senão somente em razão de suas origens e dos contextos típicos nos quais funcionavam. Em segundo lugar, os juízes não eram, nem do lado penal nem do civil, funcionários públicos permanentes e assalariados, mas membros da classe proprietária atuando em um cargo honorário. Eram escolhidos *ad hoc* para cada caso; e, nos litígios privados, só podiam ser designados com a concordância de ambas as partes, de modo que o juiz único que julgava uma ação contratual, por exemplo, parecia mais um árbitro que um juiz moderno. O papel do pretor – embora tenha tido, como veremos, primordial importância no desenvolvimento do direito romano – era mais reformador, regulador e supervisor que judicial.

Rivalidades políticas, surgidas no contexto de tensas reformas sociais, tornaram-se violentas no século II a.C., e ali começou um período de cerca de noventa anos de distúrbios contínuos e guerra civil, em que o prolongamento anormal de mandatos de comando militar, o exercício reiterado e sucessivo do consulado pela mesma pessoa e a imposição de quase ditaduras assinalaram a debilidade e o colapso da antiga Constituição; esta havia-se desenvolvido numa cidade-estado de médio porte e, apesar das adaptações improvisadas, não pôde conter as violentas rivalidades que se digladiavam num palco mundial. A era das lutas e sucessivas autocracias de Mário e Sila, de Pompeu e César, de Antônio e Otávio, foi chamada a era da revolução romana; a república, como a compreendemos convencionalmente, terminou, e foi sucedida pelo período dos imperadores (o Império Romano, mais no sentido de uma forma de governo que de uma extensão de domínio territorial). Mas foi um tipo muito especial e, no princípio, muito sutil de revolução; como o espectro e a imagem do Império Romano exerceram poderosa influência no pensamento político e jurídico da Europa nas eras posteriores, vale a pena considerar a gênese e a natureza dessa forma política.

As duas revoluções mais significativas da era moderna, a da França no final do século XVIII e a da Rússia no começo do século XX, foram caracterizadas pela destruição total do antigo regime, seu sistema e seus símbolos. O mesmo vale para a revolução americana de 1776-87 e para a irlandesa de 1916-22; estas, embora menos totalitárias quanto ao espírito e ao método, também ostentaram deliberadamente as insígnias de uma ruptura consciente com o passado e um repúdio à antiga soberania. A revolução romana, por outro lado, consumou-se num espírito de dolorosa ansiedade para dar a entender que nada de essencial havia mudado. Isso foi devido ao caráter e à política do novo senhor do Estado, o sobrinho-neto de Júlio César, Caio Otávio, chamado mais tarde de Caio Júlio César Otaviano e, depois de conseguir a supremacia política incontestável, concedida pelo Senado em 27 a.C., conhecido pelo título que implicava um mandato divino e pelo qual se tornou conhecido na história: Augusto.

Augusto, considerado por nós o primeiro imperador romano (embora em sua época fosse chamado por um título muito menos formal, *princeps*, "o chefe"), parece ter tido genuína reverência pelas leis e costumes ancestrais dos romanos, e somente isso pode tê-lo levado a preservar tudo da antiga Constituição que não fosse incompatível com seu predomínio permanente. Mas, mesmo que isso tenha acontecido, o fato é que a própria prudência política já teria sugerido esse caminho; a reconfortante aparência de restauração ocultava efetivamente a perturbadora realidade da revolução.

Na superfície, com efeito, nada havia mudado. O Senado ainda se reunia; na verdade, entrou então numa era de particular prestígio. Os magistrados ainda eram eleitos anualmente. A assembleia do povo, que havia muito não se reunia para legislar, foi novamente posta em ação – talvez como manifestação de um romântico gosto por antiguidades da parte de Augusto – com o objetivo de promulgar leis na área dos costumes familiares e da moral, e para inibir a diluição racial do corpo de cidadãos devida à excessiva emancipação de escravos. O antigo sistema judicial funcionava como antes, e de forma ainda mais racionalizada. Mas uma transformação ou transubstanciação silenciosa, quase invisível, havia ocorrido de fato; porque todas as partes da Constituição agora continham um novo dispositivo tácito, qual seja, a aquiescência à vontade de um único indivíduo. O próprio Augusto deixou um relato de sua vida pública, ainda preservado em duas inscrições oficiais que mandou fazer em Ancira (a moderna Ancara, na Turquia) e Antioquia, na Síria; descreveu nítida e francamente sua posição com as palavras "Post id tempus auctoritate omnibus praestiti, potestatis autem nihilo amplius habui quam ceteri, qui mihi quoque in magistratu conlegae fuerunt": "Depois desse tempo [isto é, *sua restauração do Estado*] superei todos os outros em autoridade pessoal, embora não tivesse mais poder oficial que o de outras pessoas que eram meus colegas nesta ou naquela magistratura". O fato crucial expresso por essas palavras é que houve uma mudança no centro de gravidade do Estado: do mandato magistral regular, baseado na Constituição, para o poder indefinido de um único indivíduo, fundado em sua autoridade pessoal: em outras palavras, deixando de lado as minúcias, da república para a monarquia.

Do ponto de vista político, essa revolução idiossincrática foi um sucesso total. Núcleos de sentimento republicano sobreviveram, mas a menor suspeita de que contivessem o germe da oposição ativa desencadeava uma cruel repressão. Por outro lado, uma população cansada por três gerações de guerra civil estava disposta a aceitar a nova ordem; os círculos romanos que cultivavam a literatura, em especial, apoiavam a revolução augustina, e figuras como Virgílio e Horácio colocaram seu gênio poético a serviço dela. Até o fim, os imperadores romanos nunca reivindicaram o título de rei, aparentemente por causa de sua associação, na memória do povo, com a dinastia tarquínia expulsa em 509 a.C. Mas, na prática, esse desagrado pela realeza foi substituído por uma apreciação da ordem que a monarquia era capaz de assegurar; embora talvez houvesse também um certo condicionamento favorável a ela, quando se contemplavam reinados helenísticos do Oriente próximo, que ainda floresciam muito tempo depois da dissolução do império de Alexandre.

Como uma experiência de governo, a nova ordem romana teve importância permanente para a Europa. Augusto e seus sucessores não quiseram demolir a antiga estrutura republicana, mas criaram efetivamente uma estrutura nova ao lado dela, que extraía toda a sua força da autoridade pessoal do imperador, a *auctoritas principis*. Com a instituição de prefeituras inteiramente novas, não por legislação mas por decreto pessoal do imperador, foram lançados os fundamentos de uma administração em estilo moderno; e, à medida que os imperadores foram adquirindo (ou, antes, usurpando, visto que o fizeram como que num passe de mágica e sem justificativa legal pela Constituição da república) uma jurisdição na administração da justiça civil e penal, uma espécie de hierarquia de tribunais, com um sistema de recursos, surgiu pela primeira vez. A única área na qual se pode dizer que a nova ordem falhou clamorosamente, pelo menos segundo critérios que o mundo moderno consideraria cruciais, foi na questão da sucessão; em tempos de paz, esta costumava seguir a vontade do imperador falecido, que ele expressara em vida, adotando como herdeiro o homem para o qual pretendia passar o império; mas esse sistema era intrinsecamente vulnerável a disputas, e as origens militares da revolução, nunca inteiramente eliminadas, tentaram muitos comandantes a induzir seus homens, em geral com a promessa de recompensas em dinheiro, a lançá-los como pretendentes, aclamando-os *imperator*[4]. Sucessões disputadas desse modo deram azo às intermináveis guerras civis do século III d.C. e contribuíram, ao lado de outros fatores, para a decadência final do império ocidental e sua destruição pelos povos do norte.

O encontro de Roma com a cultura grega

No tempo em que Roma alcançava o domínio da Itália, a Grécia caminhava para a dependência e o declínio. Esse caminho estava associado à ascensão dos macedônios, um povo selvagem do norte, praticamente não considerado parte da família helênica, e às conquistas de Filipe e Alexandre, que reduziram as cidades livres da Grécia no final do século IV e início do III a uma sujeição da qual elas nunca se recuperaram. Com o declínio político, obscureceu-se também a civilização grega.

Foi nessa era, contudo, que o vigoroso Estado romano, outrora quase indigno da atenção de um ateniense, começou a apreciar plenamente o mundo do intelecto grego. Na

---

[4]. Essa palavra, originalmente usada para aclamar um general vitorioso, tornou-se uma espécie de nome pessoal de Augusto e era considerada uma "herança" de seu pai adotivo Júlio César. Essa evolução sem precedentes deu à palavra uma cor política: identificava-se, pelo sentido, com o portador da suprema autoridade do Estado. Sua origem militar fez com que soasse facilmente nas bocas dos soldados que, a partir de então, quando concordavam em apoiar as pretensões de seu general , gritando "imperator", queriam dizer "imperador" no sentido moderno. Vide F. De Martino, *Storia della costituzione romana*, 5 vols. (Nápoles, 1972-5), iv. 212 ss.

verdade, já fazia tempo que os romanos conheciam a civilização grega, visto manterem com ela um contato próximo e constante através de seus vizinhos das cidades gregas que orlavam as costas meridionais da Itália e da Sicília; e uma antiga tradição afirmava que, já em 450 a.C., a comissão que deveria elaborar o código escrito posteriormente conhecido como as Doze Tábuas viajou de Roma a Atenas para estudar as leis de Sólon e efetivamente incorporou algumas delas a sua obra. No século II a.C., os romanos envolveram-se militarmente na Grécia: seu primeiro surgimento vitorioso na região tomou o disfarce da libertação, quando o general filelênico Flamínio proclamou a liberdade grega (embora sob a proteção romana); mas, cinquenta anos depois, após uma série de provocações, outro general romano, Múmio, destruiu Corinto e reduziu Atenas à condição de uma província romana.

Enquanto esses acontecimentos se desenrolavam no plano militar e político, uma espécie de conquista inversa acontecia na esfera do intelecto. Os romanos educados percebiam que suas formas nativas de literatura e arte eram primitivas comparadas ao que podiam ver no mundo grego. Os modelos gregos na poesia épica e lírica, na historiografia, na tragédia e na comédia, na filosofia e na retórica, nas artes visuais e na arquitetura, eram admirados e estudados; foram seguidos sobretudo pelo chamado "círculo cipiônico", um influente grupo aristocrático assim designado por causa de sua figura central, Cipião Emiliano Africano (185-129 a.C.). A imitação desses modelos logo transformou todas as áreas da vida intelectual romana; o talento do poeta ou escultor romano era dele mesmo, mas a estrutura dentro da qual trabalhava, os padrões que estabelecia para si, eram fornecidos pela Grécia. É essa recepção da cultura grega pelo mundo romano que torna possível falar do mundo clássico como um contínuo "greco-romano"; e foi a paradoxal conquista de Roma pelo espírito grego, na mesma ocasião em que a Grécia declinava politicamente sob o domínio romano, que nos anos posteriores inspirou o epigrama de Horácio, "Graecia capta ferum victorem cepit" ("a Grécia cativa cativou seu selvagem conquistador")[5].

Um episódio particular ocorrido no decurso dessa conquista destacava-se como peculiarmente importante na memória romana, pois é com frequência mencionado pelos escritores posteriores, em especial Cícero. Foi a visita de uma embaixada enviada pelos atenienses, em 155 a.C., para solicitar ao Senado romano a redução de uma multa imposta por arbitragem, depois de haverem agredido outro povo grego. A embaixada era formada por três proeminentes filósofos atenienses, chefes de três escolas filosóficas. Além de cumprir com êxito sua incumbência junto ao Senado, eles realizaram preleções públicas em que sua habilidade de organizar e apresentar seus temas causou forte impressão no público romano. Eles, por sua vez, ficaram impressionados com a receptividade que o estilo ateniense de classificar e apresentar o debate encontrou entre aqueles ouvintes; e seu relato sobre Roma, depois de voltar para casa, parece ter provocado a migração de outros filósofos atenienses para esse novo cenário. Um deles em particular, Panécio, um seguidor da filosofia estoica, tornou-se amigo do próprio Cipião.

Como a filosofia estoica se tornou a doutrina principal da classe educada romana e dos juristas romanos (na medida em que estes receberam influências estrangeiras em algum grau, o que é muito discutível) e, consequentemente, contribuiu para a teoria do direito romano, é necessário falar alguma coisa sobre ela aqui. O fundador da escola estoica foi Zenão de Cítio, um cipriota que viveu aproximadamente de 333 a 264 a.C. e, assim, representa a geração posterior à de Aristóteles. O nome da escola de filosofia que ele constituiu foi tirado simplesmente do edifício público ateniense, onde se reunia com seus discípulos, a *Stoá Poikíle*, ou "varanda pintada". Os ensinamentos de Zenão continham elementos derivados de diferentes fontes; sua men-

---

5. *Epist.* 2. I. 156. A sentença continua: "et artis intulit agresti Latio" ("e trouxe as artes para o rústico Lácio").

sagem central era que tudo na natureza deve ser explicado pela razão, e todo ato deve ser justificado por ela. O homem sábio, portanto, deve viver de acordo com a razão, que é idêntica à natureza; a conduta conforme esse princípio torná-lo-á superior à força bruta e a qualquer tentação. É esse elemento de superioridade, de serenidade, ao alcance de todos que praticam tal sabedoria, que fornece o vínculo com o uso moderno da palavra "estoico", que significa firmeza na adversidade. Acredita-se que esse elemento também tenha tornado essa filosofia particularmente atraente para a Grécia daqueles dias, já que a antiga civilização das cidades-estado fora englobada pela conquista macedônia e as antigas orientações haviam sido perdidas: ali estava um treinamento do caráter do indivíduo que recompensaria seu praticante com uma vital independência interior. Por outro lado, embora o declínio da Grécia coincida cronologicamente com a ascensão de Roma, a filosofia estoica encontrou um solo sumamente fértil no temperamento romano; a tendência à austeridade, à simplicidade, à indiferença perante a boa ou má fortuna que os romanos gostavam de admirar em si mesmos ou em seus ancestrais representava uma disciplina do ego bastante semelhante. Outras doutrinas, como veremos, também eram de origem estoica e imiscuíam-se nos textos ou na filosofia jurídica romana. De qualquer forma, a visão estoica do mundo conquistou o espírito do final da república romana e do início do império; quase todos os juristas, cuja profissão só tomou plena forma na época do círculo cipiônico, seguiam os ensinamentos estoicos, como faziam os romanos que escreveram sobre temas filosóficos: Cícero no fim da república, Sêneca no século I d.C., o imperador Marco Aurélio no século II.

A influência grega no direito romano

Além de familiarizarem-se com os temas filosóficos que tinham evidente relação com o direito, os romanos tiraram, do método intelectual de seus instrutores gregos, importantes lições referentes à organização do material jurídico. Porém, antes de dizer algo mais sobre isso, temos de versar um pouco sobre o impacto dos modelos gregos nas normas concretas da prática jurídica romana.

Esse impacto foi nulo, ou quase nulo. Foi essa a única área em que os gregos não tinham nada a ensinar a seus cativos intelectuais. Como vimos no capítulo anterior, as cidades gregas tinham leis e tradições legislativas. Porém, em nenhum lugar existia uma ciência jurídica ou qualquer técnica jurídica muito sofisticada. Um código legal grego da metade do século V, como o de Gortina, em Creta[6], podia ser tão elaborado e tão extenso em escala quanto a lei das Doze Tábuas, promulgada pela comissão legislativa romana aproximadamente na mesma data; mas a vida subsequente de um sistema grego era conduzida sem profissionais do direito para orientá-la, organizá-la, explicá-la e desenvolvê-la. Além do mais, pelo menos em Atenas, a julgar pelos discursos que nos vieram dos oradores do século IV, dos quais Demóstenes foi o mais famoso, o litígio era conduzido menos com o espírito de um debate sobre a aplicabilidade objetiva de uma norma jurídica que como um jogo retórico sem nenhum limite. Mesmo em Atenas, não conhecemos o nome de uma única pessoa que trabalhasse como consultor jurídico (não como orador do tribunal) ou ensinasse direito para seus alunos, nem o nome de um único livro sobre um tema jurídico. Não sabemos sequer se essas pessoas existiram, e podemos concluir, não sem razão – visto ser essa uma época bem iluminada pela história sob a maioria dos aspectos –, que não existiram.

Em Roma, por outro lado, aparentemente já bem antes do primeiro contato com a mente grega (pelo menos do contato intenso que se verificou no círculo de Cipião), encontravam-se os primeiros exemplos de uma profissão jurídica que nunca existiu na Grécia e permaneceu, de fato,

---

6. Essas leis, gravadas numa parede de blocos de pedra polida, representam o único código grego que sobreviveu quase em sua totalidade.

única no mundo até o surgimento dos advogados comuns na Baixa Idade Média. Essa profissão, adotada, até certo ponto, por causa do senso de dever público e das responsabilidades de classe, pelos homens de posição engajados na condução dos negócios públicos, era totalmente secular, muito embora suas origens remotas possam encontrar-se, em parte nas funções dos sacerdotes romanos, numa época em que o culto ritual, a magia e a ativação de formas jurídicas eram diferentes aspectos do mesmo complexo de ideias, a saber, as ligadas ao envolvimento dos deuses na produção de resultados nos negócios humanos. No final da república, todos os traços dessa associação primitiva haviam desaparecido. Os juristas seculares, que desde meados do século II se tornaram conhecidos por nós individualmente pelo nome, desempenhavam a tarefa inteiramente secular e prática de expor as regras do direito, preparando fórmulas para transações legais e aconselhando políticos, litigantes e juízes. Também ensinaram sua ciência para a geração de estudantes que os seguiram, e então começaram a publicar comentários, monografias, coletâneas de seus pareceres, livros didáticos introdutórios para estudantes. Por um período de quase quatrocentos anos, do último século da república ao tumulto do século III d.C., a ciência desses juristas representa – juntamente com o talento romano para o governo imperial – a flor mais característica da civilização romana e a que menos deve a modelos estrangeiros, tendo sem dúvida alguma nascido espontaneamente de algum recôndito do espírito nacional romano, sem paralelo em nenhuma outra parte do mundo antigo.

Esses juristas praticavam uma ciência que nada tinha de teórica. A formulação de grandes princípios e grandiosas generalizações era-lhes totalmente estranha. Eram rigorosamente práticos, concentrando-se nos casos individuais concretos sobre os quais haviam sido consultados (daí seu nome *iuris consulti*, "pessoas consultadas sobre o direito"), e davam seu parecer concisamente, sem retórica ou floreios filosóficos, e, na maioria das vezes, sem acrescentar sequer uma declaração completa de suas razões (embora citassem frequentemente, como apoio, as opiniões congruentes de outros juristas ou de juristas mais antigos). Alguém que procure os princípios subjacentes de seu trabalho em uma área particular do direito deve fazê-lo por meio de uma cuidadosa comparação dos vastos sedimentos de casos e comentários, perpetuados em época posterior no *Digesto* do imperador bizantino Justiniano.

Esses juristas, então, praticavam uma ciência desconhecida para os gregos, que, portanto, não puderam impressioná-los. As contribuições gregas diretas para o direito romano, consequentemente, são quase inexistentes; desconsiderando a tradição – não verificável ou mesmo improvável, exceto por uma ou duas questões secundárias – do empréstimo consciente feito a Atenas quando da compilação das Doze Tábuas, só seria possível apontar em, digamos, 200 d.C., no final da era dos juristas, um ou dois institutos marginais do direito comercial para os quais devemos admitir um modelo grego. Ainda assim, seria errado dizer que o intelecto grego em si – não falamos aqui das normas do direito grego – não deu nenhuma contribuição para as realizações jurídicas romanas; porque os juristas romanos realmente adquiriram elementos importantíssimos de seu *método* através de ferramentas que encontraram na filosofia e gramática gregas, e talvez até certo ponto na retórica grega.

A mais importante delas, com a qual o estudo de Platão e Aristóteles deve tê-los familiarizado, foi o chamado método dialético: ou seja, a organização do material em um sistema ordenado por um processo de divisão e subdivisão dentro de gêneros e espécies, ao qual se chegava pelo estabelecimento de diferenças (*diaíresis*), por um lado, e analogias ou afinidades (*synagogé, sýnthesis*), por outro. Através desse processo, que a escola estoica também praticava, os gregos já haviam construído, por meio da análise de sua língua de acordo com ele, a ciência da gramática. "Esse discernimento de tipos", escreveu Schulz, conduziu à descoberta dos princípios que governam os tipos e explicam os casos individuais... [O estudo da gramática, especialmente,] proveu [os juristas] de modelos que mostravam como reduzir a um sistema um material extenso e de difícil manuseio... A dialética não serve apenas para agrupar os fenômenos individuais em seus gêneros; ela é também um instrumento de descoberta, sugerindo, quando aplicada à ciência jurídica, problemas que efetivamente não ocorreram na prática.[7]

Os juristas republicanos, que aprenderam esse método com seu estudo das obras gregas, começaram também a ensaiar definições (embora os juristas clássicos posteriores tenham fugido a todo custo das definições[8]); e o mais famoso deles, Quinto Múcio Cévola, a cujos pés se sentou o jovem Cícero, escreveu de fato uma curta coleção delas que publicou em um livro com um título parcialmente grego: *Liber singularis hóron*[9].

Além do processo dialético, pode ser que as ideias romanas sobre a interpretação das leis ou outros atos normativos e as transações jurídicas tenham sido influenciadas por lições e temas da filosofia e da retórica gregas. Alguns aspectos da interpretação encaixam-se mais naturalmente no tópico da "equidade" romana, mas no nível puramente mecânico podemos notar que os juristas romanos recorriam com muita frequência à etimologia, a derivação real ou suposta[10] de uma palavra, para explicar seu sentido jurídico. É verdade que eles podem ter desenvolvido essa técnica espontaneamente; mas de fato isso era comum entre os filósofos gregos, os estoicos em particular, que ensinavam que

---

7. F. Schulz, *History of Roman Legal Science* (Oxford, 1946), 62-3, 68.

8. "Omnis definitio in iure civili periculosa", escreveu Iavoleno, jurista do século II d.C. (D. 50. 17. 202); "rarum est enim, ut non subverti posset" ("todas as definições jurídicas são perigosas, porque rara é a definição que não possa ser desacreditada").

9. *Hóron*, genitivo plural de *hóros*, "definição".

10. Algumas etimologias dos juristas eram absurdas, como por exemplo a explicação de Gaio para *mutuum* (um empréstimo) em *Inst.* 3. 90.

todas as palavras têm um sentido natural a ser elucidado pela etimologia. Numa época em que a filosofia estoica havia feito tantas conquistas, em especial entre os juristas pioneiros, a prática grega provavelmente inspirou ou pelo menos reforçou a romana.

Outra regra de interpretação que afinal recebeu sanção canônica, por ser inclusa no *Digesto* de Justiniano, manda que as palavras sejam entendidas no sentido em que são geralmente empregadas, e não no sentido especial pretendido pela pessoa que as usou num caso particular[11]. Essa ideia também pode ter uma origem parcialmente grega, muito embora se relate que pelo menos um jurista era adepto da conclusão inversa; e de fato, sejam quais forem suas vantagens práticas, ela não se casa facilmente com a insistência grega na primazia do espírito sobre a letra. Os advogados romanos não parecem ter tratado a interpretação das palavras como um domínio próprio do direito; já se observou que nem os *Institutos* de Gaio nem a *Epítome* de Ulpiano, os únicos livros didáticos do período clássico que chegaram a nós, tratam desse assunto[12].

A filosofia grega e a equidade romana

A equidade romana, no sentido em que aqui a entendemos, vai além daquele departamento do direito romano que sempre despertou interesse por sua semelhança com a jurisdição desenvolvida pelos chanceleres* ingleses. Para nós, a palavra reflete também, de maneira mais geral, a influência que tiveram sobre a teoria e a prática romanas, as ideias gregas sobre a superioridade do espírito em relação à letra e à importância da vontade ou intenção em vez das

---

11. Celso, D. 33. 10. 7. 2.
12. J. Himmelschein, "Studien zu der antiken *Hermeneutica Iuris*", *Symbolae Friburgenses in honorem O. Lenel* (Leipzig, 1935), 396.

* Os juízes do supremo tribunal inglês. (N. do R. T.)

meras palavras; e ainda sobre a *epieíkeia*, que os romanos traduziram como *aequitas* e que significa aquilo que é justo ou razoável, sendo um valor paralelo ao *ius*, o direito propriamente dito. Na verdade, é mais fácil localizar a influência grega no respeito a esses padrões gerais que nas operações do pretor – o análogo romano do chanceler inglês –, porque os primórdios da jurisdição do pretor antecedem a recepção da filosofia grega em Roma, e outras forças poderiam tê-la lançado num processo de criatividade equitativa mesmo que essa recepção não tivesse ocorrido quando ocorreu. Não há dúvida de que os princípios mais gerais também podem ter evoluído independentemente; mas a presença já completa de um arsenal filosófico de proveniência reconhecida torna provável que eles estivessem de fato desenvolvendo temas aprendidos com os gregos.

A contraposição entre palavras e intenção (entre *verba* e *voluntas*) era um lugar-comum do estoicismo e era frequentemente evocada pelos juristas romanos para dar primazia à segunda. Papiniano, jurista do final do período clássico, declarou: "É doutrina estabelecida que, na consideração dos acordos entre partes contratantes, deve-se atentar mais à intenção que às palavras."[13] Três afirmações sobre a intenção imputada a uma lei são feitas por Celso, que floresceu em 120 d.C. aproximadamente: "conhecer as leis não significa apenas compreender suas palavras, mas seu sentido e alcance"[14]; "as leis devem ser interpretadas generosamente, para que seu propósito seja mantido"[15]; e "se o fraseado de uma lei é ambíguo, deve ser entendido num sentido que não seja censurável, sobretudo porque a intenção da lei pode ser captada a partir dele"[16]. A insistência estoica na primazia da intenção provavelmente desempenhou um papel na formação das regras do direito concreto; por exemplo,

---

13. D. 50. 16. 219.
14. D. 1. 3. 17.
15. D. 1. 3. 18.
16. D. 1. 3. 19.

era a intenção que determinava se um caso particular de controle físico sobre uma coisa deveria ser classificado como *possessio* (no sentido técnico que dava ao *possessor* a faculdade de lançar mão de um remédio jurídico para proteger sua posse) ou como mera *detentio*, simples controle físico. É muito provável, também, que os ensinamentos aristotélicos e estoicos sobre vontade e intenção tenham justificado o surgimento, no último século da república, de ações e defesas baseadas nos conceitos de *dolus* e *metus* (dolo e coação) para frustrar a efetuação de transações determinadas por esses dois tipos primários de vício da vontade.

O papel da *epieíkeia, aequitas* na língua romana, é mais sutil. A concepção de "equidade" como um padrão paralelo ao direito, com a função de adequá-lo ou suplementá-lo, era conhecida desde Aristóteles; mas, assim como a *epieíkeia* grega não tinha lugar na prática efetiva dos tribunais atenienses, assim também a *aequitas* não constituía um padrão independente e reconhecido pelo sistema romano como meio de abrandamento do direito. O que é certo é que a palavra "aequum", na boca dos juristas, tinha sentido completamente diferente do "equitativo" no sentido inglês moderno, o qual implica uma contraposição e um abrandamento dos rigores do estrito *common law*. De fato, "aequum est" podia significar, às vezes, nada mais que "o correto é" (fazer isto ou aquilo)[17].

Todavia, a distinção aristotélica entre o rigor da lei e a equidade era lugar-comum. Era tema muito usado para treinamento nas escolas de retórica romanas; Cícero, num tratado sobre retórica, diz que os professores propunham casos que ofereciam a oportunidade de sustentar qualquer um dos dois padrões, para que os alunos praticassem, defendendo ora a letra da lei, ora a *aequitas*, que, neste contexto, significa um padrão menos rígido ("alias scriptum, alias aequitatem defendere docentur")[18]. Relata um episó-

---

17. P. ex. D. 3. 5. 2.
18. *De oratore* 1. 57. 244.

dio de uma época anterior à sua, no qual dois juristas proeminentes se envolvem numa controvérsia (por causa de um cliente que havia consultado a ambos sucessivamente e obtivera pareceres opostos); Galba tenta mostrar que Crasso está errado, citando muitos exemplos e paralelos e construindo argumentos baseados na equidade contra os rigores do direito ("multa pro aequitate contra ius")[19]. A essência da equidade, conquanto não elevada à condição de doutrina jurídica, podia ser respeitada num tribunal romano, no qual os advogados usariam naturalmente as armas que lhes haviam sido fornecidas por sua formação em filosofia grega e retórica. Assim, Cícero também relata um litígio no qual uma parte – que, depois de comprar um terreno gravado por uma servidão, o havia revendido ao primitivo possuidor – estava sendo processada por não revelar a existência desse gravame. A rigor, a lei exigia essa revelação; porém, como a servidão já existia quando o terreno fora vendido pelo homem que agora o readquiria, e que portanto o conhecia perfeitamente, não seria o caso, nessas circunstâncias, de se considerar inaplicável a norma que exigia a declaração? Cícero diz que um orador defendeu que a lei fosse sustentada, e o outro defendeu a equidade ("ius Crassus urguebat, aequitatem Antonius")[20]. Não sabemos como terminou esse litígio, mas sabemos que num célebre processo sucessório, a chamada *causa Curiana* de 92 a.C., o mesmo Crasso defendeu com sucesso uma interpretação de um testamento que respeitava a intenção óbvia do testador, em vez de seguir o teor literal do documento[21]. Cícero também nos diz que a máxima "sumum ius summa iniuria" – "a mais rigorosa aplicação do direito é a máxima injustiça" traduz mais ou menos o sentido – era uma expressão proverbial comum[22]. Passagem praticamente idêntica aparece na obra do comediógrafo Terêncio, no início do século II a.C.;

---

19. Ibid. 1. 56. 239-40.
20. *De officiis* 3. 16. 67.
21. *De oratore* 1. 39. 180.
22. *De officiis* 1. 10. 33.

visto que Terêncio extraiu grande parte de seu material do dramaturgo grego Menandro, é bastante provável que estejamos diante da versão romanizada de uma ideia grega.

A teoria da equidade, então, fazia parte do arsenal intelectual dos romanos, embora não fosse admitida entre as normas explícitas do direito romano. Havia, contudo, uma rota formal pela qual valores que hoje chamaríamos equitativos eram *de fato* introduzidos no direito: a já mencionada jurisdição do pretor (posto que essa jurisdição não existisse apenas para esse propósito). O pretorado era um elemento absolutamente crucial da administração da justiça romana, cuja importância jamais será suficientemente sublinhada. É impossível saber até que ponto o trabalho do pretor era influenciado por ideias conscientemente tiradas da filosofia; porém, visto que o pretor – um simples político, talvez com pouco conhecimento de direito – tinha de recorrer à orientação dos juristas, é altamente provável que, por inspiração destes, ideias formuladas originalmente pelos filósofos permeassem sua criativa atividade.

Embora não fosse um juiz, o pretor era a porta de acesso para a audiência e a decisão judicial; era diante dele que os conflitos entre as partes eram esclarecidos, após o que ele os reduzia a uma fórmula simples, de uma só frase, vazada como uma ordem para o juiz: dependendo de como julgasse das posições alternativas das partes litigantes, ele deveria passar a sentença contra o acusado ou absolvê-lo – isto é, negar a pretensão do demandante. Até aqui, seria possível comparar esse processo ao de uma jurisdição moderna na qual todas as causas litigiosas tivessem de ser analisadas por um funcionário especial antes do julgamento. A mais importante função do pretor, porém, não tem análogo no mundo moderno. Isso porque a democracia moderna distingue claramente entre a função de fazer a lei e a função de administrá-la; a peculiaridade do pretor romano, por outro lado, é que, a partir de seu papel de supervisor da administração da justiça, desenvolveu-se algo que, para todos os efeitos, era um poder legislativo. Isso aconteceu em fases sucessivas por um processo de usurpação que não suscitou oposições.

A chave desse desenvolvimento é o fato de que o pretor era o senhor absoluto do processo judicial civil; não havia quem o supervisionasse. Todas as ações eram iniciadas diante dele, e toda audiência perante um juiz era autorizada por ele; se decidisse negar ao demandante a ação solicitada, não havia ninguém a quem apelar, e o demandante ficava impedido de procurar um remédio judicial. O pretor podia também garantir o fracasso final do demandante deixando-o prosseguir, mas incluindo no programa escrito para a audiência (a ordem condicional para o juiz, chamada *fórmula*) uma defesa especial, relacionada a alguma objeção que o acusado havia levantado, e mandando o juiz declarar improcedente a ação se achasse que os fatos realmente sustentavam a objeção. Como se pode imaginar, de muitos casos singulares surgiu uma prática firme; assim, no último século da república, consolidara-se uma defesa especial regular baseada na alegação de que o comportamento do demandante tinha sido ou ainda era inescrupuloso, chamada de *exceptio doli*, e ela bastava para frustrar um demandante que podia ter a letra da lei a seu lado; uma defesa semelhante baseada na coação (*metus*) estabeleceu-se por volta da mesma época. Mais: para os casos em que uma pessoa tivesse adquirido um bem e dele tomado posse, embora sem cumprir a necessária formalidade de transferência, e tivesse seu domínio sobre esse bem contestado por um querelante que apresentasse como prova o título do vendedor (o qual, em virtude da transferência defeituosa, ainda subsistia), o pretor criou – como que do nada – uma defesa especial chamada *exceptio rei venditae et traditae*, que cortava o nó górdio do direito civil, determinando simplesmente que o juiz, caso achasse que o bem tivesse sido objeto de um contrato de compra e venda e tivesse sido efetivamente entregue ao comprador, declarasse improcedente a ação fundada no título do vendedor, conquanto, diante do direito civil, esse título fosse justo e perfeito.

Esses são exemplos do tipo mais simples de intervenção pretoriana, a criação de defesas especiais; mas o pretor também criou ações novas para querelantes cujas causas não eram abarcadas pelo direito civil existente. Assim, voltando à hipótese da transferência defeituosa, se o comprador não estivesse sendo processado com base no título do vendedor, mas tivesse sido efetivamente esbulhado antes do lapso de tempo que de qualquer modo o faria proprietário segundo o direito civil[23], poderia mover uma ação completamente nova inventada pelo pretor, que usava como artifício uma ficção (a chamada *actio Publiciana*, em homenagem ao pretor Publício, que fez a inovação): o comprador esbulhado podia processar o esbulhador, e a *fórmula* mandava o juiz *presumir*, para todos os efeitos relacionados àquele pleito, que o prazo necessário para o comprador adquirir o direito de propriedade por decurso de tempo, segundo o direito civil, *já tivesse decorrido*. Naturalmente, a disponibilidade desses dispositivos processuais para quem não cumpria com os requisitos legais para a transferência de bens arruinou todo o sistema das formalidades de transferência, tornando-o irrelevante na prática; e assim, no final, o pretor revogou a lei antiga sobre a matéria. Outra notável criação pretoriana, usada pelos próprios romanos como exemplo nos livros didáticos, foi a admissibilidade da ação de ambas as partes nos casos em que *X*, como voluntário (ou simples intrometido), faz algo em nome de *Y* sem a autorização ou mesmo conhecimento deste; visto que, nessa hipótese, não há vínculo contratual entre as partes, nenhuma delas poderá invocar o instituto de representação caso a bem-intencionada solicitude de *X* venha a dar origem a alguma queixa ou agravo; mas essa brecha foi preenchida por algum pretor (não sabemos exatamente quando) que simplesmente anunciou, no édito – o programa de ação que todo magistrado podia publicar no início de seu man-

---

23. Por usucapião.

dato anual[24] –, que nesse caso ele consideraria admissível uma ação. Esses exemplos poderiam multiplicar-se, e todos evidenciam, na verdade, uma promulgação direta de direitos substantivos por meio da criação de remédios processuais.

A função do pretor, que importava valores equitativos para a administração da justiça e, através disso, para o direito substantivo, foi definida no século II d.C. – muito tempo depois de terminado o período criativo do pretorado – pelo jurista Papiniano em termos que parecem ecoar a explanação aristotélica da *epieíkeia*. "O direito pretoriano", escreveu ele, "é o que os pretores introduziram a fim de auxiliar, suplementar ou corrigir o direito civil" ("adiuvandi vel supplendi vel corrigendi iuris civilis gratia")[25].

A teoria romana do direito natural

O que poderíamos chamar de vocabulário doutrinal jusnaturalista da Igreja católica medieval (e da posterior teoria secularizada jusnaturalista) formou-se no mundo romano pré-cristão. Tanto os filósofos como os advogados daquele mundo contribuíram para isso. Todavia, os filósofos romanos – termo que, neste contexto, inclui quase que somente o multifacetado Cícero – tinham um conceito de "natureza" muito diferente do conceito dos juristas romanos; e o uso dos juristas, por sua vez, não era uniforme. Todos esses diferentes empregos de "natureza" representavam outras tantas expressões simultâneas da teoria do direito, e devem ser desembaraçados uns dos outros.

---

24. No caso da magistratura pretoriana, embora em tese cada pretor pudesse publicar um programa inteiramente novo, na prática foi-se formando um édito padronizado que passava de um pretor para o seguinte. No século I a.C., esse édito (de fato) permanente foi considerado suficientemente estável para ser tema de comentários.

25. D. 1. 1. 7. 1.

É em Cícero, escrevendo com generoso desprendimento acadêmico, que encontramos a concepção do direito natural que não só se assemelha muito aos ensinamentos cristãos como também, muito provavelmente, contribuiu para a formação desses ensinamentos. Em seu tratado *De legibus* ("Sobre as leis"), certamente influenciado por Aristóteles e pela doutrina estoica, ele apresenta a natureza como fonte de preceitos para o indivíduo humano, uma fonte acessível a todos por meio da razão; e essas prescrições para a conduta humana têm sua origem em Deus. De acordo com a definição de direito que ele atribui aos "homens mais eruditos",

> o direito é a mais alta razão, implantada na natureza, que manda o que deve ser feito e proíbe o oposto. Essa razão, quando firmemente fixada e totalmente desenvolvida na mente humana, é a Lei. Acreditam eles que a Lei é a inteligência, cuja função natural é determinar a conduta certa e proibir o mau procedimento... A origem da Justiça encontra-se na Lei, porque a Lei é uma força natural; é a mente e a razão do homem inteligente, o padrão pelo qual se medem a Justiça e a Injustiça... Ao determinar o que é a Justiça, podemos começar com aquela Lei Suprema que surgiu muitas eras antes que qualquer lei escrita existisse ou qualquer Estado estivesse estabelecido.[26]

Em outro trecho, ele afirma que, mesmo que não houvesse lei escrita contra o estupro no reinado do último Tarquínio (rei de Roma), Tarquínio não deixaria de ter violado a "lei eterna" com a atrocidade cometida contra Lucrécia:

> Pois havia a razão, derivada da natureza do universo, impelindo os homens à conduta correta e desviando-os do mau caminho, e essa razão não se tornou Lei quando foi escrita, mas quando veio originalmente à existência; e veio a existência ao mesmo tempo que a mente divina. Portanto, a Lei

---

26. *De legibus* 1. 6. 18-19.

principal e verdadeira, destinada a ordenar e a proibir, é a reta razão do Deus excelso.[27]

Na mais célebre de todas essas passagens – e há muitas delas, não apenas no *De legibus*, mas também espalhadas em outras obras[28] –, ele escreveu:

> O verdadeiro direito é a reta razão de acordo com a natureza, difundida entre todos os homens; constante e imutável, deve chamar os homens ao dever por seus preceitos e, por suas proibições, impedi-los de fazer o mal; e ela nada ordena ou proíbe em vão aos homens corretos, conquanto suas regras e restrições sejam desperdiçadas com os malvados. Privar-se dessa lei é impiedade, melhorá-la é ilícito, revogá-la é impossível; não podemos ser dela dispensados por ordem quer do Senado, quer da assembleia popular; não precisamos que ninguém no-la esclareça ou interprete; não será ela uma em Roma e outra diferente em Atenas, nem será diversa amanhã do que é hoje; mas uma única e mesma lei, eterna e imutável, obrigará todos os povos e todas as idades; e Deus, seu criador, explanador e promulgador, será, por assim dizer, o único e universal soberano e governador de todas as coisas; e quem quer que a ela desobedeça, terá por esse ato voltado as costas a si mesmo e à própria natureza do homem, e pagará a mais pesada das penas, mesmo que se esquive das outras punições que forem julgadas adequadas à sua conduta.

Devemos o conhecimento dessa passagem ao escritor cristão Lactâncio (*c.* 250-317), que chama "quase divina" a descrição que Cícero faz da lei de Deus[29].

Cícero, o advogado e político, lidava com o direito ordinário dos homicídios, estupros, sociedades etc. sem fazer mais do que breves e esporádicas referências às leis mais altas; Cícero, o filósofo, atribuía às leis positivas dos huma-

---

27. Ibid. 2. 4. 10.
28. *De republ.* 3. 22. 33.
29. *Inst. div.* 6. 8. 6-9.

nos um lugar inteiramente subalterno em comparação com a lei da natureza. O simples fato de uma medida ter sido promulgada por um método comumente aceito não lhe dá por si só o direito de ser respeitada como justa; não lhe dá, talvez, nem mesmo o título de "lei", se ela desafiar princípios mais altos:

> A mais tola de todas as noções é a crença de que tudo o que se encontra nos costumes e nas leis das nações é justo. Acaso isso seria verdade, se aquelas leis tivessem sido promulgadas por tiranos?... [ou se uma lei dispusesse] que o ditador pudesse matar impunemente qualquer cidadão que desejasse, mesmo sem julgá-lo? Pois a Justiça é única; ela vincula toda a sociedade humana e está baseada em uma única Lei que é a reta razão aplicada ao comando e à proibição...[30]
>
> Se os princípios da justiça fossem fundados nos decretos dos povos, nos éditos dos príncipes ou nas decisões dos juízes, a justiça sancionaria o roubo, o adultério e a falsificação dos testamentos, caso estes atos fossem aprovados pelos votos ou decretos da plebe.[31]
>
> Concorda-se que as leis foram inventadas para a segurança dos cidadãos, a preservação dos Estados e a tranquilidade e felicidade da vida humana, e que os que pela primeira vez puseram em vigor leis escritas desse tipo convenceram o povo de que tinham a intenção de redigir e pôr em prática regras que, uma vez aceitas e adotadas, tornariam possível uma vida honrosa e feliz; e, quando essas regras foram elaboradas e postas em vigor, está claro que os homens as chamaram de "leis". Deste ponto de vista, é fácil compreender que os que formularam normas más e injustas para as nações, descumprindo assim suas promessas e acordos, não puseram em vigor nada que se possa chamar de "leis".[32]

Essas expressões fortes não chegam efetivamente a imputar a invalidade – embora imputem a injustiça – às leis que

---

30. *De legibus* 1. 15. 42.
31. Ibid. 1. 16. 43-4.
32. Ibid. 2. 5. 11.

infringem a lei mais alta. Contudo, seu sentimento retórico é considerável, e é fácil compreender que elas tenham fornecido ao mundo cristão posterior uma estrutura dentro da qual foi fácil encaixar o direito natural num papel mais absolutista[33].

Do lado positivo, Cícero diz que vários princípios propriamente jurídicos são derivados da lei da natureza (do mesmo modo que os gregos, como vimos, atribuíam à natureza alguns de seus padrões e práticas). O direito à legítima defesa é o exemplo mais óbvio[34]; são-no também a proibição de fraudar ou prejudicar qualquer pessoa[35] e o preceito de que devemos defender positivamente os outros do mal[36].

Passando agora a tratar dos juristas romanos, veremos que, embora falem com muita frequência do direito natural e da razão natural (*ius naturale, naturalis ratio*), bem como usem o adjetivo "natural", em certos casos, para qualificar conceitos como os de posse e obrigação, o que eles querem dizer com essas palavras, em quase todos os casos, é algo muito diferente do conceito ciceroniano de um direito primordial e mais elevado. Quando falam que o direito natural ou a razão natural estão por trás de certa norma ou instituto jurídico, não estão falando do direito ou da razão de Deus, mas da natureza das coisas comuns, das coisas como elas são, das coisas para as quais o senso comum, os fatos da vida, a essência das relações comerciais e assim por diante sugerem "naturalmente" o tratamento jurídico apropriado. "Pois 'natural', para eles", escreveu Ernst Levy, "não era somente o que resultava das qualidades físicas dos homens ou das coisas, mas também o que, dentro da estrutura da-

---

33. "Foi principalmente a doutrina de Cícero sobre o direito natural que representou a posição estoica para cristãos como Lactâncio e Ambrósio e, assim, influenciou a Idade Média... [Ambrósio e Agostinho] recebiam o direito natural de Cícero, batizaram-no e entregaram-no à Igreja para ser preservado": G. Watson, "The Natural Law and Stoicism", em A. Long (org.), *Problems in Stoicism* (Londres, 1971), 228, 235-6.
34. *Pro Milone* 4. 10.
35. *De officiis* 3. 17. 68, 3. 5. 26, 3. 6. 27.
36. Ibid. 1. 7. 23.

quele sistema, parecia enquadrar-se na ordem normal e razoável dos interesses humanos e, por essa razão, não precisava de nenhuma outra prova."[37] Talvez não estejamos muito longe da verdade se dissermos que a relação entre o direito natural eterno e divinamente inspirado de Cícero e o direito natural prático dos juristas assemelha-se um pouco à relação que viria a surgir, na aurora dos tempos modernos, entre o direito natural divinamente determinado de São Tomás de Aquino e da Igreja católica medieval e o direito natural racionalista e secular sobre o qual Grócio viria a construir um direito das nações, e que dominou a teoria do direito nos séculos XVII e XVIII.

Esse direito "natural" prático dos juristas sugeriu-lhes, como evidentes, normas para proteger as crianças e os loucos em suas pessoas e em seus bens; a admissão de todos os parentes consanguíneos à sucessão intestada (originalmente, só se admitiam aparentadas pessoas através de um ancestral comum do sexo masculino); o direito à legítima defesa; a nulidade das promessas contratuais para cumprir prestação fisicamente impossível. Uma categoria ligeiramente diferente centrava-se não tanto na natureza física das coisas e nos instintos humanos, mas em percepções instintivas, compartilhadas por todos, de quais eram as normas mais justas e simples a ser empregadas neste ou naquele cenário jurídico; como afirma Levy, "neste caso, natureza é a ordem inerente às condições da vida, como os romanos a viam"[38]. A essa categoria pertenciam princípios como os seguintes: a condição de um homem pode ser melhorada sem seu conhecimento ou consentimento, mas não pode ser piorada; a parte que suporta os custos ou a responsabilidade de uma relação obrigacional também deve receber os benefícios dela, e vice-versa; e a primeira pessoa a pegar alguma coisa que não pertencia anteriormente a ninguém

---

37. "Natural Law in Roman Thought", *Studia et Documenta Historiae et Iuris*, 15 (1949), 7.
38. Ibid. 9.

torna-se seu proprietário. (Nos casos em que X confecciona um produto com as matérias-primas de Y, não havia acordo entre os juristas para saber se X se torna proprietário dessa coisa nova, ou não; ambos os lados do debate invocavam para si o apoio da razão natural.)

Esse uso prático e sensato do conceito de natureza pelos juristas ligava-se, na mente deles, com um elemento do sistema jurídico romano que surgiu numa área importante da prática jurídica, o comércio (em sentido amplo) com os estrangeiros no território romano ou entre esses estrangeiros. Esse elemento era chamado de *ius gentium*, "o direito das (de todas as) nações", distinto do *ius civile*, "o direito dos cidadãos", isto é, o que pertencia somente aos romanos. Os *Institutos* de Gaio, livro didático elementar do século II d.C., iniciam-se com a seguinte exposição dessa dualidade:

> Todos os povos governados por leis e costumes usam em parte o direito que lhes é peculiar e, em parte, o direito comum a todos os homens. O que cada nação estabeleceu como direito para si é seu direito peculiar, e é chamado direito civil (*ius civile*), isto é, o direito peculiar a esse Estado (*civitas*); o que foi estabelecido pela razão natural é o direito das nações (*ius gentium*), isto é, o direito que todas as nações usam. Assim, o povo romano usa parcialmente seu direito especial e parcialmente o direito comum a todos os homens.

Essa passagem, tomada isoladamente, poderia dar a entender que os romanos haviam se interessado cientificamente pelos sistemas jurídicos de outros povos e, pelo estudo comparativo, haviam chegado à conclusão de que certas normas eram as mesmas em todos os lugares. Isso não é verdade. Os romanos, como outros povos antigos, tinham pouquíssimo interesse pelas instituições de seus vizinhos; o relato de Tácito sobre as instituições germânicas é, infelizmente, uma exceção isolada; não ocorreu a César, por exemplo, ou a nenhum de seus oficiais, elaborar algo que, para nós, teria valor inestimável: uma descrição das instituições jurídicas e políticas da Gália céltica e da Grã-Bretanha. O que Gaio queria dizer com *ius gentium* era, na realidade, um conjunto de normas originalmente romanas que eram aplicadas (excepcionalmente, porque em princípio o direito romano era aplicado somente aos cidadãos romanos) em litígios entre estrangeiros no território romano ou entre um romano e um estrangeiro. Essa extensão do direito romano a pessoas que não eram cidadãs romanas ocorreu, provavelmente, durante os séculos III e II a.C., quando a dominação romana da Itália estava completa mas antes que a cidadania romana fosse estendida a toda a população italiana – em outras palavras, numa época em que era necessário aos romanos fazer negócios com um grande número de vizinhos não romanos na mesma península, para não mencionar os não romanos com os quais o comércio os colocou em contato em outras partes do mundo mediterrâneo.

Para suprir essa necessidade, os romanos não fizeram profundas reflexões sobre as diretrizes da razão natural para a composição de um código comercial internacional, mas simplesmente aplicaram, fora de sua esfera original, as regras romanas comuns que lhes pareceram adequadas, ou seja, as regras mais simples, minimamente técnicas e mais ou menos conformes com o senso comum e a prática dos povos vizinhos. Desse modo, a transferência totalmente informal da propriedade de todos os tipos de bens móveis (exceto escravos e rebanhos de animais), por meio da simples entrega da coisa (*traditio*), era considerada um item do *ius gentium*, muito embora fosse o modo pelo qual os romanos sempre fizeram tal coisa; assim ocorria com o empréstimo de dinheiro (*mutuum*)[39] igualmente sem formalidades, assim também o modo romano de criar um vínculo de obrigação unilateral pela mera troca de uma pergunta e uma resposta verbais que se correspondiam exatamente (*stipulatio*); e assim também os contratos de venda, aluguel, representação e sociedade, importantíssimos para o comércio, que podiam ser criados por um acordo simples e infor-

---

39. O *mutuum* incluía empréstimos de mercadorias (por exemplo, sementes) para reembolso no devido tempo do mesmo tipo e quantidade.

mal, expresso das mais diversas maneiras (muito semelhante a um contrato simples inglês, exceto pelo fato de que os romanos não tinham a doutrina da compensação ou *consideration*); estes contratos, chamados "consensuais" pelo fato de que o consenso era seu único pré-requisito, podem todavia ter sido introduzidos no direito romano a partir da esfera dos litígios entre estrangeiros, que eram supervisionados por um pretor especial, o pretor "estrangeiro" (*peregrinus*).

Esse desenvolvimento, prático em todos os seus aspectos, não recebeu somente a falsa aura de ciência comparada que Gaio lhe deu; adquiriu também, da parte dos juristas, um tom filosófico igualmente artificial. Os juristas tendiam a identificar o dualismo *ius civile/ius gentium* com o contraponto – familiar para eles em decorrência de sua educação convencional em retórica e filosofia gregas – entre direito positivo (*tò nomikòn díkaion*) e direito natural (*tò physikòn díkaion*). Fechou-se assim uma espécie de círculo, pelo menos em parte; a elaboração prática e trivial de um conjunto de normas romanas passíveis de aplicação aos estrangeiros, infladas *post factum* com teorias grandiosas, ascendeu às atmosféricas alturas em que a filosofia ciceroniana do direito natural pairava sobre o mundo. A única exceção à identificação do *ius gentium* com o *ius naturale*, ou à inserção do primeiro no segundo, era a escravidão. Embora não se pudesse negar que, por natureza, os homens nasciam livres, a prática universal do mundo antigo (não apenas do mundo romano) era contrária a essa doutrina; e, na verdade, o uso da palavra "natural" pelos romanos, como antônimo de "civil", para designar a quase posse ou os quase direitos de tipo contratual que podiam ser imputados a um escravo, denunciava o segredo, como mostrou Ernst Levy; quando o direito natural e o direito civil entravam em conflito, como aqui, os juristas romanos não tinham dúvidas: o último prevalecia e o primeiro levava desvantagem[40].

---

40. "Natural Law" (vide n. 37), 17-8.

A concepção romana de Estado

Os gregos, como vimos, não tinham uma palavra para designar o conceito abstrato que chamamos de "Estado"; a palavra que lhe fazia as vezes era simplesmente *pólis*, "a cidade", o único cenário em que eram capazes de conceber a organização política do ser humano. A palavra romana *civitas* parece chegar mais perto da abstração, como acontece também com a expressão mais comumente usada nesse contexto, *res publica*, em que *publica* é simplesmente um adjetivo formado de *populus*, o povo; de fato, Cícero ressalta essa associação pondo na boca do principal personagem de um diálogo filosófico as palavras "est igitur res publica res populi". Havia também, no entanto, uma expressão oficial, usada pelo menos a partir da média república, que servia como nome constitucional do Estado: *senatus populusque Romanus* (abreviada em inscrições, moedas etc. como *SPQR*), que expressava dupla sede do poder: o Senado e o povo.

Os juristas romanos, fiéis à sua disposição estritamente prática, não se preocupavam em especular sobre bases históricas ou morais desse Estado, ou da sociedade da qual ele era um aspecto. Porém, a filosofia romana – tão pouco original neste campo como em todos os outros – manteve viva a teoria grega sobre esse tema. O primeiro autor representativo nesse domínio parece ser Lucrécio (99-55 a.C.). Era ele um seguidor do filósofo ateniense Epicuro (um contemporâneo muito mais jovem de Aristóteles); e em sua única obra conhecida, um longo poema chamado *De rerum natura*, expõe o sistema epicurista, centrado principalmente na finitude da existência humana e na mortalidade da alma, com a consequente ideia de que o gozo calmo e reservado do prazer era a finalidade própria do viver. Ao contrário de Epicuro, todavia, ele incluiu em sua obra monumental uma teoria do surgimento da sociedade e estabeleceu leis não muito diferentes das ideias de Platão no *Protágoras* e nas *Leis*. Inicialmente, segundo Lucrécio, o homem não vivia em comunidade, mas simplesmente sustentava-

-se dos frutos e bagas que abundavam na terra; depois, um instinto de amizade reuniu as pessoas; para designar esses laços humanos ele emprega uma palavra que tem implicações contratuais, visto que normalmente significa "tratado" (*foedera*). Com a descoberta do ouro, a ganância turbulenta e a ambição lançaram a humanidade no caos; de tal modo que, embora antes (na condição de pré-comunidade) tivessem sido capazes de viver sem nenhuma lei ou costume, agora

> alguns deles, à guisa de preceito, providenciaram a criação de um soberano e o estabelecimento de leis e dispuseram o povo a usá-las. Pois a raça humana, cansada de consumir a vida na violência, estava enfraquecida pelo ódio; e isso tornou-a espontaneamente mais disposta a submeter-se à severidade do direito e do governo... O homem que por seus atos viola os laços comuns da paz [*communia foedera pacis*] não acha fácil viver uma vida tranquila e ordenada.

Destes primórdios – o cansaço da desordem e da hostilidade universal –, o progresso humano, no qual estava inclusa a submissão às leis, foi aprendido pela experiência, pouco a pouco[41].

Cícero, contemporâneo de Lucrécio e pouco mais velho que ele, estava familiarizado com sua obra; quando, provavelmente no último ano da vida de Lucrécio, Cícero escreveu seu tratado sobre o Estado (*De republica*), incluiu nele várias passagens que transmitem essa concepção da origem da sociedade política com uma forte inclinação contratual, que Lucrécio havia transmitido em termos muito mais vagos. O Estado é apresentado, primeiro, em termos mais gerais muito semelhantes aos de Lucrécio: é o fruto final do instinto humano de associar-se com seus companheiros, alargando os vínculos primários do casamento e da paternidade. Esse instinto é a "origem da cidade e, por

---

41. *De rerum natura* 5. 1141 ss.; são resumidos, mas não citados, os trechos 5.958 ss., 1011 ss., 1448 ss.

assim dizer, a sementeira do Estado ("principium urbis et quasi seminarium rei publicae")[42]; explicado esse instinto social natural do homem, a "fonte das leis e do próprio direito" ("fons legum et iuris") seria descoberta[43]. Em *De republica*, todavia, ele vai além:

> Nem toda assembleia de homens reunidos de qualquer modo compõe o *populus*, mas uma assembleia de um grande número, aliados em um acordo vinculante [*iuris consensu sociatus*] e na comunidade dos interesses [*utilitatis communione*]. E a primeira causa de sua reunião não é tanto a fraqueza individual quanto o instinto social natural dos homens; pois a raça humana não é feita de andarilhos solitários.[44]

Nota-se aqui não só um eco da noção aristotélica dos seres humanos como criaturas que tendem naturalmente à sociedade cívica (o *politikón zôon*), mas também as referências jurídicas, certamente deliberadas. Quando se acrescenta a essa passagem outra frase da *República* – "um só vínculo jurídico, um consenso e um agrupamento em sociedade, que é o que faz um povo" ("unum vinculum iuris [ac] consensus ac societas coetus, quod est populus")[45] –, podemos concluir que Cícero provavelmente estava se referindo ao contrato "consensual" romano de sociedade (*societas*), do qual o compartilhamento dos bens dos sócios (*communio*) era um aspecto. Parece que, ao reformular em terminologia romana a teoria contratualista da origem do Estado que já surgira entre os gregos, Cícero tomou em conta as ideias de seus predecessores. Essa tese é provada, talvez, pelo fato de ele discordar expressamente da noção – aventada pela primeira vez pelos sofistas – de que a fraqueza dos indivíduos fora o motivo que os levara a firmar o contrato social primordial.

---

42. *De officiis* 1. 17. 54.
43. *De legibus* 1. 5. 16.
44. *De republ.* 1. 25. 39.
45. Ibid. 3. 31. 43.

Nesse Estado contratual (ao contrário do que ocorria na comunidade política imaginada muito tempo depois por Hobbes, sujeita a um soberano absoluto com cujo domínio todos consentiram), não há espaço para a tirania. Cícero, com efeito, apresenta a tirania como a negação do próprio Estado: "se todos forem oprimidos pela crueldade de um único homem... alguém chamaria isso de um Estado (*res publica*)?... Deve-se dizer que, onde um tirano governa, o Estado não é somente imperfeito, mas inexistente"[46]. Um pensamento semelhante será expresso mais tarde por Sêneca, que imagina uma idade de ouro original subvertida pelos vícios e afundando sob a tirania: foi então, e como antítese à tirania, que surgiu a necessidade das leis[47]. Mas Sêneca viveu em uma época na qual, como mostrou J. W. Gough, "embora a fraseologia e o pensamento contratualista evidentemente ainda existissem, toda a atmosfera política era de absolutismo e submissão"[48]; Sêneca foi forçado a cometer suicídio, por ordem de Nero.

A natureza ideal do direito (*ius*)

Como vimos, o Cícero filósofo escreveu sobre o direito de um modo idealizado, considerando-o inseparável da razão implantada pela natureza na espécie humana; os juristas, por outro lado, só encontraram emprego para o conceito de "natural" num nível prático e operativo, simples e óbvio, levando em conta as reais condições da vida e da sociedade. Porém, vez por outra, acontecia também de eles, em suas raras tentativas de definir ou descrever o que praticavam, tocarem brevemente o plano das ideias. Um exemplo famoso é o trecho de abertura do *Digesto* de Justiniano, que cita o jurista Ulpiano, do século II d.C., ao mencionar um

---

46. *De republ.* 3. 31. 43.
47. *Epistulae morales* 90, §§ 3, 5, 36, 38, 40.
48. *The Social Contract* (Oxford, 1957), 21.

jurista anterior, Celso, que teria definido "elegantemente" o direito (*ius*) como a "ars boni et aequi", uma frase cujo sentido é difícil de reproduzir em inglês, mas que significa literalmente "a arte do bom e do equitativo"[49]. Algumas sentenças adiante, Ulpiano é citado novamente, falando sobre a justiça: esta consiste na "vontade firme e constante de dar a cada um o que por direito lhe cabe" ("constans et perpetua voluntas ius suum cuique tribuere"); e os preceitos fundamentais do direito são "viver honradamente, não prejudicar os outros e dar a cada qual o que é seu" ("honeste vivere, alterum non laedere, suum cuique tribuere")[50]. A inspiração grega dessas máximas parece inequívoca[51].

A fonte da obrigação legal

As formas em que o direito romano se apresentava variaram um pouco de época para época, mas, de modo geral, incluíram o tipo legislativo, funcionalmente comparável às leis modernas; a forma edital, isto é, as reformas legislativas e as inovações e adaptações associadas com o pretorado (acima descrito, que admite uma comparação com a interpretação da equidade pelos chanceleres ingleses); a singular forma romana de *responsa prudentium*, ou seja, as opiniões de juristas consagrados; e, em uma posição muito modesta[52], o costume. Na república, as modalidades "legislativas" do direito consistiam em *leges* propriamente ditas, isto é, medidas promulgadas pela assembleia popular; *leges* impróprias (embora assim chamadas), porque eram, a rigor, *plebis scita*, medidas adotadas pelo *concilium plebis*, às quais se incorporava a força da lei; e *senatus consulta*, resoluções do Senado, que formalmente não eram senão meras dire-

---

49. D. 1. 1. 1.
50. D. 1. 1. 10, pr., 1. 1. 10. 1.
51. Cícero, *De legibus* 1. 5. 18.
52. Ele não é mencionado por Gaio em sua enumeração das fontes do direito, somente pelos *Institutos* de Justiniano (1. 2. 9.).

trizes para os magistrados, mas na prática tinham a força da lei. No império, a essas formas legislativas vieram acrescentar-se *constitutiones principum*, isto é, as medidas dos imperadores, que apareciam em diferentes formatos, entretanto, eram todas aceitas como leis e, de fato, logo suplantaram todos os modos legislativos.

A teoria romana sobre as fontes de validade do direito (toda do tempo do império, ocasião em que o *princeps* era o único órgão legislativo importante) tem, curiosamente, duas faces. De um lado, à semelhança de Cícero, para quem o próprio Estado devia apoiar-se no consentimento popular, o jurista Juliano, escrevendo na época de Adriano, sublinhou o nexo democrático entre o direito e os que a ele estão sujeitos, numa passagem em que atribui eficácia jurídica ao costume bem como à lei escrita:

> O costume imemorial é, corretamente, observado como se fosse lei escrita; são as leis que chamamos estabelecidas pelo uso. Pois, se a única razão pela qual até as leis escritas nos obrigam é o fato de serem aceitas pela opinião do povo, é absolutamente certo que as regras que o povo aceitou sem nenhum escrito devam obrigar a todos; pois o que importa se o povo torna sua vontade conhecida por um voto ou pelo fato daquilo que efetivamente acontece?[53]

Algumas gerações depois, Ulpiano (215 d.C. aproximadamente) disse algo completamente diferente, talvez refletindo a acelerada transformação do "principado" em "dominado". Numa frase que seria inimaginável para Cícero, mas que depois disso, até a Revolução Francesa, serviu como o mais venerável axioma do absolutismo, ele escreveu "quod principi placuit, legis habet vigorem" ("a vontade do imperador tem força da lei"); isso foi incorporado no *Digesto* de Justiniano[54]. Por outro lado, essa mesma passagem do *Digesto* cita a justificativa essencialmente democrática que Ul-

---

53. D. 1. 3. 32.
54. D. 1. 4. 1, pr.

piano dá até mesmo a esse princípio absolutista; após a frase citada, ele acrescentou as palavras "utpote cum lege regia, quae de imperio eius lata est, populus ei et in eum omne suum imperium et potestatem conferat": "visto que, pela 'lei régia' concernente à autoridade do imperador, o povo entrega e outorga a ele toda a sua autoridade e poder constitucional". Essa "lei régia", que se supunha ter sido promulgada pela antiga assembleia popular romana em benefício do primeiro *princeps*, Augusto, é conhecida como uma ficção tardia destinada a legitimar retroativamente a eficácia do poder do imperador; mas dá prova da necessidade, oficialmente sentida, de explicar o poder em função da vontade do povo e, logo, de uma teoria tácita a esse respeito, que sobreviveu, por assim dizer (desde que os compiladores de Justiniano a perpetuaram), nas catacumbas da mente romana tardia.

A concepção da lei (*lex*)

As leis escritas da Roma primitiva, das quais o exemplo mais importante são as leis das Doze Tábuas, do século V a.C., talvez desfrutassem da mesma presunção de semiperpetuidade que as primitivas leis atenienses; de qualquer modo, raramente eram modificadas, e muito menos regularmente corrigidas. Porém, o que se achava que era a lei? *Lex*, embora fosse um termo mais restrito que *ius*, é definida em termos que a moderna ciência jurídica analítica provavelmente acharia inadequados. Surge predominantemente como uma ordem. Cícero conceitua *lex* "como a reta razão certa no comandar e no proibir"[55]. O jurista Modestino, do século III, é assim citado no *Digesto*: "O efeito de uma lei é comandar, proibir, permitir ou punir."[56] Menos clara e menos satisfatória é a definição dada por Papiniano, proeminente jurista da geração precedente: "Uma lei é uma

---

55. *De legibus* 1. 12. 33.
56. D. 1. 3. 7.

regulamentação de alcance geral, [fruto do] conselho dos juristas; é a repressão de ofensas cometidas deliberadamente ou por ignorância; [ou] uma declaração geral da fé pública do Estado."[57] Contudo, esses ensaios de definição – os dois primeiros, muito resumidos; o outro, complicado – abarcam suficientemente bem o teor da maioria, se não de todas as *leges* com que os juristas lidavam na prática.

Finalmente, vale a pena notar neste contexto que, embora Ulpiano, por exemplo, veja os juristas como sacerdotes dedicados a tornar as pessoas boas, nem Cícero nem nenhum outro escritor romano seguiram Platão, para quem as leis tinham a função de moldar o Estado ou os cidadãos de acordo com algum plano detalhado. Essa omissão talvez seja mais uma manifestação da tendência estritamente prática, despretensiosa e sóbria da mentalidade jurídica romana.

O primado do direito

O ideal do Estado governado de acordo com regras conhecidas, que obrigam igualmente governantes e governados, é muito mais frágil entre os escritores romanos que entre os gregos. Contudo, até o estabelecimento final da autocracia imperial o tema ocasionalmente se faz ouvir. O melhor e mais antigo exemplo é encontrado no discurso de Cícero *Pro Cluentio* – sua defesa de um cliente acusado de envenenamento –, no qual, contestando o pedido indignado do acusador de que fosse ignorada a diferenciação formal feita pela lei entre senadores e aqueles de classe mais baixa, Cícero diz que, mesmo que essa diferenciação esteja errada,

> é uma vergonha muito maior, num Estado que repousa sobre a lei [*in ea civitate, quae legibus contineatur*], que se deixe de lado a lei [*discedi ab legibus*]. Pois a lei é o vínculo que ga-

---

57. D. 1. 3. 1.

rante esses nossos privilégios na república, o fundamento de nossa liberdade, o manancial da justiça... O Estado sem lei seria como o corpo humano sem mente... Os magistrados que administram a lei, os juízes que a interpretam – todos nós, em resumo –, obedecem a lei para que possamos ser livres.

E ele faz, então, uma série de perguntas retóricas para sublinhar a dependência que todo o aparato dos tribunais tem da lei. "Olhem para todos os departamentos do Estado", ele acrescenta. "Vocês verão tudo acontecendo de acordo com a regra e a medida prescrita pela lei (*omnia legum imperio et praescripto fieri*)."[58] No século seguinte Sêneca, o grande representante romano do estoicismo, no tratado sobre a clemência, exorta o imperador (Nero) a se comportar como se tivesse de responder perante suas próprias leis[59]; tema que, talvez reforçado em parte pela lembrança das palavras de Sêneca, será ouvido com frequência depois da queda do império do Ocidente e da passagem da Europa para o domínio dos reis semibárbaros.

Quando a posição imperial se consolidou no absolutismo formal, surgiu uma doutrina que nunca se manifestou na república: que o imperador estava acima da lei (ou, segundo a famosa máxima de Ulpiano, criada logo depois de 200 d.C., "livre das leis": "*princeps legibus solutus est*"[60]). O historiador Dio Cássio, contemporâneo de Ulpiano, explica o que significa essa

> prerrogativa, que não foi dada a nenhum dos antigos romanos totalmente e sem reservas, e a posse da qual por si só os capacitaria a exercer [todas as suas funções formais] e outras. Pois foram liberados das leis, como as mesmas palavras em latim declaram[61]; isto é, estão livres de toda a coação das

---

58. *Pro Cluentio* 53. 146-7
59. *De clementia* 1. 4.
60. D. 1. 3. 31.
61. Dio Cássio escreveu em grego.

leis e não estão obrigados por nenhum dos regulamentos escritos.[62]

Essa autoridade romana foi invocada para justificar o poder real absoluto até o tempo de Luís XIV e mais além. Todavia, seria o princípio contrário a esse, o princípio do primado do direito, que viria finalmente a prevalecer no mundo ocidental.

A igualdade perante a lei

Embora Cícero pudesse evocar com eloquência o princípio da supremacia do direito, ele vivia em um sistema que reconhecia legalmente uma grande gama de diferenciações formais de acordo com o *status*; e, nem para ele, nem para qualquer outro jurista, a ideia de igualdade perante a lei excluía a possibilidade dessas discriminações formais. Ao contrário, Cícero pensava que o reconhecimento legal dos graus de dignidade era necessário para uma comunidade política bem regulada. Em seu tratado sobre o Estado, mostrando os pontos fortes e as fraquezas das monarquias, oligarquias e democracias respectivamente, ele diz destas últimas que "quando o povo controla tudo, por mais que possa agir com muita justiça e moderação, até mesmo a própria igualdade é injusta quando não tem respeito pelos graus de dignidade (*cum habet nullos gradus dignitatis*)"[63]. Ele achava que, na democracia ateniense, depois da queda do Areópago, a razão pela qual o Estado declinara em esplendor fora o fato de o povo não respeitar as diferenças de dignidade.

Na prática da vida jurídica, isso a que Cícero se referia era observado abertamente de várias maneiras. Temos bons motivos para crer, por exemplo, que os julgamentos criminais feitos com toda pompa e circunstância pelos tribunais permanentes chamados *quaestiones* – como o famoso julga-

---

62. *História Romana* 53. 18. 1.
63. *De republ.* 1. 27. 43.

mento em que Cícero processou Verros, ex-governador da Sicília, por extorsão – não eram aplicados às classes mais baixas da população; os delitos cometidos pelos cidadãos mais humildes provavelmente eram resolvidos em julgamentos sumários por magistrados menores, dos quais se esperava que mantivessem a ordem entre as classes inferiores sem estardalhaço[64]. No campo do direito civil, havia contextos em que as diferenças de classe eram expressamente reconhecidas, justificando a desigualdade com que eram tratadas as partes; por exemplo, o ilícito de *iniuria*, que englobava uma série de atos cuja característica comum era o insulto ou o ultraje, era agravado (com o consequente aumento da condenação em perdas e danos), tornando-se *iniuria atrox*, se a parte prejudicada fosse alguém de *status* eminente, como um magistrado[65]. A licença para mover uma *actio de dolo* – imputando fraude ao acusado e resultando em uma marca de infâmia se a ação tivesse êxito – não era dada a todos: não, por exemplo, aos filhos ou aos libertos contra seus pais ou protetores (o que se pode entender como um gesto de decoro), mas tampouco a "uma pessoa de classe baixa contra alguém de alta posição: por exemplo, a um plebeu contra um homem altamente respeitado e revestido da dignidade consular; ou a um vadio e libertino, ou algum outro tipo de baixo caráter, contra um homem de vida impecável"[66]. Além dessas discriminações expressas e formais, as desigualdades sociais da vida dos romanos afetavam a operação da justiça romana; temos vários indícios de que a parte situada em degrau inferior da escala social não tinha acesso ao mesmo tipo de justiça que seu adversário[67].

Contudo, curiosamente, o ideal de igualdade coexistia de certa maneira com essa realidade. Cícero, que defendia

---

64. Vide Kunkel, *Untersuchungen zur Entwicklung des römischen Kriminalverfahrens in vorsullanischer Zeit* (Munique, 1962), 9, 21 ss.
65. Ou um parente ou protetor, a quem se devia um respeito especial: D. 47. 10. 7. 7-8.
66. D. 4. 3. 11. 1.
67. Vide J. M. Kelly, *Roman Litigation* (Oxford, 1966), caps. 2, 4, 5.

um ordenamento jurídico que operasse discriminações de acordo com a dignidade social, também fez, em seu esboço de um código jurídico ideal, uma apreciação filosófica do princípio da igualdade. Propôs reproduzir nesse código uma disposição que as Doze Tábuas (segundo ele) realmente continham: *privilegia ne inroganto*, o que significa "[Os magistrados] não proporão leis dirigidas contra indivíduos". O contexto, bem como outros indícios, deixa claro que o que aqui se tem em mente é algo na esfera penal, uma condenação *legislativa* de um indivíduo, como as leis inglesas de confisco dos bens dos condenados à morte na época em que a revolução de 1688-89 terminou. Cícero, entretanto (que já tinha sido atingido por um decreto pessoal de banimento), justifica a proibição dos *privilegia* com razões suficientemente amplas para transcender a área penal: "Nossos antepassados forneceram uma regra admirável para o futuro: proibiram a promulgação de leis destinadas a indivíduos, sendo isso um *privilegium*. Pois o que é mais injusto do que tal lei? Ora, o sentido da própria ideia de lei é que ela é decretada e prescrita para todos."[68] Em seu discurso *Pro Milone*, ele parece combinar essa ideia com suas opiniões sobre distinções de dignidade: "que haja uma diferença", diz, "entre os graus mais altos e mais baixos da sociedade; mas que um criminoso homicida esteja sujeito às mesmas leis e às mesmas penas"[69]. Por fim, numa de suas obras sobre retórica, ele define *aequitas* como aquilo que, em circunstâncias iguais, requer igual tratamento jurídico (*paria iura*)[70]. Marco Aurélio, o imperador filósofo, também menciona pelo nome grego (*isonomia*, de que falamos no capítulo anterior) algo que poderíamos traduzir como igualdade perante a lei; menciona-o quando relaciona, no início de suas *Meditações*, os vários bons exemplos que teve oportunidade de absorver: a Severo, seu parente por casamento,

---

68. *De legibus* 3. 19. 44.
69. *Pro Milone* 7. 17.
70. *Topica* 4. 23.

atribui "a concepção de um Estado com uma lei para todos, baseado na igualdade dos indivíduos e na liberdade de expressão"[71].

A teoria da pena

A opinião romana sobre os atos merecedores de punição foi evidentemente formada pelos mentores gregos. Em seu tratado sobre a clemência, dirigido a Nero, Sêneca enumerou três fundamentos para essa doutrina. Os danos infligidos a terceiros devem ser punidos pelo imperador pelas mesmas razões por que são punidos pela lei: corrigir o delinquente, servir de exemplo e advertência para os outros, ou para que, pela eliminação dos criminosos (*sublatis malis*), todos os demais possam viver com maior segurança[72].

Um século depois, o escritor de miscelâneas Aulo Gélio discutiu as razões da punição apontadas por Platão no *Górgias* (mencionado no capítulo 1), quais sejam, a correção e a intimidação, e perguntou-se por que uma terceira razão, a defesa da honra ferida, não constou da lista do filósofo[73]. A esta terceira razão, Gélio dá o nome grego *timoría*, associando-a à palavra grega *timé*, que significa honra ou estima, porém, *timoría* é a palavra grega de uso comum e geral para designar a punição, e o uso grego não parece refletir nenhuma associação consciente com a ideia de Gélio. Por outro lado, talvez a etimologia dê forma plausível a uma característica genuinamente romana, qual seja, a sensibilidade perante a dignidade ferida, que, como vimos, podia agravar uma *iniuria* transformando-a em *iniuria atrox*.

Sobre a questão da relação entre a pena e o estado mental subjetivo do infrator, podemos apresentar algumas in-

---

71. *Meditações* 1. 14.
72. Sêneca, *De clementia* I. 22. I. Como a prisão penal no estilo moderno não fazia parte do sistema penal romano, *sublatis* deve significar "tirar do caminho" em um sentido sombrio.
73. *Noctes Atticae* 7. 14: acima, cap. 1. n. 83.

formações baseadas em nosso fragmentário conhecimento sobre a primitiva legislação romana. O gramático Festo, explicando o sentido da palavra *paricidas*, afirma referir-se a uma lei atribuída ao segundo dos supostos sete reis de Roma, Numa Pompílio, o qual (se realmente existiu) teria legislado no início do século VII a.C., antes mesmo que Drácon em Atenas, o que por si só torna a atribuição improvável. A citação de Festo[74], embora linguisticamente arcaica, não é arcaica suficiente para uma data tão remota; mas é concebível que pudesse ser uma versão linguisticamente modernizada de uma lei antiga, anterior às Doze Tábuas. De qualquer modo, ele diz que essa lei só qualificava como um *paricidas* ou assassino alguém que "conscientemente e com má intenção tenha causado a morte de um homem livre" ("qui hominem liberum dolo sciens morti duit"). É provável que o *dolo sciens*, o elemento mental, seja uma tentativa de reproduzir o elemento correlato de intenção que recebeu pela primeira vez um tratamento jurídico especial nas leis atenienses elaboradas por Drácon. Seja como for, ele aponta, como a norma draconiana, para um avanço decisivo na civilização jurídica.

Às Doze Tábuas também se credita o reconhecimento da distinção entre o dano voluntário e o dano involuntário. A pena de morrer queimado, infligida (segundo Gaio)[75] nos casos de incêndio criminoso, só era exigida, sob as Doze Tábuas, quando o incendiário tinha agido *sciens prudensque* ("conscientemente e prevendo as consequências"); porém, diz Gaio, se o incêncio ocorrera por acidente, ele tinha somente de compensar a perda ou, se não pudesse, levar uma surra moderada. Num contexto que não está claro porque o fragmento citado é muito pequeno, as Doze Tábuas, segundo Cícero[76], continham uma cláusula sobre o arremesso de uma arma: se ela "não foi arremessada, mas escapou da mão" ("si telum manu fugit magis quam iecit"), um car-

---

74. L. 247.
75. D. 47. 9. 9.
76. *Topica* 17. 64; também *Pro Tullio* 21. 51.

neiro "substituiria" o infrator – quase literalmente, um "bode expiatório" tomaria o lugar da pessoa que havia sido o mero agente físico da morte ou dano, pessoa que (se o ato tivesse sido deliberado) teria de enfrentar a vingança da família da vítima.

Esses primeiros vestígios de uma inovação autenticamente romana na complexidade das leis – assim devem ser considerados, porque a necessidade de mencionar a distinção nas leis escritas dá a entender que, na era anterior, esses direitos não eram reconhecidos – serviram ao Cícero filósofo bem como ao Cícero orador: em seu tratado *De inventione*, ele chega à conclusão geral de que "é a intenção que se deve perscrutar em todas as coisas", não havendo nada mais indigno que a punição de alguém que não fez nada de errado[77]. A frase que Cícero efetivamente usa nesse texto ("in omnibus rebus voluntatem spectari oportere") parece encontrar eco num decreto do imperador Adriano: "in maleficiis voluntas spectatur non eventus" ("nos crimes, deve ser considerada a intenção, não o evento")[78]; é provável que ambos, Cícero e o imperador, tenham revestido um princípio de origem romana com roupagens emprestadas da filosofia estoica, na qual a primazia da intenção era lugar-comum. De modo geral, no direito romano clássico, o estado mental subjetivo do causador de um dano era essencial também no contexto do direito civil; nos textos dos juristas, abundam distinções relacionadas com esse elemento, que era designado por diversas palavras, como *dolus*, *fraus*, *culpa*, *animus*, *mens*, *voluntas*, *consilium*, *sponte*.

O devido processo legal

Não é fácil encontrar uma declaração inequívoca, por parte dos romanos, do princípio a que chamamos de "devi-

---

77. *De inventione* 2. 101.
78. D. 48. 8. 14.

do processo legal"; a melhor declaração nesse sentido talvez seja a que encontramos num texto aparentemente pouco promissor, o *Burro de ouro* ou as *Metamorfoses* de Apuleio, do século II d.C. Trata-se de um tipo de romance; a certa altura da história, os magistrados impedem um linchamento, alegando a necessidade de pronunciar-se uma sentença justa da maneira juridicamente adequada ("civiliter sententia promeretur"), depois de realizar-se devidamente o processo de acordo com a tradição dos antepassados ("rite et more maiorum"), levando-se em conta os argumentos apresentados por ambas as partes ("utrimquesecus allegationibus examinatis"). Em hipótese alguma dever-se-ia permitir que a "condenação de um réu não ouvido, conforme o exemplo dos bárbaros selvagens ou dos tiranos desenfreados", introduzisse, em tempo de paz, um precedente tão terrível[79].

Essa referência à condenação sem audiência toca, naturalmente, no valor central do "devido processo legal"; e são numerosos os textos romanos que mostram esse ato como algo profundamente execrável, embora provenham em sua maioria de escritores leigos, e não de juristas; o que nos indica que, para os juristas, o princípio de ouvir ambas as partes em um litígio era óbvio demais para precisar ser declarado. Os textos não precisam ser citados exaustivamente; um ou dois nos darão a conhecer o teor de todos[80]. Tácito relata um esforço de parte do Senado para que um homem que fora um notório informante no tempo de Nero fosse condenado sem ser ouvido; outros senadores replicaram que "deve-se estipular um prazo, e as acusações devem ser publicadas; e mesmo o mais odioso e culpado dos acusados deve, como de costume, ser ouvido" (*more audiendum*)[81]. Sêneca, quase contemporâneo de Tácito, declarou o princípio em termos certa vez citados por um moderno juiz irlandês:

---

79. *Metamorfoses* 10. 6.
80. Para outros exemplos, vide J. M. Kelly, "Audi Alteram Partem", *Natural Law Forum*, 9 (1964), 105 ss.
81. *Histórias* 2. 20.

Quicunque aliquid statuerit, parte inaudita altera,
Aequum licet statuerit, haud aequus fuerit.

(Quem quer que passe sentença sem ouvir uma das partes não terá agido justamente, ainda que seu julgamento seja justo.)[82]

A teoria da propriedade

No momento em que o direito romano começa a produzir dados historicamente seguros, isto é, na época das Doze Tábuas ou um pouco antes, digamos no final do século VI a.C., a instituição da propriedade privada já está claramente estabelecida (embora dentro de um sistema social que reconhecia a capacidade de possuir bens somente ao *paterfamilias*, o patriarca da família). Concorda-se, todavia, que num estágio anterior o que havia era uma forma de propriedade fundiária tribal ou coletiva; e conta-se que, durante a monarquia, somente lotes muito pequenos de terra estavam disponíveis para os indivíduos a fim de ser transmitidos por herança[83]. Apenas vestígios muito esparsos de uma teoria da propriedade privada – de sua origem ou de sua justificação – aparecem na literatura romana. O quadro desenhado por Lucrécio sobre a origem da sociedade e das leis, já mencionado, pinta o retrato de uma condição primitiva em que todas as necessidades são satisfeitas pela generosidade da terra, uma condição dilacerada pelos efeitos da ganância depois da descoberta do ouro; a ordem subsequente, imposta pelos homens a si mesmos para evitar o caos, implica a proteção do indivíduo para desfrutar o que é "seu". Cícero, do mesmo modo, na única ideologia explícita da propriedade que a literatura romana parece conter, compara os bens do mundo com as poltronas de um teatro:

---

82. *Medeia* 199-200. O juiz irlandês foi Mr. Justice Gavan Duffy, em *Maunsell* vs. *Minister for Education*, 1940 IR 213; 73 ILTR 36.
83. Varro, *De re rustica* 1. 10; Cícero, *De republ.* 2. 14. 26: De Martino, *Storia della costituzionne romana* (vide n. 4), i. 24 ss.

"embora o teatro seja propriedade pública[84], ainda se pode dizer que a poltrona que cada pessoa pegou é 'sua'; assim também no Estado ou no mundo: embora estes também sejam de propriedade comum, nenhum argumento de direito pode ser oposto à ideia de que os bens de cada homem devem ser dele mesmo"[85].

Rudimentos da teoria do direito internacional

Os romanos, no período republicano, tinham sacerdotes especiais, os *fetiales*, encarregados de funções que afetavam a fé pública e o crédito perante outros povos; administravam um sistema de regras sobre a declaração de guerra, a conclusão de tratados de paz e assim por diante. Esse *ius fetiale* parecia depender de convenções comuns a todos os povos da Itália (até os etruscos, que não eram de origem itálica)[86]. Mas, independentemente disso, encontramos em Cícero o conceito de um direito que governa as relações dos povos em geral, pelo menos nos contextos rudimentares da guerra e nas transações ligadas à guerra:

> Há até um direito de guerra [*ius bellicum*]; e é usual que os termos de um juramento sejam observados com um inimigo... Régulo[87] não teria tido o direito de violar, por perjúrio, os termos do acordo feito com o inimigo estrangeiro: os romanos estavam lidando com um inimigo declarado e reconhe-

---

84. "Theatrum cum commune sit": os teatros eram inseridos na categoria de *res publicae*; pertenciam às cidades, não aos indivíduos.
85. "Sic in urbe mundove communi non ad versatur ius quo minus suum quidque cuiusque sit": traduzido livremente.
86. P. Catalano, "Cicerone *de off*. 3. 108 e il così detto diritto internazionale antico", *STAR* (1964).
87. Esse famoso romano, capturado por Cartago, tivera permissão para retornar a Roma a fim de discutir a libertação de certos cartagineses capturados, sob o juramento de voltar para Cartago se estes não fossem libertados. Foi a Roma, aconselhar o Senado a não libertá-los e voltou a Cartago para morrer.

cido, e é a essa categoria que se aplica todo o *ius fetiale*, bem como muitas normas observadas em comum [*multa iura communia*].⁸⁸

Uma dessas normas observadas em comum parece surgir no meio dessa passagem, quando Cícero distingue um juramento feito a uma nação inimiga de uma promessa de resgate feita a piratas; porque "um pirata não está dentro do conceito de inimigo lícito, mas é o inimigo comum do mundo inteiro; e com um pirata não há uma base comum quer para a fé, quer para juramentos"⁸⁹. Em vez de pensar que Cícero está descrevendo uma espécie de direito comum internacional, que poderia ter sido exposto do mesmo modo em Cartago e em Roma, é melhor entender que está apresentando a doutrina romana pura. A sacralidade de um juramento feito para o inimigo – que em várias ocasiões os romanos mantiveram, contra seu próprio interesse – refletia o valor fundamental da *fides*, cuja qualidade imperativa, na conduta do Estado ou dos cidadãos, não dependia da reciprocidade. Está implícita, todavia, a proposição teórica de que essa doutrina deve ser respeitada como óbvia também pelos outros.

---

88. *De officiis* 3. 107-8.
89. Ibid.

Capítulo 3
A Alta Idade Média (até 1100)

A expressão "Idade Média" não é muito precisa. Em contextos especiais, por exemplo, quando usamos uma expressão como "cavalheirismo medieval" ou "as grandes catedrais medievais", podemos estar nos referindo a um período de trezentos ou quatrocentos anos. Mas, num sentido mais amplo, a Idade Média é todo o intervalo entre o fim do Império Romano do Ocidente e o surgimento da Europa moderna, assinalado de modo mais notável pelo Renascimento, pelas grandes descobertas geográficas e pela Reforma, cerca de mil anos mais tarde. Para tentarmos contar a história da teoria do direito durante essa vasta extensão de tempo, será conveniente dividir esses mil anos em três períodos. Eles não correspondem necessariamente a "períodos" fechados com características políticas ou culturais distintas que um historiador poderia achar significativas; os historiadores na verdade tendem a rejeitar a "periodização" daquilo que, para eles, é um conjunto ininterrupto. Não obstante, a separação do passado em fragmentos manejáveis parece, num trabalho como este, o único modo razoavelmente simples de apresentar nosso material.

O primeiro "período" da Idade Média, portanto, será aquele que nasce dos acontecimentos do final do Império Romano e, abarcando o que se costuma chamar de "Idade das Trevas", vai até a época da primeira Cruzada, do cisma formal entre as Igrejas cristãs do Oriente e do Ocidente, da grande disputa entre os papas e os imperadores alemães, das conquistas normandas da Inglaterra e, mais tarde, da Irlanda: em números redondos, portanto, até cerca de 1100.

O final do Império Romano e o que se lhe seguiu

1. *A divisão do Império*

Três acontecimentos do final da história romana – todos contidos entre os séculos IV e V d.C. – podem ser considerados de cardeal importância, segundo o sentido implicado na palavra "cardeal", que em latim significa "gonzo": eles foram os gonzos em torno dos quais girou uma porta gigantesca da História, fechando a era do mundo pagão greco-romano centralizado na bacia do Mediterrâneo e abrindo a do mundo cristão ocidental, cujo centro de gravidade foi se deslocando cada vez mais para o norte dos Alpes. Esses três acontecimentos foram, primeiro, a divisão formal do Império Romano numa metade ocidental e outra oriental; depois, mais ou menos na mesma época, a adoção do cristianismo como religião oficial do Império; e, por fim, a destruição e a conquista do Império do Ocidente pelos germanos.

A divisão do Império em esferas oriental e ocidental foi, na origem, uma reforma governamental que visava a impor nova ordem ao caos que caracterizara todo o transcurso do século III. O século II contara com uma longa série de imperadores fortes e iluminados, dos quais o imperador-filósofo Marco Aurélio se tornou o mais famoso nas épocas seguintes. Porém, a fraqueza crônica do sistema sobreviveu a esses benignos soberanos: acima de tudo, a falta de um sistema adequado para garantir uma sucessão pacífica e ordeira, aliada à crescente dependência em relação a exércitos mercenários, fazia com que a morte de um imperador encorajasse ambiciosos pretendentes ao trono, que lutavam pela púrpura imperial com o apoio de exércitos comprados com a promessa de lautos despojos de guerra. No século III, o Império foi devastado por guerras civis desencadeadas pela vacância incessante do trono imperial (geralmente causada por assassinatos). A desolação econômica (em especial no Ocidente) e o deslocamento administrativo levaram o imperador Diocleciano (284-305), depois de reassegurar a paz ao cabo de gerações de tumulto, a criar um sistema cujos chefes eram dois imperadores coordenados, ou *Augusti*, um para o Oriente e outro para o Ocidente; cada um dos quais tinha um subordinado, ou *Caesar*, designado como seu sucessor. Essa tetrarquia, na realidade, não sobreviveu nem mesmo a seu inventor; porém, a ideia de dividir geograficamente as responsabilidades militares e governamentais do gigantesco Império sobreviveu e tornou-se uma realidade com o sucessor de Diocleciano, Constantino (306-37). Constantino deu a essa mudança o mais evidente dos símbolos, estabelecendo uma nova capital para o Império do Oriente – uma nova Roma – num local estratégico na desembocadura do Bósforo; já havia lá uma pequena cidade, uma antiga fundação dos colonos gregos chamada Bizâncio, mas Constantino, refundando-a e ampliando-a, deu-lhe um nome derivado do seu. Com a denominação de Constantinopla, ela intrigou e deslumbrou a Idade Média (embora a peculiar cultura da qual foi o centro, e o Estado e a sociedade dos quais foi a capital, sejam normalmente chamados de "bizantinos", evocando o nome mais antigo do lugar).

Não fazia parte do plano de Diocleciano ou de Constantino que essa reorganização do Império em esferas gêmeas levasse à sua separação; os dois soberanos consideravam-se imperadores de toda a extensão do território romano, desde as fronteiras da Escócia até o Eufrates. Mas havia, de fato, poderosos fatores de caráter econômico e cultural que dividiram as duas metades do Império e institucionalizaram sua separação, a ponto de a rivalidade e o conflito, em vez da cooperação, constituírem o estado normal de suas relações durante o curto período em que o Império do

Ocidente ainda sobreviveu após a divisão. Em primeiro lugar, a economia do Império do Oriente havia sofrido muito menos que a do Ocidente nos anos de agitação desde 200 ou por aí; o Ocidente mergulhara em condições tão primitivas que até mesmo a moeda – até esse meio de troca padronizado, feito de metal, que originalmente substituíra a permuta de mercadorias por mercadorias – foi cada vez mais substituída por uma nova economia do escambo, fato devido, ao que parece, às tensões geradas pela pressão dos povos germânicos nas fronteiras e à esmagadora carga financeira necessária para repeli-los. Em segundo lugar, enquanto a desintegração administrativa no Ocidente tinha favorecido o aparecimento de poderosos interesses locais capazes de desafiar a autoridade central, no Oriente o Império havia se mostrado mais apto a manter seus nobres – e a Igreja – na condição de obediência. Em terceiro lugar, talvez mais importante que qualquer outro fator, o mundo cultural em que o Império do Oriente subsistia era essencialmente um mundo grego; em seu âmago estavam os territórios de língua grega que fizeram parte do império de Alexandre; o solo do Império do Ocidente era aquele no qual a cultura latina era dominante. Após a separação do Oriente e do Ocidente, o caráter grego do Império baseado em Constantinopla tornou-se praticamente indisfarçável; uma vez que o Ocidente havia caído, ele continuou sendo o primeiro e único Império "Romano", mas a língua de sua administração era o grego, e seu soberano, nas épocas subsequentes, era frequentemente chamado de imperador grego. Além disso, com o desaparecimento de toda e qualquer reminiscência da República Romana, e de seus primitivos padrões de simplicidade – as lembranças da Grécia livre haviam desaparecido muito tempo antes –, o tom do Império centrado na antiga Bizâncio tornou-se cada vez mais oriental; seus contatos com o Oriente, e a visão desimpedida da realidade oriental, geraram nele uma monarquia absoluta caracterizada por formalidades e cerimônias de abjeta submissão, e por um culto à pessoa do soberano que, na era clássica de Roma ou da Grécia, teria despertado a mais profunda aversão. Contudo, esse Império Bizantino romano-oriental sobreviveu mil anos ao colapso de seu gêmeo ocidental, embora cada vez mais diminuto e mais débil, até a tomada de Constantinopla pelos turcos em 1453, apenas uma geração antes da descoberta da América.

A cultura desse Império Romano oriental, apesar de sempre ter parecido sufocante e mesmo sinistra para a mentalidade europeia ocidental moderna, foi extremamente importante para a história da civilização (e da ciência jurídica) europeia. As diferenças que a separavam do Ocidente forneceram o substrato cultural para o cisma entre a cristandade grega, ou "ortodoxa", e a latina, ou católica; e para o distanciamento entre a Europa oriental e a ocidental, assinalado pela existência de dois alfabetos diferentes, o latino e o cirílico (inventado, com base no alfabeto grego, pelos missionários por meio dos quais a Igreja oriental cristianizou a maioria dos povos eslavos). O Império do Oriente preservou em sua forma bizantina a língua grega e com ela os resíduos físicos da literatura e da ciência gregas clássicas; naquela era em que a transmissão dos manuscritos era sumamente precária, quase todo o conhecimento ocidental dessa vasta cultura desaparecera quando o Império do Ocidente caiu na semibarbárie em decorrência da conquista germânica; porém, na época do Renascimento, foi principalmente a partir das bibliotecas do Império Bizantino, e dos eruditos capazes de interpretá-lo, que o saber grego chegou outra vez ao Ocidente. E – de importância capital na história do direito – foi no Império do Oriente, com o imperador Justiniano (527-65), que a massa dos textos compostos pelos juristas romanos clássicos (que deixaram de existir com as turbulências do século III) foi organizada e compilada no *Digesto* que leva o nome desse imperador. Embora essa obra tenha sido promulgada na Itália durante a breve reconquista, por Justiniano, de partes do Império do Ocidente que estavam sob o poder germânico, ela parece ter permanecido praticamente desconhecida em todo o

Ocidente durante a Idade das Trevas; mas foi redescoberta no final do século XI (no fim do período de que trata este capítulo) e finalmente tornou-se a base de todo o direito civil da Europa continental e, mais tarde, de muitas terras distantes para as quais foi exportado pelo colonialismo ou por penetração cultural.

2. A cristianização do Império

As minúsculas comunidades cristãs formadas enquanto os apóstolos de Cristo ainda estavam vivos – como aquelas às quais São Paulo dirigiu suas epístolas – mal foram notadas pelo mundo romano oficial até o fim do século I, e mesmo então não eram claramente distinguidas das comunidades judaicas. Tanto os cristãos como os judeus adoravam um único Deus; ao passo que o mundo greco-romano pagão era caracterizado pelo politeísmo, uma visão do sobrenatural que deixava espaço para uma infinita variedade de divindades. Por essa razão apenas, os cristãos salientavam-se como corpos estranhos no Império. Além disso, afirmavam que todos os deuses, exceto o seu, eram falsos; e foi esse totalitarismo doutrinário que os levou, necessariamente, a recusar o culto às divindades pagãs. Em outras palavras, enquanto os pagãos greco-romanos não dispunham de uma teologia organizada e eram tolerantes com cultos novos e estranhos, os cristãos levavam a sério seu Deus e a verdade exclusiva de sua revelação. Aos olhos da Roma oficial, essa atitude era antissocial e perturbadora, constituindo uma ameaça à disciplina cívica e militar; isso explica a hostilidade oficial aos cristãos, que frequentemente se exasperava a ponto de provocar cruéis perseguições.

As perseguições, contudo, foram intermitentes o bastante para que o cristianismo dos primeiros tempos se espalhasse rapidamente; para permitir a organização de uma Igreja hierárquica, que foi um fator fundamental da força do cristianismo; para que a nova religião convertesse não só a plebe urbana (que se sentia especialmente atraída pela mensagem de Cristo), mas também membros das classes superiores educadas, que (como veremos) logo se tornaram capazes de opor ao paganismo argumentos intelectuais vencedores. No fim do século III, o número de cristãos era muito grande em algumas regiões do Império, especialmente na Itália, ainda que fossem a minoria da população. Boa parte do exército romano agora era constituída de cristãos, e – acontecimento que tradicionalmente se supõe ter sido crucial – o imperador Constantino acreditou ter vencido a batalha da Ponte Mílvia contra um pretendente ao Império (312 d.C.) com a ajuda do Deus dos cristãos. Seguiram-se então, primeiro, uma tolerância geral para com os cristãos e, depois, o estabelecimento do cristianismo como religião oficial do Império, embora o próprio Constantino só tenha recebido o batismo em seu leito de morte.

3. A queda do Império do Ocidente

Os romanos nunca conseguiram levar o Império a leste do Reno e ao norte do Danúbio; em outras palavras, ao território da moderna Alemanha. Uma certa presença defensiva foi efetivamente estabelecida numa estreita faixa do lado alemão daqueles rios; porém, além dessa faixa – até a Escandinávia, ao norte, até a atual Polônia, a leste –, o país era habitado por uma variedade de povos de língua e cultura germânicas, pelos quais os habitantes celtas mais antigos da Europa Central tinham sido absorvidos. Esses povos germânicos não eram selvagens que habitavam as florestas (como às vezes são representados); tinham fundado povoados, estabelecido uma agricultura em terra livre de árvores, desenvolvido uma ampla série de técnicas industriais simples; a arqueologia trouxe à luz grande quantidade de artefatos relativamente sofisticados. Porém, em comparação com o mundo greco-romano centralizado no Mediterrâneo, sua civilização era primitiva e, a julgar pelos padrões daquele mundo, eram bárbaros. A escrita era praticamente desconhecida entre eles, de modo que não tinham literatura. Sua arquitetura, ao que parece, não ia além das mais modestas técnicas para a construção de pequenas cabanas pouco duráveis. Em matéria de sofisticação, seus artefatos eram muito inferiores aos do mundo romano, do qual eles importavam artigos de luxo, provavelmente em troca de escravos e produtos primários simples. Eles não tinham cidades nem moeda, mas eram fisicamente fortes e apresentavam todas as virtudes militares.

Esses povos – eles mesmos pressionados por raças ainda mais selvagens que vinham do leste – pressionavam as fronteiras romanas desde a conquista da Gália por César. Seus contatos com os romanos não foram sempre hostis: além do comércio há pouco mencionado, os romanos começaram a recrutá-los como auxiliares do exército. Esse recrutamento não acontecia homem por homem; muito provavelmente, eram recrutados por tropa e por tribo. Desse modo, aprenderam as técnicas militares e a tecnologia bélica romanas; mas também puderam conhecer de dentro o mundo romano, incomparavelmente mais rico e confortável, o qual eles não viam com apreensão – tinham infligido notáveis derrotas às incursões romanas no interior da Alemanha –, mas com a ambição de predadores. No século III, uma intensa série de ataques germânicos ao perímetro do Império foi repelida com dificuldade. Depois disso, os romanos resolveram proteger as fronteiras do norte por meio do perigoso expediente de instalar tribos germânicas inteiras dentro das fronteiras como colônias defensivas. O Império do Ocidente encontrava-se então num estado crônico de paralisia econômica e administrativa; e essas tribos começaram a pilhar o Império que se pretendia que guardassem. As pilhagens cresceram em ritmo, tornando-se ininterruptas; o Império, debilitado, aceitou a tendência, e seus mais altos postos militares então eram comumente ocupados por homens de origem bárbara. Com o saque da própria Roma praticado pelo godo Alarico, em 410, e a deposição do último imperador do Ocidente, Rômulo Augústulo, em 476, completou-se a queda do Império do Ocidente. Sobre suas ruínas surgiu uma colcha de retalhos de reinos germânicos, antepassados dos principais Estados nacionais da Europa Ocidental moderna.

Os reinos da primitiva Europa medieval

Nessa novíssima economia europeia, o reino mais importante e duradouro foi o dos francos. Esse povo, cujo nome significa "homens livres", veio da região centro-ocidental do que hoje é a Alemanha; mas quando se estabeleceram além do Reno, no território romano-celta da Gália, deram seu nome à moderna França e à língua francesa, e o nome de seu primeiro rei à posterior monarquia francesa: não houve uma linha de descendência ininterrupta, mas o nome Luís é simplesmente uma forma moderna do nome do chefe franco Chlodovech, ou Clóvis (466-511), e seu uso evocava a alta antiguidade da realeza francesa. A princípio, os francos compartilharam o território da moderna França com outros povos germânicos: os borgonheses, cujo reino se situava na França centro-oriental, e os visigodos (= "godos ocidentais"), cujo reino, centralizado na Espanha, se estendia também para o norte dos Pirineus, na França meridional. O reino franco, contudo, logo se transformou em um enorme domínio que, no reinado de seu líder mais importante, Carlos Magno (768-814), abarcou toda a moderna França, Bélgica, Holanda, Alemanha ocidental, Suíça, Áustria e grande parte da Itália. A fim de engrandecer a dinastia franca e simultaneamente reanimar o antigo Império Romano, enxertando-o na realeza franca, Carlos Magno fez-se coroar imperador pelo papa, em Roma, no dia de Natal do ano 800; esse império, todavia, dissolveu-se logo após a morte do fundador; e, pelo tratado de Verdun (843), foi dividido entre seus descendentes, o que teve o efeito de separar a França da Alemanha para sempre. A partir de então, em sua maioria, os reis francos exerceram mera soberania nominal sobre poderosos ducados provinciais; um desses ducados era o da Normandia, a casa dos normandos ou "homens do norte" – mais invasores germânicos –, que durante o século IX subiram os rios da França ocidental e estabeleceram-se em suas margens, na mesma época em que outros homens do norte (na maioria chamados dinamarqueses) fincavam seu destrutivo tacão sobre a Irlanda e a Inglaterra.

A Espanha estivera nas mãos dos visigodos desde antes da ruína final do Império Romano ocidental. Porém, logo após o ano 700, foi invadida pelos senhores árabes do norte da África – foi essa a época do início da expansão islâmica militante –, e a monarquia visigótica foi destruída. Quase toda a península tornou-se um reino árabe, com sua capital em Córdoba. Esta era o centro de uma cultura avançada, cujos representantes foram responsáveis não só pela transmissão das ciências e artes especificamente árabes para a Europa ocidental, como também pela difusão das primeiras noções superficiais de filosofia grega a chegar ao Ocidente depois de terem sido submergidas pela maré bárbara. Entretanto, os restos do poder visigótico, isolados em alguns condados no sopé dos Pirineus, encetaram a retomada da Espanha antes do fim do século VIII; essa "Reconquista", por volta de 1100, tinha trazido metade da península de volta para o domínio cristão.

O primeiro conquistador bárbaro da Itália foi Odoacro, chefe da tribo dos ciros; foi ele quem depôs o último imperador em 476. Logo, porém, seu reino foi tomado pelos godos do leste, ou ostrogodos, que chegaram à Itália vindos da direção da moderna Hungria e do norte da Iugoslávia, e cujo rei, Teodorico, estabeleceu sua capital em Ravena. O reino ostrogodo não durou muito; em meados do século VI o imperador romano do Oriente, Justiniano, empreendeu uma reconquista parcial (e transitória) de grande segmento do Ocidente, derrotando os ostrogodos na Itália e retomando a costa africana do norte (que caíra perante uma outra nação germânica, os vândalos) e uma pequena parte da Espanha meridional. Essa reconquista bizantina da Itália foi posteriormente anulada pela incursão e estabelecimento de uma tribo germânica mais feroz ainda, os lombardos, originários das margens do Elba; em 568 constituíram um reino com sua capital em Pávia, perto de Milão, compreendendo toda a península, com exceção de alguns enclaves bizantinos (o último deles, Bari, caiu somente em 1071 perante os normandos, que se haviam estabelecido na Sicília e no sul da Itália). Entrementes, o reino lombardo do norte e do centro da Itália, por sua vez, foi dominado em 774 pela supremacia dos francos e passou a fazer parte do império de Carlos Magno; e foi nesse período, também, que se atribuiu ao papa uma faixa de território como sua possessão temporal (o *patrimonium Petri*). A maior parte da Itália permaneceu nas mãos dos francos até a metade do século X e depois passou, durante trezentos anos, para os imperadores alemães que sucederam à coroa de Carlos Magno. Ser o objeto de ambições estrangeiras e o cenário em que se digladiavam rivalidades alheias foi o destino da Itália até que o levante nacionalista do século XIX trouxe a independência e a unificação.

Na época em que caiu o Império do Ocidente, a terra de origem dos germanos, que nunca fora englobada pelo Império Romano, continha várias nações das quais a mais importante era a dos francos "orientais", que viviam na região correspondente à parte ocidental da atual Alemanha reunificada. Ao norte, aproximadamente onde hoje existem os Países Baixos e o noroeste da Alemanha, viviam os frísios, os anglos e os saxões. O império de Carlos Magno tinha incluído todos esses povos; porém, após a divisão efetuada em 843, os francos do leste, agora politicamente separados de seus primos que haviam cruzado o Reno, formaram o reino do qual surgiria por fim o Império Germânico – ou, mais formalmente, uma vez que o título imperial de Carlos Magno lhe fora transmitido no início do século X, o "Sacro Império Romano-Germânico". Mas o sacro imperador germânico, embora detentor de um grau hierárquico proeminente, coexistia com vários monarcas poderosos de títulos formais menos excelsos. Foi uma força importante durante a Idade Média, quando o papa e o imperador eram as duas figuras dominantes no cenário europeu; porém, depois que a Reforma destruiu a unidade religiosa da Europa, e especialmente a da Alemanha, a importância da dignidade imperial decaiu acentuadamente; tal dignidade foi transmitida por fim à dinastia austríaca dos Habsburgos até que, após mil anos de vida, foi abolida por Napoleão em 1806.

Na Grã-Bretanha, a ocupação romana tinha terminado logo depois do ano 400, quando as últimas legiões foram chamadas para ajudar na defesa do império continental; logo depois, a metade oriental da Inglaterra caiu nas mãos dos anglos e saxões do norte da Alemanha. Os celtas britânicos, menos romanizados que os da Gália, continuaram levando uma existência independente no País de Gales e na Escócia; na Inglaterra, foram culturalmente assimilados pelos invasores. Entre os reinos em que a Inglaterra anglo-saxônica foi dividida, o de Wessex no sul finalmente predominou, passando a ser o reino da Inglaterra, cujo mais famoso representante foi o rei Alfredo (849-901). No século IX, a Inglaterra foi invadida pelos *vikings* e dinamarqueses; de 1013 a 1042, foi governada por reis dinamarqueses. A monarquia anglo-saxônica foi restaurada, mas em seguida o país foi conquistado novamente, dessa vez pelos normandos, descendentes dos homens do norte que havia muito tempo estavam assentados na província francesa que leva seu nome, a Normandia. A nação e a monarquia inglesas das épocas subsequentes procedem da fusão, sob a dinastia normanda instituída em 1066, dos invasores normandos com seus outros predecessores germânicos, os anglo-saxões e dinamarqueses, em cujo mundo o antigo elemento celta fora silenciosamente absorvido.

A Irlanda não havia sido tocada pelos romanos; e, como as últimas ondas da maré mal cobrem a parte mais remota da praia, assim a inundação das migrações germânicas submergiu-a numa profundidade menor que a dos países mais próximos de sua fonte. Os anglo-saxões nunca se estabeleceram por lá; os assentamentos dinamarqueses estavam restritos aos portos e às desembocaduras dos rios; só os normandos fizeram incursões mais profundas. A cristianização do país, associada à missão confiada no ano 432 a São Patrício, nativo da Grã-Bretanha romanizada, deu à Irlanda o uso da escrita e, com ela, os primórdios de sua história e literatura. A idiossincrática Igreja irlandesa marcou grande presença missionária na Europa, especialmente no reino franco, do século VII ao IX; as missões irlandesas foram importantes para obstar a recaída no paganismo, que já ocorria em muitos lugares, e para consolidar a civilização e o saber: dessa forma, o país passou a integrar a tapeçaria maior da Europa medieval dos primeiros tempos.

O cristianismo e o mundo romano tardio

Em comparação com os séculos clássicos da civilização greco-romana, ou com os do Renascimento europeu, os séculos que se seguiram imediatamente ao colapso do Império Romano do Ocidente foram um período de estagnação intelectual. Essa noite foi iluminada, escassamente, apenas pela Igreja cristã, cujos bispados e – uma vez que o grande movimento começado por São Bento (*c.* 480-542) deslanchara – mosteiros (especialmente estes) eram os centros da pouca educação que o mundo ocidental ainda tinha. A alfabetização era praticamente restrita aos clérigos, até porque um padre deve pelo menos ser capaz de ler o Evangelho e expô-lo; mesmo o rei mais ilustrado era, em geral, incapaz de escrever o próprio nome (Carlos Magno, o melhor exemplo, embora fosse um sincero protetor do saber, nunca aprendeu a escrever). Eram, portanto, os Padres da Igreja que forneciam em seus textos praticamente os únicos vestígios da teoria política e jurídica na Alta Idade Média; toda a literatura secular sobre esses temas e sobre a maioria dos outros deixara de existir.

Mesmo esses Padres da Igreja, contudo, pelos simples fato de tratar desses temas, distanciavam-se um tanto dos fundamentos da Igreja original e da mensagem de seu fundador. A mensagem de Cristo não tinha nenhuma relação com as leis do mundo e não podia, de modo algum, ser englobada no conceito de "normatividade censora". Pelo contrário, uma considerável parte dela consistia na rejeição do legalismo, a árida adesão à letra da lei do Velho Testamento que caracterizava os fariseus. Cristo afirmou explicitamente a definitiva irrelevância das coisas de César; e declarou que a lei inteira não estava contida num código, mas no preceito do amor. A justiça da qual ele falava reiteradamente não era a justiça que um juiz humano tenta estabelecer entre dois litigantes, mas uma virtude total que não se reduz a normas advocatícias.

Contudo, a ideia de normatividade, de regulamentação, de subordinação, logo infiltrou-se na Igreja cristã, mesmo porque a própria Igreja era uma organização e, como tal, não podia deixar de ter regras. Porém, os pontos de divergência entre os cristãos e o mundo pagão exigiam que eles penssassem os axiomas intelectuais daquele mundo – a natureza do Estado, a fonte do direito de governar, a lei da natureza, as instituições da propriedade que as implicações da doutrina cristã puseram em questão – e, assim, o cristianismo desenvolveu sua própria teoria do direito e teoria política. Ela não era monolítica e uniforme, nem original em todos os aspectos, pois alguns de seus conteúdos eram da filosofia antiga, relançada com trajes cristãos; mas deu àquelas ideias antigas a força da fé religiosa e, desse modo, assegurou sua sobrevivência ao longo dos séculos em que a fé religiosa foi o fator central na vida ocidental.

A concepção de Estado no mundo pós-romano

Os romanos, como vimos, tinham apenas um conceito rudimentar de Estado: as palavras *res publica* eram as que mais de perto expressavam a ideia, embora o fizessem num contexto em que seria melhor representá-la por uma expressão mais geral como "sociedade" ou "o interesse público". O Estado, entendido como uma entidade distinta de seus componentes mais importantes (o Senado e o povo) e com um valor abstrato que não só a sociedade romana, mas também qualquer outra sociedade política deve possuir, está completamente ausente do pensamento romano; foi Cícero o único a tentar expressar a essência e o propósito do Estado. Somente no posterior império cristianizado – e, portanto, num cenário que pertencia mais ao mundo medieval vindouro – é que surgiu uma espécie de teoria do Estado como um ramo familiar da filosofia.

As primeiras atitudes cristãs em relação ao Estado aparecem no Novo Testamento. Como vimos, a mensagem de Cristo chamava o homem a um nível completamente diferente, a uma vida que transcendia o Estado e as leis; mas nem por isso provocava-o à rebelião ou às desavenças. Embora o texto procure essencialmente sublinhar os limites da autoridade de César e a importância maior da esfera que fica além de todo domínio terrestre, Cristo ordenou "dai pois a César o que é de César"[1]; e, quando disse a Pilatos "Nenhum poder terias contra mim, se do alto não te fosse dado", ele pareceu novamente admitir a legitimidade do governo temporal[2]. São Paulo, em termos claríssimos admoestou os cristãos de Roma a submeter-se à autoridade temporal:

> não há potestade que não venha de Deus, e as potestades que existem foram ordenadas por Deus... O magistrado é ministro de Deus para teu bem... não traz debalde a espada; porque é ministro de Deus, para castigar o que faz o mal. Portanto, é necessário que lhe estejais sujeitos, não somente pelo castigo, mas também pela consciência.[3]

---

1. Mc 12, 13-17.
2. Jo 19, 11.
3. Rm 13, 1-7.

No século II, os Padres da Igreja Irineu e Teófilo de Antioquia reconheceram o papel positivo do Estado[4].

Outros tons, todavia, fizeram-se ouvir de escritores cristãos desde os primeiros tempos, representando o Estado de modo muito mais negativo. O Apocalipse de São João apresenta pelo menos o Estado romano como diabólico[5]. Tertuliano (*c.* 150-225) formulou um protesto político contra a repressão religiosa levada a cabo pelo Estado romano. Essa atitude podia ser natural na era das perseguições; porém, embora muitos Padres julgassem os soberanos individualmente, e não a instituição do domínio terrestre como tal, opinião negativa em relação ao Estado sobreviveu mesmo depois que o Império se tornou oficialmente cristão. Muitos escritores representaram o Estado como um mal necessário, admitido por Deus, mas criado pelo pecado humano. Lactâncio, escrevendo por volta do ano 300, via o poder do soberano como uma consequência de o homem haver-se rebelado contra Deus; Teodoreto (*c.* 393-460) escreveu que as leis se tornaram necessárias por causa do pecado dos homens e que, para a proteção dos inocentes e o castigo dos que oprimiam seus próximos, os legisladores e juízes eram inevitáveis. O maior dos Padres, Santo Agostinho de Hipona (354-430), visualizou a cidade de Deus, a *civitas Dei*, à qual contrapôs a *civitas terrena* de origem infernal, que tinha de ser penetrada pela outra a fim de perder seu caráter ímpio e tornar-se tolerável (embora, mesmo depois, somente como uma infeliz necessidade); um Estado destituído da justiça que emana da lei eterna não passaria de um sistema de banditismo organizado[6]. Mesmo assim, segundo ele a função protetora do Estado, apesar de motivida pela impiedade, representava um dever imposto por Deus[7]. Essa combinação – o reconhecimento da origem

---

4. Irineu, *Adversus omnes haereses* 5. 24; Teófilo, *Ad Autolycum* I. II.
5. Ap 16, 10; 17, 1, 3-7.
6. *De civitate Dei* 15. 5, 4. 4.
7. Ibid. 19. 15.

divina da autoridade política aliado a uma explicação pessimista do que a fez necessária – tornou-se um padrão no início do mundo cristão e no decorrer da Alta Idade Média; mas foi aos poucos revestida com o verniz da doutrina absolutista, que, exaltando o papel do soberano e prescrevendo a submissão incondicional a ele, dava mais ênfase à legitimidade do Estado que a suas origens.

A fonte do direito de governar

Como se viu no capítulo 2, a crescente autocracia dos imperadores romanos, já por volta de 200, fora promovida pela doutrina jurídica; a vontade do *princeps*, segundo Ulpiano, é lei. Essa afirmação concisa da posição absolutista obscureceu a justificativa que Ulpiano anexou, isto é, a suposta concessão irrevogável dessa autoridade ao imperador pelo povo; e a atmosfera do final do Império, no qual as últimas formas democráticas haviam sido descartadas por monarcas, agora mais convenientemente chamados de "senhores e amos" que meramente "chefes", não era uma atmosfera em que fosse conveniente procurar reavivar a autoridade original e fundamental do povo que a fórmula de Ulpiano ainda parecia contemplar. As invasões germânicas, no entanto, levaram às antigas terras romanas nações com outras tradições; e os reis dessas nações, pelo menos a princípio, não cultivavam sobre sua posição as mesmas pretensões que os imperadores romanos tinham nutrido. Uma visão de conjunto da teoria do direito e teoria política do início do mundo medieval parece, portanto, revelar um embate entre duas concepções opostas acerca da fonte da autoridade e do direito no Estado.

Essas concepções contrárias foram rotuladas de teorias de governo "descendente" e "ascendente". Segundo a teoria "descendente", o poder está originalmente concentrado no soberano, que não o recebeu de nenhum ser humano (embora em sua forma cristã a teoria atribua a Deus sua concessão original ao soberano), e cujos súditos não podem nem moderar nem impor condições a seu exercício, mas devem simplesmente se submeter. De acordo com a teoria "ascendente", o poder em última instância deriva do povo, que o delega ao soberano, o qual não é absoluto, mas, conformando-se à fonte de sua autoridade, está obrigado a respeitar as leis do povo, que estão acima dele. Cada uma dessas teorias é associada de maneira clara, ainda que um pouco simplista, a um dos dois principais elementos culturais da Europa no princípio da Idade Média: a teoria descendente seria característica da tradição romana e a teoria ascendente, da tradição germânica.

Essa tradição germânica não é fácil de documentar, visto que, afinal de contas, foi uma tradição de bárbaros analfabetos a quem mal se pode atribuir uma espécie qualquer de teoria política consciente. Deve-se levar em consideração não só a escassez de materiais históricos como também o enfoque favorável sob o qual as instituições germânicas surgiam aos olhos românticos da Europa posterior, ou mesmo aos olhos mais austeros dos primeiros observadores romanos. Assim, Gibbon, relatando os costumes políticos e sociais dos germanos que irromperam no palco mundial nos séculos IV e V, fala com admiração de sua feroz independência, sua atração pelas duras condições de uma vida cujos pontos altos eram os dias de batalha e cuja maior virtude era a coragem; louva ainda a atitude – nada subserviente – deles para com seus reis, que eram contidos pela poderosa força da opinião tribal moldada pelas leis ancestrais. Mas as cores para esse quadro Gibbon teve de tomar emprestadas – por falta de outra fonte – de uma descrição que o historiador romano Tácito tinha feito dos germanos pouco antes de 100 d.C., a qual se supõe influenciada em certa medida pelo desejo deste historiador de apresentar um contraste dramático entre a altiva e vigorosa simplicidade daqueles bárbaros invencíveis e a sociedade corrupta e debilitada que ele acreditava ver a seu redor no mundo romano.

Aqueles povos germânicos, segundo Tácito[8], escolhiam seus reis pelo nascimento nobre (*ex nobilitate*), mas o poder desses reis não era ilimitado nem arbitrário ("nec regibus infinita aut libera potestas"); e algumas decisões ficavam a cargo do povo, que ouvia seus reis na assembleia respeitando o peso e a autoridade de seus conselhos, mas não seu poder de simplesmente dar ordens ("audiuntur auctoritate suadendi magis quam iubendi potestate"); se a proposta do chefe fosse impopular, era repelida aos gritos ("si displicuit sententia, fremitu aspernantur"). Esse retrato de uma monarquia limitada por importantes freios democráticos, mesmo que colorido pelos sentimentos de Tácito, nunca foi alvo de suspeita com respeito a sua precisão geral. Na opinião dos contemporâneos, e apesar de já se terem passado quatro séculos desde a publicação da *Germânia*, os germanos que dominaram a história da Europa ocidental depois da queda do Império do Ocidente tinham, em certa medida, os mesmos sentimentos políticos – a visão de governo "ascendente" – que Tácito descrevera.

Os germanos, contudo, não eram tão austeros ou incorruptíveis como Tácito imaginara. A moderna arqueologia, longe de confirmar seu suposto desprezo pelo ouro e pela prata, tem mostrado que as casas e tumbas de seus chefes tribais continham uma quantidade impressionante de metais preciosos e artigos de luxo, dos quais havia um comércio ativo ao norte do mundo romano. Os confortos e as riquezas desse mundo, talvez até seu clima mais temperado, levaram os germanos a invadi-lo; e em vários aspectos eles logo se adaptaram – tanto na teoria do direito e teoria política como em outros campos – à civilização em que haviam penetrado. A maioria deles, enquanto ainda estavam relativamente tranquilos nas fronteiras do Império, tinha se convertido, com maior ou menor fervor, ao cristianismo (frequentemente na forma da heresia ariana); porém, depois da conquista do Império, grandes áreas deste caíram

---

8. *Germania* 7.

novamente no paganismo. (Essas áreas foram reconvertidas, mais ou menos entre os anos 600 e 800, pelos esforços de missionários, entre os quais se destacaram os irlandeses – ainda não invadidos.) Com essa conversão veio também a absorção da cultura romana e cristã, mais refinada e sofisticada; essa assimilação evidencia-se sobretudo no fato de que, em todo o continente ocidental, na França, na Itália e na península Ibérica, em parte alguma a língua germânica tornou-se a língua dominante: os dialetos provinciais do latim prevaleceram e foram adotados pela raça conquistadora, e as fundações das línguas românicas modernas foram lançadas nas terras submetidas ao poder germânico dos francos, borgonheses, visigodos e lombardos[9].

Com essa assimilação cultural e religiosa houve uma assimilação das ideias políticas que o mundo romano tardio e a Igreja tinham recebido dos juristas romanos do alto Império, a principal das quais era a ideia de que o poder descendia do soberano (para os cristãos, depois de lhe ter sido confiado por Deus), em transmissão hierárquica, para ser exercido sobre os súditos: todavia (outro ensinamento cristão), tal exercício devia levar em conta a origem divina do poder real. Essa versão cristã "teocrática" da teoria "descendente" do governo é expressa repetidamente pelos escritores do início da Idade Média, dos quais Sedúlio "Escoto" (o Irlandês), que viveu na corte do bispo de Liège por volta de 850[10], pode servir de exemplo típico. Em sua obra *Sobre os governantes cristãos*, ele faz a seguinte exortação:

> que o soberano piedoso se esforce fervorosamente para obedecer à vontade e às santas ordens do Supremo Mestre de todas as coisas, por cuja divina vontade e ordenação ele não duvida ter ascendido ao cume da autoridade... Um soberano

---

9. A única parte conquistada da Europa Ocidental na qual a língua germânica lançou raízes permanentes foi a Grã-Bretanha, dominada pelos anglo-saxões, talvez porque ela tinha sido menos romanizada que as províncias continentais.

10. Para um relato sobre ele e algumas de suas poesias, vide Helen Waddell, *Medieval Latin Lyrics* (Harmondsworth, 1952).

correto reconhece que foi chamado por Deus... Pois, o que são os soberanos do povo cristão senão ministros do Todo-Poderoso?[11]

Assim, na Alta Idade Média, foram lançadas e universalmente aceitas duas noções: primeiro, a da soberania humana e, consequentemente, da legitimidade do governo e da legislação humana; e, em segundo lugar, a de que essa soberania era concedida por Deus. Não dependia de modo algum da vontade, do consentimento ou da delegação dos súditos, que, embora tivessem o dever de obedecer, não tinham nenhum direito a reivindicar contra seu soberano. "Como resultado da poderosíssima influência do cristianismo", escreveu Walter Ullman[12], "os povos germânicos adotaram a teoria inerente à doutrina cristã – que era quase toda de raiz latino-romana –, e o tema ascendente foi, por assim dizer, enterrado, para não emergir novamente como proposta teórica senão no final do século XIII." Uma vez ressurgido, todavia, ele foi a força motriz da reforma constitucional até a era das revoluções na Inglaterra, nos Estados Unidos e na França; e suas raízes remotas, supostamente lançadas nas florestas outrora habitadas por "nossos ancestrais germânicos", eram um agradável toque romântico à retórica dos autores anglo-saxões de ambos os lados do Atlântico.

O padrão ideal de legislação e governo

A concepção de governo teocrática e "descendente" do início da Idade Média não acarretou uma rendição intelectual generalizada ao poder arbitrário; várias correntes da doutrina, já distinguíveis naquela época, tendiam a limitar

---

11. *De rectoribus christianis*, org. S. Hellman, in *Quellen und Untersuchungen zur lateinischen Philologie des Mittelalters* (Munique, 1906), i. 19 ss.

12. *A History of Political Thought: The Middle Ages* (Harmondsworth, 1965), 13.

o poder do soberano pelo menos em tese. Uma delas corresponde ao princípio de que, embora o rei não tivesse de responder a seus súditos, era responsável por eles e devia exercer seu poder no interesse deles. Logo no começo da era pós-romana, a centralidade do interesse dos governados, como o critério-mor de todo governo, foi declarada por Santo Isidoro de Sevilha (*c.* 560-636) numa elaborada receita para a lei correta, que adquiriu *status* canônico:

> A lei será digna, justa, passível de ser obedecida, conforme à natureza e de acordo também com a prática dos antepassados, adaptada tanto a seu tempo quanto a seu lugar; necessária, útil e clara (de modo que não contenha nada que faça as pessoas tropeçarem por entendê-la mal), não moldada para a vantagem de um indivíduo, mas para o benefício comum dos cidadãos.[13]

Essa fórmula, cujo clímax é o serviço do bem comum, foi muito citada por escritores posteriores; como também foi a definição de "rei" de Santo Isidoro, limitando o uso desse nome ao soberano justo:

> Os reis tiram seu nome de reger (*reges a regendo vocati*)... e quem não corrige (*qui non corrigit*, "quem não conduz as coisas no caminho reto") não rege. Assim, o nome de rei é conservado pela ação correta, e perdido pela ação errada. Por isso os antigos têm um provérbio: Tu serás rei se agires corretamente, e não de outra maneira.[14]

Sédulo, o Irlandês, entre outros, faz eco a essa etimologia[15]. O reino visigótico na Espanha e no sul da França, do qual Santo Isidoro era um dos maiores ornamentos, produziu uma quantidade significativa de leis; no código de Ervig (681), o rei já escapou quase totalmente de suas origens

---

13. *Etymologiae* 5. 21.
14. Ibid. 9. 3.
15. *De rectoribus christianis* 2.

históricas populares (isto é, do primitivo conceito germânico de uma realeza constitucionalmente limitada), e a teoria da realeza que se depreende das leis é francamente teocrática. Porém, isso não era considerado justificativa para arbitrariedades em seu governo; pelo contrário, Deus havia estabelecido esse governo como um remédio para as consequências da queda pecaminosa do homem, e seu propósito era, assim, a melhora da condição miserável em que a rejeição da lei divina tinha lançado a raça humana. Em outras palavras, como o rei Recaredo (586-601) tinha dito, Deus Todo-Poderoso tinha-lhe concedido a realeza para o benefício de seu povo ("pro utilitatibus populorum"); ou, como disse o rei Ervig, para salvar o país e aliviar seus habitantes ("ad salvationem terrae et sublevationem plebium"). O tema do bem-estar comum – que incluía, naturalmente, a salvação espiritual – como a principal finalidade do governo e dos reis aparece constantemente nas leis visigóticas.

A teoria contratual do direito de governar

Embora só tenha surgido de forma explícita no final do período de que trata este capítulo, a ideia de que a relação entre governante e governados devia ser concebida essencialmente como um contrato sempre esteve intimamente ligada ao axioma de que o benefício dos súditos é a finalidade da instituição do soberano. Como já vimos, alguns textos da Grécia e Roma clássicas já haviam, em termos muito gerais, atribuído a origem da sociedade política a um acordo ou pacto entre os cidadãos. No início da Idade Média, todavia, surge pela primeira vez uma doutrina totalmente diferente – e muito mais explosiva: a de que, apesar de a própria dignidade real ser de origem divina, o que dá a um determinado monarca o direito de ocupar o trono é um pacto recíproco com seu povo.

Essa imagem era sugerida em parte pelos juramentos que os reis medievais faziam habitualmente na coroação – de fazer justiça e respeitar as leis – e pelos juramentos de submissão que lhes eram feitos por seus súditos mais importantes na mesma ocasião. Era fácil entender essas formas como expressão da mutualidade, da consideração recíproca, que era a essência de qualquer contrato. Mas, mais ou menos do século IX em diante, houve um outro fator no panorama da Idade Média que deve ter predisposto a uma interpretação contratual da relação rei-súdito: o feudalismo. Esse fenômeno, impassível de redução a uma única fórmula porque apareceu sob muitos modelos diferentes, desenvolveu-se a partir das condições da sociedade após o colapso do império de Carlos Magno. Era um padrão diversificado de vínculos sociais e econômicos que servia para dar ao povo uma espécie de ordem e de estrutura de apoio mútuo que as rudimentares realezas europeias do Ocidente – lutando contra os ataques dos homens do norte e dos húngaros – não eram suficientemente fortes para dar. O elemento central e comum a todas as formas assumidas pelo feudalismo era a bilateralidade da obrigação: o vassalo devia submissão ao senhor, mas este, por sua vez, devia proteção e apoio a seu vassalo; e, se o senhor faltasse a seu dever, o vassalo teria o direito de sacudir-lhe o jugo. Não se pode dizer que a teoria medieval tenha ampliado conscientemente essa ideia, por analogia, de modo a englobar também a relação rei-súdito; mas é provável que a familiaridade universal dos padrões feudais de obrigação recíproca tenha facilitado uma interpretação contratual da realeza, particularmente à luz do ensinamento universal referente aos deveres do bom governante para com seu povo.

No século XI irrompeu o longo conflito entre os papas e os imperadores germânicos sobre a questão de o soberano temporal ter ou não o direito de nomear bispos (a chamada Querela das Investiduras); ela fez com que fossem publicadas quantidades enormes de panfletos polêmicos de ambos os lados, e, pela primeira vez desde o colapso do Império Romano do Ocidente, havia leigos entre os debatedores que desenvolviam teorias políticas para apoiar seu próprio partido. O paroxismo da luta ocorreu em 1076, quando o papa Gregório VII depôs o imperador alemão Henrique IV. Entre os partidários das reivindicações papais estava o monge alemão Manegold de Lautenbach, que, embora reconhecesse a origem divina da realeza e a reverência devida aos reis, defendeu o direito de os adversários de Henrique resistirem a ele por causa de sua má conduta e interpretou a deposição papal como uma simples autenticação formal do que já havia acontecido de qualquer modo, uma vez que os súditos lhe haviam recusado sua submissão justificadamente. Escreveu:

> uma vez que ninguém pode tornar a si mesmo rei ou imperador, o povo eleva um homem acima de si para um só propósito: para que o reja e governe baseado nos princípios do governo justo, dando a cada um o que lhe é devido, promovendo os bons e eliminando os malfeitores, fazendo criteriosa justiça a todos. Porém, se ele rompe o acordo em vista do qual foi eleito (*si pactum, quo eligitur, infringit*) e apressa-se em destruir e confundir as coisas que foi nomeado para manter em ordem, conclui-se racionalmente que libera o povo de seu dever de obediência, visto que foi o primeiro a abandonar o pacto (*cum fidem prior ipse deseruerit*) que ligou uma parte à outra com boa-fé.[16]

As teorias medievais mais antigas não admitiam aos súditos nenhum direito de se rebelar contra seu rei, por mais tirano que fosse. Gregório, o Grande, papa de 590 a 604, escreveu que mesmo criticar um mau soberano era pecado, quanto mais resistir a ele; um murmúrio levantado contra ele era na verdade levantado contra Deus[17]; e o imenso prestígio desse santo transformou essa opinião num pode-

---

16. *Ad Gebehardum* 47. Também ibid. 30, em que, narrando as ações de um mau soberano que faz o oposto daquilo para o que foi escolhido, Manegold pergunta se não está claro que ele deveria ser deposto merecidamente do cargo que lhe havia sido confiado, uma vez que fora o primeiro a violar o contrato por meio do qual fora empossado (*cum pactum, pro quo constitutus est, constet illum prius irrupisse*).

17. *Expositio in librum Job* 22. 24.

roso propulsor da monarquia absoluta e irresponsável durante a Idade Média. Seu contemporâneo, Santo Isidoro de Sevilha, citava o profeta Oseias como autoridade para justificar a doutrina de que Deus dava um bom soberano por compaixão, um mau soberano por ira e como castigo pelos pecados do povo; tanto num caso como no outro, o rei devia ser obedecido como designado por Deus[18]. Pode-se ver, portanto, quanto era revolucionária a opinião de Manegold, para quem a perpetuação dos direitos do soberano dependia de ele cumprir sua parte no pacto feito com o povo. Seria em função de uma suposta violação desse pacto original que os parlamentares da Inglaterra do século XVII viriam a declarar sua resistência aos reis Stuart.

O primado do direito

Dissemos que no início da Idade Média, quando as monarquias germânicas absorveram as ideias do mundo romano tardio, a teoria "ascendente" do governo "foi enterrada". Não obstante, uma ideia germânica básica sobreviveu: a de que o rei reina dentro dos limites das leis herdadas por seu povo e está sujeito a elas. Esse princípio (que, mil anos depois, também fez parte das armas da Câmara dos Comuns inglesa contra as pretensões dos Stuart) evidentemente não combinava com a ideia romana do "princeps legibus solutus", e nunca houve uma clara reconciliação entre as duas noções. Dada, porém, a doutrina dos Padres de que não se devia resistir nem mesmo a um mau soberano – ou seja, nem mesmo a um soberano que excedesse os limites das leis consuetudinárias –, parece mais adequado entender que a antiga ideia germânica sobreviveu na forma de uma obrigação moral, por parte do rei, de respeitar as leis que obrigava os outros a cumprir; e essa obrigação declarada é reiterada na Alta Idade Média cristã. Santo Ambrósio

---

18. *Sententiae* 3. 48.

(*c.* 340-97), bispo de Milão, embora sustentasse que os reis são imunes à ação do direito penal[19], escreveu também em duas poderosas passagens retóricas que o soberano deve observar suas próprias leis: "o imperador faz leis e deve ser o primeiro a respeitá-las"[20]. Santo Agostinho escreveu que, embora os homens pudessem discutir a forma das leis temporais no processo de sua formulação, uma vez promulgadas e estabelecidas já não tinham o poder de julgá-las, mas somente julgar de acordo com elas[21]. Santo Isidoro de Sevilha advertiu o soberano de que ele "pode considerar que suas leis obrigam a todos, desde que ele mesmo as respeite"[22]. O inglês Alcuíno, tutor de Carlos Magno, advertiu-o em sua coroação imperial de que devia obedecer às leis sancionadas por seus últimos predecessores romanos, de modo que, mesmo nesse sentido restrito, não estava *legibus solutus*. E um pouco depois Sedúlio, o Irlandês, prescreveu para o soberano cristão, em termos mais gerais, que aquele que desejasse comandar bem seus súditos e estivesse determinado a corrigir os erros dos outros não podia, ele próprio, cometer os erros que reprovava com rigor nesses outros.

É, no entanto, inútil procurar nesse período expressões mais sofisticadas da ideia de "primado do direito", como a noção de que todo exercício do poder exige o estabelecimento de uma cadeia ininterrupta de autoridade que tenha seu princípio nas leis ou de que só pode sofrer pena a ofensa que constituir um crime definido de antemão, para o qual a lei estabelece uma sanção específica. O amplo poder discricionário *ad hoc* do primitivo soberano medieval era compatível com sua função, entendido como um encargo extremamente importante, recebido de Deus, para garantir não só a proteção física, mas também a salvação espiritual de seus súditos. Assim, levando-se em conta a opinião de

---

19. *Apol. Prophet. Daniel* 16.
20. *Epistulae* 21. 9.
21. *De vera religione* 31.
22. *Sententiae* 3. 51.

que foi a justiça de Deus que criou a lei, e não foi criada por ela, era compreensível que a máxima *nullum crimen sine lege* não tivesse lugar na filosofia jurídica visigótica. Agir de modo injusto era em si uma infração, mesmo quando não envolvesse a violação de uma lei específica. Foi essa noção que tornou a retroatividade da lei uma questão pacífica.

Legislação e costume

Dissemos que, na Alta Idade Média, a antiga teoria "ascendente" germânica da fonte do poder real foi enterrada, ou foi encoberta pela teoria romana "descendente", suplementada pela concepção de Deus como a fonte última da autoridade do rei; em outras palavras, pelo que chamamos de concepção "teocrática" da realeza. Contudo, pelo menos em um aspecto os reis germânicos não eram considerados livres para se afastar da relação primordial com seu povo, que Tácito descrevera. Ao contrário do imperador romano tardio, que Justiniano postulara ser o único *legis lator*[23], o rei germânico medieval nunca era visto com dotado do poder independente e arbitrário de fazer as novas leis. Com efeito, a própria lei era entendida antes de tudo como o costume imemorial da nação, que, longe de ter sido "feito" por qualquer rei, era o cenário diante do qual o rei estava colocado, a paisagem em que se movia. Obviamente, vez por outra surgia a necessidade de mudar ou de acrescentar algo ao conjunto de leis já existentes; porém, segundo nos consta, em todos os reinos germânicos, essa mudança só era possível com o acordo de outros além do rei: via de regra, por obra de um conselho dos homens mais importantes da nação, cuja aprovação se esperava que fosse reforçada pela aceitação popular. Um exemplo primitivo de legislação segundo o entendimento germânico são as leis do rei lombardo Rotari (636-652), nas quais se declara

---

23. C. 1. 14. 12.

expressamente que foram confirmadas da maneira tradicional entre os lombardos, o bater das lanças nos escudos; esse aplauso dos guerreiros significava o consentimento popular[24]. A teoria da necessidade desse consentimento aparece, no século IX, nos textos do arcebispo Hincmar de Reims, conselheiro do imperador Carlos, o Calvo. Hincmar fala das leis promulgadas pelos predecessores do imperador "com o consentimento geral de seus leais súditos"[25]. Naturalmente, isso não pode significar que literalmente toda a nação foi consultada; mas não há dúvida de que um seu segmento substancial e influente precisava participar do processo de aprovação. Assim, segundo um relato, os *capitula* promulgados como acréscimo às leis de 803 de Carlos Magno foram lidos diante de todos os *scabinei* (aqui, essa palavra pode ser muito toscamente traduzida como "juízes") em Paris; quando concordaram em obedecer a esses *capitula*, os juízes assinaram-nos junto com os bispos, abades e condes presentes[26]. Outros exemplos são registrados no século IX, antes de o *Edictum Pistense* de 864 resumir a concepção que na época se tinha do processo legislativo: um processo que envolvia tanto a determinação real como o consentimento popular ("quoniam lex consensu populi et constitutione regis fit")[27], uma concepção que não se harmonizava com a teoria absolutista do final do Império Romano. Entretanto, é verdade que a lei como tal se apresenta à mente medieval como algo essencialmente tradicional e costumeiro, e não constantemente submetido a inovações legislativas. Mesmo que não seja verdadeiro, o relato sobre a constituição das leis feitas para o novíssimo reino que os cruzados estabeleceram em Jerusalém, capturado em 1099, é importante por refletir os padrões da época: os cruzados compilaram seu código partindo dos costumes

---

24. Edito de Rotari, 386.
25. *De ordine palatii* 8.
26. *Monumenta Germaniae Historica (MGH) Leges* 2. 1. 39.
27. Ibid. 2. 2. 273.

das várias nações representadas em suas fileiras, alterando qualquer um deles somente quando necessário para colocá-lo em harmonia com o resto[28]. "Toda essa história", escreveram os Carlyles, "ilustra muito bem o fato de que a concepção medieval de direito era dominada pelo costume, pois mesmo quando os juristas pensavam que os cruzados tinham de legislar para uma nova sociedade política, concebiam-nos fazendo isso... mediante a compilação dos costumes já existentes."[29]

O direito natural na Alta Idade Média

Como vimos, a tradição greco-romana tinha a concepção de um direito natural acessível ao homem por meio da razão; foi Cícero quem deu expressão canônica a essa ideia, na linguagem da filosofia estoica, em sua obra *De Republica*. Depois que o Império Romano do Ocidente foi derrotado pelos povos germânicos, o mundo intelectual foi dominado pela Igreja cristã, que teve de construir seu arsenal filosófico baseada nos ensinamentos de Cristo e seus apóstolos. O cristianismo tinha uma afinidade emocional com muitas doutrinas estoicas por causa do elevado conteúdo moral destas; e a filosofia cristã recém-construída representava, em vários aspectos, uma fusão entre os dados fundamentais do cristianismo e outros adaptados dos ensinamentos dos estoicos. Em nenhuma área do conhecimento o resultado foi mais importante para o futuro do que no campo do direito natural.

Introduziu-se aí, contudo, um problema derivado da enorme diferença entre as ideias de Deus no mundo judaico-cristão e no mundo greco-romano. O Deus que Cícero menciona em *De Republica* é uma força inteiramente abs-

---

28. Jean d'Ibelin, *Assises de Jérusalem* I.
29. R. W. e A. J. Carlyle, *A History of Medieval Political Theory in the West*, 6 vols. (Londres e Edimburgo, 1903-36), iii. 44.

trata, separada das numerosas divindades locais e (se pudermos dizê-lo) setoriais cujo culto crescia e minguava periodicamente no antigo mundo pagão: um elemento, uma causa, uma origem que jamais fora objeto de nenhuma teoria organizada, mas que fazia sentido num contexto como o de Cícero. O Deus dos judeus, por outro lado, que se perpetuou no mundo cristão assumindo as dimensões que a teologia cristã lhe deu, é um Deus fortemente personalizado, com um nome, uma história, um Filho. Consequentemente, quando os estoicos falavam de um direito superior, originário de Deus, tinham em mente algo muito menos vivaz e vinculante que a imagem judaico-cristã de um Deus que distribui uma lei fundamental na forma de mandamentos fisicamente transmitidos a um líder do povo escolhido por Ele. Essa diferença teve importantes consequências para a teoria do direito natural, porque levantou a questão da primazia entre a natureza e uma vontade superior. Deus teria dado as ordens que deu a Moisés porque a ordem da natureza já continha, desde o princípio, os preceitos que o decálogo expressava? Nesse caso, o decálogo teria sido necessário? Por outro lado, se o que se chamava lei da natureza era na verdade somente o resultado da vontade de Deus, seria facultado a Deus mudar suas regras: e, nesse caso, a natureza não poderia ser considerada uma norma de conduta invariável, infalível.

Esses problemas foram claros para Santo Ambrósio e Santo Agostinho. Porém, a maior parte dos primeiros Padres não se preocupou em desenvolver a teoria até esse ponto. Para eles, a identificação do direito natural em sua forma estoica com a lei de Deus era suficiente; e essa identificação foi imensamente facilitada por uma passagem crucial da epístola de São Paulo aos Romanos, na qual, em uma frase sugestiva, ele escreveu que os gentios, embora sem a lei (de Moisés), ainda manifestavam "os efeitos da lei escrita em seus corações"[30]. Essa imagem não faz parte da filosofia es-

---

30. Rm 2, 14-15.

toica, mas sua afinidade conceitual (talvez inconsciente) com a doutrina estoica do direito natural percebido pela razão era tão notável que deu a essa doutrina passagem livre para entrar nos ensinamentos cristãos. Irineu (*c.* 130-200) escreveu que a fonte do direito natural era a natureza, criação de Deus, e que os Dez Mandamentos eram, por assim dizer, apenas um resumo e um lembrete dos preceitos naturais que já existiam antes de Moisés recebê-los[31]. Orígenes (*c.* 185-*c.* 254) também chamou a lei da natureza de lei de Deus escrita no coração dos homens, onde se manifestava como a força da razão[32].

O aspecto mais importante do direito natural era, obviamente, sua relação teórica com o direito positivo dos homens; e Orígenes afirmou que as leis do Estado seriam inválidas se fossem contrárias ao direito natural[33]. Lactâncio, por volta do ano 300, citou com grandes elogios as palavras "quase divinas" de Cícero, nas quais a mesma implicação era visível aos olhos cristãos[34]. Santo Agostinho (354-430) – embora depois tenha atribuído importância suprema à vontade de Deus – chamava a lei eterna descrita por Cícero de instituidora do direito natural, o qual é a ordem à qual o direito humano deve se conformar[35]; e Santo Isidoro de Sevilha (falecido em 636) também ensinou que a lei terrestre deve estar em conformidade com a lei de Deus. Muito tempo antes da sistematização do direito natural efetuada por São Tomás de Aquino no século XIII, havia portanto uma firme tradição no ensinamento cristão de um padrão mais elevado que o da lei terrestre – um padrão capaz de servir de medida para esta última e até mesmo de determinar sua nulidade. Naturalmente, na prática efetiva dos reinos germânicos, esses pontos de vista continuaram a ser, como na Roma de Cícero, meras teo-

---

31. *Adversus omnes Haereses* 4. 13-15.
32. *Comm. in Epist. ad Romanos* 3.6.
33. Ibid.
34. *Divinae institutiones* 6. 8.
35. *De libero arbitrio* 1. 3. 6.

rias sem efeito concreto. Não obstante, a primitiva Igreja cristã foi o canal através do qual a antiga ideia do direito natural transferiu-se da Grécia e Roma clássicas para a Baixa Idade Média e dali, finalmente, para o ambiente secular moderno da "lei superior" e dos "direitos fundamentais", exigíveis, por meio de processos de controle de constitucionalidade, mesmo contra os decretos positivos de um poder legislativo soberano.

A teoria da igualdade humana e suas consequências

Vimos que, embora o antigo mundo pagão reconhecesse teoricamente a igualdade de todos os homens, ele tinha dificuldade para encaixar nesse reconhecimento a instituição universal da escravidão. Aristóteles fugiu à dificuldade dizendo que alguns homens eram escravos por natureza; os juristas romanos, atribuindo a escravidão ao *ius gentium*, o instinto geral da raça humana, para o qual a vida de um inimigo vencido estava perdida em princípio, tendo o vencedor o direito de impor-lhe qualquer regime de vida. No início do Império Romano, o direito passou a intervir cada vez mais em favor do bom tratamento aos escravos, e afirmações explícitas da igualdade natural dos seres humanos aparecem em textos jurídicos[36]. Pode ser que essa mudança liberal na doutrina tenha sido devida à experiência, primeiro dos gregos e depois dos romanos, de descobrir que povos outrora considerados simplesmente bárbaros eram perfeitamente capazes de assimilar os padrões de civilização dos reinos helenísticos e do Império Romano. De qualquer forma, a primitiva doutrina cristã sobre esse assunto, que dizia a mesma coisa, certamente não se afigurou um corpo estranho no mundo romano, não obstante suas origens fossem peculiares ao próprio cristianismo.

---

36. D. 1. 1. 4. 1. 5. 4. 1.

A igualdade dos homens, aos olhos cristãos, não decorre da consideração racional do mundo, mas do parentesco da humanidade com Cristo, Redentor. São Paulo escreveu certa vez para os gálatas, os celtas da Ásia Menor, que todos os batizados se revestiram da pessoa de Cristo e, sendo todos um em Cristo, "não são mais judeus nem gentios, escravos, nem livres, homens nem mulheres"[37]. Os Padres da Igreja aferraram-se a esse princípio, que foi um fator importante no apelo inicial da Igreja, visto que as pessoas mais humildes, inclusive os escravos, tinham lá dentro o mesmo valor que seus superiores sociais, a quem, talvez por essa razão, parecem ter excedido muito em número, pelo menos no começo[38]. Encontra-se uma linguagem análoga à de São Paulo em São Gregório de Nazianzo (*c*. 329--90) e em seu contemporâneo, São Gregório de Nissa, que deu ao pensamento paulino um perfil mais incisivo, asseverando que, uma vez que todos os homens são feitos à imagem de Deus, todos devem ser iguais uns aos outros: pois "quem tem tão pouca inteligência para não ver que coisas feitas à semelhança de uma terceira são também semelhantes umas às outras em tudo?". Para ele, isso implicava inclusive a igualdade do homem e da mulher. São Gregório Magno (*c*. 540-604) também insistiu em que por natureza todos os homens são iguais, embora por distribuição de Deus alguns sejam subordinados aos outros. Os escritores do reino franco de Carlos Magno tomavam o mesmo partido: Jonas de Orleans (que cita Gregório Magno), Agobardo de Lyon (779-840), Rabano Mauro (776-856), Hincmar de Reims (*c*. 806-82)[39]. Esse compromisso teórico universal com a igualdade humana envolveu a Igreja, contudo, nos problemas práticos a que a teoria dava lugar.

---

37. Gl 3, 28.
38. Robin Lane Fox, *Pagans and Christians in the Mediterranean World from the Second Century AD to the Conversion of Constantine* (Harmondsworth, 1986), 301.
39. Carlyles, *Medieval Theory* (vide n. 29), i. 199 ss., para referências a esses escritores.

A escravidão

Era este o ponto em que a prática do mundo antigo mais obviamente divergia do ensinamento cristão, ou assim nos parece. Porém, os cristãos primitivos, embora praticassem a caridade e a mansidão a um ponto tal que chegaram a impressionar o próprio mundo pagão, não praticavam nem mesmo pregavam a manumissão global dos escravos. Na verdade, São Paulo, a mesma autoridade que havia ensinado a igualdade humana, impôs também aos escravos obediência a seus senhores[40]. Apesar de a Igreja considerar a libertação dos escravos um ato virtuoso – e isso era confirmado pelo fato de as alforrias cristãs serem habitualmente efetuadas na assembleia dos fiéis (*in ecclesia*) –, ninguém que continuasse a ter escravos era estigmatizado, visto que os próprios bispos cristãos podiam ter servos na condição de escravos[41]. Os Padres, na verdade, desenvolveram uma teoria secundária, que qualificava a tese da igualdade natural do gênero humano para explicar e justificar a instituição da escravidão. De acordo com um comentador de São Paulo, chamado apenas de "Ambrosiastro"', a escravidão era a consequência da propensão do homem para o pecado[42]; e esse tema é repetido com numerosas nuances por muitos outros Padres, inclusive Santo Agostinho. Está fora de questão a restauração da ideia aristotélica de que alguns homens são naturalmente inferiores a outros (embora algo desse tipo apareça em Rabano Mauro, no início do século IX). A opinião geral dos Padres é de que a igualdade essencial dos homens está relacionada com uma era ideal anterior à corrupção da natureza humana pelo pecado, e são as condições da sociedade humana, assim corrompida, que

---

40. Ef 6, 5-9.
41. Vide M. I. Finley, *The Ancient Economy* (Londres, 1979), 64 ss., 84 ss., nas quais o autor enfatiza a condição relativamente favorecida dos escravos no mundo antigo em comparação com a dos trabalhadores livres. Cf. Lane Fox, *Pagans* (vide n. 38), 296.
42. *Comentário à carta de São Paulo aos colossenses* 4.1.

tornam a servidão de alguns homens necessária[43]. Não que todos os escravos fossem pecadores; pelo contrário, havia casos em que eram melhores que seus senhores; porém, a instituição da servidão em seu conjunto devia ser entendida assim, e seus efeitos humanos deviam ser mitigados pela clemência que a Igreja impunha aos senhores[44]. Em outra perspectiva, os Padres afirmavam que a verdadeira escravidão sob a qual o homem laborava não era a do senhor humano, mas a do pecado[45].

Uma figura excepcional, embora menor, destaca-se no início da Idade Média, pois destoava do coro geral que pretendia acomodar a escravidão dentro da teoria da igualdade do gênero humano. No século IX, o abade Esmeraldo, de perto de Verdun (que era na ocasião o maior mercado de escravos da Europa, no qual inúmeros eslavos cativos foram vendidos para o Ocidente), incitou o rei a proibir que fossem feitos novos escravos em seu reino e advertiu os cristãos a libertar os seus. Não defendia efetivamente a abolição da escravidão como uma instituição, mas a apresentava como tão incoerente com o cristianismo que, dizia ele, o rei honraria a Deus se pusesse fim à escravidão[46].

A propriedade

O início do cristianismo não está associado a nenhuma teoria especial sobre a propriedade; e a relação entre a igualdade proclamada por São Paulo e a distribuição desigual das riquezas terrenas não era tão óbvia quanto a pertinência da tese da igualdade humana para a instituição da escravidão. A mensagem de Cristo era indiferente à propriedade como

---

43. Carlyles, *Medieval Theory* (vide n. 29), i. 114, 116-18; Agostinho, *De civitate Dei* 19. 15.
44. Carlyles, *Medieval Theory*, 119; Isidoro, *Sent.* 3. 4. 7.
45. Ambrósio, *De Joseph Patriarcha* 4.
46. *Via regia* 30.

instituição, embora ele pregasse constantemente a virtude da caridade e a imprudência da ganância material. Os primeiros Padres também evitaram formular teorias da propriedade, mas consideravam claramente a partilha das riquezas como moralmente preferível ao acúmulo individual[47]. Uma nota concordante soa na comum opinião cristã primitiva de que não é a riqueza que conta, mas o uso que se faz dela. Os Padres ensinaram a generosidade e a partilha fraterna, mas decerto não formularam nada que se assemelhasse a um comunismo dogmático.

Ao mesmo tempo, não se pode dizer que a doutrina cristã da Alta Idade Média reconhecia a propriedade privada individual como um direito natural. A Igreja simplesmente aceitava a existência da propriedade privada como um dado da vida daquela época, assim como a escravidão, e concentrava sua doutrina em seu uso correto. Quando opiniões sobre a origem e a legitimidade da instituição começaram a ser expressas, elas ensinaram que, no estado primitivo do mundo, tudo o que nele havia pertencia em comum a todo o gênero humano, e que foi somente por meio da atuação da lei humana – uma lei que os Padres não condenam – que os indivíduos adquiriram direitos de propriedade sobre determinadas porções dos bens da terra. A propriedade privada, segundo Santo Ambrósio, não está de acordo com a natureza, pois a natureza ofereceu sua abundância para todos os homens em comum; mas o tempo e o costume (*usurpatio*) criaram direitos privados[48]. Um ponto de vista semelhante encontra-se em São Gregório Magno[49]. O ensinamento desses primeiros Padres pode ser resumido como segue: a propriedade privada não é uma instituição original, natural, pois no começo todas as coisas pertenciam aos homens em comum; mas a lei e a prática dos homens deixaram que a propriedade privada surgisse; isso

---

47. P. ex., Cipriano, *De opere et eleemosynis* 25.
48. *De officiis ministrorum* 1. 28.
49. *Liber regulae pastoralis* 3. 21.

não é errado em si, porém sua legitimidade no caso individual depende do uso que o homem faz de seus bens.

A essas proposições, Santo Agostinho acrescentou uma dedução muito importante. Se a propriedade privada é uma criação da lei humana, ela também pode ser abolida pela lei humana. "Em virtude da lei humana, um homem diz 'esta é minha vila, esta é minha casa, este é meu escravo'; pela lei humana, isto é, pela lei dos imperadores... Mas, colocada de lado a lei dos imperadores, quem poderá dizer esta vila é minha etc.?"[50] É verdade que essa passagem foi extraída de um tratado controverso escrito para um fim especial; mas não poderia estar mais distante da afirmação de um direito natural para a propriedade privada. (Os donatistas, contra os quais esse tratado foi composto, parecem ter chegado mais perto de uma teoria geral da aquisição individual, argumentando que o trabalho mediante o qual a propriedade era acumulada dava ao trabalhador um direito fundamental a ela: uma antecipação, conforme os Carlyles ressaltaram, da teoria na qual, 1.300 anos depois, John Locke fundamentaria o direito à propriedade privada.)[51]

Aqui pode-se mencionar que, embora os ensinamentos cristãos da Alta Idade Média não fossem comunistas e não excluíssem a propriedade privada, os meios habitualmente usados para adquirir patrimônio eram com frequência depreciados; pelo menos os meios que, de modo geral, podem ser chamados de comerciais, visto que os Padres tendiam a considerar o comércio como moralmente inferior à agricultura e ao artesanato. Votavam à usura uma fúria particular; e o pecado de emprestar dinheiro a juros continuou sendo um tema cristão proeminente na Idade Média Central e depois dela. Outras figuras mercenárias, além do agiota, também atraíram a condenação dos Padres: o intermediário, o especulador e o monopolista. Sem dúvida,

---

50. *Tract. VI in Joannis Evang.* 25.
51. Carlyles, *Medieval Theory* (vide n. 29), i. 141.

todos esses casos devem ser entendidos como exemplos particulares do uso errado da riqueza (a qual, em si mesma, não é má): errado porque tira vantagem das dificuldades ou da relativa fraqueza econômica dos outros.

A subordinação política

A desigualdade representada pela subordinação política e pela obediência compulsória aos soberanos era somente uma dimensão do problema do Estado. Como vimos, os primeiros Padres explicaram o Estado como consequência do pecado, o qual tornou as leis necessárias para que os fracos pudessem ser protegidos e os maus, punidos. Os Padres posteriores mantiveram a mesma teoria. São Gregório Magno escreveu que a natureza deu à luz todos os homens como iguais, mas que, por causa de seus méritos discrepantes, uma "economia secreta" colocou alguns sob as ordens dos outros; na medida em que alguns homens se comportam como animais, devem ser controlados pelo tipo de temor que os animais entendem[52] (embora ele também pensasse que, mesmo que não existissem a maldade e o pecado, alguma forma de hierarquia ou subordinação poderia existir, uma vez que até os anjos, apesar de não terem pecado, distribuem-se em categorias superiores e inferiores)[53]. Santo Isidoro de Sevilha também resolveu rapidamente o problema do domínio humano: "Reis e príncipes são escolhidos entre as nações", escreveu ele, "para que, por temor a eles, seu povo possa ser refreado diante do mal e constrangido pelas leis a uma vida de bem. Se todos os homens estivessem livres do temor, quem poderia afastar alguém do mal?"[54].

---

52. *Expositio in librum Job* 21. 15.
53. *Ep.* 5. 59.
54. *Sent.* 3. 47. Inverti a ordem dessas duas sentenças.

A equidade

Nos primeiros textos medievais, não há quase nada que confirme ou perpetue a tradição das teorias gregas e romanas da equidade como um padrão capaz de corrigir a rigidez da lei. Na obra de Hincmar de Reims, porém, há uma passagem que, talvez inconscientemente, pertence a essa tradição. Esse arcebispo, conselheiro do imperador Carlos, o Calvo, tinha (como vimos) afirmado com veemência a subordinação geral do soberano à lei. Mas na última parte da mesma obra Hincmar admite para o rei o poder de transcender, ou melhor, "comprimir" (*comprimere*) a lei positiva (*lex saeculi*) para executar a justiça superior "de Deus" por meio de um juízo baseado na imparcialidade ou numa equidade do caráter mais geral (*iudicium aequitatis*)[55]. Este *iudicium aequitatis*, segundo Fassò, era "o remédio que a consciência jurídica daquele tempo aplicava à eterna desarmonia entre a lei estrita e a justiça substancial"[56].

A teoria do direito das nações

O mundo romano reconhecia algumas normas, ou tinha algumas noções, que hoje seriam classificadas na categoria do direito internacional: tratados com outros povos foram concluídos desde o início da república romana, e esperava-se que fossem observados; e a inviolabilidade dos embaixadores era universalmente reconhecida. Todavia, na literatura romana jurídica ou leiga, nada encontramos que se assemelhe a uma teoria do direito internacional. Por outro lado, com a expansão da Igreja cristã, os primórdios dessa teoria manifestam-se nos textos de dois dos principais Padres da Igreja.

---

55. *De ordine palatii* 21: MGH *Leges* 2, capit. Reg. Franc. 2, 524-5.
56. Guido Fassò, *Storia della filosofia del diritto*, 3 vols. (Bolonha, 1966-70), i. 219.

Na opinião de Santo Agostinho, o Estado universal que Roma havia criado – e que ruía ao seu redor sob o ataque dos bárbaros, como ele escreveu – era perigoso. Fora construído por meio de guerras sangrentas e era constantemente sacudido por conflitos civis. Porém, "se a condição da raça humana fosse mais feliz, todos os reinos seriam pequenos, desfrutando uma harmonia com os vizinhos, e assim haveria no mundo uma variedade de domínios, assim como numa cidade os cidadãos distribuem-se em várias casas"[57]. Embora o pensamento não tenha sido explicitado, o paralelo com famílias, todas vivendo dentro da ordem jurídica de uma única cidade (Estado), sugere a concepção de uma ordem jurídica superior que abrange os vários Estados. Dentro de uma ordem assim, uma guerra só seria justificada (*bellum iustum*) quando o adversário tivesse feito o mal e precisasse ser compelido a observar a lei; a guerra justa, portanto, tem como finalidade essencial o estabelecimento da paz.[58]

Santo Isidoro de Sevilha não repete a fórmula de Santo Agostinho. Mas, depois de dar exemplos de princípios do direito natural (como já vimos), os que o instinto humano sugere em toda parte, ele enumera, numa categoria separada, os elementos do *ius gentium* – divergindo completamente, porém, do clássico uso romano dessa expressão. Para os romanos, o *ius gentium* compreendia as instituições do direito civil que eles supunham ser respeitadas naturalmente por todos os povos (algumas das quais figuram na lista dos itens do direito natural de Santo Isidoro, como a restituição de coisas depositadas ou emprestadas). O *ius gentium* de Santo Isidoro, por outro lado, consiste em uma série de temas que, na verdade, foram mais ou menos os fragmentos esparsos a partir dos quais o mundo do Renascimento e, finalmente, Grócio construíram o moderno direito internacional: a tomada de posse da terra para nela se estabelecer (*sedium occupatio*); os direitos surgidos da cons-

---

57. *De civitate Dei* 19. 5, 4. 15.
58. Ibid. 19. 7, 11.

trução de edifícios e fortificações (*aedificatio, munitio*); a guerra e normas sobre a captura de prisioneiros e sua restituição à condição anterior depois de libertados (*bella, captivitates, servitutes, postliminia*); tratados de paz e tréguas (*foedera pacis, indutiae*); a inviolabilidade dos embaixadores (*legatorum non violandorum religio*); e a proibição do casamento com estrangeiros (*connubia inter alienigenas prohibita*)[59].

Logo após a época de Santo Isidoro, as condições políticas e econômicas que exigiriam o estabelecimento de um direito internacional começaram a aparecer lentamente. No século VIII, ressurgiu o comércio internacional, que praticamente havia cessado com o colapso do Império do Ocidente, e despontaram códigos rudimentares de direito marítimo. No século IX, depois do colapso do império de Carlos Magno, as principais nações da Europa Ocidental separaram-se e desenvolveram-se como Estados independentes.

A teoria do direito penal e da pena

A literatura do mundo medieval dos primeiros tempos não trata especificamente da finalidade, justificativa ou medida da punição criminal; não obstante, visto que os Padres justificavam o governo humano pela necessidade de reprimir os malfeitores e proteger suas vítimas, a legitimidade das sanções criminais em geral era tida como certa. Santo Agostinho deplora as misérias e imperfeições do Estado, como, por exemplo, a crueldade e o absurdo da prática da tortura (que, no entanto, ele não condena totalmente); e também a inerente fraqueza de qualquer sistema em que um ser humano julga outro:

> Como é profunda e obscura a questão de determinar a quantidade da pena para evitar não só que a pessoa que a sofre não receba nenhum bem, mas também que sofra um

---

59. *Etym.* 5. 6.

dano por causa dela! Além do mais, não sei se foi maior o número dos que melhoraram ou dos que pioraram quando assustados com as ameaças de tal pena nas mãos dos homens. Qual é, então, o caminho do dever, visto que acontece frequentemente que, se infliges uma pena a alguém, ele é destruído, ao passo que, se o deixas impune, outro é destruído?[60]

Sua perplexidade com relação à proporção das penas, suas dúvidas sobre seus resultados e mesmo sua preocupação com a recuperação do delinquente eram sementes das quais nasceriam um dia as teorias sobre esses assuntos; não chegavam, porém, a ser elas mesmas uma teoria. Sua convicção mais clara foi a da melancólica necessidade das medidas penais num mundo tão corrupto:

> Certamente, não é sem razão que temos a instituição do poder dos reis, a pena de morte do juiz, os ganchos farpados do carrasco, as armas do soldado, o direito de punir do soberano e mesmo a severidade do bom pai... Enquanto essas coisas forem temidas, os maus serão refreados e os bons viverão mais pacificamente entre os maus.[61]

Nas primeiras fases do Império Romano (sem levar em conta a teoria penal filosófica desenvolvida por Sêneca e Aulo Gélio), o direito penal efetivo tinha um simples caráter retributivo, punindo o malfeitor de acordo com a qualidade de seu ato e concedendo aos tribunais certa liberdade para selecionar a pena. Ocasionalmente, por exigências de determinado tempo ou lugar, uma punição podia ser especialmente intensificada ou acompanhada de uma publicidade incomum, como um *exemplum*, uma intimidação para os outros; mas o fato de os juristas apresentarem justificativas especiais para esses casos mostra que, até então, não se reconhecia a dissuasão como a principal dimensão da pena.

---

60. *Ep.* 95. 3; ed. Deane, p. 301.
61. *Ep.* 153. 6. 16; ed. Deane, p. 139.

Porém, aproximadamente a partir do ano 300 – ou seja, a partir da época em que o "principado" mudou para uma "dominatio" cada vez mais militar e totalitária –, o direito penal assumiu um caráter cada vez mais intimidativo, refletindo a necessidade de deter a crescente ilegalidade e desordem que acompanharam o declínio do Império. Sob a pressão dessa necessidade, o tipo de atitude refletida nas palavras de Santo Agostinho tornou-se geral e, como seria de esperar, o ideal de adequar a pena às condições subjetivas e objetivas do delinquente e seu delito perdeu completamente a importância.

A Igreja, não obstante, tinha influência para mitigar o rigor do direito penal; a seus olhos, em primeiro lugar, a culpa do criminoso era proporcional a todas as circunstâncias do crime, inclusive as subjetivas – o que mitigava, portanto, o aspecto puramente intimidativo do direito; e, em segundo lugar, o criminoso, na qualidade de pecador, necessitava de arrependimento e recuperação, o que tendia a reduzir a incidência da pena de morte, após a qual o arrependimento não era mais possível. Encontram-se, pois, na primitiva atitude da Igreja, duas influências civilizadoras cruciais, predispondo à teoria penal racionalista do distante futuro.

Um quadro mais ou menos semelhante pode ser percebido nos reinos germânicos. Entre os visigodos da Espanha e do sul da França, perpetuou-se a ferocidade romana tardia, cuja finalidade era a dissuasão; entre os francos e anglo-saxões, a função da pena como necessária à ordem pública estava em primeiro lugar, embora também nesses dois povos se exigisse que o delinquente satisfizesse os sentimentos vingativos de sua vítima ou da família desta; e as rixas surgidas desse princípio, elas mesmas uma fonte de mais desordem e derramamento de sangue, só com dificuldade eram reprimidas pelo governo. Entre os lombardos da Itália, o contexto subjetivo do crime era irrelevante; eram essenciais somente o dano objetivo e a necessidade de intimidar outros para não imitarem seu autor. Porém, entre os lombardos e os anglo-saxões, a influência moderadora da Igreja, preocupada com o arrependimento e a reforma do delinquente, apontou o caminho para uma apreciação de todas as circunstâncias do dano e para uma expiação final menos desumana.

Capítulo 4
A Baixa Idade Média (1100-1350)

Em 1100, a era das migrações germânicas, entendidas no sentido mais amplo de modo a englobar as aventuras dos *vikings* e normandos, que chegaram muito tempo depois da queda do Império Romano do Ocidente, já tinha praticamente acabado. As ondas haviam batido até os mais longínquos recantos da praia. A primeira Cruzada terminara com a fundação de um reino franco na Palestina (1099). Um pouco antes, o império *viking* da Rússia, centralizado em Kiev, tinha atingido sua maior extensão; os normandos haviam conquistado a Inglaterra e, no outro extremo da Europa, o sul da Itália e a Sicília; só faltavam seu estabelecimento na Irlanda (1169) e a conquista franca de Constantinopla e "Romênia" (1204)[1], que durou pouco. Estava à vista uma espécie de estabilidade europeia, pelo menos em comparação com a "Idade das Trevas". Os perigos impostos por povos não europeus haviam sido contidos e repelidos: os árabes, que outrora haviam penetrado fundo na França, foram primeiro rechaçados para o sul dos Pireneus e agora retrocediam rumo à Espanha meridional, visto que os príncipes cristãos do norte, sucessores dos visigodos, haviam começado a Reconquista da península; os magiares

---

1. Romênia: o nome não se refere à moderna Romênia, mas ao que restara do Império Romano (oriental ou bizantino), isto é, principalmente a área da moderna Grécia.

da Ásia Central, derrotados na Alemanha meridional pelo imperador alemão Oto I em 955, haviam-se estabelecido no território que hoje é a Hungria. No leste, o Império Bizantino, confrontando os turcos muçulmanos, ainda servia de bastião contra a expansão destes na Europa.

Além disso, no século X, refletindo esses tempos de relativa tranquilidade, a população e a economia europeias começaram a crescer. Mesmo uma afirmação geral como essa não pode ser comprovada por estatísticas; o *Domesday Book*, por exemplo, compilado logo depois da conquista da Inglaterra pelos normandos, que faz um relatório exaustivo sobre o valor e a propriedade das terras do reino e possibilita alguns cálculos muito aproximados, é um caso único: nada de semelhante se encontra em nenhum outro lugar nessa época. Porém, outros indícios contribuem para preencher essa lacuna: o contínuo avanço dos colonos alemães para o leste do Elba, que outrora fora a fronteira que os separava dos eslavos; as vastas áreas de derrubada e roçagem de florestas e a drenagem das terras baixas e alagadiças por toda a Europa Central, para a recuperação de terras para a lavoura; o aprimoramento dos métodos de agricultura, aumentando o rendimento da mesma área: tudo isso refletia a necessidade de alimentar mais bocas, indicando um rápido crescimento da população. O excedente populacional em relação aos empregos disponíveis também se refletiu, talvez, no êxodo desordenado de multidões de europeus pobres na primeira fase da primeira Cruzada; e, quem sabe, até na grande quantidade de aspirantes que inchavam as novas fundações monásticas surgidas em toda parte na Baixa Idade Média – embora se deva dizer que, entre as próprias ordens monásticas, os cistercienses (fundados em 1098) eram o grupo mais progressista na Europa na recuperação de terras devolutas e no aperfeiçoamento da agricultura e suas indústrias auxiliares.

O comércio, e com ele a comunicação entre povos de diferentes culturas (embora também tenha sido propiciado pelas Cruzadas), cresceu nessa época com tanta intensidade quanto a população. Sua disseminação está ligada sobretudo às cidades-estado do norte da Itália: as repúblicas marítimas de Veneza, Gênova e Pisa, em específico, competiam para controlar o comércio com o Oriente, estabelecendo entrepostos e colônias comerciais ao redor do Mediterrâneo oriental e no mar Negro. De grande importância, também, foram as novas rotas terrestres do norte ao sul da Europa abertas através dos Alpes; no decurso do século XIII, muitas estradas novas, que partiam da Suíça e da Baviera e iam até a Lombardia, tinham sido estabelecidas através dos passos de montanha da região central, às vezes para evitar os pedágios impostos pelos magnatas locais nas estradas mais conhecidas. Nessa mesma época lançaram-se os fundamentos do grande império comercial alemão nos mares do norte, formalizado no século XIII na chamada Liga Hanseática; e, no final do século XII, ocorre o rápido crescimento de uma economia monetária, evidenciado, por exemplo, pela octuplicação do número de casas da moeda que funcionavam na Alemanha.

O traço mais característico da Baixa Idade Média era a organização denominada guilda ou corporação, formada por pessoas que praticavam a mesma arte ou ofício, em parte para defender seus interesses comuns, em parte para fins de caridade e devoção religiosa, e em parte para fins puramente sociais. Essa expressão da tendência do homem medieval de ver-se sempre dentro de uma estrutura coletiva teve também grande importância histórica para a evolução do pensamento político europeu, uma vez que as corporações de ofício eram autogovernadas: seus dirigentes eram escolhidos pelos membros, e elas eram, assim, no nível do homem comum, uma encarnação viva da teoria "ascendente" do governo. Constituíram o pano de fundo familiar e operante junto ao qual as novas teorias dos séculos XIII e XIV buscariam apoio.

A hipótese aventada acima, de que o rápido crescimento populacional pode ter tido alguma relação com o aumento do número de mosteiros e monges, não explica por si só esse fenômeno porque não leva em conta a revivificação do sentimento religioso e a reforma disciplinar associadas sobretudo à época do papa Gregório VII (1073-85) e de São Bernardo de Clairvaux (1090-1153). Foi Gregório que, na chamada Querela das Investiduras – que opunha o suposto direito dos reis de nomear os bispos ao suposto direito do papa de depor os reis –, conseguiu libertar a Igreja do controle temporal sob o qual ela vivera desde o final do Império Romano; conseguiu ainda impor reformas na organização da Igreja, que aliás haviam provocado, principalmente na Alemanha, as reações de hostilidade que deram início a toda a controvérsia. São Bernardo, abade do mosteiro cisterciense de Clairvaux ou Claraval, foi a figura mais importante do monasticismo ocidental e um defensor incansável do cristianismo ortodoxo[2]. Sua época foi marcada pela intensidade explosiva da fé e da prática religiosa, cristalizadas na ideia da Cruzada e, de forma ainda visível, nas grandes catedrais góticas[3] dos séculos XII e XIII. A centralidade da fé cristã para toda a vida individual e coletiva, sua universalidade em toda a Europa latina, a autoconfiança com que as heresias eram ocasionalmente confrontadas e esmagadas, o fervor do culto, a importância assumida pelos adjutórios da fé, tais como as peregrinações e relíquias, o esplendor dos rituais e monumentos da Igreja: tudo isso compunha a atmosfera densa e fervorosa na qual o intelecto da Baixa Idade Média vivia, e tudo contribuiu, também, para a reação contrária que levou a Idade Média ao fim e anunciou o mundo moderno.

Na mesma época, o rápido crescimento da população e do comércio determinou o surgimento de uma civilização

---

2. Era amigo e partidário de São Malaquias, arcebispo de Armagh e reformador da Igreja irlandesa, que morreu em Clairvaux em 1148.

3. Originalmente assim chamadas pelos humanistas italianos do século XV num sentido depreciativo, significando "bárbaras" (em contraposição ao estilo da Antiguidade clássica), porque surgiram nas terras germânicas do norte da França. Sua principal característica arquitetônica é o arco ogival, que contrasta com o arco arredondado da arquitetura romana e românica.

urbana europeia como não se via desde a queda do Império do Ocidente. Por volta do ano 1100 havia, de fato, duas regiões – Flandres e o norte da Itália – nas quais existiam cidades florescentes, grandes pelos padrões da época: no caso de Flandres, associadas com a produção de tecidos (a lã era importada principalmente do leste da Inglaterra, estimulando assim o crescimento ali também); no caso da Lombardia e Toscana, com o comércio internacional. A Itália era, contudo, um caso especial, porque ali a tradição urbana nunca morrera; fora sustentada nesse período pelo forte reino lombardo no norte, pelo papado em Roma e na Itália central, e pelos gregos, pelos muçulmanos e pelos reinos normandos no sul. "Durante os séculos obscuros e desastrosos que se seguiram à queda do Império Romano", escreveu Macaulay com brilhantes imagens,

> a Itália preservou, num grau muito maior que qualquer outra parte da Europa Ocidental, os traços da civilização antiga. A noite que desceu sobre ela foi a noite de um verão ártico. A aurora começou a ressurgir antes que o último reflexo do crepúsculo precedente tivesse desaparecido no horizonte. Foi no tempo dos merovíngios franceses e da heptarquia saxônica que a ignorância e a ferocidade parecem ter chegado ao máximo[4]. Todavia, apesar disso, as províncias napolitanas, reconhecendo a autoridade do Império do Oriente, preservaram algo do conhecimento e refinamento orientais. Roma, protegida pelo caráter sagrado de seus pontífices, desfrutou de relativa segurança e tranquilidade. Mesmo nas regiões onde os sanguinários lombardos tinham fixado sua monarquia, havia muitíssimo mais riqueza, conhecimento, conforto físico e ordem social do que se podiam encontrar na Gália, Grã-Bretanha ou Alemanha.[5]

---

4. Merovíngios: os primeiros reis francos, *c.* 500-750. Heptarquia: os sete pequenos reinos estabelecidos pelos anglos e saxões na Inglaterra aproximadamente na mesma época.

5. *Critical and Historical Essays*, i. *Machiavelli* (Londres, 1843), 66-7.

Na Itália, portanto, uma civilização urbana superior – que fora a glória do mundo greco-romano – começava a reviver. Essas cidades logo se tornariam não só o cenário do ressurgimento intelectual europeu que chamamos de "Renascença"; também deram à Europa lições indispensáveis sobre a condução dos negócios e, consequentemente, sobre a fertilização da economia. Serviços bancários, contabilidade, seguro, títulos negociáveis, todos os tipos de métodos comerciais e financeiros nasceram no norte da Itália nesse período. Também são associados, em parte, ao elemento judaico na população medieval; os judeus, proibidos de possuir terras e, assim, de assimilar-se à economia básica, eram obrigados a especializar-se em comércio e finanças (e depois, por esse motivo, eram menosprezados pelos vizinhos cristãos, cuja intolerância os limitara a esse papel), áreas na qual cumpriram função importante, principalmente no desenvolvimento do crédito. Este, como envolvia a cobrança de juros ou usura, era, de qualquer forma, proibido aos cristãos; e só aos poucos, à medida que sua utilidade foi sendo reconhecida, a Igreja abrandou seu rigor e permitiu que os cristãos se dedicassem a esse tipo de operação, crucial para o crescimento econômico.

A Itália e Flandres, portanto, tinham as sociedades mais urbanizadas no começo do período; mas foram rapidamente alcançadas por outras regiões: a Alemanha meridional, o leste da Inglaterra, o norte e partes do sul da França e o nordeste da Espanha. Às vezes, como na Alemanha meridional (onde as rotas comerciais do Reno e do Danúbio e as passagens alpinas tiveram sua importância), fatos naturais facilitavam o desenvolvimento econômico sobre o qual as cidades começaram a surgir; outras vezes, aliás com mais frequência, esse crescimento decorria de um fenômeno político: o aparecimento de monarquias que, em comparação com as épocas anteriores, eram fortemente centralizadas. Esse fato certamente tem relação com o crescimento de Londres, Paris e Palermo, já no século XII as maiores cidades de seus respectivos reinos (e provavelmente também da Europa). Comandando o movimento de formação do

Estado nacional, cujos primeiros sinais aparecem agora, essas monarquias começaram a se estabelecer em cidades "capitais" permanentes; não eram mais os frágeis reinados da Alta Idade Média, nos quais o rei tinha de fazer perpetuamente o circuito de seus territórios para manter um mínimo de ordem e obediência. Agora, embora mesmo os reis mais fortes mantivessem administrações tão minúsculas que mal conseguiriam prover de pessoal uma única seção de um único ministério moderno, a existência de uma corte permanente, que reunia os responsáveis pela justiça, pelo comando militar, pelo Tesouro público, pelo cerimonial, pelo patrocínio das artes e do aprendizado, pela hospitalidade e diversão e pela observância religiosa, garantia a subsistência de uma multidão de criados auxiliares e dependentes e proporcionava trabalho para várias artes e ofícios – o que hoje chamaríamos de "empregos indiretos". Essas condições provavelmente explicam a grande diferença de tamanho entre as três capitais mencionadas e todas as outras cidades desses reinos.

Uma característica mais sutil desses séculos, relacionada em parte com o fervor religioso (especificamente, com o culto de Nossa Senhora), em parte com o progresso da vida sedentária e em parte com os códigos de honra associados às relações feudais e à vida cavalheiresca, é um abrandamento geral das maneiras, que nem mesmo os horrores da guerra e das perseguições aos hereges e judeus puderam ocultar. O ideal cavalheiresco, as expressões das mais altas e sacrificiais formas de amor, os modos de música e poesia para celebrar emoções nobres e refinadas, tudo isso floresceu. A própria palavra "romance" pertence a esse período, e referia-se então a relatos de episódios inspiradores do passado – quer do mundo greco-romano vagamente lembrado, quer das épocas góticas ou francas – feitos com forte emoção ética e religiosa. A epopeia mais famosa, a *Canção de Rolando*, composta no século XII, contava com ênfase romântica uma tragédia militar do século VIII, da era ainda bárbara de Carlos Magno.

Finalmente, os governos mais bem organizados e mais fortes do século XII, e uma Igreja mais disciplinada e autoconfiante, tiveram uma estreita ligação com o nascimento da universidade europeia. A administração civil e a eclesiástica, mais ambiciosas e eficientes que na Idade das Trevas, exigiam um pessoal capaz de manter registros precisos, minutar escrituras, autorizações e doações, prover e servir a judicatura, cuidar da correspondência e, em geral, capaz de organizar e apresentar todo esse material num latim claro e eficaz[6]. Essas capacidades não dependiam apenas da simples alfabetização, mas também do conhecimento de gramática, lógica e retórica: estudos que, a custo mantidos vivos desde o fim do Império Romano do Ocidente nas rudimentares escolas ligadas às dioceses e mosteiros, agora formavam a base para as aspirações intelectuais mais amplas e para as necessidades do governo do século XII, e ainda para uma revivificação dos estudos jurídicos. As polêmicas da Querela das Investiduras perpetuaram-se num grande número de panfletos escritos quer pelos partidários do papa, quer pelos do imperador; ambos necessitavam de pessoas capazes de apresentar e refutar argumentos com lógica e autoridade, derivada quer da Bíblia, quer dos textos dos Padres da Igreja. Na mesma época, a filosofia recebeu novo ímpeto com a redescoberta, na Europa Ocidental – através das civilizações islâmica e judaica da Sicília e da Espanha –, das obras de Aristóteles, que adquiriu então um prestígio tão grande que chegou a ser chamado (por São Tomás de Aquino, por exemplo) simplesmente de "o Filósofo", como se nenhum outro existisse. Pela necessidade de defender a ortodoxia cristã, se possível com a ajuda da filosofia, os teólogos apropriaram-se desta; e, com a aliança dessas disci-

---

6. O latim, enquanto língua falada pelo povo, há muito já se havia fragmentado nos dialetos que depois se transformaram no francês, no espanhol etc., mas um latim semiclássico continuou a ser a língua oficial da Igreja e do Estado (e, assim, a servir de meio de comunicação internacional entre pessoas educadas) durante toda a Idade Média e até o século XVII.

plinas, o estudo da relação do homem com Deus, de seu lugar na criação, do propósito e do fim de ambos, tomou a forma da chamada filosofia "escolástica", que teve seu período clássico nos séculos XIII e XIV e seu expoente clássico em São Tomás de Aquino (1226-74). Desse complexo de necessidades (governamentais, políticas e religiosas), surgiram as escolas superiores da Europa: primeiro, no século XII, espontânea e informalmente, como em Bolonha, Paris e Oxford; depois como resultado da fundação deliberada, por obra de príncipes, cujas criações surgiram em rápida sucessão por toda a Europa: de Pádua (1222) e Nápoles (1224) a Cracóvia (1364) e de Salamanca (1230) a Praga (1348) e Heidelberg (1386).

A nova ciência jurídica

A escola mais importante de teologia e filosofia ficava em Paris – a mais famosa de suas primeiras figuras foi o trágico Pedro Abelardo –, mas a escola mais importante na história do direito é provavelmente a mais antiga de todas, a de Bolonha[7], no território papal do centro-norte da Itália. A Escola da Bolonha pode ter se desenvolvido a partir de uma escola de gramática, ligada à sede da diocese, e também pode ter tido alguma ligação com uma escola semelhante perto de Ravena; tudo o que sabemos com certeza é que em Bolonha, por volta do ano 1100, um professor chamado Irnério (supostamente uma forma latinizada do nome alemão Werner) aparece, e a disciplina que ele expõe não é gramática ou lógica, mas direito. Houvera, na verdade, obscuras escolas de direito no norte da Itália até mais cedo, nas quais eram ensinadas as regras das leis lombardas (isto é, das leis germânicas locais), talvez coligadas a fragmentos do direito romano que sobreviviam numa for-

---

7. Excetuadas, talvez, as escolas da Lombardia, isto é, de direito germânico.

ma rudimentar (o chamado "vulgar")[8]. Mas Irnério inaugurou algo completamente diferente: o estudo do *Digesto* de Justiniano, que, embora tivesse sido promulgado na Itália durante a breve reconquista bizantina do século VI, perdeu-se depois tão completamente que é impossível provar que tenha sido sequer conhecido na Itália do século VII até o tempo de Irnério. É muito possível que, em 1100, não houvesse uma única cópia manuscrita dele em toda a Itália; concluiu-se que seu reaparecimento em Bolonha foi devido à migração para o oeste de alguns estudiosos bizantinos que levaram livros consigo em sua fuga do Império de Constantinopla, então sob severa pressão dos turcos. De qualquer modo, naquela época, esse material jurídico infinitamente mais rico tornou-se objeto de intensa procura; príncipes e prelados estavam mais que dispostos a adquirir o conhecimento conferido pela penetração nessa mina inexaurível do direito; um direito, ademais, revestido de toda a autoridade e a aura do Império Romano, que para o mundo medieval ainda estava vivo, tanto em sua encarnação papal como na forma alemã imperial. Esse *Digesto*, os *Institutos* de Justiniano (um pequeno livro didático), o *Codex* e as *Novellae* (coleções do direito legislado do final do Império) compunham o que a Idade Média passou então a chamar de *Corpus Iuris Civilis*; sobre sua enorme influência, Walter Ullmann escreveu que "seus princípios gerais referentes à justiça, ao conceito de direito, à divisão do direito, à sua execução e assim por diante tornaram-se cruciais para o conceito medieval de direito; além disso, o *Código* (e as *Novellae*) declaravam, sob a máscara do direito, uma forma puramente monárquica de governo"[9]. Do ponto de vista da utilidade política do *Corpus Iuris Civilis*, a escola de direito

---

8. "Direito vulgar", termo cunhado por Ernst Levy (*Weströmisches Vulgarrecht: Das Obligationenrecht* [Weimar, 1956]), significa o direito simplificado usado nos séculos V e VI, no qual as distinções e classificações clássicas tinham sido suprimidas e encobertas.

9. *Medieval Political Thought* (vide cap. 3, n. 12), 47.

de Bolonha nasceu num momento particularmente propício; era o auge do conflito entre o papa e o imperador, e a necessidade papal de polêmica pode ter sido tão eficaz para estimular o crescimento da competência jurídica quanto as necessidades mais permanentes do governo civil administrativo e judiciário[10].

Essa era de estudos, inaugurada em Bolonha – mas da qual Bolonha não manteve o monopólio por muito tempo, visto que outras escolas de direito centradas no estudo do *Digesto* logo surgiram –, é convencionalmente dividida em duas fases: a primeira, de 1100 a 1250 aproximadamente, chamada dos "glosadores"; a segunda, de 1250 a 1400 aproximadamente, dos "comentaristas" (ou, às vezes, "pós-glosadores"). Esses nomes expressam os diferentes métodos associados às duas fases. O método usado pelos primeiros professores consistia em anexar ao texto clássico simples notas marginais, ou "glosas", que o explicavam; o da escola posterior estendia-se em comentários coerentes sobre assuntos inteiros tratados pelos juristas romanos. A massa acumulada do trabalho de vários glosadores foi organizada e consolidada em uma única coleção, em 1250 aproximadamente, por Accursio, cuja obra adquiriu *status* canônico sob o nome de *Glossa Ordinaria*; a máxima "Quod non adgnovit glossa, no adgnoscit curia" ("uma regra desconhecida pela *Glossa* [*Ordinaria*] tampouco é reconhecida pelo tribunal") ilustra sua autoridade. Os comentaristas mais famosos foram Bartolo de Saxoferrato (1314-57) e seu discípulo Baldo de Ubaldis (1327-1400); o prestígio adquirido pelo primeiro é visto na rima (tipicamente medieval) "Nemo romanista nisi bartolista" ("Se não sois um seguidor de Bartolo, não sois um estudioso do direito romano").

Esses pioneiros estabeleceram o direito romano como a suprema expressão da razão jurídica e política, e fizeram

---

10. Sobre tudo isso vide Wieacker, *Privatrechtsgeschichte der Neuzeit* (Gottingen, 1952), 45 ss.; O. Robinson, T. Fergus and W. Gordon, *Introduction to European Legal History* (Abingdon, 1985), 71 ss.

com que esse direito fosse recepcionado e por fim viesse a fundir-se com os sistemas relativamente menos sofisticados dos Estados e pequenos principados medievais. A influência deles fez com que o direito romano, sob a forma justiniana, tivesse o mesmo tipo de autoridade nas questões civis que a Bíblia tinha nas espirituais. Porém, ambos, glosadores e comentaristas, à semelhança de seus predecessores clássicos estavam interessados principalmente na aplicação prática do direito, e muito pouco na teoria jurídica. Como ocorre com os clássicos, a teoria que eles sustentavam tem de ser lida nas entrelinhas; e efetivamente o será aqui e ali neste capítulo.

A maior parte da teoria jurídica desses anos foi produzida, como fora no período medieval precedente, pelos clérigos e não por juristas: clérigos que, geralmente, tentavam construir argumentos polêmicos, embora às vezes também (especialmente no caso dos filósofos escolásticos) enunciassem teorias do direito dentro do quadro mais amplo da relação dos homens com Deus e, em consequência de Sua criação, de uns com os outros. Importante também, a esse respeito, foi o amadurecimento do direito canônico, um sistema que naquela época tinha muito mais impacto que tem hoje na vida das pessoas comuns, porque a jurisdição da Igreja se estendia a vários assuntos (principalmente na área do casamento, da família e das sucessões) que atualmente pertencem à jurisdição civil. Esse amadurecimento, outra realização dos séculos XII e XIII, também esteve ligado à escola de Bolonha e ao renovado interesse pelo *Digesto*. Foi aí que, por volta de 1140, um monge chamado Graciano coletou, organizou e depurou uma grande quantidade de regras eclesiásticas (*cânones*, da palavra grega *kanón*, uma regra) numa obra formalmente intitulada *Concordantia discordantium canonum*, mas comumente conhecida desde então como o *Decretum* de Graciano; este, como veremos, é uma importante fonte da alta teoria jurídica medieval e, sobretudo por sua doutrina sobre o direito natural, representa um marco crucial para a história do direito no Ocidente.

O Estado na teoria política da Baixa Idade Média

Por volta do ano 1100, o conceito de Estado, de uma estrutura permanente e independente para o governo temporal, praticamente não existia, pelo menos com os contornos nitidamente definidos que tem hoje. A sociedade cristã ainda era vista essencialmente como uma unidade, da qual o poder temporal (*regnum*) e a autoridade espiritual (*sacerdotium*) eram simplesmente dois aspectos que na prática se sobrepunham em grande medida; na concepção da época, por exemplo, o ofício real tinha uma dimensão sacerdotal. Porém, no ano 1100, a Europa estava no meio de uma revolução. Antes, a Igreja tendia a ficar sob o controle dos reis e príncipes locais, e até o papado era controlado pelo imperador germânico, que no século XI tinha realmente deposto três papas. Mas o movimento de reforma associado a um novo fortalecimento do papado tinha sacudido o jugo do poder temporal e partido para o contra-ataque, com a deposição do imperador Henrique IV por Gregório VII. A Igreja frustrou, assim, a visão de um Estado universal, que os imperadores deliberadamente procuravam inspirar com a evocação da Roma antiga, e colocou todos os soberanos na defensiva; nessa época, as monarquias nacionais estavam mais definidas e mais fortes do que antes, mas foram confrontadas, ao longo dos séculos XII e XIII, por reivindicações ainda mais poderosas por parte do papa. Essas reivindicações consubstanciaram-se, por exemplo, na teoria de São Bernardo de que as duas espadas mencionadas no Evangelho de São Lucas (22,38) representavam alegoricamente a identificação de Cristo com os domínios da Igreja e do Estado; que ambas as espadas foram dadas por ele à Igreja; e que uma delas, a "espada temporal", era meramente delegada pelo papa (que sozinho brandia a outra, a espada "espiritual") para ser empregada, sob seu comando, pelos reis, que eram seus súditos. A arrogância papal (e sua frequente aceitação pelos soberanos temporais) manifestou-se, por exemplo, na concessão de uma coroa a Rogério, o soberano normando da Sicília, em 1130 (considerou-se que, assim, Rogério tornou-se rei, com a aura sagrada que o título carregava); na concessão da Irlanda ao rei inglês Henrique II, feita pelo papa Adriano IV em 1155, teoricamente para garantir a ortodoxia da Igreja irlandesa; e na excomunhão, proclamada por Inocêncio III numa disputa sobre uma eleição episcopal, do rei inglês João (o papa deixou seu reino sob interdição, obrigando-o a render-se em 1213, depois do que ele fez o juramento feudal ao papa e tornou-se seu vassalo). O ponto alto da usurpação papal foi a emissão do decreto *Unam sanctam*, por Bonifácio VIII, em 1302, que declarou o domínio universal de Cristo e, na Terra, o de seu vigário, o papa; para a salvação, agora era necessário que toda criatura humana se sujeitasse ao pontífice romano.

A consequência desse ressurgimento da Igreja e da pretensão papal foi, contudo, que as esferas da Igreja e do Estado começaram a separar-se, à medida que os partidários dos monarcas responderam às exigências papais com asserções igualmente vigorosas da independência do Estado. Abandonou-se por fim a primitiva opinião medieval de que o Estado tinha algo de profano – o pecado do homem – em suas bases e era, na melhor das hipóteses, um mal necessário para a repressão da maldade e o castigo dos malfeitores; agora, geralmente era tido (conforme São Paulo realmente o tinha considerado) como uma instituição ordenada por Deus. O passo decisivo para a constituição de uma base filosófica para essa opinião foi dado por São Tomás, chamado de Aquino por ter nascido em Aquino, perto de Nápoles (1226-74), que entrou na Ordem Dominicana fundada pouco antes, estudou com Alberto Magno em Colônia e depois ensinou em Paris, Roma e Nápoles. Na vasta *Summa Theologica*, que coroou o trabalho de sua vida, ele levantou a questão: se não tivesse havido a Queda e os homens tivessem permanecido em seu primitivo estado de inocência, ainda haveria a subordinação de alguns homens a outros? Ele mencionou, mas não tomou por base, o velho argumento de que a hierarquia existe até entre os anjos; em vez disso, apresentou, em um formato cristão, a afirmação de Aristóteles de que a natureza do homem o inclina à existência cívica, de modo que alguma forma de organização política teria sido natural mesmo se ele não se tivesse corrompido pela Queda de seus primeiros pais:

> O domínio de um homem livre por outro é exercido quando esse outro o dirige para seu próprio [o do primeiro] bem ou para o bem comum. E esse domínio do homem sobre o homem teria existido no estado de inocência por duas razões. Primeira, porque o homem é naturalmente um ser social (*animal sociale*) e, assim, os homens em estado de inocência teriam vivido em grupos sociais. Porém, uma existência social de muitas pessoas não seria possível a menos que alguém estivesse encarregado de cuidar do bem comum; pois a multidão, por si, tem muitos objetivos diferentes, mas uma única pessoa terá somente um. E, consequentemente, o Filósofo [isto é, Aristóteles] diz que, quando muitos são dirigidos para uma coisa, sempre se encontrará um deles para ser o reitor ou diretor.
>
> Segunda, porque, se um homem sobrepujar muito um outro em conhecimento e justiça, seria errado que ele não desempenhasse essa função [de reitor ou diretor] para o benefício dos outros; como está dito em 1 Pedro [4,10], "Servi uns aos outros, cada um conforme o dom que recebeu, como bons despenseiros da multiforme graça de Deus". Assim, Agostinho também diz que "o justo não governa por causa da cobiça, mas por causa do dever de cuidar das tarefas; isso é o que a ordem da natureza prescreve, ou seja, como Deus construiu o homem".[11]

Em outra obra, *De regimine principum* ("Sobre o governo dos príncipes"), um tratado dirigido ao rei Hugo de Chipre e de data incerta, São Tomás desenvolve a ideia da insuficiência material do ser humano individual; diferente-

---

11. *Summa Theologica* 1a 2ae 96. 4.

mente dos animais, que não precisam de roupa ou outros bens e podem encontrar sozinhos seu alimento, abrigo e segurança, o homem necessita de uma variedade de coisas produzidas pelos outros e da proteção pela solidariedade dos outros; consequentemente, ele é um "ser social e político" (*animal sociale et politicum*), e daí sua necessidade da ordem cívica – em uma palavra, do Estado:

> Um homem sozinho não poderia prover a si mesmo de todas as suas necessidades; um homem, por si só, não poderia viver uma vida adequada. É, portanto, natural para o homem que ele viva em sociedade com muitos... E, se é natural para o homem viver em sociedade com muitos, segue-se necessariamente que deve haver algum arranjo pelo qual esses muitos possam ser governados.[12]

A fusão que São Tomás opera entre a doutrina de Aristóteles sobre a natureza cívica do homem e a doutrina cristã que imputa a criação dessa natureza a Deus legitima automaticamente o próprio Estado como uma parte do desígnio de Deus. Enquanto a mente medieval primitiva tinha visto no reino somente uma faceta da sociedade cristã unitária (uma faceta que, aliás, a pretensão papal ameaçou tornar secundária), São Tomás, embora não se opusesse ao papado, dava ao Estado uma justificativa abstrata e universal, totalmente independente da comunidade cristã sobre a qual a Igreja estava baseada e da qual era expressão. E assim São Tomás, como Walter Ullmann escreveu, "absorvendo as ideias de Aristóteles, efetuou na esfera pública não só uma metamorfose do tema, mas operou o próprio renascimento do cidadão que, desde os tempos clássicos, estivera hibernando"[13]. O cidadão e o Estado, que era a estrutura de sua existência, podiam agora andar com as próprias pernas; longe de ser um mal necessário, consequência da Queda

---

12. *De regimine principum* I. I.
13. *Medieval Political Thought* (vide cap. 3, n. 12), 176.

do homem, o Estado, produto da natureza, levava *ab initio* o endosso de Deus, autor da natureza.

Vale a pena notar que São Tomás, sem grande esforço, transpõe a proposição aristotélica do *politikón zôon* – concebido no cenário da *pólis* grega, uma cidade-estado de modestas dimensões – para a estrutura maior dos Estados medievais, que, com exceção das cidades-repúblicas do norte da Itália, via de regra eram reinos bastante extensos. A construção de São Tomás, por sua vez, foi posta a serviço de uma concepção ainda mais grandiosa, na geração seguinte, pelo poeta nacional da Itália e pai de sua língua literária, Dante Alighieri (1265-1321). Dante havia participado da política de sua cidade natal, Florença, mas teve de ir para o exílio sob sentença de morte em 1302; e sua amarga desilusão com a vida pública nas cidades-repúblicas da época, divididas entre as facções dos guelfos (partidários do papa) e gibelinos (partidários do imperador), levou-o a depositar as esperanças da cristandade num império universal, ou seja, no domínio universal do Império Romano revivificado sob o comando do imperador germânico. A inspiração para esse compromisso emocional com um novo mundo romano veio do poeta romano Virgílio, contemporâneo e admirador de Augusto, que em sua quarta écloga tinha celebrado o destino único de Roma, que ele via desabrochar sob o regime de seu imperial protetor. No tratado em que Dante revivia essa visão, o *De monarchia*, de 1310 aproximadamente, afirmava ele que a sociedade humana é destinada por Deus e pela natureza a uma "atividade que os homens individuais, as famílias, a vizinhança, as cidades ou os reinos por si sós não seriam capazes de levar a cabo", qual seja, a busca da paz e da justiça; somente o reinado de uma monarquia universal poderia assegurar essas coisas essenciais para a humanidade[14].

---

14. *De monarchia* 1. 3; A. P. D'Entrèves, *Dante as a Political Thinker* (Oxford, 1952).

Aos nomes de São Tomás e Dante pode ser acrescentado o de João de Paris, um dominicano que, num escrito de 1302, aproximadamente, chamado *De potestate regia et papali*, também relacionou o Estado secular à natureza associativa do homem, a qual era, para ele, uma justificativa suficiente para o governo civil. Porém, a afirmação mais radical da autonomia do Estado baseada na natureza veio de outro italiano, Marsílio (Marsiglio) de Pádua (*c.* 1270-*c.* 1342), reitor da universidade de Paris. Seu famoso *Defensor pacis* ("Defensor da paz"), publicado por volta de 1324, deu ocasião a sua expulsão de Paris e à condenação pelos papas João XXII e Clemente VI por heresia. Seu delito residia na afirmação não só da autonomia do Estado baseada na natureza, mas também da completa separação entre as esferas do governo temporal e da autoridade espiritual. Com efeito, Marsílio, que culpava as ambições do papado por todos os desastres da guerra e da discórdia que se abateram sobre seu país, defendeu a subordinação da Igreja ao Estado no que dizia respeito aos assuntos temporais: o clérigo, qualquer que fosse sua posição em matéria espiritual, era um cidadão como qualquer outro, com todas as implicações de obediência aí contidas. O trabalho de Marsílio não teve impacto duradouro em sua época; mas ficou enterrado como uma mina não explodida no meio do campo intelectual da Europa, a qual só foi detonada dois séculos depois, na época da Reforma.

Assim, o conceito de Estado secular autônomo, não subordinado à autoridade religiosa, começou a surgir da névoa da época medieval. Uma nova dimensão, a da soberania externa, foi-lhe acrescentada pelo próprio papa antes de o período terminar: o rei agora é visto não só como soberano em face de outros potentados dentro de seu reino, mas também no sentido de estar fora da jurisdição de todos os outros reis, inclusive do Sacro Imperador Romano-Germânico, cuja dignidade ainda pressupunha, de modo mais ou menos tácito, a noção do domínio universal (apaixonadamente defendida, como vimos, por Dante). A doutrina da soberania paralela dos reis teve origem no início do século XII e estabeleceu-se nas universidades da Itália e França; porém, no início do século XIV, no contexto de uma disputa entre o imperador e o rei da Sicília, foi finalmente confirmada por Clemente V. O decreto papal *Pastoralis cura* (1313) é a primeira expressão jurídica do conceito de soberania territorial; como Ullmann escreveu, "ele corta pela raiz a ideia medieval de universalidade e instala em seu lugar os reis soberanos como senhores que... podiam fazer em seus reinos o que lhes aprouvesse... Marcou [assim] o começo do conceito da soberania do Estado"[15]. Esse conceito foi indubitavelmente reforçado, ainda, pelo caráter emergente dos Estados como sujeitos de uma ordem jurídica internacional em lenta evolução (um assunto a ser tratado adiante).

As bases da autoridade política e legislativa

O *Digesto* de Justiniano, com o restante do *Corpus Iuris Civilis*, forneceu munição para o debate – agora conduzido pela raça de jurisconsultos recentemente surgida, e não somente por eclesiásticos – sobre os fundamentos do domínio temporal. Já se conheciam textos – sendo o principal deles o de Ulpiano sobre a *lex regia* no *Digesto* – que ofereciam uma alternativa à teoria puramente teocrática e "descendente" que havia dominado, não sem certas ressalvas, o início da Idade Média. Todos os jurisconsultos concordavam em que o direito de domínio provinha do povo; a questão de como fora delegado pelo povo romano – seu *locus* original – aos povos dos reinos germânicos também não configurava um problema. Porém, essa unanimidade inicial não impediu o debate sobre a principal dificuldade da doutrina romana: teria o povo (o romano efetivamente, ou o germânico por suposição) operado uma transferência permanente e irrevogável de seu direito de governar? Ou o te-

---

15. Ullmann, *Medieval Political Thought* (vide cap. 3, n. 12), 198-9.

ria simplesmente delegado para o monarca sob a condição de que se comportasse de maneira adequada, retendo ainda o direito residual de retomar o poder e depor o monarca caso ele se portasse mal?

Alguns dos glosadores adotaram o primeiro ponto de vista, com destaque para Irnério, o fundador da nova jurisprudência, e Placentino (ativo por volta de 1160); outros, como Azo e Hugolino (ativos por volta de 1200), sustentavam que o povo nunca havia abdicado definitivamente de sua autoridade, e que sua duradoura capacidade de legislar se manifestava na força jurídica do costume, que na verdade (segundo Hugolino e outros citados por ele), se fosse universal, poderia até substituir a lei positiva. Entre os monarcas e seus conselheiros, as afirmações de absolutismo eram incrivelmente raras, embora uma determinada interpretação do texto da *lex regia* de Ulpiano, associada a uma ou duas passagens da coletânea de leis romanas, fosse suficiente para torná-las plausíveis. O imperador Frederico I (Barba-Roxa) disse claramente, em 1155, que "compete ao príncipe prescrever leis para o povo, não o povo para o príncipe"[16]; e, na Inglaterra do século XIII, as ideias absolutistas, ou pelo menos certas insinuações nesse sentido, parecem ter estado no ar[17]. Mas esses exemplos são isolados. Na prática, o velho hábito germânico de exigir que os reis respeitassem as leis ancestrais, bem como que consultassem os nobres até garantir um consenso antes de fazer novas leis, teve o efeito de inibir o domínio absoluto, provavelmente com mais eficácia que qualquer interpretação democrática de Ulpiano. Sublinhando que a posição do rei tinha seus fundamentos na lei, Bracton escreveu que esse princípio não era afastado pelo ditado *Quod principi placet* etc., visto que este se referia, por sua vez, à aprovação de

---

16. Otto de Freising, *Gesta Friderici imperatoris* 138 (*MGH SRG*, 1912).

17. Vide Susan Reynolds, *Kingdoms and Communities in Western Europe, 900-1300* (Oxford, 1984), 46, 48 ss.

uma lei pelo povo; na época de Bracton, isso significava o produto do debate e da deliberação com os grandes homens do reino[18].

Os filósofos clérigos dessa época também eram, em sua quase totalidade, contrários ao absolutismo temporal. Durante a Querela das Investiduras, a posição do soberano tinha sido relacionada por Manegoldo de Lautenbach a um contrato com seu povo. No século XIII, São Tomás, embora visse o Estado como o produto natural do instinto cívico do homem, ainda usava uma linguagem que sugeria que o poder real originava-se do povo, e entendia esse poder como resultante de um acordo entre o povo e o monarca. Eis como justificava a resistência a um tirano:

> Se o povo tem o direito de tomar para si um rei, e se esse rei abusa tiranicamente do poder real, não há injustiça se a comunidade depõe ou controla aquele que elevou à realeza, nem pode ser acusada de deslealdade por abandonar um tirano, mesmo que anteriormente o povo se houvesse ligado a ele perpetuamente; porque, por não se conduzir lealmente no governo como a dignidade real exige, terá sido ele mesmo a causa da rejeição, por seus súditos, do pacto com ele firmado (*quod ei pactum a subditis non reservetur*).[19]

A noção de governo baseada no contrato surge aqui claramente. A mesma coisa se encontra um pouco mais tarde em Engelberto de Volkersdorf; escrevendo no início do século XIV, pensa ele que o Estado surge da percepção racional, por parte dos homens, de sua própria condição, que os leva a escolher um dos seus para soberano e a ligar-se a ele por um pacto e um vínculo de sujeição ("sub pacto et vinculo subiectionis")[20]; e seu contemporâneo João de Paris, embora não use a imagem do contrato, relaciona igualmente o surgimento do Estado com a razão, a persuasão e

---

18. *De legibus et consuetudinibus Angliae* 3. 9. 3.
19. *De regimine principum* 1. 6.
20. *De ortu et fine Romani imperii*, cap. 2.

o consentimento dos homens[21]. É claro que, nessa época, Deus como autor da criação não tinha sido esquecido; mas Deus e a natureza humana que ele havia criado – uma natureza política e social – eram vistos como fatores remotos ou finais, que operavam por meio do consentimento dos homens, expresso às vezes como um pacto ou contrato com o soberano que haviam aceitado[22].

São claras as implicações democráticas dessa ideia e o quanto ela é incompatível com a antiga visão "descendente" do governo. O escritor que nesse período tirou as conclusões mais radicais nessa direção, e cuja obra é um marco na história da liberdade constitucional, foi Marsílio de Pádua, já mencionado. Já vimos que, em seu *Defensor pacis*, ele insistiu na separação das esferas da Igreja e do Estado, e até propôs a subordinação da primeira ao último. Porém, seu republicanismo foi mais longe. Para ele, o soberano no Estado era o povo, que não delegava o poder ao governante de forma irrevogável, mas fazia-o para que ele executasse as funções que a comunidade, por sua natureza, era incapaz de desempenhar. Esse governante pode ser controlado ou deposto pelo povo, do qual ele não é senão a "parte secundária, instrumental ou executiva". Marsílio parece ter reconhecido a necessidade prática do princípio da maioria; as leis, escreveu, deveriam ser feitas pelo corpo dos cidadãos "ou sua parte preponderante" ("aut eius valentior pars")[23]. Como a doutrina da separação entre as esferas da Igreja e do Estado, esse ensinamento democrático teria um impacto maior nas gerações posteriores do que teve na sua.

É provável que o aparecimento de elementos republicanos na vida concreta dessa era tenha ligação com o elemento democrático na teoria constitucional. As regras das

---

21. *Tractatus de potestate regia et papali*, cap. 1. Para esta e a precedente referência, vide Gough, *Social Contract* (vide cap. 2, n. 48), 39.

22. Vide O. von Gierke, *Political Theories of the Middle Age*, tr. inglesa de F. Maitland (Cambridge, 1900), 89, 187.

23. *Defensor pacis* 1. 12. 3, 5.

novas ordens religiosas, como as dos franciscanos (fundada em 1209) e dos dominicanos (1216), eram fortemente democráticas[24]. O chamado movimento "conciliar" no governo central da Igreja tendia para a mesma direção; afirmava o direito dos concílios gerais de decidir assuntos importantes, em prejuízo do papado. Mudanças referentes à regulamentação do papel do corpo de cardeais na eleição (e deposição) dos papas foram feitas nesse mesmo período. E, por fim, também na vida leiga a Baixa Idade Média exibe vários tipos de atividade coletiva nas quais a regra era o autogoverno, e não a submissão à direção monárquica: nas novas universidades, nas corporações e fraternidades que floresciam nas cidades, no governo das próprias cidades[25].

O primado do direito

Ao lado da corrente democrática na teoria constitucional, algo semelhante à moderna teoria do *Rechtsstaat*, ou seja, do "Estado de Direito" ou "primado do direito", emerge agora de forma mais clara que antes. Ouvem-se ainda as mesmas proposições éticas sobre como os soberanos devem respeitar as leis que eles mesmos impõem aos outros; mas agora também há juristas que afirmam a subordinação jurídica positiva do soberano à lei do país.

A opinião contrária – de que o rei está acima da lei, o *princeps legibus solutus* de Ulpiano – não fez simplesmente desaparecer. O bispo inglês Ricardo Ritz Nigel escreveu, em 1177-79, um manual para as operações do Tesouro real (do qual era tesoureiro) chamado *Dialogue of the Exchequer* [Diálogo do Tesouro], no qual, dirigindo-se ao rei Henrique II, declara que as ações dos soberanos "não devem ser discutidas ou condenadas por seus súditos. Pois aqueles cujos co-

---

24. Mundy, *Europe in the High Middle Ages, 1150-1309* (Londres, 1937), 356-8.
25. Reynolds, *Kingdoms* (vide n. 17), *passim*.

rações, com todos os seus movimentos, estão nas mãos de Deus, e aos quais o cuidado de seus súditos foi exclusivamente confiado pelo próprio Deus, não são absolvidos ou condenados por um juízo humano, mas pelo juízo de Deus"[26].

A imensa autoridade de São Tomás de Aquino no século seguinte foi no mesmo sentido. No contexto de sua divisão das características da lei em poderes diretivos e compulsivos, ele declara o soberano imune à aplicação dos últimos:

> Admite-se que o soberano está acima da lei (*princeps dicitur esse solutus a lege*) com respeito à sua força coativa: pois ninguém pode ser coagido por si mesmo; e o poder de coação da lei deriva somente do poder do soberano. Assim, diz-se que o príncipe está acima da lei porque, se vier a agir contra a lei, ninguém poderá pronunciar contra ele um juízo condenatório. Assim, comentando o Salmo 50, "Só contra Ti pequei" etc., a Glosa [de Accursio] explica que "não há homem que possa julgar os atos de um rei".[27]

Não obstante, São Tomás recomenda imediatamente, como seria de esperar, que o soberano respeite a lei por uma questão de dever moral. Ele o vê, portanto, sujeito a ela em seu aspecto diretivo, embora não no compulsivo:

> Porém, com respeito ao poder diretivo da lei, o soberano sujeita-se a ela voluntariamente, nos termos em que se diz[28]: "Quem quer que elabore uma lei para outrem deve aplicá-la a si mesmo."[29] E diz a autoridade do Sábio: deveis sujeitar-vos à mesma lei que promulgais. E no *Codex* de Justiniano os imperadores Teodósio e Valentiniano escrevem para o prefeito Volusiano: "É uma declaração digna da majestade de

---

26. *Dialogue of the Exchequer*, prefácio, in *English Historical Documents 1042-1189*, org. D. Douglas (Londres, 1968), ii. 491.
27. *S. Th.* 1a 2ae 96. 5. São Tomás, numa sentença isolada no fim da qu. 96. 5, declara ainda que "está também o príncipe acima da lei na medida em que pode, se for isto conveniente, mudar a lei ou dela dispensar, de acordo com o tempo e o lugar".
28. Nos *Decretais* 1. 2. 5 (decretos e decisões papais).
29. Note-se o uso da fórmula pretoriana romana: D. 2. 2.

um soberano, que o príncipe se professe sujeito às leis: pois mesmo nossa autoridade depende da autoridade da lei. E, na verdade, a coisa mais importante no governo é que o poder esteja sujeito às leis"... [E] perante o juízo de Deus, o soberano não está isento do poder diretivo da lei; mas deve observá-la voluntariamente e não por coação.[30]

São Tomás, contudo, concede ao soberano o direito de dispensar a aplicação das leis em casos especiais a fim de fazer justiça. No século XIV, se Jasão de Mayno (um jurisconsulto do final do século XV) estiver correto em suas citações, os dois comentaristas mais célebres, Bartolo de Saxoferrato e Baldo de Ubaldis, também parecem ter considerado que o soberano não estava sujeito às leis. Bartolo, segundo Jasão, escreveu que, sempre que o príncipe faz algo baseado num conhecimento certo ("ex certa scientia"), removem-se todos os obstáculos do direito ("tolit omne obstaculum juris"), o que significa, em linguagem clara, que o príncipe está autorizado a ter um conhecimento superior ao da lei e a agir de acordo com ele[31]. Baldo, segundo Jasão, atribui ao príncipe

> uma plenitude de poder (*plenitudo potestatis*) e, sempre que ele decidir algo com base num conhecimento certo, ninguém pode dizer-lhe: Por que fazes essas coisas?... Em outro lugar, Baldo diz que tanto o papa como o príncipe podem, em virtude de um conhecimento certo, fazer qualquer coisa acima do direito, contra o direito ou fora do direito (*super jus et contra jus et extra jus*).[32]

Porém, uma opinião oposta também crescia. No século XIII, principalmente na Inglaterra, havia uma forte resistência à ideia de que o rei estivesse acima do direito que ele mesmo impunha; e a proposição contrária passou definiti-

---

30. *S. Th.* 1a 2ae 96. 5.
31. Com. sobre C. 1. 19. 1.
32. Com. sobre D. 1. 4. 1.

vamente do campo das admoestações e dos preceitos morais para o das normas constitucionais positivas. Um marco famoso (que, não obstante, deve ser interpretado à luz de seu contexto histórico) é a Magna Carta, a "Great Charter" concedida pelo rei inglês João em 1215, cujo capítulo 39 estabelece que "nenhum homem livre será detido ou aprisionado, ou privado de seus bens, ou interditado, ou exilado, ou arruinado de qualquer modo, nem iremos nós mesmos nem ninguém enviaremos contra ele, exceto mediante um julgamento legal de seus pares ou pela lei do país (*per legem terrae*)". "O rei", escreveu J. A. P. Jones – referindo-se porém ao capítulo 61, que estipulava um processo contra o rei se ele se portasse mal com respeito ao que havia prometido na Magna Carta –, "agora estava abaixo da lei no sentido constitucional."[33] Essa novidade tornou-se comum. Em 1258, segundo Susan Reynolds, os barões de Henrique III "acusaram seus meios-irmãos de murmurar-lhe, de modo condenável, que o príncipe não estava sujeito às leis"[34], um detalhe que demonstra muito bem como a doutrina oposta crescia. Aproximadamente na mesma época, o clérigo Henrique de Bracton escreveu seu tratado *De legibus et consuetudinibus Angliae* [Sobre as leis e costumes da Inglaterra], no qual não só ensaiou os argumentos familiares sobre como é belo que os reis obedeçam ao direito que eles mesmos impõem[35], como também deu expressão clássica a uma versão imperativa desse *slogan*:

> O rei não deve estar sujeito ao homem, mas a Deus e à lei (*rex non debet esse sub homine, sed sub Deo et sub lege*), visto que é a lei que faz o rei... Que o rei conceda à lei o que esta lhe concede, a saber, o poder soberano; pois, onde é

---

33. *King John and Magna Carta* (Londres, 1971), 105.
34. *Kingdoms* (vide n. 17), 49. Ullmann, *Medieval Political Thought* (vide cap. 3, n. 12), 150, ressalta que o capítulo 39 da Magna Carta tem por base, em certa medida, um decreto do imperador Conrado (1036).
35. Bracton, org. e trad. inglesa de S. Thorne, 4 vols. (Cambridge, Mass., 1968), 3. 9. 3.

soberana a vontade e não a lei, não se pode dizer que haja um rei.[36]

A opinião no mundo francês era análoga, ainda que expressa de modo menos veemente. Em 1100, quando estavam sendo fixadas as leis para o reino franco de Jerusalém (mediante a escolha de vários costumes dentre os das nações ali representadas), Godofredo de Bouillon, o novo soberano, com o consentimento de seus barões, promulgou-os e aceitou-os como costumes pelos quais "ele e seu povo" deveriam ser governados[37]. No século seguinte, o contemporâneo francês de Bracton, Felipe de Beaumanoir, escreveu que os nobres eram obrigados a observar as leis consuetudinárias e a garantir que seus súditos também o fizessem; e que, se os nobres infringissem as leis ou permitissem que fossem infringidas, o rei não deveria tolerar isso, "pois é obrigado a observar e fazer com que sejam observadas as leis consuetudinárias de seu reino"[38].

A natureza e a finalidade do direito

Assim como no início da Idade Média, os autores dos séculos XII e XIII e posteriores continuam a frisar a ligação entre o direito e o bem comum ou entre o direito e a justiça, valores que são o objetivo do governo humano. Encontramos também, no entanto, na *Summa Theologica* de São Tomás de Aquino, a primeira exposição sistemática da lei humana, que é definida e crucialmente relacionada (como veremos em seguida) com as leis superiores: a lei da natureza e a lei de Deus.

São Tomás, como outros escritores antes e depois dele, define e descreve a lei em termos imperativos, ou pelo me-

---

36. Ibid. 1. 8. 5.
37. Jean d'Ibelin, *Assises de Jérusalem*, 1; Carlyles, *Medieval Theory* (vide cap. 3, n. 29), iii. 43.
38. Beaumanoir, *Coutumes du Beauvaisis*, org. Salmon (1899-1900), 24. 682.

nos em termos que não refletem uma consciência das normas "secundárias" – recentemente classificadas por H. L. A. Hart – como partes características do sistema jurídico. A lei, diz ele, é "uma regra ou medida dos atos, em virtude da qual alguém é levado a executar certas ações e impedido de executar outras"[39]. Além disso, enquanto uma pessoa privada "não tem autoridade para coagir outrem a viver corretamente... a lei, para induzir eficazmente a uma vida correta, deve ter essa força coativa... O poder da coação pertence ou à comunidade como um todo ou a seu representante oficial, cujo dever é infligir as penas... Somente ele, portanto, tem o direito de fazer leis"[40]. Dessas e de outras premissas podemos, segundo ele, "colher a definição correta de lei. Ela não é outra coisa senão uma ordenação racional das coisas referentes ao bem comum, promulgada por aquele a quem cabe cuidar da comunidade"[41].

A relação da lei com o bem comum é reafirmada a todo momento, às vezes com a ideia de lei meramente implícita na ideia mais ampla de soberania e governo e, frequentemente, no repúdio veemente do abuso da lei e do governo para a vantagem pessoal do soberano. João de Salisbury, falecido em 1180, cujo livro *Policraticus* foi "uma enciclopédia dos imperativos institucionais e intelectuais da época"[42], escreveu:

> Diz-se que o príncipe está livre dos vínculos da lei não no sentido de que lhe seria lícito fazer o mal, mas no sentido de que – por amor à retidão e não por temor do castigo – compete a ele praticar a justiça, atender aos interesses do Estado e, em tudo, antepor o benefício dos outros a seus desejos particulares. No que se refere aos negócios públicos, quem há de mencionar a "vontade do príncipe", uma vez que em tais negócios não lhe é permitido ter nenhuma vontade pró-

---

39. *S. Th.* 1a 2ae 90. 1.
40. *S. Th.* 1a 2ae 90. 3.
41. *S. Th.* 1a 2ae 90. 4.
42. Mundy, *Europe* (vide n. 24), 18.

pria, salvo o que a lei e a justiça apontam e o interesse comum exige?... O príncipe é, com efeito, o servo do bem público e o escravo da justiça; é o representante da multidão na medida em que, com justiça e imparcialidade, pune o dolo e os danos de todos os homens e suprime todos os crimes.[43]

Bracton, no século seguinte, defendeu com veemência a mesma ideia[44]; como também fez Beaumanoir, referindo-se especificamente à legislação real, que – entre outras condições a serem mencionadas em breve – deve ter por finalidade o benefício público ("pour le commun pourfit")[45]. São Tomás, do mesmo modo separando a lei do soberano e do legislador, escreveu:

> Dado que a parte está para o todo como o imperfeito está para o perfeito, e dado que cada homem é uma parte desse todo perfeito que é a comunidade, deduz-se que a lei deve ter como seu fim próprio o bem-estar de toda a comunidade... A lei, entendida no sentido estrito, tem como seu primeiro e principal objeto a ordenação do bem comum.[46]

Todavia, para São Tomás, a lei tinha uma dimensão moral que impede que o bem comum seja entendido em termos puramente materiais, dado que "o objeto próprio da lei é induzir os súditos à virtude que lhes é própria. E, dado que a virtude é aquilo que torna bom quem a possui, deduz-se que o efeito próprio da lei é tornar bons aqueles para os quais é promulgada: quer absolutamente, quer em certo aspecto"[47]. Para Marsílio de Pádua, por outro lado, a lei "não tinha em si mesma implicações morais e não oferecia um atalho para a salvação"[48]; mas, conquanto circunscri-

---

43. *Policraticus* 4.2.
44. Bracton, *On the Laws and Customs of England*, org. Thorne, 3. 9. 2-3.
45. *Coutumes* (vide n. 38), 34. 1043; 49. 6, 1512; 48. 1499; Carlyles, *Medieval Theory* (vide cap. 3, n. 29), 3. 49-51.
46. *S. Th.* 1a 2ae 90. 2.
47. *S. Th.* 1a 2ae 92. 1.
48. Ullmann, *Medieval Political Thought* (vide cap. 3, n. 12), 208.

to a uma perspectiva puramente humana, seu fim era igualmente o bem dos cidadãos que lhe conferiam sua autoridade.

São Tomás também insistiu na ligação da lei com a razão, o canal através do qual a lei da natureza pode ser compreendida pela inteligência humana: "a lei humana tem a qualidade de lei somente na medida em que é conforme à reta razão e, por intermédio desta, é manifesto que deriva da lei eterna. Na medida em que se desvia da razão, é chamada uma lei injusta e tem a qualidade não de lei, mas de violência"[49]. A justiça das leis é avaliada por três critérios que as justificam ou condenam:

> As leis podem ser consideradas justas ou em razão de seu fim, isto é, quando são dirigidas para o bem comum; ou em razão de seu autor, isto é, quando a lei promulgada não excede o poder de quem a promulga; ou, ainda, em razão da forma, quando os ônus que impõem aos cidadãos são distribuídos numa proporção tal que promova o bem comum... Por outro lado, as leis podem ser injustas por duas razões. Em primeiro lugar, quando são prejudiciais ao bem humano, sendo contrárias às normas que acabamos de estabelecer: seja quanto ao seu fim, como quando um soberano promulga leis penosas para seus súditos e que não levam à prosperidade comum, mas são antes concebidas para servir à sua cobiça e vanglória; seja em razão de seu autor, um legislador como quando faz leis que excedem os poderes de que está investido; seja, finalmente, em razão de sua forma, se os ônus, ainda que ordenados ao bem comum, são distribuídos de maneira injusta entre os membros da comunidade. Leis desse tipo têm mais em comum com a violência do que com a legalidade... Em segundo lugar, as leis podem ser injustas por ser contrárias à bondade divina: como as leis tirânicas que obrigam à idolatria...[50]

Portanto, além de sublinhar o valor central do bem comum, poder-se-ia dizer, em termos modernos, que São To-

---

49. *S. Th.* 1a 2ae 93. 3.
50. *S. Th.* 1a 2ae 96. 4.

más considera os conceitos de *vires* e de igualdade perante a lei como exigências da equidade e da não discriminação legislativas.

Costume e legislação

Nas passagens citadas na seção precedente, poderia parecer que São Tomás estivesse se referindo apenas à lei escrita, o ato legislativo consciente de um soberano. Porém, quando ele passa a falar sobre as condições que justificam uma mudança na lei, fica evidente que considerava a lei um produto do costume, tanto quanto da legislação. No início do período de que trata este capítulo, o *Decretum* de Graciano falava do costume como a única forma possível para a lei humana, e, citando Isidoro de Sevilha, Graciano escreveu que o que é certo de acordo com a lei humana pode ser entendido como o resultado de "costumes legalmente registrados e transmitidos" ("mores jure conscripti et traditi")[51]. São Tomás afirmava a superioridade da lei consuetudinária sobre a lei elaborada, escrita e promulgada por um órgão legislativo, visto que esta última implica mudança e, assim, o distúrbio da observância habitual:

> Como se disse, a mudança na lei humana justifica-se somente na medida em que concorre para o bem comum. Ora, o mesmo fato da mudança da lei é, em certo sentido, prejudicial ao bem público. Isso ocorre porque, na observância da lei, o costume é de grande importância; tanto que qualquer ação que se opõe ao costume geral, mesmo sendo insignificante, sempre parece mais grave. Assim, quando a lei é mudada, seu poder coercitivo diminui na mesma medida em que o costume é posto de lado. Portanto, a lei humana nunca deve ser mudada, a menos que os benefícios que resultem no interesse público sejam tais que compensem o dano causado.[52]

---

51. *Decretum*, D. 1; Carlyles, *Medieval Theory* (vide cap. 3, n. 29), ii. 99.
52. *S. Th.* 1a 2ae 97. 2.

Porém, tanto a observância costumeira como o ato legislativo deliberado são modos válidos de legislar. A razão e a vontade humanas estão por trás de ambos: no segundo caso, expressas por palavras; no primeiro, por atos:

> Do mesmo modo, a lei pode ser mudada e explicada por meio de atos, muitas vezes repetidos, até resultar em um costume; e assim pode acontecer que surjam novos costumes que adquiram vigor de lei; no sentido de que a multiplicação desses atos exteriores manifesta claramente o movimento interior da vontade e do conceito de razão. Pois tudo que é feito frequentemente parece resultar de um juízo deliberado da razão. Nesse sentido, o costume tem vigor de lei, pode ab-rogar a lei e pode atuar como um intérprete da lei.[53]

Segundo São Tomás, mesmo a comunidade que não tem autoridade para fazer leis para si pode desenvolver um costume passível de adquirir o vigor de lei, se for tolerado pelo poder legislativo; a tolerância é tomada como sinal de aprovação[54].

Os estudiosos da recém-surgida ciência jurídica romana não eram todos da mesma opinião que São Tomás sobre esse assunto. Para eles, a questão da validade do costume estava essencialmente ligada à história da *lex regia* atribuída a Ulpiano. Se o povo, ao delegar ao *princeps* seu poder de elaborar as leis, tinha cedido esse poder de forma irrevogável, então não podia mais fazer a lei, nem pelo costume nem de nenhuma outra maneira. Se, por outro lado, retivesse um poder legislativo residual, a *lex regia* não podia impedi-lo de desenvolver o costume obrigatório. Os glosadores Azo, Hugolino, Búlgaro e João Bassiano afirmavam que o povo não tinha, de fato, abdicado definitivamente de seu poder; e os dois últimos até sustentavam que um costume universal revoga a lei escrita, e o faz mesmo que seja apenas um costume local, contanto que tenha sido adotado

---

53. *S. Th.* 1a 2ae 97. 3.
54. Ibid.

consciente e deliberadamente[55]. Por outro lado, Irnério, o fundador da nova ciência jurídica, e Placentino haviam negado a validade do costume como lei[56] – pelo menos seu poder de revogar a lei escrita e promulgada.

Havia certa irrealidade nesses debates dos jurisconsultos do século XII e começo do XIII, embora se tratasse de algo natural para estudiosos do direito romano transmitido à Idade Média sob forma adquirida na época do absolutismo, em que a legislação imperial obscureceu todas as outras fontes do direito. Porque na verdade, como vimos no capítulo anterior, o tronco básico do direito na Europa Ocidental medieval era consuetudinário. A concepção da lei, antes de tudo, como algo elaborado por um legislador era, como os Carlyles escreveram, "totalmente estranha à Idade Média. Para os medievais, a lei não era antes de tudo algo feito ou criado, mas algo que existia como parte da vida nacional ou local. A lei era principalmente o costume; as normas legislativas não eram expressões de vontade, mas registros ou promulgações daquilo que já era reconhecido como obrigatório para os homens"[57]. Uma boa ilustração disso, da época intermédia entre os períodos cobertos por este capítulo e pelo anterior, é oferecida pelos "Assises de Jérusalem": em essência, uma lei formalmente promulgada, mas coligida a partir de materiais do direito consuetudinário.

Na época em que São Tomás escrevia, no último terço do século XIII, o quadro tinha começado a mudar; embora ele atribua alta posição ao costume, suas claras referências ao direito legislado e à ideia da alteração consciente da lei – uma ideia essencialmente ligada à noção de lei escrita – podem refletir o aparecimento da legislação como um fator mais importante do que fora antes nos sistemas jurídicos. Ainda era possível que Bracton, na mesma época, dissesse

---

55. Passagens citadas em Carlyles, *Medieval Theory* (vide cap. 3, n. 29), ii. 63 ss.
56. Ibid. ii. 60 s.
57. Ibid. iii. 40.

que a Inglaterra era governada apenas pela lei não escrita e consuetudinária[58], e que Beaumanoir supusesse que, na França, todas as demandas judiciais eram decididas segundo o costume[59]. O grande monumento do direito germânico medieval (e também a primeira obra em prosa na língua alemã), o *Sachsenspiegel* ("Espelho dos saxões"), composto entre 1215 e 1235 por Eike von Repgow, era simplesmente uma compilação do direito consuetudinário do país, inclusive do direito feudal; ele serviu como modelo para outros códigos em outras partes da Alemanha[60]. Porém, novas influências estavam em atividade.

Havia, em primeiro lugar, a nova familiaridade com o mundo jurídico romano, orientado para a legislação, que deve ter tido suas consequências independentemente dos desacordos sobre o papel do costume. Em segundo lugar – e, na prática, isto provavelmente tinha maior importância –, havia o novo tipo de reino europeu, mais forte e autoconfiante que no início da Idade Média, e por isso com mais responsabilidades. "Por um lado, os reis frequentemente tinham de derrogar os costumes com o fito de aumentar os impostos e convocar exércitos", escreveu Susan Reynolds; "além disso, conforme a população crescia, o governo tinha de se tornar mais complexo, e eram necessárias mais leis e mais coação. A legislação, portanto, tornou-se mais frequente e mais reconhecível como tal."[61] Mesmo no início do reinado do imperador germânico Frederico Barba-Roxa (1152--90), sua alta corte de justiça havia declarado que "há duas coisas pelas quais nosso império é regido: as leis divinas dos imperadores (*leges sanctae imperatorum*) e os bons costumes de nossos predecessores e ancestrais (*usus bonus predecessorum et patrum nostrorum*)"[62].

---

58. Bracton (org. Thorne), F1.
59. *Coutumes* (vide n. 38), 24. 727, 61. 1780.
60. Heinrich Mitteis, *Deutsche Rechtsgeschichte* (Munique, 16.ª ed., 1981), 130.
61. Reynolds, *Kingdoms* (vide n. 17), 46.
62. Fuhrmann, *Germany in the High Middle Ages*, tr. inglesa de T. Reuter (Cambridge, 1986), 153.

Mas a legislação que agora começa a desempenhar um papel maior na vida jurídica não era considerada o produto da vontade exclusiva do rei. Assim como na época anterior, em conformidade com a tradição germânica, considerava-se que as inovações no governo exigiam o consentimento do povo ou de algum órgão que pudesse falar por ele, assim também nesta época, em todo Estado do qual conhecemos algum registro, tinha-se como certo que haveria uma consulta e até algo semelhante a um consenso no processo de estabelecimento de uma nova lei ou de mudança de uma antiga. Nessa medida, como vimos, a ideia de que a vontade do príncipe determina o direito não era aceita e raramente era cogitada. Ainda em 1187, mais ou menos, o tratado de direito inglês chamado "Glanvill" declarava que as leis, mesmo não escritas, são consideradas promulgadas se abrangem a regulamentação de assuntos duvidosos e carregam a autoridade do príncipe, após ter-se aconselhado com os homens importantes (*proceres*)[63]. A *Summa de legibus*, composta na Normandia na metade do século XIII, distinguia o costume dos atos legislativos; os últimos não são meramente aprovados pelo príncipe, mas também *conservate* ("aceitos", "recebidos"?) pelo povo[64]. Bracton escreveu que não era absurdo chamar as leis não escritas da Inglaterra de *leges*, uma vez que a essa classe pertence "tudo o que tenha sido estabelecido e aprovado com a autorização prévia do rei ou príncipe, com a recomendação e consentimento dos homens importantes e o apoio geral da comunidade (*reipublicae communi sponsione*)"[65]. Na França, Beaumanoir, após retratar a origem do governo a partir de um suposto estado de conflito geral que termina com a criação de um rei, atribuiu a esse rei o direito de fazer leis para seus súditos (*commandemens et establissemens*); essas leis, contudo, não só devem ser feitas, como vimos, para o benefício comum – e por uma causa razoável –, mas também

---

63. Prólogo, org. G. D. G. Hall, 2.
64. *Summa de legibus* 10. 1.
65. Bracton, 1. 1. 2.

par grant conseil, isto é, mediante consulta a um conselho formado pelos homens importantes do reino[66]. Na Espanha, o rei Afonso X de Castilha (1252-84) promulgou um livro de leis chamado *Siete Partidas* que proibia formalmente o príncipe de elaborar novas leis sem o consentimento do povo; o sentido dessa expressão é sugerido pela confissão do rei às Cortes de Barcelona, em 1283, de que "se nós ou nossos sucessores quisermos fazer qualquer Constituição geral ou estatuto na Catalunha, fá-lo-emos com a aprovação e consentimento dos prelados, barões, nobres e cidadãos da Catalunha ou dos maiores ou mais sensatos dentre os reunidos [pelas Cortes]"[67]. Na Alemanha, perguntou-se a uma assembleia imperial em Worms, em 1231-32,

> se algum dos príncipes podia fazer Constituições ou novas leis sem o consentimento das melhores ou mais importantes pessoas do país. Com o consentimento dos príncipes, foi assim definido a respeito dessa pergunta: nem os príncipes nem nenhuma outra pessoa podem fazer constituições ou novas leis sem que os melhores e mais importantes homens do país tenham antes concordado.[68]

Sobre ideias como essa, os Carlyles disseram que elas eram

> características de toda a tradição medieval. Compete ao príncipe ou rei publicar ou promulgar as leis, e sem sua autoridade isso não pode ser feito; porém, para tornar essa ação legítima, ele deve antes consultar os homens importantes e sábios da nação; e o povo ou conjunto da comunidade também têm seu lugar, pois eles têm de receber e observar a lei.[69]

Essas concepções são as raízes da tradição parlamentar europeia.

---

66. *Coutumes* (vide n. 38), 45. 1453.
67. Mundy, *Europe* (vide n. 24), 407.
68. *Coutumes* (vide n. 38), 45. 1453.
69. *Medieval Theory* (vide cap. 3, n. 29), iii. 47.

O direito natural

A doutrina de que o direito e os atos humanos devem conformar-se a uma lei eterna e superior proveio da Antiguidade clássica, penetrou no mundo medieval e cristão e ali foi reforçada por uma outra corrente doutrinal, especificamente cristã, centrada nos Dez Mandamentos e nos Evangelhos. Nos séculos XII e XIII, essa doutrina experimentou notável desenvolvimento, relacionado particularmente com São Tomás de Aquino.

O *Decretum* de Graciano, publicado não muito depois de 1139 – uma compilação e conciliação das leis canônicas em vigor, que se tornou a base do *Codex Iuris Canonici* –, distinguia a lei divina ou natural da lei humana; porém, à semelhança dos textos dos primeiros Padres da Igreja, ligava essa lei natural ao Decálogo e ao mandamento de Cristo de amar ao próximo: "A lei da natureza é a que está contida na Lei e no Evangelho, pela qual a todos se ordena que façam aos outros como querem que se lhes façam a si mesmos, e se proíbe que façam aos outros o que não querem que se faça a si."[70] Essa lei natural

> antecede, quanto ao tempo e à dignidade, todas as coisas. Isso porque tudo quanto foi adotado como costume ou ordenado por escrito, se contrário à lei natural, deve ser considerado nulo e inválido... Assim, se as leis eclesiásticas e seculares demonstram ser contrárias à lei natural, devem ser inteiramente rejeitadas (*penitus sunt excludendae*).[71]

No século seguinte, sob a influência de Aristóteles, cujas obras estavam se tornando conhecidas no Ocidente, essa concepção da lei natural centrada na revelação começou a ceder lugar para uma concepção relacionada à razão do homem e ao que esta é capaz de descobrir. Assim, Guilherme

---

70. *Decretum*, D. 1. Essa "regra de ouro", como foi chamada posteriormente, refere-se a Mt 7,12.
71. *Decretum*, D. 8. 2, 9 ad fin.

de Auxerre (m. *c.* 1231), afirmando a capacidade humana para reconhecer o bem, o mal e a vontade de Deus, fez da razão o critério da lei natural: esta era o que a razão natural, sem precisar refletir nem muito nem pouco, nos diz que devemos fazer ("id quod naturalis ratio sine omni deliberatione aut sine magna dictat esse faciendum")[72]. Do mesmo modo, Alexandre de Hales (m. 1245) via a razão humana como a base do reconhecimento da lei natural, embora admitisse que algumas partes desta podiam ser adaptadas para atender às condições de fato[73]; e São Boaventura (m. 1274), reproduzindo um tema estoico, escreveu que o que a razão natural ordena é chamado de lei natural[74]. No século XIII, portanto, a lei natural é vista como a lei da reta razão, que coincide com a lei bíblica mas não é derivada dela; e "o germe de uma ética baseada na natureza, evoluindo da filosofia antiga, começa a separar-se da moral cristã e a ocupar uma área autônoma e própria"[75].

O feito de criar uma síntese total e organizada do direito natural que é o produto da razão, de um lado, e da doutrina cristã, do outro, pertence a São Tomás de Aquino. Sua contribuição para a teoria jurídica, já mencionada em outros contextos, é muito original na área do direito natural; repousa sobre fundamentos clássicos e cristãos, e procuraremos agora explicá-la.

Primeiro, São Tomás tomou de Aristóteles e da filosofia antiga a noção de Deus como o sumo bem e a causa de todas as coisas que existem. Todas estas têm um potencial ideal e "participam" do bem na medida em que esse potencial se realiza. O resultado disso é a ordem da natureza; porém, como a ordem é o produto da razão, deve-se admitir uma razão transcendente à criação. Além disso, refletindo o princípio da ordem, há na criação o princípio da subordi-

---

72. *Aurea Doctons* fo. 169.
73. Vide Felix Flückiger, *Geschichte des Naturrechtes* (Zurique, 1954), i. 426-8.
74. Ibid.
75. Ibid. i. 435.

nação, como por exemplo a subordinação do indivíduo à coletividade ou do objetivo parcial ao principal. A criação inteira – disposta em graus hierárquicos, dos anjos aos animais, passando pelos homens – age de acordo com o princípio da subordinação[76].

A ideia estoica de uma lei universal eterna, São Tomás apresenta como o aspecto externo da sabedoria perfeita de Deus, isto é, sua sabedoria aplicada à criação. É essencialmente a lei que deflui da razão de Deus, das formas ideais no intelecto divino, e é o princípio ativo da criação. Essa lei eterna é recebida – por assim dizer, é "captada" – no mundo por dois meios diferentes: em parte pela revelação sobrenatural (a *lex divina*) – aqui a doutrina especificamente cristã é enxertada no tronco clássico –, a qual, quando formulada pela Igreja, torna-se direito positivo; e em parte pela lei natural (*lex naturalis*), que é reconhecida como tal pela natureza humana racional e torna-se a norma geral do comportamento:

> E assim [as criaturas racionais] têm certa participação na própria razão divina, derivando daí uma inclinação natural aos atos e fins que lhes são convenientes. [O Salmista diz] "Foi assinalada em nós, Senhor, a luz da Tua face": como se a luz da razão natural, pela qual discernimos o bem do mal, e que é a lei natural, não fosse outra coisa senão a impressão da luz divina em nós. Assim, está claro que a lei natural outra coisa não é senão a participação da lei eterna nas criaturas racionais.[77]

A razão humana,

> a partir dos preceitos da lei natural... procede a outras disposições mais particulares. E essas disposições particulares, às quais chegamos por um esforço da razão, são chamadas leis humanas: desde que as outras condições necessárias a toda

---

76. *S. Th.* 1a 1ae 96.
77. *S. Th.* 1a 2ae 91. 2.

lei sejam observadas[78]... A lei humana só tem a qualidade de lei na medida em que procede de acordo com a reta razão: nessa medida, está claro que ela deriva da lei eterna. Na medida em que se desvia da razão, é chamada uma lei injusta e tem não a qualidade de lei, mas de violência.[79]

Os preceitos da lei natural estão ligados às inclinações humanas naturais, que para São Tomás incluem uma inclinação natural para o bem. Partindo desse ponto, podem-se elaborar fundamentos racionais para as leis humanas, tais como os valores da autopreservação, a propagação e criação de filhos, o desejo da verdade religiosa, a tendência a associar-se com os outros numa sociedade organizada. Às normas derivadas dos preceitos primários da lei natural (dos quais um único, qual seja: fazer o bem e evitar o mal, resume toda a primeira categoria), São Tomás dava o nome de leis naturais secundárias; incluíam-se entre elas o que os romanos chamavam *ius gentium*; como exemplo, São Tomás cita "as normas que governam a compra e venda e outras atividades semelhantes, necessárias ao relacionamento social: estas derivam da lei natural porque o homem é naturalmente um animal social"[80]. À medida que a lei natural é aplicada em condições cada vez mais particularizadas – à medida que sofre o que Kelsen chamaria de concretização progressiva –, ela se torna variável e passível de exceções; condições locais ou modificadas podem justificar acréscimos ou subtrações[81]. Embora seja impossível codificar seus preceitos em detalhe, resta o princípio de que uma lei humana que conflite com ela já não é lei, mas uma corrupção da lei ("iam non erit lex, sed legis corruptio")[82].

Em toda a Idade Média, o conceito de lei natural foi usado como um tipo de arsenal situado em terreno neutro,

---

78. *S. Th.* 1a 2ae 91. 3.
79. *S. Th.* 1a 2ae 93. 3.
80. *S. Th.* 1a 2ae 95. 4.
81. *S. Th.* 1a 2ae 94. 5.
82. *S. Th.* 1a 2ae 95. 2.

do qual ambos os lados numa controvérsia – como a que opôs o papa ao imperador, ou, mais tarde, o papado aos reformadores – podiam sacar armas. Porém, na geração seguinte à de São Tomás, surgiu uma doutrina totalmente diferente sobre a fonte das obrigações humanas, ligada principalmente a dois franciscanos, o escocês João Duns Escoto (1265-1308) e o inglês Guilherme de Occam, ou Ockham (1290-1349). Essa doutrina centrava-se na vontade de Deus, a expressão de sua infinita bondade, que não vinculava os seres humanos por uma suposta congruência com a natureza ou por nenhuma outra razão objetiva particular, mas simplesmente porque *era* sua vontade. Todavia, essa doutrina teve outras implicações, que certamente não teriam agradado aos devotos franciscanos. Para Ockham, segundo H. Rommen:

> uma ação não é boa por corresponder à natureza essencial do homem, na qual se reflete a concepção divina do homem em sua essência e em seu potencial, mas porque *Deus quer que ela seja assim*. A vontade de Deus podia igualmente ter querido e prescrito o oposto dessa ação... Assim, a Lei é Vontade, pura Vontade, sem nenhum fundamento na natureza das coisas.[83]

"A lei natural", acrescenta A. P. D'Entrèves, "deixa [assim] de ser a ponte entre Deus e o homem; não dá indício algum da existência de uma ordem eterna e imutável."[84] Porém, quando a ideia de lei desvinculou-se dos imperativos morais fundados na natureza e se anexou à noção de uma vontade superior que não pode ser questionada (conquanto se trate, nesse exemplo, da vontade de um Deus infinitamente bom), desobstruiu-se o caminho intelectual para a postulação da vontade, entendido em geral e não com especial referência à vontade divina como um fundamento suficiente para a obrigação legal. Isso tem sido apon-

---

83. *Die ewige Wiederkehr des Naturrechts* (Munique, 1947), 60.
84. *Natural Law* (Londres, 1970), 69.

tado, por escritores modernos, como uma das raízes intelectuais do positivismo laico e da noção – tão destrutiva em suas manifestações modernas – de que a vontade do Estado faz lei.

Segundo Michel Villey, um outro produto do pensamento de Ockham, muito diferente do primeiro, foi um conceito embrionário dos *direitos* naturais do indivíduo. Este surgiu no contexto de uma discussão sobre a pobreza franciscana e como ela podia conciliar-se com a grande quantidade de bens que a ordem de fato possuía. O papa concedeu à ordem a capacidade de possuir bens, uma posição à qual Ockham se opôs, chegando à conclusão de que os franciscanos não podiam ser donos de bens, mas apenas usá-los. Quando o papa respondeu que esse uso era de fato um direito (*ius*), Ockham empenhou-se em distinguir *ius* de *usus*, e fê-lo em termos que davam à ideia de "direito" um matiz mais subjetivo que o da noção romana, um pouco despersonalizada, expressa por *ius*. Desencadeou-se assim uma tendência na qual, como afirma Villey, "o indivíduo... torna-se o centro do interesse para a ciência jurídica, que dali em diante se esforça para descrever seus atributos jurídicos, a extensão de suas faculdades e de seus direitos individuais"[85].

A igualdade

A teoria de que, em princípio, todos os seres humanos são iguais – sendo todos filhos de Deus – foi tão universal entre os autores da Baixa Idade Média como fora entre seus predecessores. Ivo de Chartres (m. 1116) usa-a para defender a tese de que, se uma mulher livre se casa conscientemente com um escravo, o casamento deve ser considerado válido, porque "todos nós temos um único Pai no

---

85. *La Formation de la pensée juridique moderne: Le Franciscanisme et le droit* (Paris, 1963), 210.

céu"[86]. O *Decretum* de Graciano contém um cânone que acrescenta: "e todos os homens, ricos ou pobres, livres ou escravos, terão igualmente de prestar contas de si e de sua alma"[87]. Na mesma época, os glosadores expressaram esse princípio tendendo mais para o ponto de vista do direito romano clássico, recentemente restabelecido, que para o da doutrina cristã. Búlgaro falou da "lei da natureza pela qual todos os homens são iguais"[88], e Placentino disse que a "observação da natureza" mostrava a igualdade de todos[89]. As compilações do direito consuetudinário germânico feitas no século XII, o *Sachsenspiegel* e o *Schwabenspiegel*, também reconhecem a igualdade original dos homens, como fazem Bracton e Beaumanoir na Inglaterra e na França[90]. Mas todas essas autoridades só tratam de tal tópico para depois reconhecer, ou explicar, a negação desse princípio da igualdade humana, visível por toda parte na instituição da escravidão ou na subordinação política. A relação entre a distribuição desigual da propriedade privada com a teoria da igualdade humana ainda era evidente nesse período, embora a Baixa Idade Média tenha enfim chegado a um acordo com a propriedade privada, o que os primeiros Padres da Igreja nunca fizeram. Do mesmo modo, veem-se referências ao que hoje se chama de equitatividade legislativa no preceito de São Tomás referente à justa distribuição dos ônus do Estado; e no de Beaumanoir relativo à imposição de tributos proporcionais aos meios dos que lhes estão sujeitos.

Nesse período, a igualdade de tratamento no contexto especial do direito penal não era um valor igual ao que temos hoje. Quando fala da diferença entre golpes infligidos ou sofridos pelo soberano, São Tomás reconhece, e aceita, que as distinções de dignidade social devem ser levadas em

---

86. *Decretum*, D. 8. 52. 156.
87. C. 29, qu. 2, c. 1.
88. Com. sobre D. 17. 22.
89. *Summa Inst.* 1. 3.
90. Beaumanoir, 45. 1453; Bracton, 1. 8. 1.

conta no direito penal. Mas ele não aprova a ideia de que duas pessoas, ambas delinquentes no mesmo grau, sejam tratadas de modo discrepante por pertencerem a classes diferentes, embora a larga separação entre as classes, na época, levasse a esse tipo de discriminação. "O problema dos juristas", escreveu J. H. Mundy, "já não era tanto fazer com que a pena fosse adequada ao crime, mas torná-la adequada à posição e aos meios do criminoso. Voltaram-se eles, então, para seus livros, e daí desenterraram a antiga distinção romana entre os *honestiores* e o povo humilde."[91] O magistrado Alberto de Gandino achava que as diferenças deveriam depender do tipo de pena, se pecuniária ou corporal: "No primeiro caso, os ricos devem ser punidos com mais severidade [ao passo que para os pobres] a pena deve ser abrandada ou diminuída... No segundo caso, os pobres devem ser punidos mais severamente."[92]

Uma discriminação mais infame era a que concedia aos (numerosos) membros do clero certa imunidade – cujos limites eram, às vezes, objetos de furioso debate[93] – para não serem julgados por tribunais seculares, submetendo-os exclusivamente à jurisdição da autoridade eclesiástica, que via de regra impunha penas muito mais moderadas. Na verdade, era em parte por causa da repulsa pelas penas bárbaras impostas pelos tribunais seculares – constantemente criticadas pelos autores eclesiásticos – que a Igreja defendia com tanto vigor seus privilégios nessa área[94].

O período também conteve, por outro lado, progressos na administração da justiça criminal que lentamente tendiam a torná-la mais racional e mais igual para todos. Desenvolveu-se a resistência contra antigas formas processuais,

---

91. Mundy, *Europe* (vide n. 24), 250, 455.
92. *Tractatus de maleficiis* 39. 22. 8; H. Kantorowicz, *Albrecht von Gandinus und das Strafrecht der Scholastik*, 2 vols. (Berlim, 1907, 1926).
93. Foi sobre esse assunto que surgiu a querela entre Henrique II da Inglaterra e Thomas Becket, arcebispo de Cantuária, que terminou com o assassinato do último.
94. Mundy, *Europe* (vide n. 24), 337-9.

como os julgamentos por combate e por ordálio. "A vigorosa busca da justiça e o ataque aos antigos modos de prova foram favorecidos por instituições e comunidades que tinham forte consciência da responsabilidade do indivíduo e da sua cidadania ou afiliação", escreveu J. H. Mundy. "Essas entidades não só se opunham à proteção de supostos malfeitores pela família e pelos interesses locais, como também estavam convencidas da vantagem de atribuir os mesmos direitos e obrigações a todos os membros ou cidadãos, ressalvadas as diferenças permitidas a indivíduos em retribuição por funções ou serviços especiais."[95]

Três instituições em particular, a escravidão, a subordinação política e a propriedade privada, mostravam-se especialmente problemáticas quando confrontadas com a doutrina da igualdade humana, e por isso serão tratadas em separado.

A escravidão

Ao longo desse período, a escravidão ainda fazia parte da vida habitual. Extinguira-se no norte da Europa (exceto na Inglaterra) no século XII, fundindo-se com a condição de *villein**, o qual, vinculado à terra, trabalhava em grande parte para o benefício de seu senhor, mas pelo menos estava livre de ser comprado e vendido; porém, no sul da Europa a escravidão ainda era comum; escravos eram importados para a Itália, Espanha e Portugal, provenientes do norte da África e do Oriente. A teoria do direito não podia calar-se sobre um conflito tão flagrante com a doutrina da igualdade humana. Tanto os canonistas como os civilistas concordavam em que a escravidão não fazia parte da lei da natureza, mas surgira como elemento das leis da humani-

---

95. Mundy, *Europe* (vide n. 24), 557.
* *Villein*: arrendatário feudal da terra inteiramente sujeito a seu senhor. (N. da T.)

dade (*ius gentium*). Os canonistas diziam que a raiz da escravidão era o pecado, não a natureza: "a origem da escravidão não se encontrava numa distinção natural e inerente à natureza humana, mas no fato de que o pecado, assim como depravara a natureza dos homens, desordenara também todas as relações naturais da sociedade humana"[96]; e a própria Igreja desse período, embora sua influência tenha ajudado a melhorar a sorte dos escravos e contribuído finalmente para o desaparecimento da escravidão, era proprietária de escravos com muita frequência[97]. As fontes seculares, para explicar o fenômeno, conservavam os pés mais firmemente plantados no chão: como motivos da escravidão, Beaumanoir menciona a captura de prisioneiros de guerra, aqueles que vendem a si mesmos com o fim de aliviar a pobreza e a incapacidade dos homens para resistir aos poderosos que os reduziam à escravidão[98]; e o *Sachsenspiegel* também a atribuía à violência injusta[99].

São Tomás de Aquino, porém, destoa desse coro. Importando os ensinamentos de Aristóteles para a teologia e a ética cristãs, ele adotou também a explicação suave de Aristóteles da escravidão como um simples desvio em relação à ordem natural, considerando que alguns homens, por alguma razão, são naturalmente escravos. Isso sugere dois níveis de "naturalidade": no primeiro nível, a escravidão certamente não é natural; mas, levando-se em conta as consequências de determinados casos particulares, podemos dizer que é:

> [O naturalmente certo ou naturalmente justo não se depreende do exame da relação entre duas coisas] de modo absoluto ou abstrato, mas do conhecimento das consequências... De modo absoluto, não há razão para que este homem seja um escravo e aquele não. É só quando se olha pragma-

---

96. Carlyles, *Medieval Theory* (vide cap. 3, n. 29), ii. 119.
97. Ibid. ii. 120 ss.
98. Beaumanoir, 45. 1453.
99. Carlyles, *Medieval Theory* (vide cap. 3, n. 29), iii. 42.

ticamente para os resultados da situação que, como se diz na *Política* [de Aristóteles], é benéfico para um homem que ele seja governado por outro mais sábio; e é benéfico para o último que tenha os serviços do primeiro.[100]

Ptolomeu de Lucca e Egídio Colonna (também chamado Egídio Romano), seguidores de São Tomás, aceitaram e propagaram abertamente a doutrina de Aristóteles. O primeiro escreveu que entre os homens, como em outros campos, haverá um tipo mais forte e um mais fraco, e assim "admite-se que alguns sejam, por natureza, escravos consumados. Ocorre ainda que alguns são naturalmente deficientes na razão, e a esses é correto colocar em algum tipo de trabalho servil, visto que não podem usar a razão; e isso pode ser chamado justo e natural"[101]. Egídio define um escravo natural como alguém fisicamente forte, mas fraco de entendimento; ele viverá naturalmente sob o domínio de outro (e pode até não perceber que está sendo dominado)[102].

A subordinação política

Já no tocante à subordinação política, há uma curiosa inversão de perspectivas; neste caso, é o jurista que entoa a ode idealizada, enquanto o teólogo é mais realista. Beaumanoir, escrevendo na década de 1280, achava que no estado original todos os homens eram livres e tinham o mesmo grau de liberdade ("franc et d'une meisme franchise"); porém, com todos os homens se julgando senhores tão importantes quanto todos os outros, tornou-se óbvio que não havia esperança de se viver em paz, e assim eles elegeram um rei como seu senhor comum[103]. São Tomás, escrevendo

---

100. *S. Th.* 2a 2ae 57. 3.
101. *De regimine principum* (atribuído a São Tomás, porém esta parte é efetivamente de Ptolomeu), 2. 10.
102. Ibid., prefácio e 1. 2. 7.
103. Beaumanoir 45. 1453.

um pouco antes, não compartilhava a ideia de uma igualdade política original (embora admitisse uma liberdade natural original). A subordinação (*dominium*), segundo ele, existia em duas formas; a escravidão pessoal era incompatível com o primitivo estado de inocência do homem e surgiu somente em consequência do pecado; mas não se deve dizer o mesmo necessariamente do governo civil e, logo, da subordinação política:

> A sujeição (*dominium*) pode ser entendida de dois modos. Em um sentido, ela corresponde à escravidão, e por isso alguém a quem outro está sujeito como um escravo é chamado *dominus*. O *dominium* é entendido em um sentido diferente quando aplicado aos que se subordinam de algum modo, e assim aquele que exerce o governo civil e comanda homens livres pode ser chamado *dominus*. *Dominium* no primeiro sentido, pelo qual um homem está sujeito a outro, não poderia ter existido no estado de inocência do homem; porém, no segundo sentido, poderia. A razão é que o escravo difere do homem livre pelo fato de que o homem livre tem sua própria esfera e propósito de existência, enquanto o escravo vive segundo a vontade de outro [*ordinatur ad alium*]... e para sua conveniência.[104]

As razões pelas quais a subordinação puramente civil poderia ter existido no estado de inocência, e assim ser compatível com a natureza cívica do homem, são as razões práticas já citadas[105]; e elas também excluem qualquer conflito entre a subordinação política e a lei natural da igualdade.

A propriedade

O *Decretum* de Graciano (*c.* 1140) declara novamente a primitiva opinião cristã de que a riqueza do mundo era por

---

104. *S. Th.* 1a 2ae 96. 4.
105. Acima, na seção sobre "O direito natural".

natureza pertencente em comum a toda a humanidade, e que a propriedade privada é uma das consequências da Queda; o comunismo idealizado por Platão é elogiado, e o surgimento dos conceitos de "meu" e "seu", já totalmente assimilados nos costumes e na legislação escrita, é atribuído à iniquidade do homem ("per iniquitatem alius hoc dixit esse suum, et alius istud")[106]. Porém, a filosofia da época logo reconciliou-se com a propriedade privada, ou, como Felix Flüger disse, logo "tirou-lhe o ferrão"[107]. Um antigo comentarista de Graciano, Rufino, bispo de Assis, escreveu (c. 1157) que a lei natural contém não só comandos e proibições, mas também o que chamou de *demonstrationes*, indicações de preferência moral que não chegam a ser obrigatórias. Dava como exemplo o ideal da comunidade de propriedade; o longo uso e a vontade dos legisladores haviam, todavia, sancionado a propriedade individual, que não devia ser considerada fundada na maldade, mas, antes, em algo inocente (*irreprehensible*)[108]. Os escritores do século XIII seguem a mesma linha. Guilherme de Auxerre (m. c. 1231) e Alexandre de Hales (m. 1245) achavam que a propriedade privada podia ser justificada pelo direito natural, o primeiro ressaltando que a instituição da propriedade privada é pressuposta pelo mandamento "Não roubarás". Esse argumento também é encontrado em Azo (m. antes de 1235) e Accursio, o compilador da *Glossa ordinaria* (m. c. 1263), embora os jurisconsultos da época não sejam unânimes sobre a posição jurídica da propriedade privada em sua relação com o *ius naturale*[109].

É com São Tomás de Aquino que encontramos a primeira justificativa elaborada da propriedade privada. Ele não a atribui ao direito natural (continua a tradição de associar este último à propriedade comunal), mas afirma que

---

106. D. 8. 1; C. 12, qu. 1 C. 2.
107. "Verharmlosung": *Geschichte* (vide n. 73), i. 1407-8.
108. *Summa Decret.* D. 1 Dict. Grat. ad c. 1; D. 8, Diff. quoque.
109. Carlyles, *Medieval Theory* (vide cap. 3, n. 29), ii. 41 ss.

ela foi legitimamente criada pelo direito humano positivo, como um acréscimo à lei da natureza[110]. Em certa passagem, ele diz que o naturalmente certo e o naturalmente justo podem ser determinados quer em si mesmos (no caso da biologia reprodutiva, por exemplo), quer em relação a suas consequências. Dá como exemplo a propriedade de um bem: "considerado em si mesmo, não há razão pela qual este terreno deva pertencer a este homem e não àquele; porém, quando se considera o fato de ele ser cultivado e usado pacificamente, como demonstra o Filósofo [Aristóteles], é justo que deva pertencer a esta pessoa e não àquela"[111]. Mais tarde, ele expande esse pensamento, novamente recordando Aristóteles[112].

> No que se refere às coisas materiais, há dois pontos que o homem deve considerar: primeiro, o poder de adquirir e dispor: sob este aspecto, a propriedade privada é admissível. Além disso, ela é necessária à vida humana por três razões. Primeira: porque cada qual se ocupa mais de obter o que só a si mesmo diz respeito do que dos assuntos comuns a todos ou a muitos outros: pois cada qual, evitando o trabalho suplementar, deixa a tarefa comum para os outros, como vemos quando há excesso de trabalhadores. Segunda: porque as questões humanas são mais bem ordenadas quando cada qual tem seu próprio negócio para cuidar: haveria uma confusão completa se todos tentassem fazer tudo. Terceira: porque isso leva a uma existência mais pacífica entre os homens, desde que cada qual esteja contente com o que é seu. Assim, vemos que é entre aqueles que possuem algo em comum que as disputas surgem com mais frequência.[113]

Ele acrescenta, todavia, um imperativo moral: os homens não devem possuir as coisas materiais como suas, mas para o bem comum, cada qual as compartilhando pronta-

---

110. *S. Th.* 2a 2ae 57. 2.
111. *S Th.* 2a 2ae 66. 2.
112. Acima, cap. 1, "A teoria da propriedade".
113. *S. Th.* 2a 2ae 57. 2.

A BAIXA IDADE MÉDIA (1100-1350)

mente com os outros em suas necessidades; e a necessidade premente pode justificar o que de outro modo seria um roubo[114].

A relação especial do trabalho com a riqueza e a invocação do esforço produtivo para justificar a propriedade são ocasionalmente assimiladas nesse período. São Tomás parece advertir-se disto na referência ao cultivo da terra, acima citada. Assim também faz João de Paris, escrevendo nos primeiros anos do século XIV; rejeitando as exigências papais de um domínio absoluto que justificasse a cobrança de impostos, ele afirmou que os bens dos leigos eram adquiridos pelo seu próprio trabalho e diligência, por meio dos quais obtinham o verdadeiro domínio sobre a propriedade[115].

Foi em contextos como esse que se fortaleceu a opinião em favor da legitimidade da propriedade e, consequentemente, contra a expropriação arbitrária. Segundo escreveu o jurisconsulto Odofredo no final do século XIII, o príncipe é senhor do que seu reino contém não no sentido de propriedade, mas somente no sentido de ser seu protetor ("non quoad proprietatem sed quoad protectionem")[116]. Guilherme de Ockham igualmente registra a opinião de que

> o imperador não é senhor de todas as coisas temporais... de modo que lhe seja lícito ou possível dispor de todas essas coisas de acordo com sua vontade; contudo, é de certa maneira o mestre de todas as coisas na medida em que, desembaraçando-se de quaisquer objeções, pode usar e aplicar essas coisas para o bem comum, sempre que o julgue preferível ao interesse dos indivíduos... [Não pode fazer isso arbitrariamente, mas somente] em face da culpa do proprietário ou por uma boa razão, isto é, para o benefício público.[117]

---

114. *S. Th.* 2a 2ae 66. 7.
115. *Tractatus de potestate regia et papali* 7.
116. Com. sobre Digest, fo. 2. 5; "Prima Constitutio", 2. 5; Carlyles, *Medieval Theory* (vide cap. 3, n. 29), v. 102.
117. *Dialogus*, par. 3, *Tractatus Secundus* 2. 23; Carlyles, *Medieval Theory* (vide cap. 3, n. 29), vi. 47.

Os civilistas geralmente insistiam em que, mesmo quando a necessidade pública justificasse uma desapropriação, deveria ser paga uma compensação; embora alguns também pensassem que, se a desapropriação onerasse igualmente a todos, a compensação não deveria ser exigida, mas somente quando seu ônus recaísse sobre um único indivíduo[118]. É evidente a utilidade da doutrina que limitava a desapropriação nos conflitos tributários.

A equidade

Um trabalho que provavelmente foi redigido bem no início do século XII, ou seja, na primeira geração dos estudiosos do direito romano redescoberto, é a chamada *Petri exceptiones legum Romanorum*. No prólogo, o autor dedica-se a "espezinhar" qualquer elemento das leis que ofenda a equidade (*aequitati contrarium*); e mais tarde diz que os preceitos legais devem ser observados, "a menos que surja alguma razão que sugira a necessidade de acrescentar alguma modificação ao que a lei diz"; essa razão, que justifica a adaptação da lei estrita por um juiz, deve advir do mais alto interesse público ou privado[119]. Expressões muito semelhantes ocorrem em toda a era dos glosadores; mas não está claro se a equidade que eles têm em mente é algo que por si mesmo se sugere ao juiz nas circunstâncias de um caso particular, ou, antes, algo já bem estabelecido na autoridade tradicional como um fator de modificação, isto é, algo que já faz parte da lei. Assim, Búlgaro, na metade do século XII, escreveu que o juiz deve dar precedência à equidade perante a lei estrita, mas deu como exemplo a regra de que, "na lei estrita, os contratos devem ser cumpridos. Todavia, a equidade estabelece diferenças entre os casos: alguns acor-

---

118. Gierke, *Political Theories* (vide n. 22), 81, 179 ss.
119. *Petri exceptiones*, prólogo; 4.3.

dos não devem ser obrigatórios, como aqueles induzidos pela fraude, coação ou violência ou feitos com pessoas incapazes"[120]. Aqui, Búlgaro expõe elementos modificadores já firmados no direito romano pelo pretor; não dá suas próprias sugestões para a operação de uma equidade judicial livre de amarras[121].

É em São Tomás de Aquino que encontramos uma teoria mais pura. Adotando a doutrina de Aristóteles sobre a equidade como uma modificação da lei estrita, com o fim de fazer justiça onde a lei não modificada seria injusta, São Tomás diz que não devemos sempre julgar de acordo com as leis escritas, porque

> o juízo deve ser formado sobre o acontecimento particular. Mas nenhuma lei escrita pode cobrir todo e qualquer caso, como Aristóteles deixa claro... a Lei é escrita com a finalidade de manifestar o entendimento e a intenção do legislador. Todavia, às vezes acontece que, se estivesse presente, ele julgaria de modo diferente... As leis corretamente formuladas mostram-se deficientes nos casos em que sua observância seria uma ofensa ao direito natural. Nesses casos, o julgamento não deve ser feito de acordo com a letra da lei, mas recorrendo-se à equidade, sendo esta aquilo a que o legislador visou... [Se o legislador tivesse previsto tais casos], poderia tê-los consignado em leis.[122]

Em outra passagem, São Tomás diz essencialmente a mesma coisa, embora se refira mais às necessidades do interesse público que à justiça para um indivíduo. Nos casos em que uma emergência pública torna danosa a estrita observância de determinada lei, a lei deve ser dispensada; muito embora o indivíduo não deva ser seu próprio juiz nessa

---

120. Búlgaro, Com. sobre D. 17. 90; Carlyles, *Medieval Theory* (vide cap. 3, n. 29), ii. 14.
121. Acima, cap. 2, "A filosofia grega e a equidade romana".
122. *S. Th.* 1a 2ae 60. 5. Nesta passagem, São Tomás cita também um texto romano, D. 1. 3. 25 (Modestino).

matéria (de modo que se sinta autorizado a desconsiderar a lei), a menos que não haja tempo para submeter a questão aos "príncipes, que para esses casos têm autoridade para dispensar das leis"[123].

O direito penal e as penas

Também neste ponto, é São Tomás quem propõe um esquema teórico razoavelmente completo, indicando a extensão adequada do direito penal, a legitimidade e a finalidade da pena e a medida em que se deve ter em conta a intenção ou ausência de intenção do culpado. A extensão do direito penal deve ser determinada tendo-se em mente "a condição dos homens que estarão sujeitos a ele", condição essa que varia imensamente:

> Ora, a lei humana é formulada em vista da multidão dos homens, cuja maioria está longe da perfeição na virtude. Por essa razão, a lei humana não proíbe todos os vícios dos quais os homens virtuosos se abstêm; porém, somente os vícios mais graves dos quais a maioria pode se abster; e, particularmente, os vícios prejudiciais aos outros, que, se não fossem proibidos, tornariam impossível a conservação da sociedade humana: como o homicídio, o roubo e outros da mesma espécie, que são proibidos pela lei humana.[124]

Essa ênfase sobre o elemento do "dano aos outros" aparece de forma mais breve em outra passagem, na qual São Tomás deriva a lei contra o homicídio do preceito de "Não fazer mal a nenhum homem"[125], do direito natural. Notemos que esse fundamento teórico da pena, embora São Tomás não o declare expressamente o único legítimo, não se estende a ponto de cobrir a punição de atos de tor-

---

123. *S. Th.* 1a 2ae 96. 6.
124. *S. Th.* 1a 2ae 96. 2. A pena é "uma parte do julgar": 2a 2ae 60. 6.
125. *S. Th.* 1a 2ae 95. 2.

peza moral que não prejudiquem diretamente os outros – uma curiosa premonição das concepções de J. S. Mill, no século XIX.

Para São Tomás, dentro de sua esfera legítima, a operação do direito penal era principalmente repressiva e intimidativa. Cogita-se também o efeito reformador da execução ou da ameaça de pena criminal sobre o malfeitor efetivo ou potencial. Por todos esses meios, os inocentes ficam mais seguros[126]. Há alguns jovens que, sendo virtuosos, precisam apenas da orientação paterna; porém,

> há outros, de má disposição e propensos ao vício, que não são facilmente movidos por palavras. Estes precisam ser impedidos de proceder mal pela força e pelo temor (*per vim et metum*), de modo que, cessando eles de fazer o mal, seja assegurada uma vida tranquila para o resto da comunidade; e sejam finalmente atraídos, pela força do hábito, a fazer voluntariamente o que outrora faziam somente por causa do medo, e assim praticar a virtude. A disciplina que compele sob o temor da pena é a disciplina da lei.[127]

A medida da pena deve ser proporcional ao erro, embora esse princípio não implique necessariamente uma equivalência exata, visto que o súdito que esbofeteia seu governante comete um crime mais grave que o governante que esbofeteia o súdito, de modo que não basta, como castigo, que ele simplesmente receba igual bofetão[128].

A pena criminal só é aceitável se estiver relacionada com uma falta moral; caso contrário, é injusta; e o estado mental do culpado deve influir na medida de sua pena. A principal razão contrária à equivalência mecânica da retaliação, segundo São Tomás, "parece estar na diferença entre a ação involuntária e a voluntária; aquele que pratica uma ação involuntariamente sofre uma pena mais leve...

---

126. *S. Th.* 1a 2ae 95. 1.
127. Ibid.
128. *S. Th.* 2a 2ae 61. 4.

A injúria aumenta quando a ação danosa é voluntária e, consequentemente, é tratada como algo mais importante. Por isso, exige como retribuição uma pena maior"[129]. Num contexto diferente, ele diz: "O que quer que um homem faça na ignorância, ele o faz acidentalmente; e, em consequência, tanto a lei divina como a humana devem levar em conta a questão da ignorância para julgar se certas matérias são puníveis ou perdoáveis."[130]

A ordem jurídica internacional

Nenhuma doutrina de um direito das gentes existia na Baixa Idade Média. Não obstante, esse período trouxe desenvolvimentos práticos que, predispondo a mente europeia para a ideia de uma ordem jurídica que transcendesse os Estados individuais, contribuíram para o aparecimento do direito internacional numa época posterior. Por exemplo, o reavivamento do comércio internacional, que tinha começado mais cedo na Idade Média, prosseguiu na época das Cruzadas e favoreceu o desenvolvimento de normas de direito marítimo ocasionalmente reunidas em coletâneas. Os Registros de Oléron, decisões tomadas no século XII pelo tribunal marítimo em Oléron, na costa atlântica da França, eram amplamente reconhecidos no litoral da Europa Ocidental e do Báltico, e foram incorporados ao "Livro Negro de Direito do Mar" inglês, do qual algumas partes remontam aos séculos XII e XIII. Igualmente, o *Consolato del Mare*, coletânea feita em Barcelona no século XIV, tornou-se canônico no Mediterrâneo (e permaneceu em vigor até o século XIX)[131]. Outros exemplos são o aparecimento ocasional do papa ou de um rei como árbitro em litígios en-

---

129. *S. Th.* 2a 2ae 61. 4.
130. *S. Th.* 1a 2ae 100. 9.
131. A. Nussbaum, *A Concise History of the Law of Nations* (Nova York, 1962), 318 s.; A. Wegner, *Geschichte des Völkerrechts* (Stuttgart, 1936), 128 s.

tre príncipes não sujeitos a uma jurisdição comum[132]; a celebração de tratados, geralmente de caráter comercial, entre reis ou entre cidades; e o crescente costume, associado principalmente às cidades-estados italianas, de colocar representantes consulares permanentes em outras jurisdições[133].

No plano teórico, jurisconsultos e teólogos contribuíram para o surgimento de um sistema jurídico internacional. O mais famoso dos comentaristas, Bartolo de Saxoferrato, mitigou um pouco a suposição romana de que só havia um único Império; o imperador medieval podia até ser intitulado "dominus totius mundi" e "rex universalis", mas Bartolo reconheceu que, na realidade, o mundo continha vários reinos e principados independentes que "não reconheciam nenhum superior", lançando assim os fundamentos de um sistema composto por uma pluralidade de soberanias territoriais mutuamente independentes. Seu discípulo e seguidor, Baldo de Ubaldis, consolidou essa transição de pensamento declarando que cada rei "é um imperador em seu próprio território" ("rex in regno suo imperator regni sui"), tornando possível a aplicação, aos soberanos das nações, das doutrinas que os juristas romanos haviam formado originalmente para o benefício do único imperador[134].

Seu contemporâneo mais jovem, o franciscano Guilherme de Ockham, também contribuiu para inserir na teoria o

---

132. Nussbaum, *Law of Nations* 313; Wegner, *Geschichte* 121 ss.; W. Grewe, *Epochen der völkerrechtsgeschichte* (Baden-Baden, 1984), 119-30. Questões sobre a ocupação, a definição e a propriedade do território eram frequentemente levantadas. Pode ser que, na época, tenha se começado a buscar critérios objetivos, deixando de lado os registros históricos. Um sintoma disso encontra-se em *Expugnatio Hiberniae* (Topografia da Irlanda), de Giraldo Cambrensis – livro escrito em torno de 1200 e imensamente popular na Baixa Idade Média –, no qual, juntamente com muitas informações fabulosas (e ofensivas para os irlandeses), ele conta que a soberania sobre a ilha de Man foi certa vez disputada entre a Irlanda e a Grã-Bretanha; o fato de répteis venenosos viverem na ilha foi considerado decisivo em favor da Grã-Bretanha (porque não existia nenhum deles na Irlanda). Parte 2, cap. 48.

133. Nussbaum, *Law of Nations*, 38-40.

134. Grewe, *Epochen* (vide n. 132), 19-30 e 148-56.

que havia muito tempo se via na prática, isto é, a coexistência e a igualdade formal de uma pluralidade de corpos políticos. Opondo-se à pretensão papal e comentando a transferência do título imperial dos romanos para os gregos, destes para os francos e, por fim, destes aos alemães, ele escreveu que aquele título podia ser transferido pelo conjunto da humanidade ("universitas mortalium") e que os romanos como tais não tinham nenhum privilégio especial sobre "todas as outras nações" ("plus quam caeterae nationes"). Deus não dera ao papa mais supremacia sobre o imperador e seu império que sobre "outros reis e seus reinos". O título imperial, não tendo sido dado por Deus, podia ser cedido pelo consentimento do povo no qual estava investido; mas podia também, no caso de culpa desse povo e por uma causa razoável ("pro culpa romanorum et ex causa rationabili"), ser afastado dele pelo resto da humanidade[135].

Vale a pena mencionar, finalmente, a esse respeito, o conceito de "guerra justa", que pertence especialmente a esse período. As inumeráveis doutrinas sobre isso não caberiam aqui; mas é constante entre os autores a ideia de que, para ser justa, uma guerra deve (além de outras condições) ser movida por uma autoridade máxima, isto é, um Estado soberano no sentido moderno[136]. O motivo para essa exigência era, nos séculos XII e XIII, a restrição da guerra e do banditismo entre chefes guerreiros locais. Isso deve ter contribuído para a noção de uma pluralidade de Estados soberanos – visto que um sozinho não pode brigar – e, uma vez que as doutrinas da "guerra justa" contêm muitos outros elementos, para a ideia de uma ordem transcendente que vinculasse todos eles.

---

135. *Dialogus* 3. 2. 1. 29.
136. F. H. Russell, *The Just War in the Middle Ages* (Cambridge, 1975), *passim*.

Capítulo 5
Renascimento e Reforma (1350-1600)

Nem a data de abertura nem a de fechamento do período de que trata este capítulo são pontos decisivos. Mas essa Idade Média tardia – se aceitarmos que a expressão vá além do século XV[1] – inclui os dois eventos que condicionam decididamente toda a vida intelectual posterior, a saber, o restabelecimento da tradição greco-romana na arte e literatura e a fratura da antiga unidade católica da Europa ocidental, com a Reforma protestante. Ambos os eventos eliminaram fatores que estiveram presentes, de alguma forma, desde a queda do Império Romano do Ocidente e sua substituição pelos reinos cristãos bárbaros e geraram os fatores dos quais, por sua vez, o mundo moderno nasceu: a secularização da vida pública e a emancipação dos leigos em relação à hierarquia clerical. Essas características da nova era encontraram expressão natural na teoria do direito, como em outros campos.

A história externa do período é marcada sobretudo pela rápida constituição dos Estados nacionais, governados por reis dotados de uma força até então desconhecida.

---

1. A Reforma protestante, que é de certo modo o último ato da Idade Média, deve, enquanto "período", compreender também a reação católica ou "Contrarreforma": ambas ocorreram no século XVI, e a verdade é que, mesmo em 1600, a cortina ainda não descera sobre esse cenário. Na folha de rosto do último volume da *History of Medieval Political Thought in the West*, dos Carlyles, afirma-se que o livro cobre os anos de 1300 a 1600.

Com uma soberania territorial maior, esses Estados tendiam a suprimir a independência de cidades e outras unidades menores[2]. A Alemanha e a Itália foram importantes exceções: na primeira, a dignidade imperial reduziu-se a uma simples posição de prestígio; seu poder prático refletia simplesmente o da casa de Habsburgo, que monopolizara o título imperial desde 1438 mas nunca se estabeleceu como um poder alemão puro nem promoveu a constituição de um Estado nacional alemão. Na Itália (embora também aí as potências maiores, como Toscana e Veneza, engolissem a independência das cidades), o aparecimento de um Estado nacional foi impedido pela divisão do país entre os poderes regionais, o território papal e os reinos meridionais de Nápoles e Sicília; a isso vinham aliar-se os conflitos contínuos entre potências estrangeiras no solo italiano[3]. Porém a oeste, na Inglaterra, França e Espanha, um novo tipo de reino estava surgindo. As exigências impostas à Inglaterra e à França pela Guerra dos Cem Anos (1337-1453)[4] suscitaram em ambos os países uma resposta patriótica à liderança dos reis no ataque ou na resistência, e deixaram ambos, em meados do século XV, com monarquias nacionais[5] mais fortes

---

2. Fernand Braudel, *The Mediterranean and the Mediterranean World in the Age of Philip II*, brochura (Londres, 1985), 338 ss.

3. Entre 1494 e 1559, em particular, a Itália foi o campo de batalha da Espanha e da França. Em 1559, com o tratado de Cateau-Cambresis, Nápoles e Sicília ficaram sob o domínio dos Habsburgos espanhóis. Em 1569 o soberano Medici de Florença, Cosimo, proclamou-se grão-duque da Toscana, sobre a qual sua família então estabeleceu um domínio total, com Siena, Pisa e muitas outras cidades antigas sujeitas à sua soberania. No século anterior, a república de Veneza havia espalhado seu poder por toda a região circundante, a chamada *terra ferma* do norte da Itália, subjugando cidades como Verona, Vicenza, Pádua, Bréscia e Bérgamo.

4. Essa guerra, originada pela reivindicação da Coroa francesa por parte do rei inglês, terminou com a vitória da França e a expulsão dos ingleses do continente.

5. Nessa guerra, o orgulho nacional manifestou-se em seus heróis. A heroína nacional francesa é Joana d'Arc, a "Donzela de Orléans", que obrigou os ingleses a abandonar o cerco da cidade em 1429; o rei inglês Henrique V, vencedor de Agincourt em 1415, é celebrado como herói de sua nação em uma peça de Shakespeare.

que antes. Essas monarquias eram também altamente autoritárias, sendo seus mais célebres representantes nesse quesito os monarcas ingleses Henrique VIII (1509-47) e Elisabete I (1558-1603)[6] e os reis franceses Luís XI (1461-83) e Francisco I (1515-47); este é normalmente considerado o fundador da monarquia absolutista francesa. Na Espanha, o casamento de Fernando de Aragão e Isabel de Castela, em 1469, criou a união efetiva da qual surgiu o poderoso Estado e império espanhol, sendo sua figura mais notável o austero Filipe II (1556-98), defensor de primeira linha da Contrarreforma, mestre da malograda Armada (1588) e opressor dos Países Baixos protestantes[7]. Os Países Baixos como um todo (no território que hoje compreende a Holanda e a Bélgica) tinham passado, por meio de acidentes de casamento e herança, do duque de Borgonha, seu primitivo soberano, para o imperador Carlos V, da casa dos Habsburgos (pai de Filipe); Filipe, pouco disposto a tolerar a propagação da religião reformada, provocou uma longa revolta nas sete províncias do norte, predominantemente protestantes, que se iniciou em 1566 e durou o restante do século; dessas sete províncias, que com êxito desafiaram a Espanha, não surgiu um reino[8], mas um novo Estado nacional muito importante: a república holandesa, uma grande potência mundial na época seguinte, não menos na esfera do intelecto do que na do poder material.

---

6. A conquista da Irlanda completou-se no final do reinado de Elisabete, com a derrota da antiga ordem gaélica em Kinsale, em 1601.

7. Ao mesmo tempo que surgiam esses fortes reinos nacionais, verificava-se a tendência, dentro de cada área linguística, de um dialeto particular tornar-se o padrão nacional e um símbolo da nova centralização. O inglês e o francês assumiram suas formas padronizadas a partir dos dialetos empregados na vizinhança das cidades importantes de cada reino; o castelhano tornou-se a forma padronizada da Espanha. Na Itália, conquanto não houvesse um Estado nacional, a fala vernácula da Toscana (por causa da predominância da riqueza e da cultura de Florença e de seu poeta mais famoso, Dante) tornou-se o padrão da fala educada de toda a península.

8. A casa de Orange, que liderou a luta, não aspirava à dignidade real, que conquistou somente em 1815, findas as guerras napoleônicas.

Enquanto na Europa Ocidental o fantasma do Império Romano ainda habitava nominalmente o solo alemão e ia sendo obscurecido pelo padrão dos novos e poderosos Estados nacionais, seu homólogo oriental, o Império Bizantinos, extinguiu-se em 1453, quando sua capital, Constantinopla, foi finalmente capturada pelos turcos. Esse povo, cujas origens remotas eram a Ásia Central, havia sitiado o Império oriental durante muito tempo e o havia feito retroceder para os Bálcãs; em 1550, os turcos otomanos controlavam o que agora são a Grécia, a Bulgária, a Romênia e o sul da Iugoslávia, sem falar do mar Mediterrâneo oriental, que era percorrido de uma extremidade a outra por navios turcos. O cerco de Malta (1566) fracassou, e os turcos foram derrotados na grande batalha marítima de Lepanto, em 1571, pelas frotas associadas da Espanha, de Veneza e do papa; mas continuaram sendo um fator importante na política europeia por mais um século.

Não só os traços puramente políticos, mas também as características econômicas e sociais do fim da Idade Média imprimiram suas marcas na mente contemporânea. No final do século XIV, a expansão verificada nos dois séculos anteriores parou durante algum tempo e a Europa Ocidental experimentou uma recessão. Isso foi devido em parte à devastação provocada pela peste bubônica. A "Peste Negra" era levada pelos ratos a bordo dos navios que chegavam ao sul da Europa vindos do Mediterrâneo oriental; os primeiros surtos deram-se na Sicília e em Gênova, em 1348, mas alastraram-se rapidamente para o norte (chegando à Irlanda em 1349), e estima-se terem matado um terço da população da Europa, esgotando a população de distritos e cidades inteiras, extinguindo a indústria e fazendo com que grande quantidade de terras cultivadas voltassem ao estado selvagem. Porém, as guerras, particularmente a Guerra dos Cem Anos, que devastou a França intermitentemente e envolveu às vezes Flandres e a Espanha, tiveram grande peso no declínio econômico, como teve também o banditismo endêmico, praticado frequentemente por mercenários desempregados que aterrorizavam áreas da Alemanha, da Itália e da França. Essa recessão econômica, em seu aspecto agrícola, é tida como a causa do surgimento do sistema de sucessão baseado na primogenitura (que nunca fizera parte nem do antigo direito romano nem do antigo direito germânico); uma vez que a contínua subdivisão das terras entre vários filhos era um fundamento menos eficiente para a produção, sobretudo em condições de depressão econômica, o princípio de passá-las integralmente para o filho mais velho estabeleceu-se em algumas regiões. Os filhos mais jovens, sem terra, tornavam-se frequentemente soldados mercenários para sobreviver[9].

No século XV, a atividade econômica recuperou-se; áreas que haviam sido abandonadas foram resgatadas para a agricultura; a população, as cidades, o comércio e a indústria começaram a crescer novamente. Porém, os tempos ruins – particularmente duros para as pessoas mais pobres – levaram a uma série de grandes revoltas dos camponeses, notavelmente a "jacquerie" na França, em 1358, e as revoltas lideradas na Inglaterra por Wat Tyler, em 1381, e por Jack Cade[10], em 1450. Essas revoltas foram provocadas pela tributação excessiva, pela opressão dos nobres e (na Inglaterra) pelo sistema, profundamente ofensivo, por meio do qual os camponeses eram obrigados a executar serviços braçais para seus senhores; foram marcadas também por um macabro tom igualitário[11]. É a essa época que pertencem as canções populares sobre os fora da lei heroicos – dos quais Robin Hood é o protótipo –, cujas características marcantes eram a denúncia da injustiça social e a aprovação de "roubar os ricos para dar aos pobres"[12]. Um anticlericalismo rai-

---

9. Sobre a ligação da primogenitura com a recessão, vide Mundy, *Europe* (vide cap. 4, n. 24), 274.
10. Cade era irlandês: *Dictionary of National Biography*, s.v.
11. O padre rebelde João Ball dirigiu-se aos camponeses insurretos em Blackheath, em 1381, com o verso: "Quando Adão lavrava e Eva fiava, onde estava o gentil-homem?".
12. Maurice Keen, *The Outlaws of Medieval Legend* (Londres, 1961), *passim*.

voso (presente na satirização dos abades gordos na lenda de Robin Hood), centrado na oposição ao dízimo e à baixa qualidade do clero, também desempenhou certo papel nas insurreições protorrevolucionárias dessa época, que foram impiedosamente debeladas[13]. Houve mais distúrbios sociais violentos em outras partes da Europa no início do século XVI, notavelmente a Guerra dos Camponeses, em 1525, na Alemanha, e a revolta dos anabatistas comunistas na Holanda, dez anos mais tarde. Ambas foram suprimidas com uma brutalidade assustadora; sobre a primeira, V. H. H. Green escreveu que a "paz e a ordem foram restauradas à custa da perpetuação da injustiça social e econômica"[14].

A Alta Idade Média quase não conheceu mudanças tecnológicas. Na guerra, por exemplo (em que a necessidade acelera a invenção com tanta frequência), um exército do final do Império Romano poderia confrontar uma força equivalente de cruzados do século XIII em quase igualdade de condições. Porém, no final da Idade Média, surgiu uma inovação técnica de imensa importância. Avanços na arte da navegação, parcialmente estimulados pelo desejo de evitar o monopólio veneziano das rotas terrestres para o Oriente e suas valiosas especiarias, tornaram o mundo acessível para a Europa no final do século XV, dando um enorme ímpeto à economia europeia. Os portugueses contornaram o cabo da Boa Esperança em 1488 e chegaram à Índia em 1498 por essa rota. Em 1492, o genovês Cristóvão Colombo, a serviço de Isabel de Castela, cruzou o Atlântico e, crente de que havia chegado às Índias pelo lado oposto, descobriu o Novo Mundo da América. Em 1520, Fernão de Magalhães circunavegou o globo. Esses feitos tornaram possíveis os vastos impérios que os dois reinos ibéricos então estabeleceram: o português, no Extremo Oriente e no Brasil; e o espanhol, no restante das Américas do Sul e Central e no sul

---

13. Vide Denys Hay, *Europe in the Fourteenth and Fifteenth Centuries* (Londres, 1989), 35-8.

14. *Renaissance and Reformation* (Londres, 1964), 138.

da América do Norte. A riqueza que esses vastos territórios enviavam às metrópoles abundantemente, através dos mares, teve poderosos efeitos nos negócios europeus.

O século XIV tinha assistido à vulgarização do uso da pólvora para canhão (por ambos os lados na Guerra dos Cem Anos). Em meados do século XV produziu-se uma invenção que seria ainda mais poderosa nos negócios humanos, a impressão com tipos móveis. Essa técnica maravilhosa, atribuída a Johann Gutenberg de Mogúncia, foi crucial para a difusão da literatura e da ciência, e assim das ideias, em uma forma acessível às pessoas comuns; foi importante, em particular, na história da Reforma protestante, uma vez que tornou possível à maioria das pessoas alfabetizadas a posse de uma Bíblia familiar, permitindo, assim, o acesso à palavra de Deus (um ponto principal da mensagem protestante) sem a necessidade de um padre que a interpretasse em sua forma manuscrita, rara e dispendiosa. No século XVI, foi dado um importante impulso à revolução científica (que se desenvolveria totalmente apenas no século XVII) quando, por volta de 1540, as antigas ideias sobre o universo foram rejeitadas por uma nova geração de astrônomos – entre os quais se destacou o polonês Copérnico, seguido pelo dinamarquês Tycho Brahe e pelo alemão Johannes Kepler –, que se baseavam na observação e não na venerável autoridade e colocaram sua ciência num caminho de descobertas, que ainda prossegue.

Esses pioneiros intelectuais, confiando mais em telescópios e na matemática do que no Livro do Gênesis e em Aristóteles, depararam-se com a hostilidade da Igreja[15], que, no final da Idade Média, passou pela maior crise desde sua fundação; foi essa crise que pôs fim à Idade Média. A rejeição da autoridade tradicional pelos astrônomos não foi a causa da crise, embora o espírito de autoconfiança intelectual fosse um importante aspecto e sintoma dela. A Igreja

---

15. E das Igrejas protestantes também, que não podiam aceitar uma explicação do universo que divergisse da Bíblia.

estava em dificuldades desde o começo do século XIV, quando o papado, nessa época sob a influência dos reis franceses, mudou-se de Roma para Avignon, na França, onde permaneceu por cerca de setenta anos. Gregório XI voltou a Roma em 1377 e morreu no ano seguinte; a questão de sua sucessão provocou ressentimentos tão amargos entre as facções pró e antifrancesas, que se desenvolveu um cenário caótico no qual surgiram dois, e depois três, papas simultâneos e rivais. Esse chamado Grande Cisma durou meio século, para grande escândalo da cristandade; as dimensões de mundanidade e a falta de escrúpulos que a instituição papal então demonstrava, juntamente com a revolta generalizada contra os abusos do clero, respondem pelo surgimento de figuras rebeldes como John Wycliffe (c. 1330-84), na Inglaterra, e Jan Hus (c. 1372-1415), na Boêmia; esses precursores da Reforma não só questionaram alguns pontos da ortodoxia religiosa como também denunciaram o papa como um anticristo. Ambos foram acusados de heresia no concílio ecumênico que se reuniu em Constança em 1414; Wycliffe foi condenado postumamente; Hus – sendo violado o salvo-conduto sob o qual havia viajado para o concílio – foi queimado vivo. Esse concílio fora convocado pelo imperador para sanar o Grande Cisma e efetivamente sanou-o; mas o chamado "movimento conciliar" – que desejava reconhecer aos concílios uma autoridade superior à do papa (contendo, assim, um elemento democrático) –, apesar dos concílios realizados em Constança e, em 1431, em Basileia, não conseguiu concretizar reformas profundas no governo da Igreja e na prática religiosa – principalmente nos padrões do papado –, reformas essas que Martinho Lutero, um século depois, pôde exigir com vigor revolucionário.

A consolidação dos reinos nacionais, a descoberta de novos mundos e novas técnicas, a incipiente revolta dentro da Igreja contra o papado medieval e sua pretensão de comandar a mente dos homens são características imensamente importantes na tapeçaria histórica dos séculos XIV e

XV. Porém, talvez mais importante ainda – e intrincadamente entretecido com as outras características da época – foi o despertar de um novo tipo de intelecto leigo e um novo interesse pela Antiguidade clássica greco-romana. Esse despertar, ou "re-nascimento" – palavra aplicada a essa época a partir da década de 1830[16] –, não pode ser nitidamente datado ou explicado. Ele foi talvez endógeno em certa medida, manifestando-se espontaneamente em poucos espíritos extraordinários da Itália do século XIV, como o dos poetas Dante e Petrarca e do pintor Giotto; tinha havido, afinal de contas, saltos intelectuais importantes (embora em um nível muito mais modesto) em tempos anteriores da Idade Média, no século IX carolíngio e novamente no século XII, com a redescoberta de Aristóteles e do *Digesto*. Porém, a renovação intelectual e artística que começa no início do século XIV, e está em plena atividade em meados do século XV, liga-se fortemente a um reconhecimento muito maior e mais amplamente difundido da cultura clássica, sobretudo a grega. Isso foi, pelo menos, significativamente encorajado pela migração, para o Ocidente, de estudiosos do Império de Bizâncio sitiado, onde o grego ainda era a língua usual e a literatura grega antiga ainda era lida. Os primeiros frutos dessa fertilização cultural foram vistos nas cidades do norte e do centro da Itália, onde a crescente prosperidade criou bases para o surgimento de uma classe ociosa, inteligente o suficiente para valorizar e rica o suficiente para investir em seu interesse pela civilização antiga; mas a paixão pela reaquisição dos padrões clássicos da arte e da literatura logo se espalhou, através dos Alpes, para a França, a Alemanha e a Holanda. O mundo clássico fora pagão; sua medida era o homem e sua razão; sua filosofia, a que lhe ordenava viver de acordo com a natureza, que sua

---

16. Anteriormente, ela costumava ser chamada "reflorescimento das letras" ou alguma outra expressão similar. A palavra *renascença*, em seu pleno sentido moderno, foi criada pelo historiador suíço Jacob Burckhardt, que a tornou familiar em um trabalho de 1860.

razão o capacitava para interpretar, e não em cega obediência a um Deus personalizado e sua revelação. Consequentemente, o espírito clássico que agora começa a se infiltrar no mundo católico – e encontra defensores de categoria, inclusive vários papas, na própria Igreja – é "humanista"; e a palavra *humanista* é usada para descrever a mente e o homem versados na herança da Antiguidade clássica e a ela dedicados, uma herança que estava constantemente exposta à sua visão, à medida que os manuscritos e as obras de arte começavam a encher as bibliotecas e as grandes casas da Europa Ocidental. Naturalmente, um dos elementos centrais da mente humanística – na verdade, o depósito inconsciente de seus objetivos – era um espírito de discernimento calmo, crítico e independente, de liberdade intelectual e de autoconfiança, que se opunha diametralmente à velha mentalidade medieval, acostumada a aceitar a autoridade da Igreja a respeito de tudo. Assim, a propagação do humanismo influenciou poderosamente o aparecimento da Reforma protestante e, em específico, predispôs muitos soberanos cultos a aceitá-la.

A crise que então se aproximava pode ser figurada de ambos os pontos de vista tomando-se como referência a carreira de um homem famoso, Erasmo de Rotterdam (*c.* 1469-1536). Um refugiado da vida religiosa, lançou-se na busca do conhecimento clássico. Correspondeu-se com outros homens cultos da época e tornou-se amigo deles, escreveu sátiras corajosas sobre abusos eclesiásticos, como relíquias e milagres falsos e absurdas práticas supersticiosas, e tornou-se famoso em toda a Europa como o principal representante do novo espírito. Entre seus amigos e correspondentes incluíam-se, de um lado, Thomas More[17], o chanceler inglês martirizado por Henrique VIII em virtude de sua fé católica; e, do outro lado, Martinho Lutero, cuja apai-

---

17. O influente ataque de Erasmo aos abusos do clero, o *Elogio da loucura*, continha em seu título um trocadilho afetuoso referente a More, com a palavra grega usada para loucura (*moría*).

xonada rebelião contra os escândalos eclesiásticos e cujo rompimento definitivo com a Igreja romana Erasmo não pôde aprovar nem acompanhar. Por sua confissão católica, que nunca abandonou, ele permaneceu ligado à Idade Média; mas, por sua tendência humanista, voltou o olhar para uma Europa futura, emancipada de toda autoridade espiritual e, por fim, de toda a autoridade intelectual.

Essa emancipação teve diferentes raízes e tomou diferentes formas em diferentes países. Um fato importante na revolta contra Roma que se fez sentir em todo o norte da Europa[18] foi a força dos novos reinos nacionais, descontentes com a interferência constante e as exigências financeiras do papado e favoráveis ao estabelecimento de Igrejas nacionais; isso foi decisivo sobretudo no caso dos reinos da Inglaterra e da Escandinávia; mas também os soberanos dos principados da Alemanha, desejosos de eliminar a interferência externa, estavam predispostos a limitar o papel de Roma. Foi, com efeito, na Alemanha que se desenvolveu a carreira da maior figura da Reforma, na verdade seu pai: Martinho Lutero (1483-1546), um frade agostiniano de Erfurt, cuja impetuosa campanha em favor da reforma da Igreja teve como primeiro alvo o escândalo das indulgências[19]. Porém, outras figuras importantes e famosas surgiram aproximadamente na mesma época, notadamente o francês João Calvino (1509-64), cujo tipo de Igreja rigorosa, soturna e intolerante espalhou suas ideias, de Genebra, na

---

18. Exceto na Irlanda, onde o governo de Elisabete, cultural e linguisticamente afastado do povo, não se baseava na pregação, mas na perseguição do clero católico. O historiador Macaulay (um protestante, mas nem fanático, nem insensível à causa irlandesa) escreveu: "Sozinha entre as nações do norte, a Irlanda aderiu à antiga fé: e a causa disso parece ter sido o fato de que o sentimento nacional, que em países mais felizes foi dirigido contra Roma, na Irlanda foi dirigido contra a Inglaterra": ensaio sobre a *História dos papas*, de Von Ranke.

19. Essa era a prática de levantar dinheiro, nesse caso (1515-17) supostamente para pagar a construção da nova igreja de São Pedro em Roma, vendendo, ou pretendendo oferecer por dinheiro, a diminuição dos castigos do purgatório.

Suíça – cidade em que ele viveu e a qual governou na segunda metade de sua vida –, para sua pátria, os Países Baixos, a Escócia[20] e a América do Norte[21]. O protestantismo, como são coletivamente designados os diferentes tipos de teologia e organização eclesiástica que surgiram durante e depois do início do século XVI, demonstrou uma grande variedade interna e, entre suas facções, uma intolerância mútua quase tão rígida quanto a da Igreja católica medieval, e às vezes até igual. Tais facções tinham, todavia, certas linhas comuns: não só a rejeição da autoridade papal, mas também a ênfase na completa dependência do indivíduo diante de Deus e sua inexorável predestinação ao fado eterno que Deus havia determinado para ele, o qual não poderia ser alterado nem pela intercessão dos sacerdotes nem pela dos santos. Também vale a pena notar, de passagem – por sua importância para algumas áreas da teoria do direito posterior –, que o vínculo psicológico e social entre o etos do protestantismo, com sua ênfase na relação direta do indivíduo com Deus e sua responsabilidade perante Ele, e o aparecimento da empresa capitalista moderna parece estar bem estabelecido[22]; esse elo, falando de modo simples, encontra-se supostamente na ideia de que o favor de Deus, a marca externa de sua "escolha" de um indivíduo para a salvação, estará visível na prosperidade material aqui na Terra; isso transmuta-se sutilmente na ideia de que o favor de Deus está adstrito a qualquer esforço que o indivíduo venha a fazer para causar essa prosperidade: Deus ajuda a quem se ajuda.

A velha Europa católica não se submeteu calmamente à fratura de sua antiga unidade, nem a dignidade papal ao

---

20. Na Escócia, a teologia calvinista teve seu primeiro representante em John Knox. Ela foi levada da Escócia para o norte da Irlanda pelos colonos presbiterianos do século XVII.

21. Seu espírito nos primeiros tempos da América do Norte é retratado na peça de Arthur Miller *The Crucible* [As bruxas de Salem].

22. Os estudos clássicos são os de Max Weber, *The Protestant Ethic and the Spirit of Capitalism*, tr. T. Parsons (Londres, 1976), e R. H. Tawney, *Religion and the Rise of Capitalism* (Londres, 1926).

desafio. Já durante o tempo de Lutero e Calvino, uma vigorosa resposta havia sido organizada: essa "Contrarreforma" (encabeçada pelos jesuítas, surgidos em 1540) reprimiu a propagação do protestantismo e recuperou para a Igreja católica grandes áreas que tinham sido perdidas, notadamente a Polônia; e o Concílio de Trento (1545-63) estabeleceu reformas na disciplina e na prática da Igreja a fim de trazer os rebeldes de volta ao rebanho. Essa longa convulsão na vida da Europa foi, em muitos lugares, extremamente violenta: provocou uma guerra civil na França, uma longa e terrível revolta nos Países Baixos, uma perseguição (de ambas as partes) na Inglaterra, rebeliões na Irlanda e na Boêmia. Só depois da Paz de Vestefália, que, em 1648, pôs fim à guerra que devastou a Alemanha e o resto da Europa Central durante trinta anos, foi que a nova configuração religiosa do continente se tornou tacitamente aceita como permanente.

A teoria do Estado no final da Idade Média

Nessa época, mesmo antes de a Reforma levar a termo a constituição dos Estados nacionais independentes e derrubar definitivamente a primitiva noção medieval de uma sociedade cristã unitária, o conflito sobre a condição dos reinos diante da autoridade papal tinha acabado. As teorias sobre a natureza do Estado e do governo já não estavam simplesmente interessadas, como Marsílio de Pádua estivera, no início do século XIV, em defender a legitimidade do poder temporal. Vão mais fundo que isso e levantam novamente um tema explicitado pela primeira vez, no final do século XI, por Manegoldo de Lautenbach, a saber, o fundamento do governo temporal em certo tipo de acordo. No final do século XIV, John Wycliffe atribuiu a invenção do governo civil (*civile dominium*) ao que chamou *ritus gentium* (que parece significar o uso de todas as nações), e seu poder coercitivo ao costume e ao acordo apoiados pela aprovação racional do povo: uma mensagem bastante incerta, é verdade, difícil de ser lida em seu latim, tristemente célebre pela má qualidade[23]. No início do século XV, o cardeal alemão Nicolau de Cusa foi mais específico. Escrevendo aproximadamente na época do Concílio de Basileia (1431), quando era partidário do movimento conciliar, ele atribui a instituição do governo, em última instância, a Deus; mas sua operação secundária se dava por um "acordo eletivo de submissão espontânea". Todo poder surge somente do acordo e do consentimento comum dos cidadãos: "Visto que por natureza os homens são iguais em liberdade e em poder, um poder comum verdadeiro e regular nas mãos de um único homem, que por natureza é simplesmente um igual, não pode ser estabelecido exceto pela escolha e acordo de todos os outros"[24].

Poucas décadas depois, por volta de 1477, o clérigo holandês Wessel de Groningen escreve que o dever de obediência do cidadão ao soberano não é absoluto, porém tem mais a natureza de uma obrigação contratual para com ele ("magis est pacti cum prelato"); e, se o soberano não cumpre sua parte do contrato, o cidadão também não está mais vinculado a ele[25]. Por volta da mesma data, o advogado inglês Sir John Fortescue, em seu *Governance of England* [Governança da Inglaterra], imaginou que, na origem, a humanidade vivia em condição selvagem; todavia, quando os usos se suavizaram e a virtude aumentou, "grandes comunidades" surgiram; e essas comunidades, "desejando unir-se, formaram um corpo político chamado reino, tendo um chefe para governá-lo"; escolheram um rei por um processo que Sir Fortescue chamou de uma "incorporação e instituição para unir a todos em um reino"[26]. No começo do século XVI, o italiano Mário Salamônio concebeu o Estado

---

23. *De civili dominio* 1. 11; *De officio regis* 11.
24. *De concordantia catholica* 3. 4, 2. 14.
25. *De dignitate et potestate ecclesiastica* 18.
26. *Governance of England* 2.

(*civitas*) como uma espécie de "sociedade civil" (a palavra *societas* sendo a expressão técnica romana para a sociedade comercial formada consensualmente), que passa a existir por meio de acordos mútuos (-*pactiones*)[27].

Na Espanha, o século XVI assistiu ao último florescimento do pensamento escolástico na obra de vários juristas-clérigos de considerável importância (como veremos) na história do direito internacional e dos direitos naturais. Também eles apresentam o Estado como o produto de um acordo mútuo para conferir poder a um soberano. Francisco de Vitoria (*c.* 1485-1546), o primeiro dessa série de estudiosos, aproxima-se de Aristóteles e São Tomás ao apresentar o Estado não como a consequência de um ato de vontade humana, mas como um crescimento orgânico natural assentado no instinto do homem para se associar e oferecendo-lhe vantagens materiais óbvias, tais como a solidariedade para se defender dos inimigos e a possibilidade de uma grande diversidade de trocas dentro da sociedade[28]. Luís de Molina (1535-1600), por outro lado, apesar de reconhecer a origem divina do poder do Estado, escreveu que os homens se juntaram por sua livre vontade para formar esse organismo; e, embora o poder do Estado não seja criado por mãos humanas, essa união voluntária foi uma condição necessária sem a qual ele não poderia ter se concretizado[29]. Francisco Suárez (1548-1617) também via o ato de associação como consciente e não meramente instintivo: os homens, por consentimento comum, ter-se-iam unido em um corpo político para a ajuda mútua; visavam a um único fim político e tinham um governo comum[30]. Porém, Suárez identifica claramente um tipo de obrigação bilateral (como fizera Manegoldo), vinculando tanto o governante como os governados: há um pacto entre rei e povo, de acordo com o

---

27. *De principatu* 12-19.
28. *Relectiones* 3. 1-8.
29. *De iustitia et iure* 2. 22. 8.
30. *De legibus ac Deo legislatore* 3. 2. 4.

qual, enquanto o rei cumpre seu dever, eles não podem recusar sua submissão a ele; contudo, se ele se transforma em um tirano, viola a condição sob a qual foi aceito como soberano e pode ser deposto (ou, em casos extremos, até morto)[31]. Uma justificativa similar do tiranicídio foi apresentada, em 1599, pelo jesuíta Juan de Mariana (1536-1624), que também postulava que a ordem do Estado substituíra a selvageria solitária original do homem quando os homens se ligaram em sociedade e concordaram em obedecer a um homem de virtude notável[32].

Na Inglaterra, em 1594, o anglicano Richard Hooker publicou seu *Laws of Ecclesiastical Polity* [Leis da comunidade política eclesiástica], "o veículo pelo qual grande parte da teoria política continental chegou à Inglaterra"[33], no qual, novamente, a instituição do Estado é atribuída não ao instinto natural, mas a base contratual. "Para eliminar todas as queixas, injúrias e erros recíprocos" que afligiam os homens em sua condição primitiva,

> não havia outro caminho senão o de fazerem eles uma composição e chegarem a um acordo, organizando um tipo de governo público e sujeitando-se a ele: por meio daquele a quem fora garantida a autoridade para governar, a paz, a tranquilidade e a felicidade dos demais podiam ser obtidas. Consentimento sem o qual não havia razão para que um homem tomasse o encargo de ser senhor ou juiz de outro; porque, embora haja, segundo a opinião de homens muito importantes e judiciosos, um tipo de direito natural no nobre, sábio e virtuoso, para governar aqueles que são de disposição servil; não obstante, para a manifestação deste, seu direito e a satisfação dos homens mais pacíficos de ambos os lados, o assentimento dos governados parece necessário.[34]

---

31. Ibid. 3. 4. 6: uma "guerra justa pode ser movida contra ele".
32. *De rege et regis institutione* 1. 1-2.
33. Gough, *Social Contract* (vide cap. 2, n. 48), 72.
34. *Laws of Ecclesiastical Polity* 1. 10. 4.

Na literatura dos séculos XIV e XV, segundo J. W. Gough (que poderia ter acrescentado o século XVI, como os exemplos acima demonstram)[35],

> está claro que, a despeito da imissão do aristotelismo [isto é, a ideia do Estado como resultado do instinto associativo natural do homem], a tradição contratualista medieval era forte demais para ser superada por ele. O dogma de que o homem é naturalmente político era comumente repetido, mas tendia a ser deixado em segundo plano, enquanto se dava ênfase à origem voluntária do Estado em um ato definido [contratual] de sujeição.[36]

Essa tradição contratualista continuou viva e saudável no século XVII, quando encontrou seus mais famosos representantes, apesar das dificuldades lógicas a ela inerentes, notadamente o problema de como um contrato original de governo poderia obrigar gerações que nem eram nascidas na época em que foi feito.

Embora o final da Idade Média pouco tenha acrescentado à teoria dos fundamentos do Estado, este, ainda assim, emerge do período com um perfil mais definido e uma estatura mais imponente. Isso acontece em parte devido à afirmação, por Marsílio, de que o Estado é uma esfera separada, independente da Igreja; mas também por causa das doutrinas de Nicolau Maquiavel (1469-1527). Essa figura característica da Renascença foi um republicano florentino que teve de ir para o exílio quando a ditadura dos Médici foi restaurada em 1512; Maquiavel também foi um patriota italiano, que mais tarde instigou o mesmo Médici a comandar um esforço nacional para expulsar todas as potências estrangeiras do solo italiano. Esses interesses políticos foram relacionados por ele às virtudes públicas das melhores

---

35. Outras evidências da França, Escócia, Países Baixos e outros lugares em *Social Contract*, de Gough (vide cap. 2, n. 48), 51 ss.

36. Ibid. 40.

épocas da Antiguidade clássica pagã, virtudes que ele julgava diferentes das que inspiravam a sociedade cristã, ou mesmo incompatíveis com elas; e foi por causa de sua preferência pela moral de Atenas e Roma antigas, de seu franco reconhecimento da república clássica em vez da comunidade cristã como modelo para o Estado ideal, que seu nome se tornou um sinônimo da administração inescrupulosa dos negócios públicos, por meio dos conselhos dados aos soberanos em seu famoso livro *O Príncipe** (1513). Os métodos recomendados por ele são caracterizados por uma maldade inaudita; na verdade, eram familiares na vida italiana da época, mas as eras posteriores escandalizaram-se com o modo frio e moralmente neutro como ele os expôs. A importância dessa obra para a história da teoria do direito – assim como de seus *Discursos* sobre questões políticas, sugeridos pela narrativa do historiador romano Lívio – está em ter Maquiavel guindado o Estado, seus interesses e seu governo para um plano em que eles são os únicos valores à vista. Não há nenhuma pretensão de que a legitimidade das operações do governo dependa de sua conformidade com a lei de Deus, com o direito natural ou qualquer outro padrão transcendente; e conquanto Maquiavel preferisse, como veremos, uma forma de governo em que os soberanos estivessem sujeitos às leis, essa exigência não era de capital importância – o interesse do Estado pode exigir legitimamente a violação das leis –, e ele não a afirma com a pia ênfase que Bracton, por exemplo, lhe havia dado. Maquiavel é, assim, uma figura importante (embora certamente sem percebê-lo, como seus sucessores) da marcha intelectual que levaria, por intermédio de Hobbes e Rousseau, ao Estado totalitário do século XX[37].

---

* Trad. bras. São Paulo, Martins Fontes, 2004.
37. Isaiah Berlin, "The Originality of Machiavelli", in *Against the Current: Essays in the History of Ideas* (Oxford, 1989), 25-79.

A fonte de validade do direito

Vimos que, na Baixa Idade Média, a antiga ideia germânica da monarquia limitada sobreviveu vigorosamente: a promulgação de uma nova lei exige o consentimento dos governados, expresso de um modo ou de outro, e não pode surgir só da vontade do rei. Os elementos de algo semelhante à representação parlamentar dos desejos do povo, operando lado a lado com o poder real, tornaram-se visíveis na Inglaterra, Espanha, França e partes da Alemanha; e o princípio democrático encontrou expressão também nas regras das novas ordens religiosas. Marsílio de Pádua quisera subordinar a autoridade do papa à dos concílios gerais no governo da Igreja; e, no começo do século XV, esse desejo foi expresso no chamado movimento conciliar, que conseguiu sanar o cisma da Igreja. Todavia, a partir do final do século XIV, a tendência geral europeia para o compartilhamento institucionalizado do governo entre o rei e as assembleias enfraqueceu-se, evidentemente por causa das violentas revoltas e guerras que marcaram a época, o que exigiu um controle severo exercido por mãos autocráticas[38]. Portanto, provavelmente não foi por acidente que, no plano teórico, o final da Idade Média tenha assistido a uma mudança nas tendências doutrinais. Juntamente com as afirmações tradicionais do caráter não absoluto da monarquia, e do dever do monarca de buscar alguma forma de consentimento dos governados antes de promulgar uma nova lei, houve vozes que ou expressaram essa ideia em forma diluída e modificada, ou declararam irrestritamente o direito absoluto de legislar do soberano, no mesmo sentido que Ulpiano o havia declarado em favor do imperador romano.

A opinião mais antiga ainda é sustentada por Nicolau de Cusa (1401-64). Esse teólogo alemão, em seu *De concordantia catholica*, recita a máxima "quod omnes tangit, ab omnibus approbari debet" (o que afeta a todos deve ser apro-

---

38. Mundy, *Europe* (vide cap. 4, n. 24), 410-2.

vado por todos); a prolatação da lei ("legis latio") deve ser feita por todos aqueles a quem a lei deve obrigar, ou pela maior parte deles[39]. Na França, a mesma ideia aparece sob forma diferente em um tratado de Jean Gerson (1363-1429): uma lei não tem força a menos que seja aprovada pelo uso dos que devem viver segundo ela ("moribus utentium")[40]. Na Inglaterra, Sir John Fortescue, descrevendo a forma mista da Constituição inglesa, declara que os reis ingleses não podem fazer leis sem o consentimento dos três estamentos de seu reino[41]. Na Espanha, as Cortes de Castela e Leão afirmavam repetidamente o princípio de que a lei não era simplesmente o produto da vontade do rei, mas requeria também a autoridade dos magnatas e cidadãos[42]. No final do século XVI, o mesmo foi escrito pelos juristas-teólogos e jesuítas espanhóis Molina e Suárez[43], e aparece também no anônimo mas influente tratado huguenote de 1579, chamado *Vindiciae contra tyrannos*[44].

Mas outras vozes também se faziam ouvir nesses mesmos séculos, vozes que deram substância à forma de governo que caracterizou o início da Europa moderna. É certo que algumas delas não se referiam diretamente à questão da legislação, mas ainda sustentavam a posição do soberano em termos mais absolutos do que jamais fora sustentada desde os tempos do papa Gregório, o Grande (com exceção de alguns dos primeiros jurisconsultos), e, portanto, em conflito com a perspectiva germânica geral da Europa medieval, que imputava um papel vital ao consentimento

---

39. *De concordantia catholica* 3, proêmio. Essa máxima procede originalmente de um texto romano (*Codex Justinianus* 5. 59. 5. 2.) que se referia ao contexto totalmente especial dos tutores conjuntos; mas foi tirada desse contexto e generalizada pelos glosadores (vide Robinson, Fergus e Gordon, *Introduction* (vide cap. 4, n. 10), 79) e tornou-se uma espécie de *slogan* democrático.

40. *Regulae morales* (*Opera* 1. 2. 10); *Liber de vita spirituali animae* (*Opera* 2. 2. 209).

41. *De natura legis naturae* 1. 16.

42. Carlyles, *Medieval Theory* (vide cap. 3, n. 29), vi. 133-6, 143.

43. Ibid. 341 ss.

44. Ibid. 338-41.

do povo. No final do século XIV, John Wycliffe ensinou que os soberanos da terra não respondiam perante seus súditos, que eram obrigados a obedecer aos governantes designados por Deus mesmo quando eram tirânicos[45]. Enéas Sílvio Piccolomini (1405-64), humanista e escritor que foi papa (Pio II) a partir de 1458, escreveu um tratado sobre a origem e a autoridade da dignidade imperial romana (1446), no qual apresenta o imperador como competente para fazer e revogar as leis sem estar obrigado a garantir o consentimento de ninguém[46]; e em sua bula *Execrabilis*, de 1460, ele condenou como herético qualquer apelo contra a autoridade papal dirigido a um concílio geral da Igreja. Martinho Lutero, pelo menos em seus primeiros anos e durante a Guerra dos Camponeses, na qual clamou pela cruel supressão desses infelizes oprimidos e desesperados, sustentou que a autoridade terrestre era de origem divina, que os soberanos terrestres tinham um direito divino à obediência inquestionável, e que a resistência a eles era incondicionalmente pecaminosa, por mais que esses soberanos se comportassem mal[47].

A mais importante e a mais influente afirmação do direito dos reis foi feita pelo advogado francês Jean Bodin (1530-96), o evangelista do absolutismo que a monarquia francesa então exibia da forma mais manifesta. Em sua famosa obra *De la république* (1576), ele apresenta a ideia de que o Estado deve conter um poder soberano em cada área do direito positivo, que deve sujeitar-se somente às leis de Deus, da natureza e das nações; como as duas sujeições eram meramente nominais, a soberania de Bodin é absoluta na prática: é a fonte por excelência do direito e não tem obrigação nenhuma de obter o consentimento de outros. Ele chegou a essa posição por pensar que a origem do Estado repousa na força, na violência que reduziu os homens,

---
45. Ibid. 52 ss.
46. Ibid. 188 ss.
47. Ibid. 272 ss.

de seu estado natural livre, à sujeição; e que, na verdade, a própria palavra *cidadão* implica alguém que está sujeito ao poder soberano de outro. A opinião herdada de Aristóteles, de que a cidadania implica o direito de participar das deliberações públicas e do governo do Estado, é, segundo Bodin, um grave erro. Pelo contrário, "a primeira e mais importante característica da soberania (*maiestas*) é a capacidade de promulgar leis para os cidadãos, tanto individual como coletivamente; e, além de tudo, isso deve ser feito sem a necessidade do consentimento de superiores, iguais ou inferiores"[48]. Na França, ele constatou, as questões eram de fato administradas assim; ali

> a soberania do príncipe fulgura quando o povo e os estados inferiores apresentam-lhe suas petições; eles não têm poder para proibi-lo ou obrigá-lo a qualquer coisa, e seus encômios de nada lhe aproveitam; o príncipe ordena tudo por sua própria vontade e discernimento, e tudo o que ordena ou decreta tem força de lei. A opinião dos que o consideram vinculado à soberania do povo – uma opinião comumente encontrada nos livros – deve ser suprimida, visto que só fornece munição aos sediciosos para seus projetos revolucionários e traz tumultos para a vida do Estado.[49]

Outros escritores do final do século XVI, franceses, ingleses e escoceses, escreveram no mesmo sentido; entre os escoceses, notadamente seu rei Jaime VI, que se tornou Jaime I da Inglaterra em 1603 e cujas opiniões sobre o direito divino da realeza tiveram uma influência fatal sobre a dinastia Stuart que ele inaugurou. Conquanto não tivesse muitas outras qualidades, era um homem de considerável cultura intelectual; em 1598, escreveu um tratado intitulado *A verdadeira lei das monarquias livres*, no qual atribuiu a soberania real da Escócia à sua conquista original[50],

---

48. *De republica* 1. 9.
49. Ibid. 1. 8; vide também 6. 4.
50. "Pelo rei Fergo, que veio da Irlanda": Fergo, legendário rei irlandês, invadiu a Escócia e, segundo se supõe, morreu aproximadamente em 330 a.C.;

[de onde] resulta, necessariamente, que os reis eram os autores e criadores das leis, e não o contrário... As leis não são senão ansiadas por seus súditos e criadas exclusivamente por eles a rogo dos súditos e por seu conselho. Pois, enquanto o rei elabora diariamente leis e decretos, gravando-as das sanções que lhe parecerem adequadas, sem nenhuma recomendação do Parlamento ou dos Estados, nenhum Parlamento tem o poder de fazer nenhum tipo de lei sem que o cetro real esteja ligado a ela para dar-lhe força de lei.[51]

O primado do direito

Nos séculos XIV, XV e XVI, portanto, surgiram novas doutrinas que se afastavam da ideia medieval de que o consentimento dos governados era necessário para a elaboração de novas leis, e afirmavam, ao contrário, numa resposta consciente ou inconsciente às desordens provocadas pela agitação social e religiosa, as reivindicações da monarquia absoluta; nesse mesmo sentido, os teóricos abrandam ou negam completamente a doutrina de que o príncipe está vinculado à lei de seu país. Como de hábito, ainda dizem o quanto é bom que o soberano se considere sujeito às leis, as quais o mundo medieval entendia principalmente como as leis consuetudinárias do povo; e afirmam que o Estado mais feliz é aquele em que essas condições prevalecem. Jean Gerson assinala que o rei não pode matar nenhum homem sem observar o devido processo legal (*iuris ordine*), isto é, não pode executar ninguém que não tenha sido acusado, citado e condenado[52]; que o rei da França estava subordinado à jurisdição do *parlement*[53] que ele mesmo es-

---

mas Jaime provavelmente se refere ao personagem histórico Fergo mac Eirc, o primeiro rei dalríada da Escócia (dos Uí Néil do norte, e, logo, do mesmo clã que Columbano, fundador de Iona), que morreu em 501 d.C.
 51. *True Law of Free Monarchies* c.
 52. *Summa contra Ioannem Parisiensem* (*Opera* 1. 1. 399).
 53. Os *parlements* franceses, dos quais o de Paris era o mais importante, tinham mais a natureza de tribunais judiciais que de órgãos legislativos.

tabelecera⁵⁴; e que tanto o príncipe como o prelado, embora considerados livres da força compulsória da lei ("solutus legibus"), devem deixar-se reger pela lei que promulgaram, como exemplo para seus súditos e em reverência a Deus⁵⁵. O juiz inglês Fortescue sublinha que o rei não pode ignorar a lei, visto que os juízes devem decidir de acordo com ela mesmo que o rei exija que façam o oposto⁵⁶. Poucos anos antes de Fortescue escrever, os rebeldes liderados por Jack Cade quiseram se livrar dos maus conselheiros do rei, que "o enchiam de ideias como a de que nosso Senhor Soberano [o Rei] está acima de suas leis... e pode fazê-las e desfazê-las como desejar"⁵⁷. O alemão Nicolau de Cusa, que afirmou (no cenário do movimento conciliar) que toda autoridade deriva do povo, apresentou a imagem de Jesus como um exemplo para os soberanos: "Cristo estava sujeito à Lei; não veio para revogá-la, mas para cumpri-la"⁵⁸. Mesmo Maquiavel, em seus *Discursos* sobre Lívio, atribui a suposta felicidade da França ao fato de o povo francês saber que seu rei não infringiria as leis em hipótese alguma:

> esse reino, mais que qualquer outro, vive sujeito à lei e à ordem e em perfeito acordo com elas – lei e ordem que são mantidas, acima de tudo, pelos *parlements*, especialmente o de Paris. Esse *parlement* renova as leis quando necessário e julga até mesmo contra o príncipe do reino, e nesses julgamentos condenaria o próprio rei.⁵⁹

O contemporâneo de Maquiavel, Baldassare Castiglione, que escreveu um famoso livro sobre como o cortesão deve se conduzir, também achava que um bom príncipe deve respeitar a lei⁶⁰. A escola dos juristas-teólogos espa-

---

54. *Sermo pro viagio regis Romanorum* (*Opera* 1. 1. 152).
55. *Sermo in die circumcisionis Domini* (*Opera* 1. 1. 240, 241).
56. *De natura legis naturae* 1. 16.
57. Keen, *Outlaws* (vide n. 12), 167.
58. *De concordantia catholica* 3, proêmio.
59. *Discursos* 3. 1.
60. *Book of the Courtier* (ed. Penguin Classics, Londres, 1928), 308. [Trad. bras. *O cortesão*. São Paulo, Martins Fontes, 1997.]

nhóis do século XVI (os "últimos escolásticos", como às vezes são chamados, por aderirem aos métodos da Baixa Idade Média e de São Tomás) sustentava a mesma opinião; Vitoria, já mencionado, deixou bem claro que a lei obriga o rei: os decretos reais, escreveu, têm a mesma autoridade que teriam se promulgados por todo o povo. Porém, assim como uma lei promulgada pelo povo obrigaria o rei (que faz parte do povo), também o rei é obrigado por seus próprios decretos[61]. Suárez, do mesmo modo, pensava que o rei estava obrigado a observar suas próprias leis; embora parecesse admitir ser este imune a qualquer coação a esse respeito, já vimos que ele achava que a coação podia justificar-se na hipótese de o rei cair na tirania[62]. Dentre os juristas humanistas franceses (a serem formalmente apresentados em breve), vários, especialmente Cujas e Donello, rejeitavam a ideia de que a máxima "princeps legibus solutus" implicava o direito do soberano de agir contrariamente às leis, embora a qualidade exata de sua subordinação a elas – se legal ou meramente moral – seja tema controverso na doutrina da época[63].

Porém, assim como na questão do direito de legislar, aqui também outras vozes estão sendo ouvidas. Enéas Sílvio, já mencionado, pensava que, embora fosse "bonito falar" ("quamvis pulchrum est dicere") que o imperador está sujeito às leis, tal proposição não poderia ser levada a sério ("non asserendum"), uma vez que, na verdade, ele está acima da lei ("cum sit solutus")[64]. Jasão de Mayno (1435--1519), um jurisconsulto posterior, também pensava assim e citava a grande autoridade de Baldo de Ubaldis em apoio dessa tese; o príncipe estava inteiramente autorizado a emitir ordens contrárias à lei, desde que não se esquecesse de inserir nelas a expressão formal *non obstante* ("apesar de [a

---

61. *Relectiones de potestate civili* 21.
62. *De legibus ac de legislatore* 3. 35. 4, 28.
63. Vide Carlyles, *Medieval Theory* (vide cap. 3, n 29), vi. 293-318.
64. *De ortu et auctoritate imperii romani* 20.

lei ordinária prescrever o contrário]")[65]. O humanista suíço-alemão Ulrich Zasio (1461-1535) deixou bem claro que o poder do imperador romano, agora imputado ao soberano moderno, fora ilimitado ("immensa") e não sujeito às leis[66]. O famoso humanista francês Guillaume Budé (1467-1540), em seu comentário sobre o *Digesto* de Justiniano, explica com muito cuidado – apresentando, entre outras coisas, a analogia da autoridade absoluta de um pai sobre seus filhos – que o soberano está isento dos vínculos das leis, embora possa renunciar a seu privilégio e, animando-se do espírito de um cidadão ("civili animo"), consentir em que a jurisdição do parlamento seja invocada contra ele[67]. Martinho Lutero, em sua obra *Sobre a autoridade secular* (1523), afirmou a autoridade absoluta do soberano, ordenado por Deus para proteger os bons e punir os malfeitores; declarou que nem a lei está acima de seu poder temporal, visto que o príncipe, como Salomão, pode buscar a orientação direta de Deus: uma posição em que começa a evidenciar-se o elo psicológico entre o voluntarismo de Ockham, que Lutero aceitou expressamente, e o absolutismo político[68]. Como seria de se esperar, Jean Bodin considerou que fazia parte da essência da soberania que o soberano não estivesse obrigado pelas leis[69]; por outro lado, podemos observar que mesmo este primeiro apóstolo do absolutismo achava que um reino devia ser governado "tanto quanto possível" ("quantum fieri poterit") pelas leis, e não pela vontade arbitrária do soberano[70]. Finalmente, o rei da Escócia, Jaime VI, na mesma veia de Bodin e talvez com conhecimento dos tratados deste, foi bem claro sobre os direitos reais e o modo conveniente de exercê-los:

---

65. Com. sobre Code 1. 19. 7.
66. Com. sobre o *Digesto* 1. 2. 2.
67. *Annotationes in Pandectas* 1. 9. 12.
68. *Von weltlicher Obrigkeit* (*Weke*, xi. 272).
69. *De republica* 1. 8.
70. Ibid. 4. 4.

Um príncipe justo não tirará a vida de nenhum de seus súditos sem uma lei clara: mas as mesmas leis, nas quais para isso se baseia, são feitas por ele ou seus predecessores. Assim, o poder deriva sempre dele... O rei está acima da lei, sendo delas o autor e a garantia; todavia, um bom rei não se contentará somente em governar seus súditos pela lei, mas conformar-se-á a si mesmo por ela em suas próprias ações, sempre mantendo esse fundamento, para que a saúde de sua república seja sua principal lei. [O rei tem o poder de dispensar e suspender[71]; porém,] o bom rei, embora acima da Lei, sujeitar-se-á a ela e por ela moldará suas ações, a fim de dar exemplo a seus súditos; [mas faz isso] por sua livre vontade, não por estar-lhe sujeito.[72]

Desenvolvimentos jurídicos do final da Idade Média

Esses foram os séculos em que se formou o caráter dos posteriores sistemas jurídicos da Europa; foi aí, sobretudo, que surgiu a grande divisão do mundo jurídico civilizado em duas famílias, a do *civil law* ou direito de raiz predominantemente romana e a do *common law*. O fundamento essencial da divisão foi a penetração das jurisdições da Europa continental[73] pelo direito romano, o *ius civile* na língua romana; e, por outro lado, a incapacidade do direito romano de penetrar permanentemente o universo jurídico inglês, que perpetuou as regras tradicionais nativas; estas, aplicadas uniformemente em todo o reino por um único corpo de juízes, foram, por essa razão, denominadas coletivamente *common law*, direito comum.

---

71. O exercício desses poderes pelos Stuarts foi altamente controverso; no caso de Jaime II, foi um fator que contribuiu diretamente para sua deposição.

72. *True Law of Free Monarchies* D. 1-2.

73. Os países escandinavos, todavia, ficaram fora desse processo; o termo generalizador "continental" também exclui a Rússia e os Bálcãs; não obstante, nos antigos territórios bizantinos, após a tomada de Constantinopla pelos turcos, em 1453, o direito romano, em sua forma bizantina, continuou sendo aplicado.

Dado esse uso inglês, admira-se que também na Europa continental se tenha desenvolvido um *ius commune*, um direito comum. Porém, o *ius commune* continental é bastante diferente. Não significa, como na Inglaterra, um sistema uniforme e abrangente imposto por um único poder judiciário; representa, antes, os elementos resgatados do direito romano que, em várias medidas e formas e em diferentes ritmos, foram inseridos nos sistemas locais e aplicados pelos tribunais juntamente com o direito mais antigo de origem consuetudinária germânica ou legislativa protomedieval[74]. Esse direito romano resgatado, "erudito" – "erudito" porque cultivado pela nova raça de juristas canônicos e civis instruídos em universidades –, tendia a desempenhar um papel mais importante nos ramos das obrigações (*grosso modo*, o que os juristas ingleses chamam *contract and tort*, responsabilidade contratual e extracontratual), propriedade, processo e princípios gerais do que nos de família e sucessões, em que as antigas regras tendiam a ser mantidas. Essa generalização é muito sumária e não capta as amplas diferenças, de reino para reino e de região para região, do grau e da forma com que o material romano foi absorvido. Pode-se dizer, no entanto, que o elemento romano foi elemento fundante dos sistemas locais, da Bretanha à Polônia e de Hamburgo a Palermo, fornecendo também uma espécie de língua franca conceitual para os juristas de diferentes nações, possibilitando-lhes entender as formulações uns dos outros[75]. Esse desenvolvimento não ocorreu na Inglaterra, de modo que os juristas ingleses foram excluídos dessa língua franca; e lançaram-se assim as bases da mútua sensação de estranheza entre o mundo do *common law* inglês e o do que podemos chamar de direito civil românico.

---

74. Por exemplo, os códigos rudimentares de direito romano promulgados depois da queda do Império do Ocidente pelo reis visigodos e borgonheses para seus súditos romanos.

75. Sobre tudo isso, vide a conveniente apresentação de Robinson, Fergus e Gordon, *Introduction* (vide cap. 4, n. 10), cap. 7, "The *Ius Commune*".

O desenvolvimento da Alemanha nesses séculos merece especial atenção. Ali, como vimos, a Baixa Idade Média produzira códigos escritos do direito nacional, notadamente os *Sachsenspiegel*; e a adesão à tradição nativa era tão forte que constituiu uma barreira cultural mais difícil de ser transcendida pelas novas doutrinas do direito romano que qualquer coisa encontrada na Itália, França ou Espanha. Na verdade, pode-se dizer que o *ius commune* continental, no sentido dado acima, foi formado no princípio sem a participação alemã. Contudo, subitamente, no final do século XV, a Alemanha "recebeu" o direito romano. É certo que o espírito da Renascença, cujo entusiasmo por todas as coisas romanas já estava, a essa altura, bem enraizado na Alemanha, desempenhou um papel nesse processo. Porém, a principal razão dessa súbita e maciça recepção[76] parece terem sido as condições políticas: a ausência (ao contrário da França) de uma monarquia central forte e a fragmentação de um grande país em numerosos principados, cidades livres etc., justamente na época em que as iniciativas industriais e comerciais alemãs, e a civilização urbana que as sustentava, estavam começando a crescer explosivamente. Era doloroso o contraste entre as incômodas regras e procedimentos germânicos observados pelos antigos tribunais locais, diferentes em cada lugar, e as regras e procedimentos claros, simples e inteligíveis, de origem romana, observados pelos tribunais de direito canônico. Tentando, se não impor uma jurisdição uniforme em toda a Alemanha (o que teria sido impossível para uma autoridade tão fraca), pelo menos oferecer um modelo de regularidade melhorada, o imperador Maximiliano I reinstituiu, em 1495, o antigo tribunal imperial com um novo título (*Reichskammergericht*, "tribunal da câmara (do conselho) imperial"), do qual metade dos juízes devia ser formada por juristas que tivessem estudado (direito romano) em universidade; essa metade logo se expandiu, na prática, para a totalidade dos membros do tribunal. Esse

---

76. A palavra é a que os alemães usam: *Rezeption*.

tribunal, embora dotado de poderes efetivos muito limitados, inspirou o aparecimento de outros, igualmente "romanos" e assim mais satisfatórios para os litigantes. Além disso, os tribunais alemães passaram a encaminhar muitos de seus processos para a faculdade de direito da universidade mais próxima a fim de obter a opinião dos especialistas; as faculdades, naturalmente compostas de romanistas, infundiram na prática alemã o modo romano de ver e fazer as coisas. Assim, essa recepção do direito romano na Alemanha, embora tardia, foi muito mais minuciosa do que tinha sido em qualquer outra parte; com efeito, o moderno código civil alemão, promulgado quatrocentos anos depois, porém fruto de quatrocentos anos da mesma tradição, é, em algumas de suas partes, a codificação mais puramente romana do mundo.

Enquanto essa evolução ocorria na Alemanha ao longo do século XVI, algo inteiramente novo estava acontecendo (sobretudo) na França. Aqui, a Renascença tinha se instalado primeiro ao norte dos Alpes: e aqui, também, o espírito frio e crítico da Renascença havia se espalhado entre os estudiosos franceses. Alguns destes, levados pelo exemplo de estudiosos italianos famosos como Lourenço Valla ou Policiano, começaram a aplicar as técnicas do conhecimento crítico filológico e histórico aos textos de direito romano – principalmente, é claro, ao *Digesto*. Em outras palavras, em vez de simplesmente considerar esse material antigo como uma mina inexaurível da qual as doutrinas jurídicas podiam ser extraídas quando se fizessem necessárias (como o haviam considerado os primeiros jurisconsultos italianos), eles o viram, antes de mais nada, como uma coletânea de textos, provavelmente cheia de corrupções inseridas durante os longos séculos de transmissão por cópias manuscritas, sem falar nas mudanças deliberadas, e não assinaladas, feitas pela comissão codificadora de Justiniano. Essas corrupções precisavam ser isoladas com as ferramentas do estudo científico da linguagem, da história científica confeccionada pela sabedoria da Renascença, a fim de restabelecer a forma original dos textos. Em segundo lugar, eles encaravam os textos romanos como uma espécie de matéria orgânica, o sedimento da época e da sociedade nas quais haviam sido compostos, de modo que encerravam sinais preciosíssimos do antigo mundo romano que fascinava tão profundamente esses eruditos. É certo que os estudos realizados pelos apóstolos dessa chamada ciência jurídica "humanística" estavam bem longe de constituir uma ciência histórica no sentido do século XIX, tão carregado de sentimentos afetivos pela natureza e pela nacionalidade. Representavam uma abordagem da civilização antiga que, quanto ao espírito mas não quanto ao modo, assemelhava-se à paixão pela arqueologia, que se apoderou de tantos humanistas que escavaram sítios antigos, decifraram inscrições antigas e coletaram moedas e esculturas antigas[77]; mas sua contribuição para a ciência jurídica foi igualmente imensa. Pela primeira vez, o direito foi estudado como um fenômeno em vez de ser aprendido como uma vocação profissional, quer para administrar um reino, persuadir um tribunal ou refutar um adversário político. O primeiro desses pioneiros foi o milanês Andrea Alciato (1492-1550), professor de direito romano em Avignon. Ulrich Zasio, já mencionado, que foi professor em Freiburg e membro do círculo de Erasmo em Basileia, compartilhou o desejo de Alciato de recuperar os textos clássicos originais que gemiam sob o fardo dos acréscimos posteriores. Os restantes, em sua maioria, eram franceses (e, em sua maior parte, huguenotes, ou seja, franceses seguidores da Reforma de Calvino, que foram obrigados a deixar seu país e ir ensinar no exterior): os nomes mais eminentes são Guillaume Budé, interessado pela extensão da influência grega no direito romano e pelos fatores que produzem a mudança jurídica; Jacques Cujas (1522-90), que se especializou em descobrir corrupções nos textos clássicos; e Hugo Doneau ou Donello (1527-91), que demonstrou mais interesse do que os ou-

---

77. Vide R. Weiss, *The Renaissance Discovery of Classical Antiquity* (Oxford, 1969).

tros pelo arranjo ordenado dos textos romanos e pela possibilidade de serem tomados como base para um sistema moderno e operante[78].

A natureza e o propósito do direito

Vimos que em todas as épocas anteriores, com raríssimas exceções, se é que as houve, todo escritor que oferecia uma definição de direito conceituava-o com uma fórmula essencialmente imperativa – vale a pena chamar a atenção para esse ponto por causa da moderna percepção de que esse tipo de conceituação não descreve adequadamente o fenômeno. O final da Idade Média, nesse ponto, não é diferente dos séculos precedentes. Na Inglaterra, Sir John Fortescue (1394-1476), seguindo a glosa de Accursio mencionada no último capítulo, qualifica novamente a lei como uma "sanção sagrada" que ordenando as coisas certas e proíbe as erradas ("*iubens honesta et prohibens contraria*")[79]. O jurista-teólogo espanhol Domenico de Soto (1494-1560) fala da força "coercitiva" do direito (*vis coerciva*)[80]; seu compatriota, o jesuíta Juan Mariana (1536-1624), construiu uma fórmula cuja essência é a mesma que a de Fortescue, mas com uma definição mais completa: "Pois a lei é razão, livre de toda paixão (*omni perturbatione vacua*), derivada da mente de Deus (*a mente divina hausta*), que declara as coisas corretas e salutares e proíbe seu oposto (*honesta et salutaria prescribens, prohibesque contraria*)."[81] O teólogo inglês Richard Hooker, escrevendo seu *Laws of Ecclesiastical Polity* aproximadamente na mesma época, concentra-se igualmente no aspecto obrigatório da lei. Por temerem o governo arbitrário, pensava ele, os homens tinham sido "constrangidos a

---

78. Robinson, Fergus e Gordon, *Introduction* (vide cap. 4, n. 10), 284-300.
79. *De laudibus legum Angliae* 3.
80. *De iustitia et iure* 1. 1. 3.
81. *De rege et regis institutione* 1. 2; também 1.9: o poder legislativo é "*auctoritas jubendi vetandique*".

desenvolver leis em que todos os homens anteveem seus deveres e conhecem as penas por transgredi-los... As leis não só ensinam o que é bom, como também o impõem; têm em si uma certa força de constrangimento"[82]. Assim, a Europa católica e a protestante, no final do século XVI, ainda viam a lei como a viram a Baixa Idade Média e os períodos anteriores: essencialmente, com os atributos imperativos da ordem e da proibição. Não havia, até então, nenhum sinal de desconforto diante da aparente dificuldade de encaixar nessa estrutura as "normas de reconhecimento" ou "normas que conferem poderes", embora elas naturalmente existissem.

O final da Idade Média impôs novas exigências – resgatando-as da tradição – para a validade da lei. De modo geral, deve ela estar de acordo com as leis de Deus e da natureza (como veremos). Deve ser justa; e o jurista inglês Christopher St. German (c. 1460-1540) afirma os critérios da justiça legislativa em termos retirados diretamente de São Tomás:

> Uma lei humana é chamada justa em razão de seu fim, seu autor e sua forma (*ex fine, ex authore et ex forma*). Seu fim: quando é destinada ao bem comum. Seu autor: quando não excede os poderes de quem a faz. Sua forma: quando seu fardo pesa sobre os súditos na devida proporção, tendo em vista o bem comum. E se seu fardo pesa sobre o povo de modo injusto, mesmo que seu propósito seja o bem comum, ela não o obriga em consciência.[83]

Seu contemporâneo, o advogado humanista francês François Connon (m. 1551), achava que a lei injusta não é lei de modo algum[84]; e Doneau, na geração seguinte, também insistiu na importância do bem comum (*utilitas publica*): uma lei que tende a prejudicá-lo não deve ser imposta

---

82. *Laws of Ecclesiastical Polity* 1. 10.
83. *Doctor and Student* 4. 12.
84. *Libri commentariorum iuris civilis* 1. 1. 8.

pelos juízes[85]. No início do século XVII, o procurador-geral da Inglaterra, Sir Edward Coke, atribuiu ao século anterior a prática pela qual os tribunais tratavam como nulas as leis que "contrariavam o direito ou a razão comuns, ou eram impossíveis de ser executadas"; embora ninguém tenha identificado um caso específico em que essa atitude tenha sido levada a efeito, sua afirmação atesta a persistência da doutrina medieval do critério moral para a validade das leis[86].

Costume e legislação

Um outro critério para a validade da lei aparece em alguns escritores do final da Idade Média – como surgira entre seus predecessores – no contexto da relação entre lei e costume. A Alta Idade Média, como já vimos, aderiu prontamente à antiga ideia germânica de que o direito era essencialmente consuetudinário: as observâncias tradicionais do povo, logicamente anteriores ao rei, que vivia dentro de suas malhas exatamente como qualquer um de seus súditos. Foi só a partir do século XIII que a lei escrita e promulgada, a formulação de novas regras positivas, começou a ter função significativa, em resposta às novas necessidades do Estado; e, mesmo assim, os intérpretes de Ulpiano e da *lex regia* com maior inclinação democrática ainda atribuíam ao povo – aos autores do costume – uma autoridade residual e final superior à do rei. Na Baixa Idade Média, o espectro das opiniões se amplia: de um lado, afirma-se que mesmo as leis promulgadas, para serem válidas, requerem o endosso da aceitação usual; de outro, o costume é quase reduzido à posição marginal que ocupa atualmente.

Pelo menos em um sistema, o costume no sentido antigo gozava de uma posição institucionalizada especial. Como é óbvio, estamos falando do sistema inglês. St. Ger-

---

85. *Commentarius de iure civili* 1. 9. 12.
86. *Bonham's Case* (1610), 8 Co. CP 114a.

man qualificou os diversos costumes observados em toda a Inglaterra como um dos fundamentos do direito inglês: "esses são os costumes adequadamente chamados de *common law*... e desses costumes gerais, bem como de outros princípios e máximas, deriva a maior parte do direito inglês"[87]. Ainda no final do século XVI, Hooker registra a opinião generalizada de que a lei escrita simplesmente declarava e concretizava um costume – *common law* – já existente[88].

Na França, os humanistas, em sua maior parte, atribuíam elevada importância ao costume. Connon conferia à lei e ao costume uma autoridade igual, observado o princípio de que uma regra de origem mais recente prevalece sobre uma mais antiga[89]; Doneau sustentava uma doutrina semelhante[90]. Porém, outros dois teóricos situam o costume num patamar muito mais excelso. François Duaren, contemporâneo de Connon, afirmava claramente que o costume podia revogar a lei escrita e promulgada, na medida em que, se a lei não fosse imposta e uma prática contrária se tornasse usual, a lei seria nula de fato; citava a máxima de Santo Agostinho de que as leis são confirmadas (somente) pela observância dos que vivem sujeitos a elas[91]; Jacques Cujas, considerado o maior dos humanistas franceses, escrevendo na geração seguinte, defendeu a mesma posição:

> Um costume baseado numa razão melhor, associado ao interesse comum e a um longo período de silêncio e acordo tácito na comunidade, juntamente com a autoridade das decisões judiciais, tem o efeito de ab-rogar uma lei cuja razão desapareceu, ou é menos substancial, ou menos benéfica ao Estado... O desuso da lei deixa em vigor apenas o costume, que adquire assim força de lei... E nenhuma lei nos obriga, a menos que tenha recebido a aceitação do costume.[92]

---

87. *Doctor and Student* 7: Carlyles, *Medieval Theory* (vide cap. 3, n. 29), 234.
88. *Laws of Ecclesiastical Polity* 1. 10.
89. Ibid.: Carlyles, *Medieval Theory* (vide cap. 3, n. 29), 303.
90. *Opera omnia* 1. 10. 6: Carlyles, *Medieval Theory*, 309.
91. *Com. sobre o Digesto* 1. 3. 3: Carlyles, *Medieval Theory*, 304
92. *Paratitla* C. 8. 52: Carlyles, *Medieval Theory*, 314.

Bodin, apóstolo do absolutismo e contemporâneo de Cujas, assumiu posição radicalmente diferente quanto à relação do costume com a legislação (que, para ele, era naturalmente promulgada por um legislador absoluto). A força da lei, segundo ele, era muito maior que a do costume,

> pois os costumes são revogados pelas leis, mas não as leis pelo costume; embora um soberano tenha a faculdade de trazer de volta ao uso leis que tenham caído em desuso. O costume não pode estabelecer nem punições nem recompensas; isso é função das leis... O costume, portanto, tem uma validade precária, e parece dever sua existência contínua à vontade do soberano [de tolerá-lo]; se ele lhe dá sua sanção expressa, transforma-o de fato em lei.[93]

O direito natural

No final da Idade Média, o conceito de um direito natural transcendente não entra em cena somente com a roupagem que São Tomás lhe havia emprestado, mas usa também, para alguns filósofos, as cores que havia recebido do voluntarismo de Guilherme de Ockham, isto é, a opinião de que a raiz da obrigação humana não é o que a razão humana percebe como certo, mas simplesmente o que Deus ordena. A interação entre os pensadores tomistas e ocamistas – as fórmulas lançadas pelos escritores de ambos os partidos – teria importantes consequências nas posteriores teorias política e do direito (e até na ciência).

Dos nomes que podem ser mencionados aqui, o primeiro é o de um superior da Ordem Agostiniana, Gregório de Rimini, que morreu em 1358; era um seguidor de Ockham que ainda tentou chegar a um meio-termo entre a vontade de Deus e a razão, propondo um fundamento para a obrigação humana e uma medida do mau procedimento

---

93. *De republica* 1. 9: Carlyles, *Medieval Theory*, 423.

humano. O pecado, achava ele, é uma ofensa à lei eterna (essa era a definição de Santo Agostinho); porém, a lei eterna tem dois aspectos, um indicativo e outro imperativo. O aspecto da *lex indicativa* simplesmente aponta, para o homem, o que é certo e o que é errado; o aspecto da *lex imperativa* ordena ao homem praticar um e abster-se do outro. Porém, o pecado, no sentido de uma ofensa à lei eterna, é pecado somente por ofender o aspecto "indicativo"; a ofensa a esse aspecto seria pecado mesmo que Deus não tivesse emitido a ordem correspondente. A lei eterna, certamente, é razão divina e reta razão; no entanto, a ofensa a ela é pecado porque ela é reta, não porque é divina; se não houvesse uma razão divina, ou se ("hipótese impossível") Deus não existisse, ainda assim uma ofensa à razão acessível ao homem faria dele um pecador[94]. Como veremos, este modo de se expressar, "se Deus não existisse", terá uma carreira notável na teoria do direito. No período deste capítulo, a mesma formulação foi proposta pelo teólogo alemão Gabriel Biel (m. 1495) – que todavia seguia Ockham na afirmação de que não é porque algo é justo e correto que Deus o quer, mais é porque Deus o quer que algo é justo e correto[95].

Entre os filósofos espanhóis da "escolástica tardia", o jurista Fernando de Vázquez (m. 1568) propôs uma tese que, embora tivesse seu ponto de partida em Ockham, se encaixa facilmente no esquema tomista. O direito natural, escreveu, é correto porque Deus o impôs. Mas o meio pelo qual os humanos podem perceber esse direito é a faculdade da razão, com que Deus os criou. Assim, qualquer que seja a verdade sobre as coisas que desconhecemos, no que nos diz respeito (e isso deve ser suficiente para nós), o direito natural, tal como o percebemos por meio da razão dada por Deus, é simplesmente a forma com que o bem e o mal (se-

---

94. *Expositio in secundo sententiarum*, dist. 34, art. 2; H. Welzel, *Naturrecht und materiale Gerechtigkeit* (Göttingen, 1951), 94.
95. *Collectorium sententiarum* 1. 17. 1; Welzel, *Naturrecht* (vide n. 94), 92.

gundo a determinação de Deus) se apresentam para nós[96]. Essa reabilitação da razão, por assim dizer, mesmo dentro de uma estrutura voluntarista, é adotada também por um homônimo de Fernando (mas não parente), o teólogo Gabriel Vázquez (m. 1604). Nem a vontade de Deus, nem a razão de Deus, ele escreveu, são os critérios principais do bem e do mal; tais critérios são simplesmente a natureza das coisas, inclusive a natureza humana racional[97]. Com essa fórmula, Deus torna-se apenas um guia para o que é certo, não o criador do padrão; e o direito natural "é libertado de sua origem divina, chegando aí a um ponto em que nada mais era necessário para sua completa secularização"[98], tal como aconteceria no século XVII.

No final da Idade Média, o papel do direito natural no sistema jurídico prático, se não é contraditório dizer isso, era em tese o mesmo que antes: a opinião ortodoxa, de que a lei humana contrária à lei da natureza era nula, era uniformemente sustentada em toda parte. Na Inglaterra, Sir John Fortescue, que cita expressamente São Tomás, escreveu que as fontes do direito do reino não eram só o costume e a legislação, mas também o direito natural[99]; que o direito natural, junto com a lei de Deus, tem autoridade suprema[100]; e que o direito natural precede a ambos, ao costume e à legislação, os quais, se conflitam com ele, não merecem ser chamados de leis, mas de corrupções das leis[101]. Sir Frederick Pollock observou que, com a Reforma na Inglaterra, a antiga filosofia escolástica e sua linguagem adquiriram um certo mau conceito por estarem associadas à Idade Média católica[102]; mas na própria época da Reforma, Christopher

---

96. *Controversiae illustres* 1. 27. 11; Welzel, *Naturrecht* (vide n. 94), 93.
97. *Commentary on Summa Theologica* 2. 1, disp. 150. 3. 22-3, 26.
98. Welzel, *Naturrecht* (vide n. 94), 97.
99. *De laudibus legum Angliae* 8.
100. Ibid. 16.
101. *De natura legis naturae* 1. 5. 43.
102. "The History of the Law of Nature", in *Jurisprudence and Legal Essays* (Londres, 1961), 142, 144 ss.

St. German, nascido católico e ainda católico sob o reinado de Henrique VIII, afirmava em termos tradicionais que o direito natural está "escrito no coração de todo homem"; esse direito não pode ser sobrepujado por nenhum decreto, lei ou costume; essas espécies normativas, se contrárias a ele, seriam "nulas e contra a justiça"[103].

Aproximadamente nessa época, contudo, o tom mudou, talvez porque a evolução do pensamento notada na Espanha também ocorresse entre os juristas ingleses, ou talvez porque, no dizer de Sir Frederick Pollock, "falar sobre a Lei da Natureza" (em virtude de sua associação com o direito canônico) "não era de bom-tom para a maioria dos ouvidos ingleses"[104]. "Não é costume", escreveu St. German,

> entre os estudiosos do direito na Inglaterra, procurar saber o que é ordenado ou proibido pela lei da natureza; [em vez disso,] quando algo tem seu fundamento na lei da natureza, eles dizem que a razão prescreve que tal coisa seja feita; e, se algo for proibido pela lei da natureza, eles dizem que tal coisa é contrária à razão, ou que a razão não permite que ela seja feita.[105]

No final do século XVI, o direito natural aparece vestido com a simples indumentária da razão, e, além disso, sem nenhum atributo específico de primazia sobre a lei humana; em seu *Laws of Ecclesiastical Polity* (1594), Hooker fala da "lei racional, que os homens comumente chamam de lei da natureza, referindo-se assim à lei pela qual a natureza humana, através da razão, sabe estar universalmente ligada, e que também, por esse motivo, pode ser mais adequadamente denominada lei da razão"; seus princípios são "investigáveis por meio da razão, sem a ajuda da Revelação sobrenatural e divina"[106].

---

103. *Doctor and Student* 7. 21.
104. *Jurisprudence* (vide n. 102), 139.
105. *Doctor and Student* 8.
106. *Laws of Ecclesiastical Polity* 1. 8.

Os direitos naturais, aspecto do direito natural mais em voga atualmente, não estão claramente desenvolvidos. Todavia, as sementes da ideia estão presentes entre os juristas-teólogos espanhóis, que quedavam horrorizados diante do desrespeito de seus próprios compatriotas pela dignidade humana dos nativos americanos e pela cruel exploração imposta a estes últimos. Vitoria, o primeiro dessa escola, afirmou o direito natural dos povos, mesmo dos pagãos, de não serem escravizados, saqueados ou atacados por causa de sua relutância em aceitar o cristianismo; seu direito a ter príncipes e sociedades políticas próprios era o mesmo que o dos povos cristãos[107]. Opiniões similares foram expressas por Molina e De Soto[108].

A equidade

Como vimos, na Baixa Idade Média os jurisconsultos italianos tinham mantido viva a antiga controvérsia entre a estrita aplicação da lei ou sua adaptação equitativa a circunstâncias especiais; e o argumento a favor da equidade foi muito fortalecido pela influência dos tribunais eclesiásticos, que, aplicando o direito canônico, introduziam também no universo jurídico os valores da teologia moral, em particular os deveres de consciência e obediência ao instinto moral, bem como o princípio de contemplar mais a intenção que a palavra. Essas forças ainda estavam em atividade no final da Idade Média, até a Reforma, durante ela e depois. As reivindicações de equidade e de consciência eram comuns em toda parte; na Inglaterra, um caso especial, elas fizeram surgir uma jurisdição separada dentro do mesmo sistema jurídico, ou, talvez fosse melhor dizer, um segundo sistema jurídico dentro do mesmo reino.

---

107. *Relectio de Indis*, ii.
108. Vide também a seção sobre "O direito internacional", mais adiante neste capítulo.

Os humanistas franceses do século XVI, além do mais, estavam atentos às raízes antigas do debate. Guillaume Budé – reparando um equívoco na glosa de Accursio que decorrera de um conhecimento insuficiente do latim clássico – fez uma exposição das passagens de Aristóteles, evocando a imagem da regra de chumbo dos pedreiros de Lesbos, a qual explica o princípio da *epieíkeia*, aquela modificação da legalidade estrita que se torna necessária pela impossibilidade de qualquer regra geral ser justa em todos os casos. Reportou-se também à forma um pouco corrompida da palavra grega e de um verbo latino medieval derivado dessa forma corrompida (*epicaizare*), que estava em uso corrente, demonstrando assim a vitalidade e a familiaridade da ideia. Seu contemporâneo inglês, o advogado Christopher St. German, embora não fosse um humanista como Budé, também demonstra familiaridade com o conceito greco-romano de equidade no discurso que põe na boca de seu Doutor. "Eu te aconselho", diz o doutor a seu aluno,

> também que em toda regra geral do direito observes e mantenhas a equidade – que está toda na lei da razão; e, se assim fizeres, confio que a luz de tua lanterna (que está na tua consciência) nunca se apagará...
>
> A equidade é uma justiça que leva em consideração todas as circunstâncias particulares do fato e é temperada com a doçura da clemência. E tal equidade deve ser sempre observada em toda lei do homem... e diz o sábio: não sejas excessivamente legalista, pois a legalidade extrema comete erros extremos (*summa iustitia summa iniustitia fit*)[109], como se dissesse: se levares em conta tudo o que as palavras da lei te dão, às vezes agirás contra a lei. Uma vez que os fatos e os atos dos homens, para os quais são ordenadas as leis, acontecem de modos infinitamente diversos, não é possível fazer uma regra geral de direito sem que ela falhe em algum caso. E, por conseguinte, os legisladores prestam atenção às coisas

---

109. Uma sobrevivência do antigo *summum ius summa iniura* romano: Cícero, *De officiis* 1. 33.

que geralmente acontecem e não a cada caso particular, pois não poderiam fazer o contrário, mesmo que o quisessem. Portanto, em alguns casos é bom e até necessário deixar de lado as palavras da lei e seguir o que a razão e a justiça exigem, e para esse fim é ordenada a equidade: a saber, para temperar e mitigar o rigor da lei. E é chamada também por alguns homens *epicaia*... E, assim, parece que a equidade segue mais a intenção da lei que as palavras da lei.[110]

Assim, as ideias de Aristóteles e dos oradores romanos ("summum ius summa iniuria"), preservadas pelos jurisconsultos e humanistas, pelos canonistas e por São Tomás, tornaram-se um dos fundamentos da doutrina inglesa da equidade.

A questão de quem está autorizado a deixar de lado as regras formais, suspendendo o direito *ad hoc*, por assim dizer, surgiu naturalmente no contexto do primado do direito e foi respondida pelo jesuíta espanhol Mariana (1536--1623) num discurso sobre a tradicional recomendação de que os soberanos se mantivessem dentro da lei. Eles não podem pôr as leis de cabeça para baixo para seus próprios propósitos; mas "ainda se pode permitir aos reis, quando a ocasião o exigir, procurar mudanças na lei, aplicar as leis antigas de um modo novo[111], abrandar sua aplicação (*emollire*) e preencher lacunas (*supplere*) se algum acontecimento concreto não estiver coberto pela lei conforme ela se encontra"[112].

A igualdade

Nos primeiros tempos da Idade Média, o antigo ensinamento cristão da igualdade dos seres humanos teve de ser conciliado de algum modo com as desigualdades da vida

---

110. *Doctor and Student*, cap. 14.
111. Se "interpretari veteres" puder ser entendido assim.
112. *De rege et regis institutione* 1.9.

visíveis na prática; e no último período dessa era a mente europeia ainda elabora fórmulas para dar uma base lógica e moral aos três aspectos principais dessa desigualdade.

A subordinação política era o que apresentava os menores problemas. Primeiro, a instituição do governo havia sido expressamente aprovada pelo próprio Cristo, seguido por São Paulo (embora São Paulo fosse o originador da doutrina cristã da igualdade). Além do mais, o senso comum a recomendava; Wycliffe achava que "a razão ordena que cada povo estabeleça um chefe para si... como nós ingleses temos um rei abençoado"[113]. Vitoria citava São Tomás, admitindo que o "domínio e a preeminência foram introduzidos pela lei humana; não o foram, portanto, pela lei natural"[114]. Mas existiam em toda parte do mundo. A natureza humana exige a sociedade, escreveu ele, seguindo a doutrina tradicional; a sociedade, por sua vez, exige a autoridade, pois sem autoridade só haveria confusão. O protestante Hooker pensava do mesmo modo: "colocar as coisas no primeiro estágio em que se encontraram [isto é, na condição primitiva da humanidade] e eliminar completamente todo tipo de governo público seria manifestamente subverter o mundo inteiro"[115]. De fato, Hooker, ao contrário de Vitoria, atribuía ao governo uma origem no direito natural: "sendo a natureza do homem como é, a lei da Natureza requer algum tipo de regimento"[116], ainda que ela não prescreva uma forma particular de governo, mas deixe "ao arbítrio" a escolha deste[117]. Por outro lado, os teólogos e juristas espanhóis dessa época, condenando os excessos de seus compatriotas no Novo Mundo, insistiam em que a instituição do governo deve ser livremente aceita pelos que lhe estarão sujeitos. Nenhum homem, escreveu Vitoria, tem o direito de impor leis aos outros, visto que o homem é livre por

---

113. *De officio regis* 249.
114. *Relectiones* 2. 1.
115. *Laws of Ecclesiastical Polity* 1. 10.
116. Significando "instituição de governo", "regime".
117. *Laws of Ecclesiastical Polity* 1. 10.

natureza[118]. Fernando Vázquez, citando De Soto no mesmo sentido e num contexto aplicável tanto à subordinação política como à escravidão, afirmou que pela lei da natureza "todos os homens são iguais... Nenhum homem, seja qual for, está ou estará legalmente sujeito ao controle (*iurisdictio*) de outro sem um ato de sua própria vontade; ele pode, é claro, sujeitar-se a um soberano (*princeps*) por um ato voluntário de submissão"; e essa é a única fonte legítima para a sujeição de qualquer homem à vontade de outro[119]. Naturalmente, essa doutrina é aplicável tanto aos súditos das monarquias europeias como aos índios que os escritores espanhóis tinham principalmente em mente; no caso europeu, porém, a teoria do contrato social ou algo semelhante a ela, mesmo que não idêntico (por exemplo, a fórmula de Vitoria)[120], supria o elemento do suposto consentimento dos governados, por mais difícil que fosse imputar às gerações seguintes um consentimento que se acreditava ter sido dado de fato por seus ancestrais remotos.

Os autores da tradição voluntarista, para os quais a vontade de Deus era a única e suficiente justificativa para tudo o que eles acreditavam ter sido autorizado por Ele, não precisavam fundamentar o governo terrestre em algo tão racional quanto um contrato implícito. Assim, Lutero, em suas primeiras obras, escreveu que a autoridade política coercitiva era a expressão operante da vontade de Deus na Terra; era um grave pecado resistir aos soberanos, por mais que fossem opressores ou não cumprissem suas promessas; isso acontecia porque muitos homens não são bons cristãos, e, logo, precisam dos freios do governo; se a humanidade fosse diferente e todos fossem bons cristãos, não haveria necessidade de príncipe, espada ou do próprio direito[121].

---

118. *Relectio de Indis* 1.
119. *Controversiae illustres* 1. 20. 24.
120. Acima, no fim da seção sobre "A lei natural".
121. *Von weltlicher Obrigkeit* 247. Quanto à posterior modificação de sua opinião sobre a resistência, vide Carlyles, *Medieval Theory* (cap. 3, n. 29), vi 280 ss.

Assim, seu consentimento implícito ou a ordem de Deus explicavam suficientemente a subordinação que modificava a igualdade natural dos homens. No final dessa época, Hooker combinou ambas as abordagens: "O poder legítimo de fazer leis para comandar toda uma sociedade política humana", ele escreveu, é dado por Deus ou pelos súditos[122].

A escravidão

O período tratado neste capítulo foi aquele em que a escravidão como uma instituição viva – e como uma ofensa viva ao princípio da igualdade natural dos homens – morreu na Europa Ocidental. Ainda havia muitos escravos nos lares do século XVI. Geralmente eram de origem mourisca ou balcânica e eram encontrados principalmente nos países do sul: a Itália, o sul da França, Espanha e Portugal. No norte da Europa e, depois, em todo o continente ocidental, os homens de condição social servil, que podiam ser comprados e vendidos, desapareceram entre 1400 e 1500 aproximadamente; em parte porque se percebeu que uma certa medida de liberdade e independência resultava em uma produção mais eficiente por parte dos trabalhadores na agricultura e outros ramos, que percebiam assim que seu trabalho lhes dava algum benefício direto; em parte, sem dúvida, por causa da influência humanitária da Igreja, que, embora nunca tenha condenado de pleno a escravidão e fosse ela mesma proprietária de escravos, ainda pregava a virtude de libertar os escravos, justificando-a pela igualdade humana que os primeiros cristãos haviam proclamado. Contudo, à medida que a escravidão desaparecia do Velho Mundo, encetou vida nova e terrível no Mundo Novo, com o início do tráfico de escravos para fornecer trabalho para as minas e, depois, para as plantações da América. A cruel

---

122. *Laws of Ecclesiastical Polity* 1. 10. 7.

exploração humana que acompanhou a colonização espanhola do outro lado do Atlântico foi o estímulo imediato para protestos contra a venerável teoria jurídica que justificava a escravidão, apesar de sua contradição com a igualdade natural de todos os homens.

Muito antes desse movimento, que pertence essencialmente ao final do século XVI, Wycliffe, na Inglaterra, aparentemente pôs em dúvida a possibilidade de conciliar a escravidão com a doutrina cristã. Escreveu que, embora tivesse dito que os servos devem obedecer a seus senhores, "é duvidoso que os senhores, exigindo esse tipo de servidão, sejam capazes de amoldar-se ao preceito de Cristo... Todo homem naturalmente deseja a liberdade, o que não ocorreria se a liberdade não fizesse parte da lei da natureza, isto é, da lei de Deus também". Menciona a "regra de ouro" do Evangelho de São Mateus, que devemos fazer aos outros o que gostaríamos que os outros fizessem a nós, e continua: "Todo homem está, por natureza, pouco disposto a ser reduzido à servidão humana, e, portanto, não deve reduzir nenhum de seus irmãos [*nullum confratem suum*] à servidão... Ninguém deve manter seu vizinho em servidão por coerção." A força dessas expressões não é diminuída pelos argumentos opostos que ele expõe em seguida, os quais não vão à raiz, isto é, à dissonância essencial entre escravidão e natureza, como tampouco o fora pela justificativa de Aristóteles (que Wycliffe também menciona), relacionada ao suposto servilismo natural de alguns homens[123].

Esta cômoda dissimulação do caráter ofensivo da escravidão era provavelmente um lugar-comum na Renascença italiana; aparece, por exemplo, no livro *O cortesão*, de Baldassare Castiglione, no qual ele diz que os homens aptos apenas para o trabalho físico "diferem dos homens versados nas coisas da mente, tanto quanto a alma do corpo... São essencialmente escravos, e é melhor para eles obedecer que mandar". Até Francisco de Vitoria, o fundador da "es-

---

123. *De civili dominio* 1. 32.

colástica tardia" espanhola, aceitava a fórmula de Aristóteles (embora negasse que os índios do Novo Mundo pudessem ser classificados como escravos naturais)[124]. Mas, com seu discípulo Domenico de Soto e com o jurista leigo Fernando Vázquez, no final do século XVI, a rebelião contra a doutrina do "Filósofo" faz-se manifesta.

A abordagem de De Soto modificava a acepção das palavras *dominus, dominium,* que no direito e na tradição romanos significavam a propriedade que se exerce sobre um escravo. De Soto admitia uma relação de senhor e servo, mas não de servidão no sentido antigo. Nenhuma lei, escreveu, pode revogar a lei natural; e pela lei natural todos os homens nascem livres. Consequentemente, nenhuma lei permite que a raça humana admita algo semelhante à escravidão. Por outro lado, tanto a lei natural como a lei humana permitem que um homem seja *dominus* do outro. Mas, se assim é, isso deve ser entendido de um modo que não conflite com o princípio básico da liberdade natural; e De Soto expõe as condições em que, dentro daqueles limites, o *dominium* pode ser admitido:

> Um homem que é por natureza senhor e mestre não pode fazer uso dos que são servos por natureza como se fossem simples coisas a ser usadas para seu gozo e fruição; ao contrário, deve treiná-los para a virtude[125] como homens livres e *sui iuris*. Do mesmo modo, seus servos não são obrigados a servi-lo como se fossem meros objetos de propriedade (*mancipia*)[126], mas antes a prestar-lhe um serviço bom e honesto – a menos, naturalmente, que tenham sido contratados por dinheiro.[127]

---

124. *Relectiones* 1. 24.

125. *in rem ac bonum instituendo*: a tradução aqui apresentada dessa curiosa frase é uma suposição do significado de De Soto.

126. *mancipia*: palavra romana que significa, no plural, escravos; mas, como os escravos romanos eram coisas que podiam ser compradas e vendidas, o contraste parece mais bem representado com a tradução aqui oferecida.

127. *De iustitia et iure* 4. 2. 2. A referência a um contrato provavelmente significa que os empregados sujeitos a um contrato temporário não impõem a seu senhor temporário a mesma obrigação moral para com eles.

Já Fernando Vázquez ataca Aristóteles de frente. Lamentando a franca transgressão do direito natural que se observava em algumas práticas de seu tempo, ele diz no prefácio de seu livro:

> Quem suportará a impudência – para não dizer a imperdoável ofensa – de Aristóteles quando ele diz, no primeiro livro de sua obra *Política*, que os homens de inteligência lenta devem ser considerados escravos por natureza, assim nascidos para servir a pessoas de maior sabedoria?... Que crime nós simplórios cometemos? Deus não nos fez com aqueles grandes cérebros... Vários de nossa nação seguem essa doutrina ímpia de Aristóteles. E certamente é opinião muito mais verdadeira e digna a dos corretos e graves juristas que escreveram que os escravos foram criados pelos sistemas jurídicos dos homens (*iure gentium*), enquanto pela lei da natureza continuam a ser livres.[128]

Outra passagem da mesma obra, referente à igualdade humana e à subordinação em geral, já foi citada[129].

A propriedade

A instituição da propriedade privada já encontrara justificativas teóricas nos tempos dos primeiros Padres da Igreja; mas é interessante notar por quanto tempo sua situação, em uma sociedade cristã, pareceu equívoca (sua plena aceitação pela Igreja católica, como parte da lei natural, dando aos homens um direito natural à propriedade privada de "bens externos", só veio no final do século XIX[130], e como é persistente a ideia de que um inocente comunismo era a condição original da raça humana e um estado excelente ao

---

128. *Controversiae illustres*, prefácio 9. Os juristas importantes que ele menciona são, naturalmente, os jurisconsultos que repetiram a doutrina romana sobre esse ponto.
129. Acima, na seção sobre "A igualdade".
130. Vide a seção sobre "A propriedade" no capítulo 8 mais adiante.

qual o homem até hoje deve aspirar. A agitação social do final do século XIV e início do XV foi amplamente provocada pela opressão dos pobres pelos ricos. Assim, o abuso da propriedade era um alvo natural para um protorreformista como Wycliffe, que ensinou em suas conferências de Oxford, em 1376, que a propriedade privada era a consequência do pecado: como Cristo e seus apóstolos não tinham tido propriedades, tampouco deveriam tê-las os clérigos, cuja ganância provocava particularmente a ira do reformador; somente o comportamento íntegro podia justificar a propriedade (ou, é bom que se diga, o governo). Duzentos anos depois, Fernando Vázquez citou a descrição da era de ouro primordial feita pelo poeta romano Macróbio, quando era ilegal demarcar um terreno para si ou dividir a terra com cercas; Vázquez também achava que em tempos remotos todos os povos tinham vivido sem reis nem leis e tinham todos os bens em comum, sem propriedade ou posse individual, sem contratos e sem comércio (coisas desnecessárias nessa época de inocência)[131]. Esse é ainda, de certo modo, o ideal de Thomas More (1478-1535), martirizado sob o reinado de Henrique VIII por sua fidelidade ao catolicismo; seu viajante Rafael Hitlodeu, fazendo um relato do mundo de sonhos da Utopia, mostra um Estado em que "todas as coisas são comuns, todos os homens têm abundância de todas as coisas... [ao contrário dos países] em que todo homem apregoa que conseguiu seus bens próprios e privados". Essa ganância privada é a causa da pobreza; e ele está convencido de que "nenhuma distribuição igual e justa das coisas será feita, nem a riqueza perfeita jamais poderá existir entre os homens, a menos que essa propriedade [isto é, esse tipo de propriedade privada] seja exilada e banida"[132]. Porém, More, que escalou a si mesmo (sob o

---

131. *Controversiae illustres* 1. 4. 3.
132. *Utopia*, Introdução. O nome desse famoso livro, publicado em 1518, é composto das palavras gregas *tópos*, "lugar", mais *ou eu* – "bom, bem" – ou a partícula negativa *ou* (que faria Utopia significar "nenhum lugar", um "não lugar").

simples nome de "o advogado") como interlocutor de Hitlodeu, era um homem suficientemente prático para ver o problema dessa ideia, como Aristóteles e São Tomás o tinham visto: quando todas as coisas são possuídas em comum, ele responde, não pode haver riqueza, "pois, como pode haver abundância de bens, ou de qualquer coisa, onde todos os homens se abstêm de trabalhar? Aquele a quem a consideração de seus próprios ganhos não o leva a trabalhar, a esperança que tem no trabalho árduo dos outros homens faz com que fique indolente"[133] – outro modo de dizer que o negócio de todos não é de ninguém. Assim, a natureza humana, que não tem por regra máxima o altruísmo e o senso cívico, nos obriga a viver em um mundo diferente, por mais que olhemos com saudade para a Utopia que ficou para trás.

Domenico de Soto, contemporâneo de More, longe de achar que a lei natural exigia a propriedade comum, pensava mais ou menos o oposto, embora sua razão fosse excêntrica; a liberalidade, a partilha da riqueza com os mais necessitados, dependia da existência da propriedade privada; era uma das principais virtudes humanas, e, se nada pertencesse individualmente a ninguém, mas tudo fosse possuído em comum, não haveria mais lugar para esse exercício. Consequentemente, escreveu ele, "a afirmação da retidão da propriedade privada é tão justificada que sua negação seria herética"[134]. O último da grande geração de juristas-teólogos espanhóis, Suárez, segue mais a tradição realista. A lei natural, afirma, não continha nenhuma ordem particular em favor quer da propriedade comum, quer da privada; "as vantagens que mostram que uma divisão da propriedade se adapta melhor à natureza atual do homem e a seu estado depois da Queda são a prova não de que essa divisão da propriedade seja matéria prescrita pela lei natural, mas meramente de que está adaptada ao estado e à condição

---
133. Ibid.
134. De Soto, *De legibus* 3. 3. 1.

existentes da humanidade"[135]. A partir desta posição, ainda há um longo caminho a percorrer até a entronização da propriedade privada pela Igreja católica como um item da lei natural.

O direito penal e as penas

Esta época não exibe avanços com relação às precedentes no que concerne a um interesse científico na teoria do crime ou aos valores que embasam sua repressão. De Soto e Molina pelo menos deram alguma forma teórica ao direito penal, relacionando-o com a lei da natureza e a necessidade de suplementá-la com a lei humana positiva. Uma das funções básicas do Estado, para De Soto, era a "repressão da ousadia dos malfeitores"[136]. A lei natural, todavia, da qual ele parece considerar essa função da sociedade como uma consequência, "não pode compelir por meio da punição" e, naturalmente, "tais penas são necessárias para o homem no estado decaído, de modo que o trabalho do príncipe é usar as leis penais"[137]. Molina atribuía à lei natural o princípio de que os malfeitores devem ser punidos pela autoridade pública para que a paz, a justiça e o bem comum sejam preservados[138] – quer tirando os próprios malfeitores de cena, quer intimidando a eles e aos outros para não repetirem ou imitarem seus atos. Por outro lado, ele afirmava que a lei natural não prescrevia que os ladrões fossem enforcados ou chicoteados, porque tal lei seria suficientemente preservada se eles fossem punidos com outras penas.

Há nessa época algumas opiniões que devem ser mencionadas, sobre a maneira correta de abordar o direito penal, embora estejam muito distantes dos debates que caracteri-

---

135. *De legibus ac Deo legislatore* (1612), 2. 14.
136. *De legibus* 4. 4. 1.
137. *De iustitia* 1. 5. 1.
138. *De iustitia et iure* 6. 5. 68. 1.

zariam os séculos XIX e XX. Vitoria e De Soto não recomendam que se estabeleça um padrão alto demais (isto é, que vise a punir todos os desvios em relação à virtude) para a frágil humanidade; os vícios antissociais – bem como naturalmente as ofensas a Deus – são os que mais devem ser proibidos. "Se todas as ofensas à virtude fossem punidas", escreveu Molina, "a raça humana seria excessivamente oprimida, e os tribunais e prisões, incapazes de punir ou conter todos os crimes."[139] Uma proporção humanitária de punição pelos delitos é recomendada por Thomas More; pelo menos, ele põe essa opinião na boca de Hitlodeu, o viajante da *Utopia*, e não o contradiz:

> Não considero certo nem justo que a perda de dinheiro cause a perda da vida de um homem... Por que essa justiça extremada e rigorosa não pode ser chamada um simples dano? Que domínio tão cruel, regras tão rígidas e leis tão impiedosas não sejam admissíveis, em que, se uma pequena ofensa for cometida, logo a espada é desembainhada; nem tão estoicos decretos sejam suportados, a ponto de reputar iguais todas as ofensas, de modo que matar um homem ou tomar seu dinheiro sejam a mesma coisa, e não um deles uma ofensa mais odiosa que a outra: entre os dois, se temos algum respeito pela equidade, não há nenhuma similitude ou igualdade[140].

A questão do elemento mental no delito e sua importância para a pena ou a quantidade desta é tratada brevemente por Hooker em seu *Laws of Ecclesiastical Polity*. Pode ser, diz ele, que a vontade de cometer o mal não seja plena – como quando o agente é vítima de compulsão ou loucura, ou é uma criança –, e "nesse caso, uma má ação torna-se mais perdoável que outra", em um grau relacionado à "exigência", isto é, a compulsão que afeta a vontade ou a dificuldade em evitar a comissão do dano. Há, no entanto, uma

---

139. Ibid. 6. 5. 72.
140. *Utopia*, Introdução.

importante qualificação aqui; a ofensa, ele achava, não é venial se "essa necessidade ou dificuldade surgiu originalmente de nós mesmos", e nesse passo recorda a lei atribuída a Pítaco, que dobrou a pena para um delito cometido em estado de embriaguez; isso não seria razoável se fosse medido apenas pela gravidade da ofensa, mas podia ser defendido por servir ao bem público. Em geral, todavia, a relação da intenção com a culpa está clara: "pois quem não sabe que o dano cometido premeditadamente é naturalmente menos perdoável e, portanto, merecedor de uma punição mais severa?"[141].

O direito internacional

É ao final do período tratado neste capítulo, ou seja, no século XVI, especialmente na última parte do século, que surge um conceito perfeitamente claro de um sistema jurídico que governa as relações entre os Estados. Já vimos que certos luminares da Antiguidade, como Santo Agostinho e Santo Isidoro de Sevilha, sugeriram algo semelhante a uma ordem jurídica internacional; e algumas áreas da vida prática, notadamente os costumes marítimos e mercantis e os usos relativos a arautos e embaixadores, eram predispostas à aplicação de esquemas mais amplos; porém, não é antes do século XVI – e, novamente, com os "últimos escolásticos" espanhóis da "era de ouro" de seu país – que surge uma forma de doutrina sobre o assunto, a qual logo depois, no início do século XVII, seria ampliada por Grócio e transformada num sistema.

O fato de isso ocorrer no século XVI não é um acidente. Primeiro, o encontro da Espanha com os povos estranhos do Novo Mundo apresentou problemas para a mente cristã reflexiva, obrigando-a a raciocinar sobre os direitos dos

---

141. *Laws of Ecclesiastical Polity,* 1. 9-10.

povos. Segundo, foi esse o primeiro século em que a Europa se dividiu claramente em Estados soberanos, definidos e poderosos. O potencial das nações da Europa para evoluir nessa direção fora obscurecido na Alta Idade Média pela ideia da unidade cristã sob o domínio do papa e do imperador; mesmo na maior parte do século XV, como afirma um autor, os Estados europeus ainda não estavam suficientemente maduros em sua estrutura interna para exercer impacto forte no mundo externo[142]. No final desse século, houve uma mudança. Muitos autores chegaram a fixar-lhe uma data: 1494, ano da invasão francesa na Itália e do começo da longa luta com a Espanha pelo domínio sobre esse país. A partir de então, "as nações mostraram-se como personalidades maduras" (em particular a Espanha, a França e a Inglaterra no tempo de Fernando, Luís XI e Henrique VII, respectivamente), e um verdadeiro sistema internacional nasceu; um sistema no sentido de contatos intensos e habituais entre países que precisavam a todo momento levar em conta as opiniões e ações uns dos outros[143]. O aspecto mais característico dessa nova Europa foi a rápida propagação da prática (originada nas cidades-estado italianas) de manter embaixadas permanentes em cortes estrangeiras, em vez de simplesmente enviá-las em ocasiões importantes. Assim, foram as novas condições, em ambos os lados do Atlântico, que constituíram a base sobre a qual um novo Direito das Nações viria a ser edificado.

Essa expressão, "direito das nações" ou "direito das gentes", é naturalmente uma versão do *ius gentium* romano; porém, *ius gentium* não significava, quer para os romanos, quer para os jurisconsultos medievais, direito internacional no sentido em que o entendemos. Esse uso novo atribuído a uma expressão antiga é sinal de como foi gradual, e no

---

142. Grewe, *Epochen* (vide cap. 4, n. 132), 34, citando W. Windelband, *Die Auswärtige Politik der Grossmächte in der Newzeit* (Essen, 1936), 25.

143. Grewe, *Epochen*, 33.

princípio apenas semiconsciente, o aparecimento do conceito de direito internacional em nosso sentido. Quando Vitoria escreveu sobre o direito (no caso, o direito dos espanhóis) de viajar, comerciar pacificamente e estabelecer-se, e justificou-o como parte do *ius gentium*, ele evidentemente quis dizer que essas atividades básicas eram lícitas aos olhos de toda a humanidade. Quando declarou que os índios do Novo Mundo eram os verdadeiros proprietários de sua terra, isto é, ela não estava à disposição nem do imperador, nem do papa, e que eles não podiam ser despojados dela, nem mesmo por sua incredulidade ou recusa em ouvir a mensagem cristã[144]; que tinham príncipes legítimos tal como os cristãos tinham[145]; que não podiam ser punidos por seus supostos pecados contra a natureza[146]; e que travar uma guerra contra eles só seria permissível com uma causa justa[147], estava evidentemente declarando os direitos não de indivíduos, mas de *nações*, que outras nações deviam respeitar. Na medida em que atribuía essas conclusões ao *ius gentium*, ele expandiu as fronteiras dessa expressão para muito além de seus limites clássicos. Em suas conferências de 1532, também usou a nova expressão *ius inter gentes*; e, embora ela não signifique necessariamente "o direito entre, isto é, que governa as relações das nações entre si" (provavelmente quer dizer apenas "o direito entre todos os povos"), o fato de Vitoria ter explorado um território conceitual relativamente novo fez com que fosse considerado o fundador do direito internacional – pelo menos, seu principal pioneiro antes de Grócio.

Alberico Gentili (1552-1608), *avis rara* por ser um italiano protestante (buscou refúgio na Inglaterra, onde foi *re-*

---

144. *Relectio de Indis* 2. 10, 11, 15.
145. Ibid. 1. 4. 24; 2. 7.
146. Ibid. 2. 16. O normando Giraldo Cambrensis (vide cap. 4, n. 132) acusava repetidamente os irlandeses nativos de crimes contra a natureza (isto é, bestialidade), tal como os espanhóis acusavam os índios de sodomia: essas seriam calúnias medievais rotineiras para justificar os conquistadores?
147. *Relectio de iure belli* 10, 13.

gius professor* de direito romano em Oxford), é também um dos pioneiros. Foi o primeiro a escrever um tratado sobre o tema especial das embaixadas, *De legationibus* (1585), e publicou um livro sobre o direito da guerra, *De iure belli* (1598), com base nas conferências feitas originalmente no ano da Armada** (1588). Este último trazia um importante estudo sobre os tratados de paz, afirmando, por exemplo, o princípio de que são vinculantes mesmo quando impostos sob coação, e a noção da chamada cláusula "rebus sic stantibus". O próprio título da obra implica uma ordem normativa que transcende ambas as potências beligerantes; mas foi só bem no fim do século, e logo depois, que é expressa a ideia de uma ordem jurídica da qual os Estados são o objeto. Richard Hooker, no primeiro livro de seu *Laws of Ecclesiastical Polity* (1594), imagina um "terceiro tipo de direito, que se refere a todos os organismos políticos, na medida em que um deles tem comércio público com outro"; tal direito conteria não só regras "primárias", relacionadas com temas como as embaixadas, os direitos dos estrangeiros e o "tráfico de mercadorias", como também regras "secundárias", que se aplicam quando as relações ordinárias são rompidas – em outras palavras, o direito de guerra. Essas leis, segundo Hooker, baseiam-se na natureza e na razão, e no fato de que "nós queremos (se isso for possível) ter um tipo de sociedade e companheirismo com toda a humanidade"[148]. Porém, a mais clara das fundamentações doutrinárias foi oferecida pelo jesuíta Suárez. Em uma expressão que não corre o risco de ser mal interpretada (como foi, talvez, o "ius inter gentes" de Vitoria), ele falou do "ius quod omnes populi et gentes variae inter se servare debent", "o direito que todos os povos e as diversas nações devem ob-

---

* *regius professor*: professor (esp. em Oxford ou Cambridge) titular de uma cátedra fundada por um rei ou rainha, ou ocupada com a aprovação de um monarca. (N. da T.)

** *Armada*: designação da frota espanhola que tentou o ataque contra a Inglaterra em 1588. (N. da T.)

148. *Laws of Ecclesiastical Polity* 1. 10.

servar entre si"[149]. Ele não fazia parte do direito natural, mas da lei humana; foi estabelecido pelo uso comum; não era escrito. Eis como Suárez explicava seus fundamentos:

> Por mais que sejam numerosos e diversos os povos e reinos em que a raça humana está dividida, ela sempre conserva uma certa unidade, não somente enquanto espécie, mas até um tipo de unidade política e moral indicada pelo preceito natural do amor recíproco e da clemência, que se estende aos estrangeiros de qualquer nação. Por mais que um Estado soberano, uma nação ou um reino sejam em si uma sociedade perfeita com seus próprios membros, *cada um é também*, em certo sentido, do ponto de vista da raça humana como um todo, *um membro da comunidade universal*; pois os Estados sozinhos não são tão autossuficientes a ponto de nunca precisar de alguma ajuda, associação ou relacionamento com outros... Eles, portanto, necessitam de alguma lei para dirigir e ordenar corretamente esse relacionamento e associação... e, assim, certas leis específicas puderam ser introduzidas pelo uso das nações.[150]

O livro que contém essas palavras foi publicado em 1611. Essa e as outras obras da escola espanhola eram conhecidas por Grócio, que alguns anos depois transmutaria num sistema as ideias que seus precursores haviam trazido ao mundo na forma nua da teoria.

---

149. *De legibus ac Deo Legislatore* 2. 19.8
150. Ibid. 2. 19.9.

Capítulo 6
O século XVII

     O século XVIII, mais próximo de nós no tempo e muito mais visível em sua arquitetura, no meio da qual ainda vivemos, evoca imagens mais numerosas e coloridas do que o século XVII. Destacam-se entre essas imagens a Revolução Americana e particularmente a Francesa. O mundo nunca mais foi o mesmo depois dos acontecimentos de 1789; e esse é o motivo pelo qual o meio século que começa com a queda da Bastilha é, por exemplo, chamado "a era das revoluções" pelo historiador E. J. Hobsbawm no título de um livro. Mas essas revoluções não foram maquinadas da noite para o dia. As peculiares conjunturas políticas que atearam fogo na pólvora em ambos os lados do Atlântico, em 1776 e 1789, poderiam ter sido evitadas; essas datas poderiam não ter se tornado famosas; mas os acontecimentos com os quais elas estão associadas tiveram uma história intelectual e política, e a direção para a qual o pensamento ocidental vinha se dirigindo haveria de produzir, mais cedo ou mais tarde, uma mudança radical na qualidade das antigas monarquias e sistemas de governo. No século XVII, mais do que em qualquer outro anterior a ele, foram ditas e feitas certas coisas que, do nosso ponto de vista, tornaram inevitáveis os acontecimentos do século XVIII; se não necessariamente quanto à exata forma que tomaram, pelo menos quanto à substância; se não necessariamente naqueles anos, pelo menos numa época não muito posterior.

O século nasceu sobre uma Europa ainda não recuperada do choque e da ruptura da Reforma. Na Inglaterra, o medo da subversão católica, sentido pela instituição protestante, perpassa todo o século: a ameaça externa da Espanha contrarreformista terminou em Kinsale, em 1601 (ano que também marcou o fim da antiga ordem gaélica da Irlanda); mas o sentimento de perigo interno permaneceu, não sem razão. A Conspiração da Pólvora de "Guy Fawkes", em 1605, existiu de verdade, mesmo que a "Conspiração Papista" de 1679 tenha sido inventada; e o medo de que o rei católico Jaime II pudesse restabelecer sua religião no país levou à sua deposição e à formulação de garantias legais para a sucessão protestante em 1700. Na Irlanda, às desavenças originadas no ódio nacional acrescentou-se o ódio religioso; a rebelião de 1641, em que milhares de colonos protestantes foram massacrados, levou à terrível vingança de Cromwell no final da década, mas permanece até hoje como o principal item da câmara dos horrores romanos dos protestantes de Ulster; o apoio dos católicos irlandeses a Jaime II determinou, após Boyne (1690) e Aughrim (1691), a partida de muitos oficiais irlandeses para lutar ao lado das potências católicas da Europa, e inaugurou em casa a era das Leis Penais. Na França, as guerras religiosas do século XVI haviam terminado com o Édito de Nantes (1598), garantindo a tolerância para os huguenotes por obra de Henrique IV (1589-1610), que, tendo sido protestante, se converteu ao catolicismo para que fosse aceita sua sucessão; mas Luís XIV (1643-1715), arquétipo do monarca absoluto e do católico militante, revogou o Édito de Nantes em 1685, provocando a emigração de huguenotes para todos os países da vizinhança que lhes permitissem entrada (para o grande benefício de seus novos países de residência e o empobrecimento da França). Na Alemanha, o século foi todo de calamidades causadas pelo conflito religioso; a tentativa dos nobres protestantes da Boêmia de colocar um protestante no trono daquele país – golpe que, se tivesse sido bem-sucedido, teria resultado em uma maioria protestante no colégio dos sete eleitores imperiais e na provável passagem da coroa imperial da Alemanha para mãos protestantes – detonou a terrível Guerra dos Trinta Anos (1618-48), ainda viva na memória popular da Europa Central, que deixou a Alemanha em ruínas e envolveu em uma ou outra fase quase todas as potências europeias. A Paz de Vestefália, que pôs fim ao conflito, também acabou de vez com a importância do título imperial, que dali em diante não passou de um ornamento da casa dos Habsburgos, e dispôs de modo estável as religiões antigas e reformadas em suas respectivas zonas de predominância. A mesma Paz marcou o reconhecimento definitivo, pela Coroa espanhola, da secessão dos Países Baixos do norte; sob o nome de Províncias Unidas, esses Países Baixos protestantes experimentaram, no século XVII, uma época de glórias militares, comerciais e artísticas. Os reinos escandinavos ao norte e as potências das penínsulas ibérica e italiana ao sul aderiram de modo relativamente pacífico à nova e à antiga religião respectivamente. As chamas do fanatismo religioso diminuíram por toda a Europa; e, embora no final do século o continente estivesse muito longe da tranquila tolerância pluralista que o marca hoje, a era da razão e do esclarecimento que se aproximava as extinguiu quase por completo em praticamente todos os lugares.

No nível puramente político, o século XVII assistiu ao declínio da Espanha, cujos reis subsequentes a Filipe II não tiveram sua energia e capacidade. A absorção de Portugal (de 1580 a 1640) tinha acrescentado o enorme império português a seus domínios; porém, o ataque fatal contra os holandeses incitou esse povo a um contra-ataque mundial. No início do século, os holandeses tomaram as ricas possessões portuguesas nas Índias Orientais, as quais mantiveram até a conquista japonesa de 1942, na Segunda Guerra Mundial; pilhavam os navios espanhóis que vinham do Novo Mundo e foram, durante algum tempo, a primeira potência marítima na Europa. O Estado espanhol, prejudicado por estruturas de governo antigas e por uma aristocracia ridículamente inflada em números, porém orgulhosa demais para fazer o trabalho de um dia útil, afundou sob a pressão da nova era, cedendo à França a posição de Estado mais poderoso da Europa. Com o fim das guerras da Fronda – essencialmente, tentativas de afirmar o poder e os interesses regionais contra a autoridade central da Coroa e de Paris –, a monarquia francesa conquistou, sob a previdente orientação de ministros como os cardeais Richelieu e Mazarino, e acima de tudo no longo reinado de Luís XIV, a posição de sinônimo de esplendor autocrático. Luís XIV, todavia, com seu insaciável apetite pela glória militar e pela expansão territorial, envolveu seu país em uma longa e exaustiva série de guerras que absorveram a maior parte dos frutos do talento e do trabalho de seus numerosos[1] súditos; o esquema tributário que então se consolidou, para sustentar sua grandiosa carreira, aliou-se aos privilégios intoleráveis da nobreza e do clero para predispor de forma decisiva a explosão da Revolução, setenta anos depois de sua morte. Luís intrometeu-se incansavelmente nos negócios de seus vizinhos, apoiando Jaime II da Inglaterra na contenda com seus súditos protestantes fornecendo ajuda militar e sobretudo um experiente corpo de oficiais do exército mais formidável da Europa durante a campanha irlandesa de Jaime; quando este fugiu da Irlanda, foi junto a Luís que ele buscou refúgio; e viveu em uma corte de exílio providenciada para ele por Luís em Saint-Germain-en-Laye, perto de Paris, até sua morte em 1701. Ao mesmo tempo, a época de Luís XIV foi notável não só pelas aventuras militares e diplomáticas, como também pelas realizações na ciência e nas artes, que conquistaram para a França, sua língua e sua etiqueta, um prestígio mundial que não foi eclipsado até o século XX.

Quanto à Alemanha e à Itália, no século XVII essas duas grandes áreas culturais permaneceram meras expres-

---

1. Grande parte do poder da França, nesse século e no seguinte, foi devido à sua enorme população, relativamente à de outros Estados. No fim do reinado de Luís XIV, era de cerca de 17 milhões, comparada com os 7 milhões da Espanha. Em 1789, era de 26 milhões.

sões geográficas. Na Alemanha, a Guerra dos Trinta Anos terminou em 1648 em uma desolação universal; no resto do século, seus múltiplos pequenos Estados só se recuperaram lentamente dessa convulsão, na medida em que o comércio e a indústria foram revivendo pouco a pouco e as universidades, cuja atividade a guerra havia interrompido em quase toda parte, voltaram a abrir as portas. A Itália, onde os reformadores protestantes não tinham aberto praticamente nenhuma brecha na homogênea cultura católica e onde não houvera nenhuma guerra religiosa, foi dividida num número menor de unidades políticas independentes que a Alemanha (praticamente metade da península, o reino de Nápoles e Sicília no sul, esteve sob o poder dos Habsburgos espanhóis ao longo de todo o século); mas a aceitação de uma nacionalidade italiana e o surgimento de um Estado italiano unificado ainda estavam reservados ao futuro distante.

Na Inglaterra, o século XVII foi caracterizado por uma revolução da maior importância na história da teoria política e jurídica. Os próprios primórdios da dinastia Stuart – o reinado de Jaime I, que sucedeu Elisabete no trono inglês em 1603 – foram marcados por um conflito entre a Coroa e os súditos sobre questões referentes à origem e natureza da autoridade real e o poder da Coroa de isentar da aplicação da lei ou de atuar independentemente dela; no reinado de seu filho, Carlos I (1625-49), doutrinas inconciliáveis sobre a fonte e o limite do poder real e sobre o primado do direito serviram de cenário para a contenda entre o rei e o parlamento, que terminou com a execução do rei; e os períodos da União republicana de Cromwell (1649-60) e da restauração da monarquia sob Carlos II (1660-85) e Jaime II (1685-8) não assistiram à resolução harmoniosa dessas diferenças. A obstinação e a insensibilidade de Jaime para lidar com seus súditos protestantes, em particular ao preencher numerosos cargos públicos com católicos, provocaram sua deposição e substituição (que, de acordo com as regras de sucessão previamente acordadas, foi ilegal) pelo protestante Guilherme de Orange e sua esposa Maria, filha protestante de Jaime, como soberanos conjuntos. Essa "Revolução Gloriosa" de 1688, tanto quanto a convulsão da Guerra Civil da década de 1640, desdobrou-se num cenário de teorias jurídicas e políticas conflitantes. O que saiu vitorioso da revolução foi um conjunto de princípios sobre a supremacia do direito, os direitos fundamentais do homem e a base essencialmente democrática da autoridade política. Essas doutrinas foram imediatamente transplantadas para a América, onde viriam a constituir o arsenal intelectual dos habitantes das colônias rebeldes um século depois; e para a França, onde também estimularam o pensamento progressista e, por fim, revolucionário. A experiência irlandesa do mundo que se seguiu às Guerras *Guilherminas** e ao Tratado de Limerick foi sombria; porém, a herança essencial de uma liberdade religiosa e política, embora no princípio negada ao povo irlandês, tornou-se finalmente uma realidade em uma época mais esclarecida; e, às vezes com roupagem americana ou francesa, às vezes com a do *common law*, introduziu-se, no século XX, nas instituições de um Estado irlandês independente.

No século XVII, só a Inglaterra passou por uma revolução política (a Holanda também, em virtude da libertação nacional); porém, esse século foi uma época de revolução científica em toda parte. No século anterior, ela já se fizera sentir no campo da astronomia; seguia-se agora uma transformação mais geral do pensamento científico, tacitamente inspirada pela ideia, estranha ao homem medieval, de que descobertas ilimitadas podiam ser feitas em todos os ramos do conhecimento e todos os aspectos da vida humana podiam ser indefinidamente melhorados. Isso não se casava bem com as convicções últimas e universais que a Igreja medieval pretendia oferecer; e a rejeição da autoridade papal, comum a todas as formas da religião reformada, foi

---

* Guerras *Guilherminas*: referentes a Guilherme de Orange, que cercou e tomou duas vezes (1690 e 1691) a cidade de Limerick, na Irlanda. (N. da T.)

uma importante condição para o desenvolvimento das bases da ciência moderna. Porém, a livre investigação implicou o repúdio não só da autoridade eclesiástica, mas de toda autoridade, até a de Aristóteles, o mais venerável dos filósofos pagãos antigos. No lugar da autoridade foram colocados os dados decorrentes da investigação e da experimentacão. O principal responsável por essa inovação foi o advogado[2] e filósofo inglês Francis Bacon (1561-1626), cujo livro *Novum organum scientiarum* (1620) teve influência decisiva, principalmente por analisar e ressaltar a importância do método indutivo de raciocínio, pelo qual a observação de vários casos individuais é usada para descobrir-se um princípio geral (em lugar do método de dedução, no qual uma proposição geral é usada como matriz para a elucidação de casos particulares). O século XVII presenciou revoluções na astronomia (Galileu), na fisiologia (Harvey, descobridor da circulação sanguínea), na física (Newton) e na matemática (Newton e Leibniz inventaram o cálculo diferencial e integral aproximadamente na mesma época, na década de 1670, ignorando um o trabalho do outro). O entusiasmo provocado por avanços como esses originou, em vários países, a criação de sociedades eruditas independentes das universidades; a constante correspondência entre seus membros contribuiu para que fossem feitas novas descobertas e invenções. As condições da vida cotidiana melhoraram; o desenvolvimento da medicina pôs fim às pestes que dizimavam periodicamente a população da Europa (a de 1665-66 foi a última a abater-se sobre a Inglaterra); melhores métodos de agricultura contribuíram para o aumento da população e para o rápido crescimento de grandes cidades. Antigos problemas, escreveu o filósofo R. G. Collingwood sobre a revolução científica do século XVII, repentinamente puderam ser

---

2. E juiz corrupto: em 1621, foi condenado por receber subornos, destituído de seu cargo de *lord chancellor*, multado e preso.

repropostos numa forma em que, com a dupla arma da experimentação e da matemática, podiam agora ser resolvidos. A chamada Natureza... já não tinha, a partir de então, segredos para o homem; somente enigmas, de cuja chave de resolução ele já dispunha. Ou melhor, a Natureza não era mais uma esfinge propondo enigmas ao homem; agora era o homem que fazia as perguntas, e a Natureza era submetida à tortura até dar ao homem a resposta a suas perguntas.[3]

Os fundamentos do Estado e do governo

Já vimos que, no século XVII, era comum imputar a origem da sociedade organizada a uma espécie de acordo firmado entre seus membros ou, usando a expressão sintética que depois se tornou usual, a um "contrato social". Foi, no entanto, no século XVII mais que em qualquer outro, e particularmente na Inglaterra, que a teoria do contrato social desempenhou um papel central nos conflitos constitucionais; e foi esse século também que produziu seus dois mais famosos expoentes, Thomas Hobbes e John Locke. A teoria do contrato social aparece então em várias formulações. Às vezes, resume-se a um relato de como indivíduos entre os quais não havia nenhum laço cívico se juntam para fundar um tipo qualquer de sociedade mediante algo que mais tarde os teóricos alemães chamaram um "contrato de união". Às vezes, acrescentam-se um novo elemento à teoria e uma nova parte ao contrato. É o caso em que os indivíduos concordam não só em fundar uma comunidade, mas também em constituir um soberano ou um órgão de governo, com o qual são trocadas novas promessas: o soberano promete justiça e proteção aos novos súditos, que por sua vez lhe prometem obediência, desde que efetivamente recebam aqueles valores essenciais do bom governo; os mesmos teóricos chamaram a isto "contrato de sujeição".

---

3. *An Autobiography* (ed. Pelican), 55.

Em ambas as formas do contrato social, é manifesto um princípio democrático ou centrado no povo, cujas raízes se situam mais obviamente nas antigas tradições germânicas, embora (como já vimos) também o mundo greco-romano lhe fizesse alusões.

Em ambas as formas, além disso, ainda que mais particularmente na forma do "contrato de sujeição", a teoria do contrato social não estava de acordo com outras percepções antigas. Ela podia até ser posta em harmonia com o ser humano de Aristóteles (e de Aquino), que tende por natureza à existência cívica: bastava afirmar-se que o instinto político do homem se realizava pelo mecanismo do contrato. Porém, a teoria do contrato social não se casava de modo algum com a visão teocrática do governo, para a qual os reis eram designados por Deus e seus súditos eram divinamente obrigados a obedecer a eles – em outras palavras, com a opinião de que o governo era ideia de Deus e não do homem. Jaime I, rei da Inglaterra (1603-25), em sua obra *A verdadeira lei das monarquias livres*, escrita poucos anos antes (quando ele era apenas rei da Escócia), mencionou a teoria do contrato de sujeição, concebida como uma barganha que cada rei fazia quando de seu juramento de coroação. Embora James admitisse que o rei devia portar-se com honra, negava a conclusão de que seu mau comportamento liberava seus súditos da obediência:

> Pois dizem que há um pacto mútuo e um contrato firmado e jurado entre o rei e o povo, de onde se deduz que, se uma parte do contrato for rompida pelo rei, o povo não estará mais obrigado a cumprir sua parte, e estará assim liberado de seu juramento. Pois (dizem) um contrato entre duas partes libera de pleno direito uma parte se a outra rompe a sua. Quanto a esse suposto contrato feito na coroação de um rei, embora eu negue que tal contrato seja feito nessa ocasião, especialmente contendo uma cláusula corrosiva como essa, como eles alegam, confesso que um rei em sua coroação, ou ao tomar posse de seu reino, promete de boa vontade a seu povo desempenhar honrada e lealmente o cargo dado a ele

por Deus. Porém, presumindo que depois disso ele rompa a promessa feita ao povo – conduta indesculpável –, a questão é quem deve ser o juiz desse rompimento...

pois qualquer pessoa com o menor conhecimento da lei sabia que ninguém pode se liberar de um contrato meramente porque pensa que a outra parte o rompeu; é preciso primeiro haver um julgamento imparcial, caso contrário a parte que se autoliberou está se fazendo juíza de sua própria causa. Certamente, "a multidão acéfala, quando se cansa da sujeição, não tem o direito de rejeitar o jugo do governo que Deus colocou sobre ela e julgar e punir aquele pelo qual seus membros deveriam ser julgados e punidos"[4].

A posição de Jaime referente ao juízo em causa própria (como a Câmara dos Comuns viria a fazer em 1649, quando acusou e processou seu filho Carlos I) era sólida e bem formulada, mesmo que não fosse à raiz da ideia de um contrato de sujeição. Mas, provavelmente, mesmo para autoridades que não tinham um interesse tão direto no direito divino dos reis, qualquer teoria contratual, posta como razão suficiente do direito ao governo humano, parecia inaceitavelmente racionalista e até ímpia. Os cânones da Igreja da Inglaterra, redigidos em 1606, negavam expressamente que a legitimidade do Estado dependesse da aceitação de um governante pelo povo:

> Se alguém afirmar que os homens, no princípio, sem nenhuma boa educação e civilidade, corriam para cima e para baixo nos bosques e campos, como criaturas selvagens, repousando em cavernas e covis e não reconhecendo a superioridade de uns sobre os outros, até aprender pela experiência a necessidade do governo; e que por isso escolheram um dentre eles para ordenar e governar os outros, dando-lhe poder e autoridade para tal; e que consequentemente todo poder civil, jurisdição e autoridade derivam primeiro do povo e da multidão desordenada; ou que ainda lhe pertencem original-

---

4. Vide Carlyles, *Medieval Theory* (vide cap. 3, n. 29), vi. 437-40.

mente, ou é deduzido naturalmente pelo seu consentimento, não sendo uma ordem de Deus, que desce originalmente Dele e depende Dele; tal pessoa está em grande erro.[5]

Por outro lado, mesmo entre as pessoas mais piedosas, o modelo contratual foi considerado atraente. Foi posto em prática pelos Pais Peregrinos que navegaram para a América do Norte no *Mayflower* em 1620, com o fim de estabelecer ali uma nova comunidade, livre das proibições que o domínio da Igreja anglicana impunha a seu culto na Inglaterra:

> Em nome de Deus, Amém [*O Pacto do Mayflower dizia*]. Nós, cujos nomes estão subscritos, leais súditos de nosso temível soberano e senhor, Rei Jaime, ... declaramos por esta, solene e mutuamente na presença de Deus e uns dos outros, que concordamos e pactuamos juntar-nos em um corpo civil político, para nossa melhor ordem e preservação... e, em virtude disto, promulgar, constituir e moldar as leis, decretos, resoluções, constituições e cargos oficiais, de tempos em tempos, que sejam considerados mais adequados e convenientes para o bem geral da Colônia, aos quais prometemos a devida submissão e obediência.[6]

Na outra extremidade do espectro religioso da Europa após a Reforma, na Espanha católica, e no mesmo período, encontramos a teoria contratual expressa quase exatamente na forma em que fora negada pelo rei Jaime, isto é, como um negócio constitucional entre o rei e os súditos. O juramento feito para a Coroa pelos membros das Cortes (parlamento) de Aragão recitava que "Nós, que somos tão bons quanto sois, prestamos juramento a vós, que não sois melhor que nós, como príncipe e herdeiro de nosso reino, sob a condição de que preserveis nossos tradicionais direitos

---

5. Vide J. P. Kenyon, *The Stuart Constitution* (Londres, 1966), II.
6. Citado por Edward S. Corwin, *The "Higher Law" Background of American Constitutional Law* (Ithaca, NY, 1955), 65.

(*fueros*) e liberdades constitucionais e, se não o fizerdes, não o faremos"[7].

Os primeiros grandes teóricos jurídicos do século, o jesuíta espanhol Francisco Suárez e o protestante holandês Hugo Grócio, repetem, com variações próprias, as formulações contratualistas comuns em sua época. Suárez, em seu *De legibus ac Deo legislatore* (1612), atribui claramente o domínio humano ao consentimento e concordância do povo; o povo junta-se em um corpo político por sua deliberada vontade e consentimento comum; pode então transferir seus poderes a uma única pessoa, ou mesmo a outro Estado; se adotar um rei original, esse rei transmitirá seus poderes a seus sucessores sob as mesmas condições em que ele os recebeu do povo. Não é verdade que Deus é o designador imediato dos reis; Ele pode excepcionalmente ter agido assim, ao estabelecer Saul e Davi, mas não como regra. Por outro lado, quando, como normalmente acontece, o povo constitui uma autoridade governamental para si, podemos dizer que Deus quis e permitiu que assim fosse[8].

> Os que por primeiro constituíram uma sociedade [política] fizeram (presume-se) um contrato para formar entre si uma aliança firme e imortal, em vista da defesa de seus membros individuais... Tal sociedade é constituída pelo consentimento e acordo de todos: e, portanto, seu poder sobre suas partes depende totalmente da vontade e intenção dos que primeiro instituíram aquela sociedade.[9]

Porém, podemos dizer que Grócio ficou na metade do caminho, aproximando-se de certo modo da posição do rei James, porque, segundo ele, uma vez que o povo tenha escolhido sua forma de governo ou seu governante, perde a li-

---

7. E. N. Williams, *The Ancien Régime in Europe* (Londres, 1970), 87.
8. *De legibus ac Deo legislatore* 3. 4. 2; citado por Carlyles, *Medieval Theory* (vide cap. 3, n. 29), vi. 345.
9. *De iure belli et pacis* 2. 6. 4.

berdade de mudar de ideia; Grócio usa a analogia do casamento, que, embora livremente assumido por um contrato, depois se torna indissolúvel.

O inglês Thomas Hobbes (1588-1679), contemporâneo de Grócio, um pouco mais jovem e muito mais longevo, foi quem primeiro formulou uma teoria totalmente acabada da suposta base contratual do Estado e dos supostos motivos que levaram a ela. De acordo com Hobbes (escrevendo na época da Guerra Civil inglesa), o primeiro preceito da lei natural, no sentido do instinto imperativo mais urgente implantado no homem pela natureza, é a autopreservação. Na primitiva condição do homem, cada indivíduo, sozinho e sem o apoio de nenhuma associação, era a presa potencial de todos os outros, o que significa que o sentido da autopreservação tomava a forma de uma constante apreensão, e a vida desse homem primitivo era, conforme a frase mais famosa de Hobbes, "solitária, pobre, desagradável, bruta e curta"[10]. Sempre em guerra com seus vizinhos, o homem não podia desfrutar nem segurança, nem mesmo as amenidades elementares da vida, e era privado de todas as vantagens de uma economia ordenada e pacífica. Por fim, os homens inventaram um modo de escapar desse estado intolerável – como o Cânon de 1606 afirma, "aprenderam, pela experiência, que era necessário ter um governo" –, isto é, aprenderam que deviam abandonar sua selvagem e perigosa independência em favor do governo de um de seus semelhantes, que agora tinha de garantir a segurança de todos. A forma do contrato social de Hobbes é, desse modo, uma forma de sujeição a um soberano, cujo nome (também nome do livro de Hobbes) se tornou proverbial para o governante de um Estado absolutista: *Leviatã*[11]. O livro foi publicado em 1651, durante a República de Cromwell (e foi considerado suspeito, por alguns, de tentar lisonjear a

---

10. *Leviathan* 1. 13. [Trad. bras. *Leviatã*, São Paulo, Martins Fontes, 2003.]
11. Esse nome foi tirado de uma palavra hebraica em Jó 12, em que significa um monstro.

ditadura militar de Cromwell). Sobre os hipotéticos homens primordiais, Hobbes escreveu:

> Para erigir um Poder Comum como esse, que seja capaz de defendê-los da invasão de estrangeiros e dos danos de uns para com os outros, e assim protegê-los de tal modo que, por sua própria diligência e pelos frutos da Terra, eles possam se nutrir e viver contentes, só há um caminho: conferir todo o seu poder e força a um só homem, ou a uma assembleia de homens, que reduzirá todas as suas vontades, pela pluralidade de vozes, a uma só vontade: ou seja, designar um homem, ou uma assembleia de homens, para representar a pessoa de todos; e que cada um se tenha e reconheça como autor de tudo que ele, representando sua pessoa, vier a executar, ou fazer com que seja executado, nas coisas que concernem à paz comum e à segurança; e dessa maneira submeter suas vontades, todos, à vontade dele, e seus julgamentos, a seu julgamento. Isso é mais que consentir ou concordar; é uma real unidade de todos, em uma única e mesma pessoa, feita pela convenção de todo homem com todo homem, como se cada homem dissesse a cada homem: "Eu autorizo e renuncio a meu direito de governar a mim mesmo, em favor desse homem, ou dessa assembleia de homens, desde que tu renuncies a teu direito em favor dele e autorizes todas as suas ações de igual maneira". Isso feito, a multidão assim unida em uma pessoa é chamada uma COMMON-WEALTH, em latim CIVITAS*. Essa é a geração do grande LEVIATÃ, ou melhor (para falar com mais reverência), daquele *Deus Mortal*, ao qual devemos, abaixo do *Deus Imortal*, nossa paz e defesa. Pois, por meio da autoridade que lhe é conferida pelos particulares da comunidade, cada um deles, tem ele o uso de tanto poder e força que, pelo terror, é capaz de formar as vontades de todos eles para a paz, dentro do país, e para a ajuda mútua contra seus inimigos no estrangeiro. E nele consiste a essência da comunidade; a qual (definindo-a) é *uma pessoa, de cujos atos a grande multidão, por pactos mútuos de uns com os outros, tornou a cada um o autor, para que ele possa usar a força e os meios de todos eles, como achar conveniente, para a paz e a defesa comuns.*

---

* *Civitas*: (em latim) o conjunto dos cidadãos. (N. da T.)

E aquele que leva em si essa pessoa é chamado SOBERANO, e considera-se que tem o *poder soberano*; e todos os demais são chamados seus SÚDITOS.[12]

Hobbes faz uma referência superficial a Deus como o superior do governante mortal, mas seu Estado é essencialmente uma invenção utilitária do homem, que cria conscientemente para si próprio uma estrutura que lhe proporcionará proteção. "De sua teoria política e jurídica", escreveu Friedmann, "surge o homem moderno, centrado em si, individualista, materialista, sem religião, em busca do poder organizado"[13]. O contrato de sujeição de Hobbes é um contrato anômalo, porque o governante escolhido não faz parte dele, e assim seus súditos não têm direitos contra ele, os quais emanassem de um pacto recíproco; embora se possa dizer que ele tem uma espécie de "dever livre" de proporcionar a proteção para a qual foi constituído; e embora, também, não fosse ilógico insistir em que o governante agisse de acordo com a lei, um padrão recomendado na Idade Média, como vimos, mesmo na teoria de governo "descendente". Em geral, o Leviatã de Hobbes surgiu para proporcionar um modelo plausível de governo absoluto, um tipo do qual, nas épocas posteriores, até a nossa própria, surgiram muitos exemplos: ditaduras das quais, pelo menos segundo as modernas noções ocidentais sobre os mínimos direitos civis do indivíduo, nada poderia ser dito exceto que promoveram um tipo de paz, um tipo de segurança, mesmo que um poder policial arbitrário e os campos de concentração tenham sido seus modos de atuação.

A imagem do Estado de Hobbes, baseada essencialmente na ideia de uma natureza humana dominada pelo medo, encontrou partidários na Europa continental, especialmente nas universidades alemãs reavivadas após a Guerra dos Trinta Anos. Um sistema muito semelhante foi pro-

---

12. *Leviathan* 2. 17.
13. W. Friedmann, *Legal Theory* (Londres, 5. ed., 1967), 122.

posto pelo filósofo judeu holandês Baruch de Espinosa (1632-77), originário de família ibérica, que igualmente fundou a legitimidade do Estado no simples poder conferido ao governante por acordo dos súditos, e pelas mesmas razões que Hobbes tinha exposto; embora afirmasse também que o poder do Estado devesse ser exercido razoavelmente, isto é, em conformidade com a natureza do homem, não por princípio moral, mas pela prudência.

O sistema de Hobbes também encontrou oposição; na verdade, como J. W. Gough escreveu, o principal efeito de sua doutrina e da de Espinosa sobre seus contemporâneos foi antagonizá-los[14], visto que ela não levava em consideração o lado moral do homem e da sociedade, que fora elemento central em todas as exposições do Estado e do direito ao longo da Idade Média. Seu compatriota, o conde de Shaftesbury, ressaltou em 1698 que a imagem hobbesiana dos instintos predominantes do homem "esqueceu-se de mencionar a Bondade, a Benevolência, a Sociabilidade, o Amor à Companhia e ao Diálogo, a afeição Natural, ou qualquer coisa desse tipo"[15]. Muito mais influente foi Samuel Pufendorf (1632-94), professor de direito em Heidelberg e posteriormente em Lund, na Suécia, o jurista alemão mais estimado de seu tempo. Rejeitando a ideia de que a disposição original do homem é selvagem e que sua condição é de guerra com todos os seus semelhantes, Pufendorf imaginou que os seres humanos, no momento anterior à formação de uma sociedade política, já tinham (como Aristóteles havia dito) uma tendência natural para se associar, e entendiam que a lei da natureza os proibia de ferir uns aos outros. Isso sozinho não explica o aparecimento do Estado, na medida em que pode ser distinguido de grupos menores (como os tribais) que não têm todas as funções que devem

---

14. *Social Contract* (vide cap. 2, n. 48), 118.
15. Introdução de *Select Sermons* de Whichcote; citado por Basil Willey, *The Eighteenth Century Background* (Londres, 1986), 59.

ser atribuídas mesmo à mais simples forma de Estado; porém, a percepção da utilidade de uma organização como o Estado impeliu os homens a estabelecê-lo, ainda que fosse apenas – e este é o único ponto em que a concepção de Pufendorf se aproxima da de Hobbes – para coibir os homens que não obedecessem à lei natural, impedindo-os de causar dano aos outros. Esse estabelecimento incluía a sujeição a um governante; porém, diferentemente do modelo de Hobbes, essa criação contratual do Estado exigia não só que o povo prometesse submissão, como também que o governante prometesse proteção. É, portanto, um contrato de sujeição no sentido próprio[16].

De longe, o mais influente defensor da teoria do contrato social no século XVII, e o mais significativo para a história do século XVIII, foi outro inglês, John Locke (1632--1704), cuja perspectiva e conclusões divergiram mais nitidamente das de Hobbes que as de Pufendorf, e desempenham um papel importantíssimo no desenvolvimento das ideias ocidentais sobre direitos humanos e o dever do Estado de respeitá-los. A principal preocupação de Locke foi a construção de uma filosofia jurídica para justificar a Revolução Inglesa de 1688, que pôs fim à dinastia Stuart com suas pretensões de direito divino da realeza e sua negação da base popular do governo, e provocou um novo arranjo para a descendência da Coroa, violando a lei de sucessão real estabelecida. Esse arranjo foi precedido de uma resolução da Câmara dos Comuns (28 de janeiro de 1689) expressa em termos puramente contratuais: o rei Jaime, afirmava ela,

> tendo empenhado seus esforços para subverter a Constituição do reino, rompendo o contrato original entre o rei e o povo, e, por conselho dos jesuítas e outras pessoas más, tendo violado as leis fundamentais e se retirado de seu reino, abdicou do governo, e... o trono está, portanto, vacante.

---

16. Vide Gough, *Social Contract* (cap. 2, n. 48), 122, 124.

Não havia nada de original nesse tipo de linguagem, exceto seu contexto; a despeito do ceticismo dos *tories*, que, acreditando na imemorial transmissão da Coroa por direito divino, rejeitavam a noção artificial de um contrato, o conceito de um acordo inicial entre governante e governados tinha agora alcançado uma posição quase constitucional. O protótipo desses *tories* era Sir Robert Filmer, monarquista que no tempo de Carlos I tinha escrito um tratado, *Patriarcha*, em que o direito do rei ao governo absoluto derivava em última instância do governo paternal da família, que ele considerava ser de instituição divina. Esse tratado, publicado em 1679, muitos anos depois da morte de Filmer, serviu de alvo fácil para Locke, que o demoliu sarcasticamente no primeiro de seus *Two Treatises of Government* [*Dois tratados sobre o governo*]* (1690), que era uma introdução ao segundo. Este ofereceu uma exposição do Estado e do governo que modificou a ideia do contrato, enxertando nele o elemento da confiança para o benefício dos governados, e firmou Locke como a autêntica voz intelectual da revolução.

O homem original de Locke, no estado da natureza, parecia-se mais com o de Pufendorf que com o de Hobbes. Vivendo sujeito à lei da natureza, da qual tinha conhecimento por meio da razão, ele estava obrigado a não prejudicar a vida, a liberdade ou a propriedade dos outros; inversamente, na sociedade pré-civil, podia vingar por si mesmo qualquer usurpação de seus direitos nessas áreas.

> Mas, porque nenhuma sociedade pode existir, nem subsistir, sem ter em si mesma o poder de preservar a propriedade, e para também punir as ofensas de todos daquela sociedade, a sociedade política existe se, e somente se, cada um de seus membros desiste de seu poder natural, colocando-o nas mãos da comunidade em todas as situações que não o impedem de apelar para a proteção da lei estabelecida por ela... Aqueles que estão unidos em um corpo e têm uma lei estabelecida comum e um poder judiciário ao qual apelar,

---

* Trad. bras., São Paulo, Martins Fontes, 2005.

com autoridade para dirimir as controvérsias entre eles e punir os delinquentes, estão em uma sociedade civil uns com os outros.[17]

Os membros dessa sociedade civil devem agora escolher um governo para si, um governante ou governantes. Ao fazer isso, como em todos os outros atos, a comunidade age de acordo com a vontade da maioria, que tem o direito de "decidir pelo resto", isto é, a minoria;

> pois, quando vários homens, com o consentimento de cada indivíduo, fizeram uma comunidade, eles transformaram assim essa comunidade em um corpo, com o poder de agir como um corpo, ou seja, somente pela vontade e determinação da maioria. Pois se, para agir, uma comunidade... deve mover-se em uma direção, é necessário que o corpo se mova para aquela direção onde a força maior o carrega, a qual é o consentimento da maioria...[18]

O governo da comunidade, uma vez constituído, tem somente uma função, qual seja, a proteção da propriedade dos membros[19]. Nesse contexto, Locke não usa a palavra "propriedade" no sentido estrito de bens externos; como ele explica várias vezes, ela abrange todos os interesses legítimos do súdito; "por propriedade", ele diz, "deve ser entendido aqui, como alhures, a propriedade que os homens têm em suas pessoas bem como seus bens"[20], ou, como ele a chama em outro lugar, "sua vida, liberdade e patrimônio"[21]. Essa única função governamental de proteger a propriedade dos súditos nesse sentido é conferida ao governante ou governantes – e aqui está a parte essencial da doutrina de Locke – não absoluta e irrevogavelmente, mas por meio de

---

17. *Two Treatises of Government* 2. 7.
18. Ibid. 2. 8.
19. Ibid. 2. 7, 2. 9.
20. Ibid. 2. 15.
21. Ibid. 2. 9. 2. 11, 2. 19.

um ato de confiança em nome do bem público. Das muitas referências, no *Segundo tratado*, ao caráter fiduciário do governo, será suficiente citar uma:

> O poder político é aquele que, pertencente a todo homem no estado da Natureza, é renunciado por eles e entregue nas mãos da sociedade, e dessa maneira nas dos governantes que a sociedade designou, com a confiança expressa ou tácita de que será empregado para seu bem e a preservação de sua propriedade.[22]

Dessa percepção central do governo como uma entrega em confiança decorrem vários corolários. Primeiro, está fora de questão admitir um poder arbitrário no governo:

> Embora o legislativo – quer colocado em um homem ou mais, quer esteja sempre em atividade, quer somente a intervalos – embora seja ele o poder supremo em todas as repúblicas, ele não é, nem poderia ser, absolutamente arbitrário sobre as vidas e fortunas das pessoas. Porque, sendo apenas o poder conjunto de todos os membros da sociedade, por eles renunciado em prol dessa pessoa ou assembleia legisladora, ele não pode ter mais do que aquelas pessoas tinham no estado da Natureza, antes de constituir uma sociedade e renunciar a isso em prol da comunidade. Pois ninguém pode transferir a outro mais poder do que tem, e ninguém tem um poder arbitrário absoluto sobre si mesmo ou sobre o outro para destruir sua própria vida ou tirar a vida ou a propriedade de outro. Um homem... tendo, no estado da Natureza, ... somente tanto [poder] quanto a Natureza lhe deu para a preservação de si mesmo e do resto da humanidade, isso é tudo que ele pode renunciar em prol da comunidade e por meio dela para o poder legislativo, de modo que o legislativo não pode mais que isso. Seu poder, em seu máximo extremo, está limitado ao bem público da sociedade.[23]

---

22. Ibid. 2. 15.
23. Ibid. 2. 11.

Assim, o princípio de que "nemo dat quod non habet" foi desenvolvido para limitar o poder de todo governo, que "não tem outro fim senão a preservação, e por isso nunca pode ter o direito de destruir, escravizar ou empobrecer intencionalmente os súditos"[24].

Em segundo lugar, se o governo de fato excede os limites legítimos de seu poder, ele pode ser dispensado por essa quebra de confiança, e substituído por outro, pelo povo que originalmente o constituiu:

> O legislativo sendo apenas um poder fiduciário para agir para certos fins, resta ainda ao povo o poder supremo de remover ou alterar o legislativo, quando achar a ação do legislativo contrária à confiança depositada nele. Porque todo poder dado em confiança para determinado fim é limitado por esse fim; e, sempre que esse fim é manifestamente negligenciado ou combatido, a confiança necessariamente se perde e o poder deve ser devolvido às mãos dos que o deram, que podem colocá-lo novamente onde acharem melhor para sua proteção e segurança.[25]

Mais corolários – relacionados ao primado do direito e à tributação como uma diminuição de propriedade – serão mencionados abaixo.

Toda teoria do contrato social apresenta problemas, como, por exemplo, a dificuldade de impor aos sucessores das partes contratantes obrigações que *eles* nunca consentiram em assumir, ou a falta de provas históricas da existência de qualquer contrato original; esses problemas não podem ser resolvidos sem o recurso a uma série adicional de construções artificiais. Mas eles não tiram da teoria do contrato social, pelo menos na forma que lhe foi dada por Loc-

---

24. *Two Treatises of Government* 2. 13.
25. Ele estava "certo de que não era possível citar um pacto original mais justo entre um rei e um povo do que aquele entre Henrique II e o povo da Irlanda, porque eles podiam desfrutar as mesmas liberdades e imunidades, e ser governados pelas mesmas leis brandas, tanto civis como eclesiásticas, que o povo da Inglaterra": edição de O'Hanlon (1892), 33.

ke, o poder fortemente esclarecedor de apresentar, ainda que somente como um tipo de alegoria, algo que corresponde intuitivamente àqueles que nos parecem ser os fundamentos da sociedade organizada: o elemento da tolerância mútua, ou aquiescência comum, e o da necessidade de respeitar a solidariedade da qual todos se beneficiam. Além do mais, a construção teórica de Locke, embora não menos artificial que as outras, ofereceu em uma forma politicamente útil o ideal do governo para o bem comum dos governados; esse ideal, como foi visto, era conhecido desde a Idade Média. Mas, uma vez combinado com a doutrina do governo como uma entrega em confiança, cuja quebra acarretará a perda do direito de continuar a governar, ele aplainou o terreno para o futuro avanço da democracia.

Os *Dois tratados* de Locke foram, de início, publicados anonimamente. Despertaram enorme interesse e foram mencionados pelo escritor irlandês protestante Guilherme Molyneux em sua *Declaração da tese de que a Irlanda é obrigada pelos atos do parlamento da Inglaterra* (1698); ele era amigo e admirador de Locke e indiscretamente mencionou-o em seu livro como o autor dos *Tratados*. As alusões de Molyneux ao contrato social não estão relacionadas à teoria de Locke, mas ele insiste fortemente no princípio do governo por consentimento dos governados e para seu benefício: "Sobre [a igualdade natural dos homens] está fundamentado o direito que todos os homens reivindicam, de ser livres de toda sujeição às leis positivas até que por seu próprio consentimento eles renunciem à sua liberdade, constituindo sociedades civis para o benefício comum de todos os seus membros"; e citou Locke como apoio[26]. Molyneux não foi nem um revolucionário nem um separatista, mas sua defesa muito moderada da autonomia legislativa da Irlanda causou grande escândalo[27]; o potencial explosivo das

---

26. *Case of Ireland's being bound by acts of parliament in England stated* (1698), 100.
27. "Embora em *Declaração...* a população católica da Irlanda seja totalmente ignorada pelo escritor, que só apela em favor dos súditos protestantes,

doutrinas que ela representava era claro. Já nas colônias americanas, na primeira parte do século seguinte, Locke era, "depois da Bíblia, a principal autoridade em que se baseavam os pregadores para sustentar seus ensinamentos políticos"[28]; e sua influência na França nas décadas que precederam a Revolução não seria menor.

A base da validade das leis

A passagem que conclui o tratado de Molyneux, há pouco mencionado, contém uma interessante perspectiva comparativa da situação constitucional da Europa no clímax da era de Luís XIV. Muito longe de ser justo privar o reino da Irlanda do direito de legislar para si mesmo,

> os direitos do parlamento devem ser considerados sagrados e invioláveis onde quer que se encontrem. Esse tipo de governo, outrora tão universal em toda a Europa, agora está quase desaparecido entre suas nações. Os domínios de nosso rei são os únicos arrimos dessa nobre constituição gótica, salvos apenas os pequenos restos que podem ser encontrados na Polônia.[29]

A "constituição gótica" é naturalmente o sistema germânico "ascendente", aludido com frequência nas seções precedentes, provavelmente levado para os territórios do antigo Império Romano pelos conquistadores bárbaros do início da Idade Média, identificado como o germe das instituições parlamentares europeias e da ideia de que todas as leis exigem o consentimento dos que devem se sujeitar a elas. A afirmação de Molyneux de que esse mundo da liberdade "gótica" foi praticamente eclipsado em toda parte

---

ela foi considerada uma grande ofensa"; O'Hanlon, prefácio da ed. de 1892, p. xxxvii.
    28. Corwin, *"Higher Law" Background* (vide n. 6), 74.
    29. *Case of Ireland* (vide n. 26), 115.

da Europa, exceto nas terras governadas pelos ingleses, reflete a verdade mais importante sobre o século em cujo fim ele estava escrevendo: o absolutismo, com uma genealogia doutrinal que se estendia de Ulpiano a Jean Bodin, era a regra; a Inglaterra, com sua prematura e modesta revolução já no passado, e sua herança gótica fundida em uma forma teórica muito aceitável por Locke, era a exceção. Na França, o antigo parlamento medieval, os Estados Gerais*, reuniu-se em 1614 sob o reinado de Luís XIII; não tornou a se reunir até 1789, e então somente para anunciar a Revolução. Na Inglaterra, ao contrário, uma das principais linhas de desenvolvimento da história do século XVII foi a afirmação dos direitos parlamentares contra as prerrogativas reais, e os principais monumentos da teoria que relaciona a lei válida ao consentimento popular são ingleses.

Na ampla literatura polêmica sobre esse assunto na época da Guerra Civil, a posição dos niveladores (*Levellers***), ala democrática radical dos puritanos, se destaca. O chamado Acordo do Povo (outubro de 1647), proposto por eles como um esquema do futuro governo da Inglaterra, estipulava: "Que o poder dos representantes [eleitos] desta nação é inferior apenas ao dos que os escolheram e estende-se, sem o consentimento ou o concurso de qualquer outra pessoa ou pessoas, à elaboração, alteração e revogação das leis..."[30] Nos debates dessa época no exército parlamentar o objetivo dos *Levellers* de um sufrágio universal enfrentou a oposição de Henrique Ireton (genro de Cromwell), que sustentava que a representação devia ser restrita aos homens com uma determinada cota de propriedade no país; mas, sobre o princípio geral da elaboração popular das leis em lugar da despótica, Ireton foi perfeitamente claro:

---

* O parlamento da França antes de 1789, no qual eram representados o clero, a nobreza e a burguesia. (N. da T.)

** *Leveller:* membro de um partido que surgiu no exército do *Long Parliament* e que advogava o nivelamento de todas as classes e instituições de um governo mais democrático. (N. da T.)

30. Kenyon, *Stuart Constitution* (vide n. 5), 309.

Eu vos direi pelo que o soldado do reino tem lutado. Primeiro, o perigo que corríamos era o de que a vontade de um homem fosse a lei. O povo deste reino deve ter pelo menos esse direito, de que ele não deva ser obrigado exceto pelo[s] representante[s] dos que tiverem interesse no reino. Alguns homens lutaram nesta [guerra] porque tinham nela um interesse imediato. Outros homens não tinham outro interesse no reino exceto este, o de gozarem do benefício das leis feitas pelos representantes [isto é, pela Câmara dos Comuns]; ainda assim, eles lutaram para ter [esse] benefício.[31]

E a Câmara dos Comuns, no mês em que o rei foi julgado e executado, declarou

> que o povo é, abaixo de Deus, a origem de todo poder justo: ... que os Comuns da Inglaterra, reunidos no Parlamento, tendo sido escolhidos pelo povo e representando-o, tem o supremo poder nesta nação; ... e que tudo que seja elaborado ou declarado como lei, pelos Comuns reunidos no Parlamento, tem a força de lei; e todo o povo desta nação está assim obrigado, mesmo sem o consentimento e o concurso do Rei ou da Câmara dos Pares.[32]

O papel constitucional da Coroa e da Câmara dos Lordes, então desafiado, foi recuperado a duras penas com a Restauração, em 1660; porém, o rei não recuperou o território no qual o antigo princípio do consentimento popular para a legislação, expresso por meio de um corpo representativo, estava agora fortificado. Mesmo o uso da antiga prerrogativa legal de dispensar da aplicação da lei, pelo rei católico Jaime II, contribuiu para que ele fosse deposto em 1688.

Dois anos após esse acontecimento, apareceram os *Dois tratados sobre o governo* de Locke; e no segundo tratado Locke afirmava, juntamente com outros princípios do tipo

---

31. Ibid. 317.
32. Ibid. 324.

que se esperava que a revolução vindicasse, o do consentimento popular como uma condição para a validade da legislação. O poder legislativo não pode ser absoluto ou arbitrário, como veremos; porém, dentro de sua própria esfera, é o "supremo poder da comunidade e inalterável nas mãos em que a comunidade um dia o colocou".

> Nem pode um decreto de qualquer outra pessoa, seja qual for a sua forma ou o poder que o respalde, ter a força e a obrigatoriedade de uma lei que não tenha a sanção do legislativo que o povo escolheu e designou; pois, sem isso, a lei não poderia ter o que é absolutamente necessário para ser uma lei, o consentimento da sociedade, acima da qual ninguém pode ter o poder de fazer leis, exceto por seu consentimento e pela autoridade dela recebida.[33]

Nada mais na Europa desse período pode ser comparado com essa evolução inglesa da ação e da doutrina. Todavia, aqui e ali as brasas da antiga "constituição gótica" ainda estavam acesas; por exemplo, na Espanha, onde até Filipe II tinha sido obrigado a respeitar os direitos e privilégios tradicionais[34]. E. N. Williams cita um propagandista de 1622 que escreveu que

> na Catalunha, o supremo poder e jurisdição sobre a província não pertence apenas a Sua Majestade, mas a Sua Majestade e às três ordens da província, que juntas possuem o poder supremo e absoluto de fazer e desfazer leis e de alterar o mecanismo e o governo da província... Essas leis que temos na Catalunha são pactuadas entre o rei e a terra, e o príncipe não pode isentar-se delas, como tampouco poderia isentar-se de um contrato.[35]

---

33. *Two Treatises* 2. 11. Ele citou aqui como apoio a passagem de Hooker, *Laws*, citada no cap. 5.
34. Vide Braudel, *Mediterranean World* (cap. 5, n. 2), 957 ss.
35. Citado em *Ancien Régime* (vide n. 7), 87.

O direito natural

Juntamente com a questão da fonte da validade da legislação, o problema fundamental da relação do direito com um padrão mais elevado ou transcendente, o do direito "natural", continuou nessa época a despertar o interesse dos teóricos jurídicos e políticos. Já no século precedente, como vimos, sob a influência da Reforma protestante, o discurso do "direito natural" tinha começado a se afastar desse rótulo e de suas associações com a teologia escolástica, e a usar em seu lugar a linguagem da "razão"; e, neste século, uma espécie de direito natural secularizado foi a base sobre a qual a teoria do direito fez notáveis avanços. Locke apresentou, como uma paráfrase da lei da natureza, a "razão, que é aquela lei"[36]; mas não declarou inválidas as leis humanas que conflitassem com ela. Porém, logo no começo do século, no reinado de Jaime I, o juiz Coke, presidente do Tribunal Supremo, tinha chegado a esse ponto, quando no *Caso Bonham* (1610)[37] afirmou que os tribunais ingleses tinham uma antiga jurisdição para tratar como nulos até os atos do Parlamento que fossem contra a justiça natural:

> E aparece em nossos livros que em muitos casos o *common law* controlará os atos do Parlamento e às vezes os julgará totalmente nulos: porque quando um ato do Parlamento é contrário ao direito costumeiro e à razão, ou odioso, ou impossível de ser executado, o *common law* controlará e julgará esse ato como nulo.

Essa opinião (que caiu em solo fértil nas jovens colônias americanas, onde deu frutos dois séculos depois) foi citada no próprio tempo de Coke pelo juiz Hobart em *Day vs. Savadge*[38]; e, embora agora se concorde que as autoridades mencionadas por Coke não apoiavam sua proposição,

---
36. *Two Treatises* 2. 6.
37. 8 Co. Rep. 107a.
38. (1615) Hob. 85.

parece que tanto ele como Hobart admitiam em tese que uma lei incompatível com a justiça natural podia ser desconsiderada[39]. No final do século, Molyneux na Irlanda apontava Hobart como autoridade para dizer que uma lei contrária à equidade natural e à razão era nula[40], e em 1701 o juiz Holt disse que era "uma máxima muito razoável e verdadeira" que nenhuma lei pudesse fazer um homem julgar sua própria causa[41] – o contexto em que Hobart tinha opinado.

O século XVII, todavia, também produziu as primeiras negações virtuais da existência da ordem superior do direito natural. Como advogado, Francis Bacon havia invocado a lei da natureza; porém, de modo geral ele rejeitava as noções medievais que, entrelaçadas com a teologia, tendiam a impedir a exploração e a experimentação científica; e, em uma obra incompleta, a *Nova Atlantis*, apresentou o direito como o produto de simples considerações de utilidade humana, não como o reflexo de, ou algo que deveria conformar-se idealmente com, uma ordem mais alta. "Ali emerge, portanto, o positivismo jurídico", escreveu Verdross, "que considera o direito uma mera técnica para a realização de quaisquer objetivos que os homens possam desejar, em outras palavras, um meio de organizar o poder político."[42]

Tampouco o sistema de Hobbes continha qualquer traço de uma lei mais alta; a "lei natural" que se destaca em seu *Leviatã* não é um padrão ético transcendente; ao contrário, ela é simplesmente o conjunto de máximas prudenciais sugeridas pela observação e pelo desejo de melhorar a condição bestial do homem no suposto estado original da natureza:

> E, consequentemente, é um preceito ou regra geral da Razão que todo homem deve esforçar-se pela Paz até onde tenha a

---

39. Vide C. K. Allen, *Law in the Making* (Oxford, 7. ed., 1964), 448, 623.
40. *Case of Ireland* (vide n. 26), 103.
41. *City of London* v. *Wood* (1701), 12 Mod. 669, 687; mas vide Allen, *Law* (vide n. 39), 449 n. 1.
42. A. Verdross, *Abendländische Rechtsphilosophie* (Viena, 1958), 98.

esperança de obtê-la; e, quando não puder obtê-la, que ele busque e use todos os usos e vantagens da Guerra. A primeira parte dessa Norma contém a primeira e fundamental Lei da Natureza, que é buscar a Paz e segui-la. A segunda, a essência do Direito da Natureza, que é defender-nos por todos os meios que pudermos.

Dessa Lei da Natureza fundamental, da qual os homens recebem a ordem de buscar a Paz, deriva-se esta segunda Lei: que um homem esteja disposto, quando os outros também estão, daí em diante, em nome da Paz e da defesa de si próprio, a renunciar a [seu suposto direito primitivo no selvagem estado da natureza]; e a contentar-se com tanta liberdade, em comparação com os outros homens, quanto ele aceitasse que os outros homens tivessem em comparação com ele...[43]

A negação, por Espinosa, do direito natural no sentido antigo era até mais radical; ele considerava que

toda coisa natural recebe somente da natureza aquele direito que lhe dá a capacidade de existir e funcionar... Por direito natural entendo as leis ou regras da natureza de acordo com as quais todas as coisas acontecem, isto é, o que é naturalmente possível... Nada, pela lei da natureza, é absolutamente proibido, a menos que seja fisicamente impossível.[44]

"Negando [assim] a realidade do direito natural e não reconhecendo nenhuma obrigação senão a imposta pelo poder", escreveu J. W. Gough, "[Hobbes e Espinosa] romperam claramente com as crenças medievais e da pós-Renascença."[45]

Havia, contudo, um meio-termo entre a concepção tomista de uma lei natural divinamente implantada, ainda viva (embora disfarçadamente) mesmo na Inglaterra protestante, e os sistemas meramente prudenciais de Bacon ou

---

43. *Leviathan* 1. 14.
44. *Tract. Pol.* 2. 3-5, 18.
45. *Social Contract* (vide cap. 2 n. 48), 118.

Hobbes. Esse meio-termo, como vimos, tinha sido prefigurado por vários escritores católicos do final da Idade Média, mas foi pela primeira vez elaborado completamente em forma de sistema pelo protestante holandês Hugo de Groot, ou Grócio (1583-1645), considerado o fundador do direito internacional moderno.

Grócio tinha sido um jovem prodígio na universidade nacional holandesa, em Leiden (fundada em 1575, durante a rebelião contra a Espanha, para formar uma elite humanista para as Províncias Unidas). Um envolvimento na política com o lado perdedor de um perigoso conflito forçou-o a passar muito tempo de sua vida no exílio; sua obra *De iure belli ac pacis* (Sobre o direito da guerra e da paz), publicada em 1625, foi escrita enquanto ele vivia em Paris, no serviço diplomático do rei da Suécia. Essa obra foi parcialmente inspirada por um desejo de encontrar regras que pudessem diminuir os horrores da guerra, muito piores (ele observou) na contemporânea Guerra dos Trinta Anos, na Alemanha, do que até mesmo na revolta holandesa, embora seu sistema visasse a uma ordem de direito também para o tempo de paz. Muitos escritores anteriores, notadamente os juristas espanhóis mencionados na última seção, tinham concebido uma lei que obrigava as nações numa ordem jurídica comum; a obra de Grócio foi a primeira a colocar o assunto sobre uma base científica e cabalmente organizada.

A dimensão especificamente internacional de sua obra será esboçada abaixo. No presente contexto, é suficiente notar que o centro e o fundamento da obra foi a doutrina, em si não original, de um direito natural que teria validade mesmo se Deus não existisse ou não se interessasse pelos assuntos humanos. Grócio, embora protestante, não era fanático e desejava a cura das feridas que haviam dividido a Cristandade. Ao mesmo tempo, essa tendência característica, divorciando hipoteticamente o direito natural de um ser divino (embora ele mesmo negasse acreditar em tal separação, e efetivamente atribuísse o direito natural a Deus como seu autor), teve o condão de recomendar sua teoria a um mundo protestante que suspeitava de toda doutrina que trouxesse o mais leve odor do mundo católico de São Tomás.

O ponto de partida de Grócio, ao constituir esse direito natural como um conjunto de princípios utilizáveis para as relações entre os Estados (e, na medida em que fossem aplicáveis, entre os indivíduos), foi a percepção – posteriormente adotada por Pufendorf, como foi visto – de que o homem é por natureza sociável:

> Entre os traços característicos do homem, encontra-se um desejo compulsivo pela sociedade, isto é, pela vida social – não de qualquer ou de todo tipo, mas pacífica e organizada de acordo com a medida de sua inteligência, e na companhia de seus semelhantes... Declarada como uma verdade universal, portanto, a afirmação de que todo animal é impelido pela natureza a buscar somente seu próprio bem não pode ser admitida...[46]

> A manutenção da ordem social, que está em consonância com o entendimento humano, é a fonte do direito propriamente dito. A essa esfera do direito pertence a renúncia a tudo quanto pertence a outrem, a restituição ao outro de qualquer coisa sua que venhamos a ter, juntamente com qualquer ganho que possamos ter recebido dela; a obrigação de cumprir promessas, a reparação da perda ocorrida por nossa falta e a aplicação de penas aos homens de acordo com seu merecimento.[47]

Apesar de esse direito nascer do ser mais íntimo do homem – e, assim, deva receber obediência de todos, qualquer que seja a crença sobre como ele se originou –, ainda assim (ele diz, afirmando sua própria fé pessoal) ele deve ser atribuído a Deus, que quis que esses princípios existissem dentro de nós[48]. E desse modo, resumindo sua posição, embora novamente sem prejuízo da hipótese de que Deus podia não existir, ele escreve que

---

46. *De iure belli et pacis, prolegomena,* 6.
47. Ibid., *prolegomena,* 8.
48. Ibid., *prolegomena,* 11-12.

o direito natural é o comando da reta razão, que indica, a respeito de um ato particular, dependendo de ele estar ou não conforme àquela natureza racional, sua torpeza moral ou sua necessidade moral; e, consequentemente, mostra que tal ato ou é proibido ou é ordenado por Deus, o autor dessa natureza.[49]

A despeito da reiterada declaração de sua convicção cristã, sua hipótese, por mais qualificada que fosse, viria a ser decisiva para desprender a doutrina do direito natural – no sentido ético, não um derivativo prudente do desejo de sanear um selvagem estado de natureza – da teologia. A famosa fórmula de Grócio, *etsi daremus* ("ainda que reconhecêssemos" a não existência de Deus), serviu para tornar inofensivas as posteriores tentativas, em seu próprio século, de elaborar algo cuja introdução foi a ele creditada, isto é, um direito natural inteiramente secular.

Desses últimos escritores do século XVII, Pufendorf pode servir de exemplo típico. Para ele, o direito natural estava livre de qualquer ligação com a revelação divina e era puramente o produto da razão. Os preceitos morais derivados do uso da razão tinham uma qualidade de obrigação interna própria. Um princípio central, não diferente do que Kant viria a propor posteriormente, era: "Que ninguém aja em relação ao outro de tal modo que este último possa reclamar justamente que sua igualdade de direitos foi violada"[50]. Regras mais precisas derivadas da razão, e consequentemente da natureza, eram: não causar dano aos outros e, quando o dano for causado, repará-lo; tratar os outros como naturalmente possuidores de direitos iguais, em razão da dignidade de todos os homens; ajudar os outros na medida em que se for capaz de fazê-lo; e desincumbir-se das obrigações assumidas[51].

---

49. Ibid. 1. 1. 10. 1-2.
50. Pufendorf, *Elementa jurisprudentiae* 2. 4. 4.
51. Pufendorf, *De officio hominis et civis* 1. 3. 9. 6-9.

Direitos naturais

A mais significativa contribuição do século XVII para a ciência jurídica, juntamente com a colocação do direito internacional em um patamar científico e a definitiva expressão do contrato social obrigando o governante bem como os governados a uma estrutura condicional de confiança, foi o conceito – até certo ponto correlato à doutrina do governo limitado – dos direitos naturais do indivíduo. Enquanto o mundo católico medieval conhecia uma teoria do direito natural em que a principal ênfase estava nos deveres do homem para com seu soberano ou seus semelhantes (e mesmo o direito natural secular de Pufendorf, como acabamos de ver, ainda é vazado em termos de dever social), a atmosfera individualista da Europa depois da Reforma protestante, uma atmosfera que amadurecia desde Ockham, imprimiu nova tendência à doutrina do direito natural, estendendo-a também para os direitos do homem contra seu soberano e todos os outros. R. H. Tawney, em sua célebre obra *Religion and the Rise of Capitalism* [A religião e a ascensão do capitalismo], salientou a "rejeição, pela teoria social, de toda a concepção de um padrão objetivo de equidade econômica" em favor da afirmação dos direitos subjetivos, especialmente na área da propriedade. "A lei da natureza tinha sido evocada pelos escritores medievais", escreveu ele, "como uma restrição moral que se impunha aos interesses econômicos individuais. Porém [no século XVII]... a palavra 'natureza' tinha passado a ter como conotação não a ordenação divina, mas os apetites humanos, e os direitos naturais foram invocados pelo individualismo da época como uma razão pela qual o interesse próprio devia ter livre expressão."[52] É verdade que, já no século XVI, os juristas da Espanha católica haviam afirmado que, pelo direito natural, nem mesmo os povos pagãos deviam ser maltratados ou pilhados, mas isso era muito diferente: um protesto

---

52. *Rise of Capitalism* (vide cap. 5, n. 22), 183.

contra a exploração cruel, que, assim, se inseria na tradição medieval (usando-se as palavras de Tawney) de invocar o direito natural como uma restrição moral. A tendência mais nova era aquela pela qual a influência combinada do nominalismo e da Reforma, que acentuavam ambos a importância única do indivíduo, levou a uma mudança de ênfase: do direito natural para os direitos naturais.

Na realidade, o primeiro passo nessa direção fora dado antes mesmo da Reforma, por um de seus precursores, Guilherme de Ockham (se Villey está correto em atribuir a ele o uso mais primitivo da palavra *ius*, "direito", no sentido subjetivo; Richard Tuck acredita que o novo uso recua mais ainda, como foi visto, até a bula papal *Quia vir improbus*, de 1329). Porém, o verdadeiro inaugurador do pensamento dos direitos naturais foi Grócio. Em seu trabalho sobre o direito de seu país, escrito em sua própria língua – *Inleidinghe tot de Hollandsche Rechts-gheleerdtheydt* (1619-20) –, ele apresentou, nas palavras de Tuck, "a primeira reconstrução de um sistema jurídico propriamente dito a partir do conceito de direitos em vez do de leis"; consequentemente, foi "o verdadeiro ancestral de todos os códigos modernos que têm direitos de vários tipos em seu centro"[53]. A partir dessa posição Grócio pôde passar, em sua grande obra *De iure belli ac pacis* (1625), para uma concepção do direito da natureza como algo que consiste essencialmente na obrigação de preservar a paz por meio da demonstração de respeito pelos direitos dos outros; e assim "os direitos vieram a usurpar toda a teoria do direito natural"[54].

Grócio atribui à natureza o direito à legítima defesa[55]. O direito natural de punir um malfeitor também deve ser admitido, caso contrário ele não poderia ser desfrutado pelo Estado por cessão dos indivíduos[56]. Grócio considerava a propriedade privada de bens de um modo especial (como

---

53. R. Tuck, *Natural Rights Theories* (Cambridge, 1979), 66.
54. Ibid. 67.
55. *De iure belli et pacis* 2. 1. 3.
56. Ibid. 2. 20. 1-2.

veremos depois), mas em sua obra dos primeiros tempos, *De iure praedae*, ele a imputava, também, à lei da natureza[57]. Atos que a vida humana requer, como a busca de um companheiro para casar-se ou a compra das coisas necessárias para a vida a um preço justo, são objetos dos direitos naturais[58]. Assim também são os direitos dos pais em relação a seus filhos[59] e o direito da vontade da maioria, em qualquer associação, de prevalecer sobre a da minoria[60]. A lei da natureza é igualmente a fonte da validade de vários modos de aquisição[61], e está por trás dos direitos originados por promessas e contratos[62]. O direito de sepultura, isto é, de enterrar nossos mortos, também existe por natureza[63].

Locke, embora fosse o profeta dos direitos naturais na Inglaterra, não redigiu um catálogo como o de Grócio. Porém, sua linguagem implicava necessariamente a elaboração de valores para contrabalançar a prerrogativa real; os direitos dos ingleses aparecem, em seu fluido de revelação (por assim dizer), como campos nuançados que fecham e delimitam os direitos da Coroa. Locke, como agora veremos, concentrou-se principalmente no direito de propriedade; contudo, a rota para os outros direitos, hoje mais facilmente classificados como pessoais ou políticos, estende-se através de seu vasto emprego da palavra "propriedade" para incluir a "vida, a liberdade e o patrimônio" dos homens.

A teoria da propriedade

O século XVII caracterizou-se, talvez em resposta à Reforma teológica, por um forte interesse nos direitos de pro-

---

57. *De iure praedae* 214; Tuck, *Theories* (vide n. 53), 61-2.
58. *De iure belli ac pacis* 2. 2. 21, 2. 2. 19.
59. Ibid. 2. 5. 1.
60. Ibid. 2. 5. 17.
61. Ibid. 2. 3. 4 ss.
62. Ibid. 2. 11. 4.
63. Ibid. 2. 19. 1.

priedade, tanto na teoria como nos contextos práticos. Em 1604, uma comissão da Câmara dos Comuns declarou, numa época em que os monopólios garantidos pela Coroa eram objeto de amplo descontentamento, que

> todos os súditos livres nascem como herdeiros potenciais [capazes de herdar]; quanto à sua terra, assim também quanto ao livre exercício de sua atividade, nos ofícios aos quais se dedicam e dos quais vivem. Sendo o comércio o principal e o mais rico destes, e de maior extensão e importância que todo o resto, é contra o direito natural e a liberdade dos súditos da Inglaterra restringi-lo às mãos de uns poucos.[64]

Em 1609, Grócio, escrevendo sobre o direito de butim (no contexto da captura de um navio português pelos holandeses nas Índias Orientais), tratou do princípio de aquisição por ocupação como um direito cujo exercício "imitava a natureza"; tudo o que era necessário para que alguém se tornasse dono de algo sem dono era executar um ato público de apropriação, tal como apanhá-lo, transformá-lo em outra coisa, ou colocar uma cerca em sua volta[65], embora, posteriormente, em *De iure belli et pacis*, ele tenha alterado um pouco sua posição; agora achava que, apesar de a apropriação unilateral ser o exercício de um direito, era necessário um acordo adicional entre os homens para ratificar esse instinto:

> [Depois do Dilúvio] todas as coisas... formaram um estoque comum para toda a humanidade, sendo os homens de então os herdeiros de um único patrimônio geral. Consequentemente, aconteceu que cada homem tomava para seu próprio uso ou consumo tudo o que ele encontrava; um exercício geral de um direito, que supria o lugar da propriedade privada. De forma que privar alguém do que ele tinha apanhado desse modo tornou-se um ato de injustiça... Deve ter havido

---

64. Citado por Tawney, *Rise of Capitalism* (vide cap. 5, n. 22), 183.
65. *De iure praedae* 216; Tuck, *Theories* (vide n. 53), 61.

uma concordância geral no sentido de que tudo o que alguém ocupasse fosse considerado seu.[66]

Com ou sem o elemento contratual, a consideração de Grócio deriva em última instância da doutrina romana da *occupatio*, um modo de aquisição que Gaio classifica[67] como pertencente à lei natural (*naturalli ratione*). A respeito daquele suposto acordo, deve-se notar que Grócio pensava que, numa situação de emergência ou urgente necessidade, tal acordo estaria tacitamente rescindido, de modo a restaurar o estado de natureza e permitir que as pessoas usassem (ou talvez destruíssem) a propriedade de outrem[68].

Em 1647, durante os "Debates de Putney" do exército parlamentar, o direito natural de contratar e herdar – na verdade, o centro dos direitos naturais de propriedade de modo geral – foi repetidamente salientado por Ireton; ele se opunha à exigência dos *Levellers* de um sufrágio universal não relacionado com a qualificação da propriedade, "porque eu levaria em consideração a propriedade... Que todo homem considere consigo mesmo que ele não siga o caminho de eliminar toda a propriedade. Pois é essa a parte mais fundamental da constituição do reino, a qual, se eliminardes, tudo eliminareis junto com ela"[69]. Ele falou da origem da propriedade como Grócio havia feito (talvez o tivesse lido):

> Se recorreis somente à lei da natureza, não tendes mais direito a esta terra, ou a qualquer outra coisa, do que eu. Tenho tanto direito a pegar qualquer coisa para meu sustento... quanto vós. Porém, [o fundamento de todo direito entre os homens é que] nós estamos sob um contrato, estamos sob um acordo, e esse acordo é: o que um homem tem em matéria de terra, que recebeu por transmissão de seus ancestrais,

---

66. *De iure belli et pacis* 2. 2. 2. 1, 5.
67. *Inst.* 2. 66 ss.
68. *De iure belli et pacis* 2. 2. 6 ss.
69. Kenyon, *Stuart Constitution* (vide n. 5), 314.

a qual segundo a lei cabe a ele... disso terá ele a propriedade, o uso, a disposição...[70]

Grócio tinha exigido um ato público de apropriação. Mas Locke foi um passo além. Não é o contrato a base da aquisição, mas sim o axioma de que o trabalho de alguém é indiscutivelmente dele mesmo; aquilo que alguém "misturou com seu trabalho", capturando-o ou pegando-o, é sua propriedade legítima. De fato, foi com o fim de assegurar esses direitos de propriedade originais que a sociedade civil foi instituída:

> Embora a terra e todas as criaturas inferiores sejam comuns a todos os homens, todo homem ainda tem uma propriedade em sua própria pessoa. A esta ninguém tem direito algum, exceto ele mesmo. O trabalho de seu corpo e o de suas mãos, podemos dizer, são devidamente seus. Toda coisa, pois, que ele remove do estado disposto pela natureza, é algo com que ele mistura seu trabalho, acrescentando-lhe aquilo que propriamente lhe pertence e tornando-a, portanto, propriedade sua. Sendo removida por ele do estado comum em que a natureza a colocara, essa coisa recebe, mediante o trabalho de um homem, algo que lhe é anexado e que a exclui do direito comum dos outros homens. Porque, uma vez que esse trabalho é propriedade inquestionável do trabalhador, nenhum homem, além dele, pode ter direito àquilo com que ele o misturou, pelo menos onde há o suficiente e da mesma qualidade deixado em comum para os outros.[71]

Essa teoria da propriedade baseada no trabalho é considerada a mais importante contribuição de Locke para a ciência do direito[72]. Certamente, para a crescente classe dos comerciantes e industrialistas nos anos que se seguiram a 1700, ela parecia ser uma proposição de direito natural altamente aceitável; entre os colonizadores americanos pio-

---
70. *Inst.* 2. 66 ss.
71. *Two Treatises* 2. 5.
72. D. Lloyd, *Introduction to Jurisprudence* (Londres, 5.ª ed., 1985), 120.

neiros, que misturavam seu trabalho com o mundo virgem de um novo continente, ela adquiriu toda a sua força. Isso era especialmente verdadeiro em relação a um importante corolário da teoria: como cada homem tem direito absoluto aos frutos de seu trabalho, também ninguém tem o direito de diminuir as posses de outrem pela tributação, salvo com o consentimento da pessoa tributada:

> O poder supremo não pode tomar de nenhum homem nenhuma parte de sua propriedade sem o consentimento daquele. Pois, uma vez que a preservação da propriedade é o fim do governo, e o próprio motivo pelo qual os homens formam uma sociedade... [e] os homens que são donos de propriedades nessa sociedade têm direito aos bens que pela lei da comunidade a eles pertencem, de modo que ninguém tem o direito de tomar-lhos, no todo ou em parte, sem seu consentimento; sem o que eles não terão propriedade alguma...
> É verdade que os governos não podem ser sustentados sem grandes despesas, e é correto que cada um que desfruta sua cota de proteção pague para o Estado sua proporção para a manutenção dele. Porém, isso não se fará sem o seu consentimento – isto é, o consentimento da maioria, dado por eles mesmos ou pelos representantes escolhidos por eles; porque, se alguém arrogar-se o poder de lançar tributos e arrecadá-los sem tal consentimento do povo, ele invade a lei fundamental da propriedade e subverte o fim do governo.[73]

Com base nesse texto, as colônias puderam posteriormente afirmar sua posição na luta contra o governo de Jorge III.

Esse elogio da propriedade – que, obviamente, deve ser entendido nessas passagens no sentido estrito e não no sentido amplo – não equivale, todavia, a uma licença teórica para a aquisição ilimitada. Uma concepção medieval mais tradicional está presente na restrição que Locke postula como condição para a aquisição legítima: ela se limita àqui-

---

73. *Two Treatises* 2. 11.

lo que alguém pode usar razoavelmente. Os direitos alheios, vislumbrados rapidamente na penúltima passagem citada, tornam-se mais claros na passagem seguinte:

> Será, talvez, objetado [à teoria baseada no trabalho] que, se a colheita dos frutos do carvalho ou de outros frutos da terra etc. firma o direito ao que foi colhido, qualquer um pode apoderar-se de quanto quiser. A que eu respondo, não é assim. A mesma lei da Natureza que assim nos concede a propriedade também a limita... Aquilo que alguém pode usar como vantagem para a vida antes que se estrague, sobre isso ele pode pelo trabalho estabelecer sua propriedade. Tudo o que está além disso é mais que sua cota e pertence aos outros. Nada foi feito por Deus para o homem estragar ou destruir.[74]

O primado do direito

No conflito e debate constitucionais que ocorreram ao longo do século XVII na Inglaterra, o ideal do governo de acordo com o direito conhecido era tão importante quanto os direitos dos súditos discutidos na última seção. O governo arbitrário, exercido fora da lei pela pretensa virtude da prerrogativa real, foi a essência do argumento contra os Stuarts: a razão pela qual Carlos I pereceu e pelo menos parte da razão pela qual Jaime II foi deposto.

Jaime I, o primeiro dos reis Stuart da Inglaterra, reconhecia, à maneira da Idade Média, que o rei devia governar de acordo com a lei, mas expressava isso meramente como um ideal com o qual seus súditos não tinham direito de constrangê-lo. Dirigindo-se ao Parlamento em 1610, ele declarou que era

> sedição da parte dos súditos discutir o que um rei pode fazer em seu pleno poder, mas os reis justos sempre estarão dispostos a declarar o que farão, se não quiserem incorrer na

---
74. *Two Treatises* 2. 5. 31.

maldição de Deus. Eu, de minha parte, não ficarei contente se meu poder for discutido, mas sempre estarei disposto a declarar a razão de todos os meus atos e a moldar minhas ações segundo minhas leis.[75]

Em 1612, o princípio do primado do direito ou Estado de Direito – para dar ao conceito seu nome moderno – foi afirmado diante dele pelo juiz Coke, em uma célebre confrontação. Na ocasião, realizava-se uma conferência do rei com vários juízes sobre o tema do alcance das jurisdições eclesiásticas concorrentes. Jaime afirmava que, uma vez que era o juiz supremo abaixo de Deus, ele podia arbitrar entre elas. Foi contestado por Coke, que disse que tais questões, segundo o direito imemorial do reino, eram e sempre foram da alçada dos tribunais:

> Então o rei disse que pensava que o direito estava fundado na razão e que ele e outros tinham a razão, e não somente os juízes: ao que redargui que era verdade que Deus havia dotado sua Majestade de excelente ciência e grandes dons da natureza; porém, sua Majestade não era instruída nas leis de seu reino da Inglaterra, e as causas que dizem respeito à vida, ou à herança, ou aos bens, ou às fortunas de seus súditos não devem ser decididas pela razão natural, mas pela razão artificial e pelo julgamento da lei, o que é uma arte que requer longo estudo e experiência antes que um homem possa atingir o conhecimento dela: e que a lei era a régua de ouro e a justa medida para decidir as causas dos súditos; e que protegia sua Majestade em segurança e paz: com o que o rei ficou profundamente ofendido, e disse que por essa hipótese ele devia estar abaixo da lei, o que era traição afirmar; ao que aduzi o que Bracton disse, a saber *quod Rex non debet esse sub homine, sed sub Deo et lege*.[76]

Jaime engoliu essa repreensão (embora poucos anos depois tenha removido Coke do cargo por obstruir persistentemente seus desejos).

---

75. Kenyon, *Stuart Constitution* (ver n. 5), 14.
76. *Prohibitions del Roy* (1607), 12 Co. Rep. 63.

Em 1641, uma lei que pretendia abolir a Câmara Estrelada* citava como a principal ofensa desse tribunal o fato de ele não operar de acordo com a lei ordinária; seus juízes "não se atinham aos pontos limitados [pela lei de 1488 que constituíra o tribunal para determinados propósitos], mas impunham penas que nenhuma lei autorizava e expediam decretos referentes a assuntos para os quais não tinham autoridade, inflingindo castigos mais pesados do que qualquer lei autorizava"; as operações do tribunal foram consideradas "meios para introduzir um poder e um governo arbitrários" e tinham "se atrevido a determinar o patrimônio e as liberdades dos súditos, contrariamente à lei do país"[77]. Em 1649, a denúncia de Carlos I pela Câmara dos Comuns acusou-o de, "admitido como rei da Inglaterra, e assim tendo-lhe sido confiado um poder limitado para governar por meio das leis do país e de acordo com elas e não de outro modo", ter, não obstante, guerreado contra seu povo, "movido pelo mau desígnio de erigir e manter em si mesmo o poder ilimitado e tirânico de governar de acordo com sua vontade". Quarenta anos mais tarde, depois que as últimas convulsões do século substituíram seu filho Jaime II por Guilherme de Orange, a Declaração de Direitos de 1688, que estabeleceu cláusulas apropriadas contra tais abusos, citou as práticas do rei Jaime em termos de sua ilegalidade. Achava-se que ele tinha "empreendido a subversão... às leis e liberdades deste Reino", dispensando e suspendendo leis (isto é, pretendendo isentar certas pessoas da aplicação das leis sem o consentimento do Parlamento); e, igualmente sem o consentimento do Parlamento, coletando dinheiro e mantendo um exército permanente em tempo de paz; violando a liberdade das eleições, instaurando processos nos tribunais para decidir assuntos que competiam somente ao Parlamento e permitindo fianças e multas excessivas,

---

* *Star Chamber*, no original: um tribunal real. (N. da T.)
77. Kenyon, *Stuart Constitution* (vide n. 5), 223.

"todas as quais são definitiva e frontalmente contrárias às leis e estatutos conhecidos e à liberdade deste reino"[78].

Esses documentos não são mais que exemplos, embora muito importantes, da teoria inglesa tradicional sobre o primado do direito; muitos outros poderiam ser aduzidos[79]. Será suficiente, sobre esse assunto, concluir com Locke, de cujo quadro do governo o primado do direito era uma parte importante. "Quem quer que tenha o poder legislativo ou supremo de qualquer comunidade", ele escreveu, "está obrigado a governar por meio de leis permanentes estabelecidas, promulgadas e conhecidas pelo povo, e não por decretos extemporâneos; e por meio de juízes imparciais e honestos, que devem decidir controvérsias através daquelas leis; e a empregar a força da comunidade dentro do país somente para executar tais leis...."[80] Esse princípio, duas vezes repetido resumidamente ou em paráfrase[81], é suplementado pela opinião contrária ao exercício do pretenso poder de dispensar qualquer pessoa da aplicação da lei. De modo um pouco surpreendente, Locke hesita em declarar os atos do governante sujeitos à lei ("Não discutirei agora se os príncipes estão isentos das leis de seu país.")[82], uma vez que certamente suas pessoas são sagradas e não estão sujeitas à punição com que a lei ameaça outros malfeitores; nenhum dano muito grande pode ocorrer se um crime ocasional de um príncipe ficar impune[83]; mas Locke é totalmente claro quanto ao fato de que nenhum pretenso poder de dispensa pode ter o efeito de autorizar um subordinado a fazer algo ilegal com impunidade. Qualquer que seja o privilégio pessoal de imunidade de que o príncipe possa desfrutar, ele

---

78. Vide E. Wade e G. Phillips, *Constitutional Law* (Londres, 6.ª ed., 1960), 6-7.
79. Vide J. Gough, *Fundamental Law in English Constitutional History* (Oxford, 1961).
80. *Two Treatises* 2. 9. 131.
81. Ibid. 2. 11. 136-7; também 2. 9. 124.
82. Ibid. 2. 16. 195.
83. Ibid. 2. 18. 205.

não impede que sejam questionados, contestados e repudiados aqueles que usam a força injustamente, embora pretendam ter uma autorizacão do príncipe, a qual a lei porém não autoriza; como está claro no caso daquele que tem um mandado do rei, [se o modo de sua execução exceder] as limitações da lei: o mandado real não o excusa de suas transgressões. Porque, como a autoridade do rei é dada somente pela lei, ele não pode autorizar ninguém a agir contra a lei ou justificá-lo por sua autorização para agir assim.[84]

O cerne do primado do direito aparece na frase seguinte:

> A autorização ou ordem de qualquer magistrado que não tem autoridade [legítima] é tão nula e insignificante quanto a de qualquer particular; a diferença entre um e outro é que o magistrado tem alguma autoridade na medida em que promove certos fins, enquanto o particular não tem nenhuma; porque não é o mandado, mas a autoridade que dá o direito de agir, e contra as leis não pode haver autoridade.[85]

Porém, Locke não nega ao governante um certo arbítrio privilegiado, fora dos limites da lei, se exercido para o bem público; e justifica isso do mesmo modo que os sistemas de equidade (também fora da lei ordinária) foram convencionalmente justificados, isto é, pela impossibilidade de o direito fazer prescrições cabais que esgotem todas as possíveis contingências futuras:

> Pois os legisladores não são capazes de prever e prover, por meio das leis, tudo o que pode ser útil para a comunidade; logo, o executor das leis, tendo o poder em suas mãos, tem, pela lei comum da Natureza, o direito de fazer uso dele para o bem da sociedade, em muitos casos para os quais a lei instituída não tenha dado nenhuma orientação... mais ainda, é adequado que as próprias leis devam em alguns casos ceder caminho ao poder executivo ou antes a essa lei fundamental

---

84. Ibid. 2. 18. 206.
85. Ibid.

da Natureza e do governo, qual seja, a de que tanto quanto possível todos os membros da sociedade devem ser preservados;

assim, o governante pode justificar a demolição de uma casa para impedir que um incêndio se espalhe[86], ou impedir a punição de alguém cuja ação, embora tecnicamente ilegal, de fato mereça elogio ou perdão[87]. O Estado de Direito de Locke, portanto, é uma teoria cujos valores centrais são claros, mas cuja aplicação é elástica em suas margens, mesmo que governada pela ideia de que aquela "prerrogativa nada é senão o poder de fazer o bem público sem uma regra"[88].

A igualdade perante a lei

Este, novamente, é um valor que, numa Europa cheia de privilégios, encontrou plena expressão somente na voz da revolução inglesa. O programa republicano, o "Primeiro Acordo do Povo", apresentado pelos *Levellers* em 1647, continha o princípio de que, "assim como as lei devem ser iguais, também devem ser boas"; o que a igualdade significava para eles tornou-se claro na proposição de que, "pelas leis feitas ou a serem feitas, todas as pessoas sejam igualmente obrigadas, e nenhum direito de posse, patrimônio, título, grau, nascimento ou lugar confira qualquer isenção do curso ordinário dos procedimentos legais ao qual os outros estão sujeitos"[89]. Locke combinou essa concepção com seu primado do direito, afirmando como segue a primeira das "obrigações que a confiança depositada neles... estabeleceu para o poder legislativo de toda comunidade": "Devem governar por leis estabelecidas promulgadas, que não podem

---

86. Ibid. 2. 14. 159.
87. Ibid.
88. *Two Treatises* 2. 14. 166.
89. Kenyon, *Stuart Constitution* (vide n. 5), 310.

variar em casos particulares, mas sim constituir uma regra única para o rico e para o pobre, para o favorito na Corte e o camponês que conduz seu arado."[90]

A natureza do direito

Como nos séculos precedentes – não valeria a pena insistir nesse ponto, exceto para mostrar um hábito ininterrupto da mente, muito tempo antes de Bentham e Austin darem uma configuração formal a uma teoria imperativa do direito –, todas as referências à natureza do direito eram construídas em torno da ideia de comando. Grócio explica, no início de *De iure belli ac pacis*, que *ius* pode significar o que é justo ou um direito subjetivo, ou ainda o mesmo que *lex* (uma lei específica). Em seu terceiro sentido, significa "uma regra de ações morais que obriga ao que é certo aquele que a ela está sujeito (*obligans ad id quod rectum est*)". É verdade que essa expressão parece vaga; porém, está igualmente claro que *obligans* contém o elemento da imperatividade, porque Grócio distingue essa espécie de regra dos conselhos ou preceitos que não chegam a ser obrigatórios. Na Inglaterra, Coke, em seus *Institutos*, deu-se por satisfeito em citar a definição medieval e antiga de lei, novamente na forma imperativa, como uma regra que comanda o que é certo e proíbe o que não é[91].

A concepção de direito de Hobbes, como seria de esperar em um esquema dominado pelo Leviatã, é igualmente imperativa. Em seu tratado *Do cidadão** [*De cive*], publicado pela primeira vez em 1641, ele explica a diferença entre um mero conselho, de um lado, e uma lei, do outro, como a diferença entre um conselho e um comando, sendo o segundo "um preceito no qual a causa de minha obediência

---
90. *Two Treatises* 2. 11. 142.
91. 2 *Inst.* 588.
* Trad. bras., São Paulo, Martins Fontes, 2002.

depende da vontade daquele que comanda... A lei não é um conselho, mas um comando, e é definida assim: a lei é o comando daquela pessoa, homem ou tribunal, cujo preceito contém em si a razão da obediência"[92]. No *Leviatã*, mais brevemente, ele denomina lei "a palavra daquele que por direito tem comando sobre outros"; na passagem paralela de *Philosophical Rudiments Concerning Government* [Rudimentos filosóficos sobre o governo], isso é declarado de maneira mais completa: "Uma lei, para falar de modo adequado e preciso, é a fala daquele que por direito comanda algo aos outros para ser feito ou omitido"[93]. A figura do soberano, e sua vontade, mostram-se em Hobbes de um modo que não ocorre em Coke, Grócio ou seus predecessores. Assim também ocorre com a ideia de punição no caso de desobediência: "toda lei civil", escreveu Hobbes no *Do cidadão*, "tem uma penalidade anexada a ela, explícita ou implicitamente"; a penalidade implícita é a não especificada, mas deixada à vontade arbitrária do legislador como "comandante supremo"[94]. Além disso, é a lei, assim entendida, que determina o que é a justiça, e não o contrário; "aqueles que têm poder soberano", lemos, "podem cometer iniquidade, mas não injustiça ou injúria no sentido próprio"[95]. Uma noção como iniquidade pertence, portanto, a um plano da ordem moral que o direito, como tal, não inclui.

O discurso do século XVII sobre a natureza do direito ainda era destituído da dimensão científica que o século seguinte viria acrescentar-lhe. Contudo, pode ser feita uma breve menção aos primeiros movimentos do interesse relativista que mais tarde veria o direito como o produto condicionado de seu tempo, lugar e cenário social: o livre-pensador francês, e huguenote desterrado, Pierre Bayle (1647-1706), por meio de sua crítica racionalista e comparatista da religião estabelecida, lançou uma importante parte das

---

92. *De cive* 14. 1.
93. *Philosophical Rudiments* 3. 33.
94. *De cive* 14. 8.
95. *Leviathan* 2. 18.

fundações sobre as quais o Iluminismo francês e europeu surgiria e, mais especificamente, tornou familiar o tipo de investigação que Vico e Montesquieu configuraram nos inícios da ciência jurídica antropológica.

O direito penal e as penas

O que pode ser considerado o primeiro tratado extensivo e autossuficiente sobre a punição criminal está incluído em *De iure belli ac pacis*, de Grócio; e, nesse longo capítulo[96], ele propõe a primeira teoria moderna da ciência jurídica penal.

Primeiro, Grócio define, por meio de exclusões, a esfera própria do direito penal. Não há direito para punir os atos internos, isto é, os pensamentos (embora eles possam ser levados em conta ao se pesarem os atos externos que influenciaram)[97]. Atos que "nem diretamente, nem indiretamente afetam a sociedade humana, ou outro ser humano", não devem ser punidos, mas deixados para Deus (a menos que o castigo se destine à melhora do ofensor)[98]. Além disso, não pode haver o princípio geral de punir os pecados, atos que a fragilidade humana não pode evitar; os homens são imperfeitos, e as consequências menos sérias de sua imperfeição não devem ser tratadas como crimes[99] – opinião que, não obstante Grócio não o mencione nesse passo, São Tomás também sustentava. Segundo, embora identifique a vingança como raiz da punição criminal, ele desaprova a aplicação de penas por um motivo meramente vingativo, e adota a teoria de Sêneca, sobre a tríplice função da pena: a emenda do delinquente, o desestímulo ao crime e a instrução dos outros, e a utilidade para a segurança pú-

---

96. *De iure belli ac pacis* 2. 20; também 2. 21; igualmente aplicado por Grócio na promoção da guerra como meio de punição.
97. Ibid. 2. 20.18.
98. Ibid. 2. 20.20.
99. Ibid. 2. 20.19.

blica por retirar o culpado do convívio social[100]. A pena não deve ser infligida pela vítima do crime por meio de revide pessoal[101]. Grócio pressupõe uma proporção nas penas, relacionada à gravidade das ofensas[102]; mas afirma também que, mesmo dentro dos limites desse princípio, as penas devem estar relacionadas com seus prováveis efeitos na pessoa punida, uma vez que "a multa, que será pesada para um pobre, não pesará para quem é rico; e para um homem sem reputação a infâmia será um dano insignificante, enquanto para um homem de importância será sério"[103]. O direito de infligir punição a outro ser humano, Grócio considerava-o antes de tudo um direito decorrente da lei natural; a posse primordial desse direito pelos indivíduos era a origem do direito do Estado, obtido por cessão dos indivíduos[104]; tal cessão não era, contudo, irreversível, pois o direito de punir do indivíduo ressurge em todo vazio legal ou político, como quando os homens se encontram em um lugar deserto[105].

Também Hobbes dedicou parte de sua grande obra aos crimes e punições. Nesse último ponto ele difere de Grócio; o direito de punir do Estado, ele pensava, não surgia da cessão geral dos direitos individuais, visto que não se pode em absoluto pressupor que um indivíduo tenha cedido "qualquer direito a outro para fazer algo violento contra sua pessoa"; não era a cessão ao soberano do direito original do indivíduo para vingar males cometidos contra ele, mas antes seu total abandono desse direito, assim "fortalecendo o soberano para usar o seu", que fundamentava o direito do soberano para punir[106]. O *Leviatã* é menos filosófico que Grócio, retirando do alcance legítimo do poder de punir so-

---

100. Ibid. 2. 20.5-7, 9.
101. Ibid. 2. 20. 8.
102. Ibid. 2. 20. 28.
103. Ibid. 2. 20. 33.
104. Ibid. 2. 20. 7.
105. Ibid. 2. 20. 8.
106. *Leviathan* 2. 28.

mente os pensamentos internos; não há exclusão, em princípio, das falhas morais menores e comuns inseparáveis da natureza humana; embora, por implicação, Hobbes reconheça sua exclusão na prática, quando classifica como pecados, pela lei da natureza, a "violação de convenções, a ingratidão, a arrogância e todos os fatos contrários à virtude moral"[107]. Um crime é definido somente por referência ao direito positivo como "um pecado que consiste em cometer (por ações ou palavras) aquilo que a lei proíbe, ou em omitir aquilo que ela ordena"[108]. Quanto à punição do crime, trata-se de "um mal infligido pela autoridade pública naquele que fez ou omitiu aquilo que é julgado pela mesma autoridade ser uma transgressão da lei, a fim de que a vontade dos homens possa, por esse meio, ficar mais disposta a obedecer"[109]. Quanto aos propósitos precisos da punição, não há em Hobbes uma análise cuidadosa deles, embora ele diga que "o fim da pena não é a vingança e a descarga da cólera, mas a correção quer do ofensor, quer dos outros por seu exemplo"[110]. As penas devem ser graduadas quanto à severidade, tomando-se por referência os graus de perigo para o público que os crimes representam[111]; porém, do ponto de vista do ofensor, há vários fatores que desculpam ou de qualquer modo atenuam a ofensa[112]; fatores, também, que a agravam, tais como a premeditação[113], ou ter condições de entender que o ato não deveria ser cometido; de modo que a ofensa "de um professor de Direito, ao sustentar algum ponto ou praticar algum ato que tende a enfraquecer o poder soberano, é um crime maior que em outro homem"[114].

---

107. Ibid. 2. 27.
108. Ibid.
109. Ibid. 2. 28.
110. Ibid. 2. 30.
111. Ibid.
112. *Leviathan* 2. 27.
113. Ibid.
114. Ibid.

Este último fator é salientado também por um escritor muito diferente, Locke, quando ele denuncia o abuso da autoridade legal por parte dos que ocupam cargos de governo. "O fato de possuir legitimamente um grande poder e riquezas," ele escreveu, "longe de ser uma desculpa [para a opressão ilegal], porque é um tremendo agravante"; exceder os limites da autoridade, em um grande homem, "[é] muito pior, pois, por haver mais confiança depositada nele, supõe-se, partindo da vantagem da educação e de conselheiros, que ele tenha mais conhecimento e menos razão para fazer isso, uma vez que já dispõe de uma quota maior que o resto de seus companheiros"[115]. Isso, naturalmente, aplica-se ao sentido lockiano da má conduta no governo, e não ao crime de modo geral, embora a analogia seja próxima. Em geral, as referências muito breves de Locke ao comportamento criminoso estão relacionadas a sua teoria restritiva e até minimalista sobre a finalidade do governo, qual seja, a preservação da propriedade dos súditos (incluindo aí não só o patrimônio, mas também a vida e a liberdade). Seu poder legislativo tem apenas

> o poder de fazer leis e anexar-lhes certas penas, de modo que possam atender à preservação do conjunto [da sociedade], extirpando aquelas partes, e só aquelas, que são tão corruptas que ameaçam o quanto é bom e saudável, sem o que nenhuma severidade é legítima. E esse poder tem sua origem apenas no pacto, no contrato e no mútuo consentimento dos que compõem a comunidade.[116]

A conservação da sociedade, em vez do revide, é também vista por Pufendorf como o fim legítimo da punição; a segurança é obtida tornando o criminoso incapaz de causar mais danos, e intimidando os outros a não imitá-lo[117].

Outros princípios sobre a pena, auxiliares mas ainda importantes, encontram expressão nessa época. Hobbes es-

---

115. *Two Treatises* 2. 202.
116. Ibid. 2. 171.
117. Pufendorf, *De iure naturae et gentium* 8. 3. 12.

creveu que, embora a lei que não especifica a pena para um crime deva ser considerada como carta branca para o arbítrio do governante, "o dano infligido pela autoridade em razão de um fato ocorrido antes de haver uma lei que o proíba não é pena, mas um ato de hostilidade"; em outras palavras, uma penalização retroativa é simplesmente um ato de agressão fora da lei[118]; o mesmo vale para uma aplicação mais severa que a especificamente cominada pela lei[119]. Em seu programa para o governo da Inglaterra, a "humilde petição" de 1648 dos *Levellers* continha a exigência de que todos os homens fossem "livres de ser questionados ou punidos por fazerem algo contra o que nenhuma lei havia sido promulgada"[120]. Esses mesmos pensamentos sobre os princípios de legalidade na aplicação das penas estava na mente da Câmara dos Lordes em 1642, quando – por ocasião do *impeachment* dos "Cinco Membros" da Câmara dos Comuns, cuja prisão pelo rei fora frustrada e contra quem acusações gerais de traição agora eram feitas – os lordes resolveram debater "se alguma pessoa devia ser encerrada na prisão em decorrência de uma acusação geral do rei ou da Câmara dos Comuns, antes de a acusação ser apresentada em detalhes"[121]. A necessidade, também, de a punição seguir-se a um julgamento regular que conclui pela culpa foi sustentada por Hobbes: "o mal infligido pela autoridade pública, sem uma condenação pública prévia, não deve ser designado pelo nome de pena, mas de um ato hostil; porque o fato pelo qual um homem é punido deve primeiro ser julgado pela autoridade pública, para ser uma transgressão da lei"[122].

---

118. *Leviathan* 2. 28.
119. Ibid.
120. Kenyon, *Stuart Constitution* (vide n. 5), 322.
121. Ibid. 241.
122. *Leviathan* 2. 28.

O direito internacional

Vimos que a ideia de uma comunidade das nações obrigada pela lei é antiga. Articulada de modo obscuro por Santo Agostinho, latente no comércio medieval e depois na prática diplomática, ela começou a formar o assunto de obras separadas no século XVI, após o aparecimento do sistema europeu de grandes Estados soberanos convencionalmente datado do começo daquele século ou do final do precedente. No início do século XVII, foi por fim colocada sobre fundações completas e sistemáticas por Grócio.

A obra mais famosa de Grócio, *De iure belli ac pacis* (1625), foi concebida e escrita no tempo em que a Guerra dos Trinta Anos na Alemanha, deflagrada em 1618, mostrava ao mundo horrores ainda piores que os da revolta holandesa contra a Espanha. "Por todo o mundo cristão", ele escreveu em sua introdução,

> observei a falta de restrições em relação à guerra, da qual até as raças bárbaras se envergonhariam; observei que os homens se apressam a pegar em armas por causas de pouca importância, ou sem causa alguma, e que, uma vez empunhadas as armas, não há mais respeito nenhum pela lei, divina ou humana; é como se, por decreto geral, se desse livre curso ao frenesi de cometer todos os crimes.[123]

Essa perplexidade forneceu-lhe a inspiração emocional para empreender a obra que, como ele diz no princípio de seu livro, ainda ninguém havia tratado de modo abrangente e sistemático, embora de fato reconheça a obra de Gentili, no século anterior, e sua dívida para com ela[124].

O fundamento de toda ordem é a natureza social do homem, que Grócio atribui a Deus; porém, mesmo se alguém supusesse que Deus não existe, ainda haveria nor-

---
123. *Prolegomena* 28.
124. Ibid. 1. 38.

mas e padrões, emanados dessa natureza humana, que exigem obediência. A manutenção da ordem social é a fonte de todo o direito; e o direito, propriamente dito, consiste no cumprimento do dever de uns para com os outros nesse contexto social. Porém, ele diz,

> assim como as leis de cada Estado têm em vista a vantagem desse Estado, assim também, por mútuo consentimento, tornou-se possível que certas leis se originassem entre todos os Estados ou a grande maioria deles; e é compreensível que as leis assim originadas tenham em vista a vantagem não de Estados particulares, mas de uma grande sociedade de Estados. E isso é o que é chamado direito das nações, sempre que distinguirmos esse termo da lei da natureza.[125]

Esse direito das nações, que ele relaciona com os preceitos básicos da lei natural (manter as promessas, restituir ganhos injustos, fazer a reparação da injúria), está em vigor entre os Estados por seu mútuo consentimento. Há uma vantagem para os Estados em observar esse direito:

> Assim como o nacional, quando viola a lei de seu país com o fim de obter uma vantagem imediata, destrói aquilo por que suas vantagens e as de sua posteridade são asseguradas por todo o tempo futuro, assim também o Estado que transgride as leis da natureza e das nações elimina os baluartes que defendem sua própria paz futura. Mesmo pondo isso de lado, seria um sinal de sabedoria, não de loucura, permitir sermos levados em direção àquilo para o que sentimos que nossa natureza nos conduz.[126]

O fato de que o direito das nações não traz consigo nenhuma sanção para impô-lo não significa que ele não tem nenhum efeito (e, como vimos, Grócio tinha definido o direito como *obligans*, sem nenhuma referência à sua emissão

---

125. Ibid. 17.
126. Ibid. 18. 30.

partindo do comando de um superior, que Hobbes tornaria essencial). A obediência a ele tem as recompensas de uma consciência tranquila, a aprovação das outras nações e a proteção de Deus[127]. A guerra, ele reconhecia, às vezes tem de ser empreendida; mas a guerra justa deve ser empreendida com o mesmo escrúpulo, quanto à ocasião e aos métodos pelos quais é conduzida, que alguém teria para administrar a justiça judicial; uma vez que, infelizmente, esta não está disponível, os Estados são forçados a substituí-la pela beligerância[128].

Essa, em resumo, é a teoria sobre a qual Grócio erigiu um grande número de preceitos detalhados, alguns relacionados com a guerra; outros, como não fazem parte do direito internacional mas do interno, são incorporados de modo a sugerir sua aplicação por analogia nas relações entre os Estados.

A obra de Grócio inaugurou uma nova ciência e, no espaço aproximado do século que se seguiu, muitos juristas notáveis escreveram sobre o direito internacional e ocuparam cátedras, que então começaram a ser criadas, para o estudo desse novo tema. Entre os que vieram depois dele no século XVII, Pufendorf é o nome mais importante (ocupou em Heidelberg a primeira cátedra universitária de "direito natural e direito internacional"). Ao contrário de Grócio, que atribuía aos tratados e à prática consuetudinária a posição de fontes do direito internacional, Pufendorf negava-lhes a autoridade de obrigar, e sustentava que o direito internacional derivava somente do direito natural[129].

---

127. Ibid. 19. 23.
128. Ibid. 25.
129. *De iure naturae et gentium* 8. 9.

Capítulo 7
O século XVIII

O século XVIII está suficientemente perto de nós para nos permitir usar seu nome para evocar, convenientemente, impressões familiares de suas artes e estilos de vida. Ele não foi, mais que qualquer outro século, um "período" autossuficiente em história política e intelectual. Porém, foi um século em que as antigas estruturas europeias de autoridade e legitimidade foram irreparavelmente fraturadas pelas revoluções francesa e americana. O século também incluiu o ponto alto da época intelectual que preparou o terreno para a revolução, o chamado "Iluminismo", cuja característica central foi a rejeição de toda autoridade espiritual e intelectual, e da posição da fé e obediência cristãs na civilização que elas tanto haviam se esforçado para moldar.

Considerando-se o nível puramente político e constitucional, as Ilhas Britânicas foram uma exceção entre os Estados da Europa por terem realizado, no final do século XVII, uma revolução que seria estabilizada e assimilada durante todo o século XVIII. Pela lei de sucessão ao trono de 1701, a coroa britânica, após a morte da rainha Ana, em 1714, passou para o eleitor* de Hanover, um neto alemão de Jaime I – uma pessoa mais distante na sucessão legítima (de acordo com a lei antiga) do que o filho deixado por Jaime II, mas

---

* *Eleitor*: príncipe do antigo Império Romano-Germânico que tinha o direito de eleger o imperador. (N. da T.)

artificialmente promovido pela lei de 1701, que excluiu perpetuamente do trono todos os católicos romanos. O eleitor, assumindo a coroa britânica como Jorge I, foi sucedido, em 1727, por seu filho Jorge II, que foi sucedido, em 1760, por seu jovem neto Jorge III e pelos filhos deste, Jorge IV (1820--30) e Guilherme IV (1830-37). Na ocasião em que esses soberanos "hanoverianos" foram sucedidos, em 1837, pela jovem Vitória, a dinastia já tinha sido aceita havia muito tempo por todos, exceto os excêntricos, como legítima. Porém, os reinados dos dois primeiros Jorges, cujos corações repousavam na Alemanha, foram perturbados por centelhas da lealdade jacobita aos desalojados Stuarts, centelhas que se inflamaram, em 1715 e 1745, ao grau da rebelião. Durante a primeira metade do século, também, a fronteira entre os direitos reais e parlamentares era duvidosa e não se converteu em uma relação tranquila até a época do terceiro Jorge. Foi nesse período instável que os partidos políticos, no sentido moderno, começaram a surgir: os *whigs*, representando amplamente os que defendiam a revolução de 1688 e os direitos liberais e parlamentares, e as tradições supostamente associadas a isso; e os *tories*[1], que ainda se mantinham leais às antigas doutrinas que conferiam um alcance mais amplo às prerrogativas reais, ou ainda estavam apegados aos banidos Stuarts. Pois, algum tempo após o estabelecimento hanoveriano, a aura de deslealdade, de uma aceitação apenas relutante da nova ordem, pairava sobre os *tories*, que estiveram fora de cargos oficiais na maior parte do século; mas, finalmente, seu igual apego à monarquia, mesmo reconstituída, foi aceito e o conflito político, embora frequentemente áspero, não degringolou em derramamento de sangue (exceto quando ocorreram rebeliões propriamente ditas, como as insurreições jacobitas ou a rebelião irlandesa de 1798). A oposição política pacífica à Co-

---

1. *Tory*: do irlandês *tóiridhe*, "ladrão" ou "ladrão de estrada", isto é, nativos irlandeses espoliados que pilhavam os colonos ingleses; aplicado abusivamente aos seguidores de Jaime II (porque muitos deles eram irlandeses). A etimologia de *whig* é mais obscura.

roa e seus ministros tornou-se segura e normal. A expressão "a Oposição de Sua Majestade", que teria parecido grotesca e subversiva no século XVII, teve de esperar até o começo do século XIX para ser inventada[2]; porém, a realidade que ela expressa, a possibilidade da hostilidade política aos ministros da Coroa (o governo da época) coexistindo com a perfeita lealdade à Coroa e às instituições do Estado, foi um produto do século XVIII hanoveriano na Inglaterra.

A Grã-Bretanha, no decorrer desse século, conseguiu ampliar suas possessões ultramarinas, expulsando a França da Índia e da América do Norte (embora tenha perdido suas colônias americanas após a rebelião de 1776 contra as políticas de tributação do governo local; essas colônias se confederaram e formaram os Estados Unidos). O final do século XVIII foi também a época da Revolução Industrial britânica, que em quase todas as suas fases esteve à frente das fases correspondentes das economias estrangeiras que competiam com a sua. Fundamentada sobre vários fatores – tais como a revolução científica (apesar de a maior parte dos avanços técnicos decisivos ter sido inovações de artesãos práticos, não de cientistas), grandes quantidades de capital anteriormente subempregado, abundância de mão de obra barata (e com frequência cruelmente explorada) à medida que as pessoas eram expulsas da terra pelos cercamentos privados dos campos comuns, e a destruição das indústrias familiares por novas técnicas de produção em massa concentrada, os recursos naturais de carvão e ferro e a ética protestante –, essa Revolução Industrial iria promover a Grã-Bretanha à liderança econômica do mundo.

A Irlanda, abandonada depois das guerras guilherminas por grande parte de sua antiga nobreza, oprimida pelas leis penais contra os católicos, tão miseravelmente governada que até sua população protestante desenvolveu um sentido de patriotismo irlandês quando viu a indústria ir-

---

2. Aparentemente pelo *whig* Lorde Broughton, na década de 1820: vide *The Concise Oxford Dictionary of Quotations*, 105. 11.

landesa destruída para servir a da Inglaterra, com a maior parte de seu povo afundada na abjeta pobreza que acendeu a memorável compaixão e raiva de Jonathan Swift, não compartilhou nada da glória de seus conquistadores. No final do século, ela foi absorvida pela Inglaterra em uma União, medida amplamente incitada pela apreensão que o espírito independente do parlamento de Grattan, e depois a rebelião de 1798, havia causado em um governo britânico preso ao combate da França revolucionária.

Essa França revolucionária havia experimentado um século muito diferente, que começou quando o reinado de Luís XIV, a própria imagem do poder absoluto e do orgulho da realeza, chegou ao fim em meio a uma série de reveses militares. Ao morrer, em 1715, Luís XIV legou um Estado exaurido pelas guerras improdutivas que suas ambições grandiosas tinham imposto ao povo. O reinado igualmente longo de seu bisneto e sucessor Luís XV (1715-74) foi marcado por outra série de derrotas, particularmente as ultramarinas. Internamente, o absolutismo real de Luís XIV foi perpetuado; o parlamento francês medieval, os Estados Gerais, cuja última reunião havia ocorrido em 1614, não foi convocado novamente até Luís XVI reuni-lo em 1789, quando se transformou na Assembleia Constituinte, de cujo trabalho decorreram a Revolução e a destruição da monarquia. Essa monarquia absoluta era cercada por uma nobreza muito numerosa, descendente dos poderosos senhores locais, cuja turbulência por muito tempo retardou o surgimento de uma monarquia forte, junto com famílias enobrecidas muito mais recentemente, promovidas por sua riqueza, façanhas militares ou habilidades legais e administrativas. Esses aristocratas, não raro ausentes de suas propriedades para comparecer à esplêndida corte de Luís XIV em Versalhes (onde um imenso palácio havia sido construído, em parte para facilitar que os nobres se concentrassem ali e não causassem danos nas províncias), desfrutavam tradicionalmente e preservavam com zelo os mais odiosos e abusivos privilégios, sobretudo a isenção tributária; esta, juntamente com a isenção similar da Igreja malgrado sua vasta riqueza, significava na linguagem moderna uma base tributária incrivelmente exígua da qual o governo real tinha de extrair recursos para sustentar as guerras por todo o mundo. Essa asma financeira crônica, tornada ainda pior pela fraca condição do comércio e indústria franceses em relação aos da Grã-Bretanha, foi um importante fator da revolução; ao lado do sentimento de humilhação nacional surgido de repetidos fracassos militares, ela propiciou o clima em que as ambições e ressentimentos de uma classe média desprivilegiada afinal puderam explodir. Paradoxalmente, a gota-d'água foi fornecida pelo episódio em que o envolvimento militar francês foi essencial para causar uma derrota britânica: a revolta das colônias americanas; esta foi tão poderosa e eficazmente apoiada pelos franceses que as finanças do governo real sofreram um estiramento fatal, e foi para lidar com a crise resultante que Luís XVI convocou os Estados Gerais no verão de 1789, construindo assim o palco sobre o qual a revolução se desenrolaria em torno da exigência não de meras reformas fiscais, mas de mudanças na estrutura total do governo e da sociedade.

Do outro lado dos Pirineus, o outrora poderoso reino espanhol continuou, ao longo do século XVIII, no declínio que o século XVII havia inaugurado. Luís XIV, em 1700, garantira a passagem da coroa espanhola para seu neto Filipe d'Anjou, que reinou como Filipe V até 1746; mas o tratado de Utrecht, em 1713, que pôs fim à guerra motivada por essa sucessão, custou à Espanha suas possessões europeias; a região sul dos Países Baixos (a moderna Bélgica), juntamente com os territórios italianos de Nápoles e Milão e a ilha da Sardenha, passou para a Áustria, e a Sicília foi para o Piemonte-Savoia. O império americano continuou; mas sua produção e comércio não compensavam a Espanha pela crônica fraqueza de sua própria economia: o solo em grande parte estéril, as difíceis comunicações internacionais e uma enorme classe de pequena nobreza para a qual (em nítido contraste com a classe alta inglesa, de forte espírito prático) nenhuma das ocupações lucrativas estava à altura de sua dignidade. A aristocracia espanhola, como a francesa, gozava de consideráveis privilégios (o que não impediu que muitos de seus membros empobrecessem); o rei espanhol era quase tão absoluto quanto o francês. O principal órgão do governo era o Conselho de Castela, que desempenhava simultaneamente funções legislativas, administrativas e judiciais. A Igreja retinha um poder enorme que, juntamente com o isolamento geográfico, o orgulho e a desconfiança de influências estrangeiras, motivaram nesse século uma estagnação intelectual única na Europa Ocidental.

A Alemanha, no século XVIII, continuou uma colcha de retalhos de muitos Estados e pequenos principados. O maior complexo político e, no início do século, o mais importante era o Sacro Império Romano, governado pelos Habsburgos. Esse estendia-se para muito além das terras de língua alemã e tinha muitos súditos magiares, eslavos, italianos, romenos e belgas; mas seu centro era o antigo território Habsburgo da Áustria e sua capital, Viena. Por volta da metade do século, um novo poder alemão tinha surgido, destinado finalmente a unir todas as terras alemãs situadas a oeste e a norte da Áustria em um poderoso Estado de primeira categoria: a Prússia, um reino militarista enxuto e eficientemente governado, construído ao redor da região plana e arenosa de Brandemburgo, com sua capital Berlim, mas incluindo territórios junto ao Reno no extremo oeste. Sob o reinado de seu famoso monarca Frederico II ("o Grande"), a Prússia avançou para a linha de frente das potências europeias, capaz de enfrentar e derrotar o império Habsburgo, os russos e os franceses. Havia importantes diferenças nos níveis de prosperidade nas regiões alemãs; a recuperação da devastação da Guerra dos Trinta Anos foi lenta e desigual. Culturalmente, os alemães do século XVIII, a despeito de suas numerosas universidades e de uma reconhecida proeminência em música, sentiam-se eclipsados pelo brilho da França; esse cansativo sentimento de inferioridade desempenharia um papel no desdobramento da história intelectual e política da Alemanha, com resultados mistos para eles e para os outros.

A Itália continuou por todo o século politicamente fragmentada e com uma substancial proporção de seu território sob o controle estrangeiro. Os Estados papais da Itália central, as repúblicas de Gênova e Veneza no norte, e alguns outros principados, eram governados por seus próprios soberanos; mas o reino de Nápoles – em outras palavras, todo o sul da Itália –, junto com o da Sicília, esteve, depois de 1713, primeiro sob o controle austríaco, depois sob o espanhol, e a Áustria adquiriu também os importantes territórios de Parma e Milão. Em 1713, o outrora orgulhoso Grão-Ducado da Toscana, construído sobre a dinastia dos Médici de Florença, passou para as mãos dos Habsburgos austríacos. Por outro lado, embora a Itália não fosse mais proeminente nas artes e ciências, estava em contato com a civilização europeia mais ampla em um grau muito maior que a Espanha. Nápoles, em particular, era um ativo centro intelectual; a presença de Roma e do papado impunha a contínua centralidade da Itália para a cultura da Cristandade católica; a presença e a tradição do mundo clássico em suas ruínas e a Renascença em seus mais esplêndidos monumentos de arte e arquitetura asseguravam o amor e a atenção apaixonada das pessoas educadas em todas as partes da Europa e um contínuo e íntimo contato com elas.

Do outro lado do Atlântico, os súditos britânicos que viviam nas colônias e que, coerentemente, tinham apoiado a pátria-mãe em sua luta com os franceses pelo domínio da América do Norte, foram progressivamente se afastando dela por ressentir sua política de tributação. O aparecimento de uma competente liderança local, na qual os advogados eram proeminentes, assegurou um grau de organização que tornou possível a Declaração de Independência conjunta das colônias de 1776, seguida pela bem-sucedida revolta armada, a guerra da Independência, na qual os rebeldes americanos receberam a assistência decisiva da França de Luís XVI, da Espanha e dos Países Baixos. Foi profunda a impressão causada na Europa por essa revolução americana, com seu aparato ideológico no qual convergiam as velhas ideias europeias do contrato social e dos direitos do homem; e, enquanto a crise francesa de 1789 foi amplamente provocada pelas tensões financeiras da intervenção na América, o recente exemplo americano de uma revolta bem-sucedida e as ideias que a estimularam contribuíram para o espírito de uma revolução imediata.

O "Iluminismo" do século XVIII

Visto de uma perspectiva mais distante, talvez até mais significativo na história humana que a própria Revolução Francesa foi o movimento intelectual que condicionou e municiou muitos dos que a encabeçaram ou inspiraram: o chamado "Iluminismo", expressão da "Idade da Razão" com a qual, no plano intelectual, o século XVIII é mais ou menos coextensivo e que teve representantes por toda a Europa, mas cuja sede principal foi inquestionavelmente a França. Mesmo chamar o Iluminismo de um "movimento" pode ser enganoso; ele foi mais um humor ou temperamento disseminado, ou uma atitude em relação ao mundo da qual a nota dominante foi um profundo ceticismo dirigido contra os sistemas tradicionais de autoridade ou ortodoxia (especialmente a religião) e uma forte fé no poder da razão e inteligência humanas para fazer progressos ilimitados nas ciências e técnicas conducentes ao bem-estar humano. O impulso imediato e decisivo para o surgimento desse estado de espírito é frequentemente atribuído ao escritor francês calvinista Pierre Bayle (1647-1706), cujo *Dictionnaire historique et critique* [Dicionário histórico e crítico] (1695- -97), profundamente cético, que rejeitava todos os tipos de ortodoxia e insistia na prova empírica de todas as proposições, tornou-se, para o Iluminismo francês, uma espécie de

Bíblia secular dos livres-pensadores. Porém, a ascendência remota do Iluminismo pode ser localizada em época muito mais recuada: a Renascença, a Reforma, a revolução científica na época de Bacon, Galileu e Newton, a filosofia empírica de Locke e Descartes, todas foram passos no caminho que a ele conduziu. Seu monumento mais significativo e típico na França foi a *Encyclopédia*, planejada e supervisionada por Diderot; essa imensa obra, para a qual contribuíram todos os principais representantes do que era considerado o pensamento progressista, foi planejada não só como um enorme repositório de informações técnicas (apresentadas, naturalmente, sem as opiniões e interpretações da autoridade eclesiástica), mas também como "uma antologia das opiniões 'esclarecidas' sobre política, filosofia e religião... O simples número dos colaboradores garantia que ela não expressaria nenhum ponto de vista estritamente sectário, mas havia suficiente consenso sobre uma abordagem razoável e empírica para assegurar uma certa convergência de objetivos"[3]. Essas opiniões "esclarecidas" ou "iluminadas" eram o que as pessoas conservadoras e guiadas pela Igreja na França, Grã-Bretanha e outros lugares chamavam de opiniões "infiéis". Porém, os que as sustentavam tinham um efeito muito importante no clima político, bem como no religioso. O escritor e político francês Alexis de Tocqueville (1805-59), em sua obra *L'Ancien Régime et la Révolution**, descreveu deste modo a atitude política do Iluminismo do século XVIII:

> [Os franceses letrados] não tomavam parte nos negócios públicos, como faziam os autores ingleses; ao contrário, eles nunca tinham vivido tão fora do mundo. Não tinham cargos públicos e, embora a sociedade tivesse abundância de funcionários, não tinham funções públicas das quais desincumbir-se.

---

3. Norman Hampson, *The Enlightenment* (Harmondsworth, Pelican, 1968), 86.

* Trad. bras. *O Antigo Regime e a Revolução*, São Paulo, WMF Martins Fontes, 2009.

Mas não eram alheios à política ou totalmente absorvidos pela filosofia abstrata e pela literatura, como a maioria dos literatos alemães. Prestavam uma atenção assídua e, de fato, especial aos assuntos do governo. Dia após dia discorriam sobre a origem e a forma primitiva da sociedade, sobre os direitos primordiais dos governados e do poder governante, sobre as relações naturais e artificiais dos homens entre si, sobre a solidez ou os erros dos costumes predominantes, sobre os princípios das leis. Fizeram minuciosas investigações na Constituição e criticaram sua estrutura e plano geral. Não dedicavam invariavelmente estudos particulares ou profundos a esses grandes problemas. Muitos simplesmente olhavam para eles de passagem, com frequência de modo jocoso, mas nenhum os omitia inteiramente...

Os sistemas políticos desses escritores eram tão variados que seria totalmente impossível conciliá-los e moldá-los todos em uma teoria de governo.

Todavia, deixando os detalhes de lado e olhando somente para os princípios mais importantes, percebe-se prontamente que todos esses autores concordaram em um ponto central, a partir do qual suas noções particulares divergiam. Todos eles partiam do princípio de que era necessário que regras simples e elementares, baseadas na razão e no direito natural, substituíssem os costumes complicados e tradicionais que regulavam a sociedade da época... A totalidade da filosofia política do século XVIII está realmente compreendida nessa única noção.[4]

Esses escritores, como Tocqueville irá explicar, viam à sua volta inúmeros privilégios, anomalias e injustiças antigos, sob os quais, em algum ponto ou outro, todo segmento da sociedade francesa sofria. Não tendo nenhuma experiência com os negócios públicos, e na ausência de instituições representativas que fossem capazes de efetuar reformas, os escritores do Iluminismo francês interessados em política só concebiam a ideia de fazer uma remoção completa das antigas estruturas (embora certamente não por meio

---

4. *The Ancien Régime* 2. 13 (Londres, Everyman Classics, 1988, p. 110).

de uma revolução violenta como a que de fato aconteceu) e começar novamente do nada, construindo dessa vez o edifício do Estado sobre princípios puramente racionais. Essa era a mentalidade, disposta a sacrificar tradições milenares às meras teorias do dia, que Burke viria a combater com tanta intensidade quando os frutos dessa filosofia se tornaram visíveis depois de 1789.

Alguns aspectos da mentalidade iluminista são de especial interesse para a história da teoria jurídica. A própria ideia de que as instituições políticas ou jurídicas podiam ser criticamente avaliadas e sua conveniência, questionada, manifestava-se na percepção de Montesquieu de que as leis são contingentes, tendentes a refletir as condições de vida das pessoas que vivem segundo elas, e não a adaptar-se a um único padrão universal; Vico, um pouco antes, e Voltaire, depois, manifestaram uma atitude igualmente relativista em relação às regras humanas, no caso de Voltaire aguçada pelo ódio ardente a seu frequente absurdo e crueldade. O padrão pelo qual elas deveriam ser substituídas por estruturas ideais era o da razão e do "direito natural" em sua forma do século XVIII, como Tocqueville escreveu na passagem há pouco citada. A convicção da época a esse respeito encontra expressão nas ideias utilitaristas de Bentham (embora Bentham menosprezasse a noção de direito natural), na crítica humanitária do direito penal iniciada por Beccaria e pressagiada por Voltaire e no entusiasmo codificador do rei prussiano Frederico, o Grande, e do imperador austríaco José II.

As referências feitas no parágrafo anterior indicam o caráter internacional do Iluminismo, indo muito além da França, onde seu espírito se estabeleceu em primeiro lugar. Na península Ibérica, isolada dele pelas forças de uma poderosa tradição católica, teve pequeno impacto. Mas em todos os outros lugares da Europa e na América, onde Benjamin Franklin pode ser reconhecido como seu primeiro representante, sua influência foi profunda. Da Anglo-Irlanda de Grattan à Rússia de Catarina, a Grande, as doutrinas e atitudes dos enciclopedistas fizeram a moda em vários graus e tornaram-se familiares até para os que não as adotaram. Surgiu um tipo de maçonaria europeia do intelecto, uma espécie até então sem paralelo no plano secular, simbolizada mais memoravelmente pela amizade de Frederico, o Grande, e Voltaire. Os primeiros trabalhos de Bentham foram publicados pela primeira vez na França por um admirador; a visita a Voltaire, exilado, era uma espécie de peregrinação empreendida por pensadores avançados de todas as nacionalidades; Gibbon, o historiador infiel da longa decadência do Império Romano, e desse modo de toda a Idade Média, foi uma celebridade europeia em sua pátria, a cidade suíça de Lausanne. Realmente, mesmo no nível puramente político, a sensação de que os acontecimentos estavam mudando, sob o impulso da razão afrontada pela antiga injustiça e pelo absurdo, em direção a uma revolução irreversível foi sentida de algum modo em todo lugar. A polêmica mais famosa de Burke, *Reflexions on the Revolution in France**, e seu uso da palavra "em", sugere consciência de que em todo lugar a grande roda da história estava girando, embora somente a fase francesa desse giro precisasse, no momento, atrair seu interesse e indignação.

O mesmo século do qual nos lembramos como a Idade da Razão, no entanto, assistiu também ao aparecimento de um espírito muito diferente e divergente, o do clima "romântico" na arte e na literatura, que deixou igualmente sua marca na teoria jurídica. Seu domínio pertence mais ao século XIX que ao XVIII; mas seu principal fundador foi um contemporâneo mais jovem de Voltaire: o suíço Jean-Jacques Rousseau (1712-78), nascido em Genebra, mas que residiu na França a maior parte de sua vida. Como em todos os casos em que um indivíduo é escolhido como um fundador, é possível apontar prefigurações de sua perspectiva, como aqui talvez o aparecimento do romance popular, na Inglaterra, na primeira parte do século. Foi, todavia, indiscutivelmente Rousseau quem estabeleceu, em particular com seu

---

* Trad. bras. *Reflexões sobre a revolução em França*, Brasília, Ed. da UnB, 1997.

influente livro *La Nouvelle Héloïse* (1761), as pretensões do sentimento humano em contraste com a mera razão. Ele foi o primeiro rebelde importante contrário às convenções formalizadas, classicistas e (como era fácil de imaginar) um pouco desumanizadas da etiqueta, da arte e da literatura que associamos ao mundo pré-revolucionário do século XVIII: a peruca, o minueto, os versos alexandrinos, a interminável reciclagem de temas da Antiguidade grega e romana. Colocando em seu lugar a "natureza" e o "sentimento" – com os quais se referia ao que é novo, selvagem, primitivo, espontâneo, não permeável à mera avaliação racional, em tudo, desde as maneiras até as paisagens –, ele inaugurou um movimento estético completo, não extinto até agora, que uma era posterior chamou de Romântico. Fez soar uma nota nas fronteiras das emoções e do intelecto: a preferência, que ele tornou de bom gosto, pelo que havia crescido naturalmente e não pelo cultivo, pelo espontâneo e não pelo artificial, emprestou um tipo de autoridade a tudo o que tinha a qualidade de puro, não forçado e original; mas, incidentalmente, também tendeu a isentar do exame da razão tudo o que pudesse ser apaixonadamente sentido e apaixonadamente expresso. O impacto de tudo isso em sua teoria do direito e do Estado, que no final das contas pode ser considerado pernicioso, será resumido abaixo.

A concepção de Estado e seus fundamentos

O século XVIII tinha superado a necessidade que o século anterior, evidentemente, ainda sentia de justificar a existência do Estado e do governo. Mesmo agora um sonho anárquico ocasional se fazia sentir, particularmente na América não conformista; o anglo-americano Tom Paine escreveu, em 1776, que "o governo, assim como a indumentária, é o emblema da inocência perdida"[5]. Mas nem Hobbes nem

---

5. Referências em I. Krammick (ed.), *The Federalist Papers* (Harmondsworth, Penguin Classics, 1987), Introdução, 23.

Locke surgiam agora para atribuir sua instituição ao medo dos homens por suas pessoas ou pela proteção de sua propriedade.

Por outro lado, o Estado começava a ser entendido como uma entidade independente e abstrata mais claramente do que antes. É verdade que estivemos observando esse processo desenrolar-se gradualmente desde a Baixa Idade Média; a Querela das Investiduras inaugurou a separação entre a autoridade espiritual e o poder temporal; a consolidação de um sistema estável de reinos nacionais por volta de 1500 e a Reforma logo depois – em parte, uma rejeição da influência de Roma nos negócios seculares – são outros passos na mesma direção. Porém, mesmo no século XVII a ideia abstrata do Estado não tinha emergido claramente, e o próprio uso da palavra Estado, nesse sentido, não era mais antigo que o século XVI. Conta-se que Luís XIV, quando jovem, proferiu diante do Parlamento de Paris a famosa frase "L'État, c'est moi"; isso, contudo, não teve a intenção de ser a expressão do absolutismo pessoal, mas tão somente uma declaração da simples concepção medieval que não postulava uma abstração mais profunda do que a Coroa e via os poderes do governo concentrados em seu titular. Em meados do século XVIII, uma mudança parece ocorrer com relação à noção de um todo impessoal, abstraído dos órgãos e do centro do governo; um momento significativo nesse desenvolvimento, segundo alguns escritores, foi a chamada "Revolução Diplomática" de 1748, na qual, por razões puramente relacionadas às percepções dos interesses dos reinos, que importavam mais que as tradições de suas dinastias, a França e a Áustria viram-se pela primeira vez em aliança, esquecendo-se da rivalidade hereditária entre Bourbons e Habsburgos.

O modelo do contrato social, em uma ou outra forma, continuou a ser usado por muitos escritores como uma explicação dos fundamentos do Estado. Montesquieu acreditava que, na condição original do homem, embora "o temor pudesse induzir os homens a evitar uns aos outros, as marcas desse temor, sendo recíprocas, logo os levariam a se associar": um ato coletivo consciente, por conseguinte, com respeito ao qual, porém, ele achava que o instinto natural para a sociedade de outros humanos teria contribuído[6]. O estado civil ("l'état civil": a existência cívica) foi o resultado da "conjunção de todas as vontades dos indivíduos"; novamente, um ato coletivo consciente é visualizado[7]. Frederico, o Grande, escrevendo em francês sobre o estado político da Europa de seu tempo, via o governo como o resultado de uma escolha consciente, feita pelo povo, de alguém para governá-lo "como um pai"; e, perto do fim da vida, concebeu o "pacto social" surgido de uma primitiva condição hobbesiana de violência geral[8]. Expressões similares são encontradas entre juristas como o alemão Christian Wolf[9] e o escritor suíço, muito influente, Emmerich de Vattel[10]. O professor austríaco Karl Anton von Martini, importante na história dos esforços pioneiros da imperatriz Maria Teresa e seu sucessor, José II, com respeito à codificação das leis do império, escreveu sobre o contrato social de modo muito semelhante ao espírito de Locke: pelo contrato de submissão, ele afirmou, o povo não entrega seus direitos em definitivo, nem a designação de seu soberano o intitula a exercer mais poder que o necessário para o propósito social, de cuja realização ele está encarregado[11]. Do outro lado do Atlântico, também, a linguagem do contrato social é ouvida algumas vezes, embora, por exemplo, nos *Federalist Papers*, ela apareça subordinada ao princípio mais simples de que "a estrutura do império americano deve repousar sobre a base sólida do CONSENTIMENTO DO POVO"[12]; o "gênio da liberdade republicana" exigia que, de um lado, "todo poder derivasse

---

6. *De l'esprit des lois* 1. 2.
7. Ibid. 1. 3.
8. Citado por Gough, *Social Contract* (vide cap. 2, n. 48), 157-8.
9. Ibid. 158-61.
10. Ibid. 161.
11. Vide Williams, *Ancien Régime* (cap. 6, n. 7), 469.
12. Krammick (ed.), *Federalist Papers* (vide n. 5), 184: n.º 22, Alexander Hamilton.

do povo", e que, de outro, seu exercício fosse considerado a desincumbência de um ato de confiança sujeito a um sistema de cuidadosos freios e contrapesos[13]. Aqui também os ecos de Locke são fortes demais para não serem notados.

O contrato social, desse modo, continuou a ser nesse século um modelo conveniente para exposições ou polêmicas. Mas era impossível que a Idade da Razão e do Iluminismo aceitasse a noção de um contrato original como a base do Estado como uma hipótese histórica séria. Mesmo no início do século XVII, como vimos, a Igreja da Inglaterra havia ridicularizado a noção de um primitivo estado de natureza, em que os homens "correriam para cima e para baixo" como selvagens isolados. E, no século XVIII, a atmosfera de ceticismo tornou-se mais pesada em torno do conceito de um suposto contrato. O filósofo escocês David Hume, em um ensaio publicado no mesmo ano (1748) que o *Esprit des lois** de Montesquieu, supunha que os homens, no princípio, abandonaram voluntariamente sua liberdade natural em benefício da paz e da ordem, mas também considerava que a ideia de um "contrato e acordo expressamente criados para a submissão geral" estava "muito longe da compreensão de selvagens"; a fundamentação real do governo era, antes, a aquiescência geral que com o tempo levou à obediência habitual[14]. Algo similar aparece nos *Commentaries on the Laws of England* [Comentários sobre as leis da Inglaterra], de William Blackstone (1765), que parece apresentar o contrato social não como uma hipótese estritamente histórica, mas como uma espécie de alegoria útil que iluminava as razões pelas quais a sociedade ordenada persistia, constrangendo as paixões individuais de seus membros com sua disciplina:

> As únicas fundações verdadeiras e naturais da sociedade são as carências e os temores de seus indivíduos. Não que

---

13. Ibid. 243: n.º 37, Alexander Hamilton.
* Trad. bras. *O espírito das leis*, São Paulo, Martins Fontes, 2005.
14. Citado por Gough, *Social Contract* (cap. 2, n. 48), 186-7.

possamos acreditar, como alguns teóricos, que tenha havido um tempo em que não existia uma sociedade, quer natural, quer civil; e que, pelo impulso da razão e por meio da percepção de suas carências e fraquezas, os indivíduos reunidos em uma grande planície fizeram um contrato original e escolheram o homem mais alto para ser seu governador. Essa noção, de um estado de natureza desconexo existindo realmente, é extravagante demais para ser seriamente admitida...

Famílias e tribos juntaram-se por conquista ou por acidente "e, às vezes, talvez, por contrato":

> Porém, embora a sociedade não tenha tido seu início formal numa convenção de indivíduos, estimulados por suas carências e temores, é a *percepção* de sua fraqueza e imperfeição que *mantém* o gênero humano unido, que demonstra a necessidade dessa união e que, portanto, é a fundação sólida e natural, bem como a argamassa, da sociedade civil. E isso é o que queremos dizer com o contrato da sociedade original; embora talvez em nenhum caso concreto tenha sido formalmente expresso como a primeira instituição de um Estado, na natureza e na razão ele deve sempre estar entendido e implicado, no próprio ato de associação, isto é, de que o todo deve proteger todas as suas partes e que cada parte deve prestar obediência à vontade do todo...[15]

Aproximadamente no mesmo período em que Blackstone estava escrevendo, apareceu do outro lado do Canal da Mancha uma obra famosa cujo título sugere uma afinidade com a tradição do contrato social com a qual Blackstone estava chegando a um acordo, porém cuja ideia teria sido inteiramente estranha a Locke, a Hobbes ou a seus predecessores de toda a Idade Média e da Antiguidade. Era *O contrato social* (1762) de Rousseau. Ele é, de muitos modos, um livro obscuro e contraditório; contudo, dele emer-

---

15. *Commentaries on the Laws of England* 1. 47; vide Gough, *Social Contract*, 189-90.

ge claramente a ideia da soberania do povo, uma ideia agora naturalmente colorida pelo viés contrário à autoridade tradicional, característico da Idade da Razão (a despeito de Rousseau rejeitar o culto da razão), e por sua consciência dos abusos aparentemente incuráveis do *ancien régime*. Há uma diferença significativa entre a forma do contrato social de Rousseau e a apresentada por Hobbes ou Locke. Longe de ser um negócio em que a simples submissão era trocada pela simples proteção, e ainda mais longe de ser um ato de confiança limitado e revogável, o contrato de Rousseau vislumbrava

> a alienação total de cada associado, juntamente com todos os seus direitos, para a comunidade toda; pois, em primeiro lugar, como cada um se dá de modo absoluto, as condições são as mesmas para todos; e, sendo assim, ninguém tem interesse nenhum em tornar essas condições muito pesadas para os outros. Além disso, sendo a alienação sem reservas, a união é tão perfeita quanto pode ser, e nenhum associado tem nenhuma coisa mais para exigir...
>
> Se então retiramos do contrato social o que não é de sua essência, descobriremos que ele se reduz aos seguintes termos: cada um de nós põe sua pessoa e todo seu poder em comum sob a direção suprema da vontade geral e, em nossa capacidade associada, recebemos cada membro como uma parte indivisível do todo.
>
> Imediatamente, no lugar da personalidade individual de cada parte contratante, este ato de associação cria um corpo moral e coletivo, composto de tantos membros quantos eleitores a assembleia contém, e recebe deste ato sua unidade, sua identidade comum, sua vida e sua vontade.[16]

Será visto que o contrato social de Rousseau não é apenas uma explicação do Estado, mas uma justificativa, numa forma mais inquietante que a desenvolvida por Hobbes para seu Leviatã, para um tipo particular de Estado. O contrato

---

16. *Du contrat social*, 1. 6, tr. G. D. H. Cole (Londres, 1973). [Trad. bras. *O contrato social*, São Paulo, Martins Fontes, 2006.]

de Rousseau tem um efeito curioso, quase químico. Não emerge dele nem um soberano pessoal nem uma assembleia determinada governada por um princípio de maioria simples; a entidade para a qual o indivíduo fez uma entrega total de sua autonomia, e a cuja compulsão está sujeito agora, é uma ideia misteriosa chamada "a vontade geral" (*la volonté générale*). Esta é algo que, como não equivale simplesmente à vontade da maioria – e até contém em si mesma, de algum modo, os desejos reais de uma minoria aparentemente discordante –, é, evidentemente, uma abstração que transcende ambas e, por fim, independe de qualquer uma. É fácil ver como essa teoria trouxe a Rousseau o crédito de ser uma das maiores influências intelectuais da Revolução que ele não viveu para ver; e como essa concepção, embora requeira a princípio um ato de fé, pode prontamente ser posta a serviço de qualquer tipo de tirania que prefira prescindir das urnas. Não foi essa, decerto, a intenção de seu autor, todavia, a "'volonté générale" de Rousseau é um dos ancestrais filosóficos dos regimes totalitários do século XX.

Não tão distante do quadro da formação do Estado de Rousseau está o do filósofo Immanuel Kant (1724-1804), que perto do fim de sua vida escreveu formalmente sobre teoria jurídica. Em um trabalho de 1797, ele apresentou o ato pelo qual um povo constituía a si mesmo em um Estado como um contrato original; em virtude desse contrato, cada indivíduo renunciava a sua liberdade externa, para reassumi-la depois como um membro da república, isto é, da comunidade total considerada como um Estado. Nesse Estado, o poder legislativo soberano pertence à "vontade unida do povo" e esse poder é ilimitado, visto que (como a vontade individual está inclusa na vontade geral) não se pode imaginar ninguém cometendo uma injustiça consigo mesmo. O desconforto que tal construção pôde despertar é salientado pelo fato de que o Estado de Kant continha, como cidadãos ativos, somente pessoas de base econômica independente; tutelados, mulheres e meros assalariados não tinham direito a esse privilégio. Por outro lado, como será visto depois, o quadro é aliviado pela preocupação de Kant com a liberdade individual e com a separação dos poderes no Estado, que ele acreditava essencial para a salvaguarda da liberdade[17].

O direito natural

No decorrer do século XVIII, os escritores jurídicos tenderam a fazer uma saudação rotineira ao direito natural de uma forma ou de outra. Foi visto no capítulo 6 que, começando com Grócio, a ideia de um sistema transcendente de valores com os quais o direito humano não devia conflitar foi gradualmente dissociada da teologia medieval, que lhe tinha dado forma, e adquiriu uma existência secular própria, baseada apenas na razão. Tal construção foi particularmente conforme ao gênio do século XVIII, a própria Idade da Razão, e a maior parte dos escritores jurídicos reconhece uma lei da natureza em termos, essencialmente, da razão; e sua ocasional atribuição a Deus ou a um ser divino é vista como puramente superficial. Apesar de tudo, o antigo formato dificilmente morria, mesmo num ambiente protestante. Em 1765 encontramos Sir William Blackstone (1723-80), no princípio de seus *Commentaries on the Laws of England*, escrevendo em termos que (como diz Friedmann)[18] podiam ter sido usados por São Tomás, e recuavam além dele até Cícero: o direito natural,

> sendo tão antigo quanto o gênero humano e ditado pelo próprio Deus, é naturalmente superior em obrigação a qualquer outro. É obrigatório por todo o globo, em todos os países e a toda hora: nenhuma das leis humanas tem nenhuma validade, se contrárias a ele; e algumas delas que são válidas

---

17. *Die Metaphysik der Sitten*, in *Werke*, ed. E. Cassirer, 11 vols. (Berlim, 1912-18), vii. 120-5.
18. *Legal Theory* (4. ed., 1960), 84.

derivam toda sua força, e toda sua autoridade, mediata ou imediatamente, desse direito original.[19]

Infelizmente, como será visto depois, Blackstone não pretendeu que isso tivesse algum efeito prático.

Na maioria das teorias, a razão é posta em primeiro plano; a divindade ou o Criador dificilmente são mais que um acessório decoroso para uma apresentação essencialmente racionalista. Assim, Montesquieu, no capítulo inicial de *O espírito das leis* (1748), discute a existência de padrões eternos de alguma espécie, anteriores às leis positivas dos homens e reconhecíveis pela inteligência humana:

> Antes de as leis serem feitas, havia relações de uma possível justiça... Devemos reconhecer relações de justiça anteriores ao direito positivo que as estabeleceu: como, por exemplo, que, presumida a existência de uma sociedade humana, seria certo conformar-se a suas leis; que, se houvesse seres inteligentes que tivessem recebido algum benefício de outro ser, eles deveriam mostrar gratidão; que, se um ser inteligente tivesse criado outro, aquele assim criado deveria permanecer em seu estado original de dependência; que um ser inteligente que causou dano a outro deveria sofrer retribuição; e assim por diante.

Esse ser inteligente, de fato, "transgride incessantemente as leis estabelecidas por Deus". Não obstante (prossegue Montesquieu no capítulo seguinte), "a lei que, imprimindo em nossas mentes a ideia de um Criador, nos inclina para Ele é a primeira em importância... das leis naturais", embora em um plano diferente do que poderia ser chamado de leis naturais práticas, que ele enumera como quatro. Todas resultam da interpretação racional da condição humana em um estado de natureza. O homem é individualmente fraco e vulnerável e, assim, a primeira lei natural é a manutenção da paz. Ele tem necessidades físicas; assim, a segunda lei

---

19. *Commentaries* 1. 41.

natural o animará a aprovisionar-se. Uma terceira lei resulta de seus instintos de afeição e de atração sexual para com outros humanos; e uma quarta, apoiada também pela capacidade humana de adquirir conhecimento, o dirige para a existência em sociedade[20]. Esse esquema breve e algo insípido, no entanto, como veremos, é inteiramente secundário e estranho às reflexões mais originais sobre as leis humanas que tornaram famoso o livro de Montesquieu.

Porém, a doutrina do direito natural no século XVIII foi mais do que meramente decorativa ou trivial. Particularmente na Alemanha, o direito natural – naturalmente no sentido secular que Grócio lhe havia dado – era aceito como a matéria-prima a partir da qual todos os sistemas jurídicos particulares podiam ser moldados, exatamente como Grócio havia extraído dele a estrutura do direito internacional. Também fornecia um padrão pelo qual as normas existentes podiam ser corrigidas ou suplementadas (embora isso acontecesse somente em um grau muito limitado). O cenário dos formidáveis trabalhos que agora se desdobravam eram as universidades alemãs, que neste século guiavam a Europa: a primeira cátedra formalmente dedicada ao direito natural havia sido a de Pufendorf em Heildelberg, no século anterior, mas esses cargos de professores universitários agora proliferavam, e no século XVIII eram características normais dos centros de ensino alemães.

O mais famoso representante desse modelo foi Christian Wolff (1678-1754), professor em Marburgo e Halle. Na década de 1740, ele produziu uma obra em oito volumes na qual apresentou um sistema completo de direito baseado na natureza humana; esse material, junto com um sistema de direito internacional, foi refundido nas *Instituições* de 1752, um tratado sobre "o direito natural e o direito das gentes, nos quais todos os direitos e todas as obrigações são deduzidos, por uma cadeia ininterrupta de conexões, a partir da própria natureza do homem" (assim dizia o longo tí-

---

20. *L'esprit des lois* 1. 2.

tulo em latim). A natureza, escreveu ele – reciclando o conceito de *entelékheia* de Aristóteles e São Tomás –, tendia sempre para sua perfeição; assim, a primeira lei a ser derivada dela era o preceito de fazer os seres humanos progredir para a condição mais perfeita possível. Consequentemente, a primeira obrigação do homem era se esforçar para atingir essa condição por si mesmo e para evitar todos os atos prejudiciais a esse progresso. Ele era obrigado também a ajudar no aperfeiçoamento de seu próximo, muito embora, visto que suas capacidades eram limitadas, esse dever viesse em segundo lugar, após o dever de aperfeiçoar a si mesmo. Por outro lado, a obrigação de não fazer nada de prejudicial ao progresso de seu próximo era absoluta; e mesmo o dever originalmente imperfeito e relativo de ajudar seu próximo podia cristalizar-se em algo absoluto mediante um contrato. Essas proposições gerais representavam os objetivos do homem estabelecidos pela lei da natureza; porém, como a realização de um objetivo requer o acesso aos meios apropriados, a lei da natureza também autoriza a provisão desses meios. Além disso, como os homens são todos iguais por natureza, uma série de direitos humanos pode ser deduzida de sua igualdade: por exemplo, liberdade, segurança, o direito de defesa própria. Nessa estrutura teórica, Wolff foi capaz de encaixar, sob um título ou outro, todo o corpo do direito positivo de seu tempo; no entanto, isso não significa que seu sistema tenha sido na verdade um meio de santificar com a aura de lei da natureza as prescrições de um legislador humano. Ao contrário, a lei da natureza obrigava o governante tanto quanto os governados, e o súdito não devia obediência ao soberano que ordenasse o que a lei da natureza proibisse; a desobediência justificada podia até tomar a forma de uma resistência ativa[21].

Wolff teve considerável influência sobre seus contemporâneos; sobre Vattel, por exemplo, em seu trabalho sobre

---

21. Referências in Verdross, *Abendländische Rechtsphilosophie* (vide cap. 6, n. 42), 132 ss.

direito internacional, e sobre os juristas alemães que dariam os primeiros passos em direção à codificação do direito civil na última parte do século. Porém, o mais célebre de todos os pensadores alemães do século XVIII, Kant, apresentou algo inteiramente diferente: não um sistema racionalista desenvolvido a partir de um ponto de vista puramente teórico, mas um preceito moral simples e que atendia a todas as necessidades, sugerido pelo senso moral inato na natureza humana. Este é o "imperativo categórico", o aspecto operativo da lei moral que Kant pôde reconhecer em si mesmo como partícipe de uma ordem tão real quanto a ordem do universo material, embora diferente dela: ambas expressões de Deus. O imperativo categórico é declarado por Kant assim: "Age somente conforme a máxima por meio da qual possas ao mesmo tempo desejar que ela se torne uma lei universal"; e novamente, em palavras um pouco diferentes, "Age como se a máxima de tua ação devesse se tornar por meio de tua vontade uma lei universal da natureza"[22]. Isso certamente parece não ter outro conteúdo senão o da antiga "regra de ouro" da Idade Média – faz aos outros como gostarias que fizessem para ti –, mas em outra obra Kant reafirma seu imperativo de uma forma um pouco mais concreta: "Age de modo que trates a humanidade, quer em tua própria pessoa quer na de outro, sempre como um fim, nunca meramente como um meio". Como Verdross diz, isso eleva o respeito pela pessoa humana ao grau de medida da moralidade da ação[23].

Os primeiros códigos europeus

O espírito racionalista do século XVIII não produziu somente obras acadêmicas sobre a lei da natureza, mas também as primeiras tentativas legislativas para codificar os sis-

---

22. Ibid. 139-40.
23. Referências in Verdross, *Abendländische Rechtsphilosophie* (vide cap. 6, n. 42), 139-40.

temas jurídicos nacionais em linhas sugeridas pelo ideal do direito natural. A mais famosa e influente dessas codificações é, naturalmente, o código civil francês, que entrou em vigor logo após a virada do século XIX (comumente chamado de "Código Napoleão", pelo menos pelos estrangeiros, embora esse tivesse sido seu título oficial somente durante poucos anos)[24], mas esse trabalho havia sido antecipado pelos esforços de outros lugares, notadamente da Prússia e da Áustria, para pôr em ordem um direito civil heterogêneo, herdado da desconcertante penumbra do costume local e de acréscimos romanos da Idade Média.

A prussiana *Allgemeines Landrecht* ("Lei Geral do País"), de 1794, foi o primeiro código legal nacional a entrar em vigor. Teve a finalidade de dar uma medida de uniformidade (embora não total) aos sistemas jurídicos dos territórios do rei da Prússia, que se espalhavam da Renânia a oeste à Pomerânia a leste, e tem sido considerado um produto típico do Iluminismo, ou antes do absolutismo ilustrado de Frederico, o Grande. Frederico, profundamente influenciado pelos escritores franceses Voltaire e Montesquieu – teve uma amizade curta mas famosa com o primeiro, escreveu um ensaio sobre o último e de modo geral admirava as realizações intelectuais francesas tão intensamente quanto menosprezava as de sua própria nação – promulgou, em 1780, o decreto ("Cabinetts-Ordre") que autorizava o trabalho de codificação; de acordo com esse decreto, o direito natural deveria ter precedência sobre o direito romano, que tinha sido adotado de modo geral na Alemanha desde o século XVI; só seria incluído o direito romano que fosse compatível com esse direito natural e com a Constituição existente. No texto do código, compilado por vários juristas eminentes liderados por Carl Gottlieb Svarez[25], declarava-se que os direitos gerais do indivíduo repousavam sobre sua "natural

---

24. Em 1807-16 (sob o reinado do primeiro Napoleão) e 1852-70 (sob o reinado de Napoleão III).

25. Nenhuma relação com o nome espanhol Suárez; o Svarez alemão é uma forma do nome Schwartz.

liberdade de buscar e promover seu próprio bem-estar, sem prejudicar os direitos dos outros"[26]; e toda atividade era declarada permitida desde que não proibida "nem pelas leis naturais, nem pelas positivas"[27]. A parte do código que tratava do direito penal foi composta, evidentemente, sob a influência dos princípios de humanidade, moderação e proporcionalidade de Beccaria[28]. Tocqueville escreveu, sobre o código como um todo, que nenhuma outra obra de Frederico "lança tanta luz sobre a mente daquele homem ou sobre os tempos em que ele viveu, ou mostra tão claramente a influência que essas duas coisas exerceram uma sobre a outra"[29]. O código foi posto em vigor sob o reino de seu sucessor, tendo Frederico morrido em 1786.

Embora partes desse código tenham continuado em vigor aqui e ali até o século XX, geralmente não se considera que ele tenha tido sucesso; suas disposições eram excessivamente volumosas e muito minuciosas, refletindo nesse mesmo atributo a crença da época de que toda conjuntura concebível nos negócios humanos era passível de regulação racional. Além disso, ele tinha apenas poucos anos de idade quando o surgimento do movimento historicista na Alemanha lançou dúvidas sobre a própria noção de uma codificação baseada puramente na razão e criou uma atmosfera crítica na qual as falhas do código prussiano pareciam justificar essas dúvidas.

Os esforços de codificação feitos na Áustria, embora tenham começado antes dos da Prússia, só resultaram em um código com força de lei alguns anos mais tarde (1811), quando o *Allgemeines Bürgerliches Gesetzbuch* (Código Civil Geral) foi promulgado. O movimento foi inaugurado sob o reinado da imperatriz Maria Teresa (1740-80) e continuou, com um indiscreto entusiasmo que deixou a todos descon-

---

26. Introdução, § 83.
27. Introdução, § 87.
28. James Heath, *Eighteenth Century Penal Theory* (Londres, 1963), 135-6; Olwen Hufton, *Europe: Privilege and Protest, 1730-89* (Londres, 1980), 217.
29. *Ancien Régime* (vide n. 4), 183-4.

tentes, com seu filho José II (1780-90), o qual, como seu irmão e sucessor Francisco (nessa época grão-duque da Toscana), foi o próprio modelo do monarca moderno ilustrado e reformista. Por volta de 1766, fora preparado o projeto de um código, o *Código Teresiano*, por uma comissão que estava trabalhando desde 1753. Os *Princípios de compilação*, que ela tinha publicado no início de seus trabalhos, diziam que ela havia sido instruída a escolher as "mais naturais e equitativas" das leis existentes nas províncias muito heterogêneas do Império Habsburgo, e para suplementá-las "de acordo com as regras da razão e do direito natural". Embora não chegasse à indiscriminada substituição das normas existentes por outras, puramente baseadas na razão, isso ainda mostra uma veneração automática e uma crença no direito natural na forma enunciada por Christian Wolff e outros[30].

Na França, embora fosse a pátria do Iluminismo do século XVIII, o papel desempenhado pelo direito natural e pela razão pura na construção do código civil foi extremamente modesto. Este, quando finalmente surgiu em 1804, revelou-se amplamente composto pelo direito antigo – isto é, a combinação dos antigos costumes germânicos da região norte da França, do direito romano (parte dele na forma que tinha recebido nos códigos visigóticos) e do direito canônico, cada um predominando em seus próprios setores do sistema. Houve muito pouca inovação; e, onde houve, o código "não aponta nem sanciona sistemas teóricos totalmente novos; o rompimento com as regras e ideias pré-revolucionárias foi menos claro do que se esperava"[31]. A razão foi que os que tinham redigido o código eram em sua maioria homens na faixa dos sessenta anos, que tinham crescido e recebido sua formação profissional num tempo mais

---

30. Vide Henry E. Strakosch, *State Absolutism and the Rule of Law* (Sydney, 1967), 65-6. Segundo Strakosch, contudo, a influência do direito natural no Código Teresiano foi superficial.

31. R. David e H. de Vries, *The French Legal System* (Nova York, 1958), 13.

recuado do século XVIII, sob o antigo regime; para eles, "a razão escrita era o direito que sempre tinham conhecido"[32]. Não obstante, embora a prática da codificação fosse conservadora, como tinha sido na Áustria, a atmosfera em que foi levada a cabo ainda sofria a pesada influência da doutrina de um direito natural baseado na razão. Repetidas saudações ao direito da natureza e da razão vieram de oradores na Convenção Nacional[33], enquanto o artigo de abertura do projeto do código civil, publicado no Ano VIII da Revolução (1799), declarava que "existe uma lei universal e imutável, a fonte de todas as leis positivas: não é outra senão a razão natural". Por essa data, contudo, a desilusão e o ceticismo induzidos pelo curso da Revolução já tinham, mesmo na França, começado a esfriar o ardor pela razão que havia alimentado o movimento codificador.

A Inglaterra permanecia intocada por tudo isso. É verdade que, devido à repugnância geral pela Revolução Francesa e suas terríveis obras, não teria havido oportunidade entre as instituições britânicas para qualquer coisa que levasse o rótulo de razão. Porém, mesmo antes de 1789 – e mais tarde, depois que as guerras napoleônicas haviam terminado –, o interesse inglês em codificar o *common law* era mínimo. Por outro lado, essa ideia foi apaixonadamente promovida por um dos mais notáveis espíritos da época, Jeremy Bentham, um genuíno "filho do Iluminismo"[34]. Seu ponto de partida, entretanto, era muito diferente daquele dos jusnaturalistas da Europa continental; a ideia de direito natural, de fato, não significava nada para ele. Contudo, Bentham revoltava-se com a confusão, a irracionalidade, o absurdo e a frequente injustiça das leis e procedimentos que ele via operando em sua volta, e os quais tinha ouvido serem complacentemente exaltados por Blackstone em Ox-

---

32. Ibid.
33. Vide J. van Kan, *Les Efforts de codification en France* (Paris, 1929), 366-7.
34. Ele é descrito assim por H. L. A. Hart: *Essays on Bentham* (Oxford, 1982), 22.

ford. Ele via a codificação (palavra que, por sinal, inventou) como o único meio de curar o direito inglês de seu caráter casual e incerto, lucrativo somente para os advogados; desejava reconstruí-lo em uma forma codificada, purificado de sua irracionalidade e estruturado em torno de um princípio norteador, qual seja, a maior felicidade do maior número de pessoas. Seu esforço para promover a codificação (no exterior tanto quanto na Inglaterra) não teve êxito durante sua vida. No entanto, o século XIX veria o triunfo de sua mensagem de reforma fundamental.

O direito natural posto em prática

Vale a pena dizer alguma coisa sobre como, além do movimento de codificação, a teoria do direito natural influiu na prática efetiva do direito. Os resultados desse movimento não foram desprezíveis, como pode ser visto nos exemplos da Alemanha e da Inglaterra.

Na Alemanha, como afirma um estudo moderno[35], os contrastes entre o direito essencialmente romano existente e as construções baseadas na razão que se somaram ao direito natural no sentido alemão da época (*Naturrecht*) foram geralmente resolvidos em favor da lei em vigor, que, em virtude de sua origem amplamente romana, recebeu o benefício da aura que tinha acompanhado o direito romano desde a Idade Média: a de ser a própria incorporação, por escrito, da razão (*ratio scripta*). Assim, escolhendo um exemplo notável, o direito alemão continha a norma romana de que, quando as terras mudam de proprietário mediante compra e venda, o novo proprietário tem o direito de despejar os arrendatários das terras alugadas pelo antigo proprietário; o único remédio jurídico a que os arrendatários têm acesso é uma ação pessoal contra o último. Porém, o *Naturrecht* su-

---

[35]. Klaus Luig, "Der Einfluss des Naturrechts auf das positive Privatrecht im 18. Jarhundert", *Zeitschrift der Savigny-Stiftung*, 96 (1979), 38. (Germ. Abt.).

geria que, uma vez que o antigo proprietário tinha prometido o aluguel da terra por determinado período para o arrendatário, ele dispusera dessa porção de seus direitos de propriedade e não tinha a liberdade de prometer a mesma coisa a uma terceira parte – em outras palavras, não podia dispor da totalidade dos direitos de propriedade, incluindo implicitamente os aspectos já negociados. Nesse caso, a norma romano-germânica prevaleceu. Outro exemplo: os teóricos do direito natural desde Grócio tinham sido contra a ideia romana (proveniente não do direito clássico, mas estabelecida no *Corpus Iuris Civilis* por Justiniano) de que havia, na venda, um "preço justo" nocional e que, quando a venda ocorresse por um preço muito abaixo do valor real do objeto, o vendedor devia ter a oportunidade de rescindi-la ou de ter o preço aumentado; a opinião deles, ao contrário, era de que as partes deviam ser livres para fazer seus próprios negócios, sendo o princípio da liberdade de contrato visto como um princípio de direito natural. Aqui também eles não conseguiram erradicar o conceito de Justiniano, embora a doutrina da liberdade de contrato pareça ter disposto os tribunais a aplicar critérios muito severos às alegações de um preço baixo injusto e, na prática, a rejeitar a maior parte das causas apresentadas com base na suposta *laesio enormis* (como Justiniano chamava essa situação); e, assim, o *Naturrecht* pôde reclamar aqui um modesto êxito. Muito mais substancial foi o sucesso do argumento, baseado no *Naturrecht*, que estabeleceu no direito alemão o conceito dos contratos que beneficiavam terceiros e cujo cumprimento podia, portanto, ser exigido por estes. Esse princípio, baseado simplesmente no princípio do direito natural de que as promessas devem ser cumpridas, suplantou a norma romana que se assemelhava às doutrinas inglesas sobre a privacidade do contrato.

Na Inglaterra, a mais notável conquista do direito natural se deu na esfera do direito do mar, particularmente segundo a forma desenvolvida por Lorde Stowell no final do século, durante as guerras napoleônicas. O direito administrado por esse famoso juiz era *"ius gentium* no sentido mais pleno, um corpo de regras não meramente nacionais, mas cosmopolitas... um direito fundado no princípio cosmopolita da razão, um verdadeiro ramo vivo do direito natural"[36]. Porém, mesmo dentro das áreas do direito interno, os juízes recorriam tácita ou disfarçadamente ao mesmo plano de valores. O direito comercial, fundado nos usos e costumes gerais dos comerciantes e aprovado por aquele uso como razoável, "era um ramo do direito natural e era constantemente descrito como tal"[37]. O surgimento, no século XVIII, da ideia de um compromisso obrigatório não baseado em um contrato, mas surgindo *quasi ex contractu*, faz parte da mesma história; Lorde Mansfield, em *Moses vs. Macferlan*[38], havia aprovado a exigência de dinheiro havido e recebido para o uso do demandante, com base em que "o réu, dadas as circunstâncias do caso, é obrigado pelos vínculos da justiça natural e da equidade a reembolsar o dinheiro"; de acordo com Blackstone, essa obrigação originava-se "da razão natural e da justa interpretação do direito vigente"[39]. Portanto, escreveu Pollock, "toda a doutrina moderna do que agora chamamos quase-contrato repousa em uma corajosa e oportuna aplicação, totalmente consciente e declarada, de princípios derivados do direito natural"[40].

Pollock, seguindo a passagem de *Doctor and Student* de St. German, citada no Capítulo 5, também identificou como uma manifestação do direito natural em roupagens inglesas a concepção inteira do padrão de "razoabilidade" que perpassa todo o *common law*, particularmente notado no direito de compra e venda, no direito comercial (o preço razoável, o tempo razoável etc.) e na responsabilidade civil culposa (cuidado razoável, previsibilidade razoável etc.): "assim, o direito natural pode reivindicar com justiça como

---
36. Pollock, in *Jurisprudence* (vide cap. 5, n. 102), 147-8.
37. Ibid. 140.
38. (1760), 2 Burr. 1005.
39. *Commentaries* 3. 161.
40. *Jurisprudence* (vide cap. 5, n. 102), 149.

criação sua, em princípio embora não pelo nome, o 'homem razoável' do direito inglês e americano e todas as suas obras, que são muitas"[41]. Além disso, a noção de justiça natural na esfera processual, importando essencialmente as regras *audi alteram partem* (ouvir o que o outro lado tem a dizer) e *nemo iudex in causa sua* (ninguém deve ser juiz em causa própria), junto com suas consequências óbvias, é aplicada claramente nos assuntos judiciais e quase judiciais, e é o exemplo mais explícito do padrão "natural" no sistema do *common law*. Tanto o conceito de razoabilidade como o de justiça natural, no sentido mencionado, estavam muito consolidados na prática dos tribunais ingleses do século XVIII.

Os direitos naturais

A área historicamente mais significativa em que o pensamento do direito natural operou no século XVIII foi a dos direitos naturais. Já vimos que essa ideia não teve nenhum papel no esquema da lei natural elaborado por São Tomás; que sua origem pode ser identificada (embora com dificuldade) somente a partir de Guilherme de Ockham; que sua substância está latente nos protestos, expressos pelos juristas teólogos espanhóis do século XVI, contra os maus-tratos recebidos pelos povos do Novo Mundo por parte dos colonizadores. Mas foi a forma dogmática e definitiva dada por Locke, em sua apologia da Revolução Inglesa do final do século XVII, que influenciou principalmente os estadistas e escritores políticos do século XVIII. Os ensinamentos de Locke, em particular sobre o papel central dos direitos de propriedade, foram, juntamente com as afirmações de Coke sobre a justiça natural e o primado do direito, o principal armamento intelectual dos colonos americanos descontentes. Essas ideias eram famosas também na França,

---

41. Ibid.

onde ganharam fama acima de tudo com Voltaire, que costumava pôr Locke no mesmo patamar que Newton e outros filósofos naturais, aos quais atribuía o crédito por ter libertado o homem da autoridade antiga e obstinada.

Seria errado imaginar que o discurso sobre os direitos naturais nesse século foi um monopólio dos espíritos céticos e radicais. Como já vimos, Christian Wolff derivava da natureza do homem e da igualdade natural uma série de direitos: liberdade, segurança, defesa própria. Edmund Burke, que rejeitava enfaticamente a *philosophie*, tinha absorvido muito as ideias de Locke, a ponto de escrever na década de 1760 que "a conservação e o desfrute seguro de nossos direitos naturais são o grande e último propósito da sociedade civil e, portanto, todas as formas de qualquer governo são boas apenas quando subservientes a esse propósito, ao qual estão inteiramente subordinadas"[42]. Em 1778, ele apresentou o direito a ganhar o sustento – nesse contexto, relacionado com o direito da Irlanda de não lhe ser negada essa possibilidade em virtude das restrições impostas pelo Parlamento inglês a seu comércio – como algo que "o Autor de nossa natureza escreveu fortemente nessa natureza", bem como o promulgou por revelação[43]. Dois anos mais tarde, uma proclamação real de Luís XVI, que visava às restrições que o sistema de corporações industriais impusera aos trabalhadores, declarou que "o direito ao trabalho é a mais sagrada de todas as propriedades" e que "qualquer lei que infrinja esse direito é essencialmente nula, visto ser incompatível com o direito natural"[44].

Porém, foram outras vozes principalmente que, somadas à de Locke, inspiraram as retumbantes declarações dos direitos naturais do homem com as quais o século terminou. Uma delas foi a de Rousseau, embora seus escritos

---

42. *Tracts on the Popery Laws*; in *Irish Affairs* (Londres, Cresset Library, 1988), 39.
43. *Letters to Gentlemen in Bristol*, in *Irish Affairs*, 111.
44. Tocqueville, *Ancien Régime* (vide n. 4), 144.

contenham muito pouco que possa ser chamado plausivelmente de teoria jurídica, e esse pouco não deixa de ser ambíguo. Todavia, sua contribuição para o que pode ser chamado de esfera emocional da doutrina do direito natural foi considerável. Suas referências ao direito natural como superior e inviolável pelo direito positivo foram meros lugares-comuns; porém, a fonte de seu direito natural não foi. Para Rousseau, o direito natural não era ditado pela razão, mas pelo coração; repousava sobre princípios anteriores à razão: o amor a si mesmo e o amor aos outros[45]. O indivíduo tem certos direitos naturais inatos; porém, esses ele entrega à coletividade no contrato social para recebê-los de volta na forma de direitos positivados[46]. A chave para tudo isso não é a razão, mas o sentimento, do mesmo modo que é o sentimento que dá força a seu mais famoso aforismo: "O homem nasce livre, mas em toda parte está acorrentado."[47] Podemos dizer que palavras como essas deram um charme polifônico ao canto gregoriano dos direitos naturais que Locke havia entoado.

Os desenvolvimentos revolucionários na América e na França estiveram intimamente relacionados entre si, como foi dito, e assim também estiveram as declarações formais dos direitos humanos que os acompanharam. O modelo da Declaração de Direitos inglesa de 1689 já estava, evidentemente, disponível, assim como estava, muito mais próximo da época revolucionária, a declaração de direitos anteposta à Constituição adotada pelo estado de Virgínia em 1776. Porém, a Declaração de Independência conjunta dos estados, no mesmo ano, é o principal documento americano. Ela destila o conceito lockiano de direitos naturais do homem (junto com sua interpretação do contrato social): os homens, declarava, são criados iguais e dotados por seu Criador de certos direitos inalienáveis, entre os quais a vida, a liberda-

---

45. *Contrat social* 1. 2.
46. Ibid. 1. 6.
47. Ibid. 1. 1.

de e a busca da felicidade; o propósito da instituição do governo é garantir esses direitos; essa instituição repousa no consentimento dos governados; e, se o governo se torna destrutivo para esses direitos, ele pode ser abolido e substituído por uma nova forma. A Declaração de Direitos, consistindo nas dez primeiras emendas anexadas, em 1791, à Constituição dos Estados Unidos de 1787, embora tenha tomado como modelo prático a Declaração de Direitos inglesa de 1689, pertence claramente à tradição doutrinária moldada por Locke. A Declaração dos Direitos do Homem e do Cidadão francesa, feita pela Convenção Nacional de 1789, pertence obviamente à mesma tradição geral. Ela proclamou os homens livres e iguais em seus direitos; identificou como o objeto de toda associação política a conservação dos "naturais e imprescindíveis direitos do homem: a liberdade, a propriedade, a segurança e a resistência à opressão"; e definiu a liberdade como o privilégio de fazer tudo o que não prejudique os outros, que também gozam do mesmo privilégio. Os princípios do julgamento justo, ou legal, foram garantidos; a retroatividade das sanções penais foi proibida; a presunção da inocência de uma pessoa acusada foi estabelecida. A liberdade de consciência bem como de expressão e comunicação foi proclamada; a propriedade foi entronizada como "um direito inviolável e sagrado".

Ao mesmo tempo, essa famosa Declaração não foi pura expressão da ideologia dos direitos naturais, nem simples imitação dos admirados precedentes ingleses ou americanos. Todos os direitos que ela afirmava recordavam os abusos do *ancien régime* e de uma era de privilégio, injustiça, intolerância e governo arbitrário.

> [A declaração de] liberdade da pessoa era uma referência à Bastilha e às *lettres de cachet* [prisões arbitrárias sem julgamento]; a da liberdade de expressão e de imprensa recordava [o livro de Rousseau] *Emílio*, queimado pelo carrasco, e o próprio Rousseau exilado por ter escrito um dos livros mais importantes da época; a da liberdade de consciência recordava os protestantes que tinham sido expulsos do reino e

privados de seus direitos civis. A afirmação do direito natural da propriedade era a contrapartida das antigas extorsões feudais às quais tinham sido escravizados. A igualdade perante a lei era o oposto das jurisdições especiais [desfrutadas pela antiga nobreza]; o igual acesso aos cargos públicos, o oposto dos privilégios de classe reservados aos nobres; a incidência proporcional da tributação [em todas as classes] recordava a *taille*, paga exclusivamente pelo Terceiro Estado [o povo não pertencente às classes superiores].[48]

Embora as doutrinas de Locke e Rousseau tenham influenciado fortemente a Declaração americana e a francesa, o formato desta última foi apenas um molde em que foi fundida a armadura para proteger os homens daquelas formas de governo que poderiam ser reconhecidas como abusivas mesmo pelos que nunca tinham ouvido falar do direito natural ou dos direitos da natureza.

A reação contra a teoria do direito natural

Em meados do século XVIII, já estava ocorrendo na Europa uma profunda mudança intelectual que, partindo de princípios muito diferentes entre si, representava já o abandono do conceito de um direito natural acessível pela razão; abandono esse que viria a ser tão completo que, no século XIX, nenhuma ideia esteve menos em voga. No nível puramente filosófico, o crítico mais vigoroso dessa ideia foi o escocês David Hume (1711-76). Sua análise da razão, no sentido de uma rota infalível para a percepção do direito natural, sugeria que a experiência não atribuía a ela o mesmo papel que a teoria. O comportamento humano, de acordo com a experiência, não é ditado por um padrão invariável proveniente do direito natural, mas é o produto de mo-

---

48. P. Janet, *Histoire de la science politique*, 3. ed., 2 vols. (Paris, 1887), i, p. xlvi, citado por G. del Vecchio. *La Déclaration des droits du l'homme et du citoyen dans la Révolution Française* (Paris, 1968), 22.

tivos e inclinações humanos; se, novamente de acordo com a experiência, é verificado que ele segue certos padrões, isso não é mais que uma questão de hábito ou convenção. Essa negação da razão universal e uniforme, como base da ação, naturalmente solapou a crença na doutrina do direito natural baseado na razão; sua análise, publicada pela primeira vez em 1740[49], introduziu uma nova era "predominantemente antimetafísica, utilitária e voltada para as ciências"[50].

A mentalidade científica aplicada ao direito é visível ao longo do século na repetida observação de que as leis de fato diferem de um país para outro; que há fatores objetivos, passíveis de ser descobertos, que fazem com que assim seja; e que as leis devem ser adequadas às condições particulares do povo a que se destinam. A descoberta da relatividade do direito não servia agora para apoiar uma negação dos valores morais universais, como haviam feito os antigos sofistas, mas para chamar a atenção para os elementos da vida de povos particulares que provavelmente determinaram a forma de suas instituições; em outras palavras, servia como matéria-prima do que mais tarde se transformaria nas ciências independentes do direito comparativo, da antropologia e da sociologia.

O primeiro escritor a expressar essas ideias foi Giambattista Vico (1668-1744), que passou a maior parte de sua vida em Nápoles, cidade onde nasceu, e foi pouco conhecido durante muito tempo fora da Itália (nessa época uma espécie de deserto intelectual). Em seu livro *Scienza Nuova* [Ciência nova], publicado pela primeira vez em 1725, ele desenvolveu a ideia de que, longe de existir um direito natural que estabelece os mesmos padrões para os homens em todos os tempos e lugares, cada sociedade cresce organicamente em seu próprio ambiente peculiar, e suas instituições, inclusive suas leis, refletem sua história peculiar. "A natureza das instituições [ele escreveu] nada mais é que

---

49. *Treatise of Human Nature*.
50. Friedmann, *Legal Theory* (vide cap. 6, n. 13), 130.

o fato de serem formadas em determinadas épocas e com certos aspectos; sempre que a época e o aspecto são de tal ou qual modo, tais serão igualmente as instituições que nela se formam."[51] Essa percepção foi revolucionária nas condições intelectuais de seu tempo; com ela, escreveu Isaiah Berlin, Vico "negou a doutrina de um direito natural eterno cujas verdades podiam ser conhecidas em princípio por qualquer homem, em qualquer tempo, em qualquer lugar... Ele pregava a noção da singularidade das culturas [e assim] lançou simultaneamente as fundações da antropologia cultural comparativa e da linguística, da estética [e] da ciência jurídica históricas comparativas"[52], embora seja difícil provar que ele tenha exercido alguma influência sobre seus contemporâneos, só tendo sido amplamente reconhecido no século seguinte.

De um modo mais geral, outros escritores do século XVIII chamaram a atenção para a diversidade das leis e para o fato de ser desejável que elas se adequassem àqueles a cujas vidas seriam aplicadas. Voltaire, escrevendo para o futuro Frederico, o Grande, tratou da variedade das leis nacionais; alguns itens, ele achava, eram comuns a todos os povos, por exemplo a aversão ao homicídio e o respeito pelas promessas, e que tais instintos se originavam de um senso de justiça implantado no homem por Deus; para além desse núcleo, as leis variavam tão amplamente quanto o paladar; e, embora não tenha desenvolvido uma teoria geral sobre a influência do ambiente como Vico fez, ele sugeriu, para explicar por que o furto não era crime na antiga Esparta, uma característica do sistema social espartano[53]. Em seu *Dictionnaire philosophique* [Dicionário filosófico] (1764), retornou satiricamente à perversa discordância entre os sistemas jurídicos[54]. Entrementes, de qualquer modo, o assunto tinha fornecido o tema de um dos livros mais im-

---

51. *Scienza Nuova* (ed. Bergin and Fisch), 147-8.
52. Berlin, in *Against the Current* (vide cap. 5, n. 37), 5.
53. In *The Portable Voltaire*, ed. B. Redman (Harmondsworth, 1977), 452.
54. Vide s.v. *Das leis*.

portantes do século, *O espírito das leis*, de Charles de Secondat, barão de Montesquieu.

Montesquieu (1689-1755) tornou-se uma celebridade europeia depois da publicação de sua obra em 1748, embora os indícios de seu interesse pela avaliação crítica das instituições, tomando por referência as de outras sociedades, já fosse visível em suas *Lettres persanes* [Cartas persas], publicadas em 1721. Seu *O espírito das leis* soa hoje como uma coleção bastante pitoresca e desconexa de curiosidades jurídicas e institucionais, mas teve a importante função de chamar a atenção para os variados costumes de diferentes nações (embora fazendo a usual e mecânica saudação, salientada acima, à supremacia da lei da natureza) e sugerir que sua variedade fosse explicada pela variedade de suas condições adjacentes. Na verdade, a adequação das leis às reais condições do povo nelas interessado corresponde a um princípio:

> [As leis] devem ser adequadas de tal maneira ao povo para o qual são formuladas que será um mero acidente se as de uma nação servirem para outra. Devem estar relacionadas à natureza e aos princípios de cada sistema de governo; quer elas realmente o formem, como pode ser dito das normas constitucionais, quer meramente o apoiem, como no caso do direito civil. Devem estar relacionadas ao ambiente de cada país, à qualidade de seu solo, à sua situação e extensão, à principal ocupação dos nativos, quer sejam agricultores, caçadores ou pastores; devem estar proporcionadas ao grau de liberdade que a Constituição garantir; à religião dos habitantes, a suas inclinações, sua riqueza, quantidade, comércio, maneiras e costumes. Devem também estar relacionadas entre si, bem como à sua origem, ao propósito do legislador e à ordem das coisas sobre as quais elas são estabelecidas; sob todas essas diferentes luzes elas devem ser consideradas... [Todas essas relações] juntas constituem o que chamo de *espírito das leis*.[55]

---

55. *De l'esprit des lois* 1. 3.

Essa perspectiva tornou-se rapidamente um lugar-comum. Quando o governo de Maria Teresa concebeu a ideia de um código unificado para os povos heterogêneos do Império Habsburgo, a erudita comissão encarregada do projeto observou, em seus *Princípios de compilação* (1753), que a diferença das leis nas várias províncias do império devia ser atribuída a seus diferentes modos de vida e que, caso se pudesse identificar a origem histórica das divergências, um princípio comum poderia ser descoberto[56]. Uma petição contrária, destinada a dissuadir o governo de Maria Teresa de impor uma rígida uniformidade legal, salientou que "a situação geográfica das províncias não é a mesma, nem o ar que elas respiram, o alimento que consomem ou o modo como vivem; porém, todas essas coisas têm uma grande influência em sua constituição [isto é, em seus sistemas jurídicos]"[57]. A obra de Montesquieu, segundo M. S. Anderson, "parece ter atraído especialmente estadistas e diplomatas, homens com experiência direta do governo e seus problemas"[58].

Até agora, no relato do movimento pelo qual a mentalidade europeia se afastou da ideia do direito como algo que pode ou deve ser idealmente moldado por uma percepção puramente racional da natureza, registramos as opiniões de observadores ou reformadores desapaixonados, ansiosos por explicar ou acomodar a variedade sem encontrar os fatores de distinção individual de um sistema, em si mesmo, quer bom, quer mau. No final do século, todavia, brotou da pena do irlandês Edmund Burke (1723-95), estrela do Parlamento britânico e da sociedade, uma apaixonada defesa da superioridade dos sistemas desenvolvidos organicamente sobre os construídos a partir de materiais puramente racionais ou supostamente "naturais". No princípio simpatizante da reforma das instituições francesas –

---

56. Strakosch, *State Absolutism* (vide n. 30), 66-7.
57. Ibid. 58.
58. *Europe in the Eighteenth Century, 1713-1783* (3. ed. Londres, 1987), 424.

como havia sido da causa dos colonos americanos, bem como das queixas de sua pátria[59] –, ficou tão apavorado com o rumo tomado pela Revolução (e isso foi enquanto Luís XVI ainda estava vivo e era rei, e muito antes do Terror) que se tornou um feroz opositor dos movimentos para erradicar, em nome da razão, os sistemas estabelecidos por longo tempo, e para colocar em seu lugar construções puramente racionais. Sua famosa obra *Reflexões sobre a revolução em França* (1790) é uma afirmação clássica e retórica da posição conservadora; porém, no decurso de sua polêmica, ele assinalou pontos que vão além das modestas observações e prescrições de seus precursores italianos, franceses e austríacos, e dão-lhe o direito de ser classificado – embora não pudesse prever que tal importância lhe seria atribuída – como o pai da ciência jurídica histórica. Essa ciência não foi adotada conscientemente até o início do século XIX (a menos que levemos em conta a ciência jurídica humanista da França renascentista); mas ela repousava nas percepções que ele foi o primeiro a declarar em termos de certos valores.

As *Reflexões* – formalmente construídas como uma longa carta aberta em resposta a um correspondente francês –, embora ataquem os sistemas baseados na leitura do que a "natureza", segundo a mente racionalista, supostamente recomenda, curiosamente fazem uma celebração da natureza em outro sentido; isto é, no sentido de que as instituições estão enraizadas na história; no do progresso lento e orgânico, e no do desenvolvimento de uma nação em resposta a seu próprio ambiente e nas formas sugeridas por seu próprio gênio. É crucial o contraste entre a Constituição britânica, livre de construções racionalistas e, como que em passo humano, se adaptando com calma, de modo simples e suave, às mudanças do ambiente, e a da França, em que as estruturas construídas em mil anos foram apressadamente

---

59. Vide a coleção de tratados e cartas publicadas como *Irish Affairs* (Cresset Library, 1988).

derrubadas de um dia para o outro a fim de abrir caminho para algo inventado por teóricos, embora uma reforma ampla e muito menos destrutiva tivesse sido possível com simples enxertos e excisões feitos no corpo antigo:

> Mediante uma política constitucional funcionando segundo o padrão da natureza, nós recebemos, conservamos e transmitimos nosso governo e nossos privilégios, e do mesmo modo, usufruímos e transmitimos nossa propriedade e nossas vidas... Pela disposição de uma estupenda sabedoria, moldando a grande incorporação misteriosa da raça humana, o conjunto [está] permanece num estado de constância inalterável [e] muda por meio do variado curso da perpétua deterioração, queda, renovação e progressão...
>
> Vós [os franceses] poderíeis ter consertado aqueles muros... construídos sobre aquelas antigas fundações... [mas] começastes mal, porque começastes menosprezando tudo o que vos pertencia; [ao passo que,] respeitando vossos antepassados, teríeis aprendido a respeitar a vós mesmos... Acaso todos os marcos de vosso país devem ser abolidos em favor de uma constituição geométrica e aritmética?[60]

Basil Willey cita outro passo da obra de Burke: "A política deve ser ajustada não ao raciocínio humano, mas à natureza humana, da qual a razão é apenas uma parte e de modo algum a maior parte". "Essa célebre observação", diz Willey, "ilustra a maneira pela qual Burke contrapõe a 'Natureza' abstração à 'Natureza' realidade, o metafísico ao histórico... e pode ser proposta como um símbolo de transição do clima mental do século XVIII para o do XIX."[61]

A reação contra o direito natural também tornou vulnerável a doutrina dos direitos naturais. "Nós não fomos", escreveu Burke no decorrer de suas *Reflexões*, "estripados e amarrados, para então sermos recheados, como pássaros empalhados de um museu, com palha e trapos, e reles e

---

60. *Reflections on the Revolution in France* (Harmondsworth, Pelican, 1968), 120-2.

61. *Eighteenth Century Background* (vide cap. 6, n. 15), 243.

nebulosos pedaços de papel sobre os direitos do homem" – embora um quarto de século antes ele mesmo visse a conservação dos direitos naturais do homem como o grande objetivo da sociedade civil. Bentham escreveu, em 1791, um fervoroso e até histérico ataque contra a noção de direitos naturais, evidentemente à guisa de resposta aos *Direitos do homem*, de Tom Paine, em que o revolucionário anglo-americano relacionara os "naturais e imprescritíveis direitos do homem" como "liberdade, propriedade, segurança e resistência à opressão": esse discurso, disse Bentham, era um disparate: "Os 'direitos naturais' são simplesmente um disparate; 'direitos naturais e imprescritíveis', um disparate retórico, um disparate pomposo."[62] No parágrafo seguinte, chama esse discurso de "linguagem terrorista". A objeção de Bentham à teoria dos direitos naturais era parcialmente racional; ele achava que não fazia sentido falar sobre um "direito" que não podia ser apresentado também como um dever (de respeitar tal "direito") imposto pelo comando da lei aos outros; e que, em todo caso, falar sobre, digamos, um "direito de propriedade" era contraditório, uma vez que esse direito meu implica uma correspondente espoliação do direito de todos os outros ao mesmo objeto. Mas, além disso, ele via algo muito mais sinistro na doutrina dos direitos naturais, a saber, uma arma grosseira posta a serviço de uma ameaçadora demagogia:

> Quando um homem quer fazer as coisas do seu jeito e não pode apresentar uma razão para isso, ele diz: eu tenho direito de fazê-las assim. Quando um homem quer satisfazer um capricho político... quando acha necessário conclamar a multidão a se juntar a ele... ele começa a falar em direitos. Eu tenho direito a isto e aquilo; vós todos tendes direito a isto e aquilo: ninguém, a não ser um tirano, pode se opor a nós. Dai-nos então nossos direitos. Os ditames da razão e da utilidade são o resultado das circunstâncias; é necessário

---

62. *Anarchical Fallacies*, in *Works*, ed. J. Bowring, 11 vols. (Edimburgo, 1838-43).

gênio para identificá-las, vigor mental para pesá-las e paciência para investigá-las; a linguagem dos direitos naturais nada requer, exceto uma fronte dura, um coração duro e um semblante insolente. É do princípio ao fim uma afirmação simplória; nada tem a ver com a razão, nem suporta que ela seja mencionada.

O grande objetivo do governo, segundo Bentham, era conter as paixões egoístas e induzir sacrifícios para o bem comum; mas a declaração dos "direitos naturais" do homem podia somente "acrescentar outro tanto de força a essas paixões já fortes demais"[63].

O surgimento de novos temas constitucionais

O século XVIII viu o nascimento de várias práticas e doutrinas constitucionais que hoje são familiares, mas antes dessa época ou eram totalmente desconhecidas ou existiam e eram formuladas somente de forma obscura ou rudimentar. Por seu caráter novo, esses temas destacam-se de outros temas igualmente constitucionais, mas que no século XVIII já tinham uma história antiga, tal como o primado do direito ou a igualdade perante a lei; foi dito algo sobre ambos os assuntos em cada capítulo deste livro. Três ou quatro novos temas constitucionais merecem ser brevemente mencionados aqui.

Primeiro, foi então que apareceram as Constituições escritas. É verdade que certos documentos ingleses, como a Declaração de Direitos de 1689, estão em harmonia com importantes partes das modernas Constituições escritas (e no Reino Unido ainda as substituem adequadamente). Porém, um documento que efetivamente determina as funções e relações dos órgãos do Estado, ou que até pretende estabelecer o Estado, está em uma categoria diferente. Aqui,

---

63. Ibid.

o primeiro exemplo é oferecido pela Suécia, cujo rei Gustavo III organizou em 1772 uma espécie de golpe de estado contra a nobreza e forçou o Riksdag* a aceitar uma Constituição na forma de um único documento abrangente. Este, devido à posição marginal de toda a Escandinávia em relação ao principal teatro europeu, poderia ter permanecido como um exemplo isolado. Contudo, logo depois, o mundo testemunhou a revolta das colônias americanas da Inglaterra, sua declaração de independência e sua criação de uma união com a Constituição de 1787. Todos esses acontecimentos americanos, como se viu, foram acompanhados com grande simpatia e urgente interesse na França; e uma das primeiras obras dos revolucionários franceses foi a produção de sua própria Constituição escrita, em 1792. Dessa época em diante, o movimento em direção à reforma política ou à independência nacional, ou a ambas, esteve em todos os países (exceto na Inglaterra, a grande mãe das anomalias) ligado à ideia de ancorar as estruturas da liberdade em uma carta escrita com força de lei.

Embora a Constituição dos Estados Unidos fosse na prática algo nunca antes visto, o fato de ter tomado uma forma escrita não parece refletir nenhuma teoria em particular, mas surgiu de sua história. Já havia no mundo daquela época duas comunidades organizadas federais bem conhecidas, a da Holanda (ou Províncias Unidas, como ainda eram chamados) e a da Suíça; nenhuma delas, até então, tinha Constituição escrita, mas naquele tempo seus sistemas eram de crescimento orgânico antigo e eram, além disso, acordados e aceitos por seus povos, como o sistema britânico era pelo povo inglês. Na América, por outro lado, tudo surgiu de uma crise. As colônias ali, onde cada qual tinha sua própria assembleia legislativa colonial, foram obrigadas a planejar um sistema de cooperação para resistir à Inglaterra; esse tomou a forma de um congresso continental que, a fim de organizar a estrutura básica do governo co-

---

* Riksdag: Parlamento sueco. (N. da T.)

mum, esboçou os Artigos da Confederação e submeteu-os às assembleias de cada colônia para aprovação. Esses artigos revelaram fraquezas em sua operação; e de um plano de emenda surgiu finalmente o projeto da Constituição dos Estados Unidos. Tudo isso aconteceu em uma atmosfera de fortes discordâncias sobre o que deveriam ser os estados da União, e a ratificação separada desse documento pelos estados foi um processo lento, que durante certo tempo não parecia que viria a ter sucesso. O episódio inteiro, desse ponto de vista, foi de ajustamento, concessões recíprocas e persuasão para conseguir que todos os estados entrassem num acordo, e foi essa semelhança com o esforço para negociar uma parceria ou tratado muito complexo e a desejabilidade natural, naquelas condições, de que ele se consolidasse num instrumento escrito e permanente que respondem por um formato de Constituição que hoje parece tão normal, mas que naquele tempo era uma novidade. A situação francesa era diferente, na medida em que ali não havia um problema de federação; mas os franceses estavam igualmente partindo do nada, construindo sobre uma *tabula rasa* constitucional, e só isso, mesmo que não houvesse o exemplo americano, bastaria para explicar o projeto de fundir o novo Estado em um molde de normas escritas permanentes.

Em segundo lugar, foi nesse século que a doutrina da separação dos poderes se estabeleceu como uma fórmula contra a tirania. Locke, como vimos, nos dera um antegosto disso; porém, a afirmação clássica dessa doutrina se encontra em *O espírito das leis*, de Montesquieu. Ele a colocou no capítulo intitulado "A Constituição da Inglaterra" (havia visitado a Inglaterra em 1729-31 e ficara muito impressionado com suas instituições, embora as tivesse entendido mal, em parte) e começou explicando que "em todo Estado há três tipos de poder: o poder legislativo, o executivo em assuntos governados pelo direito das gentes e o executivo em assuntos governados pelo direito do Estado"[64]. O pará-

---

64. *De l'esprit des lois* 2. 6.

grafo seguinte explica que o primeiro desses é o poder de fazer leis temporárias ou permanentes, de revogá-las ou emendá-las; o segundo é a função de fazer a guerra ou de concluir a paz, enviando ou recebendo enviados, garantindo a segurança, prevenindo invasões; o terceiro é o de punir crimes ou decidir disputas entre indivíduos. Colocados de forma moderna, eles correspondem respectivamente aos poderes legislativo, executivo e judiciário, embora um autor moderno os definisse de modo um pouco diferente. Em todo caso, Montesquieu percebeu que a liberdade política não podia existir onde dois desses três poderes estivessem nas mãos do mesmo órgão do Estado, e considerou que a liberdade que ele acreditava que os ingleses desfrutavam (como inquestionavelmente desfrutavam, em comparação com o povo francês ou com a maior parte dos outros povos da Europa) decorria do fato de terem dispersado o exercício dos três poderes governamentais entre diferentes órgãos. A teoria de Montesquieu, sustentada em seu famoso livro, encontrou aceitação tanto na América como na França, de onde depois tornou-se uma trivialidade constitucional em toda parte; embora, naturalmente, não na Grã-Bretanha, onde qualquer aplicação de um parâmetro baseado no esquema de Montesquieu produziria até hoje uma leitura bastante confusa[65].

Em terceiro lugar, embora o primeiro exemplo concreto de controle judicial de uma lei devidamente aprovada, em virtude de sua possível infração a uma Constituição escrita, só tenha ocorrido no pioneiro caso americano *Marbury vs. Madison*[66] em 1803, a teoria do controle judicial de constitucionalidade já havia emergido no século XVIII. Ela surgiu primeiro não na América, mas na França, na década de 1760, entre um grupo de autores iluministas cuja principal importância foi na área da economia (que, naquela época, apenas começava a assumir os contornos de uma

---

65. Por exemplo, o ministro da Justiça é membro dos três braços do governo.
66. 1 Cr. 137.

ciência); eles eram conhecidos como "fisiocratas". Vários autores fisiocratas afirmavam que os juízes, antes de impor as leis, deviam estar convencidos de que as leis que iriam aplicar estavam efetivamente de acordo com os ditames das "leis naturais da ordem social"[67] e da justiça. Esta passagem talvez seja a mais conhecida da escola:

> É claro que qualquer juiz que assuma a responsabilidade de infligir penas a seus compatriotas em virtude de leis obviamente injustas terá cometido um erro. Os juízes, portanto, devem medir as ordenações do direito positivo pela régua das leis da justiça essencial que governam os direitos e deveres de todos os homens... antes de assumir a responsabilidade de julgar de acordo com aquelas ordenações.[68]

Einaudi não encontrou provas de que as ideias americanas sobre o controle judicial devessem algo aos fisiocratas, e observou que a posição fisiocrata pareceria solapar o princípio da separação dos poderes a que os americanos atribuíam papel nodal em seu pensamento constitucional (embora, é claro, uma brecha tenha se aberto em decorrência dos desenvolvimentos posteriores a *Marbury vs. Madison*). Parece difícil acreditar que, na própria década em que a resistência americana ao governo britânico estava aumentando, o público americano instruído não tivesse sido atingido por essas ideias. Porém, qualquer que fosse sua gênese ou proveniência, a teoria do controle judicial de constitucionalidade estava viva na América mesmo antes de a Constituição entrar em vigor. Na década de 1780, escreveu Corwin, essa ideia "difundiu-se rapidamente"[69]. Uma passagem singular dos célebres *Federalists Papers* (uma série de artigos publicados durante a época em que a ratificação da Constituição pelos estados estava pendente, e escritos por

---

67. Charles de Butré (1768), citado por Mario Einaudi, *The Physiocratic Doctrine of Judicial Control* (Cambridge, 1938), 37.
68. Pierre Samuel Dupont de Nemours, *De l'origine et des progrès d'une science nouvelle* (1767), citado por Einaudi, *Physiocratic Doctrine*, 44-5.
69. E. S. Corwin, *The Doctrine of Judicial Review* (Princeton, NJ, 1914), 49 n.

Alexander Hamilton, James Madison e John Jay) sustenta a teoria na forma essencial que ela ainda tem:

> Certa perplexidade com respeito ao direito dos tribunais de declarar nulo um ato legislativo, porque contrário à Constituição, surgiu da fantasia de que a doutrina implicaria uma superioridade do poder judiciário em relação ao poder legislativo...
> Não há posição que dependa de princípios mais claros que aquela de que todo ato de uma autoridade delegada, contrário aos ditames do poder em nome do qual ele é exercido, é nulo. Nenhum ato legislativo, portanto, contrário à Constituição, pode ser válido... à tese de que o corpo legislativo é ele próprio o juiz constitucional de seus poderes, e que a interpretação que adota é conclusiva para os outros departamentos do Estado, pode-se responder que não pode ser essa a presunção natural se tal competência não for estabelecida por uma cláusula particular da Constituição... É muito mais racional supor que os tribunais foram designados para ser um corpo intermediário entre o povo e o legislativo, a fim de, entre outras coisas, manter este último dentro dos limites atribuídos a sua autoridade. A interpretação das leis é o campo próprio e peculiar dos tribunais. A Constituição é, de fato, uma lei fundamental e assim deve ser considerada pelos juízes. Portanto, cabe a eles apurar seu sentido, bem como o sentido de qualquer ato particular procedente do corpo legislativo. Se acontecer de existir uma discrepância irreconciliável entre os dois, o que tiver obrigatoriedade e validade superiores deverá, é claro, ser preferido; ou, em outras palavras, a Constituição deve ser preferida à legislação ordinária, a intenção do povo à intenção de seus agentes.
> Tampouco essa conclusão supõe a superioridade do poder judiciário em relação ao poder legislativo. Ela supõe apenas que o poder do povo é superior a ambos...[70]

A Constituição dos Estados Unidos, contudo, não dispõe expressamente sobre o controle judicial de constitucio-

---

70. N.º 78: Alexander Hamilton.

nalidade; a existência implícita do princípio na Constituição foi estabelecida por *Marbury vs. Madison*. Há também, naturalmente, a diferença entre a teoria francesa e a americana, em que a primeira propõe o livre direito judicial de rejeitar leis consideradas ofensivas aos princípios de justiça não escritos, enquanto a segunda determina a conformidade com a Constituição escrita como o único critério de validade ou invalidade da lei.

Finalmente, o efeito de uma revolução sobre a ordem jurídica (tema muito batido nas décadas recentes), embora não fosse o tema de nenhuma teoria do século XVIII, estava evidentemente, na prática, confinado em limites tão estreitos quanto possível. A questão da legitimidade das operações dos órgãos estatais subordinados, após uma mudança radical na Constituição, não parece ter perturbado de forma alguma as mentes daquela época. Tocqueville, escrevendo sobre o *ancien régime* no início do século XIX, salientou que a França tinha visto desde 1789

> várias revoluções que alteraram todo o edifício do governo. Em sua maioria, elas foram muito súbitas e realizadas pela violência, violando flagrantemente as leis existentes. Contudo, nenhuma originou desordens gerais ou de longa duração: elas quase não foram sentidas e, em alguns casos, mal foram notadas pela maioria da nação.
>
> A razão é que, desde 1789, o sistema administrativo sempre permaneceu intacto no meio das convulsões políticas. A pessoa do soberano ou a forma do poder central foi alterada, porém a transação diária dos negócios públicos não foi perturbada nem interrompida. Cada cidadão se manteve subordinado às leis e usos que conhece, nos pequenos assuntos a ele pessoalmente concernentes. Tinha de lidar com autoridades secundárias, com as quais mantivera relações anteriormente e que raramente foram mudadas. Porque, embora cada revolução tenha cortado a cabeça do governo, elas deixaram seu corpo intacto e vivo, de modo que os mesmos funcionários continuaram a desempenhar suas funções, com o mesmo espírito e de acordo com a mesma rotina, sob cada sistema político diferente. Eles administraram

a justiça ou gerenciaram os negócios públicos em nome do rei, depois em nome da república e por fim em nome do imperador.[71]

O primado do direito

No final do século XVII, como vimos, a voz influente de Locke havia formado a antiga ideia de que o Estado devia ser governado de acordo com certas leis, não arbitrariamente. No século XVIII, isso já era um lugar-comum; M. S. Anderson registra como "universal no pensamento político do Iluminismo" a crença de que "a melhor forma de governo é aquela na qual o indivíduo está sujeito a leis conhecidas e claramente expressas"; esse ideal "excluía o arbitrário e desenfreado 'despotismo oriental' que todos os pensadores da época concordavam em rejeitar"[72].

Na Inglaterra, a grande autoridade nesse assunto era Blackstone. Apesar da prerrogativa da imunidade processual de que a Coroa desfrutava, ele deixou claro que a Coroa e seus ministros deviam respeitar a lei, visto não estarem de modo algum subtraídos à vigência desta. Apresentando como evidência o juramento da coroação, ele escreveu que

> o principal dever do rei é governar seu povo de acordo com a lei. *Nec regibus infinita aut libera potestas,* tal era a constituição de nossos ancestrais germânicos no continente. E isso não só está em harmonia com os princípios da natureza, da liberdade, da razão e da sociedade, mas sempre foi estimado como uma parte expressa do *common law* da Inglaterra...[73]

Por volta da mesma época em que Blackstone escrevia, uma notável afirmação do primado do direito também veio

---

71. *Ancien Régime* (vide n. 4), 161-2.
72. Anderson, *Europe in the Eighteenth Century*, 184.
73. *Commentaries* 1. 6. A sentença em latim é de *Germania*, de Tácito: vide cap. 3 acima.

dos tribunais. Ainda era considerado possível que agentes do executivo (em termos modernos, a polícia), equipados com "mandados gerais" (mandados que não especificavam qual lei fora violada por qual pessoa), arrombassem e revistassem propriedades; essa prática foi aplicada contra os impressores durante os conflitos com o governo associados com John Wilkes, agitador político e membro do Parlamento, mas finalmente foi declarada ilegal no clássico caso *Entick vs. Carrington*[74].

Na França, escrevendo em meados do reino de Luís XV, Montesquieu observou que "em uma monarquia... aquele que comanda a execução das leis geralmente pensa estar acima delas"[75]: não era uma reflexão injusta sobre o estado das coisas em seu país, onde alguns anos antes Voltaire tinha sido atacado e agredido por agentes de um nobre, contra quem não obteve nenhuma reparação efetiva. Tocqueville descreveu a frouxa e desigual execução da lei pelo governo do *ancien régime*; o governo "raramente viola a lei, mas diariamente ele a verga para um lado ou para o outro, a fim de atender às exigências de casos particulares ou facilitar a transação dos negócios".

> Ouvem-se reclamações [ele escreveu] de que os franceses demonstram desdém pela lei. Ai! Quando poderiam eles ter aprendido a respeitá-la? Pode-se dizer de modo geral que, entre os homens do antigo regime, o lugar na mente que deveria ter sido ocupado pela ideia de lei estava vago. Peticionários requeriam que leis estabelecidas fossem afastadas de seu caso, tão séria e sinceramente como se estivessem insistindo na honesta execução da lei...[76]

Essas eram condições às quais certas cláusulas da Declaração dos Direitos do Homem e do Cidadão de 1789, e da Constituição de 1792, pretendiam pôr fim.

---

74. (1765) 19 State Trials 1030.
75. *De l'esprit des lois* 3. 3.
76. *Ancien Régime* 2. 6.

Na Prússia, por outro lado, reconhecida pelos contemporâneos como o Estado mais bem governado da Europa, era possível processar o soberano; esse princípio recebeu expressão formal no *Allgemeines Landrecht* preparado durante o reinado de Frederico, o Grande, que dispunha que tais disputas deviam ser decididas de acordo com a lei e pelos tribunais ordinários[77]. Na América, James Madison enfatizou que os deputados não podiam fazer "nenhuma lei que não tenha plena atuação sobre eles e seus amigos, bem como sobre a grande massa da sociedade"[78].

Princípios de legislação

Por todo o século XVIII ouvem-se frequentes ecos de temas antigos e familiares relacionados aos princípios que devem governar a elaboração de uma nova lei; há também uma ou duas declarações de princípios menos familiares, que provavelmente podem ser atribuídas – por exemplo, quando elas ocorrem nos *Federalist Papers* – ao surgimento do espírito do constitucionalismo.

A antiga doutrina de que o bem comum deve ser o objetivo de toda lei é ouvida nessa era muitas e muitas vezes. "O bem público, o real bem-estar do grande corpo do povo é o supremo objetivo a ser buscado", escreveu Madison; "e toda forma de governo só tem valor na medida em que esteja apta a atingir esse objetivo."[79] O princípio é sustentado com força transcendente por Burke em seus tratados contra a injustiça das leis penais contra os católicos da Irlanda, planejadas para deixar a maioria da população irlandesa sem propriedade, influência, educação ou posição social acessível por meio das profissões. Todos esses tratados da década de 1760 resumem-se numa denúncia das leis estruturadas

---

77. Introdução, § 80.
78. *Federalist Papers*, n.º 57.
79. Ibid. 45.

sobre princípios de injustiça, e é difícil escolher uma única passagem para ser citada.

> Na realidade há dois, e somente dois fundamentos do direito, e ambos são condições que, se estiverem ausentes, nada mais poderá dar-lhe vigor – quais sejam, a equidade e a utilidade. Com respeito à primeira, ela se origina da grande norma da igualdade que é alicerçada em nossa natureza comum e que Fílon[80], com propriedade e beleza, chama a mãe da justiça. Todas as leis humanas são, a rigor, somente declaratórias; elas podem alterar o modo e a aplicação, mas não têm poder sobre a substância da justiça original. O outro fundamento do direito, que é a utilidade, deve ser entendido não como a utilidade parcial ou limitada, mas sim a pública e geral, que do mesmo modo se liga à nossa natureza racional e deriva diretamente dela... Se existe uma proposição evidente por si mesma, é esta: a lei que exclui de toda propriedade segura e valiosa a massa do povo não pode ser feita para a utilidade da parte assim excluída... Mas, se fosse verdade (e não é) que o real interesse de qualquer parte da comunidade pudesse estar separado da felicidade do resto, ainda assim ele não proporcionaria uma fundamentação justa para uma lei que dispusesse exclusivamente para esse interesse às expensas do outro; porque isso seria contrário à essência do direito, que requer que ele seja feito, tanto quanto possível, para o benefício do conjunto. Se esse princípio for negado ou contornado, que base teremos deixado sobre a qual raciocinar? Devemos fazer imediatamente uma mudança em todas as nossas ideias e procurar uma nova definição de direito.[81]

Não se deduz absolutamente disso que um esquema legislativo deva ser aplicado com rigidez indiferenciada a todos os segmentos do povo. Ao contrário, uma vez que o princípio geral de fazer sob medida a legislação para o povo ao qual ela se destina era, como foi visto, uma espécie de

---

80. Fílon de Alexandria (13 a.C.-c. 45 d.C.), filósofo judeu helenista.
81. *Tracts on Popery* (vide n. 42), 27-8.

lugar-comum, Burke sentiu que as leis precisavam também considerar a existência de diferentes elementos dentro da mesma população. Escrevendo para seu filho, por volta de 1790, sobre o assunto da Igreja protestante anglicana que era por lei a Igreja estabelecida da Irlanda, ele disse:

> Em vez de tagarelar sobre as prerrogativas dos protestantes, os parlamentos protestantes deviam, em minha opinião, pensar finalmente em se tornar parlamentos patriotas. O poder legislativo da Irlanda[82], como todas as assembleias legislativas, deve estruturar suas leis para se adequarem ao povo e às circunstâncias do país, e não mais ocupar-se exclusivamente de forçar a natureza, o temperamento e os hábitos inveterados de uma nação a conformar-se com sistemas teóricos sobre qualquer tipo de leis. A Irlanda tem um governo estabelecido e uma religião legalmente estabelecida que devem ser preservados. Ela tem um povo que, além de ser preservado, deve ser conduzido pela razão, pelos princípios, pelo sentimento e pelo interesse a aquiescer a esse governo. A Irlanda é um país sob circunstâncias peculiares. Seu povo é muito misturado; e as quantidades dos vários ingredientes na mistura são muito desproporcionais entre si. Devemos governar esse corpo misto como se ele fosse composto dos elementos mais simples, compreendendo o todo em um único sistema legislativo benevolente? Ou deveríamos antes dispor para as várias partes de acordo com as várias e diversificadas necessidades da natureza heterogênea da massa?[83]

Em 1764, Voltaire, em seu *Dictionnaire philosophique* [*Dicionário filosófico*], reproduziu vários temas sobre legislação que remontam ao início da Idade Média e mais além. São máximas breves, contidas em um verbete intitulado "Leis Civis e Eclesiásticas", que ele pretendia fossem "notas encontradas entre os papéis de um jurista" que "talvez mere-

---

82. Este era o antigo Parlamento Irlandês, no qual somente os protestantes se sentavam. Foi abolido em 1800 pelo Ato da União.
83. *A Letter to Richard Burke, Esq.*, in *Irish Affairs*, 360-1.

çam alguma atenção". Em sua maior parte, são disparos contra a Igreja; os mais gerais e familiares são:

> Que a totalidade do direito seja claro, uniforme e preciso: interpretá-lo é quase sempre corrompê-lo.
> Que a tributação nunca seja senão proporcional.
> Que a lei nunca esteja em conflito com o costume; pois, se o costume é bom, a lei é supérflua.[84]

Expressões muito menos concisas dos mesmos valores poderiam ser extraídas da literatura do século.

Os *Federalists Papers* contêm três princípios legislativos que merecem ser citados. O primeiro, não inteiramente original porque tem um análogo no primitivo direito romano e foi ocasionalmente mencionado depois, parece estar ressurgindo agora no mundo do *common law* após um longo período de eclipse na prática. É a regra contra a emissão das declarações de perda dos direitos civis (por meio das quais um indivíduo é declarado culpado e condenado pelo parlamento sem processo judicial) e contra as leis *ex post facto* (isto é, com efeito penal retroativo), contida em uma cláusula do projeto da Constituição dos Estados Unidos que restringia os poderes dos estados. Sobre essa classe de leis, Madison escreveu que elas eram "contrárias aos primeiros princípios do pacto social e a todo princípio correto de legislação... e proibidas pelo espírito e pelo alcance dessas cartas fundamentais [isto é, as várias constituições estaduais]"[85]. O mesmo julgamento era aplicado às leis que prejudicavam as obrigações contratuais, proibidas pela mesma cláusula, que ele descrevia como um "bastião constitucional em favor da segurança pessoal e dos direitos privados"[86]. Por fim, há a rejeição, dessa vez por Hamilton, da ideia de que a reversão legislativa de uma decisão judicial seja admissível:

---

84. *Dictionnaire philosophique*, s.v. "Das leis civis e eclesiásticas".
85. *Federalist Papers*, n.º 44. Vide também, sobre leis penais retroativas, n.º 84 (Hamilton).
86. Ibid.

Nem a teoria da constituição britânica, nem a dos Estados autorizam a revisão de uma sentença judicial por um ato legislativo. [Era verdade que a Constituição proposta não o proibia explicitamente; mas] a impropriedade da ideia, segundo os princípios gerais do direito e da razão, é obstáculo suficiente. Uma assembleia legislativa não pode, sem exceder sua competência, anular uma determinação já feita num caso particular; embora possa prescrever uma nova regra para casos futuros. Esse é o princípio, e ele se aplica com todas as suas consequências [tanto ao poder legislativo dos estados como ao da União].[87]

Certamente, o mais famoso ensaio do século XVIII na área dos princípios legislativos foi o do inglês Jeremy Bentham (1748-1832), um jovem prodígio que decidiu desde muito cedo que tinha "talento para a legislação". Sua fenomenal influência no mundo* não se tornou totalmente visível até o século XIX, quando seu nome e o *slogan* do "utilitarismo" foram associados com todos os tipos de reformas jurídicas racionais e benéficas. Porém, sua noção de que o direito era um instrumento capaz de aperfeiçoamento indefinido, e de efetuar um aperfeiçoamento indefinido no mundo, já estava implícita em seus trabalhos dos primeiros tempos, e o triunfo final de suas ideias, sem dúvida devido em parte à sua vida longa e ativa, baseou-se amplamente na atraente simplicidade de sua surpreendente intuição. Consistiu esta no fato de ter identificado, como padrão próprio da atividade do governo, o "princípio da utilidade", que ele parafraseou (em uma fórmula que não inventou, mas aparentemente derivou de Beccaria), como "a maior felicidade do maior número". Ele também chamava isso de "cálculo felicífico".

A ocasião para a primeira declaração de Bentham sobre o princípio da utilidade foi a publicação (originalmente anônima), em 1776, de seu *Fragment on Government* [Frag-

---

87. Ibid. n.º 81.
* Especialmente no mundo anglo-americano. (N. do R. T.)

mento sobre o governo], uma crítica, ou antes um ataque, ao recentemente publicado *Commentaries on the Laws of England*. Bentham, com vinte e oito anos de idade, mostrou, com severidade aparentemente implacável, que tais *Comentários* se fundavam em suposições complacentes, falsas ou até sem sentido: em particular, atacou a suposta origem contratual da sociedade e a autoridade transcendente do direito natural, ambas ideias que considerava completamente ultrapassadas e que Blackstone tinha apresentado de maneira tão confusa que foi fácil fazer com que seu trabalho parecesse ridículo. Essa não foi a única preocupação de Bentham; sua ideia era, antes, que seria improvável que uma exposição de um sistema jurídico que parte de referências tão dúbias quanto aquelas tivesse um resultado útil em sua avaliação dos valores do sistema e das razões subjacentes às normas concretas, qualquer que fosse o sucesso que pudesse ter em assentar as próprias normas.

Em lugar de usar essas antigas teorias como fundamento para tecer encômios à Constituição britânica e às leis existentes, ele instou a necessidade de uma ciência jurídica censória que medisse toda norma pelo padrão de utilidade; e desenvolveu esse tema detalhadamente, e até de modo exaustivo, no livro do qual o *Fragment on Government* foi realmente apenas uma introdução, isto é, seus *Principles of Morals and Legislation* [Princípios da moral e legislação], impresso em 1780 mas só publicado em 1789. Ali ele escreveu:

> A natureza colocou a humanidade sob o governo de dois mestres soberanos, a *dor* e o *prazer*. Cabe somente a eles apontar o que devemos fazer, bem como determinar o que faremos. O padrão do certo e errado, por um lado, e, por outro, a cadeia de causas e efeitos estão presos a seu trono. Eles nos governam em tudo o que fazemos, em tudo o que dizemos, em tudo o que pensamos: todo esforço que fizermos para nos livrar dessa sujeição servirá apenas para demonstrá-la e confirmá-la. Nas palavras, um homem pode fingir rejeitar seu império; mas na realidade ele ficará sujeito a esse império o tempo todo. O *princípio da utilidade* reconhece essa sujeição

e a aceita como a fundação desse sistema, cujo objetivo é cultivar o tecido da felicidade pelas mãos da razão e do direito...

Uma medida do governo (que é apenas um tipo particular de ato, executado por uma ou mais pessoas particulares) pode ser considerada compatível com o princípio da utilidade ou ditada por ele, quando... a tendência que tem para aumentar a felicidade da comunidade é maior que qualquer outra que tenha para diminuí-la.[88]

Bentham achava que esse debate sobre o equilíbrio da utilidade de uma lei em vigor ou proposta – naturalmente, ele não supunha que, sem debates prévios, o equilíbrio pareceria o mesmo a todos os olhos – podia se basear em exemplos concretos tirados da experiência; e que esse era um modo mais frutífero para discutir desacordos sobre as virtudes de uma lei do que debater se ela estava ou não de acordo com a natureza; uma lei perniciosa poderia ser simplesmente descrita como tal, sem que fosse necessário discutir se, em face de sua possível oposição a um padrão transcendente, ela era ou não uma lei válida. Por que se embrenhar numa selva sofística quando o caminho da razão clara (isto é, discernir se a lei conduz a uma felicidade maior ou menor) está bem diante de nós?

Essa percepção, que, é desnecessário dizer, não requer que a ideia de felicidade seja compreendida num sentido material indigno, pode parecer banal atualmente, mas, no século XVIII, a ideia de avaliar a legislação, real ou potencial, não pelo padrão poroso do bem comum (dentro do qual valores suspeitos podem se infiltrar facilmente), mas pelo do número de pessoas que ele faz ou pode fazer mais felizes, era notavelmente original. Como, porém, a era do triunfo de Bentham é essencialmente a do final de sua vida e do século XIX em geral, mais referências a seus princípios legislativos serão deixadas para o próximo capítulo.

---

88. *Principles of Morals and Legislation* 1. 1.

A definição do direito e da lei

Bentham, todavia, deve ser mencionado novamente duas ou três vezes em relação a outros temas antes de deixarmos o século XVIII para trás. Um desses temas é a definição de direito. Vimos ao longo da história do pensamento jurídico ocidental que, quando o direito é definido, ele recebe uma definição na qual o elemento imperativo, ou seja, o elemento de comando, é um fator central. O século XVIII continua essa tradição e, com Bentham, a solidifica em uma forma teórica.

Blackstone, por exemplo, definiu o direito como "a norma de conduta civil prescrita pelo poder supremo num Estado, ordenando o que é certo e proibindo o que é errado", perpetuando assim uma fórmula que remonta, através da teologia escolástica, até os romanos[89]. Uma ordem ou uma proibição podiam, em teoria, ser emitidas independentemente de uma sanção[90]; mas o elemento da sanção é enfatizado por Alexander Hamilton nos *Federalist Papers*:

> O governo implica o poder de fazer leis. É essencial à ideia de uma lei que ela esteja ligada a uma sanção; ou, em outras palavras, uma pena ou punição por desobediência. Se não houver uma pena anexada à desobediência, as resoluções ou ordens que aspiram a ser a vontade da lei, de fato, não significam mais que conselhos ou recomendações.[91]

Possivelmente, Bentham leu essa observação e ficou impressionado com ela. De qualquer modo, sua própria visão do que é fazer uma verdadeira lei foi claramente fundida em um molde de comando em sua forma forte, não meramente admonitória.

A história dessa concepção é curiosa. Durante cem anos, o sistematizador da ideia da lei como o comando de um so-

---

89. *Commentaries* 1. 30.
90. Para um exemplo moderno, vide o Ato (de Regulamentação de Exportação) dos Documentos e Quadros Irlandeses, 1945.
91. *Federalist Papers*, n.º 15.

berano, dotado do poder de punir a desobediência, não foi considerado Bentham, mas um discípulo seu, John Austin (1790-1859). Em 1945, todavia, um trabalho de Bentham não publicado anteriormente, que não tinha sido notado entre seus volumosos manuscritos na Universidade de Londres, foi finalmente publicado; viu-se então que era a segunda parte de seus *Principles of Morals and Legislation*, que agora tem o título de *Of Laws in General* [Das leis em geral][92]. Nessa obra, Bentham retoma o pensamento já visível no *Fragment on Government*, no qual, no contexto do combate à teoria do contrato social, ele havia escrito:

> Quando se espera que várias pessoas (a quem podemos chamar *súditos*) tenham o hábito de prestar obediência a uma pessoa, ou a um grupo de pessoas, de condição conhecida e certa (as quais podemos chamar de *governante* ou *governantes*), considera-se que tais pessoas juntas (súditos e governantes) estão em um estado de SOCIEDADE *política*.[93]

A concepção aqui mencionada é repetida no capítulo 4 de *Of Laws in General*, quando ele descreve o "soberano" como "uma pessoa ou grupo de pessoas a cuja vontade se espera que toda uma comunidade política (não importa por que razão) esteja disposta a prestar obediência"; e essa figura do soberano é central para suas ideias de lei e direito, porque, rejeitando qualquer noção mais alta de lei, ele a vê integralmente como um comando emitido pelo soberano para seus súditos habituais e finalmente, portanto, como algo que depende da simples vontade do governante. Uma lei, diz ele, pode ser definida como

> um conjunto de sinais declarativos da volição concebidos ou adotados pelo *soberano* no Estado, referentes à conduta a ser observada em um certo *caso* por uma certa pessoa ou classe

---

[92]. Org. H. L. A. Hart (1970).
[93]. *Fragment*, § 10. O formato da proposição deve obviamente algo a Hobbes.

de pessoas, que no caso em questão estão ou supõe-se que estejam sujeitas a seu poder: uma vez que tal volição depende, para sua realização, da expectativa de certos eventos para os quais essa declaração pretende ser um meio de efetivação, a expectativa em razão da qual é proposta deve agir como um motivo sobre aqueles cuja conduta está em questão.[94]

Dessa pesada fórmula resulta uma teoria da lei como o comando de um soberano que tem grande probabilidade de ser obedecido por causa da sanção (a "expectativa de certos eventos") com que está equipado. Essa imagem do direito, todavia (devido à não publicação da obra de Bentham), foi propagada por Austin na década de 1830, e sua discussão suplementar será tratada no próximo capítulo.

Igualdade perante a lei

A igualdade natural de todos os homens é um lugar-comum teórico do Iluminismo, que envolve, também teoricamente, a ideia de sua igualdade perante a lei. Podem ser encontrados exemplos em Vico, que escreveu sobre "o desejo da massa dos homens de serem governados com a justiça correspondente à igualdade da natureza humana"[95]; e sobre "governos humanos em que, em razão da igualdade de sua natureza inteligente, que é da própria natureza do homem, todos os homens são tratados como iguais pelas leis"[96]. Christian Wolff também declarou a igualdade natural de todos os homens, com os mesmos direitos e deveres inatos. As máximas de Voltaire sobre as "leis civis e eclesiásticas", em seu *Dicionário filosófico*, incluem os preceitos de "que os magistrados, trabalhadores e padres devem pagar igualmente as despesas do Estado, porque todos pertencem igualmente ao Estado" e "que deve haver somente um

---

94. Ibid. cap. 3.
95. *Scienza nuova* 1. 2. 37 (3. ed.).
96. Ibid. 2. (3.ª impressão da ed. de 1744).

peso, uma medida e uma lei"[97]. Esse ideal teórico comum de igualdade incorporou-se em textos legislativos e constitucionais. Assim, a Introdução do *Allgemeines Landrecht* prussiano de 1794 afirmava o princípio de que "as leis do Estado obrigam a todos os seus súditos, independentemente de posição, hierarquia, ou família"[98]. A mais célebre declaração dessa área é o artigo 3º da Constituição francesa de 24 de junho de 1793: "Todos os homens são iguais por natureza e perante a lei", mas a Constituição de 3 de setembro de 1791, que a precedeu (e ainda imaginava o rei como parte da constituição), também havia declarado que "os homens nascem e permanecem livres e iguais quanto aos direitos; as distinções sociais só podem ser fundadas no que é útil para a comunidade" (artigo 1º). A Constituição dos Estados Unidos, por contraste, não continha esse artigo, nem a igualdade como um valor recebe menção explícita nela até o estabelecimento da décima quarta emenda, depois da Guerra Civil; talvez esse silêncio reflita a aceitação de certas realidades que podiam parecer zombar da teoria da igualdade.

A propriedade

A mais evidente dessas realidades era a instituição da propriedade privada, desacompanhada de qualquer sistema para impedir sua distribuição desigual. A filosofia de Locke sobre a origem e os deveres da propriedade parecia perfeitamente satisfatória para o século XVIII, e o século gerou vigorosas defesas da propriedade privada, bem como a atribuição de mais peso político aos detentores de riquezas. Havia, contudo, algumas vozes divergentes; a mais famosa foi a de Rousseau, que via a apropriação individual dos recursos da terra como a origem tanto da sociedade civil quan-

---

97. *Dictionnaire*, s.v. "Of civil and ecclesiastical laws".
98. Introdução, § 22.

to dos vícios. A passagem de abertura da Parte 2 de seu *Discurso sobre a origem e os fundamentos da desigualdade entre os homens* (1754) contém as seguintes sentenças célebres:

> A primeira pessoa que, tendo isolado um pedaço de terra, decidiu dizer: "Isto é meu" e encontrou pessoas simples o bastante para acreditar nela foi o verdadeiro fundador da sociedade civil. Que crimes, guerras, assassinatos, que misérias e horrores teriam sido evitados pela raça humana por alguém que, arrancando as estacas e tampando os fossos, tivesse gritado para seus companheiros: "Cuidado com o que diz o impostor; vós estareis perdidos se esquecerdes que os frutos pertencem a todos e a terra a ninguém!".

Todo vício, pensava ele, deriva em última instância da desigualdade antinatural que se origina do açambarcamento da propriedade pelos indivíduos. A instituição das leis, por sua vez, e com isso o aparecimento da sociedade civil foram simplesmente meios para perpetuar e proteger a situação dos possuidores. Em 1767, S. N. H. Linguet publicou sua *Théorie des lois civiles* [Teoria das leis civis], que atacou a ideia de Locke de que a agregação do trabalho do indivíduo com os recursos da terra podia criar o direito à propriedade privada; ao contrário, ele acreditava que a propriedade repousava na superioridade de força física, e que as instituições civis que protegiam os direitos de propriedade eram simplesmente uma conspiração contra a maioria da raça humana[99]. Ambos, Rousseau e Linguet, influenciaram Marx no século seguinte.

Contrariamente a essa interpretação da propriedade, a instituição foi apresentada por Kant em 1797 como uma imposição da razão prática. Esta proibia a concepção de que as coisas materiais não podiam ser possuídas, pois, se assim fosse, não poderia haver nem o "meu" nem o "seu", e, assim, algo intrinsecamente capaz de ser usado para o be-

---

99. Anderson, *Europe in the Eighteenth Century*, 416.

O SÉCULO XVIII 385

nefício humano seria excluído desse uso. A aquisição da propriedade individual deriva originalmente, segundo ele, da declaração do primeiro posssuidor e da consentida aceitação de sua declaração pelos outros; inclusive o reconhecimento de que ele podia então excluir todos os outros do que havia, por preempção, tomado para si[100]. As desigualdades de posses são explicadas e justificadas pelas desigualdades na distribuição dos talentos humanos, para os quais as posses são a recompensa.

O princípio da propriedade privada encontrou fortes defensores, não meramente entre os filósofos, mas entre os teóricos políticos da última parte do século. William Paley, em um livro publicado em 1785, fundamentou o direito à propriedade na prescrição, isto é, na condição conferida pela longa posse pacífica e ininterrupta[101]. Assim também fez Burke, que achava que a propriedade, junto com a desigualdade de sua distribuição, era inerente à civilização e constituía a própria condição desta; o confisco da propriedade era totalmente injustificável, mesmo sob o pretexto do bem comum[102]. A mesma opinião era um elemento importante do outro lado do Atlântico, onde em 1787 Madison escrevia sobre salvaguardas contra "a avidez pelo papel-moeda, pela abolição das dívidas, pela divisão igual da propriedade ou por qualquer outro projeto impróprio ou mau"[103].

Quanto ao papel político da propriedade, era defendido por quantos temiam a aceitação excessiva do princípio democrático – e nem todos esses eram conservadores. Por um lado, Burke escreve em 1792 que "é uma excelência de nossa Constituição que todos os nossos direitos de sufrágio provincial considerem mais a propriedade que a pessoa... Admitindo como critério a propriedade consolidada e per-

---

100. *Metaphysik der Sitten: Rechtslehre,* §§ 11 ss.
101. *The Principles of Moral and Political Philosophy* (ed. 1838), iii. 224-31.
102. *Reflections* 35, 102, 240 s.; discurso sobre a reforma da representação (1782).
103. *Federalist Papers*, n.º 10.

manente [no caso da extensão do privilégio aos católicos irlandeses], vós evitaríeis o grande perigo de nosso tempo – o de antepor o número [da maioria] à propriedade"[104]. Esse era Burke, o filósofo do conservadorismo. Porém, nem mesmo a revolucionária Constituição francesa do mesmo ano propunha o sufrágio universal; o direito ao voto era reservado aos donos e arrendatários de propriedades de um valor mínimo, expresso em termos do valor de um certo número de dias de trabalho[105].

O direito penal e as penas

Foi no século XVIII, como um dos frutos do Iluminismo, que a teoria sobre o fundamento, os objetos e as medidas do direito penal e das penas assumiu, pela primeira vez, o aspecto de uma ciência independente. Vários fatores contribuíram para isso. Primeiro, o ceticismo quanto à autoridade e à tradição da antiguidade solapou a aceitação das práticas imemoriais e de valores não averiguados como garantias suficientes para a aplicação da pena. Em segundo lugar, o retrocesso do extremismo religioso e da crença em forças ocultas destruiu a confiança que outrora sustentara a perseguição às bruxas e feiticeiras. Em terceiro lugar, embora a criminalidade tenha aumentado acentuadamente ao longo do século, em particular em matéria de crimes contra a propriedade, o que motivou a aplicação de uma repressão penal feroz, houve igualmente, em parte em reação a esse movimento, um avanço geral no sentimento humano (visível também no movimento contra o comércio de escravos), que lançou poderosas críticas aos sistemas europeus de justiça penal. Nas épocas de Bach e Mozart, tais sistemas ainda brindavam a Europa com frequentes cenas de assustadora crueldade pública.

---

104. *Letter to Sir Hercules Langrishe*, in *Irish Affairs*, 273-4.
105. Art. 35.

Assim, começou a se formar um ponto de interrogação sobre a extensão do direito de punir do Estado; em particular, questionava-se se ele estava autorizado a punir atos que não tinham resultados prejudiciais sobre os outros ou sobre a sociedade, e que podiam ser vistos mais como pecados ou falhas morais que como delitos penais. Tanto Voltaire como o grande pioneiro italiano da reforma penal, Cesare Beccaria (1738-94), achavam que somente as ofensas contra o homem, e não aquelas contra Deus, deviam provocar a punição humana; Voltaire protestou notavelmente em 1766 contra a execução de um jovem impetuoso, cuja ofensa fora uma blasfêmia que não causara dano material a ninguém[106]. Na mesma década, Edmund Burke havia proposto, como parte de seu argumento contra as leis opressivas sob as quais os católicos irlandeses viviam, uma concepção do direito penal na qual expunha como a situação real do direito inglês parecia ser a ideal:

> [O direito penal] considera crime (isto é, o objeto da pena) toda transgressão das normas em vista das quais a sociedade foi instituída. A lei pune os delinquentes, não porque não sejam bons, mas porque são intoleravelmente maus. Ela tem, e deve ter, paciência com os vícios e as loucuras dos homens até que eles golpeiem efetivamente a raiz da ordem.[107]

A Lei da Assembleia Constitucional francesa de 8-9 de outubro de 1789 declarou igualmente que a lei tem o direito de proibir somente atos prejudiciais à sociedade. A ideia de que o direito não deve tentar impor a perfeição a uma raça humana imperfeita não era nova; porém, a ideia de que somente é punível o que fere os outros se tornaria um tema controverso nos dois séculos seguintes. Quanto ao fato de o Estado, em todo caso, ter ou não justificativa para punir os indivíduos, as teorias contratualistas de Grócio e

---

106. Voltaire, "Relation de la mort du Chevalier de la Barre", in *Œuvres complètes*, ed. L. Moland (Paris, 1877-85), xxv. 504.
107. *Tracts on Popery*, in *Irish Affairs*, 46.

Hobbes ainda eram ouvidas. A ideia de que o soberano detinha o somatório dos direitos individuais de represália, cedidos a ele em decorrência do contrato original, era repetida, com maior ou menor precisão, pelo jurista italiano Gaetano Filangieri (1752-88) e por Blackstone, pelo menos no que diz respeito às *mala in se* (coisas más em si mesmas); no estado de natureza, segundo Blackstone, o direito de punir tais erros está nas mãos de cada indivíduo, mas no estado de sociedade ele é transferido para o poder soberano[108]. O direito de punir meras *mala prohibita*, coisas originalmente indiferentes, mas proibidas pelo legislador, ele também atribuía a uma suposta fonte contratual[109]. A mesma concepção é encontrada na famosa obra de Beccaria, *Dei delitti e delle pene* (Dos delitos e das penas), publicada em 1764; aí ele fala da concentração, por todos os súditos, de uma certa quantia de sua liberdade individual: "Todo indivíduo escolheria pôr no fundo público a menor porção possível de sua liberdade; somente tanto quanto fosse suficiente para levar os outros a defendê-la. O total dessas – as menores porções possíveis – forma o direito de punir; tudo o que for além disso é abuso, não justiça."[110] Porém, essa formulação sugeria também a ilegitimidade da pena capital, da qual, horrorizado com a crueldade de sua frequente aplicação, ele era um opositor apaixonado: como ninguém tinha a liberdade natural de entregar sua própria vida, assim ninguém podia ceder a um soberano o direito de tirá-la[111].

É nesse século que a teoria das finalidades atribuídas à pena criminal começa finalmente a afastar-se da primitiva e quase universal insistência na dissuasão e na vingança. É verdade que, mesmo no final do século, o generoso filósofo Immanuel Kant achava que o Estado tinha não só o direito, mas o dever de infligir a retaliação enquanto tal[112]. Porém,

---

108. *Commentaries* 4. 1.
109. Ibid.
110. *Opere*, i. 49.
111. Ibid. 80.
112. *Account of the Principal Lazarettos in Europe*.

também a correção do criminoso – sua recuperação, entendida como um valor moral independente – começa a estabelecer-se como um elemento padrão na teoria penal. Assim também a percepção de que, como a própria sociedade deve carregar uma parte da culpa pelo surgimento do delinquente, nem o motivo da vingança nem o da intimidação são moralmente adequados. O grande filantropo inglês John Howard (c. 1726-90) escreveu que "nós adotamos demais o modo gótico de correção, isto é, mediante rigorosa severidade, que frequentemente endurece o coração, enquanto muitos estrangeiros buscam o plano mais racional de abrandar a mente com o fim de emendá-la"[113]. Seus estudos de primeira mão sobre os sistemas penais estrangeiros (que atraíram Burke por sua originalidade e humanidade) levaram-no a chamar a atenção particularmente para o regime penal relativamente humano das Províncias Unidas (holandesas), sob o qual os criminosos, enquanto estavam presos, recebiam "instrução religiosa e trabalhos forçados em uma combinação puritana"[114]. O advogado inglês Samuel Romilly (1757-1818) via a sociedade como frequentemente responsável por deixar as pessoas em um estado de privação tão desesperador que a delinquência era a consequência natural; em vez de dedicar-se à repressão brutal, seria melhor dar emprego aos pobres e assim aliviá-los de um motivo para o crime[115]. O filósofo William Godwin, escrevendo em 1793, condenou toda a teoria da pena criminal, quer baseada na vingança, quer na correção, quer na intimidação, e atacou a sociedade mais apaixonadamente do que Romilly tinha feito: "O que pode ser mais vergonhoso para a sociedade do que castigar exemplarmente aos que ela impeliu a infringir a ordem, em vez de corrigir suas instituições que, transformando a ordem em tirania, produzi-

---

113. *Speech at the Guildhall in Bristol*, in *Irish Affairs*, 140.
114. Ibid.
115. *Observations* (1786) (sobre o panfleto de Madau, *Thoughts on Executive Justice*).

ram o dano?"[116] Na verdade, ele foi mais longe e advogou a abolição completa do direito e sua substituição pelo raciocínio dirigido aos fatos do caso individual[117].

Jeremy Bentham, finalmente, englobou todo o problema no sistema geral de seu "cálculo felicífico". Sua *Introduction to the Principles of Morals and Legislation* [Introdução aos princípios de moral e legislação] (1789) reconhecia que a pena é em si um mal que pode ser admitido somente para evitar um mal maior; deve ser baseada na correção, bem como nos elementos de desarme e dissuasão; a vingança era um motivo ilícito, visto que (pesada na balança utilitária) o prazer que dava àqueles cujos instintos vingativos eram satisfeitos não se equiparava à dor que sua aplicação causava[118]. Mesmo Blackstone, mais complacente que indignado com o sistema sob o qual vivia, em seus *Commentaires on the Laws of England*, tinha excluído a vingança da lista dos propósitos penais legítimos e incluído experimentalmente o que parecia ser algo como a correção do delinquente, em vez de sua dissuasão:

> [A pena] não é um meio de pagar ou expiar o crime cometido; porque tais coisas devem ser deixadas a cargo da justa determinação do Ser Supremo; mas é uma precaução contra futuros delitos do mesmo tipo. Isso se efetua de três modos: ou pela correção do delinquente... ou pela dissuasão dos outros, com o medo de seu exemplo, para não cometerem o mesmo delito... ou, por fim, privando a parte culpada do poder de causar um dano futuro.[119]

Outras três questões merecem breve menção. A importância do estado mental do delinquente para seu grau de culpabilidade ou punição é agora universalmente admitida (embora, surpreendentemente, em certa passagem, Becca-

---

116. *An Inquiry concerning Political Justice* (1793), 713.
117. Ibid. cap. 8.
118. *Principles of Morals and Legislation* 13.1.
119. *Commentaries* 4. 1.

ria pareça ter achado que a seriedade de um delito devia ser avaliada não em relação ao estado mental do ofensor, mas ao grau de dano público que causasse)[120]. Em geral, contudo, Blackstone foi representativo de sua época ao aprovar a concepção inglesa de que os fatores operantes na mente do delinquente, tais como a violência da paixão ou a tentação ou a extrema necessidade, devem atenuar seu crime[121].

Em segundo lugar, havia verdadeira unanimidade em torno da necessidade de a pena ser proporcional ao delito. Um ou dois autores ingleses insistiram numa severidade muito pouco discriminativa, e essa era de fato uma característica escandalosa do sistema inglês que, no final do século, prescrevia a pena de morte para mais de uma centena de delitos diferentes; porém, a maioria dos cérebros da época defendia a moderação em ambos os sentidos da palavra. Montesquieu, já em 1721, tinha afirmado em suas *Cartas persas* a importância de uma proporção razoável entre o crime e a pena, e sustentou a mesma proposição mais formalmente em 1748, em seu *O espírito das leis*[122]. No ano seguinte, Frederico, o Grande, salientou o mesmo ponto em sua *Dissertation sur les raisons d'établir ou d'abroger les lois* [Dissertação sobre as razões para estabelecer ou ab-rogar as leis]. Em 1764, Beccaria repetiu-o, tomando por base, contudo, a tolice de minar a percepção moral da diferença entre crimes de diferentes graus de gravidade e de eliminar qualquer incentivo para refrear mais os crimes maiores que os menores[123]. Em 1765, Blackstone recomendou a devida proporcionalidade, também por um motivo utilitário, qual seja, que a severidade indevida tende a acarretar a não execução da lei por causa dos instintos compassivos do público (e, portanto, dos júris)[124]. A desproporção foi condenada também em 1771 pelo reformador penal William Eden[125], e

---

120. *Opere*, i. 96 ss.
121. *Commentaries* 4. 1.
122. *Lettres persanes* 102; *De l'esprit des lois* 6. 16.
123. *Opere*, i. 96 ss.
124. *Commentaries* 4. 1.
125. *Principles of Penal Law* 49-51.

em 1785 – com especial referência ao sistema penal inglês – por Benjamin Franklin[126].

Finalmente, afirmava-se de modo geral que as leis penais deviam ser claras, não deixando margem para a ignorância por parte do público ou a interpretação arbitrária por parte do juiz. Montesquieu escreveu que

> quanto mais um governo se aproxima de uma república, mais a maneira de julgar se torna estabelecida e fixa... a própria natureza da constituição [das repúblicas] requer que os juízes sigam a letra da lei; caso contrário, a lei poderia ser interpretada com prejuízo para todos os cidadãos, nos casos que afetam sua honra, sua propriedade ou sua vida.[127]

Voltaire igualmente salientou a necessidade da clareza nas leis penais[128]. Beccaria levantou, especialmente, o mesmo tema exposto por Montesquieu em relação às leis penais nas monarquias, cujo espírito, quando elas não são explícitas, o juiz "empenha-se em investigar". Não há nada, disse Beccaria,

> mais perigoso que o axioma comum segundo o qual "o espírito da lei deve ser considerado". Adotá-lo é ceder à torrente das opiniões... Um código explícito [por outro lado], que deve ser observado à letra, deixa para o juiz apenas a função de examinar os atos dos cidadãos e decidir se eles estão de acordo com a lei, como está escrita, ou a estão infringindo.[129]

O direito internacional

O século XVIII, adorador da razão, julgava repugnantes a própria ideia de guerra e as relações não regulamentadas entre os Estados que davam origem às guerras. À dou-

---

126. Carta de 14 de março de 1785, para Benjamin Vaughan.
127. *De l'esprit des lois* 6. 3.
128. *Oeuvres*, xix. 626.
129. *Dei delitti e delle pene*, cap. 4.

O SÉCULO XVIII

trina sistematizada do direito internacional, criada por Grócio, esse século acrescentou propostas para assegurar a paz e a estabilidade. Os autores que escreveram sobre esse assunto, nas palavras de M. S. Anderson, "partiram da suposição de que os governos da Europa ainda estavam em um 'estado de natureza', e que deviam ser encontrados meios de restringir sua inata propensão para atacar e causar danos uns aos outros"; para esse propósito, um "equilíbrio de poder" mantido pragmaticamente era simplesmente insuficiente[130]. O mais conhecido desses publicistas foi o abade de St. Pierre, que, em 1713, no final do reinado belicoso de Luís XIV, produziu seu "Projeto para criar a Paz Perpétua na Europa"; este insistia em que todos os Estados europeus deviam formar uma federação, com um Senado para julgar seus litígios e um sistema de coação pelas armas contra qualquer Estado que infringisse os direitos do outro[131].

O aspecto teórico desse esquema era contratual, embora o contrato fosse idealmente algo a ser concluído e não considerado como já existente. Para Christian Wolff, uma espécie de contrato social já havia aparecido entre as nações; elas eram membros do que ele chamava uma *civitas maxima*, um "superestado", e este repousava num "pacto ou quase-pacto"[132] que podia ser extraído do conjunto de normas que de fato eram observadas pelas nações em suas relações mútuas. O objetivo do indivíduo humano, isto é, sua perfeição, Wolff também aplicava aos Estados; eles deviam lutar por sua perfeição e pela perfeição de seus semelhantes, a quem deviam amar como a si mesmos, transferindo generosamente sua superfluidade de recursos para os membros mais necessitados da *civitas*. Assim como os indivíduos humanos, os Estados eram todos iguais por natureza; e, novamente como os seres humanos no estado de natureza, cada um tinha o direito de defender-se e de punir

---

130. *Europe in the Eighteenth Century*, 250 s.
131. Ibid.
132. *Jus gentium methodo scientifica per tractatum* (1764), §§ 10-20.

um ofensor, presumivelmente até a época em que a *civitas* desenvolvesse um mecanismo comum de defesa e repressão[133]. Grande parte do esquema de Wolff foi adotada pelo escritor suíço Emmerich de Vattel (1714-67), cujo compêndio do direito internacional de sua época adquiriu enorme autoridade no século XVIII posterior e no século XIX, especialmente, por alguma razão, na Inglaterra e nos Estados Unidos[134].

Entre todos os seus outros interesses, Jeremy Bentham escreveu sobre o direito das nações e realmente merece o crédito pela invenção da palavra "internacional" nesse contexto[135]. Sua teoria aqui é simplesmente a aplicação do princípio geral de utilidade à conduta das nações: tal conduta deve ser regulada com o fim de se atingir o maior bem-estar possível de todas as nações do mundo. Colocando-se na posição de um hipotético legislador das nações, ele reduziu essa generalidade a cinco proposições subordinadas, que podem ser resumidas assim: cada nação deve buscar o bem comum de todas, não causando danos e concedendo tantos benefícios quanto possível aos outros Estados, sem ferir seu próprio bem-estar; não aceitando danos e recebendo tantos benefícios quanto possível de outros Estados, sem ferir o bem-estar *deles*; e, num estado de guerra, causar apenas o dano necessário para atingir seu objetivo.

Finalmente, as opiniões de Kant sobre o direito internacional devem ser mencionadas. Em sua *Metafísica dos costumes* (1796), ele observou que a razão prática sugeria o princípio de que a guerra não devia existir. Mesmo que esse ideal seja irrealizável, a conduta dos Estados deve ser dirigida para sua realização. Isso requer a fundação de uma federação de Estados, "de acordo com a noção de um contrato original", e uma união de povos comprometidos com a

---

133. Ibid. §§ 31 ss.
134. *Le Droit des gens ou principes de la loi naturelle* (1758).
135. *Principles* 17. 25.

não interferência nos assuntos dos outros e com a proteção contra os inimigos externos. Esse congresso de Estados tornaria realidade a ideia de um direito público entre as nações, que decidiria litígios de maneira civilizada e não pelo bárbaro recurso da guerra[136].

---

136. *Metaphysik der Sitten*.

Capítulo 8
O século XIX

Panorama histórico geral

Na Europa, o século XIX se abre com uma cena de guerra. A Revolução Francesa atemorizou tanto a velha Europa que esta se uniu em tentativas de extingui-la, ou pelo menos de contê-la, mas esses esforços só serviram para que a aguerrida república desse ao mundo o primeiro exemplo de um "povo em armas": os exércitos revolucionários que no princípio rechaçaram os ataques desfechados pelos tronos estrangeiros e em seguida, sob o comando e mais tarde o poder imperial de Napoleão Bonaparte, levaram a todos os cantos do continente a bandeira francesa – que, no começo, assumiu ares de bandeira da libertação para os povos subjugados. A derrota final de Napoleão, em 1815, pelo poder conjunto da Inglaterra, da Prússia, da Rússia e da Áustria, foi seguida pelo acordo geral realizado no Congresso de Viena; este estabeleceu um equilíbrio nos negócios europeus que durou mais ou menos até a eclosão da Primeira Guerra Mundial, cem anos depois. Houve vários conflitos localizados e geralmente curtos, como a guerra da Crimeia (1853-56) e a guerra entre a França e a Prússia (1870-71), porém nenhuma convulsão generalizada e prolongada como as guerras napoleônicas e como as que o século XX viria novamente produzir. Portanto, comparado com o que tinha acontecido antes e com o que veio depois, o século XIX foi relativamente tranquilo.

Seus desenvolvimentos políticos mais significativos tiveram lugar na Alemanha e na Itália. Na Alemanha, sob o poder de Bismarck influenciado pelo nacionalismo romântico da época, surgiu um império unido, comandado pelo Estado militarista e expansionista da Prússia. Na Itália, o revolucionário Garibaldi, o agitador Mazzini e o político liberal Cavour conseguiram formar um reino unitário nacional sob o domínio da Casa de Savoia, governantes de Piemonte e Sardenha; o processo envolveu acima de tudo a expulsão (com a ajuda francesa) do poder austríaco do norte da Itália e da dinastia Bourbon de Nápoles e da Sicília, juntamente com a redução dos Estados papais a um pequeno enclave perto de Roma. Outras mudanças foram a criação do Estado belga (1831) no território austríaco (e outrora espanhol) da antiga região sul dos Países Baixos católicos; o aparecimento, no mesmo ano, do reino da Holanda, onde se situavam as antigas Províncias Unidas do norte calvinista; e, na Europa Oriental, o estabelecimento de vários reinos e principados independentes nas antigas províncias do decadente Império Otomano.

Embora o acordo de 1815 tivesse criado relativa estabilidade nas relações mútuas entre as potências europeias, o século ainda produziu enormes mudanças políticas. A derrota de Napoleão e a restauração do trono da França na pessoa de Luís XVIII, juntamente com a paz que parecia permitir que os antigos regimes da Europa respirassem com tranquilidade outra vez, não puderam extinguir a sede popular de reformas e, em alguns países, de independência nacional; nem o entusiasmo romântico, expresso na arte e na literatura da época, para o qual convergiram todos os lugares, de Dublin a Budapeste. A estabilidade interna dos antigos reinos era continuamente perturbada por tremores de revolta; em 1848, o "ano das revoluções", quase todos os regimes europeus foram depostos, embora em toda parte, com exceção da França, a antiga ordem tenha se restabelecido rapidamente; mesmo na França, a Segunda República logo cedeu lugar (1852) ao Segundo Império, sob o reinado de Napoleão III, sobrinho-neto do grande imperador. Contudo, sob a influência do liberalismo burguês, que foi a força dominante do século, as reformas políticas fizeram progresso em todo lugar. A maior parte dos Estados europeus passou a ter Constituições; e, embora algumas monarquias, como a do Império Habsburgo, permanecessem virtualmente absolutas, a maioria era "constitucional", isto é, seus poderes eram definidos por uma carta escrita; esse movimento se completou por volta do fim do século. O direito de voto tendia a ser continuamente estendido a círculos cada vez maiores da população, tendendo, em outras palavras, ao sufrágio universal pelo menos para os homens adultos; esse direito foi estabelecido na Alemanha pela Constituição de 1871 e na França, pela de 1875. Na Inglaterra, onde a Câmara dos Comuns valia mais que as assembleias continentais, o direito de votar nas eleições parlamentares permaneceu ligado ao que (falando-se de modo simples) poderíamos chamar de uma qualificação proprietária; porém, o tamanho do eleitorado foi aumentando progressivamente em 1832 (pelo *Great Reform Act*), 1867 e 1884[1]. Na Irlanda, a grande reforma do século no plano político foi a eliminação das restrições aos católicos em 1829, o que significou que pela primeira vez representantes da maioria irlandesa puderam tomar assento na Câmara dos Comuns. Mas o século passou, a despeito dos esforços de Gladstone, sem que a autonomia do governo irlandês fosse conseguida, e outras pequenas nações continuaram longe da independência: a Polônia, os povos bálticos e os do Império Austro-Húngaro.

As mudanças econômicas e tecnológicas do século XIX foram vastas. Os empreendimentos capitalistas assumiram uma escala que apequenava por completo a atividade comercial de épocas anteriores. As populações europeias, cada vez mais urbanizadas, cresceram rapidamente, em parte por

---

1. Para um quadro geral da democratização dos Estados europeus, vide E. J. Hobsbawm, *The Age of Empire* (Londres, 1989), cap. 4, esp. pp. 85-6.

causa dos cereais mais baratos garantidos pela disseminação do livre mercado, em parte porque melhores medidas sanitárias e o conhecimento de medicina e higiene pessoal reduziram as doenças que anteriormente (sobretudo por causa da terrível mortalidade infantil) aniquilavam os incrementos naturais de população; só excepcionalmente, como na Irlanda, o rápido crescimento populacional foi freado e anulado por fatores locais. Nas cidades, essas populações, vivendo em sua maior parte apenas no nível da subsistência, ofereciam mão de obra barata para a Revolução Industrial inaugurada no século anterior; esta atingiu então seu ponto máximo, em particular onde (como na Inglaterra principalmente, mas também na Bélgica, na Alemanha e no norte da França) havia carvão em abundância para fazer funcionar as máquinas a vapor e abastecer as fundições e as usinas siderúrgicas. Para o homem comum, o produto mais revolucionário do século foi a locomotiva a vapor para tração de trens nas ferrovias; no espaço de uma geração, digamos de 1830 a 1870, um sistema de transporte europeu incrivelmente rápido tinha se desenvolvido do nada, abrindo todos os tipos de possibilidade na economia, na política e na vida privada. Não menos importante foi o progresso nas comunicações, originado pelo telégrafo elétrico e, no último quartel do século, pelo telefone.

O livre comércio internacional era, de certo modo, o primeiro artigo de fé na ideologia do *laissez-faire* liberal, e foi muito facilitado por esses progressos nas comunicações. Tendia a favorecer a divisão do trabalho e a concentração de diferentes formas de produção nas áreas que melhor se adequavam a elas, e assim possibilitou o intercâmbio de mercadorias mais baratas. O comércio europeu agora tinha acesso à importação barata de alimentos e matéria-prima para as indústrias, enquanto as invenções e a agressividade da época abriam vastos mercados para os produtos europeus na própria Europa e no além-mar. A perspectiva dos novos mercados, junto com o orgulho nacional, mudou a atitude das potências europeias para com as colônias ultramarinas; no início do século, estas não haviam desempenhado um papel vital nas políticas nacionais dos Estados locais, mas perto de seu final as potências europeias iniciaram uma competição pelas colônias. Os ingleses converteram as possessões indianas, que outrora pertenceram a uma simples companhia comercial, num império (1877); e reorganizaram constitucionalmente os territórios esparsos do Canadá, da Austrália e da Nova Zelândia, e, depois da guerra (1899-1902) com os bôeres (em sua maioria de ascendência holandesa), estabelecidos havia muito tempo no sul da África, juntaram o rico Transvaal com Natal, o Estado Livre de Orange e a antiga colônia do Cabo, formando o Domínio da África do Sul. O Egito, o Sudão e outras partes da África Oriental e Ocidental também foram gradualmente coloridos de vermelho no mapa. O que restou foi dividido entre a França (no norte e no oeste da África: embora a França também tenha adquirido um império no sudeste da Ásia) e Portugal, o pioneiro do estabelecimento europeu na África; juntamente com a nova Alemanha imperial, que insistiu em ser admitida no clube colonial, e mesmo a Bélgica, cujo rei Leopoldo II, imensamente rico, adquiriu o território do Congo como uma espécie de dependência pessoal em 1885. A Europa – inclusive a Rússia, que construiu um considerável potencial industrial no decurso do século, principalmente por meio de empresários estrangeiros, e adquiriu um império próprio na Ásia Central – possuía assim um vasto palco econômico em que as forças de seu capitalismo podiam atuar – embora usualmente fossem acompanhadas (ou mesmo precedidas) por missionários cristãos e pela convicção, sem dúvida entretida com vários graus de sinceridade, de que a civilização europeia não poderia fazer outra coisa a não ser o bem, moral e material, para os que ela alcançava.

A concepção de Estado

Apresentar um quadro da teoria do Estado no século XIX é um empreendimento muito mais complexo do que seu equivalente em qualquer século anterior. Nas eras precedentes, como vimos, a ideia de uma estrutura baseada em algo cujas várias formas podiam todas ser agrupadas na noção de "contrato social" ocorre constantemente e, desde a Baixa Idade Média, fora dominante. Porém, aqueles dias já tinham passado. No século XIX, o problema da natureza e da função própria do Estado teve de ser repensado a partir do nada. O "contrato social" fora atacado por Bentham não somente como uma ficção, mas também como uma falsidade; e, como fazia parte do vocabulário da Revolução Francesa, estava desacreditado de qualquer modo, juntamente com o direito natural e os direitos naturais, por ter dado sustentação intelectual primeiro ao Terror e depois à tirania napoleônica. A poderosa reação conservadora que se estabeleceu em 1815 tinha como Bíblia os escritos de Burke, e seu quadro de instituições políticas estava organicamente enraizado nos valores e na história de um povo, não sendo suscetíveis de serem planejadas com base na pura teoria. Além disso, o século XIX podia valer-se das novas ciências, como a economia, que havia se tornado acessível pelos escritores britânicos e franceses da época precedente; a sociologia, uma investigação definida em primeiro lugar pelo francês Auguste Comte (1798-1857); e a biologia evolutiva de Charles Darwin (1809-82). Todas essas ciências excluíam a redução da natureza do Estado a uma fórmula simples ou o estabelecimento de suas funções por um preceito simples. Podemos, portanto, apenas examinar algumas das principais atitudes e teorias concernentes ao Estado; todas as quais, naturalmente, acarretavam consequências diversas concernentes à natureza e ao papel do direito.

Podemos começar tentando descrever o tipo de Estado visado pela teoria política dominante no início do século – o liberalismo econômico – e mostrar como ele evoluiu na segunda metade do século, sob a pressão de forças políticas recentemente emancipadas, como também em prudente reação ao temor da revolução (do qual as classes burguesas governantes nunca estiveram livres): essa evolução tomou o rumo de uma regulamentação cada vez maior dos processos econômicos em vista de propósitos sociais. Podemos, depois, acrescentar as filosofias específicas do Estado que, originadas no século XIX, deveriam ter especial significação no século XX: a de Hegel e a de Marx.

O liberalismo econômico da primeira parte do século remonta pelo menos até Locke, que situou os direitos de propriedade como elementos centrais da justificação do Estado. Os direitos de propriedade incluíam, naturalmente, a liberdade de contrato; e a liberdade de contrato, nessa época, merecia tamanha consideração que inibia até mesmo limites muito pequenos às operações do mercado. Assim, intervenções e reformas que, ao ver do final do século XX, parecem ter sido insuficientes ou escandalosamente demoradas (isso quando chegavam a ser feitas) – tais como as leis que determinam as condições mínimas ou as horas máximas de trabalho em vários setores, ou a reforma de um sistema de posse de terras que tornava o fracasso de uma única colheita (como a da batata na Irlanda) uma ocasião de fome devastadora, ou mesmo as medidas adequadas para salvar uma população faminta e doente – sofriam resistência não apenas por desumanidade e ganância, mas pela convicção de que não era da competência do Estado interferir nas relações entre patrão e trabalhador ou proprietário e arrendatário, não mais que em qualquer outra forma de contrato privado. Essa posição era reforçada pela teoria econômica da época, que remontava ao pioneiro economista escocês Adam Smith e seu *Wealth of Nations* [*A riqueza das nações*]* (1776), que via a operação desimpedida das forças do livre mercado, não só no comércio internacional mas também nas relações econômicas internas, como aquilo que, no longo prazo, mais tendia a promover o crescimento econômico e, assim, o resultado global de maior felicidade, por maior que fosse o sofrimento temporário para este ou aquele indivíduo ou grupo; uma teoria que, além do mais, na medida em que implicava uma orientação para os

---

* Trad. bras., São Paulo, Martins Fontes, 2 vols., 2003.

legisladores, passava no teste que Bentham tinha enunciado para toda atividade reguladora do Estado.

Porém, uma reação se desencadeou. Na Inglaterra, que tinha liderado o mundo na industrialização e agora assombrava todos os países com sua riqueza, os vestígios dessa reação podem ser vistos nas primeiras leis sobre a segurança dos operários, da década de 1800, e no afrouxamento das leis contra as associações de trabalhadores pelo *Combination Act*, de 1825. Surgiram críticos da religião da "liberdade de contrato", os quais salientaram que não havia liberdade real em uma relação na qual as posições iniciais das duas partes eram totalmente desiguais. Em particular, o filósofo de Oxford T. H. Green (1836-82) deu nova formulação à fé liberal, moldando-a numa forma que incluía o respeito pela dignidade do indivíduo, o reconhecimento de que ele devia ter a oportunidade de desenvolver plenamente suas capacidades e a ideia de que o Estado tinha um papel que podia tomar a forma de uma interferência legislativa e regulamentadora, para proporcionar-lhe as condições básicas em que esse ideal podia ser atingido. A esse liberalismo reconstruído veio juntar-se, na década de 1880, os primórdios do socialismo organizado, e ambas as correntes foram sustentadas pelos movimentos filantrópicos e humanitários, religiosos ou seculares, que na Grã-Bretanha eram muitos e influentes. O resultado líquido foi o aparecimento, em todo o decorrer do século, mas especialmente em sua segunda metade, da "legislação social" em todos os campos e o rápido crescimento dos mecanismos subordinados do governo para a administração dessa legislação. Ainda em 1905 foi possível para A. V. Dicey, famoso constitucionalista, chamar esse desenvolvimento de a "transição do individualismo para o coletivismo" e documentar o curso que ele havia tomado na Inglaterra[2]. Outros países europeus demonstraram uma progressão análoga; a Alemanha

---

2. In *Lectures on the Relation between Law and Public Opinion in England during the Nineteenth Century* (Londres, 1962).

imperial, aliás, estava bem à frente da Inglaterra em assuntos como a aceitação, pelo Estado, da responsabilidade pela educação elementar e a construção de um sistema de seguro social (esta última, empreendida no tempo de Bismarck a fim de esvaziar o nascente movimento socialista). Consequentemente, se nos for permitido fazer uma generalização, ignorando o fato de alguns Estados serem mais ou menos autoritários ou democráticos no funcionamento de seus sistemas, podemos dizer que a teoria dominante do Estado no século XIX sustentou uma transição do Estado mínimo, que a teoria do contrato social havia sugerido, rumo à aceitação de um grande papel de intervencionismo social e controle econômico, ambos excedendo e conflitando com a função protetora outrora vista como a única razão de ser do Estado.

Essa instável teoria liberal do Estado tinha por foco a função dessa instituição. Muito mais profundo foi o exame ao qual o Estado foi submetido pelo filósofo alemão Georg Wilhelm Friedrich Hegel (1770-1831), sucessivamente professor em Jena, Heidelberg e Berlim. A filosofia de Hegel é extremamente difícil; mas uma de suas características centrais é que ela propõe a interdependência essencial de todas as coisas, literalmente, no universo, quer material, quer metafísico. Essa interdependência de todas as coisas subsiste em inumeráveis sequências do "desdobramento" do "Espírito Absoluto", cada uma de cujas partes ou fases individuais é inevitavelmente produzida pela parte ou fase anterior e é inevitavelmente compelida a criar outra parte ou fase. A dinâmica desse processo é o que ele chamava "dialética", uma palavra tirada do cenário em que a encontramos pela primeira vez, isto é, o método usado por Sócrates, nos diálogos relatados por Platão, para chegar à verdade: uma posição ou argumento implicava, ou provocava, seu oposto, e da confrontação desse par de opostos emergia uma terceira posição, considerada a verdade; essa terceira posição por sua vez devia encontrar contradição e, assim, se tornaria a primeira posição confrontada por um novo oposto, de cujo conflito uma terceira posição emergiria, e assim por diante *ad infinitum*. Nesse processo – em que Hegel acreditava ter descoberto a chave para todo desenvolvimento na natureza física e na história, bem como na filosofia – a posição inicial é chamada "tese", seu oposto, "antítese", e a resolução do conflito de ambas, "síntese" (a qual, então, torna-se uma nova "tese", e assim por diante). Vale a pena esboçar aqui essa noção de séries infinitas de triângulos autopropagantes, não por causa de sua pertinência para a ideia de Estado de Hegel, mas por causa do uso que Marx lhe daria depois, e que marcou época.

O Estado, para Hegel, não é um conceito simples, unitário; tem, antes, três naturezas distintas mas entreligadas: subsistem todas no contexto da mesma população e no mesmo território, mas ainda assim são conceitualmente separadas. Há o Estado no sentido mais próximo de nosso uso comum, o Estado "político", que pode ser descrito em razão de suas instituições governamentais e legislativas. Há depois o Estado "civil", que consiste na massa de arranjos (cuja maioria é perceptível, uma vez que eles são protegidos pelas instituições do Estado como parte da ordem jurídica e, por isso, do Estado político como nós o conceberíamos) que os indivíduos fazem entre si mas que não lhes são impostos, tais como contratos, casamentos e empresas: coisas que poderiam ter evoluído espontaneamente, mesmo que o Estado político não existisse. E depois há o Estado no sentido mais amplo e menos concreto, o Estado como a soma de todos os valores éticos, todas as experiências e respostas partilhadas, a consciência de formar um mesmo e único grupo ao longo da história, reforçada pela homogeneidade religiosa e cultural: esse Estado "ético" – embora o uso desse termo esteja longe de ser preciso e uniforme – é aquele ao qual Hegel atribui um valor e uma importância supremos. É somente no Estado ético que o indivíduo atinge a liberdade e a autorrealização por meio da participação em sua vida transcendente. As expressões que Hegel usava para transmitir suas ideias sobre o Estado, nesse sentido muito especial, são de uma embriagante falta de clareza:

> O Estado em si e por si é o todo ético, a atualização da liberdade; e é um fim absoluto da razão que a liberdade seja atual. O Estado é o Espírito na Terra, realizando-se conscientemente ali... A marcha de Deus no mundo, isso é o que é o Estado. A base do Estado é o poder da razão atualizando-se como vontade. Ao considerarmos a Ideia do Estado, não devemos ter nossos olhos voltados para Estados ou instituições particulares. Em vez disso, devemos considerar a Ideia, esse Deus em ato, por si...
> O que o Estado exige de nós como dever é, *eo ipso*, nosso direito como indivíduos, visto que o Estado não é mais que a articulação do conceito de liberdade. As determinações da vontade individual incorporam-se objetivamente por meio do Estado e assim atingem sua verdade e sua realização em ato pela primeira vez. O Estado é o primeiro e único pré-requisito para a obtenção dos fins particulares e do bem-estar.[3]

No mesmo livro, *Princípios da filosofia do direito*, Hegel deixa claro que acredita genuinamente na liberdade individual também em nosso sentido, e no valor do indivíduo, e deplora os Estados maus ou opressivos; o Estado, diz ele, "não é uma obra de arte ideal; ele se encontra na terra e assim na esfera do capricho, da casualidade e do erro, e o mau comportamento pode desfigurá-lo em muitos aspectos"; e Hegel desaprova o Estado ideal que Platão tinha imaginado, porque nele "a liberdade subjetiva não é considerada", e a liberdade subjetiva deve ser respeitada, como, por exemplo, deixando as pessoas escolherem sua profissão[4]. Mas é fácil ver como arrojadas rapsódias, como as da passagem há pouco citada, puderam levar, como levaram, à glorificação, por teóricos posteriores, do Estado em termos

---

3. *Philosophy of Right*, tr. T. Knox (Oxford, 1967), 279-80. [Trad. bras. *Princípios da filosofia do direito*, São Paulo, Martins Fontes, 2003.]
4. Ibid. 280.

grosseiros e simplistas, sem considerar o fato de que é ao Estado ético, não ao político, que Hegel atribui aquelas excelências, e deixando de lado suas declarações expressas em favor da liberdade do indivíduo no mais pleno dos sentidos modernos.

A ligação entre Hegel e um dos pensadores mais revolucionários de todos os tempos, Karl Marx, não se encontra em suas concepções do Estado, mas no método dialético que Marx usou com o fim de construir uma teoria das instituições políticas radicalmente diferente. Marx (1818-83) nasceu em uma família da região do Reno originalmente judaica, mas convertida ao protestantismo. Começou sua carreira como jornalista; suas opiniões subversivas obrigaram-no a fugir para Paris e depois causaram sua expulsão da França; finalmente, após o fracasso das revoluções de 1848, ele se estabeleceu em Londres. Atraído a princípio por protossocialistas como Saint-Simon, ele menosprezou por fim o socialismo "utópico" e desenvolveu em seu lugar um credo que era ao mesmo tempo uma filosofia da história, pretendendo revelar os processos inevitáveis que a história tinha percorrido até então e pelos quais estava destinada a continuar, e um programa de ação, cujos participantes deviam fazer sua parte na realização de um objetivo que, de qualquer forma, era inevitável. Esse processo histórico nascia do conflito e da evolução, e assim era adaptado à dialética hegeliana; as forças em conflito, contudo, não eram ideias ou conceitos ou convicções, mas interesses materiais, isto é, os interesses das *classes*, entendidas como grupos definidos em razão de sua relação com a propriedade e com o controle dos recursos materiais da sociedade. Quando a história era examinada desse modo, as instituições de cada sociedade podiam ser entendidas como correspondentes aos interesses da classe dominante no momento; de modo que o Estado (e, como veremos, o sistema jurídico) era meramente uma estrutura arranjada para se adequar às necessidades dos que controlavam os recursos da sociedade. "Muitos estudos", escreveu Marx, levam-me a concluir que as relações jurídicas, bem como as formas do Estado, não podem ser entendidas por si mesmas nem explicadas pelo chamado progresso geral da mente humana, mas têm origem nas condições materiais da vida, que foram condensadas por Hegel, à maneira dos autores ingleses e franceses do século XVIII, na expressão "sociedade civil"; e que a anatomia da sociedade civil deve ser buscada na economia política [isto é, nas forças econômicas]... Na produção social que os homens realizam, eles entram em relações definidas que são indispensáveis e independentes de sua vontade; essas relações de produção correspondem a uma etapa definida do desenvolvimento de seus poderes materiais de produção. A totalidade dessas relações de produção constitui a estrutura econômica da sociedade – a fundação real sobre a qual as superestruturas legais e políticas surgem, e às quais correspondem formas definidas de consciência social.[5]

Portanto, o Estado da época feudal refletia, em seus programas de ação, a concentração de suas forças de produção econômica, agrícolas em sua maior parte, nas mãos da nobreza; quando a época feudal passou, mais notadamente na época da Revolução Francesa, a classe governante que sucedeu a nobreza feudal, isto é, a burguesia, amoldou as instituições para acomodar seu controle das novas formas da produção industrial, para que o Estado burguês liberal da metade do século XIX fosse o que tinha de ser, dada a mudança na natureza da riqueza; porém, esse tipo de Estado dependia da exploração da classe operária, o proletariado[6], que era sistematicamente despojada do valor de seu trabalho, restando-lhe somente o necessário para mantê-la viva e trabalhando; e o conflito agora instalado

---

5. *A Contribution to the Critique of Political Economy*, tr. N. I. Stone (Chicago, 1904), prefácio, p. 11. [Trad. bras. *Contribuição à crítica da economia política*, São Paulo, Martins Fontes, 2003.]

6. Essa palavra é uma construção baseada na *proles* latina, "descendência", e pretende transmitir a ideia de uma classe sem outra função a não ser a infinita procriação de uma força de trabalho.

entre o burguês explorador e o proletário explorado originaria uma revolução ulterior e final em que os meios de produção, concentrados por fim nas mãos dos produtores efetivos (uma vez que não existiria mais uma classe inferior a ser explorada), levariam esse processo dialético à sua culminação. O Estado correspondente à vitória da classe operária nessa última revolução seria, necessariamente, uma "ditadura do proletariado"; porém, quando esse período de pacificação e transição tivesse sido completado e a nova ordem estabelecida estivesse fora do alcance da contrarrevolução, o Estado (conforme foi dito pelo amigo de Marx e seu contemporâneo mais novo, Friedrich Engels) simplesmente "definharia e desapareceria". Como haveria agora uma sociedade sem classes, não haveria mais combustível para a máquina do conflito dialético. O governo desapareceria, restaria no máximo uma "administração das coisas". Tudo isso aconteceria necessariamente, como qualquer um poderia ver se tivesse compreendido o segredo do processo; entretanto, naturalmente, como o acontecimento era desejável em si mesmo, era necessário que os ativistas ajudassem o processo. G. H. Sabine salientou a afinidade entre a avaliação marxista da riqueza e seu controle por uma classe, e a avaliação calvinista da vontade de Deus, pela qual igualmente os acontecimentos futuros, como o destino da alma do indivíduo, estavam predeterminados: a necessidade histórica não significava "meramente causa e efeito ou desejo ou obrigação moral, mas os três ao mesmo tempo"; porém, "enquanto os calvinistas chamavam isso de teologia, hegelianos e marxistas chamavam-no de ciência"[7]. Em todo caso, no esquema de Marx está claro que qualquer ideia de neutralidade do Estado entre interesses econômicos que competem entre si, ou de ele ter uma existência num plano diferente desses, é uma ilusão ou uma fraude.

---

7. *A History of Political Theory* (Londres, 1973).

A codificação e o conceito de direito

Foi visto no Capítulo 7 que o movimento para a incorporação do direito em códigos planejados e estáveis, originado na Áustria e na Prússia, foi em parte uma resposta aos problemas dos Estados nos quais coexistiam diversos sistemas jurídicos, mas em parte também uma expressão da convicção da época sobre o poder organizador da razão pura, a principal certeza da era do Iluminismo. A mais famosa realização nesse campo foi o *Code civil* francês, planejado desde antes do final do século XVIII e posto em vigor em 1804 (embora no conteúdo, como vimos, permanecesse amplamente preso às normas tradicionais, e não tenha sido de nenhuma maneira um exercício global de inovação racionalista). Esse código granjeou a admiração do mundo inteiro e foi uma importante influência no projeto dos códigos posteriores da Bélgica e da Holanda, da Itália, da Espanha e dos Estados do antigo império colonial espanhol*. Além disso, o espírito e as circunstâncias históricas em que ele fora concebido tiveram importantes resultados na formação da concepção de direito dominante no século XIX, que era "positivista", buscando na legislação a forma essencial e unicamente autêntica do direito (isto é, na "lei posta", *ius positum*, de onde "positivismo").

A ideia principal dos codificadores franceses era a de excluir a incerteza e a arbitrariedade da administração do direito e, para esse propósito, eles queriam reduzir tanto quanto possível a função interpretativa e criativa dos juízes, em quem não confiavam. O juiz devia ser apenas uma máquina que aplicasse inteligentemente um conjunto claro e estável de regras; e estas, portanto, deviam formar uma rede completa, regular e sem solução de continuidade, que indicaria automaticamente a solução de qualquer problema com o qual fosse confrontado. Na cuidadosa construção dessa rede, estava claro que seria a razão o mestre de obras;

---

* Bem como de Portugal e do Brasil. (N. do R. T.)

e a construção acabada seria sua realização suprema. Mas o resultado desse processo foi curioso. A razão do século XVIII, embora secular, para não dizer ateia, estava arraigada em uma tradição europeia que, antes do século XVII, tinha lhe atribuído genealogia divina e não se dispunha a separá-la claramente da lei da natureza, nem esta última da consciência do homem, que pode ditar que ele considere nula uma lei perversa. Porém, o produto destilado da longa serpentina dessa história foi um código que se bastava a si mesmo como orientação para o juiz e cuja mera promulgação era a garantia suficiente de sua validade; fora dele, nem o juiz, nem o cidadão podiam recorrer a outros valores.

O resultado, mesmo no mundo acadêmico, foi o desencorajamento da reflexão teórica, ou da pesquisa histórica, que podiam desestabilizar e despojar de seus efeitos esse "corpo orgânico de normas, planejadas e logicamente ordenadas"[8]. Surgiu na França a chamada "escola da exegese" (*école de l'exégèse*), uma geração de professores de direito que concebiam para si mesmos uma única função, qual seja, a de explicar o código artigo por artigo, seguindo a ordem adotada por seus formuladores. O espírito dessa "escola" foi sintetizado em uma famosa máxima de um de seus representantes: "Não sei nada de 'direito civil'; ensino o *Code Napoléon*." É fácil imaginar o resultado final dessa progressão paradoxal da natureza para o código escrito: a vontade do legislador, conforme expressa no código, vinha em primeiro lugar; os valores mais altos não tinham lugar. O que foi originalmente projetado como uma declaração estável do direito natural acabou eclipsando o direito natural. "Do ponto de vista histórico", escreveu Guido Fassò,

> a suposição inicial sobre a qual esse processo repousava era que o legislador precisava apenas exprimir em forma de lei os preceitos da razão, e que esse direito positivo não seria

---

8. Fassò, *Storia* (vide cap. 3, n. 56), iii. 26.

mais que uma declaração pública, uma determinação com força obrigatória, do direito natural. O que efetivamente aconteceu foi que a vontade do legislador passou a ser considerada a fonte do direito; e que o direito natural, após ser aclamado por breve período como a própria essência do código, logo foi esquecido e, depois, rejeitado e escarnecido. O antigo conflito entre a razão e a vontade terminou, na aparência, com a aceitação das exigências da primeira; e, na realidade, com a completa vitória da última.[9]

Na Inglaterra, a despeito dos esforços de Jeremy Bentham ao longo de toda a sua vida, não houve codificação ou nenhum outro desenvolvimento externo que possamos apontar como explicação do espírito positivista. Porém, a formulação benthamiana do direito como o comando de um soberano (embora só tenha sido publicada em 1945) foi aceita e sistematizada por seu jovem discípulo John Austin (1790-1859), primeiro professor de ciência jurídica na recentemente fundada Universidade de Londres. As conferências de Austin sobre esse assunto, publicadas em 1832 sob o título de *The Province of Jurisprudence Determined* [Determinação do campo da ciência jurídica], estão longe de ser um monumento de literatura, mas dominaram o ensino da ciência jurídica na Inglaterra e no resto do mundo do *common law* até o século XX. "O foco da ciência jurídica", escreveu ele no princípio de suas conferências,

> é o direito positivo: o direito, simples e estritamente como tal: ou o estabelecido pelos politicamente superiores para os politicamente inferiores... Pode-se dizer que a lei, na acepção mais geral e abrangente em que o termo, em seu sentido literal, é empregado, é uma norma imposta para a orientação de um ser inteligente por um ser inteligente que tem poder sobre ele.[10]

---

9. Ibid. 25.
10. *The Province of Jurisprudence Determined*, ed. H. L. A. Hart, pp. 9-10.

O direito assim entendido abrange tanto as leis estabelecidas por Deus para o homem (que, em outra parte, Austin parece considerar como mais ou menos idênticas ao princípio de utilidade) como as leis estabelecidas pelo homem para o homem; e aquelas leis que são estabelecidas graças ao *status* do legislador como superior político compõem "a matéria apropriada da ciência jurídica". Para o total dessas normas "o termo *direito*, usado simples e estritamente, é aplicado de modo exclusivo"[11].

Toda lei, nesse sentido simples e estrito, é um comando, como fora para Bentham e para autores de todas as épocas, desde o início da história do pensamento jurídico. Porém, Austin foi mais explícito que seus predecessores, mais explícito ainda que a complicada descrição de Bentham, ao explicar um comando: "Se você expressa ou insinua o desejo de que eu pratique ou me abstenha de praticar algum ato, e se você me punir com algum dano caso eu não concorde com seu desejo, a *expressão* ou *insinuação* de seu desejo é um comando."[12] Uma lei, portanto, é um comando respaldado por uma sanção ameaçadora, emitido por um superior político. Esse superior político é um "soberano", não necessariamente um indivíduo, mas possivelmente um grupo ou assembleia de indivíduos; e a existência desse "soberano" é uma condição da existência de uma sociedade política. Além disso, essencial para o *status* do elemento soberano é ele não ter o hábito de obedecer a nenhuma outra autoridade, enquanto tem o hábito de receber a obediência de seus subordinados: "Se um determinado superior humano, que não tem o hábito da obediência para com um superior igual, recebe obediência habitual da massa de certa sociedade, esse determinado superior é soberano nessa sociedade, e a sociedade (incluindo o superior) é uma sociedade política e independente."[13]

---

11. Ibid. 11.
12. Ibid. 13-4.
13. Ibid. 194.

Tal entendimento da lei, a "matéria da ciência jurídica", exclui automaticamente várias coisas convencionalmente rotuladas de "lei", mas que não correspondem às especificações acima. Não só estão fora do quadro as leis que só recebem esse nome metaforicamente, tais como as "leis" da natureza – há quem fique contente de ver aí o fim de uma confusão que remonta a Aristóteles –, mas também a lei de Deus, a lei da natureza, a lei moral estão fora do alcance da ciência jurídica de Austin, juntamente com as normas que são chamadas de "leis" por analogia, como as leis do bom convívio social ou do xadrez. O mais perturbador é que certos grupos de normas – que têm clara afinidade funcional com o direito propriamente dito, que vão muito além da mera analogia ou metáfora e que são chamados de "direito" pelos juristas envolvidos no discurso jurídico sem que eles pensem estar forçando a linguagem – de acordo com o esquema de Austin, perdem o direito de valer-se daquele nome porque não foram estabelecidos por superiores políticos para seus subordinados: o direito consuetudinário, por exemplo (a menos que se admita que, por tolerá-lo, devemos deduzir que o soberano ordena implicitamente a obediência a ele); ou o direito das sociedades primitivas, antigas ou modernas, nas quais nenhum soberano é visível; ou (principalmente) o direito internacional, que Austin estava disposto a considerar como direito somente "por analogia", e distinguia do direito positivo, colocando-o em uma categoria que ele rotulou de "moral positivada". Sejam quais forem as críticas que o conceito de direito de Austin possam suscitar (e neste século seu esquema recebeu, como veremos, sua crítica mais radical), pode-se dizer que ele foi um pioneiro da forma analítica da ciência jurídica positivista, e foi o primeiro autor a sugerir a apresentação de um sistema jurídico como uma estrutura de "leis propriamente ditas"[14], sem levar em conta sua boa ou má qualidade.

---

14. Ibid. 1.

A influência do utilitarismo: o refinamento da "utilidade" por Mill

Embora as propostas de codificação de Jeremy Bentham não tenham tido êxito nem em seu país nem em nenhuma outra parte, sua longa defesa da reforma do direito segundo o espírito da utilidade, em outras palavras, segundo o critério da solução que tende a maximizar a felicidade e minimizar seu oposto, teve resultados revolucionários mesmo durante sua vida e continuou a produzir uma rica colheita de reformas do direito muito depois de sua morte. "A era da reforma do direito e a era de Jeremy Bentham são a mesma coisa", escreveu o político liberal e advogado reformista Lorde Brougham;

> ele é o pai do mais importante de todos os ramos da reforma, o primeiro e principal departamento do aperfeiçoamento humano. Ninguém antes dele jamais tinha pensado seriamente em descobrir os defeitos do sistema de direito inglês. Todos os estudiosos antigos tinham se limitado a aprender seus princípios – a se tornarem mestres de suas normas eminentemente técnicas e artificiais; e todos os autores antigos tinham apenas exposto as doutrinas transmitidas de geração em geração... Ele foi o primeiro a dar o poderoso passo de submeter à prova todas as disposições de nossa ciência jurídica por meio do critério da utilidade, examinando destemidamente até que ponto cada parte estava conectada com o restante; e, com uma coragem ainda mais intrépida, inquirindo até que ponto mesmo seus arranjos mais coerentes e simétricos se estruturavam de acordo com o princípio que deve permear um código legal – sua adaptação às circunstâncias da sociedade, às necessidades dos homens e à promoção da felicidade humana.
>
> Não só foi ele, desse modo, eminentemente original entre os juristas e jusfilósofos de seu país, como também se pode dizer que foi ele o primeiro filósofo jurídico que apareceu no mundo.[15]

---

15. Citado por Dicey, *Law* (vide n. 2), 126-7.

É inquestionável que a época da reforma do direito, identificada aí com a influência de Bentham, também sofreu o influxo de outros fatos: a religião (particularmente o cristianismo evangélico, que adquiriu no início do século XIX o poderoso apoio das classes mais modestas da população inglesa), o humanitarismo, o temor da revolução e a ânsia de evitá-la pela concessão de reformas, todos tiveram grande força: conseguiram, por exemplo, arrancar do Parlamento britânico, teoricamente comprometido com a doutrina da liberdade de contrato, a legislação que prescrevia condições mínimas de humanidade nas horas e condições do trabalho industrial; e obrigaram esse mesmo Parlamento, a despeito de seus preconceitos contra os católicos em geral, os irlandeses em particular, e a favor dos direitos de propriedade, a conceder a emancipação católica e as medidas da reforma fundiária irlandesa que, no final, expropriou os senhores de terra irlandeses e tornou seus arrendatários os donos dos campos nos quais viviam. Porém, dentro de todas essas forças e contribuindo ainda com um impulso independente, estava o espírito de Bentham e seus seguidores, sempre insistindo que nem o uso imemorial, nem os interesses e privilégios deviam obstruir o caminho da reforma baseada no princípio da utilidade; e nunca baseando seu programa em teorias que a experiência recente tinha tornado suspeitas aos ouvidos dos ingleses. A filosofia utilitária de Bentham, como Dicey escreveu,

> respondeu exatamente à necessidade imediata da época. Em 1825, os ingleses tinham sentido que as instituições do país requeriam minuciosas emendas; porém, os ingleses de todas as classes, os *whigs* e reformistas tanto quanto os *tories*, desconfiavam da teoria inteira dos direitos naturais e evitavam qualquer adoção dos princípios jacobinos... O professor que estivesse destinado a levar a Inglaterra ao caminho da reforma não devia falar sobre contrato social, direitos naturais, direitos do homem ou de liberdade, fraternidade e igualdade. Bentham e seus discípulos satisfaziam perfeitamente esse requisito; eles menosprezavam e zombavam das generalidades, sentimentos e retórica vagos... O primeiro dos fi-

lósofos jurídicos não era um agitador, mas um pensador sistemático de extraordinário poder, que mantinha seus olhos fixos não em ideais vagos e indefinidos, mas em planos definidos para a emenda prática do direito da Inglaterra.[16]

Visto que uma das principais convicções dos seguidores de Bentham era o caráter sagrado da liberdade individual, inclusive a liberdade de contrato, em razão da qual era o indivíduo quem melhor sabia, por si mesmo, o que era mais adequado a seu bem-estar, algumas das leis que podem ser atribuídas à influência de Bentham pareceriam hoje intoleráveis e faz realmente muito tempo que foram superadas por novos sistemas baseados em valores socialmente conscientes, "coletivistas": como as leis que inibiam a atividade dos sindicatos dos operários (por tenderem a sobrecarregar os empregadores e distorcer os termos dos contratos de trabalho que eles fariam se não fossem pressionados) e as que reformaram o antigo método elisabetano de alívio à pobreza (que parecia obrigar os membros mais diligentes de uma paróquia a manter, a um custo doloroso, os membros ociosos), instituindo centrais de trabalho para os pobres. Mas em outras áreas a revolução inspirada por Bentham conferiu benefícios permanentes. "Utilidade, eficiência, economia e avaliação quantitativa", escreveu Oliver MacDonagh, "desafiavam as visões prescritivas, reverentes e hereditárias do direito e suas instituições"[17]; isso no que diz respeito às reformas na administração da justiça e ao alívio da pobreza nas décadas de 1830 e 1840, mas o princípio foi aplicado em todos os campos. Tornou-se hábito instituir comissões parlamentares e governamentais para investigar, primeiro, os fatos de uma situação, para que então pudesse receber uma regulamentação legislativa tão racional quanto possível. As próprias estruturas do parlamento e do governo foram reformadas, com as Leis de 1832 e 1867 que ampliaram o sufrágio e racionalizaram a distribuição de cadeiras, e a de

---

16. Ibid. 171-3.
17. "'Pretransformations': Victorian Britain", in E. Kamenka (ed.), *Law and Social Control* (Londres, 1980), 118.

1836, que deu às cidades inglesas um sistema próprio de autoadministração. As leis que reformaram (e humanizaram) o direito penal, o processo civil e penal, o sistema dos tribunais; que removeram as restrições arcaicas ao comércio e à transmissão da propriedade fundiária; que criaram uma jurisdição de divórcio; que puniram a crueldade com os animais: todas elas podem ser atribuídas à influência de Bentham e sua escola.

Essa escola teve como mais famoso e proeminente discípulo John Stuart Mill (1806-73), que cunhou a palavra "utilitarismo" para denotar a posição daqueles ligados à doutrina da utilidade como medida das leis e instituições. Porém, Mill acrescentou novas dimensões à noção de utilidade, que devem ser mencionadas aqui. Em primeiro lugar, enfatizou que o compromisso com a doutrina da utilidade não significa imputar ao indivíduo o interesse exclusivo de buscar somente seus próprios prazeres e evitar os sofrimentos que o ameacem; seria esta uma leitura muito desprezível do ser humano. O altruísmo, a preocupação com os outros, sem dúvida é menos desenvolvido no homem que sua preocupação consigo mesmo; todavia, seu instinto social natural tende a encorajar esse elemento em sua natureza e a impedir uma abordagem puramente egoísta do mundo e, logo, uma compreensão puramente egoísta da utilidade. Sua felicidade está ligada à das pessoas entre as quais ele vive e não pode ser encontrada na total independência delas. Novamente, a experiência comum mostra que os humanos – sem dúvida por formação, mas depois naturalmente – desejam a virtude, um desejo "não tão universal, mas tão autêntico como o desejo da felicidade"[18]; na verdade, para alguns a virtude é "desejada e estimada não como um meio para a felicidade, mas como uma parte de sua felicidade"[19]. A utilidade, como princípio auxiliar da felicidade, torna-se assim uma concepção elevada.

---

18. *Utilitarianism*, ed. H. Acton (Londres, 1972), 33. [Trad. bras. *A liberdade/Utilitarismo*, São Paulo, Martins Fontes, 2000.]
19. Ibid. 34.

Em segundo lugar, Mill traçou uma importante relação entre a utilidade e a justiça. Ele reconhece a natureza vaga do conceito de justiça – basta considerar problemas como a justificativa para a aplicação da pena, ou a medida adequada da punição, ou a medida justa para remunerar as pessoas por trabalhos de igual quantidade mas com diferente valor de mercado, ou o princípio justo para coletar impostos, para ver que mentes igualmente honestas podem diferir radicalmente em suas percepções da justiça. Contudo, uma ideia fundamental e compartilhada de justiça necessariamente subsiste, como é evidente em nossa prontidão para concordar que, de modo geral, privar alguém de seus direitos legais ou morais, ou de seus merecimentos, ou ser desleal com ele, ou comportar-se com parcialidade no desempenho de uma função judicial, ou tratar as pessoas desigualmente, são ações que merecem o nome de injustiça. Até agora não conseguimos isolar a essência da justiça. Porém, Mill achou-se capaz de definir algo equivalente, que uniria informalmente todos esses casos: o *ressentimento* que a injustiça evoca, não meramente por motivos egoístas – porque um indivíduo pode muito bem ressentir-se egocentricamente de um dano sofrido, mesmo que tal dano não tenha sido imerecido, ou seja, mesmo que tenha sido justo –, mas por causa, ou em nome, dos outros também. Aqui então há um valor, impossível de definir, mas instintivamente reconhecido, que ao que parece poderia também ser entendido como um direito moral: posso reivindicar um tratamento justo diante do mundo inteiro, e o mundo inteiro, por causa do instinto comum de se ressentir da injustiça, deve reconhecer, apoiar e defender minha reivindicação. Agindo assim, contudo (aqui Mill retoma seu tema utilitário), o mundo está apenas reconhecendo seu próprio interesse; porque a proteção contra a injustiça é vital para todos, e a solidariedade mostrada por outros em me defender dela é essencialmente e em última instância dirigida para a proteção da utilidade e felicidade de todos. "Sempre foi evidente", ele conclui, "que todos os casos de justiça são também casos de conveniência... A justiça continua sendo o nome apropriado para certas utilidades sociais que são muito mais importantes, e portanto mais absolutas e imperativas, do que quaisquer outras são enquanto classe"[20].

Pode-se acrescentar brevemente que, no decorrer da apresentação dessa tese da justiça como uma expressão do princípio da utilidade, Mill enfatizava de modo particular o valor da *igualdade*, adotando, como algo que "pode ser anexado ao princípio da utilidade como um comentário explicativo", a máxima de Bentham: "Cada qual vale por um, ninguém por mais de um." A aspiração de todos pela felicidade, ele escreveu, na medida em que deve ser levada em consideração pelo moralista ou pelo legislador,

> envolve uma aspiração, igual para todos, aos meios da felicidade, exceto na medida em que as inevitáveis condições da vida humana, e o interesse geral, no qual o de cada indivíduo está incluído, estabelecem limites para a máxima; e esses limites devem ser interpretados de modo estrito... Supõe-se que todas as pessoas têm direito à igualdade de tratamento, exceto quando alguma reconhecida conveniência social requer o contrário.[21]

Dessa generalidade, Mill desenvolveu, em poucas linhas, uma interpretação da história passada e uma profecia da futura evolução das ideias, de grande acuidade de percepção:

> E, consequentemente, todas as desigualdades sociais que deixaram de ser consideradas convenientes assumem o caráter não de simples inconveniência, mas de injustiça, e parecem tão tirânicas que as pessoas passam a se perguntar como elas, alguma vez, puderam ser toleradas; esquecidas de que elas mesmas talvez tolerem outras desigualdades sob

---
20. Ibid. 60.
21. Ibid. 58-89.

uma noção identicamente errada de conveniência, cuja correção teria feito aquela que aprovam parecer tão monstruosa como a que finalmente aprenderam a condenar. Toda a história do progresso social tem sido uma série de transições pelas quais um costume ou instituição após outro, que eram uma suposta primeira necessidade da existência social, passaram para a categoria da injustiça e tirania universalmente estigmatizadas. Assim ocorreu com as distinções entre escravos e homens livres, nobres e servos, patrícios e plebeus; e assim será, e em parte já é, com as aristocracias de cor, raça e sexo.[22]

A culminância dessa passagem reflete a disputa pela causa da emancipação das mulheres, da qual Mill foi um pioneiro, particularmente por meio da publicação de seu tratado, *A sujeição das mulheres*, em 1869, uma época em que a noção de igualdade dos sexos ainda era altamente excêntrica.

O nascimento da escola histórica

Contemporâneo do nascimento do utilitarismo e do movimento favorável às concepções positivistas do direito, o século XIX viu também uma poderosa reação, fundada naquelas mentes do século XVIII que não tinham simpatizado com o entusiasmo racionalista do Iluminismo. Essa reação encontrou em Edmund Burke uma voz famosa, mas não um programa; e, no final do século, incorporou-se especialmente numa geração de jovens intelectuais alemães. Ali, inspirado até certo ponto pelo instinto patriótico de resistir ao imperador francês que espezinhou de alto a baixo as prostradas e desunidas terras alemãs, um novo espírito desenvolveu-se entre escritores e poetas, que voltaram seus interesses para sua nação, seu povo e sua raça (esta última ainda estava longe de ter um sentido elitista ou ameaça-

---

22. *Utilitarianism*, ed. H. Acton (Londres, 1972), 59.

dor). Para eles, o povo, o *Volk*, era dotado não meramente de uma história, que obviamente todo povo possui, mas de uma espécie de essência e valor místicos que transcendiam os méritos dos membros presentes da nação e os fatos externos de seu passado. A essa entidade despersonalizada mas emocionalmente poderosa veio acrescentar-se a dimensão fornecida pela ideia de Rousseau da *volonté générale* como algo diferente da mera opinião da maioria, algo que antes agrupava a maioria e a minoria num elemento superior e irresistível que desafiava a análise numérica. Mas o conceito místico da nação foi mais que um combustível para posteriores lutas políticas. Entre os eruditos, ele despertou um genuíno sentido da história e uma paixão sincera pela penetração e o entendimento do passado alemão: e entre o estudo acadêmico e a literatura nenhuma fronteira rígida se delineava. Surgiu então uma constelação inteira de intelectos inspirados pelo sentimento nacional, muitos deles associados a um tipo de ligação sentimental com as ruas pitorescas e o castelo em ruínas de Heidelberg (de onde sua designação coletiva, na história cultural alemã, como o "Romantismo de Heidelberg"); os nomes proeminentes desse movimento foram Achim von Arnim e Clemens Brentano, que coletaram antigas canções folclóricas e poesia alemãs, e os irmãos Jacob e Wilhelm Grimm, cuja coleção de contos populares alemães se tornou famosa. Jacob Grimm também foi o fundador da filologia germânica, o estudo da história da língua. Essa mentalidade disseminou-se tanto entre os juristas alemães quanto entre os escritores e poetas; e a consequência foi a emergência da escola "histórica" de ciência jurídica, denominação que designa a tradição, agora com quase duzentos anos de idade, de estudar não meramente o direito em vigor, mas a história especial, as raízes populares, os fatores condicionantes, o ambiente em diferentes épocas, das instituições jurídicas de uma nação.

A ocasião imediata para o surgimento visível dessa escola, que então se tornou independente de suas origens intelectuais, foi a diferença entre dois eruditos alemães. Em 1814, Anton Thibaut (1772-1840), professor de direito em Heidelberg, publicou o ensaio *Sobre a necessidade de um código civil geral para a Alemanha*, no qual, evidentemente inspirado tanto pelo recente exemplo do *Code Napoléon* como pela ambição nacional relacionada a seu país e pela esperança de sua unidade, insistia no ponto expresso pelo título. A Alemanha, naturalmente, ainda estava dividida em um grande número de entidades políticas mais ou menos autônomas; porém, dentro do espírito do Iluminismo, Thibaut argumentava que um direito fundado na razão seria aplicável em qualquer lugar. Ele foi desmentido imediatamente pelo professor berlinense Friedrich Carl von Savigny (1779-1861)[23] em uma obra intitulada *Sobre a vocação de nossa era para a legislação e a ciência jurídica*. Essa obra, que anunciou substancialmente o programa que caracterizaria a escola histórica, declarou prematura a proposta de Thibaut. Segundo Savigny, não era possível codificar o que ainda não se tinha entendido adequadamente; e não poderia haver um entendimento completo da massa de leis em vigor em diferentes partes da Alemanha até que a história de cada parte da massa tivesse sido plenamente discernida e explorada, tarefa que ainda não havia sido sequer encetada, mas que Savigny, inflamado com o espírito romântico em seu aspecto de encantamento histórico centrado na nação, estava determinado a aceitar. O que a Alemanha necessitava não era um conjunto racionalista de mecanismos legais, mas uma percepção minuciosa da história de suas instituições existentes. Somente quando isso tivesse sido alcançado é que poderia ser iniciada a compilação dos elementos mais adequados para serem convertidos em um código.

O axioma em que Savigny se fundamentava era que cada povo tinha seu próprio caráter individual, seu próprio espírito – o *Volksgeist*, ou alma nacional, como foi concisa-

---

23. Savigny e Thibaut pertenciam a famílias de origem huguenote francesa.

mente chamado mais tarde por um de seus discípulos, em uma expressão que "pegou" –, e esse espírito deixava sua marca em todas as instituições do povo, inclusive no direito. Estava implícita aí a ideia, atraente para os ouvidos mas muito difícil de provar, de que algumas instituições que estavam realmente em vigor se mostrariam, mediante investigação, peculiarmente "naturais" a esse povo e nascidas de sua história; enquanto outras se mostrariam espúrias, enxertos de uma linhagem estranha, não "naturais" para o povo, e por isso não teriam direito à perpetuação na forma rígida de um código. O próprio país de Savigny era um terreno inadequado para defender essa ideia, porque algumas áreas do direito em todas as suas regiões, notadamente o direito dos contratos e outras obrigações, não eram absolutamente de origem nativa, mas tinham sido conscientemente "recebidas" na prática dos tribunais alemães, ou pelo menos naqueles que se haviam embebido da sabedoria da Renascença, por volta do final do século XV e começo do XVI (como vimos acima): acaso Savigny propunha cortar essa grande massa de material romano com a qual muitas gerações de advogados alemães tinham se acostumado? A resposta de Savigny foi que as instituições romanas assim absorvidas tinham suficiente afinidade com o espírito nacional alemão para serem, por assim dizer, implantadas na vida nacional alemã sem sofrer rejeição. Essa resposta não é muito satisfatória e parece demolir o próprio axioma que foi seu ponto de partida; esse axioma tem grande dificuldade de se manter de pé no século XX, que assistiu a transplantes bem-sucedidos de sistemas jurídicos inteiros, ou quase inteiros, em territórios com muito menos afinidade com a cultura exportada que a Alemanha medieval tinha com o Império Romano tardio: por exemplo, a adoção, pela Turquia e pelo Japão, de grandes trechos tirados diretamente dos códigos civis da Suíça e da Alemanha respectivamente. Contudo, a influência de Savigny foi decisiva para deter, em nome do entendimento histórico, o movimento de codificação; somente nos últimos anos do século, e depois da unificação política alemã, foi feito o projeto do código civil alemão; e ele entrou em vigor com o título de *Bürgerliches Gesetzbuch* em 1º de janeiro de 1900[24].

A escola histórica teve assim por objeto original o direito alemão. Mas seu postulado básico foi aplicado a todas as nações e suas instituições, e ela realmente estimulou a pesquisa da história jurídica de muitos países. Foi especialmente importante por ter inspirado o estudo histórico científico do direito romano que constituiu um elemento substancial dos sistemas existentes na maior parte da Europa. Esse direito romano, todavia, era em essência a compilação de Justiniano, acrescida naturalmente da obra dos comentaristas medievais; uma geração dos chamados juristas "humanistas" tinha reconhecido, na Renascença, a diferença entre o texto do *Digesto* e o que os juristas clássicos ali selecionados (que em sua maior parte haviam trabalhado 350 ou mais anos antes da época de Justiniano) provavelmente tinham escrito a princípio; mas a obra desses humanistas baseava-se mais em críticas filológicas que institucionais, e seu principal valor para eles estava em quanto os textos lhes permitiam entender o mundo antigo; não imaginavam que as camadas históricas do texto pudessem ter uma complexidade maior que a que fora acrescentada pelas adaptações feitas pela comissão justiniana. A nova ciência jurídica histórica agora explorava esses mesmos textos, particularmente o *Digesto*, com as ferramentas de uma análise muito mais sutil, e começou a construir uma imagem do direito romano tal como ele realmente era, a saber, como um monumento intelectual que, na época em que os compiladores de Justiniano se sentaram para trabalhar, já tinha mil anos de história atrás de si. O progresso desse estudo científico (no qual os alemães foram proeminentes durante todo o

---

24. A data da entrada em vigor foi escolhida pelo *kaiser* Guilherme II, que não pôde ser persuadido de que o primeiro dia do século XX (um dia que parecia ter valor psicológico) não era 1º de janeiro de 1900, mas 1º de janeiro de 1901.

século XIX, embora no século XX os italianos tenham rivalizado com eles no volume de produção erudita, com significativas contribuições também da França, Espanha, Inglaterra e Países Baixos) foi marcado por prodígios, para não dizer extremos, de engenhosidade na seleção de textos e no desmascaramento de elementos não originais sobrepostos às palavras originais dos juristas clássicos (esses elementos eram chamados indiscriminadamente, e com um sentido mais amplo do que o do uso comum, "interpolações"). Mas, a despeito dos excessos cometidos na busca das interpolações ("*Interpolationenforschung*"), que por volta da virada do século XX ocupava tantas carreiras acadêmicas que quase se podia falar de uma indústria acadêmica, a ideia original sobre a qual toda a escola repousava – que o direito devia ser visto como um fenômeno orgânico que evolui no decorrer da história de uma civilização, da qual cada etapa exigia estudo – determinou um enriquecimento permanente e frutífero da ciência jurídica.

Já vimos que, por uma evolução paradoxal, a cultura jurídica da França, tendo se proposto inicialmente a expressar no novo *Code civil* a perfeição da razão e a última palavra da tradição do direito natural, terminou em um positivismo extremo que considerava as palavras e a vontade do legislador como a única base para a validade do direito. O desenvolvimento da cultura jurídica alemã do século XIX se deu, de certo modo, em paralelo, porque o movimento histórico gerou rapidamente uma escola de juristas cujo trabalho também culminou em uma forma de positivismo. O apelo à investigação histórica do direito alemão levou a uma ciência jurídica histórica especificamente germânica, mas também, como se explicou acima, a um novo movimento de arqueologia jurídica em torno do direito romano, que, na forma recebida na Idade Média, era o elemento dominante nos sistemas alemães contemporâneos. O próprio Savigny em particular, e depois muitos outros, abordaram esse direito romano com um espírito classicista; nada lhes bastaria, exceto a cuidadosa eliminação não apenas dos acréscimos medievais mas também dos de Justiniano, e a exposição pura das regras romanas do período clássico, em outras palavras, dos dois primeiros séculos depois de Cristo. Dessa abordagem brotou, então, a concepção de um *sistema* – extremamente atraente para esses juristas alemães preocupados em promover a unificação, inclusive jurídica, de um país politicamente fragmentado, visto que o direito do Alto Império Romano também assumira a forma de um sistema observado em suas muitas regiões. Esse sistema, ao ver desses juristas, seria uma vasta estrutura de *conceitos* interdependentes e harmoniosamente articulados: princípios, regras, doutrinas, para cuja elaboração o material romano clássico devia servir de pedreira da qual blocos adequados podiam ser extraídos. Os ativistas dessa escola, visto que concentravam sua atenção principalmente no *Digesto* (que também recebia o nome grego de *Pandectas, Pandectae*), eram chamados em alemão de *Pandektisten*, e sua ciência, de *Pandektistik*. Sua abordagem classicista conflitava com a dos modernos juristas práticos que trabalhavam com o direito romano "impuro" que havia sido fundido nos sistemas internos alemães desde a Idade Média; sem falar no choque com os *Germanisten*, os eruditos fundamentalistas que tinham entendido Savigny de modo excessivamente literal e lutavam pela máxima absorção, no código alemão definitivo que todos sabiam que devia vir no final, das fontes germânicas ancestrais. Mas foram os pandectistas que por fim mais influenciaram o projeto do *Bürgerliches Gesetzbuch*. Algum terreno foi ganho e mantido pelos germanistas nas partes do código que regem os direitos de propriedade, família e sucessões; mas a forma e o estilo geral do código, juntamente com a parte sobre o direito de sucessões, e principalmente a primeira parte "geral" na qual são estabelecidas as bases fundamentais, os conceitos básicos de todo o código, eram romanos no sentido pretendido pelos pandectistas durante suas longas décadas de abstração operada a partir de um material romano casuístico e essencialmente concreto. É fácil perceber quanto tudo isso se distanciava da concepção romântica original de explorar e identificar os princípios que cresceram organicamente com o povo e se enraizaram em seu espírito. E o mesmo se pode dizer do esforço positivista – que lembra o de Christian Wolff, no apogeu do Iluminismo, criando todo um sistema sobre postulados puramente racionais – para atribuir força de lei, e de lei consolidada em um código estável, a uma rede de normas construída a partir de abstrações destiladas das fontes romanas clássicas.

A abordagem antropológica

Um ramo posterior da escola histórica, que se distingue dela por sua abordagem fortemente comparativa bem como pela ausência da convicção romântica no *Volksgeist*, é às vezes chamado de escola "antropológica". É possível apontar os precursores dessa escola no século anterior, tais como Vico e Montesquieu. Porém, a primeira pessoa a transformar percepções como as deles em uma espécie de ciência foi o inglês Henry Sumner Maine (1822-88). Maine foi um jurista acadêmico que também escreveu muitos ensaios sobre temas políticos e econômicos da época e serviu alguns anos como membro jurídico do conselho do vice-rei da Índia. Seu primeiro e mais famoso livro, *Direito antigo* (1861), foi escrito na época em que a principal agitação intelectual procedia da obra-prima recém-publicada pelo biólogo Charles Darwin, *A origem das espécies* (1859), e assim reflete até certo ponto o interesse da época na evolução; uma influência mais remota foi identificada na filosofia hegeliana da história, mencionada anteriormente, que talvez tenha sugerido a Maine a ideia dos princípios uniformes do desenvolvimento[25]. De qualquer modo, em *Direito antigo* Maine propôs uma espécie de teoria evolutiva do direito, acompanhada de um padrão de crescimento no qual, como ele pre-

---

25. Julius Stone, *Social Dimensions of Law and Justice* (Londres, 1966), 120.

tendia demonstrar, se encaixavam todos os sistemas, embora geográfica ou cronologicamente tão distantes uns dos outros a ponto de excluir a possibilidade de inspiração externa. Baseando suas teorias num certo conhecimento de direito romano, grego e bíblico e de outros sistemas antigos de direito (inclusive as leis da antiga Irlanda)[26], bem como nas instituições nativas da Índia daquela época, ele apresentou, primeiro, a noção de que as sociedades de todos os tipos tendem a se desenvolver, no que diz respeito a sua vida jurídica, passando por certas fases que são as mesmas em toda parte. Ele achava que a primeira fase – a que se manifesta nos poemas homéricos – era em certo sentido pré-jurídica: os reis proferiam julgamentos sobre disputas concretas, e um elemento de inspiração divina, ou de mediação de julgamentos de origem divina, ligava-se a esses *thémistes* isolados, ou *dooms* ("sentenças" – o equivalente germânico). A fase seguinte, provavelmente possibilitada pela repetição e padronização dos julgamentos, foi a consolidação de um costume do qual eram guardiãs as oligarquias que sucederam à realeza: essa sequência de julgamentos anteriores à formação do costume é o contrário do que uma pessoa leiga poderia supor *a priori* ter acontecido. A terceira fase, associada com um movimento mais ou menos democrático para quebrar o monopólio oligárquico da jurisdição, é a dos códigos (da qual realmente a Grécia oferece vários exemplos, aproximadamente na mesma época das Doze Tábuas de Roma). Nesse ponto, algumas sociedades param de se desenvolver; suas instituições jurídicas nunca adquirem novas dimensões além de seu código petrificado: a essas sociedades Maine chamava de "estáticas". Outras sociedades, contudo, tinham a habilidade de adaptar suas leis

---

26. A grande publicação do direito irlandês antigo em uma tradução inglesa de O'Curry e O'Donovan ainda não havia sido feita quando Maine escreveu *Direito antigo*. Sua obra subsequente, *A história remota das instituições* (1875), resultou de uma visita à Irlanda e do estudo das leis de Brehon que, segundo ele achava, refletiam as instituições pan-arianas difundidas da Irlanda até a Índia, e além disso esclareciam os padrões históricos que ele havia esboçado em *Direito antigo*.

às novas circunstâncias; essas, as sociedades "dinâmicas", ele achava que tendiam a empregar três mecanismos de mudança: ficções jurídicas, equidade e legislação. Infelizmente, estudiosos posteriores consideraram que esse esquema ordenado e atraente baseava-se em indícios demasiado tênues para apoiar generalizações tão gigantescas; acima de tudo, outros indícios atuais proporcionados pelas sociedades primitivas ainda encontradas em partes remotas do mundo contemporâneo mostram que a variedade nos padrões de desenvolvimento jurídico é muito maior do que Maine havia suposto.

Algumas de suas percepções específicas, porém, têm uma grande capacidade elucidativa. A mais célebre delas é sua opinião referente à direção geral que as sociedades dinâmicas ou progressivas tinham seguido até seu tempo:

> O movimento das sociedades progressivas foi uniforme em um aspecto. Durante todo o seu curso, ele se distinguiu pela dissolução gradual da dependência em relação à família e pelo crescimento, em seu lugar, da obrigação individual. O Indivíduo está substituindo a Família no papel de unidade que as leis civis levam em conta... Tampouco é difícil divisar qual é a ligação entre homem e homem que substitui gradativamente essas formas de reciprocidade de direitos e deveres que têm sua origem na Família. É o contrato... A palavra *status* (estado civil) pode ser empregada proveitosamente para construir uma fórmula que expressa a lei do progresso assim indicada... Todas as formas de *status* de que se tem conhecimento no direito pessoal foram derivadas dos poderes e privilégios que antigamente residiam na Família, e até certo ponto ainda são matizadas por eles. Se então empregamos *status*... para significar somente essas condições intrínsecas da pessoa e evitamos aplicar o termo a condições que são o resultado próximo ou remoto de um acordo, podemos dizer que o movimento das sociedades progressivas tem sido até agora um movimento *do status para o contrato*.[27]

---

27. *Ancient Law*, 173-4. R. C. J. Cocks, *Sir Henry Maine: A Study in Victorian Jurisprudence* (Cambridge, 1988), chama a atenção (p. 15) para a obra do

Na verdade, quando Maine estava escrevendo isso, o processo que ele discerniu já tinha começado a se inverter; o mundo, sob o impulso de considerações humanitárias e de outra natureza, havia começado a abandonar a crença na noção individualista da sacralidade dos contratos livremente realizados. Na Inglaterra, por exemplo[28], o Parlamento havia muito tempo tinha interferido na liberdade contratual que resultava em condições desumanas para os passageiros dos transportes marítimos (principalmente emigrantes) e imposto padrões mínimos, no interesse da saúde e segurança, aos proprietários de navios. As primeiras leis sobre a segurança dos operários também tinham sido aprovadas havia muito tempo, e igualmente violavam a sagrada liberdade dos homens, mulheres e crianças miseráveis de aceitar trabalho sob quaisquer condições para se manterem vivos. A primeira intervenção significativa na classe dos arrendadores de terras irlandeses ainda não havia ocorrido, mas estava prestes a acontecer (e sofreu uma forte oposição do Maine advogado, com base no princípio da liberdade contratual); assim também as leis favoráveis aos sindicatos de operários, por intermédio dos quais o trabalhador podia, pela combinação e negociação coletiva, evitar expor-se isoladamente à "liberdade de contrato" com os empregadores. Esse tipo de processo traduziu-se, nas últimas décadas do século XIX, em um grande volume de legislação social tendendo a reduzir cada vez mais a "liberdade de contrato" – ilusória em qualquer lugar onde grupos economicamente inferiores eram obrigados a estar em acordo com os interesses economicamente dominantes – que agora per-

---

estudioso irlandês James Caulfield Heron, *Introdução à ciência jurídica* (1860), que antecipa de várias maneiras as ideias que Maine publicou em *Ancient Law* no ano seguinte. Heron todavia está esquecido; ou é lembrado, quando o é, somente por ter obtido um mandado de segurança contra o Trinity College, de Dublin, que simplesmente por ser ele católico lhe havia recusado uma bolsa à qual ele tinha direito.

28. Esse exemplo é documentado, com outros, por O. MacDonagh, *A Pattern of Government Growth*, 1800-60 (Londres, 1961), 122 ss.

diam terreno rapidamente para o "coletivismo" que Dicey documentaria.

A compreensão marxista do direito

Foi apresentado, acima, um resumo da visão marxista geral sobre o Estado como uma expressão, em forma estrutural, dos interesses da classe dominante na sociedade. O lugar ocupado pelo direito no esquema marxista é terrível para o jurista que pensa estar lidando com valores eternos, imutáveis e não classistas, ou com normas transcendentes e "naturais"; para Marx, o direito tal como existia nas sociedades burguesas à sua volta, em meados do século XIX, era meramente um mecanismo pelo qual a classe dominante perpetuava seu domínio dos meios de produção e fontes de riqueza, e que conferia aparente legitimidade à exploração das massas operárias que, além de receber por seu trabalho somente a recompensa mínima que as forças livres do mercado obrigavam seus empregadores (em competição com outros empregadores) a pagar, eram roubadas do valor excedente, superior a esse salário, que seu trabalho fornecia. Recordando uma ideia que já encontramos na Antiguidade clássica, Marx associou o surgimento das leis com o surgimento da propriedade privada, ou, em outras palavras, com as apropriações privadas que encerraram a idade de ouro do acesso comum do gênero humano aos recursos do mundo:

> O direito civil desenvolve-se concomitantemente com a propriedade privada a partir da desintegração da comunidade natural[29].
> Se o poder é tomado com base no direito... então o direito, a lei etc. são meros sintomas de outras relações sobre as quais o poder do Estado repousa. A vida material dos indivíduos... seu modo de produção e forma de interesse que

---

29. *The German Ideology*: Marx e Engels, *Collected Works*, v. 90 [trad. bras. *A ideologia alemã*, São Paulo, Martins Fontes, 2007.]

se determinam mutuamente... essa é a base real do Estado... Os indivíduos que dominam nessas condições, além de ter de constituir seu poder na forma do Estado, têm de dar a sua vontade... uma expressão universal como a vontade do Estado, como lei.[30]

Essas breves citações quase exaurem as referências diretas de Marx ao direito, cujo lugar na teoria marxista está essencialmente implícito na visão marxista do Estado. Todavia, a opinião de Marx sobre o papel do direito aparece mais vigorosamente no famoso *Manifesto comunista* (mais propriamente, *Manifesto do Partido Comunista*) que ele escreveu em colaboração com seu amigo Friedrich Engels (1820-95) e foi publicado em Londres, em 1848, o "ano das revoluções". Para o proletário, anunciava o *Manifesto*, "direito, moral, religião são preconceitos burgueses, atrás dos quais espreitam em emboscada outros tantos interesses burgueses"[31]. Interpelando a burguesia, ele continua:

> Vossas próprias ideias são apenas o resultado das condições de vossa produção e propriedade burguesas, assim como vosso direito é apenas a vontade de vossa classe transformada em lei para todos; uma vontade cujo caráter e direção essenciais são determinados pelas condições econômicas da existência de vossa classe... A concepção errônea, egoística, que vos induz a transformar em leis eternas da natureza e da razão as formas sociais que se originam de vosso modo de produção e forma de propriedade presentes – essa concepção errônea partilhais com todas as classes governantes que vos precederam.[32]

Engels, em seu *Princípios do comunismo* (escrito aproximadamente na mesma época, na forma de perguntas e respostas, como um catecismo), apresenta os sublimes valores jurídicos da Europa liberal – o primado do direito, a

---

30. Ibid. 329.
31. *Manifesto comunista*, cap. 1.
32. Ibid., cap. 2.

igualdade perante a lei, e assim por diante – como meras máscaras cosméticas e fraudulentas a encobrir a dura verdade de que o direito é somente um meio de fortificar o sistema que serve à classe dominante. O modo de fortificação imediato adotado pela classe burguesa tinha sido o "estabelecimento do sistema representativo" (isso, naturalmente, quando o direito de voto ainda era restrito, em toda parte, com base em qualificações proprietárias); este, por sua vez, repousava "na igualdade burguesa perante a lei e no reconhecimento legal da livre competição", adaptados num formato europeu de monarquia constitucional[33].

O fetiche liberal dessa "livre competição" e a liberdade de contrato que ela pressupunha eram considerados uma fraude por Engels (e por T. H. Green, como já vimos). Muitos anos depois dos *Princípios do comunismo*, ele publicou, em 1884, um tratado que incidentalmente denunciou a hipocrisia do livre contrato no contexto do trabalho:

> O contrato de trabalho deve ser feito livremente por ambas as partes. Mas se considera que tenha sido feito livremente tão logo a lei torne ambas as partes iguais *no papel*. O poder conferido a uma parte pela diferença de posição de classe, a pressão assim exercida sobre a outra parte – a posição econômica real de ambas –, não compete à lei. Novamente, enquanto dure o contrato de trabalho, ambas as partes devem ter direitos iguais na medida em que uma ou a outra não desista deles expressamente. Essas relações econômicas compelem o trabalhador a abrir mão até da última ilusão de direitos iguais – aqui, mais uma vez, isso não concerne à lei.[34]

Era fácil definir os sistemas jurídicos como fortificações formais dos interesses dominantes e egoístas numa época em que nenhuma revolução ainda havia sido feita com base nos princípios comunistas, nem Estado nenhum

---

33. *Principles of Communism*: Marx e Engels, *Collected Works* (Londres, 1976), vi. 345-6.
34. *The Origin of the Family, Private Property, and the State*, 2. 4.

havia sido obrigado a aplicá-los. Qual seria o substituto do direito no período imediatamente posterior à revolução, quando ela finalmente acontecesse? E de que modo esse substituto seria diferente daquilo que havia substituído? Essas foram as perguntas com que a ciência jurídica marxista teria de se defrontar no século seguinte, após a Revolução Russa de 1917.

A ciência jurídica sociológica

O chamado ramo "sociológico" da ciência jurídica só tomou consciência de si mesmo no século XX, mas suas origens podem ser localizadas no século XIX, entre escritores com os mais diversos interesses[35]. De fato, os contornos imprecisos do conceito de ciência jurídica sociológica não nos obrigam a excluir dele figuras como Savigny, Maine ou Marx; estes foram mencionados nos contextos em que pareciam especialmente importantes como pioneiros; porém, visto que todos os três, cada qual a seu modo, chamam a atenção para o meio em que o direito está enraizado ou do qual depende, a sociedade que ele regula, não há dúvida de que lhes podem ser creditadas formas "sociológicas" da teoria. Há, no entanto, outras figuras do século XIX que promoveram mais especificamente o estudo da sociedade e das relações do direito com ela, e essas figuras podem ser sumariamente consideradas, em geral, como fundadoras de um novo departamento da ciência jurídica.

A primeira delas, o francês Auguste Comte (1798--1857), foi efetivamente o inventor da palavra "sociologia". Comte foi um dos muitos pensadores de seu tempo que ficaram impressionados, em primeiro lugar, com os grandes progressos feitos pelas ciências físicas desde o século XVII e

---

35. Uma espécie de catálogo dos diferentes sentidos em que a teoria do direito é chamada "sociológica" é fornecido por Lloyd, *Introduction* (vide cap. 6, n. 72), 548-9.

que imprimiram em sua época, de modo geral, uma confiança cega na capacidade da ciência para fazer progredir ilimitadamente a condição humana; e, em segundo lugar, com a transformação social realizada pela Revolução Industrial, que foi em certa medida um produto da precedente revolução científica. Assim como Maine, Comte escreveu numa época em que a evolução biológica estava no ar; e, embora tenha morrido antes de a grande obra de Darwin ser publicada, propôs a ideia de que a sociedade se desenvolvia e mudava em resposta a certas leis análogas aos grandes princípios biológicos que governam o desenvolvimento das espécies individuais. Para a compreensão do desenvolvimento da sociedade, nenhuma ideologia, nenhuma "lei" transcendente, podia contribuir com coisa alguma, somente a observação de fatos empíricos[36]. Uma ciência da sociedade assim conduzida – que ele chamou de sociologia –, podia, segundo ele, atingir um ponto de perfeição tal que o próprio direito se tornaria redundante, ou mais propriamente, que a função que ele agora desempenhava seria desempenhada por uma espécie de administração social científica.

Abordagem mais ou menos semelhante foi a do filósofo inglês Herbert Spencer (1820-1902), que também propôs uma variedade do darwinismo social. Ele acreditava que o homem, por um mecanismo herdado, recebia a soma da experiência das gerações anteriores no tocante à adaptação à exigência de viver em sociedade, e assim foi adquirindo, de geração em geração, um profundo senso de seu dever social. Estava em funcionamento, portanto, uma máquina oculta de contínuo e irreversível progresso, que tomaria automaticamente a seu cargo o desenvolvimento social e jurídico, sem a interferência do Estado, operando a evolução

---

36. A essa crença no valor exclusivo dos fatos concretos Comte chamava de "positivismo", e assim forneceu mais um sentido para uma palavra já sobrecarregada. Para uma lista de seus diferentes sentidos (não exaustiva: ela omite a escola italiana de criminologistas chamados de positivistas), vide Stig Strömholm, *Short History of Legal Thinking in the West* (Estocolmo, 1985).

por uma espécie de seleção natural social. Até que surgisse naturalmente uma sociedade perfeita, somente uma norma essencial obrigava os homens: que, embora cada um possa fazer o que quiser, não pode prejudicar a mesma liberdade dos outros – uma espécie de nova declaração da fórmula de Kant. Dessa máxima, contudo, resultam, como corolários, certos direitos naturais dos indivíduos: propriedade, liberdade de expressão, de religião e assim por diante. Competia ao Estado proteger esses direitos; porém, excetuando-se isso, o Estado não tinha o papel legítimo de guiar a sociedade ao longo do caminho pelo qual o próprio princípio da evolução social a conduziria inevitavelmente.

Comte e Spencer são importantes para a teoria do direito porque preveem a supressão definitiva do direito, não (como na teoria marxista) por meio da resolução dos conflitos de classe nos quais o direito é apenas o armamento da burguesia, mas por meio do aperfeiçoamento da sociedade, a ser alcançado (de acordo com suas respectivas teorias) pela manipulação científica ou pelo processo evolutivo natural. O jurista alemão Rudolf von Jhering (1818-92)[37] teve outro foco de interesse, embora igualmente relacionado com a sociedade. No início, Jhering promoveu uma abordagem do direito segundo a escola do positivismo analítico, associada com Austin, centrada na redução da ordem jurídica a um sistema de conceitos. Posteriormente, contudo, ele percebeu a insuficiência dessa abordagem (e chegou a ridicularizá-la em uma obra satírica de um tipo raro para sua época, profissão e país)[38]. Elemento central dessa visão do direito era a ideia de que a ciência jurídica deve tratar das relações sociais e do propósito social que subjaz a todas as normas. Idealmente, esse propósito deveria ser a proteção dos "interesses", entre os quais ele distinguia os do in-

---

37. Esse nome, às vezes escrito Ihering, tem duas sílabas e se pronuncia "Iéring".

38. Ele imaginou um paraíso composto de conceitos ("Begriffshimmel") em *Scherz und Ernst in der Jurisprudenz* ("Brincando e falando sério sobre a ciência jurídica") (1884).

divíduo e os da sociedade; a tarefa do legislador e do juiz era fazer com que esses interesses estivessem em harmonia – no caso do juiz, olhando menos para o puro texto da lei que para o que ele considerasse ser o propósito social por trás dela. Não havia, contudo, uma oposição necessária entre os interesses do indivíduo e da sociedade, porque o indivíduo tem um interesse próprio no bem-estar da sociedade, e é do interesse da sociedade, por sua vez, proteger os direitos individuais. Jhering não apresentou um cálculo do peso relativo dos interesses que pudesse ter alguma utilidade para um juiz ou legislador num caso concreto (como tampouco o apresentaram seus sucessores do século XX); e a ideia do papel social do direito numa sociedade de indivíduos independentes pode agora parecer banal. Porém, foi ele o primeiro a apresentar o direito como um mecanismo da sociedade para a harmonização dos propósitos do indivíduo e do grupo e para o equilíbrio dos interesses do indivíduo e do grupo.

O direito natural em hibernação

Se esquadrinharmos o século XIX à procura de algum vestígio da crença no direito natural que sobreviveu desde o mundo antigo até bem depois da Reforma, sendo eclipsada apenas pelo espírito racional e científico do Iluminismo, acharemos difícil localizá-lo fora dos ensinamentos da Igreja católica institucional, a qual nunca abandonou a tradição aristotélico-tomística. Uma figura, contudo, deve ser mencionada por ter representado a tradição do direito natural mais plenamente do que como mera expressão da obediência que, como sacerdote católico, ele observava: Antonio Rosmini (1797-1855), que, por simpatia com os ideais do *Risorgimento*, caiu no desagrado das autoridades da Igreja. Rosmini afirmava a presença no homem de uma percepção de origem transcendental que informava sua consciência moral; no momento em que a lei moral, assim percebida, "reconhece o direito de uma pessoa a uma atividade, ela proíbe os outros de interferir nela"[39]. Essa obrigação geral de respeitar os direitos dos outros, ancorada no valor moral e na dignidade da pessoa, é a fonte do próprio direito. Essa perspectiva contraria a abordagem do século XVIII, que, segundo Rosmini, "via as obrigações originando-se dos direitos", e assim era "uma doutrina estéril de egoísmo desumanizado"[40]. Não podia haver, contudo, o direito de se fazer algo moralmente proibido, e, ao dizer isso, Rosmini criticava os jusnaturalistas alemães dos séculos XVII e XVIII, que tinham separado o direito da moral. Favorável à ideia de um direito civil codificado comum a todas as partes da ainda desunida Itália, ele queria que esse código fosse prefaciado por uma declaração de que o Estado era vinculado pelo preceito da justiça, na forma em que essa é proclamada pela razão iluminada pelo Evangelho[41]; em nenhum sentido esse código seria simplesmente uma expressão da vontade do Estado. A inspiração religiosa dos escritos de Rosmini, no entanto, permitiu-lhe identificar esse instinto de justiça com o amor de Deus, dando-lhe assim um sabor com o qual o espírito da época não se identificava. Não se pode dizer que ele tenha exercido influência notável fora da Igreja ou em seu próprio país.

A propriedade

Vimos que mesmo a mais radical revolução ocorrida até hoje, a da França, não só prescindiu de qualquer elemento de comunismo ou de nivelamento da propriedade, como também efetivamente atribuiu um caráter positivo à propriedade privada por meio do sufrágio baseado na qualificação da propriedade. Na virada do século XVIII para o

---

39. *Filosofia del diritto*, 107.
40. Ibid. 127.
41. Ibid. 10.

XIX, a esse respeito, o espírito de Locke ainda era dominante. Hegel, por exemplo, a despeito da sacralidade que imputava ao Estado (ético), era "antes de mais nada um bom burguês, com um pouco mais de respeito pela estabilidade e segurança do que um burguês comum". A propriedade privada, para ele, "não havia sido criada pelo Estado ou mesmo pela sociedade", porém era "uma condição indispensável da personalidade humana"[42]. Ele a via, em seu *Filosofia do direito*, como o produto da vontade do indivíduo atuando sobre um objeto, sendo o exemplo básico o ato do primeiro apropriador de tomar alguma coisa não previamente possuída, com consequências concretas para os direitos de alienação e de aquisição por contrato, cuja força decorre da operação de duas vontades[43]. Mas o surgimento do capitalismo e os novos contrastes de condição social produzidos pela Revolução Industrial fizeram com que fossem ouvidas novas vozes, que contestaram novamente, e de forma muito mais insistente, a questão do direito do homem de se apropriar, como indivíduo, de grandes quantidades dos recursos da terra aparentemente destinados pela natureza ao homem enquanto espécie.

 A primeira dessas vozes foi a dos autores que a era pós-marxista rotulou de socialistas "utópicos", isto é, pensadores cujos protestos estavam ligados ao desejo de que a sociedade reformasse a si própria partindo de uma base que excluía a propriedade privada juntamente com a exploração a ela associada, porém não repousavam sobre uma teoria abrangente que explicasse o abuso do direito de propriedade como um processo inevitável. Pode ser mencionado, a esse respeito, aquele que é considerado o fundador da tradição "anarquista", Pierre-Joseph Proudhon (1809-65), famoso por cunhar a frase "a propriedade é um roubo". Em seu tratado *O que é a propriedade?* (1840), ele tentou justificar essa proposição, a qual, para começar, ele afirmava não

---

42. Sabine, *History* (vide n. 7), 599.
43. *Philosophy of Right*, §§ 45-50, 63-71.

ser mais implausível que a afirmação de que a escravidão é um assassinato: já que o escravizador toma do escravo tudo o que torna a vida valiosa, a hipérbole não é extrema, e a analogia com sua tese sobre a propriedade privada torna-se bastante atraente. Não obstante, em vez de prender-se à mera retórica, Proudhon examinou as várias justificativas da propriedade privada conhecidas havia muito tempo e denunciou-as todas como desonestas e inadequadas. Ela consta do catálogo dos direitos naturais e inalienáveis do homem proclamados em 1793, juntamente com a liberdade, a igualdade e a segurança; mas por que ninguém sentiu a necessidade de justificar os outros três valores dessa lista? Por que a condição "natural" do direito de propriedade permanecia problemática? Seria porque as antigas explicações dadas a ela não mereciam crédito? Cícero havia comparado a propriedade privada à ocupação, durante o espetáculo, de uma cadeira no teatro; mas seria possível que um único homem ocupasse simultaneamente três cadeiras? E, se essa imagem estivesse de acordo com o que se via no mundo, não era possível confiar na analogia de Cícero para justificá-la. O fato de a propriedade privada ser universalmente reconhecida pelas atuais normas jurídicas tampouco a legitimava. O argumento baseado na "combinação do trabalho de alguém" com o produto da terra era uma hipocrisia patente; visto que aquilo que é possuído privadamente com frequência não é o produto do trabalho de alguém, mas de outros, do qual alguém se apropriou[44]. Não obstante, Proudhon não defendia o comunismo; contra esse tipo de sistema (do qual o mundo nessa época dispunha somente de exemplos marginais ou puramente teóricos: ele menciona o Estado ideal de Platão e o regime dos jesuítas no século XVII, no Paraguai), ele aponta a mais forte das denúncias:

> As desvantagens do comunismo são tão óbvias que seus críticos nunca tiveram necessidade de empregar muita elo-

---

44. *What is Property?*, cap. 3.

quência para fazer com que os homens o repudiassem totalmente. A irreparabilidade da injustiça que causa, a violência que comete com as atrações e repulsas, o jugo de ferro com que oprime a vontade, a tortura moral à qual sujeita a consciência, o efeito debilitador que tem sobre a sociedade; e, resumindo, a pia e estúpida uniformidade que impõe à livre, ativa, racional e insubmissa personalidade do homem, choca o senso comum e condena o comunismo por um decreto irrevogável.[45]

Depois ele chama a propriedade de "exploração do fraco pelo forte", mas o comunismo de "exploração do forte pelo fraco"; o comunismo, diz ele, é "opressão e escravidão". A conclusão a que chega é que a posse individual, não a propriedade individual, é a condição da vida social; uma deve ser mantida, a outra, suprimida. Em tal estado de liberdade social, surgirá uma liberdade que, de fato, considerando que as instituições do governo convencional terão então se tornado redundantes, será idêntica à anarquia[46]. É fácil ver por que as concepções desse tipo mereceram o epíteto de utópicas.

Marx, por outro lado, via o padrão de distribuição e concentração de riqueza da época (como já foi dito) em termos de seu inevitável papel na história, cujas fases se desenrolavam num inelutável processo dialético. Porém, a caracterização da propriedade privada que ele e Engels inseriram no *Manifesto comunista*, alguns anos depois do tratado de Proudhon, recorda o ataque do último à justificativa dela fundada no trabalho: "a existência da propriedade de poucos é devida somente a sua não existência nas mãos de nove décimos"[47]. Não compartilhando os temores de Proudhon quanto ao caráter inevitavelmente tirânico do comunismo, eles declararam que a característica distintiva deste era "não a abolição da propriedade, mas a abolição da

---

45. Ibid., cap. 5. 2.
46. Ibid., cap. 5. 2. 3.
47. *Manifesto comunista*, cap. 2.

propriedade burguesa", isto é, a propriedade baseada na exploração[48].

Essas opiniões sobre a propriedade privada, naturalmente, alarmaram uma Europa para a qual nem mesmo o pior pesadelo até então experimentado, a Revolução Francesa, tinha proclamado a ilegitimidade da propriedade individual, mas antes a havia endossado. Podemos citar dois exemplos do reforço das barreiras intelectuais contra a penetração dessas novas ideias, vindos dos extremos católico e protestante da Europa no final do século XIX. O segundo pode ser representado por uma passagem do *Communities in the East and West* [Comunidades rurais primitivas no Oriente e no Ocidente], de Maine, publicado em 1871, no qual ele apresenta a instituição da propriedade privada como o próprio núcleo da civilização:

> Certas pessoas suspeitam que, caso se demonstre que a propriedade como a entendemos agora, isto é, a propriedade individual, é mais recente não somente do que a raça humana (o que se admite há muito tempo), mas também do que a propriedade comunal (o que está apenas começando a ser conjecturado), isso viria a reforçar a tese dos que atacam a instituição, cujas doutrinas de tempos em tempos causam pânico na moderna Europa continental. Eu mesmo não penso assim. Não cabe ao investigador histórico e científico afirmar o lado bom ou mau de nenhuma instituição em particular. Ele lida com sua existência e desenvolvimento, não com sua conveniência. Porém, uma conclusão ele pode tirar adequadamente dos fatos que têm relação com este assunto. Ninguém tem a liberdade de atacar a propriedade individual e dizer ao mesmo tempo que valoriza a civilização. A história das duas não pode ser separada. A civilização não é nada mais que um nome da antiga ordem do mundo ariano, que perpetuamente se dissolve e reconstrói sob uma vasta variedade de influências solventes, das quais as infinitamente mais poderosas têm sido as que têm, lentamente, e

---

48. Ibid.

em certas partes do mundo menos perfeitamente que nas outras, substituído a propriedade coletiva pela propriedade individual.[49]

Maine era um protestante que, como vimos, era fortemente contrário à democracia indiscriminada e às violações da doutrina liberal que proibia a interferência estatal com fins sociais. Em 1891, o chefe do mundo católico, o papa Leão XIII, publicou sua encíclica *Rerum novarum*, cujo simples título fazia alusão ao temor da revolução[50], e cuja mensagem central era a conciliação social por meio de uma nova consideração das reivindicações justas da classe trabalhadora num mundo dominado pela riqueza que ela suava para produzir, mas não possuía. Essa disposição social implicava, é claro, a contenção dos instintos aquisitivos e da ganância; e a ideia de que a riqueza não deve ser desnecessariamente acumulada em razão dela mesma, mas usada também tendo-se em mente o benefício dos outros, sempre esteve presente nas abordagens cristãs do tema da propriedade. Agora, contudo, Leão XIII prefaciava sua mensagem social – talvez com o fim de torná-la menos suspeita para as classes de proprietários às quais ela se dirigia – com uma declaração do direito à propriedade privada muito mais evidente que qualquer coisa já dita pela suprema autoridade da Igreja. Em uma seção intitulada "O direito de propriedade estabelecido provém do direito natural", ele escreveu:

> É certo e próprio para um homem ter a propriedade não só dos frutos da terra, mas também da própria terra, por causa de sua consciência de que a terra é a fonte que suprirá suas necessidades futuras. Porque suas necessidades são sempre recorrentes... é necessário que a natureza tenha dado, ao homem, acesso a uma fonte estável de abastecimento.

---

49. *Village Comunities*, 229-30.
50. As palavras de abertura são: "O desejo de revolução (*res novae*)".

Esse raciocínio simples se aplicaria igualmente, é claro, às formas de propriedade comum. Mas ele continuava: "A objeção à propriedade privada não pode se basear no fato de que Deus deu a terra à raça humana inteira, para que a usasse e desfrutasse." O costume e a lei, em diferentes países, podem determinar e detalhar modos de distribuir a propriedade, enquanto a terra continua a alimentar a todos. O trabalho ganha salários que são trocados pelos frutos da terra, e assim a terra é a fonte do sustento do trabalho também:

> Tudo isso oferece mais provas de que a propriedade privada está plenamente de acordo com a natureza... Quando um homem emprega a atividade de sua mente e a força de seu corpo para obter os bens da natureza, ele torna sua a parte dos recursos da natureza que ele completa, deixando neles algo como se fosse sua marca. Assim, não pode deixar de ser correto que ele possua aquela parte como sua própria, nem pode ser lícito, de nenhum modo, que alguém viole esse direito.

A essa visão dos fundamentos da propriedade (que segue obviamente – e de modo surpreendente – a tradição liberal e lockiana), o papa acrescentou a evidência tanto do reconhecimento generalizado do direito civil à propriedade privada como da autoridade (suficiente, do ponto de vista da Igreja, para apoiar todo o argumento) do décimo mandamento de Deus, proibindo os homens de cobiçar os bens do próximo e reconhecendo implicitamente, portanto, o direito desse próximo a sua propriedade[51].

O direito penal e as penas

No século XVIII ocorreram, com Beccaria, os primeiros movimentos da consciência científica (distintos das simples exigências de humanidade) com respeito à aplicação do di-

---

51. *Rerum novarum* 1. 6-8.

reito penal; e o século XIX assistiu à abertura de um debate, que ainda não terminou, para saber se essa aplicação tem algum limite natural ou teórico. O debate originou-se entre os utilitaristas ingleses, especificamente com John Stuart Mill, considerado geralmente a liderança desse movimento intelectual e político após a morte de Bentham. Mill, um intelecto desenvolvido à força graças à educação isolada e intensiva imposta por seu pai, já havia feito nomeada na filosofia e na economia quando publicou, em 1859, seu célebre ensaio *On Liberty* [*A liberdade*], que causou sensação numa Inglaterra dominada por uma moralidade social altamente restritiva, cuja severidade, a despeito de uma geração de reformas inspiradas no humanitarismo, ainda se refletia em seu direito penal. Esse ensaio apresentou pela primeira vez a ideia de que o direito penal não podia punir certos atos só por serem atos que a sociedade desaprovava e queria reprimir; e que a fronteira além da qual a força do Estado não tinha direito de avançar era a que separava os atos que "afetam os outros", isto é, os que prejudicam a terceiros, atos esses que a lei estava de fato autorizada a reprimir, dos atos que "afetam seu autor", os quais, visto que não diziam respeito a ninguém a não ser seu autor, não interessavam ao Estado ou à sociedade e, portanto, representavam um território em que o próprio direito penal era um transgressor. Considera-se que a essência dessa teoria se resume nesta passagem da Introdução do ensaio:

> O objeto deste Ensaio é afirmar um princípio muito simples, que deve conduzir totalmente as relações da sociedade com o indivíduo por meio da compulsão e do controle, quer os meios usados sejam a força física na forma de penas legais, quer a coerção moral da opinião pública. Esse princípio é que o único fim para o qual a humanidade está autorizada, individual ou coletivamente, a interferir na liberdade de ação de qualquer de seus membros é a autoproteção. O único propósito para o qual o poder pode ser exercido justamente sobre qualquer membro de uma comunidade civilizada, contra sua vontade, é impedir o dano aos outros. Promover

seu próprio bem, físico ou moral, não é razão suficiente. O indivíduo não pode ser legitimamente compelido a fazer ou deixar de fazer algo porque isso será melhor para ele, porque isso o tornará mais feliz ou porque, na opinião dos outros, tal ato seria sensato ou mesmo correto. Essas são boas razões para argumentar com ele, ou raciocinar com ele ou persuadi-lo ou pedir-lhe, mas não para compeli-lo ou castigá-lo com algum mal caso ele aja de outro modo. Para justificar tal curso de ação da sociedade, deve-se presumir que a conduta da qual é desejável que ele seja dissuadido causará mal a outra pessoa. A única parte da conduta de alguém pela qual é responsável diante da sociedade é a que concerne aos outros. Na parte que meramente concerne a si próprio, sua independência é, por direito, absoluta. Sobre si mesmo, sobre seu próprio corpo e mente, o indivíduo é soberano.[52]

Nas seções que se seguem à Introdução, Mill apoia a tolerância das opiniões discordantes e o encorajamento da individualidade e diversidade humanas. É a apreciação da dignidade humana e das limitações e falibilidade humanas, mais do que qualquer prova rigorosa de sua principal proposição, que o leva no final da seção a afirmar uma vez mais, com exemplos concretos, a injustiça da imposição de sanções a alguém, salvo com o propósito de impedir um dano aos outros. Sua teoria, contudo, propõe limites não só para o direito penal, mas até para a operação da força moral da censura social: uma frente de batalha bem larga que, naturalmente, oferecia a seus críticos um alvo fácil. Além disso, vale notar que parece não haver relação necessária entre a concepção de liberdade de Mill, como algo em que não é permitido interferir exceto para preservar os outros de algum dano, e o critério que o utilitarismo em geral preconiza para o direito, que é o de maximizar o prazer e minimizar o sofrimento[53]; visto que o padrão de "liberdade" num caso particular poderia não passar nesse teste da "utilidade".

---

52. *On Liberty*, Introdução. [Trad. bras. *A liberdade/Utilitarismo*, São Paulo, Martins Fontes, 2000.]

53. J. W. Harris, *Legal Philosophies* (Londres, 1980), 117.

Aliás, o maior dos críticos de Mill era, na realidade, um utilitarista. Jurista excessivamente austero (depois juiz da Alta Corte inglesa), James Fitzjames Stephen (1829-94) publicou um livro, em 1873, cujo título – *Liberty, Equality, Fraternity* [Liberdade, igualdade, fraternidade] – era uma alusão puramente sarcástica ao mote revolucionário, visto que o propósito do autor era questionar radicalmente o que se entendia por esses valores. Desmontando os argumentos de Mill e declarando-os inadequados, ele apresentou sua própria concepção sobre a justificação das penas, indo muito além da proteção da sociedade: a pena, escreveu ele, tem também a função de

> satisfazer o sentimento de ódio – chamem-no de vingança, ressentimento ou do que quiserem – que a contemplação dessa conduta desperta nas mentes de constituição saudável... o direito penal tem [assim] a natureza de um combate às formas mais grosseiras de vício, e é uma afirmação enfática do princípio de que o sentimento de ódio e o desejo de vingança, acima mencionados, são elementos importantes da natureza humana que, nesses casos, devem ser satisfeitos de maneira pública e legal.[54]

Contudo, Stephen não afirmou que o direito penal devia ser aplicado em qualquer caso em que o ódio da sociedade fosse despertado. A lei, é claro, estava autorizada a reprimir o vício; estava, porém, sujeita a importantes restrições, tais como "que os que têm a devida consideração para com a incurável fraqueza da natureza humana sejam muito cuidadosos quanto ao modo de infligir pena ao simples vício, ou mesmo àqueles que fazem da promoção do vício um negócio, a menos que circunstâncias especiais exijam sua aplicação"[55]. Também havia muitas razões gerais contra a ampliação da esfera do direito penal, porém essas razões eram totalmente independentes das considerações gerais

---

54. *Liberty, Equality, Fraternity*, 149.
55. Ibid. 152-3.

sobre a liberdade[56]. Stephen parecia, de fato, aceitar que o equilíbrio entre a tolerância e a repressão, exibido pelo direito inglês da época, era quase perfeito: "O direito penal... encontrou seu equilíbrio nesse país e, embora interfira em muitos aspectos de grande importância, dificilmente pode-se considerar que impõe qualquer restrição perceptível às pessoas decentes."[57]

Stephen parecia até aceitar "o princípio de que o direito penal deve ser empregado apenas para prevenir atos de força ou fraude que prejudicam outros além do agente", mas isso era apenas uma "vaga regra prática"; de modo algum ele a aceitaria como um critério invariável decorrente da ideia de liberdade. Ao fim e ao cabo, as considerações que efetivamente podem limitar a ação do direito penal não nascem de nenhuma teoria, mas da natureza do próprio direito penal e do processo, que devem impedir que ele se expanda até virar uma espécie de sistema de polícia moral. Por exemplo, um comportamento moralmente censurável (como a ingratidão ou a perfídia) é muito vago e indefinível para ser objeto de uma regulamentação legal; a lei não deve avançar em intromissões oficiosas e mesquinhas; problemas de ordem inteiramente prática nas normas processuais de prova já deixam, de qualquer modo, alguns tipos de pecado fora de alcance; o direito penal não deve expressar um padrão de moralidade muito acima do nível popular corrente; e a privacidade dos indivíduos é um valor autônomo, cuja excessiva violação por um direito penal enérgico demais deve ser evitada[58]. Mill morreu logo depois que o tratado de Stephen foi publicado, e nunca teve a oportunidade de contestá-lo. Ao cabo de mais de um século, contudo, parece que Stephen, apesar de suas expressões de rigor gótico sobre o crime e os criminosos, ainda estava lidando com valores bastante próximos do entendimento comum

---

56. Ibid. 136.
57. Ibid.
58. *Liberty, Equality, Fraternity*, 147.

do conceito de liberdade – uma vez que suscitava noções como as de "intromissão" e "privacidade" – embora evitasse qualquer análise teórica dela. Neste século*, como veremos, o tema debatido por Mill e Stephen será outra vez um campo de batalha acadêmico.

Isso basta quanto ao papel do direito penal e seu direito à existência. Porém, outro tema que se relaciona e se sobrepõe àquele é a finalidade da punição criminal. Acabamos de ver que Stephen, nesse particular, escreveu sobre a vingança, a satisfação de sentimentos de ódio contra o criminoso. Isso mais tarde se tornaria antiquado, mas não era um sentimento estranho para os ouvidos ingleses do século XIX; na primeira parte do século ouvia-se, por exemplo, algo parecido do poeta Shelley e do ensaísta Hazlitt[59]. Uma versão muito mais rarefeita do retributivismo aparece nos *Princípios da filosofia do direito* (1821) de Hegel. Na seção do livro que trata da "Transgressão", Hegel apresenta, em uma linguagem caracteristicamente difícil, a imagem do crime como algo que cria uma espécie de desequilíbrio, cabendo à pena reequilibrar a situação; a pena "anula" o crime. E não apenas isso: a pena, na verdade, conta com o consentimento implícito do criminoso, a quem uma espécie de participação no plano total de restaurar o equilíbrio é misteriosamente imputada; na realidade, o criminoso tem o "direito" de ser punido. Aqui vão breves excertos das passagens que parecem querer dizer tudo isso: "A única existência positiva que o dano possui é que ele é a vontade particular do criminoso. Consequentemente, causar 'dano' [pela pena] a essa vontade particular, como uma vontade determinadamente existente, é anular o crime, que caso contrário seria considerado válido, e restaurar o Direito." Tratar a pena meramente como um tipo de mal necessário, a ser justificado em termos de intimidação, prevenção, reforma e assim

---

* A primeira publicação deste livro ocorreu em 1992, portanto no século XX. (N. da T.)

59. Referências in Séamus Deane, *The French Revolution and Enlightenment in England* (Cambridge, Mass., 1988), 115, 155, 173-4.

por diante, é inadequado. Embora esses elementos possam ser legitimamente concebidos, especialmente no que se refere a modos determinantes de punição, em essência "as únicas coisas importantes são: primeiro, que o crime deve ser anulado não porque é a produção de um mal, mas porque é a violação de um direito enquanto direito; e, em segundo lugar, a questão de qual é a existência positiva que o crime realmente encerra e que deve ser anulada"[60]. A punição criminal deve ser considerada não simplesmente justa, porque, "na medida em que é justa, é *eo ipso* a vontade implícita [do criminoso], uma materialização de sua liberdade, de seu direito". O argumento de Beccaria contra a pena de morte, baseado no contrato social (a ideia de que não se pode supor que alguém faça um contrato que torne possível sua própria execução), deve ser rejeitado, já que o Estado não se baseia num contrato de modo algum. Ao contrário, "a pena é vista como portadora do direito do criminoso e, por isso, sendo punido ele é honrado como um ser racional. Ele não recebe essa dívida de honra a menos que o conceito e a medida de sua pena sejam derivados de seu ato"[61].

Uma figura mais característica – e incomparavelmente mais influente – na teoria do direito penal do século XIX foi Bentham; uma das preocupações de sua vida foi a reforma racional desse direito e de sua execução[62]. Já vimos que o critério da utilidade aplicado à punição criminal tendia a pesar, de qualquer modo, a favor de uma propensão humanitária: o sofrimento suportado pelo criminoso excedia em muito a satisfação produzida nos que observavam sua punição ou dela tomavam conhecimento. O mesmo critério mostrava que o fim principal adequado à pena era a dissua-

---

60. *Philosophy of Right*, §§ 99.
61. Ibid., § 100.
62. Esse interesse estendeu-se até o projeto da prisão. Ele concebeu um edifício para a prisão que chamou de *Panopticon* ("vê-tudo"), um conjunto de passagens radiais que podiam ser facilmente vigiadas por um único olhar atento no centro.

são, não o castigo: dissuasão tanto do criminoso como dos tentados a imitá-lo:

> A prevenção geral deve ser o fim principal da pena, já que é sua real justificativa. Se pudéssemos considerar um delito cometido como um fato isolado, de tal modo que fatos semelhantes não tornariam a acontecer, a pena seria inútil. Estaria apenas acrescentando um mal a outro. Porém, quando consideramos que um crime sem punição deixa o caminho do crime aberto, não somente para o mesmo delinquente, mas também para todos os que possam ter os mesmos motivos e oportunidades para ingressar nele, percebemos que o castigo infligido ao indivíduo se torna uma fonte de segurança para todos. Esse castigo, que considerado em si mesmo parecia degradante e repugnante para todos os gêneros de sentimentos, é elevado para a primeira classe de benefícios quando é visto não como um ato de ira ou vingança contra o indivíduo culpado ou desafortunado que cedeu a inclinações danosas, mas como um sacrifício indispensável à segurança comum.[63]

A reforma do direito penal inglês, que no início do século era o mais cruel da Europa Ocidental, ocorreu ao longo dos três últimos quartéis do século, bem de acordo com o espírito de Bentham e sob sua influência; Maine escreveu em 1875 que "ele não conhecia uma única reforma jurídica, efetuada desde o tempo de Bentham, na qual não possa ser encontrada sua influência"[64]. Em particular, as "Cinco Leis" de Peel, de 1825, que simplificaram o direito penal e reduziram muito o número de crimes punidos com a pena capital, são atribuídas à influência de Bentham; assim também foram as leis posteriores que penalizaram (pela primeira vez) a crueldade com os animais e aboliram sanções arcaicas como o confisco por traição e a "corrupção do sangue"*[65].

---

63. *Principles of Penal Law*, in *Works,* ed. Bowring, p. 383.
64. *Early History of Institutions* (1875), 397.
* A perda dos direitos civis por quem foi condenado à morte, que afetava inclusive, sob certos aspectos, seus familiares. (N. da T.)
65. Vide Margery Fry, "Bentham and English Penal Reform", in G. Keeton and G. Schwarzenberger (eds.), *Jeremy Bentham and the Law* (Londres, 1948).

O século XIX também merece nosso interesse no contexto da teoria penal porque foi nele que foram lançadas as fundações da ciência da criminologia. Geralmente, é considerado pai dessa ciência Cesare Lombroso (1836-1909), médico e antropólogo que se tornou professor de medicina legal em Turim. Ele é conhecido sobretudo por sua teoria de que o crime é o produto necessário da infeliz constituição fisiológica e psicológica de um indivíduo, e que certas características físicas, que podem ser medidas, podem indicar o "tipo" criminoso. Essa teoria geral, apresentada no famoso livro *L'uomo delinquente* [*O homem delinquente*] (1876), foi totalmente demolida mais tarde; mas, como todos os pioneiros cujas concepções particulares depois foram refutadas, ele merece o crédito de ter iniciado uma ciência. Suas ideias, que tendiam a anular o conceito de culpa moral e privavam assim o direito penal de seu privilégio moral de punir, enfrentaram uma suspeita instintiva. Mas serviram de estímulo para uma ampla gama de sociólogos, antropólogos, psicólogos e patologistas, cujas pesquisas sobre as associações da criminalidade com a predisposição genética ou as causas ambientais, e em geral sobre as raízes do crime, são uma aventura característica do intelecto do século XX.

O direito internacional

No plano da prática, o direito internacional expandiu-se enormemente no século XIX; o direito da guerra, de modo geral, foi menos importante que certos desenvolvimentos antes pertinentes ao direito da paz. Houve, especialmente por volta da década de 1860, um grande crescimento do número e da extensão dos tratados internacionais, que agora tendiam a ser mais eficientes e técnicos, livres também dos floreados e precedências cerimoniosas com que o uso diplomático das épocas anteriores os havia sobrecarregado. Esses tratados – outro desenvolvimento moderno – se tornaram então frequentemente "abertos", ou seja, disponíveis para a adesão de outros Estados além das potências que os haviam celebrado originalmente. Grandes áreas da vida econômica foram, desse modo, submetidas à regulamentação internacional: direitos autorais, patentes, direito marítimo e assim por diante; o melhor exemplo é a convenção mundial sobre o transporte e a entrega internacional de correios, realizada em 1874, que originou, numa forma que permanece a mesma desde então, a União Postal Universal, em 1878. Também os movimentos humanitários, para alcançar seus objetivos, muitas vezes visavam à estabilidade de um acordo internacional; o exemplo mais conhecido é a organização da Cruz Vermelha, inspirada pelo suíço Henri Dunant após ter testemunhado os horrores dos campos de batalha italianos na década de 1850; a primeira convenção de Genebra sobre a mitigação da guerra foi concluída em 1864. Houve também, nesse século, um enorme crescimento da resolução de disputas (sobre uma fronteira ou território contestados, por exemplo) por arbitragem internacional[66].

No lado teórico, todavia, a situação do direito internacional era equívoca. Em 1821, Hegel não podia admitir que ele fosse um "direito" no sentido de implicar a sujeição individual dos Estados. "O Estado nacional é o espírito em sua racionalidade substantiva e realidade imediata e, portanto, o poder absoluto sobre a Terra. Infere-se daí que todo Estado é soberano e autônomo em relação a seus vizinhos."[67] O princípio de que "pacta sunt servanda" (os acordos devem ser observados) era tido como fundamental para o direito das nações, mas uma vez que de fato todos os Estados são soberanos, isto é, não obedecem a nenhuma autoridade externa, essa norma é apenas uma "expectativa". A "Liga das Nações" sugerida por Kant, se viesse a concretizar-se, precisaria de algo que, dada a natureza dos Estados, ela não pode ter: uma vontade soberana suprema[68].

---

66. Nussbaum, *Law of Nations* (vide cap. 4, n. 131), 192 ss.
67. *Philosophy of Right*, § 331.
68. *Philosophy of Right*, § 333.

O papel atribuído ao direito internacional poucos anos mais tarde (1832) por John Austin não é diferente em sua substância, embora não se funde tanto numa teoria do Estado quanto numa definição exclusivamente imperativa do direito. Visto que o direito *stricto sensu* é para Austin o comando de um superior político, respaldado por uma ameaça de sanção em caso de desobediência, o direito internacional, como evidentemente não se enquadra nessa definição, não pode ser qualificado como direito no sentido estrito; Austin relega-o à categoria rotulada de "moral positivada", ao lado de outros sistemas nos quais a palavra "lei" é usada mais ou menos por cortesia, como quando se fala das leis da honra ou das leis da moda. O direito internacional não é mais que as "opiniões e sentimentos comuns entre as nações de modo geral"; apesar de que, ao menos na Inglaterra, cujos tribunais consideram as regras estabelecidas do direito internacional como parte da lei do país, essas normas poderiam apropriadamente ser chamadas de "direito" no contexto interno[69]. Essa posição, baseada puramente numa definição, por certo privava o direito internacional do impacto psicológico normalmente produzido pelas palavras "lei" e "direito", e por isso deu origem a ressentimentos.

Vale a pena mencionar a chamada teoria da "nacionalidade", do jurista nacionalista italiano Pascoal Estanislau Mancini (1817-89). Trabalhando na época que antecedeu a conquista da unidade e da independência da Itália, ele realizou uma conferência em 1850 na qual apresentou a ideia de que as nações, não os Estados, são os sujeitos reais do direito internacional. As nações, isto é, comunidades unidas por fatores naturais e históricos como o território, a raça e a língua, bem como pela consciência da nacionalidade compartilhada, estão autorizadas (ele afirmou) pelo direito internacional a se organizar em Estados e a ter uma vida independente das outras nações e igual a elas. Como a ideia de substituir os Estados pelas nações, enquanto sujei-

---

69. *The Province of Jurisprudence Determined* (1832), 12.

tos do direito internacional, não era razoável nas condições reais, isso para não falar no problema de definir as nações (mais complexo do que ele imaginava), a teoria de Mancini não teve grande sucesso: exceto na área mais modesta do direito internacional privado ou conflito de leis – disciplina que nessa época estava começando a se destacar daquilo que agora seria chamado, para fins de distinção, de direito internacional "público". Nesse domínio mais restrito, a noção de nacionalidade foi adotada na prática dos Estados em geral, em áreas como divórcio e casamento, sucessões e contratos; somente no século XX a prática foi revertida em favor do critério do domicílio, agora geralmente aceito[70].

---

70. Fassò, *Storia* (vide cap. 3, n. 56), iii. 141-3; Nussbaum, *Law of Nations* (vide cap. 4, n. 131), 225-7.

Capítulo 9
A primeira metade do século XX

A ordem do mundo estabelecida em 1815 no Congresso de Viena, e as estruturas políticas e sociais que o século XIX tinha feito parecerem permanentes, só ruíram definitivamente com a Primeira Guerra Mundial (1914-18). As origens da Grande Guerra são controversas, mas alguns fatores não podem ser abstraídos de qualquer consideração a respeito: a instabilidade básica do multinacional Império Austro-Húngaro dos Habsburgos, constantemente abalado pelas ambições e rivalidades de seus povos, que via na guerra o caminho mais curto para reafirmar-se; a posição da Rússia como protetora das pequenas nações eslavas, e seu provável envolvimento sempre que a Sérvia fosse atacada; o surgimento de blocos de alianças, cujo equilíbrio foi subvertido quando o Reino Unido, apesar de não ser tradicionalmente hostil à Alemanha, juntou-se à aliança da França com a Rússia; a antipatia francesa para com seu vizinho oriental, alimentada pela ânsia de vingar os desastres da guerra de 1870; o militarismo da Alemanha imperial, finalmente unida sob a liderança prussiana e presa à aliança com a Áustria; o ciúme britânico do crescente poderio marítimo alemão, da indústria e da influência econômica alemãs, e o zelo da Inglaterra por sua própria segurança, que via ameaçada pelo surgimento desse poderoso Estado logo do outro lado do mar do Norte. Parece também ter havido um clima fatalista no ar europeu, uma resignação com o final dos bons tempos, com o longo verão interrompido por uma tempestade; esse clima tinha mesmo um elemento de impaciência, impaciência para que começassem os trovões e os relâmpagos, para que caísse a tempestade e o ar enfim se limpasse, embora muito poucos dentre os soldados e estadistas que permitiram que a guerra resultasse de um episódio em si tão relativamente pequeno imaginassem que ela fosse durar tanto ou causar sofrimentos tão horríveis.

Quando a guerra terminou, ela não resultou somente (como as guerras anteriores) em mudanças no mapa político, na medida em que os vitoriosos tomaram o território dos vencidos, embora vários novos Estados – Hungria, Iugoslávia, Tchecoslováquia e a pequena república da Áustria germânica – tenham surgido no território habsburgo ou com partes dele tomadas. Mais significativa foi a transformação da textura política da Europa. Os regimes imperiais da Alemanha e Rússia desapareceram, bem como o da Áustria; e na Rússia foram substituídos, na revolução de outubro de 1917, por uma ditadura marxista, com Lênin.

O acordo de paz obtido em 1919 com o Tratado de Versalhes foi dominado pela influência dos Estados Unidos, que entrara na guerra contra a Alemanha em 1917, e pelo princípio da autodeterminação nacional, que os americanos promoveram especialmente. Ele foi, contudo, fatalmente severo para com a Alemanha derrotada, que se viu compelida a suportar todo o fardo da culpa da guerra, que o povo alemão não sentia de modo algum. A Alemanha foi obrigada a entregar todo seu império colonial e a pagar tão colossais reparações para os vencedores, provavelmente tão culpados quanto ela, que a economia e o povo alemães sofreram em demasia. Uma inflação assustadora, em 1923, destruiu as economias da classe média; esse fato, seguido pela depressão econômica mundial que se estabeleceu em 1929, criou um agudo sentimento nacional de injustiça e ressentimento que os políticos alemães da extrema direita e da extrema esquerda souberam explorar. O Partido Nacional-Socialista de Adolf Hitler era mais tarimbado na violência de rua do que seus rivais comunistas; e, no princípio, ganhou o apoio especialmente da pequena burguesia, cujo empobrecimento a tornou suscetível à hábil propaganda contra as nações vitoriosas e seu capitalismo supostamente dominado pelos judeus. Hitler também fez aliados entre os industriais alemães, que viram oportunidades em seu programa de expansão maciça conduzida pelo Estado. Ele chegou ao poder, a princípio por sufrágio, em 1933; e, por volta de 1935, tinha solapado completamente as instituições democráticas da chamada República de "Weimar", que sucedera à monarquia alemã em 1919. Sua agressiva política externa, conduzida em nome da afirmação dos direitos do povo alemão, degenerou em guerra com a invasão da Polônia, em 1939; o Reino Unido e a França imediatamente declararam guerra à Alemanha. A Segunda Guerra Mundial, que então se desenvolveu (1939-45), causou muito mais vítimas civis (embora menos militares) que a primeira, terminou com a derrota da Alemanha e a pulverização da maior parte de suas cidades e levou a influência russa, pela primeira vez desde 1815, para o coração da Europa Central e quase da Ocidental.

A tirania nacional-socialista na Alemanha foi somente uma das muitas ditaduras europeias que surgiram depois de 1918, graças aos descontentamentos que a democracia parlamentar liberal mostrou-se incapaz de curar. Foi o Partido Fascista de Mussolini, o qual tomou o poder na Itália em 1921, que forneceu a inspiração e o modelo para Hitler na Alemanha; o apoio desses dois países facilitou a vitória do general Franco na Espanha, na Guerra Civil Espanhola (1937), e o surgimento de um regime similar nesse país. Outros países, sob uma mera simulação de democracia, eram de fato também ditaduras. Desse padrão somente escapavam o Reino Unido, a França, a Suíça, os Países Baixos, a Escandinávia e a Tchecoslováquia; como também o Estado Livre Irlandês, produto do Tratado de 1921, que pôs fim à luta do Sinn Fein com a Grã-Bretanha, iniciada com o Levante da Páscoa de 1916. O novo Estado irlandês independente teve um começo instável e sua Constituição entrou em vigor (em

6 de dezembro de 1922) no meio de uma guerra civil; mas ele conseguiu preservar as instituições livres durante um período de mudança constitucional controvertida e, no final, afirmar sua autonomia da maneira mais notável de todas, permanecendo neutro (sozinho entre as nações da Comunidade Britânica, à qual ainda pertencia nominalmente) na Segunda Guerra Mundial.

Economicamente, o século XX intensificou as tendências inauguradas no século XVIII e continuadas no século XIX: o constante êxodo da população do campo para as cidades, nas quais a atividade industrial em expansão contínua oferecia empregos; a difusão de maior variedade de bens de consumo cada vez mais baratos, cuja produção era facilitada pelos rápidos avanços da ciência e tecnologia que as duas guerras mundiais tinham ocasionado, como um subproduto da competição pela eficiência em chacinar; além de grandes progressos no transporte e na comunicação (a aviação e o telégrafo sem fio foram invenções da primeira década do século). Como resultado da expansão do papel do Estado na sociedade ocidental típica, a proporção de pessoas não empregadas nem na indústria, nem na agricultura, nem em serviços privados tradicionais, mas em algum departamento do Estado ou das organizações dele dependentes, também cresceu enormemente (embora alguns Estados do século XIX, notadamente o austro-húngaro, já mantivessem grandes burocracias).

Entre 1900 e (cerca de) 1950 surgiu, finalmente, um arranjo de forças globais totalmente novo. Na esteira dos exércitos soviéticos que, em 1945, avançaram para o coração da Alemanha, surgiram, por toda a Europa Central e Oriental, regimes dominados por partidos comunistas – em outras palavras, pela ditadura totalitária. Nas polêmicas logo ouvidas no Ocidente quando ocorreu desilusão com os aliados soviéticos (quase imediatamente), esses Estados foram chamados de "satélites" soviéticos e a linha que os separava do Ocidente foi chamada de "Cortina de Ferro". Para além da fronteira soviética no Extremo Oriente, uma longa guerra civil chinesa terminou em 1948 com a vitória dos comunistas; o regime chinês alguns anos mais tarde distanciou-se da proteção da Rússia Soviética (como, na Europa, o regime comunista da Iugoslávia já havia feito); não obstante, o mundo agora continha um bloco de Estados marxistas que se estendia do Elba ao Pacífico; e esse bloco logo foi alargado por extensões no Caribe e no sudeste da Ásia. O mundo mal começara, portanto, a se recuperar da Segunda Guerra Mundial, quando foi dividido em dois campos mutuamente hostis e ideologicamente irreconciliáveis. Além disso, um novo elemento apareceu quando as potências do Ocidente começaram a se desembaraçar de suas colônias, encabeçadas pela Grã-Bretanha, que renunciou a seu enorme império indiano em 1947. Esse desligamento não foi substancialmente completado até a década de 1970; mas, por volta de 1950, já se podia prever a emergência de um "Terceiro Mundo" não branco e ex-colonial, atrasado econômica e politicamente e ressentido da exploração colonial do Ocidente, ao qual suas desvantagens podiam ser atribuídas com certa justiça; um mundo teoricamente "não alinhado", mas psicologicamente mais acessível, por razões óbvias, à influência das potências marxistas não capitalistas que à de seus rivais.

O Estado ocidental da primeira metade do século XX

Os Estados burgueses liberais do Ocidente evoluíram, na primeira metade desse século, de um modo que, embora não revolucionário quanto ao método, foi tão impressionante no resultado quanto algo produzido por uma ditadura. Essa evolução foi em alguns aspectos um crescimento forçado produzido pelas duas guerras mundiais. Um grande número de pessoas – muito maior que a soma de todas as envolvidas em muitas guerras anteriores – sofreu tanto e durante tanto tempo, que pôde, em uma era de comunicações fáceis, dar eficácia à sua relutância em retornar a sistemas de excessivos privilégios, por um lado, e de insegurança econômica e pobreza, por outro, não obstante já fosse verdade que por volta de 1900, como vimos, a direção básica na qual caminhava o Estado ocidental liberal estava clara.

A noção geral de igualdade humana e a presunção contra os privilégios tinham, é claro, raízes muito antigas, mas haviam sido declaradas de modo mais estridente na Revolução Francesa e desde então. As guerras de 1914-18 e de 1939-45 foram decisivas para subverter definitivamente tudo o que restava das regalias medievais. Em 1900, todos Estados europeus, a leste e a oeste, com exceção da França e da Suíça, tinham um rei ou uma rainha; porém, por volta de 1950, toda a realeza tinha desaparecido, exceto no setor noroeste (Reino Unido, Países Baixos e Escandinávia) e na Grécia (onde, todavia, a monarquia desapareceu em 1967). Enquanto na época anterior as mulheres eram excluídas do sufrágio em quase todo lugar, e em alguns lugares os homens só pudessem votar se tivessem certa quantidade de bens, em 1950 o sufrágio universal dos adultos era a regra quase invariável. A extensão do sufrágio, que, como vimos, já estava em progresso no século anterior, devia algo à difusão e à melhora da educação popular, uma vez que os adversários mais fortes da democracia tinham se baseado no medo de confiar o poder político a um povo analfabeto e ignorante. Esse progresso na educação pública, por sua vez, foi fundado parcialmente nas opiniões filantrópicas de Bentham, mas parcialmente também na correta percepção de que a saúde da economia nacional, cada vez mais industrial, dependia da disponibilidade de uma força de trabalho instruída.

A ampliação das funções do Estado que havia ocorrido antes de 1900, embora notável quando medida em comparação com o *laissez-faire* ortodoxo de 1800, ainda fora bastante modesta. Algumas áreas da atividade econômica já tinham sido entregues a monopólios estatais, como por exemplo o transporte ferroviário (apesar de na Irlanda e na Grã-Bretanha todas as ferrovias terem sido construídas por empresas privadas e ainda fossem de propriedade privada); e uma certa expansão do intervencionismo do Estado tinha ocorrido em resposta à percepção política de algumas necessidades sociais. Em geral, contudo, esse intervencionismo não ia muito além da garantia de padrões mínimos. Porém, no decurso do meio século seguinte, sob as pressões geradas por duas guerras e a concomitante emergência da esquerda parlamentar (o que a extensão do sufrágio garantiu, permitindo, por exemplo no Reino Unido, que o Partido Trabalhista substituísse os Liberais como uma das duas grandes forças políticas), a intervenção oficial e o paternalismo do Estado se espalharam em quase todas as áreas da vida. Já em 1938, um juiz irlandês havia declarado que "os dias do *laissez-faire* estão no fim"[1]; uma série muito grande de atividades econômicas era de propriedade do Estado ou monopolizada por ele. Em 1900, as estruturas europeias comuns de responsabilidade social, na forma de auxílio ao desemprego, à incapacitação física ou mental ou à velhice, ou de fornecimento de habitação e serviços de saúde às expensas públicas, eram muito modestas; por volta de 1950, a realidade expressa pela nova frase "Estado de bem-estar"* era geral (embora em alguns países isso ocorresse num nível muito mais modesto que em outros).

Essas transformações no Estado liberal ocidental foram acompanhadas também, após a Segunda Guerra Mundial, pela generalização do constitucionalismo, da democracia parlamentar (exceto na península Ibérica) e do primado do direito. Os ultrajes cometidos nas décadas de 1930 e 1940 em nome do Estado, contra os direitos humanos elementares, atingiram tal paroxismo que, assim que a guerra terminou, ocorreram importantes movimentos para fortalecer as salvaguardas institucionais contra o abuso da autoridade.

---

1. J. Hanna in *Pigs Marketing Board vs. Donnelly*, 1939 IR 413.

* *Welfare state,* em inglês: sistema no qual o bem-estar dos cidadãos é promovido por meio de serviços sociais oferecidos pelo Estado. (N. da T.)

A ideia dos direitos individuais objetivos e de um princípio objetivo como o Estado de Direito era incompatível com a teoria e a prática (como veremos) dos Estados regidos pelo marxismo; porém, no Ocidente democrático esses valores receberam, nessa ocasião, tanto a aceitação doutrinária como uma aplicação prática num grau sem precedentes. As novas Constituições que formaram a base da República Italiana (1946) e da República Federal Alemã (1949), e tiveram a intenção de dar a esses países um novo começo, rejeitando o espírito e os atos das ditaduras anteriores, previam o controle judicial da constitucionalidade das leis (e são hoje, juntamente com a Constituição da Irlanda de 1937, as únicas dentro da Comunidade Europeia a fazer isso). A Convenção Europeia dos Direitos Humanos e Liberdades Fundamentais (1950), criada no quadro do Conselho da Europa, que incorporou o ideal específico de reconciliar antigos inimigos em uma nova comunidade de sentimentos, foi o primeiro instrumento a estabelecer uma jurisdição supranacional para o fortalecimento dos direitos humanos nos Estados membros. Mesmo no Reino Unido – o único Estado europeu sem uma Constituição escrita e que não confere a nenhum tribunal a autoridade para invalidar suas leis por suposto conflito com a Constituição não escrita –, os tribunais têm mostrado, desde a guerra, a tendência de manter os órgãos do governo executivo em seu devido lugar e de interpretar restritivamente até leis do Parlamento nas quais detectem intromissões nos padrões estabelecidos de justiça e liberdade.

A teoria do Estado no início do século XX

Toda a teoria sobre o Estado no início do século XX descende do pensamento do século XIX ou do século XVIII. Às vezes essa ascendência deve ser localizada nos movimentos romântico e histórico, às vezes na sociologia de Comte e Durkheim, e outras vezes no ceticismo de Hume; também, é claro, nas doutrinas de Marx e Engels e na força inevitável do materialismo dialético.

O principal representante da primeira dessas correntes é Otto von Gierke (1841-1921). Gierke pertencia à escola histórica iniciada por Savigny, na Alemanha; porém, enquanto Savigny, embora defendesse a princípio o crescimento orgânico do direito como uma expressão da nação, dedicou-se ao estudo e à defesa do elemento romano nas ordens jurídicas de sua terra natal, Gierke foi um adepto apaixonado do ramo germânico do movimento que, nos anos em que o código civil alemão estava sendo incubado, lutou para resgatar, para a futura ordem jurídica alemã, tanto quanto possível o direito germânico autóctone do passado. Com relação a isso, Gierke – professor de direito alemão em Berlim nesses anos – sublinhou particularmente o contraste entre o que ele via como elemento central do direito romano, isto é, o indivíduo e, consequentemente, uma concepção "atomista" da sociedade, e o do direito germânico, no qual a comunidade e o "companheirismo" eram valores muito mais proeminentes. Ele interpretava em termos essencialmente biológicos a ideia nativa alemã de "grupo". Assim, longe de o Estado, ou qualquer outro grupo, ser o produto de um suposto contrato social, ele era uma pessoa real, quase palpável, gerada pelo ato comum de seus membros. Ao mesmo tempo, não era apenas "um tecido psicológico, conectando os fios das mentes dos indivíduos", mas "uma espécie de realidade mais alta, de ordem transcendental, que sobressai como algo distinto e superior à realidade separada do indivíduo"[2]. Nas próprias palavras de Gierke, "a vida em grupo do ser humano é uma vida de ordem mais elevada, na qual a vida do indivíduo é incorporada"; e esse Todo tem um valor mais elevado que os indivíduos que se encontram dentro

---

2. Ernest Barker, Introdução à sua tradução de *Natural Law and the Theory of Society*, de Gierke (Cambridge, 1950), p. xxxi.

dele[3]. Essa concepção de grupo, baseada nos antigos conceitos germânicos de companheirismo e solidariedade, aplicava-se a todos os grupos, e não apenas ao Estado; e mesmo os grupos subordinados, as associações voluntárias de todos os tipos, que subsistiam dentro da jurisdição do Estado, não deviam a ele sua existência jurídica, mas meramente o reconhecimento dessa existência, à qual não o Estado, mas o ato coletivo de seus membros, dava um sopro de vida tão real quanto a existência de cada um deles. Além do mais, o próprio Estado, tanto quanto os grupos que ele não criava, mas podia apenas supervisionar, era limitado pelo objetivo para o qual fora criado; e, assim, Gierke de certo modo preconizava que o Estado se mantivesse dentro dos limites desses valores que tinham inspirado seu nascimento: o *Rechtsstaat* ou "Estado de Direito". Não obstante, apenas um pequeno passo separava essa concepção quase mística do Estado da glorificação deste; Gierke não deu esse passo, e talvez nem tenha previsto que outros pudessem dá-lo; mas nas décadas posteriores a sua morte, sua doutrina do Estado como um grupo supremo, com uma existência real e transcendente, teve um uso sinistro: "fortalecida", como escreveu Friedmann, "aos olhos dos nacionalistas alemães por ter sido deduzida das origens germânicas, (ela) serviu de trampolim para essa fusão do individual no coletivo que é um aspecto essencial e vital do governo totalitário moderno"[4].

Destino bastante semelhante aguardava os ensinamentos de seu contemporâneo mais jovem, o francês Léon Duguit (1859-1928). Duguit situou-se na tradição relativamente moderna da sociologia de Comte e Durkheim e tornou-se muito conhecido principalmente por sua doutrina da "solidariedade social". Com isso ele não se referia somente àqueles va-

---

3. Gierke, *Das Wesen der menschlichen Verbände* (Berlim, 1902), 10; citado por Barker (vide n. 2).
4. *Legal Theory* (vide cap. 6, n. 13), 238.

lores que nós, no século posterior, poderíamos recomendar usando essa expressão como um *slogan* (embora quisesse dizer isso também). Em um nível mais fundamental, Duguit afirmava que a interdependência dos indivíduos e grupos (inclusive grupos profissionais, setores e classes econômicas) era um dado primário e indiscutível da sociedade, e que esse fato era, por assim dizer, anterior ao conceito de Estado. Na verdade, até esse conceito era suspeito. O Estado não era soberano, nem tampouco era uma pessoa. Para Duguit, a única realidade que existia na palavra "Estado" era a vontade dos que o dirigem; e essa vontade, longe de ser "soberana" ou ilimitada, devia ser dirigida estrita e unicamente para a conservação e o aperfeiçoamento (especialmente por meio da divisão do trabalho) das relações entre os vários grupos e interesses independentes da sociedade[5]. Essa abordagem, naturalmente, levou-o a insistir na necessidade de um rigoroso controle das autoridades do Estado, de modo que se evitasse qualquer abuso de seus poderes. Porém, isso não impediu sua doutrina de ser aceita pelos fascistas italianos na construção de seu Estado "corporativo" – assim chamado porque uma de suas características centrais era um padrão de corporações que representavam o capital e o trabalho no mesmo setor econômico, e também de corporações transetoriais de capital e trabalho. Como resultado (novamente nas palavras de Friedmann), "o fascismo e o nacional-socialismo alteraram radicalmente a base do sistema de Duguit, subordinando o sindicalismo a um Estado ainda mais poderoso, divino e arbitrário do que qualquer um que Duguit tivesse em mente, e que rejeitava"[6].

A primeira metade do século XX também produziu, na obra do austríaco Hans Kelsen, uma notável descrição de um sistema jurídico em termos evidentemente inspirados

---

5. A. W. Spencer (ed.), *Modern French Legal Philosophy* (Nova York, 1968), 254.
6. Friedmann, *Legal Theory* (vide cap. 6, n. 13), 231.

por Hume. Este, deve ser lembrado, tinha chamado a atenção para a ilegitimidade de se deduzir uma proposição de "dever" de uma afirmação de que algo "é"; em outras palavras, de pretender deduzir normas éticas ou similares de meros fatos observados. Hume usava essa ideia, entre outras, para demolir a posição geral do direito natural, demolição essa que, na época, fora considerada decisiva. Kelsen propôs a análise de um sistema jurídico *simplesmente* como uma estrutura de normas, em outras palavras, de proposições de "dever", que podiam ser, em seus próprios termos, válidas e esclarecedoras, independentemente da qualidade moral dessas normas e, na verdade, independentemente de todos os valores éticos, sociais, econômicos ou políticos estranhos ao direito. O padrão e o princípio segundo os quais ele dispunha suas normas serão resumidos adiante neste capítulo; aqui é suficiente dizer que o esquema de Kelsen teve o efeito de eliminar a distinção entre o direito público e o privado (e, aliás, entre qualquer outro par de categorias de direito denominadas segundo suas áreas de atuação) e entre o próprio direito e o Estado. Pois o que é o Estado senão um complexo de normas? Cada uma das normas que, coletivamente, equivalem a tudo o que entendemos por "o Estado" não é mais nem menos que uma proposição de "dever", como qualquer regra situada em qualquer outra parte do sistema jurídico; reduzidas a essa qualidade mínima, todas têm o mesmo caráter[7].

A teoria do Estado associada a Marx e Engels – segundo o qual, em qualquer época específica, o Estado reflete por meio de suas leis o simples interesse da classe dominante; que o Estado ocidental da época refletia o domínio burguês; e que, uma vez surgido o socialismo efetivo, depois de um período de ditadura do proletariado, o Estado e o direito deixariam de existir – foi a doutrina oficial da União Soviética após seu surgimento em 1917. Ela sofreu

---

7. Sobre Kelsen de modo geral, vide a seção "O positivismo analítico", mais adiante neste capítulo.

uma certa mitigação quando Lênin admitiu que, mesmo após a triunfante emergência final do socialismo, algo semelhante às estruturas do Estado burguês teria de ser conservado durante certo período de transição, até que, por assim dizer, o socialismo se tornasse uma segunda natureza em todo o mundo, até que seus valores fossem completamente entendidos e aceitos, e suas metas, perseguidas espontaneamente. O mais conhecido dos juristas soviéticos de antes da guerra, Yevgenyi Pashukanis (1891-1937)[8], explicava a doutrina clássica e a da transição (enfatizando que, durante o emprego transitório das estruturas burguesas, ninguém deveria ter nenhuma dúvida quanto a suas verdadeiras bases) como segue:

> O Estado constitucional (*Rechtsstaat*) é uma miragem, mas é muito conveniente para a burguesia, porque substitui a ideologia religiosa agonizante e oculta o fato da hegemonia burguesa dos olhos das massas... Os proprietários livres e iguais dos bens que se encontram no mercado são livres e iguais somente na relação abstrata de apropriação e alienação. Na vida real, eles estão presos por vários vínculos de dependência mútua. Exemplos disso são o varejista e o atacadista, o camponês e o proprietário da terra, o devedor arruinado e seu credor, o proletário e o capitalista. Todas essas inumeráveis relações de efetiva dependência formam a base real da estrutura do Estado, enquanto para a teoria jurídica do Estado [isto é, a teoria convencional, relacionada com o *Rechtsstaat*] é como se elas não existissem... Devemos, portanto, ter em mente que a moral, o direito e o Estado são formas da sociedade burguesa. O proletariado pode muito bem ter de utilizá-las, mas isso não implica de modo algum que elas possam ser mais bem desenvolvidas ou embebidas de um conteúdo socialista. Tais formas são incapazes de absorver esse conteúdo e devem desaparecer na razão inversa da medida em que esse conteúdo se torna realidade. Não obstante, no presente período de transição, o proletariado, em seu pró-

---

8. A data de 1937 não é certa, mas provável; nos expurgos stalinistas desse ano, Pashukanis simplesmente desapareceu.

prio interesse, explorará necessariamente essa forma herdada da sociedade burguesa. Para fazer isso, todavia, o proletariado deve antes de tudo ter uma ideia absolutamente clara – livre de toda nebulosidade ideológica – da origem histórica dessas formas. Deve ter uma sóbria atitude crítica, não só em relação ao Estado burguês e à moral burguesa, mas também em relação a seu próprio Estado e sua própria moral. Dito de outra forma, deve estar cônscio de que tanto a existência como o desaparecimento dessas formas são historicamente necessários.[9]

Formas da teoria do direito no século XX

Há um enorme contraste mesmo entre a primeira metade do século XX (para não mencionar a segunda) e, digamos, o século XVIII, no que concerne à profusão de novas teorias do direito, todas as quais geraram, por sua vez, uma vasta literatura crítica de aprovação, dissensão, qualificação e refinamento. Pode-se suspeitar que isso tenha forte relação com a explosão da educação superior: a fundação de novas universidades, o aumento do número de novas faculdades de direito, o estabelecimento de novas publicações jurídicas, a associação da promoção na hierarquia acadêmica com o volume de trabalhos publicados – e, embora isso seja muito mais notável na última parte do século, o grande inchaço do corpo docente das faculdades de direito, e o fato de o envolvimento ou a identificação políticos parecerem mais comuns entre os juristas acadêmicos do que nas épocas anteriores. Em outras palavras, muito mais pessoas agora têm tempo, meios, incentivo e até obrigação profissional, e às vezes também motivação política, para especular sobre a natureza e as raízes do direito, e não só meramente ensinar aos alunos a jurisprudência, a legislação e as constituições que o compõem formalmente. Po-

---

9. *Law and Marxism* (Londres, 1978), 143-60; citado in Lloyd, *Introduction* (vide cap. 6, n. 72), 1079-81.

rém, mesmo que esse fator não estivesse presente, outros teriam levado ao mesmo resultado (embora talvez, nesse caso, o número de livros publicados não fosse tão assombroso). Esses fatores foram as aceleradas mudanças industriais e sociais do século XX, acompanhadas pelas convulsões das duas guerras mundiais; a reação contra a compreensão do direito como algo puramente formal, baseado em seções e parágrafos, associada com a *école de l'exégèse* na França e o código civil alemão, fundados nas estruturas conceituais reunidas pelos pandectistas; uma nova apreciação, produzida nas condições peculiares dos Estados Unidos, da forte influência que a vida prática dos tribunais exerce sobre o entendimento do direito, que se supunha que eles estariam administrando; juntamente com os avanços das ciências relativamente novas da psicologia, da sociologia e da antropologia. As teorias do direito nascidas no início do século, na medida em que (em sua maior parte) examinavam o que havia por trás da letra da lei, podiam ser chamadas coletivamente, na expressão de Guido Fassò, de "antiformalistas". Porém, também surgiram teses formalistas do direito, mais notavelmente a de Kelsen, já mencionada; a visão marxista do direito, caso realmente seja possível distingui-la da visão marxista do Estado, ainda estava (como acabamos de ver) viva; e a antiga doutrina do direito natural, tendo recuado no início do século XX para pequenos bolsões de resistência essencialmente católica, experimentou uma poderosa renovação entre as ruínas a que a Europa foi reduzida pela Segunda Guerra Mundial.

O "movimento do direito livre" e a ciência jurídica sociológica

Influência importante no primeiro terço do século foi o *Freirechtsbewegung* ("movimento do direito livre") na Alemanha, cujas raízes podem ser encontradas numa conferência realizada em 1903 por Eugen Ehrlich (1862-1922) e num ensaio publicado em 1906 por Hermann Kantorowicz (1877-1940), intitulado "A luta pela ciência do direito". O movimento (também chamado de "escola do direito livre") foi, em essência, uma reação contra o apego excessivo e, portanto, frequentemente absurdo e injusto, à letra da lei codificada, do qual o filho de uma das principais figuras da escola, Ernst Fuchs, registrou alguns exemplos do período anterior a 1914. Um girava em torno de um artigo do código de processo civil que declarava impenhoráveis os objetos ou coisas (*Sachen*) do devedor que ele usasse como ferramenta de trabalho; a Suprema Corte alemã recusou-se a aplicar esse artigo ao caso de um pescador muito pobre que não tinha um barco seu, mas meia parte de um barco em sociedade com outro pescador; porém, uma meia parte, sendo incorpórea, não era um objeto ou *Sache*. Outro caso resultou na invalidação de um testamento por não estar de acordo com determinado artigo do código civil; este exigia a assinatura do testador (*Unterschrift*, literalmente uma "assinatura embaixo" ou "subscrição"), mas nesse caso o testador tinha escrito seu nome no mesmo nível que a data, consequentemente não "abaixo" do documento inteiro. Por isso a assinatura não se qualificava como uma *Unterschrift*[10]. Esses absurdos grotescos, segundo achava a nova escola, eram o resultado natural da *Begriffsjurisprudenz*, a "ciência jurídica dos conceitos", que imaginava ter construído uma rede fechada de regras que respondia a todos os problemas cientificamente e excluía todos os valores estranhos. Kantorowicz entendia a expressão "direito livre" por uma espécie de analogia com o "livre pensamento" (em matéria de religião), em outras palavras, um pensamento não dogmático, e de modo algum acreditava que os juízes deviam simplesmente ignorar ou desobedecer à legislação; porém, ele e outros acreditavam de fato que nenhum sistema de legislação, por sofisticado que fosse, tivesse a possibilidade de resolver todos os casos que pudessem surgir –

---

10. Albert S. Foulkes, "On the German Free Law School (Freirechtsschule)", *Archiv für Rechts – und Sozialphilosophie*, 55 (1969), 367.

aliás, fora essa percepção que, desde a Antiguidade, servira de base para a defesa do uso da equidade – e recomendavam que, quando um caso assim excepcional aparecesse, o juiz tivesse liberdade para aplicar a solução que lhe parecesse correta, considerando a natureza da área do direito na qual o problema incidia e a qual o direito deveria regular. Realmente, havia áreas em que o próprio código civil alemão havia disposto especificamente a aplicação de amplos padrões equitativos; por exemplo, segundo o § 42, os contratos deviam ser feitos de boa-fé ("Treu und Glauben"). Porém, para o movimento do direito livre isso não era suficiente; onde a inevitável lacuna aparecia na prática, o juiz deveria ter a mesma liberdade que lhe era dada pelo § 1.º do código civil suíço (que entrou em vigor em 1912), segundo o qual, enquanto o direito devia ser aplicado "em todos os casos que se encontrassem dentro dos limites da letra ou do espírito de qualquer de suas disposições", ainda assim "onde nenhuma disposição for aplicável o juiz decidirá segundo o direito consuetudinário existente e, na falta desse, segundo as normas que ele estabeleceria se tivesse de agir como legislador". Em uma perspectiva ampla, o movimento visava à modernização do direito, "especialmente advogando a permeação mútua do direito e da sociologia"[11].

Infelizmente, com o regime nacional-socialista a ideia de se afastar da linguagem estrita da lei e, em vez disso, recorrer a valores (que tendiam a ser apreciados de modo subjetivo e imprevisível) como o "espírito" da lei – havia muito tempo condenada como perigosa por Beccaria – foi levada a extremos sinistros. Em um exemplo famoso, ela invadiu o direito penal alemão. Uma emenda ao código penal alemão de 28 de junho de 1935 introduziu um novo § 2.º que dizia o seguinte:

> A pena deve ser infligida a qualquer pessoa que cometa um ato declarado pela lei como punível ou que, *à luz do propósito básico do direito penal e de acordo com o saudável sentimento*

---

11. Ibid.

popular [gesundes Volksempfinden], *merece ser punido*. Se nenhuma lei penal específica se aplicar diretamente a esse tipo de ato, ele deverá ser punido de acordo com aquela lei que, em seu propósito básico, melhor se aplique a ele.

O comentário de Schäfer e Von Dohnanyi sobre a nova legislação penal alemã dos anos de 1931-35, publicado em 1936, versava com aparente entusiasmo sobre o princípio subjacente a esse novo artigo. A velha regra – "nullum crimen sine lege" – era, segundo eles, uma simples relíquia do Iluminismo, o qual vira nela uma salvaguarda contra as arbitrariedades judiciais; e ela havia se tornado "uma espécie de Magna Carta para o criminoso". Mas agora,

> em conformidade com a transformação que ocorreu em nossa atitude diante da relação entre a comunidade nacional e o indivíduo, o legislador deu, às necessidades de proteção e segurança da comunidade nacional, prioridade sobre os interesses do indivíduo, e deu precedência à ideia de justiça material sobre a da justiça formal. O legislador, além disso, declara-se francamente a favor do chamado princípio da "analogia", no sentido amplo, e postulou, ao lado da legislação escrita, uma segunda fonte do direito – ou melhor, uma fonte de reconhecimento do direito – de igual hierarquia e valor.

Essa mudança, eles resumiram numa fórmula assustadora: "*nullum crimen sine lege* cedeu lugar a *nullum crimen sine poena*"[12]. Não é de admirar que, numa atmosfera dessas, Gustav Radbruch, que no começo fora partidário do movimento do direito livre e, após 1945, vigoroso oponente do positivismo[13], tenha escrito em 1939 que o positivismo parecia ser novamente o ideal do qual os alemães tinham necessidade; palavras inflexíveis davam, pelo menos, certeza e proteção contra a opressão arbitrária. Depois da Segunda Guerra Mundial, o movimento – que fora aprovado também na União Soviética – desapareceu no Ocidente.

---

12. *Die Strafgesetze der Jahr 1931 bis 1935* (1936), 184-5.
13. R. Dreier e W. Sellert, *Recht und Justiz im Dritten Reich* (1989), 344 ss.

Na realidade, a doutrina dos primeiros apóstolos do direito livre fora pouco mais que um apelo em favor de uma criatividade equitativa nos tribunais, relacionada com os fatos da vida. Ernst Fuchs tentou batizar essa abordagem com o nome de "ciência jurídica sociológica" (*soziologische Rechtswissenschaft*). Essa expressão é, contudo, efetivamente idêntica à usada pelo jurista austríaco Eugene Ehrlich (1862--1922) no título de seu *Fundamental Principles of the Sociology of Law* [*Fundamentos da sociologia do direito*] (1913), que propunha algo muito mais radical. Sua posição central era que o direito em seu sentido comum, o "direito dos juristas", existe lado a lado com outros fatores da sociedade que podem influenciá-lo fortemente ou mesmo, na prática, sobrepujá-lo; tais fatores, visto que são reconhecidos e influenciam o comportamento, fazem igualmente parte do direito e devem ser estudados pelos juristas; exemplos disso seriam o papel prático da pobreza, que faz com que não valha a pena processar certos tipos de acusados, ou da presença de uma companhia de seguros por trás de outros tipos de réus, inflando tanto a frequência de demandas como o tamanho das indenizações pleiteadas; ou a composição social dos júris; ou o desuso ou a desconsideração desta ou daquela disposição legal sob a influência deste ou daquele preconceito social ou impraticabilidade econômica. O "direito dos juristas", além disso, é apenas uma de uma série de ordens normativas que a própria sociedade desenvolveu e que são historicamente anteriores a ele; instituições como o casamento, as sucessões e as relações comerciais precederam toda a regulamentação estatal e só podem ser entendidas no cenário, e com as formas, que a sociedade lhes dá. "O centro de gravidade do desenvolvimento do direito", ele escreveu, "deve ser encontrado a toda hora não na legislação, nem na ciência do direito ou nas decisões dos tribunais, mas na própria sociedade"[14]; os elementos básicos de ordem jurí-

---

14. Prefácio de *Fundamental Principles of the Sociology of Law* (Cambridge, Mass., 1936). [Trad. bras. *Fundamentos da sociologia do direito*, Brasília, Ed. da UnB, 1986.]

dica são a organização da sociedade, seus valores, suas estruturas, seus instintos e hábitos – inclusive sua desobediência ao que parece ser o direito –, e não o conjunto das normas positivadas.

Na França, François Gény (1861-1938) demonstrou antes da virada do século que, na aplicação do código civil pelos tribunais, seu texto estava longe de fornecer uma resposta automática para todos os problemas; antes, era necessário que os juízes recorressem também a seu entendimento dos fatores sociais e outros valores para fazer a ordem jurídica funcionar satisfatoriamente. Partindo dessa percepção, ele traçou, em seu *Science et technique en droit privé positif* [Ciência e técnica no direito privado positivo] (1914-24), uma distinção entre a "técnica", o mero conhecimento do mecanismo das normas jurídicas, e a "ciência", que é o conhecimento de valores não jurídicos altamente relevantes no ambiente do direito: em outras palavras, a matéria sociológica que deve acompanhar a matéria estritamente jurídica na solução de problemas jurídicos. Essa matéria sociológica consiste no que ele chamava de *donnés* (dados); ao passo que as normas jurídicas que operam a partir deles são meramente um "constructo" (*construit*). Esses dados podem ser classificados em dados da realidade física concreta (*le donné réel*), da história (*le donné historique*), da razão (*le donné rationnel*) e das aspirações da sociedade (*le donné idéal*). Tanto a elaboração como a aplicação judicial da lei devem levar em conta esses *donnés*, que devem estar equilibrados na relação correta. Nenhuma fórmula ou regra é apresentada para orientar essa operação, sobre a qual opiniões honestas podem diferir (embora possamos crer que um debate parlamentar comum sobre um projeto de lei, juntamente com os estudos e recomendações departamentais e as discussões de caráter político dentro do governo, se aproximaria bastante do processo de ponderação dos *donnés* de Gény). Sua análise e elaboração, à semelhança dos trabalhos do movimento do "direito livre" e da escola sociológica inicial de Ehrlich, dão testemunho do formalismo jurídico contra o qual eles protestavam. Esse ramo particular da teoria do direito, a propósito, registrou um notável triunfo prático: a doutrina de Gény, em uma fase anterior, influenciou a inclusão do conceito de "juiz-legislador" no § 1.º do Código Civil suíço, para o qual chamamos a atenção acima.

O mais conhecido dos juristas "sociólogos" no mundo do *common law* foi o americano Roscoe Pound (1870-1964). Pound ficou impressionado com o grau em que os conceitos jurídicos formados em uma época mais simples, e visando essencialmente aos indivíduos e aos ajustes de suas relações, ainda eram usados no início do século XX, a despeito das enormes transformações da sociedade e da economia que haviam ocorrido e do aparecimento de inúmeras novas espécies de reivindicações e interesses concorrentes. Em um ensaio publicado em 1921, respondendo a essa percepção, ele escreveu que agora era importante "construir uma teoria dos interesses sociais que possa ser usada pelos tribunais, tal como no passado eles usaram os esquemas dos interesses do indivíduo, que chamamos de teorias dos direitos naturais". A ideia central da teoria dos interesses sociais, que ele agora apresentava, era que a elaboração do direito, por via legislativa ou (dentro de limites óbvios) judicial, devia ser vista como um tipo de "engenharia social" – uma expressão famosa e, pode-se dizer, caracteristicamente americana, na medida em que sua evocação de macacões azuis e oficinas mecânicas contrasta com as elaboradas abstrações dos juristas europeus: "Para a ciência jurídica, para a ciência que tem relação com o mecanismo do controle social ou da engenharia social por meio da força da sociedade politicamente organizada, não é menos verdade que os interesses do indivíduo podem ser formulados em termos de interesses sociais e obtêm desse fato sua importância para a ciência." A metáfora da engenharia é explicada pelo objetivo de organizar esses interesses dentro de um sincronismo bem lubrificado, com o mínimo de desgaste e desperdício:

> Entendido do ponto de vista funcional, o direito é uma tentativa de reconciliar, harmonizar, ajustar esses interesses sobrepostos e conflitantes, quer garantindo-os direta e ime-

diatamente, quer garantindo certos interesses individuais... de modo que se dê efeito ao maior número possível de interesses, ou aos interesses que mais pesam em nossa civilização, com o mínimo sacrifício dos outros interesses... Meu objetivo é pensar nos problemas de eliminar o atrito e prevenir o desperdício no desfrute humano dos bens da existência, bem como nos problemas da ordem jurídica como um sistema de engenharia social por meio do qual esses fins são realizados.[15]

Em outra obra, Pound admitiu que outros grupos sociais, tais como o lar, a igreja, a escola, organizações voluntárias, associações profissionais, fraternidades sociais e assim por diante, também podem desempenhar certo papel no processo de engenharia social; porém, "a maior parte da tarefa cabe à ordem jurídica", com seu aparato político de regulamentação e compulsão[16]. Quanto ao que concebia como os tipos de interesse social que mereciam a atenção do legislador, ele relacionou, em seu ensaio de 1921, seis tópicos gerais. Há, em primeiro lugar, o interesse social na segurança geral, isto é, a área da lei e da ordem. Em segundo lugar, há o interesse social na segurança das instituições sociais, tais como o complexo das relações domésticas, incluindo o casamento e a família; em terceiro lugar, há o interesse social na moralidade geral; e, em quarto lugar, o interesse social na conservação dos recursos da sociedade (não apenas os materiais: ele inclui aqui o interesse em educar a nova geração). Há depois, em quinto lugar, o interesse social no progresso geral, no qual ele inclui o valor da expansão da realização estética. Em sexto lugar, há o interesse social na vida do indivíduo: sua liberdade, dignidade, realização. Infelizmente, esse esquema não oferece, nem pode oferecer, um cálculo que nos possibilite identificar ra-

---

15. "A Theory of Social Interests", *Proceedings of the American Sociological Society*, 15 (maio 1921), 16; citado in H. Hall, *Readings in Jurisprudence* (Indianápolis, 1938), 243, 245-6.
16. *Contemporary Juristic Theory* (Claremont, NH, 1940), 8C.

pidamente os respectivos pesos a serem anexados a este ou àquele interesse nesta ou naquela circunstância. Ele não pode, por exemplo, resolver o problema perene dos limites adequados das prerrogativas do direito penal para impor a moral mediante coação, nem nos dizer até onde os direitos civis podem ser anulados no interesse da segurança do Estado. É essencialmente um exercício de análise da tarefa do legislador moderno, uma vez que as mudanças sociais e econômicas o tinham obrigado a atuar em campos que as eras anteriores não haviam considerado assunto do Estado. Também podia ser qualquer coisa, menos revolucionário; Pound usou como ponto de partida os valores da sociedade ocidental liberal ("nossa civilização") e suas instituições, e tomou por certa a importância de sua defesa. O engenheiro social evidentemente devia ser ele próprio um sólido homem de família e alguém que apostava em seu país.

O direito e os tribunais

Ainda mais "antiformalistas"' que os expoentes da ciência jurídica sociológica eram os fundadores da escola do "realismo" americano, que floresceu especialmente na primeira metade deste século. Para eles, como para os juristas sociológicos, a letra da lei tinha menos importância. Mas a característica especial dos "realistas", e a razão de serem chamados assim, era que eles chamavam a atenção para as realidades do processo judicial por meio do qual todo o direito, em caso de disputa, deve ser aplicado. As disputas, o litígio civil ou penal, era assim o terreno sobre o qual se estendia a teoria realista; "as disputas", como escreveu uma das principais figuras da escola, Karl Llewellyn, "são o coração e a essência eternos do direito; não definem sua circunferência, mas sempre definirão seu centro"[17]. Essa preocupa-

---

17. *Legal Tradition and Social Science Method* (1931); citado in Hall, *Readings* (vide n. 15), 790.

ção com o que acontece efetivamente nos tribunais, e com o porquê disso, e não somente com o que a mera letra da lei poderia nos levar a esperar que acontecesse, às vezes é chamada de "ceticismo", no sentido de que ela coloca um ponto de interrogação sobre a confiança na norma nua; ou de "relativismo", uma expressão menos útil, que também pretende sugerir a incerteza da norma escrita, cuja aplicação, em qualquer caso determinado, dependerá de vários fatores, nem todos jurídicos ou mesmo previsíveis.

Essa abordagem centrada no tribunal teve como autor de sua primeira e clássica expressão, em 1897, Oliver Wendell Holmes (1841-1935), que poucos anos depois se tornou (e foi durante trinta anos) magistrado da Suprema Corte dos Estados Unidos. Em um ensaio intitulado "O caminho do direito", ele sugeriu que, para vermos o que o direito é *na realidade*, adotássemos o ponto de vista de um hipotético "malfeitor" enfrentando um julgamento:

> Tomemos a pergunta fundamental, o que constitui o direito? Alguns escritores dirão que ele é algo diferente do que é decidido pelos tribunais de Massachusetts ou da Inglaterra: que é um sistema de raciocínio, que é uma dedução feita a partir de princípios de ética, axiomas pressupostos ou sabe-se lá o quê, dedução essa que pode coincidir ou não com as decisões. Porém, se olharmos da perspectiva de nosso amigo, o malfeitor, veremos que ele não se importa com os axiomas ou deduções, mas o que ele quer realmente saber é o que os tribunais de Massachusetts ou da Inglaterra poderão fazer de fato. Penso de modo muito semelhante ao dele. As profecias sobre o que os tribunais farão de fato, e nada mais pretensioso que isso, é o que eu quero dizer com direito.[18]

O objeto do estudo jurídico era simplesmente "a predição da incidência da força pública manejada por meio

---

18. *Harvard Law Review*, 10 (1897), 457; citado in Lloyd, *Introduction* (vide cap. 6, n. 72), 717.

dos tribunais"[19]. A percepção da incerteza do direito, da influência potencial de fatores não declarados sobre sua aplicação em um caso particular, é considerada caracteristicamente americana porque havia fatores atuando nos Estados Unidos que eram desconhecidos na Inglaterra (da qual os americanos haviam levado o *common law*) ou no continente europeu. Primeiro, o país era dividido em um grande número de jurisdições independentes, todas administrando o *common law*, mas todas livres para amoldá-lo juridicamente a seu modo; segundo, a subordinação dos poderes legislativos estaduais e federais à Constituição tal como interpretada pela Suprema Corte, que podia facilmente – e o fazia com frequência – declarar inválidos os atos dessas assembleias, atos que, pela confiança depositada neles, poderiam ter originado as mais diversas expectativas e compromissos; terceiro, o tom judicial não profissional que se supunha ter sido introduzido nos padrões dos tribunais inferiores, pelo fato de os juízes desses tribunais serem eleitos pelo povo. De qualquer modo, havia obviamente mais probabilidade, nos Estados Unidos, de surgirem circunstâncias em relação às quais seria absurdo cogitar uma lei preexistente. Jerome Frank (1889-1957)[20] considerou essa percepção tão revolucionária na ciência jurídica quanto uma demonstração que marca época poderia ser nas ciências naturais:

> Como Copérnico fez os homens abandonarem a noção geocêntrica do universo e aceitarem a noção heliocêntrica, assim também o malfeitor de Holmes, mais cedo ou mais tarde, compelirá todas as pessoas inteligentes a admitir que o centro do mundo jurídico não está nas normas, mas nas decisões judiciais específicas (isto é, julgamentos, ordens e decretos) em litígios específicos[21].

---

19. Ibid.
20. "Mr Justice Holmes and Non-Euclidean Legal Thinking", *Cornell Law Quarterly*, 17 (1932), 568; citado in Hall, *Readings* (vide n. 15), 368.
21. *Cornell Law Quarterly*, 17 (1932), 578.

Com efeito, a própria ideia de que o direito precisa ser "objeto de certeza", no sentido de ser perfeitamente previsível, foi ridicularizada por Frank como uma sobrevivência, na idade adulta, da necessidade da criança de ter certeza e confiança, que ela vai buscar na força e sabedoria de seu pai[22].

O próprio Frank classificava os realistas em dois grupos, que chamava respectivamente de "céticos quanto às normas" e "céticos quanto aos fatos" (era a este último grupo que ele pertencia). Os céticos quanto às normas são aqueles cuja descrença na certeza e previsibilidade do direito se limita à afirmação de que por trás da "norma no papel" atuam outros valores invisíveis e não revelados, os quais terão certa probabilidade de determinar o resultado de um caso em particular; esses valores operam nas mentes dos juízes, e os juízes que interessam aos céticos quanto às normas são os dos tribunais recursais. Os céticos quanto aos fatos, mais radicais, aceitam, é claro, as dúvidas dos céticos quanto às normas sobre a confiabilidade da norma escrita, porém vão mais longe; a constatação dos fatos nus que estão em causa num litígio judicial – a qual deve ocorrer antes que alguém pretenda aplicar uma norma – é a própria um processo altamente imprevisível; elementos de todo tipo, muitos deles totalmente inconscientes, podem determinar o que um juiz (para esse ramo de realistas, tipicamente o de primeira instância*) ou um júri aceitará como "fatos". Não apenas testemunhas inexatas, esquecidiças ou mentirosas, mas também os mais diversos preconceitos operando a favor ou contra esta ou aquela testemunha ou parte, ou mesmo disposições pessoais momentâneas do juiz ou do jurado, podem ser decisivas. Frank pleiteava uma atenção muito maior para com os trabalhos dos juízos de

---

22. *Law and the Modern Mind* (1930).

* Nas jurisdições americanas, só os juízes de primeira instância podem fazer averiguações quanto aos fundamentos de fato de um litígio; os juízos recursais aceitam como dados os fatos averiguados em primeira instância, e exercem sua jurisdição apenas sobre assuntos de direito. (N. do R. T.)

primeira instância e o estudo do processo de instrução; embora, como tem sido dito com frequência, particularmente pelos críticos ingleses, nem ele nem nenhum outro realista chegaram a intuir qualquer coisa que já não seja uma segunda natureza para qualquer advogado praticante, a quem não é preciso dizer quanto esses indefiníveis fatores pessoais são importantes na administração da justiça humana.

O trabalho de Karl Llewellyn (1893-1962) também pode ser mencionado. Sua posição (apresentada num inglês rebarbativo) é que o direito não é mais que o padrão de comportamento de uma série de "autoridades", sendo essa palavra entendida num sentido muito amplo: "Esse fazer algo a respeito das disputas, esse fazer razoável, é a tarefa do direito. E as pessoas encarregadas desse fazer, quer sejam juízes, delegados, escreventes, carcereiros ou advogados, são as autoridades [*officials*] do direito. O que essas autoridades fazem a respeito das disputas é, a meu ver, o próprio direito."[23] A especial contribuição de Llewellyn para o pensamento realista está em sua descrição do que chama de "trabalho do direito". Todo grupo, mas naturalmente o Estado em particular, necessita de um mecanismo para assegurar sua estabilidade; "para *permanecer* como um grupo, você deve conseguir lidar com tendências centrífugas, quando elas irrompem, e deve agir preventivamente para evitar que irrompam. [Assim,] deve *efetuar* a organização e... *mantê-la* efetiva". Essa tarefa é o Trabalho do Direito como um todo. Mas pode-se identificar aí dentro vários trabalhos separados, que ele relaciona assim:

I A resolução de casos problemáticos.
II A canalização preventiva e a reorientação de conduta e das expectativas para evitar os distúrbios.
III A distribuição da autoridade e o arranjo de procedimentos que legitimam a ação como autorizada [isto inclui o aparato da decisão judicial].

---

23. *The Bramble Bush* (1930; Dobbs Ferry, NY, 1969), 12.

IV A organização em rede do grupo ou sociedade *como um todo*, para oferecer direção e incentivo.[24]

É a maneira pela qual esses trabalhos do direito são executados pelos que estão envolvidos neles em diferentes níveis, e não a mera massa de normas, que corresponde ao próprio direito; embora possa ser acrescentado que, nos anos seguintes, Llewellyn tenha por fim percebido que havia, de fato, um elemento nítido de previsibilidade, pelo menos no trabalho dos tribunais recursais, e que a presença de vários "fatores constantes" tornava suas decisões razoavelmente "calculáveis"[25]. Como resultado, então, o realismo americano em sua fase inicial parece ter se estabilizado ao redor de um tipo de intuição intermediária: a certeza no direito, no sentido de previsibilidade, é inacessível; contudo, uma boa medida de segurança é oferecida pelos tribunais superiores, que tentam genuinamente aplicar normas objetivas em uma atmosfera governada pelos precedentes; ao mesmo tempo, é encorajado o estudo das realidades da vida e do modo pelo qual elas podem invadir a administração da justiça.

O realismo escandinavo

Mais ou menos na mesma época em que o realismo americano estava mais ativo, surgiu na Escandinávia uma escola de "realistas" bastante diferente. Até certo ponto os escandinavos referiam-se ao processo judicial em suas considerações sobre o direito, porém os tribunais não eram o elemento central de sua doutrina, nem o eram os fatores econômicos e sociais que podiam condicionar os trabalhos dos tribunais. Eles receberam o nome de "realistas", como

---

24. "The Normative, the Legal and the Law-Jobs: The Problem of Juristic Method", *Yale Law Journal*, 49 (1940), 1355; citado in Lloyd, *Introduction* (vide cap. 6, n. 72), 758.
25. *The Common Law Tradition* (Boston, Mass., 1960); citado in Lloyd, *Introduction*, 747 ss.

os americanos, porque se propuseram explicar o que o direito é "realmente"; porém, explicavam-no essencialmente em termos psicológicos, em termos de um conjunto de respostas mentais diante de palavras como "direito" e "dever", respostas que o treinamento e o hábito tinham desenvolvido nas pessoas sujeitas a um sistema jurídico e naquelas que o administravam.

O inspirador dessa escola foi o filósofo sueco Axel Hägerström (1868-1939), e o ponto de partida dessa doutrina foi sua obra sobre o conceito romano de obrigação[26]. Hägerström pertencia à tradição filosófica empírica, a qual se recusava a admitir a realidade de quaisquer proposições que não pudessem ser verificadas pela experiência dos sentidos. Consequentemente, falar sobre deveres, direitos, a força obrigatória da lei e assim por diante era inútil, visto que tais conceitos dependem de proposições que na realidade não passam de afirmações de um hábito ou preferência individual ou grupal. É verdade que essas palavras e frases evocam respostas especiais entre os que costumam ouvi-las. Porém, tudo o que se pode fazer é descrever o direito como a totalidade das respostas psicológicas coletivas dos indivíduos – é esse o único fato verificável: se estou persuadido de que tenho um dever, ou acredito que tenho um direito, e assim por diante, um certo estado mental surge em mim e acarreta certas consequências externas prováveis. O surgimento de tal estado mental resulta provavelmente do condicionamento e treinamento que recebi, mas por ora não posso me livrar desse condicionamento; assim, um "direito" ou um "dever", a meus olhos, parece significar algo objetivamente válido. Essa convicção, no que me diz respeito, é o que é "real" no direito. A ligação com os estudos de direito romano de Hägerström encontra-se em sua crença – muito afinada com o mundo intelectual do início do século XX, a era do *Ramo de ouro* de J. G. Frazer e de um interesse em antropologia que crescia rapidamente – de que,

---

[26]. *Der römische Obligationsbegriff* (Uppsala e Leipzig, 1927 e 1941).

para os povos primitivos, inclusive os antigos romanos, o uso do que chamaríamos de formas jurídicas era na realidade um ato de magia; e a relação entre as partes envolvidas numa transferência de propriedade ou num contrato era uma relação na qual uma parte acreditava que estava exercendo sobre a outra uma influência mágica ou sobrenatural. Quando a crença nessas forças sobrenaturais enfim desapareceu, as respostas mentais das pessoas a palavras como "direito", "dever", e assim por diante tinham se tornado hábitos profundamente enraizados, e a maior parte da realidade psicológica que o direito representa hoje é simplesmente o depósito de milênios de condicionamento, primeiro pela magia, depois pelo hábito.

Outras figuras importantes dessa escola foram mais dois suecos, Vilhelm Lundstedt (1882-1955) e Karl Olivecrona (1897-1980), juntamente com um dinamarquês, Alf Ross (1899-1979). Olivecrona fundamentou-se na obra de Hägerström, apresentando uma perspectiva do processo legislativo derivada da noção do direito como um conjunto de respostas psicológicas. Segundo ele, o processo legislativo pode ser entendido como um processo de "comando", mas somente num sentido muito especial; no Estado moderno, não há indivíduo, ou grupo manejável de indivíduos, que possa proferir comandos coextensivos ao conjunto todo do direito. O direito é certamente *sentido* como não opcional por aqueles que lhe estão sujeitos, e pode ser conveniente falar sobre ele usando a metáfora do "comando"; mas, nesse caso, os comandos jurídicos são imperativos despersonalizados, flutuantes e "independentes"; ele os compara com os Dez Mandamentos transmitidos por Moisés, considerados "obrigatórios", ainda que na realidade não haja uma vontade de comando por trás deles (a autoria de Deus, é claro, é rejeitada como superstição). Consequentemente, a força do direito deve ser encontrada no *efeito* que tem sobre as mentes dos que a ele estão sujeitos, condicionados que estão por palavras de primordial significação mágica; e o legislativo, ao fazer novas leis, está simplesmente mobilizando um conjunto de tais efeitos psicológicos. O poder legislativo, ou antes a Constituição na qual se apoia, está então apta a apelar para o depósito de respostas primordiais diante de conceitos como o de realeza:

> O efeito da atitude em relação à Constituição é, primeiro, que os legisladores constitucionais ganham acesso a um mecanismo psicológico por meio do qual podem influenciar a vida do país; segundo, que somente eles têm acesso a esse mecanismo e que todos os outros estão impedidos de usá-lo ou de erigir outro do mesmo tipo... O efeito da legislação é condicionado pela atitude psicológica que nós mesmos e milhões de outras pessoas mantemos [a saber, *certos sentimentos evocados pelo uso de palavras como "delito", "ilegal" e assim por diante*]. Por causa dessa atitude, os legisladores podem tocar nossas mentes como um instrumento musical.[27]

Lundstedt é considerado o mais extremo dos realistas escandinavos. Para ele, expressões como "direito" ou "dever" não significam absolutamente nada que possa ser verificado pela experiência. Meramente servem de rótulos, talvez convenientes, que indicam os cursos de ação que seriam seguidos, principalmente pelos juízes, em diferentes conjuntos de circunstâncias; os direitos, em consequência, são simplesmente posições vantajosas, e o são porque em geral estão protegidos pelo mecanismo judiciário do Estado. A presença dos tribunais no quadro de Lundstedt representa um ponto de afinidade com o realismo americano, mas em sua rejeição dos conceitos jurídicos como ilusórios ele era infinitamente mais radical. O membro mais recente da escola, Ross[28], também situou os juízes numa posição proeminente, visto que pensava, por exemplo, que um estudante

---

27. *Law as Fact* (1. ed., Copenhague, 1939), 42-3, 54-6; citado in Lloyd, *Introduction* (cap. 6, n. 72), 833-4.
28. Muitas das contribuições de Ross datam de fato da segunda metade do século XX. Nos anos posteriores o movimento realista escandinavo, excetuando-se a obra de Ross, atraiu pouca atenção. Strömholm refere-se a suas "glórias breves e agora desbotadas" no prefácio de *Short History* (vide cap. 8, n. 36).

de direito aprendendo sobre uma norma no sistema jurídico estava na realidade meramente sendo treinado para esperar que a citação dessa norma diante de um juiz gerasse na mente dele uma reação que o induziria a tomar um tipo particular de decisão; porém, Ross, como outros escandinavos, também se recusava a admitir a realidade independente das normas jurídicas. Desnecessário dizer que os realistas escandinavos rejeitavam não só todas as ideias absolutas de justiça, mas também *a fortiori* a posição inteira do direito natural; a ausência do pensamento jusnaturalista na Escandinávia é atribuída por Friedmann à não existência, ali, de um elemento católico[29].

A teoria jurídica marxista

A perspectiva marxista clássica sobre a ordem jurídica de qualquer Estado, como vimos, é que ela expressa os interesses da classe dominante e a eles serve; valores aparentemente imparciais como o primado do direito, ou a igualdade perante a lei, são meros fingimentos que disfarçam essa realidade; porém, quando as classes desaparecerem completamente, como se espera que aconteça para a realização do comunismo perfeito, então o direito e o Estado se tornarão redundantes e desaparecerão. Nos anos imediatamente após à Revolução Russa de 1917, contudo, entendeu-se rapidamente que uma espécie de ordem jurídica teria de ser mantida, particularmente quando, em 1921, a "Nova Política Econômica" foi introduzida para dar conta da crise de produção que tinha resultado das nacionalizações radicais na primeira fase da revolução. Essa política (usualmente chamada de NEP) era um meio-termo entre o comunismo e a iniciativa privada, que se permitiu sobreviver em certas áreas. Padrões tradicionais de relações, do tipo expresso pelo direito, não podiam ser dispensados de um dia para

---

29. *Legal Theory* (vide cap. 6, n. 13), 305.

outro. A teoria oficial usada para explicar a perpetuação de formas burguesas era que a nova ordem jurídica era de fato a expressão dos interesses da classe dominante; porém, esta, naturalmente, era agora o proletariado. E tal ordem jurídica seria operada à luz do destino e dos objetivos principais dessa classe. Essa posição geral foi declarada, já em 1921, pelo comissário da Justiça do Povo no primeiro governo revolucionário, o jurista Pyotr Stuchka (1865-1932); ele a resumiu em 1928 numa fórmula, afirmando que o direito soviético era o direito burguês sem a burguesia, mantido pelo Estado durante o período de transição[30].

A NEP foi abandonada no fim da década de 1920, e o que havia ficado da iniciativa privada foi eliminado. Porém, enquanto isso, tornou-se claro para os setores dominantes da União Soviética que mesmo um regime comunista puro necessitaria de uma regular "administração das coisas", ainda que esta possuísse semelhanças superficiais inquietantes com as estruturas burguesas; tampouco se poderia permitir que o Estado se desmantelasse, uma vez que a União Soviética estava cercada por Estados baseados numa ideologia hostil. Foi nessa atmosfera que, infelizmente para ele, Yevgenyi Pashukanis, já mencionado, continuou a esperar, em seus escritos, o desaparecimento final do Estado e do direito, expondo-se assim, fatalmente, ao desagrado oficial. Ele foi, contudo, o único jurista soviético significativo a apresentar o que poderia ser chamado de uma teoria do direito, segundo a qual a essência do direito consistia na troca de mercadorias:

> O sujeito jurídico é um proprietário abstrato de mercadorias elevado aos céus. Sua vontade, no sentido jurídico, tem sua base real no desejo de alienar por meio de uma transação de compra e venda e de lucrar por meio da alienação. Para que esse desejo se realize, é essencial que os desejos dos [vários]

---

30. *Kurs sovjetskovo grazhdanskovo prava* (1928); citado por Fassò, *Storia* (vide cap. 3, n. 56), iii. 368.

proprietários de mercadorias se entrecruzem. Essa relação é expressa, em termos jurídicos, num contrato ou acordo concluído entre vontades autônomas. Consequentemente, o contrato é um conceito central para o direito... O ato da troca concentra, como num ponto focal, os elementos mais cruciais, tanto para a economia política como para o direito... Se o desenvolvimento começou com a apropriação, sendo esta o relacionamento orgânico, "natural", entre pessoas e coisas, essa relação foi transformada numa relação jurídica como resultado das necessidades criadas pela circulação de mercadorias, ou seja, primariamente pela compra e venda.[31]

Fora da União Soviética, o jurista mais significativo inspirado por Marx, no início do século XX, foi o austríaco Karl Renner (1870-1950), que teve a distinção de presidir, como chanceler, o governo provisório que sucedeu à abdicação do último imperador Habsburgo em 1918, e também o formado após o colapso do Terceiro Reich em 1945. Renner, em política um socialista moderado, contribuiu para a ciência jurídica com um estudo da instituição da propriedade na sociedade capitalista[32]. Nesse estudo, descreveu o suposto processo pelo qual os capitalistas surgiram a partir de indivíduos que, tendo acumulado um excedente da venda de sua produção pessoal, puderam contratar outros para expandir aquela produção, cujos frutos todavia deviam pertencer não aos autores físicos da produção extra, mas aos que os haviam contratado. Além disso, o excedente original foi usado de modos mais sutis – acordos comerciais, participações em empreendimentos, hipotecas etc. – para esvaziar a aparente propriedade de X e transferir seu controle efetivamente para Y. Por esse processo, um número relativamente pequeno de pessoas pôde empalmar grandes áreas da atividade econômica. Esse mesmo fenômeno, no entan-

---

31. *Law and Marxism*, 120-2; citado in Lloyd, *Introduction* (cap. 6, n. 72), 1076-7.
32. *The Institutions of Private Law and their Social Functions* (Londres, 1949).

to, tem necessariamente uma dimensão pública, e assim exige a transferência dessas áreas para o controle jurídico público e, finalmente, para o domínio, por parte dos interesses públicos, de todos os meios de produção, deixando para a esfera privada apenas os objetos de consumo pessoal. Assim, a apreciação marxista de Renner sobre o processo pelo qual os frutos do trabalho de um homem são apropriados por outro, e as instituições jurídicas são usadas em vista da expropriação chamada por outros nomes, deu-lhe uma posição heterodoxa (em termos marxistas): o conceito de propriedade foi dividido em duas modalidades radicalmente diferentes com base em suas respectivas funções econômicas. O programa ideal de Renner, consequentemente, imagina a preservação do direito, embora adaptado a esse tipo de divisão, em vez de seu desaparecimento. Na verdade, ele postula – apontando as múltiplas intervenções com finalidade social feitas pelo Estado desde o fim da era do *laissez-faire*, que procuravam limitar as antigas liberdades do poder capitalista – que de certo modo o processo já tinha começado.

O direito natural

No século XIX, a teoria do direito natural tinha desaparecido de todas as escolas de pensamento não diretamente influenciadas pela Igreja católica (que, em 1879, tinha declarado o ensinamento de São Tomás de Aquino como sua doutrina oficial). No século XX, ela continuou a florescer nos ambientes católicos; mas também experimentou, em particular no período imediatamente depois da Segunda Guerra Mundial, uma poderosa revivificação não limitada especificamente ao mundo católico.

No Estado irlandês, independente havia pouco e único nesse aspecto entre os países do Ocidente, o direito natural efetivamente atingiu certo *status* no sistema jurídico secular; isso foi indubitavelmente devido ao ambiente predominantemente católico, à fácil influência da Igreja católica e à educação e convicções católicas da maior parte dos membros do legislativo e do judiciário. Uma notável declaração a favor do direito natural no sentido tomístico pleno foi feita em 1934 pelo presidente da Suprema Corte, Hugh Kennedy[33], em seu voto divergente em *Estado (Ryan) vs. Lennon*[34]. Esse caso dizia respeito à validade da emenda que tinha inserido um novo artigo na Constituição do Estado Livre Irlandês; embora fosse aparentemente um artigo constitucional, ele era em substância uma elaborada e drástica lei de segurança pública, que não somente estabelecia um tribunal especial de oficiais do Exército para julgar pessoas acusadas de uma série de crimes, como estipulava de tal modo sua jurisdição que lhe permitia infligir qualquer sentença, mesmo mais severa que a estabelecida pela lei, e inclusive a sentença de morte, quando seus membros a achassem "conveniente"; e punha sob essa competência qualquer crime, mesmo os cometidos antes da aprovação da emenda, a respeito da qual um ministro afirmou que acreditava que ela tivesse sido "cometida" com o objetivo de "prejudicar ou impedir o funcionamento do mecanismo de governo ou da administração da justiça"[35]. O presidente da Suprema Corte sustentou que a emenda era nula com base no seguinte:

> A Assembleia Constituinte[36] [conferiu] ao Oireachtas um poder [de emenda]... porém, esse poder é limitado e circunscrito... Em primeiro lugar, o que posso descrever como uma limitação global surge do seguinte modo. A Assembleia Constituinte declarou no prefácio do Ato Constitucional... que toda autoridade legal vem de Deus para o povo... Conclui-se que

---

33. Ex-conselheiro jurídico do governo provisório (1921-22) e membro do comitê que fez o projeto da Constituição; depois, primeiro procurador-geral do Estado.

34. 1935 IR 170.

35. Esse tribunal militar, todavia, não chegou a fazer uso de seus poderes mais extremos.

36. Isto é, a Dáil, que não tinha legitimidade jurídica aos olhos do direito regular, mas era aceita como promulgadora da Constituição.

todo ato, quer legislativo, quer executivo, quer judicial, para ser legal de acordo com a Constituição, deve ser passível de ser justificado diante da autoridade ali declarada como derivada de Deus. Daí parece claro que, se alguma legislação do Oireachtas... viesse a transgredir essa reconhecida Fonte última, da qual a autoridade legislativa derivou por meio do povo para o Oireachtas, como, por exemplo, se ela fosse contrária ao direito natural, essa legislação seria necessariamente inconstitucional e inválida, e seria, portanto, absolutamente nula, sem valor e inoperante.

Sob esse critério, ele considerava inadmissíveis os aspectos da nova lei acima mencionados. O constitucionalista inglês O. Hood Phillips, em um comentário da época, chamou esse "voto eloquente" de um "tributo à contínua vitalidade das teorias do direito natural"[37]. Como uma declaração judicial de fé, ele permaneceu isolado (até a década de 1960, como veremos no Capítulo 10). Não obstante, o ano em que o juiz-presidente fez sua declaração foi aquele em que começou o trabalho sobre o projeto de uma nova e mais elaborada Constituição, aprovada por plebiscito em 1937; esta não só reconhecia Deus como a fonte de toda autoridade legal, como também afirmava vários direitos pessoais fundamentais em termos que reconheciam claramente sua fonte no direito natural. O artigo 41 declara a família como "a unidade natural, primária e fundamental da sociedade, e uma instituição moral que possui direitos inalienáveis e imprescritíveis, antecedentes e superiores a todo o direito positivo"; o artigo 42 chama a família de "educadora primária e natural da criança" e garante o "direito e o dever inalienáveis dos pais" a esse respeito; e o artigo 43 reconhece que "o homem, em virtude de sua natureza racional, tem o direito natural, que antecede o direito positivo, à propriedade privada dos bens externos".

O maior representante da teoria acadêmica do direito natural no mundo católico dessa época foi Jacques Maritain

---

37. *Law Quarterly Review*, 52 (1935), 214.

(1882-1972), ex-integrante de um círculo que incluía vários músicos, artistas e escritores célebres (por exemplo, Stravinsky, Rouault, Cocteau). Depois de sua conversão, dedicou-se, na qualidade de professor na Universidade Católica de Paris, a reviver as doutrinas de São Tomás de Aquino e elaborar sua aplicação ao mundo moderno. Visto que o homem, segundo ele, é

> dotado de inteligência e determina seus próprios fins, cabe a ele afinar-se com os fins necessariamente exigidos por sua natureza. Isso significa que há, por força e em virtude da própria natureza humana, uma ordem ou disposição que a razão humana pode descobrir e de acordo com a qual a vontade humana deve atuar, para afinar-se com os fins essenciais e necessários do ser humano. A lei não escrita, ou lei natural, não é nada mais que isso.[38]

A máxima de que devemos fazer o bem e evitar o mal não é o próprio direito natural, mas seu "preâmbulo e princípio". Sua aplicação concreta pode e deve variar; porém, mesmo assim, ela conserva seu caráter de lei natural, sendo "um direito ou dever existente para certos homens em razão dos regulamentos humanos e contingentes próprios ao grupo social do qual eles fazem parte". Como exemplo desse direito natural com conteúdo variável, ele toma a instituição da propriedade:

> O direito à propriedade privada de bens materiais pertence à lei natural, na medida em que o gênero humano está naturalmente autorizado a possuir para seu próprio uso comum os bens materiais da natureza; ele pertence ao direito das nações, ou *ius gentium*, na medida em que a razão conclui necessariamente, à luz das condições naturalmente exigidas para sua administração e para o trabalho humano, que em benefício do bem comum esses bens materiais devem ser possuídos privadamente. E as modalidades particulares do

---

38. *Man and the State* (Londres, 1954), 78.

direito à propriedade privada, que variam de acordo com a forma da sociedade e o estado do desenvolvimento de sua economia, são determinadas pelo direito positivo.[39]

Fora do mundo católico, a atitude usual diante da ideia de um direito natural transcendente era de rejeição. N. M. Korkunov, jurista anterior à Revolução Russa, atribuía a crença no direito natural ao antigo equívoco filosófico de supor que tudo o que era concebido pela mente devia ter alguma realidade correspondente: "A noção de direito natural nasce da simples antítese do direito variável que reconhecemos em nossa vida comum, e da tendência da mente de atribuir uma realidade externa a todas as nossas noções."[40] O italiano Vilfredo Pareto achava, à maneira de Bentham, que o direito natural era "simplesmente aquele direito aprovado pela pessoa que usa a expressão"[41]. Oliver Wendell Holmes, presidente da Suprema Corte dos Estados Unidos, via a persistência das ideias do direito natural como decorrente do fato de que "há em todos os homens uma necessidade do superlativo... Parece-me que essa necessidade está na base do esforço dos filósofos para provar que a verdade é absoluta, e da busca dos juristas para encontrar critérios de validade universal, que eles reúnem sob o título de direito natural"[42].

Contudo, nos primeiros anos do século, mesmo nos lugares não sujeitos à influência católica, já havia um certo movimento, uma certa reação contra o positivismo, uma certa procura dos critérios de que Holmes falava. Mesmo o próprio Holmes, na publicação acima citada, admitiu que, pelo menos supondo-se que o homem e a sociedade do Ocidente pretendessem sobreviver naquela forma à qual

---

39. Ibid. 91.
40. *General Theory of Law* (Boston, Mass., 1909); Hall, *Readings* (vide n. 15), 262-3.
41. *The Mind and Society,* 4 vols. Tr. A. Bongiorno e A. Livingston (Londres, 1935); Hall, *Readings,* 265.
42. "Natural Law", *Harvard Law Review,* 32 (1918), 40; Hall, *Readings,* 259.

pareciam dar valor, certos tipos de normas jurídicas seriam acarretadas necessariamente e, nessa mesma medida, "naturalmente", e seriam aceitas como indispensáveis:

> Sem dúvida, é verdade que, até onde nos é dado ver, alguns arranjos e os rudimentos das instituições familiares parecem ser elementos necessários em qualquer sociedade que possa surgir da nossa e que nos pareça civilizada [*ele dava como exemplos a regulação das relações entre os sexos, a propriedade individual, a segurança contratual, a proteção da pessoa*]... É um fato arbitrário que as pessoas querem viver, e dizemos com vários graus de certeza que elas só poderão fazê-lo em certas condições. Para fazê-lo, devem comer e beber. Essa necessidade é absoluta. É uma necessidade de menor grau, mas praticamente geral, que elas vivam em sociedade. Se viverem em sociedade, até onde nos é dado ver, haverá mais condições. [*Devem existir normas de algum tipo, mesmo que baseadas meramente no temor de que os vizinhos venham a "pressionar-nos" se perturbarmos a segurança comum.*] Não só aceito as normas, mas chego, com o tempo, a aceitá-las com simpatia e afirmação emocional, e começo a falar sobre deveres e direitos.[43]

Essa não chega a ser uma teoria do direito natural, ou pelo menos é muito trivial e desmistificada para pertencer à corrente principal dessa doutrina. Não obstante, ela tem uma forte semelhança com o que H. L. A. Hart, quarenta anos depois, apresentaria como um direito natural de "conteúdo mínimo". Assim também acontece com a proposta de François Gény (apresentada por volta da mesma época em que Holmes escrevia) para que se identificasse uma espécie de direito natural na "natureza das coisas"; esse "direito natural irredutível", equivalente ao respeito pelos "dados" ou *donnés* já mencionados, é "a soma das normas jurídicas extraídas da natureza das coisas pela razão" e "os preceitos de conduta externa humana que surgem das ideias de per-

---

43. Ibid.

feição moral, utilidade e conveniência" à luz daqueles "dados"[44]. A reação contra o positivismo codificacionista fez-se sentir também na Alemanha e na Itália, onde Rudolf Stammler (1856-1938) e Giorgio del Vecchio (1878-1970), respectivamente, propuseram teorias, se não jusnaturalistas, pelo menos "jusidealistas". A teoria altamente abstrata de Stammler centrava-se na justiça, que ele chamava de "direito reto" (*richtiges Recht*); esse "direito reto", por sua vez, correspondia ao "direito natural de conteúdo variável"; em outras palavras, era uma concepção puramente formal da qual não se deduzia nenhuma norma particular, nem mesmo as mais gerais[45]. Del Vecchio, por outro lado, chegou bem perto das noções tradicionais do direito natural ao situar a autonomia do indivíduo no centro de sua teoria da justiça; a maximização da capacidade do ser humano para o livre desenvolvimento e a proteção dos direitos que naturalmente lhe pertenciam porque necessários para esse fim eram as principais funções do Estado. O Estado, na verdade, não estava autorizado a realizar nenhuma tarefa incompatível com essas finalidades, que eram sua única justificativa para existir; e Del Vecchio descrevia o Estado que atuava contrariamente à justiça nesse sentido como um "Estado delinquente"[46]. Mesmo na Inglaterra, essa revivificação do idealismo jurídico encontrou eco; C. K. Allen achava que o "Novo Direito Natural" não dizia na verdade nada de muito novo, mas tinha sido valioso "por contrariar a tendência de exagerar as circunstâncias puramente históricas e fortuitas do desenvolvimento jurídico às expensas dos princípios morais dos quais o direito às vezes pode estar judicialmente separado, mas nunca pode estar divorciado *a vinculo matrimonii*"[47].

---

44. *Science et technique en droit privé positif*, 4 vols. (Paris, 1914-24), ii, §§ 176-7.
45. Vide Friedmann, *Legal Theory* (cap. 6, n. 13), 179 ss.
46. Sobre a posterior afiliação fascista de Del Vecchio, vide ibid. 189.
47. *Law in the Making* (vide cap. 6, n. 39), 27.

No período imediatamente posterior à Segunda Guerra Mundial, com os horrores recentes ainda frescos na memória de todos, a revivificação do conceito de direito natural engatou marcha mais rápida. Uma figura significativa nessa conjuntura foi o respeitadíssimo jurista alemão Gustav Radbruch (1878-1949), que fora, por um curto período, ministro da Justiça durante a República de Weimar, e no fim de sua vida esteve envolvido no projeto da Constituição, ou "Lei Fundamental", da nova República Federal da Alemanha. Profundamente religioso (embora não comprometido com nenhuma Igreja cristã em particular), humanista por formação, tolerante por temperamento e, em política, um social-democrata por toda a vida, ele estava assombrado com o que acontecera na Alemanha desde 1933. Ainda que endossasse, anteriormente, o movimento do "direito livre", numa coletânea de aulas publicada em 1947 ele escreveu que o regime nazista "tinha feito um trabalho muito completo, apossando-se para seus próprios fins" das ideias daquele movimento, não apenas determinando as funções do direito, como anulando completamente o direito. Quanto ao positivismo, a doutrina de que o direito era apenas o que a legislação dizia tinha deixado a justiça alemã desamparada quando confrontada com a crueldade e a injustiça, uma vez que estas últimas usavam vestimentas legais. O que devia ser dito agora dos crimes cometidos durante o período nazista, sob a proteção de tais leis? A objeção à punição daqueles criminosos (baseada na inadmissibilidade da justiça penal retroativa) só poderia ser superada se alguém dissesse, simplesmente, que os decretos do pós-guerra invalidando as leis nazistas não se qualificavam como sanções penais retroativas, porque, "embora esses [mesmos decretos] não estivessem em vigor, seu *conteúdo* já era obrigatório antes de esses atos serem cometidos; e, em seu conteúdo, essas normas correspondem a uma lei que está acima da legislação positivada, como quer que se queira chamá-la: a lei de Deus, a lei da natureza, a lei da razão". Em sua própria reação e na de outros, Radbruch viu o renascimento da crença em uma lei transcendente, pela qual as leis positivas perversas podiam ser condenadas como "injustiça legalizada". Ele terminou sua aula final lembrando seus alunos que, muito tempo atrás, o título daquele curso, na relação dos cursos, era "O Direito da Natureza"[48]. Tais sentimentos, não mais associados necessariamente a uma crença religiosa confessional, estão subentendidos tanto nas prerrogativas de controle judicial de constitucionalidade previstas nas novas Constituições alemã e italiana como na Convenção Europeia sobre Direitos Humanos e Liberdades Fundamentais, de 1950.

O direito e a filosofia da história

A ideia de que a história pode ser interpretada como se avançasse de acordo com um padrão, ou em obediência a certas "leis", foi formulada de várias formas desde a Antiguidade clássica; esses estudos receberam o nome de "filosofia da história" a partir do século XVIII (Voltaire criou a expressão). As filosofias de Hegel e Marx representam contribuições a essa categoria de pensamento. No início do século XX, em especial no período imediatamente posterior à Primeira Guerra Mundial, houve grande interesse do público por esse gênero de estudo, do qual o exemplo mais elaborado foi o *Estudo de história* (1934-61) de Arnold Toynbee, em doze volumes. Na Alemanha, entre 1918 e 1922, foi publicada uma obra intitulada *Der Untergang des Abendlandes* (O declínio do Ocidente), que desfrutou uma popularidade peculiar nas décadas seguintes; seu autor, Oswald Spengler (1880-1936), propôs um padrão que explicava a ascensão e a queda das sociedades, tratando não somente da juventude e da maturidade de uma cultura, mas apresentando também uma patologia da decadência. A condição contemporânea da civilização ocidental, ele classificou

---

48. *Vorschule der Rechtsphilosophie* (Willsbach, 1947), § 36: essa seção é intitulada "Direito supralegislativo" (*Ubergesetzliches Recht*).

como moribunda, o que encontrou algum eco no espírito da época. Seu esquema incluía uma teoria do papel do direito, que, em qualquer cultura, passa por fases análogas de juventude, maturidade e decadência senil. Seu panorama da história do direito ocidental – no contexto da qual o direito inglês era considerado uma feliz exceção – é idiossincrático e expresso de modo excêntrico. Essa história teria três fases, a última das quais ainda não teria sido completada. A primeira fase é essencialmente romana; e o direito romano brotou da vida, da prática e da experiência do povo romano. Seu período de vigor foi aquele em que permaneceu ligado a essa vida real. Com o Império Romano tardio, todavia, a segunda fase começou, realçada pela mudança do centro de gravidade do Império para o Oriente; muitos dos últimos e principais juristas clássicos eram nativos do Levante, por isso ele chamou essa fase de "aramaica" ou "árabe". Esse período de "orientalização" é caracterizado pela petrificação do direito romano em fórmulas cujo efeito era considerado mágico, e não racional ou sugerido pelas necessidades práticas do dia a dia; o direito inteiro é uma espécie de oráculo que não pode ser modificado arbitrariamente; por isso as inserções clandestinas dos compiladores de Justiniano (esses, expoentes da "ciência jurídica árabe") são "modificações secretas que mantêm externamente a ficção da inalterabilidade" dos textos canônicos. A terceira fase chega com a germanização do Ocidente e o "infeliz acidente" pelo qual o direito de Justiniano foi ali redescoberto; o Ocidente, em vez de permitir que seus próprios sistemas nativos de direito germânico evoluíssem em resposta a suas necessidades práticas, tomou posse desse código petrificado (completamente inadequado, por ter evoluído em condições econômicas e sociais totalmente diferentes) e aplicou-o à viva força a seus próprios assuntos. Nesse processo, "o direito altamente civilizado de uma cultura amadurecida foi imposto à primavera de uma cultura jovem". O curso mais natural, e aquele que Spengler então defendia, teria sido "construir *nosso* direito a partir de *nossas* experiências"; o que ele queria dizer com isso era moldar as instituições para se adequarem não às condições "estáticas" da Antiguidade, centradas na pessoa, mas às reais forças "dinâmicas" importantes no mundo moderno: as potencialidades de criatividade, inventividade, organização e empreendimento[49]. Podemos acrescentar que Spengler, embora não fosse marxista, entendia que a forma do direito era ditada pelo setor dominante da sociedade:

> O direito sempre contém, de forma abstrata, a visão de mundo de seu autor; e toda visão histórica do mundo inclui uma *tendência* social e econômica que depende não do que este ou aquele homem pensa, mas da intenção prática da classe que de fato detém o poder e, assim, determina a formulação das leis. Toda lei é estabelecida por uma classe em nome da generalidade... A lei é propriedade dos poderosos. A lei deles é a lei de todos.[50]

A antropologia do direito

No Capítulo 8, vimos que o entusiasmo do século XIX pela investigação antropológica e pela teoria da evolução resultou na formação de um novo ramo do estudo do direito, no qual a obra de Sir Henry Maine foi a mais proeminente. Essa nova ciência jurídica fez progressos no século XX, com a disseminação dos trabalhos de campo entre as sociedades primitivas contemporâneas. Apesar de as ideias de Maine terem sido amplamente desacreditadas, ainda se empenhava grande esforço no trabalho de identificar padrões na evolução do direito. Assim, o historiador do direito Paul Vinogradoff[51] (1854-1925) concluiu que os trabalhos já feitos até

---

49. *The Decline of the West* (ed. Knopf), ii. 60-83.
50. Ibid. 64, 345.
51. Nascido na Rússia. Depois de ocupar o cargo de professor em Moscou, mudou-se para a Inglaterra e ocupou uma cátedra em Oxford (1902-23). Recebeu o título honorário de *Sir* em 1917 e adotou a cidadania britânica em 1918.

a época em que escreveu (1920) sugeriam a sobreposição de estratos cronológicos na evolução do direito, começando com a sociedade "totemística" (na qual as associações humanas são construídas sobre afinidades mágicas, supostamente compartilhadas com algum animal ou outro objeto natural), evoluindo depois para o direito tribal, o direito cívico (isto é, o direito de uma cidade-Estado), "o direito medieval em sua combinação do direito canônico com o feudal", o direito "individualista" e então, finalmente, a ciência jurídica "socialista"[52]; um esquema que, como Friedmann observou, combinou elementos de Maine e Dicey.

Foi por volta dessa época que houve um grande aumento no volume e na sofisticação do trabalho de campo entre os povos primitivos ainda encontrados no mundo; os resultados desse trabalho puderam ser acrescentados ao que já fora revelado pela descoberta e a decifração de códigos legais muito mais antigos que quaisquer outros jamais conhecidos (em 1902, as leis do soberano babilônio Hamurabi [c. 2000 a.C.] foram desenterradas e publicadas; no final da década de 1940, acrescentou-se o testemunho de leis mais antigas ainda, as de Eshuna [c. 2250 a.C.], vindas da mesma região). O etnógrafo polonês Bronislaw Malinowski (1884-1942) deu uma ênfase especial à importância dos novos trabalhos de campo, ressaltando que os achados dos especialistas modernos simplesmente não estavam disponíveis na época em que Maine, ou os primeiros estudiosos alemães do direito primitivo, estavam escrevendo[53]. O jurista inglês A. S. Diamond resumiu a tarefa dual da antropologia jurídica em sua crítica de Maine: "Um rótulo como o de Direito Antigo [*ele escreveu*] não chega a indicar a importante verdade de que o estudo das origens do direito deve procurar seus dados empíricos nos

---

52. *Outlines of Historical Jurisprudence*, 2 vols. (Londres, 1920, 1922), i. 157-8.
53. *Crime and Custom in Savage Society* (Londres, 1926), 2-3.

primórdios do direito, quer os que conhecemos de épocas passadas, quer os que percebemos no presente."[54]

Em 1915, os etnógrafos Hobhouse, Wheeler e Ginsberg publicaram um influente livro em que propunham um modo de classificar as sociedades antigas ou primitivas de acordo com seu método de obter alimentos; assim, quando esses grupos dependiam totalmente, ou principalmente, da captura de animais selvagens ou da coleta de frutos silvestres, eles identificaram um Primeiro e um Segundo Grau de Caçadores; seguiam-se, conforme esses grupos aprendiam a cultivar a terra com sofisticação crescente, o Primeiro, o Segundo e o Terceiro Graus Agrícolas; paralelamente, em resposta a diferentes condições ambientais, um Primeiro e um Segundo Graus Pastoris, que entravam nesse caminho colateral em um ponto mais alto que os Primeiros Caçadores. Esse padrão era importante porque os autores acreditavam que a cada nível de desenvolvimento estavam ligados certos tipos de instituições, inclusive o direito ou o pré-direito[55]. Esse esquema foi aceito pelos antropólogos jurídicos. Na opinião de Diamond, ele revelava um padrão ou processo evolutivo apresentado por toda sociedade em diferentes épocas e lugares. Não havia, obviamente, um desenvolvimento cronologicamente simultâneo entre todos os povos, mas uma "ordem de importantes estágios de progresso": "Algumas partes da história estão sendo desenvolvidas atualmente na África Ocidental exatamente como foram desenvolvidas há 2.300 anos em Roma e há uns 5 mil anos em partes da Mesopotâmia. A história inteira talvez nunca tenha se desenvolvido num único lugar, pois o progresso alcançado num país é transmitido para os habitantes de outro."[56] Porém, o caráter dos dados que então surgiam era "universal" e demonstrava um "progresso uniforme" em toda parte e sempre, pelo qual o "direito avança com a

---

54. *Primitive Law* (1. ed., Londres, 1935), 1.
55. *The Material Culture and Social Institutions of the Simpler Peoples.*
56. *Primitive Law* (vide n. 54), 175 ss.

cultura material". Quanto ao momento em que começamos a reconhecer algo que poderia ser chamado de direito, a maior parte dos dados empíricos vinha, segundo Diamond, do Terceiro Grau Agrícola – em outras palavras, daquele estágio em que técnicas como a aradura e a irrigação se tornaram conhecidas –, e é nesse grau que tendemos a encontrar leis consolidadas na forma de um código[57].

No que toca às conclusões detalhadas a que chegou essa geração de escritores, todos tenderam a rejeitar as generalizações de Maine, por se basearem em dados insuficientes ou mal compreendidos. Diamond fez uma relação das principais doutrinas de Maine – no começo, a identidade entre normas jurídicas, morais e religiosas; o desenvolvimento subsequente do *temistes*, do costume, do monopólio interpretativo oligárquico, dos códigos; o progresso promovido por meio da ficção, da equidade e da legislação; a adesão dos povos primitivos aos detalhes técnicos e ao formalismo rígido; a intrusão do direito substantivo nos interstícios do processo – e condenou-as como sem substância e refutáveis pelos dados concretos. Para ele, a mais enganosa das conclusões de Maine era a ideia de que o direito tinha evoluído a partir da religião[58].

A obra mais influente de Malinowski, *Crime and Custom in Savage Society* [Crime e costume na sociedade selvagem] (1926), baseou-se no período que ele passou entre os habitantes das ilhas Trobriand, perto da Nova Guiné, e nos estudos que fez sobre eles. Descobriu que a organização social dos ilhéus era muito mais sutil que aquilo que estamos acostumados a chamar de direito e compreendia (ao contrário do que outros etnógrafos haviam pensado) uma espécie de direito penal cuja observância não era assegurada pela magia, tabu ou punição. As forças vinculantes por trás da conformidade com certos padrões de vida eram, na opinião dele, "concatenações de obrigações", "cadeias de ser-

---

57. Ibid.
58. *Ancient Law*, 4 ss.

viços recíprocos". Havia ainda "egoísmo, ambição e vaidade postos em jogo por um mecanismo social especial, dentro do qual as ações obrigatórias eram moldadas". Ele prognosticou que também em outros lugares se iria constatar que "a reciprocidade, a incidência sistemática, a publicidade e a ambição são os principais fatores no mecanismo de vinculação do direito primitivo"[59]. Outro antropólogo que trabalhou com os ilhéus do Pacífico, H. I. Hogbin, chegou às mesmas conclusões em seu *Law and Order in Polynesia* [Lei e ordem na Polinésia] (1934). As pesquisas mais recentes, contudo, divergem dos achados desses primeiros escritores do século XX e de Maine.

O positivismo analítico

A concepção de direito de Austin – um sistema de comandos emitidos por um soberano e respaldados por sanções – era habitualmente combatida com base no fato de que não abarcava satisfatoriamente várias áreas em geral rotuladas de "direito", ou no fato de que o conceito de soberano era mal elaborado. Contudo, a abordagem analítica do que chamamos de direito, isto é, o esforço para compreendê-lo independentemente das dimensões histórica, social, econômica ou ética, que são centrais para o interesse de outras escolas, continuou a ser considerada pelo menos um exercício sadio; no mundo do *common law*, de fato, o estudo da ciência jurídica nas universidades começava regularmente com a doutrina de Austin. Neste século, a abordagem positivista-analítica teve um expoente muito notável no austríaco Hans Kelsen (1881-1973), nascido em Praga, professor em Viena no período da Primeira Guerra Mundial, mais tarde residente nos Estados Unidos.

Os anos de Kelsen em Viena coincidiram com o extraordinário florescimento da ciência, arte e filosofia que ocor-

---

59. *Crime and Custom* (vide n. 53), 63-4.

reu na última fase do Império dos Habsburgos, e que estava concentrado na capital. Provavelmente, porém, a situação que se desenvolveu com a desintegração do Império em 1918 teve relação mais direta com a evolução de seu pensamento: a revolução, o surgimento de novos Estados nos antigos territórios imperiais, a criação de novas Constituições – de modo geral, portanto, o problema da autoridade legítima e seu exercício. A "teoria pura" do direito, que Kelsen havia efetivamente começado a expor de sua cátedra já em 1911, e pela qual é mais conhecido, foi amadurecida no período do pós-guerra – quando, aliás, ele desempenhou o papel principal no projeto da Constituição para a nova República Austríaca – e finalmente publicada num livro intitulado *Die reine Rechtslehre*, em 1934.

A fundamentação da "teoria pura do direito" de Kelsen é a distinção, que remonta a Kant e antes dele a Hume, entre o "ser" e o "dever ser" (*sein* e *sollen*): à primeira categoria pertencem as ciências naturais, e as ciências "normativas" (que prescrevem o comportamento, em vez de descrevê-lo) pertencem à última. Porém, ao passo que em outras ciências normativas, como a ética ou mesmo a gramática, é possível formular normas ou regras para comunicar o que as pessoas "devem" fazer ou como "devem" falar, o "dever" legal, apesar de ser parecido com os outros, não contém nenhum elemento de moral ou de decoro. Ele rejeita, por assim dizer, qualquer mensagem além de suas palavras nuas. E essas palavras nuas podem ser reduzidas à proposição – que pode ter qualquer conteúdo material – de que, se o fato A acontecer, então a consequência será B. Todo sistema jurídico de qualquer país é, portanto, uma massa de proposições de obrigações ou normas encadeadas e nada mais; tal descrição do direito pode ser chamada de uma teoria "pura" do direito porque abstrai tudo exceto a norma nua; porque é uma teoria do direito como ele é, não como "deveria" ser (segundo, talvez, um padrão moral, ou de utilidade econômica ou social, questões cujo valor Kelsen não nega, mas que seriam estranhas ao direito em si e à ciência jurídica propriamente dita). O papel da ciência jurídica é o de fornecer um modelo de análise elucidativo e esclarecedor que disseca um sistema jurídico reduzindo-o às suas normas mais simples, examina as relações entre as normas e mostra o caráter artificial e contingente de algumas divisões tradicionais do direito.

A relação recíproca entre as normas é uma relação de dependência. A autoridade de toda norma do sistema depende de uma norma superior. Portanto, a mais humilde aplicação do direito – digamos, a aplicação de uma multa por estacionar em local proibido –, vista em sua dimensão substantiva, depende da violação de uma regulamentação da polícia ou de uma lei municipal; o poder para fazer essa regulamentação ou lei local depende de uma lei parlamentar, que o confere a alguma autoridade subordinada; o poder do parlamento para formular essa lei depende das funções atribuídas a ele pela Constituição do Estado. Quando esse ponto é atingido e alguém pergunta do que, por sua vez, a autoridade da Constituição depende, a resposta sai da esfera estritamente jurídica e entra, talvez, na esfera da psicologia do grupo ou da pura força (ou inércia) política, a saber, alguma proposição como "Deve-se obedecer à Constituição". A essa proposição final, que está assim de certo modo fora da ordem jurídica, Kelsen chamava de "norma fundamental" (*Grundnorm*). Uma cadeia similar de normas, do lado processual, levará da multa por estacionamento à *Grundnorm*, passando pela legislação que estabelece as formalidades da instauração do processo e outorga jurisdição e competência a determinado tribunal, até a Constituição que autoriza essas promulgações. Se, por outro lado, seguirmos o rastro dessa cadeia não de baixo para cima, mas da *Grundnorm* para baixo, passando pelas mesmas etapas na ordem inversa, o processo pelo qual normas mais gerais são seguidas por normas mais específicas, enfocando, conforme a cadeia se desenvolve, uma área cada vez mais restrita, pode ser considerado um processo de "concretização gradual do direito"; sua concretização final e mais individuada, no exemplo aventado, seria a aplicação de uma multa a um indivíduo por uma infração específica. A imagem que resulta dessa descrição de um sistema jurídico – que descreve suas mais ínfimas manifestações – é a de uma série de degraus que podem ser ascendentes ou descendentes; essa imagem foi sintetizada por um dos seguidores de Kelsen na expressão "Stufenbau des Rechtes" ("a estrutura escalonada do direito"). Essa estrutura escalonada, como se vê, não está limitada à legislação (embora, naturalmente, Kelsen, como todos os juristas da Europa continental, pensasse principalmente num sistema baseado no código); admitindo-se a autoridade penúltima da Constituição nacional – mesmo não escrita –, é possível reduzir ao modelo de Kelsen os sistemas jurídicos de base consuetudinária, cujas normas nascem de uma série de decisões judiciais ou de uma única decisão, bem como as normas que nos dizem quando essas decisões serão consideradas vinculantes.

Verificar-se-á, portanto, que o "dever ser" legal de Kelsen, seu conceito de norma e o sistema jurídico formado pela massa de normas têm um caráter puramente formal, não admitindo nenhuma avaliação derivada das ciências ou de sistemas de valor fora do próprio direito (entendido nesse sentido). Essa redução do direito é tão extrema e tão drástica, sua eliminação de tudo o que não seja a forma é tão completa, que é difícil engoli-la num primeiro exame. O próprio Kelsen deu o melhor exemplo possível da tese da não contaminação por valores estranhos quando mostrou como, segundo a teoria "pura", a fronteira tradicional entre o direito "público" e o "privado" se dissolve: visto sob essa luz, o direito "privado" revela-se tão inserido no sistema total contínuo quanto o direito "público", e igualmente como uma expressão das premissas políticas da sociedade:

> Aquilo que chamamos de "direito privado", quando considerado do ponto de vista da função desempenhada por essa parte do sistema jurídico no cenário do todo jurídico, nada mais é que a forma jurídica especial dada à produção econômica e à distribuição dos produtos pelo capitalismo; uma fun-

ção, portanto, eminentemente política e de fato uma função de poder. Em uma ordem econômica socialista, uma forma diferente do direito seria necessária, não baseada na autonomia e na democracia, como o direito privado hoje representa, mas, presumivelmente, baseada em ditames autocráticos, uma forma de direito que estaria bem mais próxima de nosso atual direito administrativo. Se isso seria um tipo de regulamentação mais satisfatório ou mais justo é uma questão que deve permanecer aqui em aberto; é algo que a teoria pura do direito não pode decidir, nem pretende fazê-lo.[60]

Para os fins impiedosamente limitados da teoria pura, um tipo de direito é tão bom quanto qualquer outro; ambos são simplesmente múltiplas escadas de normas. Em outra passagem, Kelsen enfatiza novamente a diferença entre normas morais e normas jurídicas: as primeiras são questões que os seres humanos, em suas dimensões ética ou política, devem respeitar ou alterar como lhes parecer melhor; porém, as últimas existem em um plano inteiramente separado, no qual "uma lei pode ter qualquer conteúdo material, seja qual for; não há nenhuma atividade humana que, por seu conteúdo, esteja desqualificada para ser inserida numa norma jurídica"[61].

Na passagem citada acima, vimos que o esqueleto do direito, quando posto a nu pelo raio X de Kelsen e claramente dissociado de todo o ambiente ético ou de quaisquer outros tecidos, não exibe nenhuma diferença essencial entre direito público e direito privado. Porém, outros dualismos convencionais também desaparecem de sua assombrosa tela. Não se vislumbra mais nenhuma diferença entre direito subjetivo e direito objetivo, por exemplo; o que chamamos de um "direito" do indivíduo a algo é apenas "uma formulação especial, uma representação personalizada da lei objetiva", que é simplesmente, em qualquer desses contextos, a norma ou o grupo de normas que

---

60. *Die reine Rechtslehre* (1934), § 45.
61. Ibid., § 28.

obrigam os outros a se abster de fazer isto ou aquilo àquele indivíduo[62]. A distinção entre pessoa natural e pessoa jurídica, e no fundo a própria ideia de que a pessoa natural como tal é um elemento fundamental do sistema jurídico, é igualmente dissolvida: a noção de "'pessoa" é meramente um "dispositivo auxiliar criado sob a influência de ideias antropomórficas", e não passa de uma personificação do complexo de normas jurídicas que afetam X ou Y; e a qualidade jurídica das pessoas artificiais ou jurídicas (empresas etc.) pode ser resolvida nas qualidades jurídicas dos indivíduos que estão por trás delas[63]. Mesmo a doutrina da separação dos poderes desaparece; tanto as decisões judiciais como os decretos administrativos representam modos de realização da política pública, e ambos resumem-se a um processo de "concretizar" normas anteriores[64]. Finalmente, a distinção entre o "Estado" e o "direito" também desaparece, porque o Estado só pode ser descrito em função das normas – e não tem sentido separado delas – que fixam sua estrutura e seus mecanismos, e essas, *enquanto* normas, não diferem em espécie das outras normas no sistema jurídico total[65].

Tem sido frequentemente ressaltado que, a despeito desse despojamento da ordem jurídica até sua mínima essência formal, como um complexo de cadeias de normas sucessivamente dependentes, o modelo de Kelsen é obrigado, no momento de sua hipótese inicial, a entrar na esfera daqueles mesmos elementos – psicologia, ética, comportamento social e assim por diante – que mais abaixo, na hierarquia das normas, são tão rigorosamente excluídos. Sua ideia original sobre a natureza da *Grundnorm*, que aliás está longe de ser clara, não elimina esse problema (se é que de fato é um problema, uma vez que o esquema kelseniano é coerente e elucidativo a despeito disso). A mesma difi-

---

62. Ibid., § 26.
63. Ibid., § 25.
64. Ibid., § 31.
65. Ibid., § 41.

culdade (de novo, se é que existe) envolve a condição que Kelsen propõe para a existência de uma ordem jurídica e assim de uma *Grundnorm*, condição essa que é muito necessária para que possamos compreender, nos termos de Kelsen, o que é uma revolução: a saber, que ela seja geralmente eficaz, isto é, que o comportamento humano seja geralmente conforme à ordem jurídica em questão[66]. Isso é um apelo aos padrões do direito internacional público, pelo qual os regimes revolucionários são reconhecidos sob esse critério; porém, deixando de lado o problema do lugar que o direito internacional ocupa em seu esquema total, Kelsen novamente não pôde deixar de recorrer a fatores extrajurídicos para medir a eficácia necessária para que uma ordem jurídica possa existir e, assim, para que uma *Grundnorm* possa ser pressuposta.

O direito penal e as penas

A teoria penal da primeira metade do século XX não se sentia apta a abraçar as antigas certezas sobre a perversidade humana; segundo um expoente inglês do direito penal, C. S. Kenny, as dificuldades que cercavam o assunto tinham se tornado maiores desde a época do reformador Sir Samuel Romilly, não menores. O desenvolvimento da ciência da criminologia "nos revelou a inesperada complexidade dos problemas do crime"; os juristas dos séculos XVIII e XIX haviam "granjeado justa fama graças a seus bem-sucedidos esforços para livrar o direito penal medieval de suas severidades despropositadas", mas a experiência também mostrara que

> eles exageraram a simplicidade do problema com que estavam lidando. Trataram a raça humana como se todos os seus membros possuíssem a mesma responsabilidade moral, exceto poucos indivíduos anormais, todos eles iguais em sua

---

66. *General Theory of Law and the State*, 119.

anormalidade. E supunham que, se a punição fosse habilmente selecionada, a ameaça dela afastaria efetivamente todos os seres humanos do crime.[67]

A nova ciência da criminologia se tornou uma reconhecida vizinha de outras ciências – a medicina, a sociologia e, sobretudo, a psicologia, à qual a obra de Sigmund Freud emprestara especial significação nesse contexto, porque revelava o papel do inconsciente, os "conflitos incompreendidos no interior da personalidade", que podiam infligir danos à constituição mental e, assim, resultar naquele tipo de comportamento antissocial que atrai a punição penal segundo os padrões tradicionais[68]. Também a biologia genética passou a ser reconhecida como pertinente para o estudo do comportamento criminoso. O pioneiro nessa área, Cesare Lombroso, saiu de moda; suas teorias quanto à associação entre características físicas e tendências criminosas foram refutadas em 1913 pelo médico inglês Charles Goring, que trabalhava em um presídio; seus estudos de vários milhares de presidiários autorizaram-no a desaprová-las. Mas outros tipos de pesquisa tomaram o lugar delas; por exemplo, o estudo de gêmeos idênticos, realizado em vários países, que mostrou que a probabilidade de ambos serem delinquentes era muito maior que entre gêmeos não idênticos (sendo que *todos* os gêmeos, idênticos ou não, em regra viveram as mesmas condições familiares e ambientais no mesmo momento da educação, o que possibilitava eliminar o ambiente como um fator responsável pelo comportamento, e sugeria que a idêntica estrutura genética dos gêmeos idênticos se aplicava aos elementos que determinavam seus padrões comportamentais)[69]. Todos esses estudos foram naturalmente usados como argumento pelos

---

67. *Outlines of Criminal Law* (12. ed., Cambridge, 1926), 516-7.
68. Margery Fry, *Arms of the Law* (Londres, 1951, 64-5).
69. Nigel Walker, *Crime and Punishment in Britain* (2. ed., Edimburgo, 1969).

reformadores do direito penal, visto que todos eles tendiam a diminuir a imputabilidade moral dos delitos e, consequentemente, a colocar um ponto de interrogação sobre a autoridade da sociedade para infligir sofrimento a um delinquente e para dar a esse processo o nome de justiça.

Os revolucionários que mais se distinguiram nessa área pertenceram à "escola positiva" da Itália, inspirada originalmente por Lombroso. O elemento central dessa posição era a recusa de tratar todos os delinquentes como responsáveis e, ao contrário, a tendência para vê-los como vítimas de sua herança genética, educação ou ambiente. Como escreveu Kenny, era "óbvio que [nessas teorias] o direito penal, propriamente dito, se perde de vista" para ser "substituído pelo direito civil em alguns casos e pela arte da medicina em outros". Houve muitas objeções racionais a essa abordagem. Por outro lado, a época não foi mais bem-sucedida que qualquer outra na formulação de uma teoria firme sobre a qual se fundamentasse a aplicação das penas; de acordo com Kenny, não se podia considerar que nem os modos de punição ingleses da época (1926) nem as doutrinas abstratas que haviam dado origem a eles tivessem atingido uma forma final ou mesmo temporariamente estável[70]. E ele citou Sir Henry Maine, do século anterior, e um juiz da Alta Corte e um ex-primeiro-ministro de seu próprio século, fazendo confissões semelhantes.

Não obstante, por mais que as justificativas individuais da pena pudessem ser vacilantes e discordantes, e conquanto todas elas parecessem moralmente problemáticas à luz das associações que a criminologia havia estabelecido entre a delinquência e os fatores de fundo não imputáveis, era necessário que houvesse alguma teoria para dar orientação aos tribunais. Consequentemente, encontramos Sir John Salmond relacionando quatro fins da justiça penal, aos quais correspondiam quatro aspectos da punição criminal: (1) a intimidação dos outros: "o principal fim do direito penal é

---

70. *Outlines* (vide n. 67), 521, 523.

fazer do malfeitor um exemplo e uma advertência para todos os que tiverem a mesma inclinação que ele"; (2) a prevenção, incapacitando o delinquente temporariamente, ou permanentemente, de repetir seu crime; (3) a reforma do criminoso, e aqui Salmond achava que essa característica adquiria uma proeminência crescente, em virtude da tendência da nova ciência da criminologia a identificar o crime com a doença, assim "tirar muitas classes de criminosos das mãos dos homens da lei e entregá-los às dos homens da medicina"; e finalmente (4) a desforra, que "serve para a satisfação desse sentimento de indignação vingativa que em todas as comunidades sadias é despertado pela injustiça [e] satisfaz o instinto de revanche ou retaliação que existe, não meramente no indivíduo injustiçado, mas também, por meio da extensão simpática, na sociedade como um todo"[71]. Como a última dimensão da punição será conciliada com as percepções da criminologia (que no mínimo devem aconselhar humildade e precaução para os que formulam ou administram o direito penal), Salmond não explicou. Nem Kenny o fez: organizando seu assunto de modo diferente, ele apontou primeiro para a prevenção e a intimidação (do próprio delinquente e dos outros), mas acrescentou a isso mais dois propósitos, a saber, a desforra e também o aperfeiçoamento público, ou "os efeitos da punição para elevar os sentimentos morais da comunidade como um todo". Sobre a desforra, ele citou James Fitzjames Stephen dizendo que "o processo penal pode ser para a Desforra o que o casamento é para a Afeição – a previsão legal para um impulso inevitável da natureza humana... A moderna comunidade, assim como as antigas que Maine descreve, mede aqui sua própria vingança pública pelo ressentimento que a vítima do crime nutre". Porém, ele admitiu que esse aspecto vingativo da punição "não agrada à grande maioria dos autores modernos"[72].

---

71. *Salmond on Jurisprudence* (7. ed., 1924), § 33.
72. *Outlines* (vide n. 67), 32.

Capítulo 10
A segunda metade do século XX

Até poucos anos atrás, teria sido possível retratar as décadas decorridas desde o fim da Segunda Guerra Mundial como uma continuação das condições que 1945 produziu. Elas foram marcadas pela confrontação de dois blocos de poder e pela lealdade a duas ideologias opostas: as democracias do Ocidente, cujos sistemas são todos variantes de um liberalismo que veio a admitir uma grande dose de apoio social redistributivo, bem como o envolvimento do Estado em áreas de atividade econômica outrora consideradas fora de seu alcance legítimo; e os regimes declaradamente marxistas, autoritários e unipartidários, que se estenderiam pelo hemisfério norte da Europa Central ao Pacífico, com posteriores afloramentos na África e na América Latina. Fora desses blocos, um conjunto heterogêneo de Estados agrupava ditaduras de direita, como até recentemente a Espanha, Portugal e partes da América Latina; regimes autoritários, não classificáveis em termos ideológicos, onde o golpe era o único modo de mudança conhecido, como em muitos dos antigos territórios coloniais da África; e um pequeno número de genuínas democracias multipartidárias não alinhadas com nenhum dos principais blocos, das quais a Índia é o exemplo mais importante. As áreas mais pobres e menos desenvolvidas do mundo – o "Terceiro Mundo" –, geralmente com regimes de tipo autoritário, tendiam a buscar antes o apoio do bloco marxista, menos identificado com o passado colonialista, do que do Ocidente, de onde provinha a maior parte do auxílio material que chegava a elas.

Esse cenário produziu uma certa estabilidade mundial, apesar de guerras como a da Coreia e do Vietnã e do contínuo conflito do Oriente Médio. Quando elementos de mudança começaram a se apresentar, eles não ocorreram (como um determinista marxista poderia ter previsto) no Ocidente, mas no próprio campo marxista. A dissensão começou a aparecer onde antes houvera apenas uniformidade: uma dissensão agora tolerada por bem ou por mal, ou, pelo menos, não castigada com a execução ou o campo de concentração, e que encontrou receptividade entre povos cuja economia, centralizada e dependente do Estado, estava ficando cada vez mais para trás em relação à do Ocidente, com severas consequências para os padrões de vida. Países anteriormente considerados satélites soviéticos passaram a ter voz própria, destacando-se aí a Polônia, onde, no final da década de 1970, uma bem-sucedida revolta do sindicato dos operários, juntamente com a eleição de um papa polonês, contribuiu fortemente para o ressurgimento da autoconfiança. Os Estados marxistas da Europa Oriental assinaram os acordos sobre direitos humanos de Helsinque (1976) e, embora seu desempenho nessa área tenha por bastante tempo ficado muito aquém de tudo quanto os cidadãos do Ocidente tinham como garantido, ainda assim houve grande progresso da liberdade pessoal na maioria deles.

Desde os meados da década de 1980, esse processo se acelerou vertiginosamente, e até mesmo de modo inquietante. O processo foi conduzido pela própria União Soviética, onde, com os *slogans* de "abertura" e "reconstrução", uma espécie de sistema democrático com eleições livres, bem como de livre iniciativa econômica, parece estar conseguindo estabelecer-se. Ao mesmo tempo, a União Soviética, desobrigando-se de controlar ou dar apoio a seus antigos satélites, acelerou a demolição da autocracia marxista nesses países, levando à reunificação da Alemanha e mesmo à possibilidade de alguns desses Estados passarem a fazer parte da Comunidade Europeia. Contudo, o processo em seu conjunto, que naturalmente tem tido repercussões políticas e militares por todo o mundo, parece, em muitos aspectos, incontrolável e portanto instável em si mesmo, e potencialmente desestabilizador para todo o globo. Seu sentido geral, visto que corresponde evidentemente aos desejos dos povos afetados, é benigno; mas seu resultado final é imprevisível, como o é, também, a interpretação que receberá finalmente nesta ou naquela filosofia da história.

Não há dúvida, porém, de que um papel crucial foi desempenhado nesses desenvolvimentos pela revolução nas comunicações ocorrida no final do século XX. Viagens mais baratas e mais rápidas, e mais ainda a penetração da mídia eletrônica, tornaram impossível isolar as pessoas dos novos fatos e opiniões; e isso teve consequências políticas também no Ocidente. O que surgiu aqui foi uma tendência de dissensão totalmente nova, cuja forma era desconhecida na década de 1950, e que foi muito facilitada pela mídia que a refletiu e ampliou. Embora não possa ser rotulada como "companheira de viagem" do comunismo – pelo menos sem grande injustiça para a maioria de seus representantes –, essa dissensão abrange um amplo espectro de interesses, sem ter talvez muitos pontos comuns às suas várias facções exceto a rejeição aos axiomas do Ocidente e às estratégias militares e industriais que as sociedades ocidentais julgaram necessário adotar para sua defesa e prosperidade material. Provavelmente, o primeiro movimento a sobressair nessa "frente" ampla foi a campanha contra os armamentos nucleares; esta evoluiu em tempos mais recentes para uma hostilidade a toda espécie de tecnologia nuclear, juntando-se aos grupos preocupados com os efeitos cumulativamente negativos da indústria moderna sobre o meio ambiente e a "ecologia" da natureza; essa linha de sentimentos toma uma forma organizada em movimentos como os vários Comitês para o Desarmamento Nuclear e os partidos "Verdes" nacionais. Intelectualmente entrosado com essa tendência, surgiu um movimento muito poderoso contra a discriminação, quer racial – neste caso, é claro, ligado à rejeição da tradição do colonialismo ocidental –, quer relacionada ao sexo, e este último ramo do movimento envolve, frequentemente, um estridente feminismo; mudanças reais ocorreram sob o impacto dessas ideias, refletidas no direito, na cultura e até na linguagem. Em um nível mais profundo e menos específico, tem-se sentido um clima de protesto, entre certos setores da população do Ocidente, contra os hábitos políticos e as estruturas de autoridade; esse protesto, talvez, teve seu cume no final da década de 1960 e começo da de 1970, com a onda de agitação, sem finalidades muito claras, dos estudantes na Europa e nos Estados Unidos, e o protesto contra a guerra do Vietnã. Registrando, ampliando, talvez inflamando ainda mais o estado de ânimo que inspirava todos aqueles movimentos, via-se a mídia, agora incomensuravelmente mais rápida e influente em virtude da informação barata e universal pela televisão, com comentários e debates imediatos: os jornalistas naturalmente tomam para si a tarefa de relatar quaisquer eventos dramáticos, e com bastante frequência apresentar os fenômenos da dissensão com aquela leve simpatia pela esquerda que parece ser, talvez inevitavelmente, sua propensão psicológica profissional.

    Aquela parte da existência do Ocidente do final do século XX que procuraremos retratar em seguida teve e tem facetas tão variadas que não pode ser compreendida numa definição simples; assim, para falar dessas coisas, o Ocidente tem recorrido a uma série de caricaturas que se referem a fatos externos regulares e essencialmente bastante secundários, embora comuns, como a fidelidade a este ou àquele jornal, os hábitos de se vestir, os gostos referentes à alimentação ou à música, a predileção pelos neologismos da psicologia e sociologia, a atitude de "não julgar" atividades anteriormente, ou ainda, proibidas pelo direito penal ou pelas convenções sociais. Esses detalhes meramente adicionam novas pinceladas a um quadro impressionista da Esquerda no final do século XX na sociedade ocidental, Esquerda essa que é um elemento importante de seu clima intelectual, e à qual algumas correntes da teoria contemporânea do direito ocidental parecem ligadas.

Os fundamentos e o caráter do Estado

Há muito tempo que a concepção ocidental geral do Estado não toma a forma de um quadro simples, tal como a teoria do contrato social ou aquelas que postulavam que a autoridade do Estado se localizava quer acima, quer abaixo do governante (embora elementos desses primeiros tipos de pensamento façam parte da argamassa do constitucionalismo do Ocidente). O que pode ser dito com certeza sobre o moderno Estado ocidental é que – reagindo contra o totalitarismo das décadas de 1930 e 1940 – ele se tornou menos autoritário, mais "amigável" sem dúvida, portanto igualmente mais fraco. Também aqui a mídia certamente desempenhou um papel importante na transposição da brecha entre o governo e o povo e na imposição de uma responsabilidade visível ao primeiro. É possível apontar ao mesmo tempo para certos valores, antigamente não tão bem formulados, que o Estado do Ocidente aceitou sem questionar e ajudou a inserir em estruturas institucionais.

É bem mais forte agora o reconhecimento de que, embora entre os direitos da maioria se deva incluir o de determinar a política geral do Estado, eles não podem se estender a ponto de invadir uma certa gama de direitos individuais irredutíveis e, consequentemente, também os direitos das minorias. Isso se reflete na Convenção Europeia dos Direitos Humanos e Liberdades Fundamentais, mencionada no último capítulo; a jurisdição da Comissão e o Tribunal estabelecido por ela agora foram aceitos por quase todos os Estados signatários, e esses órgãos acumularam um volume impressionante de decisões desfavoráveis a esses Estados, mas aceitos por eles. Tais Estados, admitindo serem chamados a juízo perante um tribunal internacional, não só por seus próprios cidadãos, mas pelos estrangeiros também, aceitaram limitações práticas à sua soberania, limitações de um tipo que os Estados europeus anteriores à Segunda Guerra Mundial teriam considerado impensável.

Mas são muito mais substanciais as limitações da soberania nacional exigidas para a filiação às Comunidades Europeias* (originalmente, a Comunidade Econômica Europeia estruturada pelo Tratado de Roma em 1957). Essas Comunidades desde o início aspiraram a metas que transcendem a mera integração econômica, incluindo a harmonização das leis e a estabilidade dos padrões europeus gerais de direitos humanos (por exemplo, a admissão da Espanha, de Portugal e da Grécia foi considerada impossível enquanto esses países tinham regimes autoritários); e o Tribunal de Justiça das Comunidades começou a aplicar esses padrões em suas decisões, que são vinculantes para todos os Estados membros[1]. Há agora um acordo geral para alcançar uma União Europeia plena, embora o cronograma desse desenvolvimento e as dimensões práticas que ele provavelmente apresentaria ainda não estejam fixados; a consequência para a soberania dos Estados membros está clara em princípio, se não em detalhes. Só o Reino Unido insiste em concepções mais antigas da autonomia do Estado e parece ser contra uma integração mais radical, mas essa dissensão não é suficiente para disfarçar o amplo abandono do nacionalismo de Estado.

Dentro dos Estados europeus individualmente, houve também uma forte mudança da soberania "interna", por meio da fortificação de valores constitucionais contra os ataques legislativos ou governamentais, e a abertura dos processos do governo para o controle popular e a inspeção independente.

---

* No original, European Communities. Quando o livro foi escrito, ainda não se formara a União Europeia. (N. do E.)

1. O caso mais importante foi *Firma Nold vs. Comissão das Comunidades Europeias*, 1974 CMLR 338, no qual o Tribunal de Justiça das Comunidades afirmou que os direitos fundamentais, como entendidos geralmente na jurisprudência dos Estados membros, faziam parte dos princípios gerais do direito que ele imporia.

As Constituições da Itália e da nova República Federal da Alemanha estabelecem tribunais especiais para julgar as leis e declará-las nulas, se consideradas inconstitucionais; um mecanismo análogo foi enxertado na Constituição austríaca de 1919. No Reino Unido, embora a maioria das opiniões jurídicas e políticas e a força da antiga tradição sejam contra uma Constituição escrita ou um controle judicial, existe hoje um respeitável conjunto de sentimentos a favor de algo semelhante a este último, a fim de impor um rol de direitos mesmo em face das leis do Parlamento. Na França, onde o controle judicial da legislação no sentido estrito seria contrário à doutrina da separação dos poderes, foi criado, contudo, um Conselho Constitucional especial que, segundo os critérios da Constituição, examina as leis enquanto ainda estão em fase de projeto, e há um mecanismo mais ou menos parecido na Holanda. A instituição originalmente sueca do *ombudsman* – um alto funcionário independente, com poderes para investigar supostos abusos da autoridade executiva – tem sido imitada desde o final da década de 1960 por vários outros Estados europeus. Nos Estados Unidos não houve inovações comparáveis a essas, mas as décadas de 1960 e 1970 viram notáveis iniciativas da Suprema Corte para pôr fim à discriminação, particularmente a baseada na cor, e para desmantelar as estruturas jurídicas que a Corte via como intrusões nos direitos pessoais a serviço de uma ideologia religiosa que não era da alçada da Constituição apoiar.

Além disso, em comparação com a Europa de antes da guerra, tem-se usado muito mais consulta direta ao povo pelo plebiscito ou referendo. Esse mecanismo, antes da guerra, era usado apenas – o plebiscito irlandês de 1937, que aprovou a Constituição, foi uma rara exceção – para determinar o futuro de áreas de fronteira, como a Silésia (1921) e a Bacia do Saar (1935). Porém, desde a guerra, sem contar os referendos exigidos pelas Constituições para sua própria emenda, o referendo foi usado em vários países para decidir algum assunto importante da política nacional. Mesmo na Inglaterra, bastião da supremacia parlamentar e da consulta *ad hoc* ao povo (consulta essa que pode não ter nenhum efeito jurídico obrigatório), ele foi realizado em 1975 com relação ao ingresso na Comunidade Europeia; igualmente ineficazes juridicamente, embora politicamente significativos, foram os referendos no País de Gales e na Escócia em 1978-79, para determinar a vontade do povo com respeito aos parlamentos regionais; e na Irlanda do Norte em 1973, sobre o problema da idade de participação contínua no Reino Unido. Em 1987, eleitores italianos decidiram, num único dia, seis itens separados submetidos a referendo.

Além desses sinais da submissão dos Estados ocidentais aos controles formais, formou-se uma espécie de consenso de que algumas coisas, mesmo não sendo objeto de garantias específicas, passaram a ser características da democracia ocidental, e na verdade eram exigidas por ela. Isso pode ser visto na teoria do direito irlandesa construída desde meados da década de 1960, sobre a ideia de que existem direitos pessoais não enumeráveis e latentes, que o artigo 40.3 da Constituição protege em termos meramente gerais[2], mas que podem ser especificamente identificados e impostos pelos tribunais quando a ocasião surgir; esses direitos, de acordo com a decisão judicial que inaugurou a tendência[3], são os que estão subentendidos na "natureza democrática e cristã do Estado". Que um Estado dessa espécie respeitará, por exemplo, o direito do cidadão de deixar seu território foi tomado por certo pelo presidente da Alta Corte Irlandesa em *O Estado (M.) vs. Ministro de Relações Exteriores*[4], quando ele disse:

---

2. "(1) O Estado, por suas leis, garante respeitar e, na medida em que for praticável, defender e vindicar os direitos pessoais do cidadão. (2) O Estado protegerá, em particular, o melhor que puder de quaisquer ataques injustos – e, em caso de injustiça cometida, defenderá – o direito à vida, os direitos da pessoa, o direito ao bom nome e o direito de propriedade de todo cidadão."

3. *Ryan vs. Procurador-Geral*, 1965 IR 294.

4. 1979 IR 79, 81.

Um dos marcos comumente aceitos para distinguir os Estados categorizados como autoritários dos categorizados como livres e democráticos é a impossibilidade dos cidadãos ou residentes dos primeiros de viajar para fora de seu país, exceto pelo capricho do poder executivo.

Segundo o constitucionalista alemão Reinhold Zippelius, o princípio geral da liberdade de sair do país "baseava-se, em matéria de filosofia política, na concepção de que, embora possa acontecer ocasionalmente de um cidadão achar inaceitáveis algumas leis de seu país, conquanto esteja pronto a aceitar o sistema como um todo, se acontecer de ele se encontrar em conflito fundamental com esse sistema, deverá ser livre para sair dele"[5].

Outra proposição latente nas concepções ocidentais gerais do Estado democrático (qualquer outra coisa teria sido incompatível com a honra geral prestada aos que resistiram à tirania na Alemanha, nos anos 1933-45) é a legitimidade da resistência a um sistema que viola a justiça e os direitos humanos; isso é formalmente reconhecido na Constituição alemã de 1949, cujo artigo 20, após reiterar o princípio da ordem constitucional e do primado do direito, proclama que "todos os alemães têm o direito de resistir a quem quer que tente destruir essa ordem, se nenhum outro recurso estiver disponível". O valor prático dessa licença, caso surja a ocasião de invocá-la, pode ser pequeno; porém, do ponto de vista da teoria do direito, ela é uma forte reafirmação em termos modernos dos argumentos medievais a favor do tiranocídio ou de qualquer modo de deposição do chefe de Estado opressivo.

Além de reajustar as relações entre o Estado e o povo como acabamos de descrever, a teoria ocidental geral do governo agora atribui forte papel social ao Estado. Concebe-se que ele tem a função de conciliar as necessidades e interesses das diversas classes e setores da sociedade, de abolir estru-

---

5. *Allgemeine Staatslehr* (7. ed.), 381.

turas de privilégio ou restrições desarrazoadas deixadas pelo passado, de promover a solidariedade e o apoio mútuo em seu povo. A Constituição da Itália fala, no artigo 2º, dos "deveres inalienáveis da solidariedade política, econômica e social" e, no artigo 3º, da "igual dignidade social" de todos os cidadãos; o mesmo artigo exige que o Estado "supere os obstáculos de caráter econômico e social que, limitando efetivamente a liberdade e a igualdade dos cidadãos, impedem o pleno desenvolvimento da pessoa humana e a participação de todos os trabalhadores na organização política, econômica e social do país". Na opinião do principal autor alemão que escreveu sobre a teoria do Estado, o maior problema contemporâneo relacionado à função do Estado é o de como ele deve "promover o desenvolvimento da personalidade humana, da justiça social, da prosperidade e estabilidade econômicas, garantindo a lei, a ordem e a segurança externa; [tudo isso deve ser realizado de tal modo que esses objetos se situem] numa relação adequada e mutuamente equilibrada entre si, e estabeleça-se entre eles uma escala correta de precedências e o melhor equilíbrio possível"[6]. Essas concepções contemporâneas do que compete ao Estado lembram o ensinamento de Roscoe Pound, antes da guerra sobre o *status* do direito como um mecanismo de "engenharia social" para minimizar "o atrito e o desperdício". Porém, em sua ênfase na importância do indivíduo humano e no desenvolvimento de sua personalidade, elas também parecem repetir ensinamentos especificamente católicos, voltando primeiro à encíclica de Leão XIII, *Immortale Dei* (1885), e além dela a São Tomás, segundo quem o Estado tem a função de fornecer o contexto mais adequado a esse desenvolvimento humano.

Os ensinamentos católicos extraem dessa doutrina um importante princípio político, o da "subsidiaridade". O significado disso é que, uma vez que o desenvolvimento da personalidade humana deve ser promovido, a autonomia

---

6. Ibid. 385.

do indivíduo humano e a extensão de sua autonomia deverão ser maximizadas. Toda função implicada pela existência da sociedade deverá ser exercida pelo menor grupo capaz de exercê-la; longe de assumir a responsabilidade por todas as funções, o Estado deve transferi-las para baixo, sendo a melhor meta que se pode imaginar o exercício, pelo indivíduo, de tantas dessas funções quanto possível, com o mais alto nível praticável de iniciativa e responsabilidade. Como veremos depois, no contexto da justiça, essa concepção de "subsidiaridade" é uma aspiração a que chegou, por um caminho diferente, o filósofo americano Robert Nozick, que fez soar uma nota incomum em nossa época, apresentando em 1974 um elaborado raciocínio a favor de um "Estado mínimo" que deveria se retirar para a área de competência muito modesta que os Estados ainda tinham em meados do século XIX[7].

A filosofia marxista do Estado é o ocidental em suas origens, mas conflita fundamentalmente com os valores que hoje em dia levam esse nome. Até tempos muito recentes, essa filosofia ainda era vigorosamente professada por muitos autores na Europa e na América. Como vimos, a experiência prática da União Soviética, nas primeiras décadas após a revolução, impôs a aceitação de uma escala de tempo muito mais longa para o desaparecimento do direito e do Estado. Nos primeiros anos após a Segunda Guerra Mundial, não só o direito soviético assumiu aspectos de extrema severidade – como, por exemplo, na aplicação da pena de morte por "crime econômico", assim como por corrupção ou desfalque nas empresas estatais –, como também seu alcance foi estendido para atingir o que poderíamos chamar de um efeito moral. Antes, a ideia de moral (assim como o direito) havia sido considerada um fetiche, a mera expressão de forças materiais contemporâneas; porém, agora surgia o ideal da "moral socialista", a moral que obedece à voz

---

7. Em seu *Anarchy, State and Utopia* (Oxford, 1974), 26-7; Lloyd, *Introduction* (vide cap. 6, n. 72), 538 ss.

interior da obrigação social; essa moral, segundo o Programa do 22.º Congresso do Partido em 1961, permaneceria com o comunismo mesmo quando o Estado tivesse desaparecido definitivamente. Enquanto isso, o direito era usado para reprimir toda conduta designada por um termo moralmente pejorativo: "parasitismo", um modo de vida ocioso e socialmente inútil[8].

A teoria marxista também teve de digerir o fracasso evidente de suas previsões referentes ao colapso inevitável do capitalismo. O capitalismo não entrou em colapso; ao contrário, forneceu modelos para a reconstrução das economias arruinadas do mundo socialista. Muito tempo antes dos eventos de 1989, os mais avançados desses Estados estavam admitindo cada vez mais elementos de propriedade e iniciativa privadas, considerando-os aparentemente o único remédio para a rigidez e a ineficiência que pareciam inseparáveis de uma economia socializada e planejada de modo centralizado. Nos países capitalistas, por outro lado, a divisão de classes que se supunha ser a raiz de uma revolução inevitável tinha sido amenizada de muitos modos: pela mobilidade social que a educação gratuita, ou pelo menos barata, tende a promover; pela tributação redistributiva; por amplas medidas de controle que impuseram limites à ganância capitalista; em alguns países, por um nível de prosperidade material entre os assalariados que lhes dá acesso praticamente à mesma gama de bens e serviços de que seus empregadores desfrutam, ou a algo comparável. Herbert Marcuse, figura cultuada por certo tempo na década de 1960, entendia esta última característica como o avanço tecnológico que permitia à classe dominante subornar os trabalhadores com o "consumismo"[9]; outros marxistas veem a legislação social de modo semelhante, como um sistema de suborno calculado, cinicamente projetado para sufocar aquilo que de outra forma seria uma demanda irresistível pela

---

8. Vide *Natural Law Forum*, 8 (1963), 1.
9. *One-Dimensional Man* (Londres, 1964).

mudança fundamental. Durante a maior parte dos quarenta anos passados, todavia, as previsões marxistas básicas continuaram a se fazer ouvir. Em 1963, os autores soviéticos Ioffe e Shargorodsky escreveram que "o comunismo é uma sociedade que não terá nem Estado nem direito". Teria que haver, é verdade, alguma "regulamentação normativa", mas esta "não se fundamentará na compulsão do Estado, senão unicamente na opinião pública, na força do grupo e na influência social"[10]. O marxista americano Richard Quinney foi um pouco menos positivo em 1974: "com a realização de uma sociedade socialista... o Estado pode não ser mais necessário. E, consequentemente, pode não haver direito estatal"[11]. Porém, ainda em 1977 ele não tinha dúvidas quanto ao destino do mundo capitalista: "Estamos chegando ao fim de uma era. Uma sociedade capitalista avançada com suas condições de existência desumanizadoras e sua sensibilidade altamente secular e utilitária está chegando ao fim. As contradições das atuais ordens social e moral e a luta pessoal e coletiva estão originando uma nova história da humanidade."[12] Porém, a tese de Christine Sypnowich, publicada em 1987, argumentava ao contrário que "o direito não é meramente da natureza do socialismo. Ele é uma precondição essencial para sua realização. A estabilidade e a eficácia da sociedade socialista dependerão da estabilidade e da eficácia de suas instituições jurídicas"[13].

Porém, depois dos acontecimentos de 1989 a ideologia marxista sobre o direito foi negada pelo próprio topo da hierarquia. Um ensaio do presidente da Suprema Corte da União Soviética, Yevgenyi Smolentsev, não contém em suas 2 mil palavras nenhuma referência ao marxismo, e só uma

---

10. "O significado de definições gerais no estudo de problemas de direito e legalidade socialista"; citado por Lloyd, *Introduction* (vide cap. 6, n. 72), 1082-5.
11. *Critique of Legal Order: Crime Control in Capitalist Society* (Boston, 1974); Lloyd, *Introduction*, 1090-5.
12. *Class, State and Crime* (Nova York, 1977), p. vii.
13. *The Concept of Socialist Law* (Oxford, 1990), 155.

(severamente restrita) ao socialismo; se alguma ideologia é evidente nesse artigo, tão crítico da legislação e da imposição da lei soviéticas, ela se encaixa perfeitamente na corrente principal da tradição europeia, aceitando inclusive o Estado de Direito e a separação de poderes, outrora rejeitados pela teoria marxista como uma fraude e uma superstição:

> O socialismo democrático e humano só é possível num Estado governado pelo direito e baseado em dois princípios fundamentais – a supremacia do direito e a divisão do poder em legislativo, executivo e judiciário. Infelizmente, durante longo tempo, não houve o devido respeito pela lei nesse país. Está claro para todos que a atitude perante o direito deve mudar radicalmente, se quisermos impedir novos atos de arbitrariedade e abuso de poder e criar garantias contra invasões nos direitos humanos. A atitude niilista para com o direito afeta negativamente a consciência jurídica não só dos altos funcionários do Estado como também dos cidadãos comuns. Em vez de confiar no direito, em sua força, sua justiça e supremacia, o povo foi ensinado durante décadas a confiar em seus superiores, de cuja vontade seu trabalho e sua vida dependiam. O direito, às vezes, não tinha nenhuma importância...
>
> A decisão judicial só pode ser justa se a lei é justa. Se uma lei fica antiquada e não leva em conta as mudanças que ocorreram na sociedade e suas novas exigências, uma decisão judicial baseada nessa lei não pode ser confiável...
>
> O sistema judiciário também precisa de melhoras radicais. Sob o domínio indiviso do sistema burocrático da organização administrativa, a divisão do poder em legislativo, executivo e judiciário era simplesmente impossível. O poder era indivisível. Era determinado e exercido pelos mesmos grupos de funcionários que manejavam os instrumentos de controle...
>
> A perda da independência dos juízes manifestou-se no desaparecimento quase completo da absolvição na prática judicial: quando indecisos, os tribunais preferiam, em vez de absolver o inocente, devolver os casos aos escritórios dos procuradores para novas investigações, onde eles, via de regra, simplesmente ficavam jogados... [Mas] a independência dos juízes tem sido restaurada, e a qualidade do pessoal começou a melhorar, embora esse processo seja bastante lento...

Nossa reforma judiciária... visa garantir a independência da autoridade judicial e... fortalecer os fundamentos de um Estado baseado no direito.

O conceito de direito

Desde o tempo em que Austin, seguindo Bentham, havia definido a lei como o comando de um soberano, dirigido àqueles habitualmente obedientes a ele, e respaldado pela ameaça de uma sanção em caso de desobediência, foi esse o costumeiro ponto de partida para o estudo da ciência jurídica no mundo do *common law* até depois da Segunda Guerra Mundial. Na Grã-Bretanha do início da década de 1950, segundo Neil MacCormick, "a ciência jurídica como estudo geral do direito e das ideias jurídicas estava estagnada". O que transformou essa realidade, despertando muito interesse também fora do mundo do *common law*, foi a infusão na ciência jurídica da nova filosofia da análise linguística que surgira com a obra de Ludwig Wittgenstein, um austríaco que trabalhou alguns anos em Cambridge, e de um grupo de filósofos de Oxford, notadamente J. L. Austin e Gilbert Ryle. Isso aconteceu por meio da indicação, para o cargo de professor de teoria do direito em Oxford, de H. L. A. Hart, jurista com um grande interesse em filosofia, que, em sua aula inaugural, "Definição e teoria na ciência jurídica", anunciou mais ou menos seu programa: ao passo que a ciência jurídica dos primeiros tempos, para entender conceitos, seguia o método de primeiro estabelecer uma definição, depois construir uma teoria "em cima" da definição, e por fim refutar os argumentos contrários, Hart propôs – seguindo a nova abordagem filosófica centrada na linguagem – estudar, em vez disso, o uso e a colocação das palavras no discurso jurídico, esperando chegar, por meio do entendimento do que as pessoas realmente queriam dizer quando usavam um termo e do papel assumido por seu uso na existência social, a um quadro mais útil da realidade jurídica que elas tinham em mente. A exposição definitiva dessa teoria jurídica apareceu em 1961, quando Hart publicou *The Concept of Law* [*O conceito de direito*], que imediatamente assumiu posição central na teoria do direito anglo-americana e a reteve durante os últimos trinta anos. Nem muito longo, nem muito rebuscado, esse livro deu origem a uma vasta bibliografia e deve ser reconhecido, quaisquer que sejam suas falhas, como uma das obras mais fecundas da teoria do direito no século XX; esse é o único livro do qual os autores da *Lloyd's Introduction to Jurisprudence* [Introdução de Lloyd à teoria do direito] não apresentam excertos, afirmando que o livro deve ser lido em sua totalidade por todo estudioso do tema[14].

O ponto de partida de Hart é uma crítica radical do modelo austiniano da lei como um comando respaldado por uma sanção. Algumas das impropriedades dessa concepção "imperativa" da lei tinham sido notadas havia muito tempo; por exemplo, ela não podia explicar – exceto incluindo-os no grau subjurídico de "moral positivada" – o direito internacional ou os primeiros sistemas jurídicos (ou dos povos primitivos contemporâneos); e a identificação do soberano, que é crucial para a teoria, não é uma matéria simples. Porém, Hart chamou a atenção para a incapacidade da teoria para explicar muitas partes até mesmo de um sistema jurídico nacional comum. Ela pode se adequar bastante bem a um direito penal simples, que define um crime pela lei e anexa-lhe uma pena. No entanto, há muitos outros elementos de um sistema jurídico, no sentido em que essa expressão é usualmente entendida, que não podem ser reduzidos à fórmula de Austin. Há, por exemplo, as "normas de modificação", que capacitam o indivíduo particular a alterar sua condição jurídica, por exemplo assumindo obrigações que não tinha antes, ou capacitam o legislativo a alterar as leis de modo geral. Um exemplo simples dessa norma que "confere poder" na esfera privada é a que permite a

---

14. *The Concept of Law* (Oxford, 1986), 79. [Trad. bras. *O conceito de direito*, São Paulo, WMF Martins Fontes, 2009.]

uma pessoa firmar contratos obrigatórios com outra; outra é a norma que prescreve as formalidades necessárias para se fazer um testamento válido. As inúmeras normas sobre testamentos e contratos não podem ser chamadas de "comandos"; menos ainda pode-se dizer que sejam respaldadas por sanções, sem distorcer a linguagem e obscurecer o lugar que tais normas realmente ocupam na existência social (a objeção a qualquer teoria que represente erroneamente a vida real ocorre inúmeras vezes a Hart). O modelo de "comando" não pode ser resgatado no caso dos testamentos, por exemplo, dizendo-se que o não cumprimento das exigências legais para o testamento (por exemplo, com respeito às testemunhas) acarreta a sanção da nulidade, porque a nulidade é simplesmente sua consequência lógica inseparável, e não uma penalidade, logicamente independente e separadamente prescrita, pela não ativação adequada do instrumento oferecido pelo sistema jurídico para determinar a disposição póstuma do patrimônio. Na esfera pública, as normas constitucionais, legislativas e processuais pelas quais o legislativo introduz mudanças na lei (por adição, subtração ou modificação) não podem ser reduzidas a comandos por razões similares.

O modelo imperativo também não serve para explicar a "norma de reconhecimento" que todo sistema jurídico tem, e que denota de forma resumida o complexo das normas legislativas constitucionais, disposições estatutárias e precedentes judiciais que nos dizem o que faz parte do direito e o que não faz. Um documento pode pretender ser a Lei de Finanças de 1990, mas são necessários critérios para distingui-lo, como *lei*, de algo que, digamos, um embusteiro tivesse imaginado e impresso ele mesmo. Esses critérios resultam das normas constitucionais sobre a composição, o alcance da autoridade e o modo de funcionamento do legislativo, juntamente com quaisquer normas infraconstitucionais sobre esses assuntos que tenham sido feitas pelo próprio legislativo; e a interpretação da Lei de Finanças será feita por meio de cânones, principalmente de origem judicial, que atribuem, por exemplo, força de lei a um artigo (mas negam-na às notas à margem do artigo) e definem seu verdadeiro alcance. Que tal norma de reconhecimento é indispensável é evidente, até mesmo considerando-se a legislação a mais simples possível – uma lei penal – que se conforma ao modelo de Austin. Uma tal lei, em um Estado como o nosso, aplica-se a todos, inclusive aos membros do Parlamento que a fizeram. O absurdo patente que resulta da ideia de um soberano (supostamente não habituado a obedecer a mais ninguém) que comanda a si mesmo sob a ameaça de punir a si mesmo é evitado se distinguirmos as capacidades de um membro do Parlamento no exercício de sua função pública e as dessa mesma pessoa como cidadão particular. Porém, tal distinção só é possível recorrendo-se a uma norma de reconhecimento prévia, que não se reduz a uma formulação de comando. Ela é algo que só pode ser geralmente aceito pelas pessoas que operam o sistema.

Esse sistema também precisa de normas de julgamento, ou seja, de um aparato que permite decidir, em caso de conflito, como a lei deverá ser aplicada; as normas de julgamento também não podem ser reduzidas ao modelo de ordens respaldadas por ameaças. Hart associa as normas de julgamento, modificação e reconhecimento a uma categoria que ele chama de "normas secundárias", e que em qualquer sistema jurídico devem acompanhar as "normas primárias" que impõem obrigações. A ideia de norma (*rule*) – que Hart admite espontaneamente ter dimensões psicológicas ("internas") e sociais (a de "aceitação"), localizando-a, portanto, em um plano totalmente diferente da teoria "pura" formalista de uma hierarquia de normas, de Kelsen – é central em seu sistema: seu conceito de direito é o de uma "união" dessas normas primárias e secundárias, e nessa união ele acredita que "se encontra o que Austin, por engano, pretendia ter encontrado na noção de ordens coercitivas, a saber, 'a chave para a ciência da teoria do direito'". É verdade que a simples saída de cena da ideia de comando-mais-sanção ainda deixaria por resolver o problema de como distinguir as normas jurídicas das meramente morais, mas Hart não vê dificuldade nisso. Tudo depende do *status* dessa ou daquela norma aceita e usada pela sociedade, e do grau de pressão exercida para obter a obediência:

> Concebem-se as normas e fala-se delas como preceitos que impõem obrigações quando a exigência geral de obediência é insistente e a pressão social sobre os que as infringem ou ameaçam fazê-lo é grande. Essas normas podem ser totalmente consuetudinárias em sua origem: pode não haver um sistema centralmente organizado de punições pela infração às normas, e a pressão social pode tomar apenas a forma de uma reação crítica ou hostil, geral e difusa, não chegando às sanções físicas. É possível que se limite a expressões verbais de desaprovação, ou apelos ao indivíduo para que respeite a norma infringida; pode ser que dependa essencialmente da ação de sentimentos de vergonha, remorso e culpa. Quando a pressão é deste último tipo, podemos preferir classificar as normas como parte do sistema moral do grupo social, e a obrigação por elas estipulada como uma obrigação moral. Por outro lado, quando as sanções físicas são proeminentes ou costumeiras entre as formas de pressão aplicadas, mesmo que não sejam precisamente definidas nem impostas pelas autoridades, mas deixadas à responsabilidade da comunidade como um todo, tenderemos a classificar as normas como uma forma primitiva ou rudimentar de direito.[15]

Em uma sociedade totalmente desenvolvida, é claro, com normas de reconhecimento sofisticadas que distinguem o direito propriamente dito dos meros preceitos morais, não será necessário examinar o uso social; porém, mesmo aqui as próprias normas de reconhecimento dependem do apoio da aceitação.

Hart dedica especial atenção à ideia de soberano pressuposta pelo modelo de Austin. Resumidamente, seu ataque a essa concepção parte de duas direções: os problemas da suposta "obediência habitual" outorgada ao soberano; e

---

15. Ibid. 84.

o de encontrar uma pessoa, ou um grupo de pessoas, em qualquer Estado, cujo âmbito de poder seja de fato juridicamente ilimitado. A dificuldade da "obediência habitual" surge de vários modos. Se imaginamos uma espécie de Leviatã hobbesiano que receba, por tempo suficientemente longo para se tornar habitual e automática, a obediência dos súditos, acaso não haverá um interregno anárquico após a morte do Leviatã até a ocasião em que outra pessoa consiga formar, nos outros, um hábito similar de obediência a ela? Isso pode ser evitado somente pressupondo-se uma norma de reconhecimento, aceita antes do falecimento do Leviatã, que regule sua sucessão; e essa norma não pode ser um comando de Austin porque, *ex hypothesi*, o Leviatã não está mais lá para impô-lo. Além disso, sem outra norma de reconhecimento que disponha sobre a continuidade do direito, o modelo antigo não pode explicar como as leis feitas sob a autoridade de um soberano ou um parlamento continuam em vigor indefinidamente sob seus sucessores. Quanto à identificação de um "soberano" com poder ilimitado, basta-nos examinar as Constituições escritas comuns no mundo ocidental que impõem limitações ao legislativo, ordenando que ele observe certos padrões ou proibindo-o de fazer leis de certos tipos; mesmo se recuarmos mais um passo e identificarmos o soberano com o povo, ou com o eleitorado, eles também estarão limitados no mínimo processualmente, visto que um grupo de leis regula os modos pelos quais eles tornam sua vontade conhecida e a põem em funcionamento; além disso, essas leis nos permitem distinguir (como tivemos de fazer no caso do parlamento) o cidadão que usa o chapéu de cidadão do cidadão como um agente efetivo da elaboração das leis (em cuja qualidade, naturalmente, dá ordens ao primeiro, se bem que não diretamente, e talvez ameace puni-lo se ele desobedecer).

Isso há de bastar como resumo do ponto de partida de Hart (embora *O conceito de direito* reapareça mais tarde neste capítulo quando falarmos da legalidade, do primado do direito, da justiça legislativa, do direito natural, dos direitos naturais e do realismo, todos temas dos quais Hart também tratou em seu quadro geral). Das muitas reações, a que mais teve influência foi a de seu sucessor na cátedra de teoria do direito em Oxford, o americano Ronald Dworkin. O ponto central da crítica de Dworkin, apresentada em um volume de ensaios chamado *Taking Rights Seriously* [*Levando os direitos a sério*], era que os sistemas jurídicos não podem ser reduzidos exaustivamente a meros padrões de normas. Juntamente com as normas, e não raro atuando para modificá-las ou mesmo anulando seu efeito em casos particulares, há também os *princípios* gerais, aos quais os tribunais recorrerão para decidir "casos complicados", isto é, casos para os quais a aplicação não qualificada de uma "norma" não seria possível sem injustiça. Na verdade, a preocupação com esse aspecto dos sistemas jurídicos já existia desde há muito tempo, não só antes de Dworkin, mas vários anos antes de *O conceito de direito* de Hart. Foi ventilada pelo professor alemão Josef Esser, cujo livro *Grundsatz und Norm* (Princípio e norma) foi publicado pela primeira vez em 1956. O objetivo de Esser era estudar a interação entre a legislação – na tradição da Europa continental, um termo virtualmente idêntico a "direito" – e sua interpretação. Ao longo de seu trabalho, baseado em uma grande fundamentação comparativa, ele demonstrou que a suposta diferença entre o juiz do *civil law*, preso ao texto de seu código, e o juiz do *common law*, livre para construir novas soluções para novos casos, era amplamente imaginária. O juiz do *civil law* também cria e molda o direito, embora pareça que está somente aplicando o código; e faz isso exprimindo princípios extralegais enquanto seleciona e desenvolve os artigos de seus códigos. Nada disso significa que o direito natural transcendente entra em seu tribunal pela porta dos fundos. Porém, os chamados "princípios gerais do direito" continuavam sendo usados nas decisões judiciais em que a letra da lei parecia insuficiente para resolver o caso, ou como ponto de partida para se fazer uma avaliação totalmente nova dele[16]. O que na origem era um preceito moral pode tornar-se uma espécie de máxima e erguer-se daí para tornar-se um princípio de direito também: Esser citava como exemplo as máximas da equidade inglesa e mencionou expressamente (em inglês) os princípios de que "Ninguém deve tirar proveito de sua própria iniquidade ou beneficiar-se de sua própria torpeza" – um exemplo usado posteriormente por Dworkin – e de que "Aquele cujos interesses são beneficiados pelo ato deve arcar com seu custo."[17]

Dworkin identificou outro tipo de padrão que em alguns contextos precisa ser distinguido da noção de princípios: as "políticas", metas gerais que os tribunais atribuem à sociedade e cujo reconhecimento pode desempenhar algum papel na formulação de suas decisões em casos difíceis. Resumidamente, seu desafio à posição de Hart foi construído considerando esses "casos difíceis", nos quais os juristas de fato

> fazem uso de padrões que não funcionam como normas, mas operam diferentemente, na qualidade de princípios, políticas e outros. Pretendo provar que o positivismo é um modelo feito a partir de e em vista de um sistema de normas, e sua noção central de um critério fundamental único para identificar o direito nos faz perder de vista o importante papel desses padrões que não são normas... Chamo de "política" esse tipo de padrão que estabelece uma meta a ser atingida, geralmente um progresso em algum aspecto econômico, político ou social da comunidade (embora algumas metas sejam negativas, quando estipulam que alguma característica presente deverá ser protegida contra uma mudança adversa). Chamo de "princípio" um padrão que deverá ser observado, não porque beneficiará ou garantirá uma situação econômica, política ou social julgada desejável, mas porque é uma exigência de justiça, probidade ou alguma outra dimensão da moral.[18]

---

16. *Grundsatz und Norm* (Tübingen, 1956; 3. ed., 1974), 8.
17. Ibid. 99.
18. *Taking Rights Seriously* (Londres, 1978), 22. [Trad. bras. *Levando os direitos a sério*, São Paulo, Martins Fontes, 2002.]

Dworkin pensa que os princípios e políticas são fundamentalmente diferentes das normas porque, enquanto uma norma tende a ser aplicada automaticamente uma vez que suas condições paradigmáticas estejam presentes, esses outros padrões são valores ou considerações a serem postos na balança; às vezes são decisivos, às vezes são desalojados ou ultrapassados por outros valores contrapostos. Tais elementos estão, portanto – como Esser havia mostrado vinte anos antes –, fora de uma estrutura feita de normas, mas complementam-nas no sistema jurídico. Consequentemente, qualquer declaração satisfatória de um conceito de direito deve acomodá-los; em particular, eles são indispensáveis para explicar uma inovação judicial, uma "legislação" judicial do tipo que pode ser visto em um caso proeminente como *Donoghue vs. Stevenson*[19], no qual se considerou que algo que tinha se tornado um fato comum da vida – a venda por varejistas de produtos lacrados pela fábrica e não inspecionados – passara a gerar uma obrigação de cuidado, devida pelo fabricante ao consumidor final, com base em um princípio de "vizinhança", cuja violação se tornou acionável a despeito de não haver nenhum contrato direto entre eles; em outras palavras, esse princípio, nessas condições especiais, desalojou a norma, anteriormente decisiva, da necessidade de contrato direto entre as partes.

Naturalmente, poderia atribuir-se à noção de norma um sentido amplo, que abranja as modificações baseadas em princípios a que ela possa estar sujeita em um caso particular, e que a distinção de Dworkin é mais verbal que substancial. Por outro lado, *há* uma diferença real – semelhante à que existe entre um preceito jurídico e um preceito moral – entre uma norma no sentido estrito e um princípio (ou uma política): as normas podem ser deliberadamente modificadas ou revogadas pela legislação, por exemplo, ao passo que um princípio é essencialmente algo que não pode

---

19. [1932] AC 562.

ser alterado. Seu peso relativo na sociedade pode mudar com o passar do tempo, a exemplo do que aconteceu com o princípio de que as pessoas devem ser livres para fazer os acordos que decidirem, o qual foi corroído pelas novas percepções sociais; e essa mudança refletirá em respostas judiciais e legislativas. Porém, em todo momento, haverá um conjunto de princípios que será concebido como algo que subjuga ou transcende um conjunto de normas e possui uma estabilidade intrínseca de que as normas não desfrutam[20].

O primado do direito: as revoluções e a legalidade

Assim como as experiências do período que terminou em 1945 fortaleceram o constitucionalismo e os direitos humanos na Europa Ocidental, bem como restabeleceram o interesse pelo direito natural, assim também a ideia de legalidade (o Estado de Direito, o *Rechtsstaat*) cresceu em valor e aceitação. Isso, por sua vez, deu relevo ao problema de como avaliar ou justificar o exercício do poder em um regime revolucionário – não necessariamente aquele surgido da violência, mas qualquer sistema do qual se pudesse dizer que a *Grundnorm* no sentido de Kelsen (ou a norma última de reconhecimento, no sentido de Hart), e consequentemente a raiz da validade de todas as outras normas, havia mudado. O problema pode ter se apresentado à teoria do direito até mesmo antes da guerra (esteve latente, por exemplo, em vários aspectos das transições constitucionais irlandesas de 1922 e 1937), mas foi somente a partir dessa época, provavelmente em virtude de um aumento da sensibilidade ao valor da legalidade, que ele se tornou um tema familiar: mais notadamente na década de 1960, quando fatos ocor-

---

20. Vide Harris, *Legal Philosophies* (vide cap. 8, n. 53), 172-7; Neil MacCormick, *Legal Reasoning and Legal Theory* (Oxford, 1978), 244. [Trad. bras. *Argumentação jurídica e teoria do direito*, São Paulo, Martins Fontes, 2006.]

ridos na Comunidade Britânica puseram-no em evidência (especialmente na Rodésia, na situação que se seguiu à "declaração de independência unilateral" feita pela minoria branca dominante em 1965).

Há dois modos de examinar esse assunto. Quando o regime revolucionário consegue tomar o poder e opera uma mudança na norma última de reconhecimento, essa nova norma pode ser explicada, nos termos de Hart, dizendo-se que ela "se baseia simplesmente no fato de que é aceita e usada como tal nas ações judiciais e nas demais operações oficiais do sistema, cujas regras são geralmente obedecidas"; por essa norma, a aprovação da autoridade legislativa revolucionária pode ser um critério último de validade[21]. A nova norma de reconhecimento poderia ainda incluir a prática de continuar considerando válidas todas as disposições do antigo regime que o novo decidisse não alterar. Essa pode ser uma explicação suficiente do sistema jurídico do novo regime. Por outro lado, a revolução (como na Rodésia) pode tomar a forma de um desligamento em relação ao sistema jurídico anterior (no caso da Rodésia, o do Reino Unido, cujo Parlamento tinha, segundo o direito inglês, o poder de legislar naquele território e cuja norma última de reconhecimento não podia, evidentemente, ser afetada pelo que os usurpadores locais fizeram). Não é necessário tratar isso como um dilema, porque, como Hart diz,

> de fato há [agora] dois sistemas jurídicos, [embora] o direito inglês insista em que há somente um. Mas, por ser uma afirmação a declaração de um fato, e a outra uma determinação do direito (inglês), as duas não se opõem necessariamente. Para esclarecer essa posição, podemos, se quisermos, dizer que a declaração do fato é verdadeira e a determinação do direito inglês é "correta segundo o direito inglês".[22]

---

21. Hart, *Concept* (vide n. 14), 117.
22. Ibid. 118.

Mas acaso isso significa que não há possibilidade de conciliar juridicamente os dois sistemas, e que um tribunal inglês (até que o Parlamento estipule uma solução legislativa) é obrigado a tratar todas as operações do novo regime como nulas de pleno direito? Em *Madzimbamuto vs. Lardner-Burke*[23], o problema chegou ao Comitê Judicial do Conselho Privado em Londres, que teve de apreciar a validade de uma Constituição promulgada pela liderança política da minoria branca rodesiana e os atos realizados sob os regulamentos pretensamente autorizados por ela. A maioria do Comitê opinou que a única Constituição legal do território era a representada por um instrumento legislativo britânico de 1961, feito com base na lei britânica de 1948; e que as pretensas leis que estavam sendo executadas pelo regime separatista – embora estivessem sendo realmente administradas e não encontrassem resistência efetiva – eram nulas. No caso em questão, mesmo no antigo regime, o demandante estava detido legalmente, e ainda poderia estar detido; mas sua detenção, com base nas regulamentações feitas pelo novo regime, foi considerada inválida. Contudo, o juiz divergente, Lorde Pearce, enunciou um princípio que chamou de princípio da "necessidade ou mandato subentendido" do soberano legal (isto é, a Rainha no Parlamento*) em casos desse tipo, que significava que mesmo atos formalmente inválidos executados por aqueles que têm o controle efetivo podem ser reconhecidos pelos tribunais ingleses como válidos se, destinados à condução ordeira do país, não prejudicam os direitos ordinários que constam na Constituição legal e não incrementam, em si mesmos, a usurpação. Caso contrário, acreditava ele, e se os juízes rodesianos (nomeados durante o regime antigo, mas ainda legítimo aos olhos britânicos) declarassem a nulidade desses atos meramente por causa da ausência formal de autoridade legal, o resultado seria o caos.

---

23. (1969) 1 AC 645.

* *Queen in Parliament*: esta a designação da suprema autoridade legislativa no direito inglês – a Coroa legislando por meio do Parlamento. (N. do R. T.)

Essa divergência foi seguida por trabalhos acadêmicos sobre o tema, que argumentavam no mesmo sentido. A. M. Honoré sugeriu vários caminhos pelos quais os juízes poderiam se justificar por decretar ordens judiciais que, na prática, apoiavam a violação da Constituição de acordo com a qual eles mesmos haviam sido nomeados; o mais sedutor desses caminhos era uma expansão da noção de mandato subentendido do soberano, a qual resultava de uma disposição constitucional tácita. Esta pode ser concebida – por exemplo, no caso de uma Constituição originalmente fundamentada, quando de sua adoção, no voto popular – como o consentimento presumido do povo à noção tácita de que, quando os fatos concretos tornam a Constituição parcialmente ou mesmo amplamente inoperante, aqueles que ainda efetivamente exercem os cargos públicos preexistentes deverão fazer o quanto puderem para preservar, no interesse da segurança e da estabilidade públicas, tantas partes e fragmentos da antiga ordem quanto possível[24]. J. M. Eekelaar estudou o problema das revoluções no contexto dos modelos de sistemas jurídicos apresentados por Kelsen e Hart e argumentou (como Dworkin tinha feito em outro contexto) que, como esses modelos não abrangiam certos elementos característicos dos sistemas jurídicos, como os valores e princípios gerais (que devem ser ponderados uns em relação aos outros, dependendo de circunstâncias que somente o juiz pode avaliar num caso particular), a dissolução de uma "antiga" *Grundnorm*, ou o abandono de uma "antiga" norma de reconhecimento, não poderiam afetar elementos que não dependiam delas e que, consequentemente, continuavam válidos e passíveis de ser utilizados para apoiar os atos de um regime revolucionário[25]. J. M. Finis chegou a uma conclusão prática semelhante, mas por outro

---

24. Vide A. M. Honoré, "Reflections on Revolutions", *Irish Jurist* (1967), 268 ss.

25. "Principles of Revolutionary Legality", *Oxford Essays in Jurisprudence*, 2.ª série (Oxford, 1973), 22 ss.

caminho: segundo ele, os sistemas jurídicos não são de fato sistemas de normas, mas sequências ou conjuntos sucessivos de normas, que mudam a cada minuto e consubstanciam-se em algo que a sociedade aceita como um sistema contínuo, não em virtude de uma norma de reconhecimento perene, mas em função da existência da própria sociedade, que é uma estrutura orgânica sujeita às leis do crescimento, da mudança e da decadência, análogas às que governam o organismo dos indivíduos. Consequentemente, a revolução não é "uma condição necessária nem suficiente para qualquer coisa que possa ser descrita como uma mudança na identidade do Estado ou do sistema jurídico". Portanto, os dois últimos podem ser concebidos como realidade que sobrevive à revolução e não implicam a nulidade de todas as disposições da revolução em áreas reguladas convencionalmente pelo direito:

> Por isso, em geral é razoável aceitar as novas normas de competência e de sucessão normativa [isto é, normas sobre o exercício de atos oficiais e sobre como as leis antigas devem ser mudadas] propostas pelos revolucionários, [e há uma razão semelhante para aceitar] a validade da parte restante do sistema jurídico não afetada pela revolução.

Porém, ele reconhece que a justiça tem outras exigências independentes, de modo que "às vezes o caráter da revolução é tal que a própria submissão à ordem revolucionária da sociedade é irrazoável"; a razoabilidade que ele toma como base de sua abordagem não formalista e orientada para a sociedade é "a razoabilidade da justiça e da *philía politiké* [isto é, *a solidariedade, ou a afeição mútua, dos que compartilham o mesmo Estado*] que exige a coerência jurídica, a continuidade e o respeito pelos direitos adquiridos"[26].

Podemos mencionar, finalmente, Karl Olivecrona, cuja interpretação das revoluções também é não formalista e,

---

26. "Revolutions and Continuity of Law", *Oxford Essays in Jurisprudence*, 2.ª série, 44 ss.

segundo a tradição do realismo escandinavo, amplamente psicológica:

> Novos líderes chegam e proclamam que "assumiram o poder". Começam a emitir leis e decretos administrativos. Para ter êxito, eles precisam, é claro, de organização e de uma situação política e psicológica especial no país... Na prática, os revolucionários usam os fundamentos da ordem antiga. A maior parte das leis é deixada como está; somente a Constituição é posta de lado... [Mas] o respeito pela Constituição anterior pode facilmente ser transferido para a nova... Uma nova Constituição, portanto, formulada sem fazer referência a uma Constituição antiga, não precisa de outra justificativa senão o fato de ser desejada pelo povo.[27]

A justiça legislativa[28]

Uma das preocupações centrais de Hart, ao construir seu *Conceito de direito*, foi contradizer a antiga proposição do direito natural em sua forma mais forte: a de que a uma medida conflitante com aquele padrão transcendente de justiça, implantado no ser humano por Deus e acessível ao homem por meio da razão, deve ser negado o título de lei. Essa teoria, ele acreditava, só levava à confusão. Por outro lado, nada nos impede de reconhecer de fato essa medida como lei – segundo os critérios oferecidos por nossa norma local de reconhecimento – *e* ao mesmo tempo condená-la como ruim, buscando sua revogação, recusando-nos a obedecer a ela e resistindo aos que a aprovaram. Não ganhamos nada permitindo que nossa repugnância moral subverta nossa percepção analítica; cada uma das duas pode cum-

---

27. *Law as Fact* (2. ed., Londres, 1971), 104.
28. Essa era a expressão proposta por Éamon de Valera, durante o debate da Dáil sobre o projeto da Constituição de 1937, para distinguir uma faceta de "igualdade perante a lei" da mera imparcialidade processual ou judicial: J. M. Kelly, *The Irish Institution* (2. ed., Dublin, 1984).

prir seu papel em sua própria esfera. Ao mesmo tempo, ele admitia o instinto universal que insistia no vínculo necessário entre a moral e o direito; e, mais especificamente, entre o direito e aquela dimensão da moral (visto que os termos não têm a mesma extensão) chamada justiça. Porém, a justiça, desde Aristóteles, tem sido dividida em "distributiva" e "corretiva" ou "comutativa", que correspondem aproximadamente aos valores que se manifestam respectivamente na legislação e nos processos judiciais; e Hart acompanha Aristóteles ao ver o elo entre as duas na ideia de igualdade[29], que trata de modo igual coisas semelhantes e de modo diferente coisas diferentes. Mas, no que concerne à justiça "distributiva" ou legislativa, essa máxima não nos leva muito longe:

> Qualquer grupo de seres humanos se parecerá com outro em alguns aspectos e se diferenciará dele em outros; e, até que sejam estabelecidas quais semelhanças e diferenças são pertinentes, a máxima "tratar casos iguais de modo igual" continuará sendo uma forma vazia. Para preenchê-la, devemos saber quando, para os propósitos em questão, os casos devem ser considerados semelhantes e quais diferenças são pertinentes. Sem esse suplemento ulterior não podemos criticar as leis ou outros arranjos sociais como injustos.

Em uma sociedade como aquela na qual ele escrevia, seria possível identificar muitas diferenças (como a de cor de pele ou religião) que, segundo o consenso do público, não deveriam ser consideradas pertinentes – em outras palavras, uma lei que produzisse a discriminação partindo de tal base seria considerada injusta. Mas isso poderia não ser assim em outro tipo de sociedade. Portanto, estava "claro que os critérios de semelhanças e diferenças pertinentes podem variar amiúde de acordo com a perspectiva moral fundamental de determinada pessoa ou sociedade". Por outro lado, e em um nível mais modesto, se conhecermos pelo

---

29. *Concept* (vide n. 14), 155.

menos o propósito geral para o qual a legislação foi concebida, a determinação de tratar os casos iguais de modo igual pode ser satisfeita de certa forma:

> Se uma lei dispõe a favor do alívio da pobreza[30], então a exigência do princípio de que "casos iguais devem ser tratados de modo igual" certamente implica a atenção à *necessidade* de auxílio dos diferentes pretendentes. Um critério de necessidade semelhante é reconhecido implicitamente quando a carga tributária é regulada por um imposto de renda gradativo e de acordo com a riqueza dos indivíduos tributados.

Ele identificava como essencial para qualquer legislação que pretendesse promover o bem comum um outro aspecto da justiça distributiva, novamente um aspecto muito geral: que as exigências de todos os diferentes interesses concorrentes que provavelmente seriam afetados por essa legislação fossem "consideradas imparcialmente": "Porque nesse caso o que é 'distribuído' de modo justo não é algum benefício específico entre a classe dos que o reivindicam, mas uma atenção imparcial e a consideração das pretensões que concorrem a diferentes benefícios."[31]

O professor americano Lon Fuller (1902-78) deu uma contribuição para a ideia da justiça legislativa em seu livro *The Morality of Law* [A moralidade do direito] (1969). Construiu uma parábola elaborada sobre um rei (chamado Rex, homônimo do rei que Hart descreveu e que construía no povo o hábito da obediência); o rei de Fuller infelizmente ingressa em uma "carreira desastrada de legislador e juiz", e ele mostra que seu governo fracassa de oito modos diferentes. Só um deles é evidentemente um fracasso na esfera judicial (a "falta de congruência entre as normas conforme publicadas e sua efetiva administração"). Dos sete fracassos restantes é possível extrair sete critérios para que as leis sejam

---

30. Para o propósito desse argumento, seria melhor dizer "se uma lei é concebida com a intenção de aliviar a pobreza".
31. Ibid. 153 ss.

justas mesmo do modo mais elementar. Primeiro, elas devem *existir*; o fracasso mais óbvio é deixar que todo assunto seja decidido *ad hoc*. Porém, além disso, elas devem ser promulgadas, isto é, dadas ao conhecimento daqueles que estarão obrigados por elas; não podem ser retroativas, afetando prejudicialmente pessoas que confiaram inocentemente no estado anterior do direito; devem ser inteligíveis; devem ser internamente coerentes; não devem "exigir uma conduta que esteja além do poder da parte afetada"; e não devem ser alteradas tão frequentemente a ponto de "que as pessoas não possam orientar seus atos por elas"[32]. Essa lista (que lembra curiosamente os critérios de uma lei justa propostos no século VII por Santo Isidoro de Sevilha) menciona apenas os critérios para o que Fuller chama de "moralidade interna da lei"; todos os itens nela constantes poderiam ser respeitados na produção de um código cujo conteúdo material fosse opressivo. Não obstante, ela parece um catálogo do que poderia ser chamado de justiça legislativa natural, embora Fuller não aprovasse nenhuma teoria tradicional do direito natural.

Uma aventura muito mais radical para estabelecer fundamentos para o plano e a construção totais do Estado e do direito foi empreendida pelo filósofo americano John Rawls, cujo livro *A Theory of Justice* [*Uma teoria da justiça*]* (1972) causou sensação. Essa teoria usa como ponto de partida algo semelhante à antiga hipótese do contrato social, mas não se limita a explicar a origem da sociedade ordenada ou sua subordinação a um soberano. Na verdade, esses assuntos são completamente periféricos aos interesses de Rawls; somos convidados a imaginar as pessoas em uma "situação inicial" na qual deliberam entre si a respeito de que tipo de sociedade aceitariam como justa, presumindo (como devemos fazer) que a justiça, significando "equidade" (*fairness*), lhes parece um valor indiscutivelmente capital. A suposição de que todos eles, por assim dizer, votariam pela justiça em

---

32. *The Morality of Law* (New Haven, Conn., 1969), 39.

* Trad. bras. São Paulo, Martins Fontes, 2008.

primeiro lugar torna-se natural no esquema de Rawls porque, ao passo que uma pessoa comum que sabe que é mais bem-dotada, de um modo ou de outro, que a maior parte de seus companheiros poderia não votar a favor da justiça – a menos que soubesse que ela não a deixaria em pior situação que antes –, na hipótese inicial de Rawls as partes contratantes não são pessoas comuns, mas pessoas que atuam por trás de um "véu de ignorância" que oculta delas todo conhecimento de sua situação real mesmo em suas dimensões mais rudimentares: ninguém sabe coisa alguma sobre seu sexo, idade, nacionalidade, nível de inteligência, características físicas, posses materiais ou qualquer outra coisa que possa distorcer sua pura concentração para encontrar princípios, aceitáveis por todos como justos, que sirvam de base para a sociedade política que eles se propõem criar[33]. As regras às quais Rawls chega por essa via – para citar um marco notável da estrada, ele pressupõe que o total dos talentos de inteligência e de outras vantagens pessoais dos indivíduos seja encarado como um recurso comum, à semelhança do total de recursos materiais naturais de um território – são que, enquanto

> cada pessoa deve ter um direito igual ao sistema total mais extensivo de liberdades básicas iguais compatíveis com um sistema de liberdade semelhante para todos, todos os bens primários sociais – liberdade e oportunidade, renda e riqueza, e os fundamentos do respeito por si mesmo – devem ser distribuídos igualmente, a menos que uma distribuição desigual de qualquer ou todos esses bens seja vantajosa para os menos favorecidos.[34]

---

33. Cita-se o exemplo de uma tentativa de reproduzir, num contexto limitado, o "véu de ignorância" de Rawls com base na premissa da aceitação universal da equidade, a fim de assegurar uma distribuição justa. Quando um patrimônio teve de ser dividido entre vários irmãos, foi dada ao mais jovem a tarefa de dividi-lo no número adequado de cotas, e todos os outros, depois, escolheram suas próprias cotas, deixando a última para ele.

34. *A Theory of Justice* (Oxford, 1972), 302-3; Lloyd, *Introduction*, 526 ss., 537-8.

A crítica mais radical ao igualitarismo utópico de Rawls veio de outro americano, Robert Nozick, localizado no lado oposto do espectro político. Em seu livro *Anarchy, State and Utopia* [Anarquia, Estado e utopia] (1974), ele rejeita em particular a ideia de Rawls de que as diferenças nos talentos naturais (e no caráter que é necessário ter para pô-los a bom uso) deveriam ser neutralizadas porque, sendo o produto da herança genética, do ambiente e da educação, elas são imerecidas. Ao contrário: de acordo com Nozick, não só é a simples inveja que está realmente na raiz desse desejo de eliminar as vantagens do talento e do caráter naturais, como também, se essas dimensões dos seres humanos forem subtraídas, mesmo a título de hipótese, não sobrará nenhuma concepção coerente de uma "pessoa". O que o próprio Nozick defende é que o princípio de aquisição enunciado por Locke ainda é válido e deve ser respeitado pelo Estado; aquele princípio, embora não esteja isento de problemas, proclama essencialmente que, quando um homem "agrega seu trabalho" aos recursos da terra, o objeto resultante é dele, desde que "coisas suficientes e da mesma qualidade sejam deixadas em comum para os outros". Consequentemente, não há lugar para nenhum sistema de justiça que comece tentando fazer uma redistribuição radical. É nodal para a teoria de Nozick a noção de "titularidade" no sentido implicado na fórmula de Locke; e, "se o mundo fosse inteiramente justo", poderíamos resumir a justiça na área da propriedade ("bens") da seguinte maneira:

1. A pessoa que adquiriu um bem de acordo com o princípio de justiça na aquisição tem direito a esse bem;
2. A pessoa que adquire um bem de alguém que tem direito a esse bem, e o adquire de acordo com o princípio de justiça na transferência, tem direito a esse bem;
3. Ninguém tem direito a um bem, exceto pela (reiterada) aplicação das duas regras precedentes.

Da terceira proposição segue-se também que a retificação de suas violações será mais um fundamento de direito. Quanto ao que estará de acordo com "o princípio de justiça na transferência", Nozick apresenta uma fórmula impossível de resumir de modo nítido, mas evidentemente bastante equivalente à livre operação do mercado (mais, naturalmente, o que pode ser transferido gratuitamente por amor ou caridade). Como fundo político para esses arranjos, ele propõe um "Estado mínimo" que contrasta extraordinariamente com o Estado médio de hoje; tal Estado mínimo retrocederia a seu papel primitivo de simplesmente manter a ordem, e a imposição de tributos ou outros mecanismos coercitivos só seria justificada na medida em que fosse necessária para capacitá-lo a desempenhar esse papel mínimo. Qualquer coisa semelhante à tributação com o propósito de redistribuir a riqueza não seria permitida, já que se resume, no fim das contas, a me fazer trabalhar para sustentar os outros; o confisco de meus rendimentos pelo Estado para tal finalidade representa de fato uma imposição de "trabalhos forçados"[35].

Podemos mencionar também como Dworkin trata a tese de Rawls. Para ele, a posição inicial de um contrato hipotético concluído atrás de um véu de ignorância é inadequada para fundamentar persuasivamente uma estrutura de igualdade como a de Rawls: é um mau argumento dizer que, "porque um homem teria concordado com certos princípios se fosse consultado antecipadamente, é justo aplicar-lhe esses princípios depois, em circunstâncias diferentes [isto é, depois que o véu de ignorância fosse levantado], quando ele não concorda [porque agora conhece suas circunstâncias vantajosas e não está disposto a sacrificá-las]". Ele detecta, no entanto, um aspecto fundamental subjacente à teoria (e não resultante dela): ela é "baseada em direitos" (ao contrário de teorias políticas que são "baseadas em metas" ou "em deveres"), e o direito que ele vê oculto em seus

---

35. *Anarchy* (vide n. 7), 157-60.

fundamentos é o "direito natural à igualdade de consideração e respeito". Na medida em que isso necessariamente manifesta seu apoio à "constituição liberal" e a "uma forma idealizada das estruturas econômicas e sociais atuais [dos Estados Unidos]", as implicações práticas dessa teoria acabam parecendo menos radicais do que seus leitores poderiam imaginar, dado seu ponto de partida[36].

O direito natural

Como vimos no último capítulo, a ideia de um direito natural transcendente, tendo saído totalmente de moda – exceto nas esferas de influência institucional católica – no século XIX e no início do século XX, ressuscitou imediatamente após a Segunda Guerra Mundial; embora – novamente, exceto no mundo católico – numa forma independente da doutrina religiosa. O novo direito natural, cujo primeiro apóstolo talvez tenha sido Gustav Radbruch, encontrou expressão na quarta edição de seu *Rechtsphilosophie*, que apareceu em 1950 logo depois de sua morte; um apêndice contém um ensaio intitulado "Injustiça legal e direito supralegislativo", expressão que, conforme ele escreveu, expressava a máxima que orientava a quantos estavam "empreendendo a luta contra o positivismo em todo lugar". Segundo ele, as leis dos nazistas, que haviam ignorado o valor jurídico central de tratar de modo igual casos iguais embora diferenciassem os casos que não eram iguais, não "participavam de nenhum modo do caráter do direito; não eram apenas leis erradas, não eram leis de espécie alguma"; são exemplos as medidas que autorizavam o tratamento de seres humanos como sub-humanos e a aplicação indiscriminada de uma pena única (a morte) para uma ampla gama de infrações, por motivos de pura intimidação. Em outro ensaio do mesmo apêndice ele afirmou, outra

---

36. *Taking Rights Seriously* (vide n. 18), cap. 6 ("Justice and Rights").

vez, que, quando as leis desafiam deliberadamente o instinto de justiça, elas não são válidas; "as pessoas não devem obediência a elas, e também os advogados e juristas devem encontrar coragem para negar seu caráter de lei". Outro jurista alemão, Helmut Coing (nascido em 1912), tratou recentemente (1985) e de forma mais sistemática a questão da resistência: "As violações deliberadas [do direito natural] devem ser combatidas com a resistência passiva. A resistência ativa, que chega até o uso da força, não é *exigida* pela moral. Mas, em face de um governo criminoso agindo deliberadamente de maneira proibida pelo direito natural, a resistência é tanto permitida como legítima de acordo com esse direito".

O principal representante francês do direito natural revivido é Michel Villey, que segue quase a mesma tradição tomista de seu compatriota Maritain, da geração anterior. Villey, num ensaio em que elogia a obra de Gény do início do século, criticou porém sua tentativa de construir (partindo de seu esquema dos *donnés*) um grupo de normas supostamente independente dos esforços de elaboração e interpretação legal dos juristas; era necessário algo mais sutil, algo em que houvesse espaço tanto para o reconhecimento dos imperativos naturais como para a escolha entre uma ampla série de possíveis modos concretos de regular a vida:

> [O direito natural clássico] não era uma doutrina totalitária; buscava antes atribuir os papéis adequados ao direito positivo e a outras fontes; e, na ideia de direito, buscava estabelecer uma distinção entre aquele que está estabelecido, o direito positivo, e o que não está. Em suma: se a fonte suprema do direito se encontra na observação da ordem que se pensa estar por trás da natureza, é mais fácil entender o papel desempenhado pela opinião jurídica, pelo precedente judicial, pelo desenvolvimento criativo do direito; e, por outro lado, se a autoridade política é uma característica natural da existência, podemos apreciar e definir melhor a função, que normalmente recai sobre essa autoridade, de expressar o direito natural e suplementá-lo, dando-lhe as concretizações preci-

sas necessárias. Serão encontradas no direito natural autêntico orientações muito pertinentes para nos ajudar a decidir em que tipos de condições o direito do Estado deve ser seguido estritamente, e em que condições, ao contrário, a interpretação da lei deve dar preferência à indagação sobre a solução naturalmente justa.

Ensaios muito mais radicais sobre o direito natural vieram da ciência jurídica anglo-americana. Cronologicamente, o primeiro foi o de H. L. A. Hart, apresentado como parte de seu *Conceito de direito* (1961); em certo sentido, sua tese não se enquadra na tradição do direito natural, visto que esta expressão, para ele, não prescreve um padrão, mas apenas explica por que, de fato, certos tipos de norma podem ser encontrados em todas as sociedades humanas. Há um pequeno número de fatores inalteráveis na condição humana; e, se os homens querem continuar vivendo (o que devemos presumir), é "natural" que haja normas ligadas a esses fatores, conciliando-os com a meta da sobrevivência. (Talvez, portanto, a abordagem de Hart deva ser catalogada mais como um tipo de antropologia especulativa do que como uma tese de direito natural.) De qualquer modo, as características centrais da existência humana, segundo Hart, são, primeiro, que os homens são vulneráveis; segundo, que são aproximadamente iguais em força física; terceiro, que só têm um altruísmo limitado; quarto, que só têm à sua disposição recursos materiais limitados; e quinto, que têm entendimento e força de vontade limitados. Se as coisas tivessem evoluído de modo diferente – por exemplo, se os homens não fossem vulneráveis a outros de sua própria espécie, ou se o globo terrestre oferecesse uma abundância ilimitada de tudo de que eles precisassem, sem a necessidade do trabalho –, sua sobrevivência poderia ser assegurada com um mecanismo jurídico muito mais rudimentar. Sendo as coisas tais como são, sua condição atual exigirá, para que eles sobrevivam, *algum* tipo de norma destinada a proteger as pessoas umas das outras e das consequências de suas próprias fraquezas de corpo e de mente; bem como *algum* tipo de regime (não necessariamente um regime de propriedade privada) para a administração e conservação dos recursos do globo terrestre, e a salvaguarda e a distribuição do que ele produz. A essa proposição Hart chama um direito natural de "conteúdo mínimo", e seus "truísmos simples" sobre a existência humana desvendam o "cerne de bom senso" na doutrina do direito natural[37]. Mas podemos dizer que sua teoria baseada em truísmos poderia ser mais interessante e frutífera se – como teria sido facilmente possível – vários outros truísmos lhe tivessem sido acrescentados, como por exemplo que a prole humana permanece durante longo tempo dependente dos pais física e educacionalmente, ou que os processos mentais dos seres humanos são inescrutáveis para seus companheiros, ou que os seres humanos são infinitamente diversos em um grande número de aspectos. Em outras palavras, o *kit* de sobrevivência de Hart também serviria para os animais, mas não parece estar suficientemente focado na pessoa e na personalidade *humana* em dimensões que parecem tão inerentes a esta quanto a vulnerabilidade física. Afinal de contas, o que nos preocupa é a sobrevivência dos seres humanos em todos os seus aspectos essenciais, e, se esses tivessem sido mais explorados, a lista de conteúdo mínimo de Hart poderia ter crescido consideravelmente, bem como, talvez, poderia ter tido um aspecto de convergência com as perspectivas do direito natural mais tradicionais.

Vimos anteriormente neste capítulo que o americano Lon Fuller apresentou, em seu livro *The Morality of Law* (1969), um catálogo de critérios pelos quais a justiça de uma lei poderia ser avaliada. Vale a pena notar aqui que esses critérios, para ele, somavam-se para formar um tipo de direito natural, embora separado da tradição estabelecida por São Tomás. "Esses princípios", perguntava ele,

> representam alguma espécie de direito natural? A resposta é enfaticamente sim, mas com certas ressalvas. O que tentei

---

37. *Concept* (vide n. 14), 188-95.

fazer foi discernir e formular as leis naturais de um tipo particular de empreendimento humano, que descrevi como "o empreendimento de sujeitar a conduta humana ao controle normativo". Essas leis naturais não têm relação alguma com nenhuma "onipresença meditativa nos céus". Tampouco têm a menor afinidade com uma proposição como aquela de que a prática da contracepção é uma violação da lei de Deus[38]. Continuam sendo inteiramente terrestres em sua origem e aplicação... são iguais às leis naturais da carpintaria, ou pelo menos às leis respeitadas por um carpinteiro que quer que a casa que ele constrói permaneça de pé e sirva para os propósitos daqueles que vivem nela... Como um modo conveniente (embora não totalmente satisfatório) de descrever a distinção em questão, podemos falar de um direito natural processual, distinto do direito natural substantivo. O que chamei de moralidade interna do direito [isto é, *seus critérios de justiça*] é, nesse sentido, uma versão processual do direito natural.[39]

Quanto à busca de um direito natural substantivo, Fuller rejeita de plano a hipótese inicial de Hart, isto é, a centralidade do objetivo da sobrevivência: "Como Tomás de Aquino salientou há muito tempo, se o objetivo mais elevado de um capitão fosse preservar seu navio, ele o manteria sempre no porto". Ele acreditava, em vez disso, em algo mais excêntrico, mas também mais comovente:

> se fôssemos obrigados a identificar o princípio que apoia e inspira toda a aspiração humana, nós o encontraríamos no objetivo de manter a comunicação com nossos companheiros... A comunicação é algo mais que um meio de permanecer vivo: é um modo de viver. É por meio da comunicação que herdamos as realizações dos esforços humanos do passado. A possibilidade de comunicação pode reconciliar-nos com a ideia da morte, assegurando-nos que o que realizar-

---

38. As frases citadas são alusões, respectivamente, às palavras usadas por O. W. Holmes (citado no cap. 9) e à encíclica *Humanae vitae* (do papa Paulo VI), publicada em 1969.
39. *Morality of Law* (vide n. 32), 96; Lloyd, *Introduction*, 190-1.

mos enriquecerá a vida dos que virão... Se me pedissem, então, que distinguisse um princípio indiscutivelmente central do que pode ser chamado de direito natural substantivo – Direito Natural com letras maiúsculas –, eu o encontraria na determinação: abra, mantenha e preserve a integridade dos canais de comunicação pelos quais os homens transmitem uns aos outros o que eles percebem, sentem e desejam.[40]

A essas duas versões modernas do direito natural ligadas à Terra deve ser acrescentado um sistema muito mais elaborado e de construção mais densa, o do jurista e filósofo britânico (originalmente australiano) John Finnis. Finnis, embora católico declarado e convicto, não constrói sobre sua crença ou sobre a autoridade da Igreja, mas, como Grócio, sobre a razão; na cadeia do direito natural que ele apresenta, Deus não é o primeiro elo, e sem o último. O primeiro elo é a identificação – que para Finnis não resulta da observação empírica, mas da introspecção ou "reflexão" (apesar de não ser fácil saber como a reflexão de um adulto pode prosseguir sem ser influenciada por sua experiência geral) – de certos valores básicos da existência; estes "não são princípios demonstráveis, mas evidentes por si, que amoldam nosso raciocínio prático" e são acessíveis mediante a "reflexão sobre nosso próprio caráter". O primeiro deles (e o único que goza de uma lógica inabalável) é o valor ou o bem do *conhecimento*; não podemos negar isso, porque se o fizéssemos – evidenciando assim uma preocupação quanto a ser a proposição verdadeira ou falsa – solaparíamos automaticamente nossa discordância. Mas, além da verdade ou do conhecimento, há outras coisas que, de uma forma ou de outra, todas as sociedades parecem valorizar e que nós mesmos achamos intuitivamente óbvias: a "universalidade de alguns valores básicos numa vasta diversidade de realizações". São eles: a vida, o divertimento ou ludicidade ("cada um de nós compreende a importância de certas atividades

---

40. *Morality of Law* (vide n. 32), 96; Lloyd, *Introduction*, 199.

que não têm outro objetivo além da atividade em si, desfrutada por causa do que ela é em si mesma"), a experiência estética, a amizade e a sociabilidade, a razoabilidade prática e a religião (que é a importância de refletir sobre as ordens da existência em nós mesmos e sobre a ordem cósmica e sua origem, e, se possível, alcançar a harmonização dessas ordens). Todos os outros valores da existência, que são inumeráveis, Finnis acredita que podem ser reduzidos a segmentos ou consequências necessárias de um ou outro desses sete valores centrais[41].

Essa lista, embora ninguém possa considerá-la arbitrária, talvez seja discutível (Hart, por exemplo, não a aceitaria)[42], assim como o método pelo qual foi produzida. Um aspecto mais interessante do livro que apresenta a teoria de Finnis, *Natural Law and Natural Rights* [*Lei natural e direitos naturais*] (1980), é sua exposição do valor que ele chama de "razoabilidade prática"; esse é "o bem básico de ser capaz de fazer nossa própria inteligência relacionar-se eficazmente (pelo raciocínio prático que desemboca na ação) com os problemas de escolher nossas ações e estilo de vida e de formar nosso caráter"[43]. Essa razoabilidade prática, para alguém cujo problema é escolher um curso de ação na elaboração de leis, manifesta-se em certos requisitos "fundamentais, não derivados, irredutíveis"; o "método jusnaturalista" de derivar a "lei natural" (moral) dos "primeiros princípios do direito natural" (pré-moral). Esses requisitos são, primeiro de tudo, a aceitação de que a vida deve ter um "plano racional" (algo que Rawls também disse). Depois, não deve haver "nenhuma redução ou exagero arbitrário de nenhum valor básico" (mas, nessa linha de raciocínio, os quatro bens primários de Rawls compõem um programa "muito magro"). Não deve haver nenhuma preferência arbitrária quanto às pessoas. Deve ser preservado um equilíbrio entre o compro-

---

41. *Natural Law and Natural Rights* (Oxford, 1980), caps. 3. 4. [Trad. bras. *Lei natural e direitos naturais*, Porto Alegre, Ed. da Unisinos, 2007.]
42. *Essays in Jurisprudence and Philosophy* (Nova York, 1983), Introdução.
43. *Natural Law* (vide n. 41), 88.

misso e o desprendimento; tanto o fanatismo como a indiferença (que talvez deva ser chamada de "descompromisso") devem ser evitados. Os meios escolhidos devem ser eficientes para atingir um propósito razoável (aqui Finnis muda de direção para destruir a fórmula utilitária superficial do "maior bem para o maior número", deixando talvez de notar o quanto ela foi importante em sua época como um padrão de revolta contra a parcialidade e a insensatez antigas). O legislador (ou juiz) não deve fazer nada "que por si mesmo só cause dano"; todos os seus atos devem mostrar respeito por todos os valores básicos, e ele nunca pode escolher diretamente contra um deles. Deve respeitar os requisitos do bem comum e não deve violar sua própria consciência fazendo alguma coisa que ele sinta que, "no fim das contas, não deve ser feita"[44].

Nessa lista, o elemento mais difícil de entender e aceitar é o "bem comum"; Finnis define-o como a maximização da participação das pessoas nos bens básicos da vida já descritos. A participação, em sua filosofia, é ativa; não estamos ali apenas para receber, mas para fazer e realizar. Consequentemente, uma lei que priva as pessoas da oportunidade de participar nesse sentido – por exemplo, pela centralização de funções que elas, ou pequenos números delas, poderiam desempenhar por si mesmas (o princípio católico da subsidiariedade) – é uma violação da justiça que requer que o legislador proporcione às pessoas esse bem básico. Um raciocínio semelhante maximiza a autonomia pessoal; e, corroborado pela experiência, sugere a virtude superior de um regime de propriedade privada de bens (que têm assim mais probabilidade de serem usados apropriada e eficientemente). Porém, o mesmo raciocínio condenará a pura ganância que leva os homens a acumular riquezas sem torná-las disponíveis para o uso; essa atividade, além do mais, viola o primeiro princípio da justiça "distributiva", que é a igualdade. O mesmo vale para o desperdício de recursos.

---

44. Ibid. 125.

Por outro lado, uma desigualdade na distribuição pode ser justificada com base em que a parte que ganha é distinguida por sua função, ou sua capacidade, ou seus méritos, ou até por aceitar mais o risco, de modo que se torne justa sua cota maior. O bem comum, além disso, exige a existência, na sociedade, de alguma *autoridade* (que é a única alternativa à unanimidade para regular os assuntos humanos); mas Finnis não eleva ao plano do direito natural nenhuma configuração particular de autoridade, isto é, não a identifica necessariamente com a democracia parlamentar. Quanto às leis que transgridem os cânones de Finnis, as leis injustas, trata-se, segundo ele, de uma distorção do conceito de direito natural resumir em uma máxima que tais leis não são leis em hipótese alguma. Há vários níveis diferentes nos quais elas podem ser avaliadas, e ele aceita totalmente a distinção entre as leis como elas são e as leis como deveriam ser. Obedecer ou não a uma lei injusta é uma questão prática e frequentemente perigosa, que não pode ser respondida em termos absolutos, porque "depende em alto grau de variáveis sociais, políticas e culturais"[45]; mas devemos ponderar, por exemplo, se não será melhor obedecer a uma lei que em si mesma é injusta mas faz parte de um sistema que, em seu todo, é justo; ou se nossa desobediência – influenciando os outros e desacreditando todo o sistema – não fará mais mal do que bem[46]. Esse resumo é tudo o que pode ser feito aqui, e ele sem dúvida não faz justiça a um empreendimento tão formidável e minuciosamente argumentado como o de Finnis, cuja única fraqueza talvez seja que suas percepções parecem estar limitadas por seus condicionantes pessoais.

O único lugar do mundo ocidental em que o direito natural no sentido tomístico ainda sobrevive fora da Igreja católica (embora certamente em virtude de sua influência

---

45. *Natural Law* (vide n. 41), 362.
46. Ibid. 361.

original) é a Irlanda e a teoria do direito aplicada pelos tribunais irlandeses. Muitos anos se passaram após a espetacular afirmação dos valores do direito natural feita pelo juiz-presidente Kennedy em *The State (Ryan) vs. Lennon*[47], até que essa nota fosse ouvida outra vez no tribunal. Porém, uma nova geração de juízes subiu às bancas na década de 1960, não intimidados, como haviam sido seus predecessores, pela tradição positivista do *common law* posterior à Reforma. O primeiro sinal do que estava por vir foi visto em um artigo, escrito para uma revista jurídica, de um advogado que, no intervalo entre sua redação e publicação, foi nomeado para a Alta Corte (e posteriormente para a Suprema Corte); neste, ele afirmou diretamente que, "se uma decisão judicial rejeita a lei divina ou não tem como seu objetivo o bem comum, ela não tem o caráter de lei"[48]. Essa disposição de ânimo tornou-se comum nos tribunais da década de 1960 em diante. Tanto em *Murphy vs. P. M. P. A. Insurance Co.*[49] como em *The State (Healy) vs. Donoghue*[50], os juízes da Alta Corte afirmaram a existência de "direitos naturais" (no contexto, respectivamente, do direito natural de uma pessoa à confidencialidade, e do direito de um acusado de ser tratado imparcialmente). Em *G. vs. An Bord Uchtála*[51], outro juiz da Alta Corte disse que "os laços afetivos entre [mãe e filho] dão a ela direitos que brotam da lei da natureza". E em *Northants County Council vs. ABF*[52] o presidente da Alta Corte disse (novamente no contexto dos direitos dos pais) que "a lei natural é de aplicação universal e aplica-se a todas as pessoas humanas, sejam elas cidadãs do Estado ou não".

---

47. 1935 IR 490.
48. 35 MLR (1962), 544, 557 (Séamus Henchy). Ele acrescentou: "Essa ideia não é um acréscimo estranho ao *common law*. É tão antiga quanto Coke."
49. Não relatado; Alta Corte (juiz Doyle), 21 fev. 1978.
50. 1976 IR 325.
51. 1980 IR 32. (An Bord Uchtála: "o Conselho de Adoção").
52. 1982 ILRM 164.

Os direitos

Associada à teoria do direito natural, e de certo ponto de vista uma parte dela, a questão dos direitos naturais ou fundamentais ocupa lugar de destaque na ciência jurídica do final do século XX. Seu perfil, especialmente nos Estados Unidos, foi condicionado pelo fato de que vários temas do debate político, na década de 1960 e depois, estavam centrados nos direitos: direitos civis para pessoas discriminadas por sua cor de pele, direitos iguais para as mulheres, os direitos em jogo (de ambos os lados) na época do protesto contra o envolvimento dos Estados Unidos na guerra do Vietnã, contra o armamento nuclear, contra o alistamento obrigatório no exército, contra a degradação ambiental e assim por diante. Aqui, o nome mais importante é o do americano Ronald Dworkin, e o texto principal, sua coleção de ensaios intitulada *Levando os direitos a sério* (1978). Seguindo a linha de argumento de John Rawls, já mencionada, ele a interpreta e a aceita como proposição de que "a justiça como equidade baseia-se na suposição do direito natural de todos os homens e mulheres à igualdade de consideração e respeito, um direito que eles possuem não em virtude de seu nascimento ou características, mérito ou excelência, mas simplesmente como seres humanos, com capacidade de fazer planos e ministrar a justiça". A esfera em que opera esse direito à igual consideração e respeito é a do "projeto das instituições políticas"[53]. Porém, a partir dessa ideia muito geral, Dworkin (escrevendo numa época de desobediência civil, que ele estava inclinado a ver sob uma luz favorável) elabora uma sequência de direitos que não são necessariamente passíveis de minimização pelo simples fato de isso ser exigido pelo interesse geral. Ao contrário, eles se assemelham ao que ele chama de "trunfos", que "batem", ou prevalecem sobre, os atos oficiais executados em vista de uma política que se supõe conduzir a uma meta

---

53. *Taking Rights Seriously* (vide n. 18), 182.

pública desejável. A mim, para tomar um exemplo que pode parecer provocativo, "se alguém tem o direito de publicar pornografia, isso significa que é errado que as autoridades, por qualquer motivo, atuem violando esse direito, mesmo que acreditem (corretamente) que a comunidade como um todo estaria melhor se elas atuassem". Os direitos, segundo ele, não são um dom de Deus, mas são implicados pelo direito primordial à igualdade. Compete ao Estado estabelecer a integridade desses direitos, e isso será necessariamente "uma prática complexa e problemática, que torna a mim difícil e dispendioso o trabalho do governo de assegurar o benefício geral"[54]. Em outras palavras, como se torna claro em diferentes partes da obra de Dworkin, os direitos, uma vez identificados, não podem ser anulados (a menos que haja "razões especiais", contudo não especificadas); e o Estado deve simplesmente arcar, de boa vontade, com as consequências. Essa abordagem, muito sintonizada com o lado liberal do pensamento americano na década de 1960, envolve necessariamente, para o Estado e a comunidade, a aceitação do ônus da desobediência civil como legítimo, quando a consciência dos indivíduos ditar esse comportamento.

Para John Finnis, os direitos encaixam-se perfeitamente no esquema global já descrito. Embora ele pense que, na exposição dos requisitos da justiça, a noção de dever tenha um "papel explanatório mais estratégico" que a de direito (e ele também chama atenção para a introdução relativamente recente – isto é, pós-medieval – da ideia de alguém *ter* um direito), o moderno "discurso sobre direitos" é adequado. Mas quando vemos um manifesto de direitos humanos, como a Declaração Universal ou a Convenção Europeia, o que vemos na realidade é apenas uma espécie de raio X analítico do bem comum (que, como dissemos, é o pilar principal da estrutura de seu direito natural). Por um lado, "não devemos dizer que os direitos humanos, ou seu

---

54. Ibid. 198.

exercício, estão sujeitos ao bem comum; porque a conservação dos direitos humanos *é* um elemento fundamental do bem comum". Mas, por outro lado, é claro, "podemos dizer com propriedade que a maior parte dos direitos humanos estão sujeitos ou limitados uns pelos outros ou por outros *aspectos* do bem comum, aspectos que provavelmente poderiam ser agrupados sob uma concepção muito ampla dos direitos humanos, mas que são apropriadamente indicados... por expressões como 'moral pública', 'saúde pública', 'ordem pública'". Quanto à questão da existência ou não de direitos humanos *absolutos*, cuja minimização não pode ser justificada por motivo algum, há uma resposta em um de seus preceitos de razoabilidade prática legislativa, a saber, o que proíbe a execução de qualquer coisa diretamente contrária a algum dos valores básicos da existência; isso acarreta o direito humano absoluto (em face das pessoas a quem essa proibição se dirige) de "não ser privado da vida diretamente como um meio para qualquer outro fim"; mas também

> o direito de não ser positivamente enganado em qualquer situação em que haja expectativa razoável de comunicação factual... e o direito correspondente de não ser condenado com base em acusações sabidamente falsas; e o direito de não ser privado... da capacidade de procriar; e o direito a ser tomado em respeitosa consideração em qualquer avaliação sobre o que o bem comum requer.[55]

Essa é uma lista bastante modesta de direitos incondicionais, mas realista, porque Finnis, ao contrário de Dworkin, admite que o bem público etc. limita inevitavelmente o exercício da maior parte dos direitos pessoais e políticos convencionais, o que é expressamente reconhecido pela maioria, se não pela totalidade, dos manifestos de direitos humanos, quer em Constituições nacionais, quer em instru-

---

55. *Natural Law* (vide n. 41), 225.

mentos internacionais. Ele chama a atenção, também, para as limitações práticas impostas, por exemplo, à liberdade de expressão, por considerações muito mais triviais e menos sensíveis politicamente (e por isso habitualmente esquecidas) do que a defesa da decência pública e da autoridade do Estado, tais como "a lei de patentes, direitos autorais, contratos de restrição de comércio e proteção de segredos industriais e propriedade intelectual; propagandas enganosas ou perigosas e a proteção do consumidor de modo geral; difamação oral e por escrito; ... incitação grave ao crime; segredos oficiais, etc."[56]. O que ele quer dizer, presume-se, é que aqueles que acham que as leis contra a pornografia ou a subversão política são usurpações injustas da liberdade de expressão achariam essa lista formidável bem mais difícil de atacar. Não obstante, podemos notar que Finnis, de qualquer modo, compartilha um fundamento comum com Dworkin, porque entende que os direitos têm sua raiz essencialmente na igualdade humana: "O uso moderno do discurso de direitos põe corretamente em evidência a igualdade, a verdade de que todo ser humano é um foco de florescimento da humanidade em si, que deve ser considerado um benefício tanto para ele mesmo como para os outros. Em outras palavras, o discurso de direitos mantém a justiça no primeiro plano de nossas considerações"[57].

Podemos aqui, como no campo mais amplo do direito natural, dizer algo sobre a moderna teoria jurídica dos tribunais irlandeses, influenciados neste caso, certamente, pela Suprema Corte dos Estados Unidos, na área dos direitos. Tanto na Irlanda como nos Estados Unidos arraigou-se uma teoria judicial no sentido de que os direitos que os tribunais podem fazer valer não são apenas os expressamente enunciados na Constituição escrita do Estado, mas abarcam também uma "penumbra" de direitos pessoais não especificados, a qual é função dos tribunais identificar e justi-

---

56. Ibid. 229.
57. Ibid. 221.

ficar como fundamentais quando se apresentar a ocasião. No caso americano, essa doutrina tem pelo menos o apoio da Nona Emenda da Constituição, que diz expressamente: "A enumeração de certos direitos na Constituição não será interpretada de forma a negarem-se ou restringirem-se outros retidos pelo povo." Na Irlanda, a Constituição não contém essa ressalva; mas tem de fato a característica – negligenciada durante o debate da Dáil sobre o projeto dela e que provavelmente ninguém supunha viesse a ter o efeito que lhe foi atribuído mais tarde[58] – de que, além dos direitos fundamentais especificados e enumerados individualmente nos artigos 40-44, seu artigo 40.3 fala dos "direitos pessoais" do cidadão em termos gerais (sem identificá-los com os explicitamente enunciados) e obriga o Estado a "respeitá-los" e "defendê-los". A evolução da doutrina da "penumbra dos direitos" tem origens mais remotas, mas sua forma moderna nos Estados Unidos pode ser relacionada, primeiro, com o voto divergente do juiz Douglas em *Poe vs. Ullman*[59], em 1961, e depois com a decisão da Suprema Corte em *Griswold vs. Connecticut*[60], em 1965. No caso *Griswold*, o juiz Goldberg tratou do problema de como os tribunais poderiam justificar um direito que é fundamental, e citou as palavras do juiz Douglas no caso anterior, embora também se apoiasse na Nona Emenda:

> [Essa emenda] mostra que os constituintes acreditavam que existem direitos fundamentais não enumerados expressamente nas oito primeiras emendas, e evidencia a intenção de que essa lista de direitos incluída na Constituição não fosse considerada exaustiva... Ao determinar quais direitos são fundamentais, os juízes não têm liberdade para decidir as causas à luz de suas convicções pessoais e particulares. Antes, devem considerar as "tradições e a consciência [coletiva] de nosso povo" a fim de determinar se um princípio

---

58. Vide Kelly, *Irish Constitution* (vide n. 28), 473 ss.
59. 367 US 497, 516-22.
60. 381 US 479.

está [ali] "tão enraizado que possa ser classificado como fundamental"... [A "Liberdade"] também "recebe seu conteúdo das emanações [das] garantias [constitucionais] específicas" e "da experiência direta das exigências de uma sociedade livre".

Está claro que a doutrina americana se conserva afastada da teoria dos direitos naturais e dá eficácia à Nona Emenda por meio do que poderíamos chamar de introspecção judicial do *Volksgeist*. Na Irlanda, por outro lado, a tradição da submissão ao direito natural tomista espalhou-se sobre a área da "penumbra de direitos". Na primeira decisão judicial que marcou esse desenvolvimento, *Educational Co. vs. Fitzpatrick (N.º 2)*[61], o juiz Kingsmill More (que era protestante) disse: "O direito de dispor do próprio trabalho e de retirá-lo parece-me um direito pessoal fundamental que, embora não mencionado especificamente na Constituição em suas garantias, é um direito da natureza que não posso conceber ter sido afetado adversamente por qualquer coisa dentro da verdadeira intenção da Constituição". Nesse litígio, um empregador opunha-se a um sindicato que procurava obrigá-lo a contratar somente trabalhadores sindicalizados; o Estado não estava diretamente envolvido. Mas alguns anos depois uma cidadã, que considerava que o acréscimo de flúor à água fornecida ao público (acréscimo esse que havia pouco tinha sido autorizado por uma lei) era uma ameaça a sua saúde e à de sua família, processou o Estado sob a alegação de que a lei de autorização era inconstitucional por violar seu "direito à integridade física", um direito não especificado na Constituição, mas que, segundo ela, estava latente na referência geral aos "direitos pessoais" do cidadão.

Ela não conseguiu fazer com que a lei fosse declarada nula; mas a Alta Corte e a Suprema Corte concordaram sucessivamente com ela quanto ao fato de que os direitos

---

61. 1961 IR 345.

não enumerados estavam ocultos na Constituição e, num nível mais profundo, na natureza, e que os tribunais podiam identificá-los e impô-los quando a ocasião se apresentasse. Como critério para encontrá-los, o juiz Kenny da Alta Corte propôs a "natureza cristã e democrática do Estado" e citou uma encíclica recente do papa João XXIII, *Pacem in terris*, que tinha enfatizado os direitos naturais do homem, em particular aquela parte que tinha inspirado a demandante: "Começando nossa discussão dos direitos do homem, vemos que todo homem tem direito à vida, à integridade física e aos meios necessários e suficientes para o desenvolvimento adequado da vida." Desde a época desse caso (*Ryan vs. Procurador-Geral*[62]), os tribunais irlandeses identificaram vários outros direitos não enumerados, em alguns casos deixando transparecer seu compromisso tradicional com o direito natural. Em *O Estado (Nicolou) vs. An Bord Uchtála*[63], a Suprema Corte disse que estava "absolutamente claro que os direitos referidos no artigo 40.3 são os que podem ser chamados de direitos pessoais naturais".

Em *G. vs. An Bord Uchtála*[64], o juiz O'Higgins, presidente da Suprema Corte, disse que o direito da mãe solteira a seu filho estava "claramente baseado na relação natural que existe entre mãe e filho". Em *Procurador-Geral vs. Paperlink*[65], o juiz Costello disse que, "visto que o ato de comunicação é o exercício dessa faculdade humana básica... o direito de se comunicar é inerente ao cidadão em virtude de sua personalidade humana e deve ser garantido pela Constituição". E em *Norris vs. Procurador-Geral*[66], no qual o demandante, por três votos contra dois, não conseguiu persuadir a Suprema Corte de que as leis que penalizavam os atos homossexuais eram uma invasão de seu direito não enumerado à privaci-

---
62. 1965 IR 294.
63. 1984 IRLM 373.
64. 1966 IR 567.
65. 1984 IRLM 373.
66. 1984 IR 36.

dade, um dos juízes divergentes, o juiz Henchy, disse que "o direito à privacidade é inerente a todo cidadão em virtude de sua personalidade humana" e, portanto, ele achava que devia merecer a proteção do artigo 40.3.

O realismo e a função judicial

Entre as muitas facetas do *Conceito de direito* de Hart está a confrontação com o realismo americano, pelo menos na forma chamada de "ceticismo em relação às normas". Ao mero fato (reconhecido em todas as épocas, como documentamos nas seções dos capítulos precedentes devotadas à equidade) de que nenhuma lei pode ter disposições específicas para todos os casos possíveis, e que em consequência os juízes devem conservar uma área de discricionariedade, certa liberdade para escolher uma das várias aplicações possíveis, e às brechas que assim se abrem para a afirmação que compara o direito com a previsão da direção que o tribunal seguirá, Hart não atribui nenhuma importância: "Em todos os campos da vida, não somente no das normas, há um limite, inerente à natureza da linguagem, para a orientação que a linguagem geral pode fornecer... a incerteza nessa área limítrofe é o preço a ser pago pelo uso dos termos gerais de classificação"[67]. Essa incerteza implica o reconhecimento de que todas as normas têm uma "textura aberta" (embora o grau de abertura varie de norma para norma; por exemplo, fins sociais peculiarmente importantes, como a proteção da vida, exigem leis contra o assassinato que têm uma área muito pequena de textura aberta). Não obstante, os juízes partem das normas e consideram que sua atividade consiste em aplicar normas que eles aceitam internamente. Imaginar que não há limites para a área de textura aberta, isto é, para a liberdade dos juízes de fazer o que bem entenderem, é ignorar o modo

---

67. *Concept*, 123, 125.

como as normas funcionam na vida real. Hart busca uma analogia reveladora, como frequentemente faz em outros contextos, no mundo do esporte: em um jogo que envolve contagem de pontos, o árbitro não pode ser desafiado, mas os jogadores podem contar os pontos mesmo sem ele (embora, às vezes, possam discordar de sua arbitragem), tomando por referência as regras que se supõe que tanto o árbitro como os jogadores reconhecem; e a contagem dos pontos pelos jogadores não é simplesmente uma previsão do que o árbitro vai anunciar. Naturalmente, é possível que um juiz ou árbitro ignore uma regra, porém isso não é razão para negar a validade da regra, e todos pensarão que o juiz que fizer isso terá se portado mal por ter deixado de aplicá-la[68].

É verdade, Hart reconhece, que mesmo a norma última de reconhecimento (isto é, a norma complexa que nos diz o que é direito e o que não é) pode conter incertezas, ter uma área de textura aberta; por exemplo, não há um consenso claro sobre a possibilidade de o Parlamento britânico poder ou não "redefinir" a si mesmo para propósitos futuros, mudando alguma exigência de forma em certos casos – exigindo, digamos, uma maioria de dois terços dos votos na Câmara dos Comuns para a aprovação de leis que tratam de certos assuntos. Se isso fosse feito, a questão da validade dessa determinação poderia ter de ser decidida por um tribunal que, na ausência de uma norma clara preexistente, poderia ter de fazer algo nunca feito antes, e para o qual não teria autoridade líquida e certa. Nesse caso, segundo Hart, pode ser que a autoridade do tribunal para tomar a decisão que tomou só venha a ser reconhecida depois de a decisão ter sido "deglutida"; e nesse caso, também,

> nos limites extremos dessas coisas realmente fundamentais, devemos acolher de bom grado os céticos em relação às normas, contanto que eles não esqueçam que é só no limite que

---

68. Ibid. 138 ss.

eles são bem-vindos; e não queiram encobrir que o que torna possível [tal] desenvolvimento surpreendente, pelos tribunais, das normas mais fundamentais é, em grande parte, o prestígio acumulado pelos tribunais em virtude de, no passado, se terem deixado orientar inquestionavelmente pelas normas nas vastas áreas centrais do direito.[69]

Estudos jurídicos críticos

Os representantes mais radicais do realismo americano nos tempos modernos se encontram no chamado movimento dos "estudos jurídicos críticos", cujo berço, nas décadas de 1970 e 1980, foi a faculdade de direito de Harvard. A essência da teoria dos estudos jurídicos críticos é que ela nega ao direito e às decisões judiciais qualquer caráter especial que os separe da política e das decisões políticas. Ela não adota a posição marxista de que o direito em uma sociedade capitalista não é mais que um mecanismo para sustentar as estruturas que agradam as classes dominantes; mas sustenta que o direito é uma manifestação disfarçada da política, e suas pretensões de atuar com objetividade e transcender os compromissos políticos são uma fraude. Porém, longe de propor que recomecemos do zero e inventemos um sistema jurídico genuinamente objetivo, a escola dos estudos jurídicos críticos visa fundir institucionalmente o direito e a política e envolvê-los num processo de transformação consciente e perpétuo. Na situação atual, tanto o direito público como o direito privado são planejados para isolar dos "conflitos" intrínsecos à vida os modos de operação correntes da democracia e a prática corrente do mercado; essas estruturas isoladas representam "hierarquias", ou "hegemonias", que cabe ao movimento liquidar. As sociedades orientadas pelo marxismo, naturalmente, também possuem essas "hierarquias" e "hegemonias", e assim a teo-

---

69. *Concept*, 150.

ria dos estudos jurídicos críticos se dirige igualmente contra elas; não obstante, o movimento é claramente de esquerda. As intuições marxistas, bem como as dos realistas americanos mais antigos, contam-se entre as influências geradoras dessa escola altamente controvertida[70].

Considera-se que a exposição clássica desse movimento é a que Roberto Unger (um de seus criadores, depois que entrou na faculdade de Harvard) apresentou em um artigo muito longo, nada fácil de ler – na verdade, com partes quase impenetráveis – em virtude do uso de muitas palavras abstratas e expressões empregadas de modo excêntrico, sugeridas evidentemente pelos contatos da escola com outras disciplinas como a sociologia moderna e a análise literária. Uma de suas preocupações é o que ele vê como a alternância prejudicial do poder político numa democracia, alternância que, falando em termos gerais, se dá entre as forças conservadoras e ciosas da propriedade, de um lado, e as forças socialistas-redistributivistas, do outro. Cada lado, pela necessidade de atrair para si uma grande área mediana do eleitorado, é obrigado a vender sua alma, adotando algumas das posições do outro; e esse fatigante vaivém, sustentado às expensas do cidadão, que é incapaz de escapar para algo melhor, torna-se inevitável graças à ação das inexpugnáveis estruturas constitucionais, a "ordem institucional estabelecida". Unger quer mudar para algo mais fluido:

> uma estrutura institucional, ela própria autorrevisão, que ofereça constantes ocasiões para romper com qualquer estrutura fixa de poder e coordenação na vida social. Uma estrutura emergente como essa seria destruída antes de ter a oportunidade de se proteger dos riscos do conflito usual... [Seria] uma comunidade política... aberta para a autorrevisão e mais

---

70. Para um interessante estudo sobre o impacto do movimento dos estudos jurídicos críticos sobre uma faculdade de direito tradicional, vide um artigo intitulado "Harvard Law", no *New Yorker*, 26 mar. 1984.

capaz de desmantelar qualquer estrutura de divisão social e hierarquia estabelecida ou emergente.[71]

Isso significa que o novo Estado de Unger estaria numa condição de estabilidade provisória no que concerne a suas instituições, mas não só isso; ele comunicaria (por sua intervenção compulsória) a mesma instabilidade a todas as estruturas nas áreas não estatais da sociedade. E faria isso porque, na nova comunidade política, as pessoas teriam quatro ordens de direitos, das quais uma ordem seria o que ele chama de "direitos de desestabilização, para impedir a petrificação de qualquer estrutura nova fora do alcance dos competidores":

> A ideia central do sistema dos direitos de desestabilização é respaldar uma pretensão contra o poder governamental, obrigando o governo a destruir aquelas formas de divisão e hierarquia que, contrariamente ao espírito da [nova] Constituição, só conseguem atingir a estabilidade na medida em que se distanciam dos conflitos transformadores que poderiam perturbá-las. Tal doutrina faria o trabalho empreendido pelas [intervenções de "igualdade de proteção" efetuadas atualmente pelos tribunais norte-americanos, mas o faria de modo mais racional].[72]

Um dos valores centrais da escola dos estudos jurídicos críticos é o da "comunidade", que para Unger se refere ao elemento social ou altruísta no mundo (e também no direito). Ele menciona, meramente para ilustrar sua posição, uma questão de direito constitucional e outra de direito privado, e tenta mostrar que, em ambas, o elemento "comunidade", de modo muito errado e arbitrário – ou antes não tão arbitrariamente, mas a fim de garantir a perpetuação das estruturas representadas pelo governo democrático, de um lado, e pelo princípio do mercado, do outro –, tem o papel subor-

---

71. "Critical Legal Studies", *Harvard Law Review* (1983), 561, 592, 607.
72. "Critical Legal Studies", *Harvard Law Review* (1983), 612.

dinado de mera qualificação adjetiva do que se supõe serem os princípios primários inerentes ao direito de cada uma dessas áreas; ao passo que, se fôssemos capazes de contemplar todo esse panorama com um olhar novo (e pudéssemos romper com ele e corrigi-lo), o elemento "comunidade" poderia facilmente, e mais satisfatoriamente, tomar o lugar central, e as supostas regras primárias seriam relativizadas e assumiriam posição muito mais modesta. Desse modo, no direito constitucional, as medidas do Estado devem ser gerais em sua aplicação (é este o princípio primário); certos grupos parecerão tão tipicamente prejudicados que necessitarão de tratamento especial por meio da jurisprudência da "igual proteção" desenvolvida pela Suprema Corte; esses grupos (negros, mulheres), porém, são arbitrariamente selecionados (a fim de que a intervenção da "proteção igual" continue sendo encarada como simples modificação secundária do princípio primário). Para Unger, o problema é que há muitos outros grupos em desvantagem, por exemplo aqueles geralmente com baixo poder de negociação ou de fazer *lobby* ou de tomar decisões. Então, por que não começar com a noção de aliviar todas as desvantagens, de justiça para todos e não apenas para negros e mulheres, como a fonte central do governo e do direito, quaisquer que sejam as consequências para o valor da generalidade? Em outras palavras, por que não inverter os respectivos papéis (atuais) dos princípios primários e secundários? Embora os secundários, ou "contraprincípios", "possam ser vistos como meras restrições aos princípios, eles também podem servir como pontos de partida para uma concepção de organização diferente de toda esta área do direito"[73]. A mesma operação é efetuada na ideia jurídica central da qual o mercado depende, isto é, a do contrato. Aqui, diz Unger, o princípio primário é a liberdade de contrato. Mas há um contraprincípio que é secundário (ele diz): a saber, o de que a liberdade "não poderá funcionar de

---

73. Ibid. 618.

modo a subverter os aspectos comunais da vida social". O contraprincípio sobrevive em várias modificações da liberdade de contrato, todas ligadas pelo fato de estarem enraizadas na ideia de equidade. Mas por que relegar esse valor de equidade da "comunidade" a um papel secundário? Por que, aqui também, não começar tudo de novo e construir essa área do direito em torno da equidade, que então se estenderá para contextos em que, no presente, a liberdade de contrato reina irrefreada? Por que, aqui também, não inverter os papéis do princípio e do contraprincípio, deixando que o suposto valor da liberdade de contrato lute para se afirmar por si mesmo no mundo contratual reconstruído? Assim, tanto no direito público como no privado, os contraprincípios de Unger "podem até servir como pontos de partida para um sistema de direito e doutrina que inverte a relação tradicional e reduz os princípios a um papel especializado"[74].

A implicação de tudo isso (mesmo supondo-se que se baseie em uma análise precisa do sistema existente) é naturalmente revolucionária, e também parece provável que termine em anarquia, um comentário plausível sobre um esquema informado pelo desejo de incessante ruptura e remodelamento. Mesmo a escolha da linguagem de Unger sugere um espírito afinado emocionalmente com a destruição, como quando ele escolhe a expressão "capacidade negativa" para descrever a condição desejável da sociedade:

> Capacidade negativa é o fortalecimento prático e espiritual, individual e coletivo, possibilitado pelo desentranhamento das estruturas formativas. Desentranhamento não significa instabilidade permanente, mas a elaboração de estruturas que transformam a ocasião de sua reprodução em oportunidades para sua correção. O desentranhamento, portanto, promete libertar as sociedades de seu cego vaivém entre a estagnação prolongada e a revolução rara e arriscada. Uma tese desse artigo é que os contextos formativos de hoje [isto

---

74. "Critical Legal Studies", *Harvard Law Review* (1983), 633.

é, a democracia ocidental e a economia de mercado, com os aparatos com que elas trabalham] impõem restrições desnecessárias e injustificáveis ao crescimento da capacidade negativa.[75]

As objeções à tese de Unger, todavia, também se contrapõem à sua descrição do sistema existente. John Finnis, concentrando-se na análise de Unger do contrato anglo-americano, rejeita a ideia de que a justiça, de certo modo, só é admitida de má vontade em um mundo em que na maioria das vezes são o egoísmo e as "transações comerciais impiedosas" que são apoiados; ao contrário, mesmo as transações comerciais são um aspecto da simpatia civil, a *philía politiké*, que Finnis expôs em seu *Natural Law and Natural Rights*; e, de fato, "o direito e a doutrina do contrato atuais abundam em princípios morais de justiça, e podem expandir ou contrair a especificação desses princípios sem se empenhar em uma luta entre estruturas conceituais". Ele acusa Unger de "não entender os fundamentos morais do direito e da teoria contratuais pré-críticos existentes... A crítica do movimento [dos estudos jurídicos críticos] às instituições sociais substantivas e processuais não subverte essas instituições, porque não entende sua relação com os princípios de raciocínio prático que não só as justificam como também poderiam justificar sua reforma"[76]. Um ataque mais geral ao movimento dos estudos jurídicos críticos, relacionando-o com o espírito da época em que se desenvolveu, é o de Owen M. Fiss; ele será citado resumidamente no final da próxima seção, sobre a escola do "direito e economia", contra a qual a crítica também é dirigida. Ele continua sendo um movimento importante nos Estados Unidos e tem agregado discípulos europeus. Apesar da trivialidade que seus oponentes veem nele, os organizadores

---

75. Ibid. 650.
76. J. Finnis, "The Critical Studies Movement", in *Oxford Essays in Jurisprudence*, 3.ª Série (Oxford, 1987), 157, 159, 165.

da *Lloyd's Introduction to Jurisprudence* acham muito improvável que ele tenha simplesmente desaparecido por ocasião de sua próxima edição[77].

Direito e economia

O movimento do "direito e economia", forma abreviada de se referir àqueles cujo interesse é a "análise econômica do direito", pode ser considerado, em termos simples, como a ala direita da moderna teoria americana do direito, sendo os estudos jurídicos críticos sua ala esquerda. Seu ancestral remoto é o utilitarismo de Bentham e Mill, e mais proximamente ele descende do realismo do início do século XX e da "engenharia social" de Pound. A ligação com o utilitarismo clássico reside na tentativa de encontrar uma fórmula para a elaboração de leis, porém mais científica e precisa que a enganosa "maior felicidade para o maior número"; esta não representa senão um clamor emotivo por uma legislação mais racional e voltada para o interesse geral, mas é incapaz de oferecer orientações concretas para a solução correta de qualquer caso em particular. A ligação com o realismo está no estudo do que os juízes fazem efetivamente; e o vínculo com a "engenharia social" (a satisfação dos desejos com o mínimo de desperdício e atrito), em sua identificação da "maximização da riqueza" como o melhor fundamento para uma legislação bem-sucedida. Na noção de "maximização da riqueza", a escola manteve o critério inventado pelos economistas, notadamente as fórmulas propostas pelo pioneiro italiano Vilfredo Pareto (1848-1923); e por trás dela está a suposição de que todas as pessoas (exceto as que apresentam algum tipo de incapacidade) querem maximizar racionalmente suas próprias satisfações. A noção de riqueza, ou de satisfação, é entendida em um sentido mais amplo que o puramente monetário; e "racio-

---

[77]. Lloyd, *Introduction*, 716.

nal" não significa necessariamente algo conscientemente calculado.

As asserções da escola do direito e economia – radicais à primeira vista, mais plausíveis quando tranquilamente meditadas – são duplas, "positivas" e "normativas". A doutrina "positiva" surgiu no início da década de 1960. Talvez tenha sido sugerida pelo estudo da época sobre a legislação antitruste, o qual buscava verificar se ela tendia ou não a ser "eficiente" no sentido econômico, isto é, se tendia mais para aumentar do que para reduzir a riqueza social. Depois, um estudo do direito que proibia a perturbação da tranquilidade pública, direito esse elaborado quase inteiramente pelos tribunais, afirmou demonstrar que as normas elaboradas judicialmente, quando analisadas sob critérios econômicos, mostravam de fato atender ao mesmo padrão[78]. E depois, na década de 1970, essa percepção foi generalizada em toda a extensão do *common law*, sem excluir o direito penal; isso foi feito sobretudo pelo mais importante representante da escola, Richard A. Posner, professor da Faculdade de Direito da Universidade de Chicago e juiz federal norte-americano. Essa escola agora afirma demonstrar que, quando se examina cuidadosamente o que os juízes do *common law* fizeram ao moldar as doutrinas que foram aperfeiçoadas durante os últimos cem anos aproximadamente, descobre-se que – embora inconscientemente, em resposta a um instinto tão pouco caridoso quanto o que leva um peixe a cobrir seus ovos com pedregulhos para protegê-los dos predadores – eles elaboraram as normas que mais tendem a maximizar a riqueza. No principal texto sobre direito e economia, *Economic Analysis of Law* [Análise econômica do direito], Posner escreveu que "para melhor entender muitas das doutrinas e instituições do sistema jurídico, devemos explicá-las como esforços para promover alocação eficiente dos recursos... Não seria surpresa descobrir que as doutrinas jurídicas se baseiam em buscas tatean-

---

78. Richard A. Posner, *Economic Analysis of Law* (Boston, Mass.: 1. ed. 1972; 3. ed. 1986), 20-1.

tes e desordenadas da eficiência"[79]. Em seu trabalho mais recente, *The Problems of Jurisprudence* [*Problemas de filosofia do direito*] (1990), ele diz que o direito feito pelos juízes

> exibe, de acordo com a teoria econômica que estou expondo, uma notável... coerência substantiva. É como se os juízes *quisessem* adotar as normas, procedimentos e decisões que mais maximizassem a riqueza da sociedade... Sem dúvida, a maior parte dos juízes (e advogados) acha que a luz norteadora para se tomar uma decisão no *common law* deve ser ou um senso intuitivo de justiça ou racionalidade, ou um utilitarismo descompromissado. Mas pode ser que tudo isso seja a mesma coisa; e, se insistirmos com ele, esse juiz provavelmente teria de admitir que o que ele chamou de utilitarismo é o que estou chamando de maximização da riqueza.[80]

De fato, um juiz americano, Billings Learned Hand, já tinha virtualmente reconhecido esse fato em 1947, em termos que prefiguravam a doutrina de Posner, quando definiu a negligência como "deixar de tomar precauções cujo custo se justifica"[81], exemplo que aliás Posner usa para ilustrar sua tese. Se a ocorrência de um acidente ocasionará um custo ou perda de US$ 100; se sua probabilidade de ocorrer puder ser avaliada como de uma em cem; e se o custo (para o potencial acusado) de tomar as precauções necessárias para evitá-lo for de US$ 3, o tribunal tenderá a reconhecer que é antieconômico tomar essas precauções, sustentando que elas iriam além do que seria exigido pelo padrão do cuidado razoável. Em outras palavras, mesmo nesses padrões aparentemente não materiais e mais dependentes da moral, como o padrão do cuidado razoável, subjaz de fato uma avaliação econômica instintiva. Se nesse exemplo hipotético os números fossem invertidos, isto é, se as chances do acidente fossem três em cem e o custo para evitá-lo fos-

---

79. Ibid.
80. *The Problems of Jurisprudence* (Londres, 1990), 356, 390-1. [Trad. bras. *Problemas de filosofia do direito*, São Paulo, Martins Fontes, 2007.]
81. Ibid. 358.

se de apenas US$ 1, a responsabilidade seria invertida; todavia, o tribunal diria simplesmente que o padrão de cuidado razoável, caso tivesse sido atendido nessas circunstâncias, obrigava o réu a tomar essas precauções relativamente baratas; responsabilizando o réu nessas condições, afirma Posner, "o direito supera os obstáculos do custo da transação para as transações maximizadoras da riqueza – uma incumbência frequente da responsabilidade civil extracontratual"[82]. Ele vê tudo isso em uma estrutura histórica: "Provavelmente não é por acidente... que muitas doutrinas do *common law* tenham assumido suas formas modernas no século XIX, quando a ideologia da não interferência, que se assemelha à da maximização da riqueza, teve forte influência na imaginação judicial anglo-americana."[83]

Podem-se opor a essa ideia objeções de todo tipo; mas Posner admite exceções, na verdade chama a atenção para elas, e não pretende que sua teoria seja perfeita. Não nega que certos comportamentos humanos não sejam racionais; ou que esse comportamento abarca elementos não quantificáveis, como a relutância em correr riscos – por exemplo, usando outra vez o exemplo do acidente, muitas pessoas não estariam dispostas, em troca de US$ 3, a assumir mesmo um por cento de chance de sofrer uma perda acidental de US$ 100. Além disso, ele ressalta que várias normas vigentes no direito não existiriam se a pura maximização da riqueza fosse buscada por todas as partes: por exemplo, alguns aspectos da responsabilidade civil dependente de culpa são menos "eficientes" economicamente do que seria a responsabilidade objetiva; e, provavelmente, a lei que proíbe que confissões forçadas sejam apresentadas como provas de um crime tampouco é "eficiente". Geralmente também, como ele afirma, "a liberdade parece ser valorizada por razões que escapam ao cálculo econômico"[84]. Não

---

82. Ibid.
83. Ibid. 359.
84. Ibid. 379.

obstante, a análise econômica do direito tem o seu valor: "É perfeitamente possível que tanto para o poder explicativo como o poder reformador da análise econômica do direito tenham limites bem definidos, embora amplos. Contudo, a economia sempre pode esclarecer os valores, mostrando à sociedade o que ela deve renunciar para atingir um ideal de justiça não econômico. A busca da justiça tem seu preço."[85]

A dimensão "normativa" do movimento direito e economia resume-se essencialmente na ideia de que a legislação deve ser orientada pela maximização da riqueza; em outras palavras, a doutrina passa da suposta observação de como os juízes de fato trabalham para a proposição deontológica de que é assim que os legisladores também devem trabalhar. Aqui, naturalmente, a escola é obrigada a reconhecer que, assim como não pretende apresentar uma teoria da distribuição inicial dos bens (como, digamos, Rawls faz), tampouco tem algo a dizer sobre os princípios da redistribuição. Contudo, é interessante notar que Posner considera a legislação, ou grande parte dela, como uma prática que tem o propósito expresso de obstaculizar ou contornar o mercado, o qual, se for deixado em paz, tenderá a maximizar a riqueza; isso acontece porque os legisladores "fazem negócios" com *lobbies* (isto é, aprovam leis para servi-los) que têm poder eleitoral suficiente para induzir essa intervenção a seu favor – intervenção que se resume, com frequência, numa transferência para eles da riqueza tirada das mãos de outros. Consequentemente,

> a análise econômica do direito implica que as áreas do direito cuja elaboração fica a cargo dos juízes, tais como as áreas do *common law*, são aquelas nas quais as pressões dos grupos de interesse são muito fracas para desviar o legislativo das metas de interesse geral. [Mas quando o legislativo decide efetivamente elaborar a lei] o analista insistirá – junto a

---

85. *Economic Analysis of Law*, 26.

qualquer legislador suficientemente livre da pressão dos grupos de interesse a ponto de ser capaz de legislar para o interesse público – em um programa que sancione apenas a legislação que esteja de acordo com as prescrições da maximização da riqueza.[86]

A obra de Posner, escrita com clareza, moderada em suas afirmações e evidenciando a plena aceitação de que a vida e o direito não se reduzem à maximização da riqueza, ainda sofreu ataques, juntamente com as de outros partidários da análise econômica do direito, por seu suposto materialismo grosseiro, tão ofensivo quanto o suposto anarquismo do movimento dos estudos jurídicos críticos. Em 1986, ambos foram duramente atacados, como produtos ilegítimos de seu período infeliz, por Owen M. Fiss. Ele chamou a década de 1970, na qual ambos os movimentos floresceram, de uma época

> de diferenças e discordâncias, na qual a ênfase não estava no que compartilhamos, nossos valores e ideais públicos, mas em como divergíamos e no que nos dividia. Embora na década de 1960 tenhamos empreendido a Segunda Reconstrução e tentado construir a Grande Sociedade, e tenhamos sido atraídos para o direito como um ideal público, na década seguinte nos refugiamos na política do egoísmo. Parecia não haver esperança para a possibilidade de entender e nutrir uma moralidade comum... Não seremos capazes de dar uma resposta completa ao negativismo dos estudos jurídicos críticos, ou ao grosseiro instrumentalismo do direito e economia, até que um processo regenerativo se instale, até que o vasto processo social que sustentou e nutriu esses movimentos seja revertido.[87]

Com referência à ideia de Posner de que um tribunal, diante de várias soluções, deve escolher aquela que as considerações do mercado recomendariam – de que deve, como

---

86. *Problems of Jurisprudence*, 359.
87. "The Death of the Law", *Cornell Law Review*, 72 (1986), 14.

afirma, reproduzir ou "imitar" o mercado –, Fiss comentou com severidade que "o dever do juiz não é servir o mercado, mas determinar se ele deve predominar". Aludindo a outras coisas, além da maximização da riqueza, que os homens acham importantes, ele diz que "valores são valores". Porém, a escola de Posner, como vimos, não nega isso. Admitindo que uma aplicação cabal do princípio da "maximização da riqueza" tende (como os críticos do movimento disseram) a tratar os seres humanos como se fossem simples células de um organismo, Posner escreve francamente que as implicações dessa interpretação seriam "contrárias às instituições morais inabaláveis dos americanos, e... a conformidade com a intuição é a prova final de uma teoria moral (na verdade, de qualquer teoria)"[88].

Novos estudos: direito, estruturalismo, semiótica

Nos últimos anos, teorias originalmente propostas por antropólogos e linguistas têm sido abraçadas, não sem certa hesitação, por alguns estudiosos do direito. Esse campo de estudo ainda não "se consolidou", mas um ou dois de seus interesses centrais podem ser mencionados brevemente aqui.

Primeiro, a doutrina do "estruturalismo" – sendo seu pioneiro mais célebre o antropólogo Claude Lévi-Strauss – parece ter potencial para explicar, entre outras coisas, as formas tipicamente adotadas pela regulamentação jurídica. "Em seu nível mais geral", escreveu Bernard Jackson, "o estruturalismo afirma a existência de um 'subconsciente racional' na mente humana, que molda, mas não determina, a cultura humana. Esse subconsciente racional tem uma base genética ou física e opera como um mecanismo estruturador inato, orientando as manifestações da 'superfície' (isto é, a cultura humana) para a expressão de certas for-

---

88. *Problems of Jurisprudence*, 376-7.

mas."[89] Segundo Lévi-Strauss, uma das dimensões desse mecanismo estruturador intrínseco ao ser humano é o instinto da "oposição binária", isto é, a tendência natural de perceber as realidades do mundo exterior como pares de opostos ou termos correlativos (são exemplos disso os contrastes entre forma e conteúdo, implícito e explícito, abstrato e concreto, constante e variável, estável e mutável, natureza e ambiente) em vez de matizes que se fundem imperceptivelmente um com o outro. "É da essência do estruturalismo", novamente segundo as palavras de Bernard Jackson, "esforçar-se para explicar a cultura em termos das estruturas da mente"; e, assim, se o instinto da oposição binária é realmente uma dessas estruturas, nós temos aí, evidentemente, um indício de um elemento formativo poderoso na construção dos padrões típicos do direito, no qual pares de classes ou conceitos mutuamente exclusivos são extremamente comuns. Pode haver outros elementos desse tipo; Jackson, de qualquer modo, acredita que

> a direção global do estruturalismo, embora diga respeito ao alcance do subconsciente e dos níveis da mente e do significado, parece justificar a conclusão de que *devemos* partir em busca das estruturas mentais que orientam a produção do direito, quer elas tendam a seguir o padrão discernido nos sistemas de comunicação, quer não.[90]

A semiótica (do grego *sêma*, sinal) é igualmente um campo novo e conexo, dedicado ao estudo dos modos de comunicar o significado. Esses estudos demonstram que uma massa de palavras ou frases, tal como a de um texto jurídico qualquer, como uma lei ou uma sentença, pode transmitir para aqueles a quem se destina uma "mensagem" total, que vai além da soma dos significados de suas partes; do mesmo modo que, digamos, um romance dá ao leitor habi-

---

89. *Structuralism and Legal Theory* (Liverpool, 1979), 2.
90. Ibid. 26.

tuado à literatura uma impressão que transcende aquela obtida por alguém que só é capaz de entender uma frase ou parágrafo de cada vez, à medida que vai lendo. Isso, de acordo com a concepção estruturalista, sugere que a mente humana, ou pelo menos a mente humana em determinada cultura, está equipada com "fechaduras" de nível profundo, ou condicionada a elas, fechaduras para as quais as formas e arranjos da linguagem oferecem as chaves. Em sua aplicação jurídica, a semiótica dá a entender, portanto, que uma lei ou decisão judicial podem na verdade estar dizendo algo bem diferente do que o texto diz em sua superfície, ou algo complementar, sendo seu significado profundo naturalmente acessível para aqueles que pertencem ao mesmo mundo cultural e semiótico[91].

A análise funcional do direito

A teoria do direito contemporâneo na Europa continental demonstrou interesse pelo estudo do direito sob o aspecto das funções que lhe são atribuídas pela sociedade. Na Itália, o escritor mais importante dessa corrente foi Norberto Bobbio (nascido em 1909), que chamou a atenção para o papel modificado do direito – e em particular para o desaparecimento da fronteira entre direito e política – resultante do crescimento do Estado social e de bem-estar. Na Alemanha, Niklas Luhmann (nascido em 1927) publicou, em seu *Rechtssoziologie* (1972), uma análise funcional altamente abstrata do direito, centrada nas "expectativas" e na evolução pelas quais estas se generalizam. Nossas expectativas (segundo a tese de Luhmann) são de dois tipos, cognitivas e normativas; a primeira, relacionada com as supostas qualidades do mundo real, a segunda com o comportamento das pessoas. Os dois tipos de expectativa podem ser "frustrados". Mas, se uma expectativa cognitiva é frustrada

---

91. Bernard Jackson, *Semiotics and Legal Theory* (Londres, 1985), cap. 1.

– se, por exemplo, constatamos que a Terra, afinal de contas, não é plana como tínhamos pensado –, nós lidamos com essa "frustração" mudando nossa expectativa, ou, em outras palavras, informando-nos melhor. Já a frustração de uma expectativa normativa não nos leva a abandoná-la. Na verdade, temos de chegar a um acordo com essa frustração (*verbeiten*; "processá-la", "digeri-la"); e os sistemas sociais têm a função, *inter alia*, de facilitar o modo de lidar com frustrações desse tipo. Aqui, o papel principal é desempenhado pela "generalização" das expectativas do comportamento. As generalizações têm várias dimensões; em sua dimensão social, são representadas pela institucionalização. Uma vez que uma expectativa é institucionalizada (isto é, recebe a roupagem da lei), ela já não depende do consentimento individual ou mesmo do consentimento ativo do grupo, o que explica por que uma expectativa institucionalizada, ou lei, às vezes pode sobreviver por muito tempo após o desaparecimento do consenso que a corroborou originalmente. Todo esse processo, segundo Luhmann, pode ser visto no contexto de uma evolução preocupada em administrar um mundo cada vez mais complexo, e que desenvolve constantemente novos conjuntos de "expectativas". O momento historicamente decisivo dessa evolução foi situado por ele na era da "positivação", do rápido crescimento do Estado burguês, acompanhado de enormes produções de novas leis. O elemento da *complexidade* na evolução exclui como "pouco prático" o antigo apelo ao direito natural e aos instintos de justiça.

O direito penal e a moral

A questão debatida no século XIX entre as escolas das quais John Stuart Mill e James Fitzjames Stephen foram os principais representantes, a saber, se a lei tem ou não autoridade para reprimir um comportamento imoral mesmo quando este não cause dano aos outros, chamou pouca atenção no início do século XX, mas ressuscitou no final da década de 1950 na Inglaterra. A necessidade de examiná-la era inteiramente prática. O direito que regia duas áreas de prática sexual totalmente separadas – a homossexualidade e a prostituição – parecia insatisfatório, mas antes de legislar para mudá-lo o governo britânico criou um comitê (geralmente chamado de Comitê Wolfenden, por causa de seu presidente) para examinar o assunto. O comitê recomendou a liberalização da lei na primeira área e seu enrijecimento na segunda; contudo, além de dar suas razões práticas, ele declarou uma posição filosófica:

> [A função do direito penal nessas áreas] é preservar a ordem pública e a decência, proteger o cidadão do que é ofensivo ou injurioso e oferecer proteção suficiente contra a exploração e corrupção dos outros, particularmente dos que são especialmente vulneráveis porque são jovens, fracos de corpo ou de mente, inexperientes, ou se encontram num estado especial de dependência física, civil ou econômica.
> Em nossa opinião, não é função do direito interferir na vida privada dos cidadãos, ou procurar impor qualquer padrão particular de comportamento, num grau maior do que aquele que é necessário para pôr em prática os propósitos que acima resumimos... [Acreditamos ser decisiva] a importância que a sociedade e o direito devem dar à liberdade do indivíduo de escolher e agir em matéria de moral privada. A menos que uma tentativa deliberada seja feita pela sociedade, atuando por meio do direito, para identificar a esfera do crime com a do pecado, deve continuar existindo um campo da moral e da imoralidade privadas no qual, em termos nus e crus, o direito não deve meter o nariz.[92]

Essas passagens foram comentadas pelo juiz inglês Sir Patrick Devlin em uma conferência realizada em 1959. Devlin rejeitava a simplicidade desta que era, em essência, uma reformulação moderna e quase oficial da posição de Mill. Ele observou, primeiro, que o direito penal existente exibia

---

92. *Report of the Committee on Homosexual Offenses and Prostitution*, § 13.

de fato, de várias maneiras, uma preocupação moral independente da questão do dano à vítima. Por exemplo, não admitia o consentimento como defesa para uma acusação de homicídio ou agressão; e tratava a eutanásia, os pactos de suicídio, o incesto entre irmãos, o aborto e assim por diante como delituosos, a despeito da ausência de dano para outras pessoas. O sistema era efetivamente permeado por ideias morais que refletiam coletivamente uma moral pública comum; e isso era tão necessário para a perpetuação de uma sociedade civilizada quanto um governo estável. Essa moral tinha um caráter reconhecidamente cristão, e assim tornava-se vulnerável ao argumento de que, uma vez que a crença ortodoxa cristã existia agora apenas entre uma minoria na Grã-Bretanha, ela não devia mais determinar a forma do direito penal aplicado a uma maioria de não crentes. Mas esse argumento punha de escanteio o fato de que a moral cristã havia muito tempo tinha sido inseparavelmente cimentada no edifício da sociedade britânica. Estava claro que o direito de família inglês fora originalmente construído sobre as doutrinas do casamento cristão; mas isso era um fato histórico imutável. Ele não tinha sua forma moderna *porque* era cristão; "*chegou* ali porque é cristão, mas continua ali porque está construído dentro da casa na qual nós vivemos, e não pode ser removido sem derrubá-la". Consequentemente, nenhuma fórmula como a que o Comitê Wolfenden tinha sugerido era admissível:

> A supressão do vício [escreveu Devlin] compete tanto ao direito quanto a supressão das atividades subversivas; é tão impossível definir uma esfera da moral privada quanto definir uma esfera da atividade subversiva privada. Não há limites teóricos para o poder do Estado de legislar contra a traição e a sublevação, e creio igualmente que não pode haver limites teóricos para a legislação contra a imoralidade.[93]

---

93. "The Enforcement of Morals", reproduzido como cap. 1 ("Morals of the Criminal Law") em uma coleção de documentos intitulada *The Enforcement of Morals* (Londres, 1965), 9, 13-14.

Nessa passagem é a palavra "teóricos" que requer ênfase; porque era somente a impossibilidade de fixar limites *teóricos* que Devlin estava afirmando. Ele, de fato, admite em seguida uma série de limites *práticos* (como Stephen também tinha feito) na forma de alguns "princípios elásticos" cuja aplicação, efetivamente, podia produzir um código penal tão liberal quanto qualquer das propostas concretas do Comitê Wolfenden. Esses princípios, resumidamente, eram "tolerar o máximo de liberdade individual que seja compatível com a integridade da sociedade"; reconhecer que "os limites da tolerância mudam"; respeitar, tanto quanto possível, a privacidade dos indivíduos; e aceitar que "o direito cuida do mínimo e não do máximo" – conforme ele afirmou, "há muita coisa no Sermão da Montanha que estaria fora de lugar nos Dez Mandamentos"[94].

A despeito desses "princípios elásticos" práticos, a posição geral de Devlin destoava muito do espírito da década de 1960. O principal crítico que surgiu na ocasião foi H. L. A. Hart, que expressou sua opinião contrária em três conferências publicadas como *Law, Liberty, and Morality* [Direito, liberdade e moral]. Elas contestavam não só Devlin, como também Stephen, conquanto tardiamente. Quanto aos exemplos de Devlin de como o direito penal de fato expressa valores morais, Hart negou que essa interpretação se aplicasse ao fato de a lei não admitir o consentimento como defesa, à proibição da eutanásia e assim por diante; cada uma dessas partes do direito "pode ser perfeitamente explicada como uma espécie de paternalismo destinado a proteger os indivíduos contra si mesmos... uma política perfeitamente coerente... e exemplos de paternalismo agora abundam em nosso direito penal e civil [ele mencionou como exemplo as leis sobre o abuso de drogas]"[95]. Depois, voltou-se para um argumento que Stephen havia usado, a saber, que o tribunal deveria considerar, ao graduar a pena a

---

94. Ibid. 19.
95. *Law, Liberty, and Morality* (Londres, 1968), 31-2.

ser cominada a dois acusados condenados pelo mesmo crime, os diferentes graus de culpa moral, na medida em que isso pudesse ser avaliado: mesmo que assim fosse, pensava Hart, isso não demonstrava que a imposição dos padrões morais fosse essencial para que algo fosse considerado crime. Quanto ao exemplo da bigamia – apresentado por Dean Rostow em um ensaio apoiando Devlin[96] –, ele acreditava que ser criminosa não porque era imoral, mas porque a confusão dos registros civis causava transtorno para o público[97]. Hart dava, de modo geral, ênfase especial à infelicidade causada pela punição criminal como motivo para restringir sua aplicação aos casos que Mill tinha admitido, isto é, somente aqueles em que os outros são prejudicados. Mas sua crítica principal visava à descrição que Devlin fazia da sociedade e do Estado, como essencialmente dependentes da preservação de um certo código moral (e, assim, autorizados a impô-lo pela lei). Devlin, segundo Hart,

> parece transitar da proposição aceitável de que *alguma* moral comum é essencial à existência de qualquer sociedade para a proposição inaceitável de que uma sociedade é idêntica à sua moral, tal como esta é em determinado momento de sua história, de modo que uma mudança na moral seja equivalente à destruição da sociedade... Sem dúvida é verdade que, se desvios da moralidade sexual convencional forem tolerados pela lei e se tornarem reconhecidos, a moral convencional poderá rumar numa direção permissiva... Porém, mesmo que a moral convencional mudasse desse modo, a sociedade em questão não teria sido destruída ou "subvertida". Esse desenvolvimento não deve ser comparado à violenta subversão do governo, mas a uma mudança constitucional pacífica em sua forma, compatível não só com a preservação de uma sociedade, como também com seu avanço.[98]

---

96. "The Enforcement of Morals", *Cambridge Law Journal*, 74 (1960), 190.
97. Hart, *Law, Liberty, and Morality*, 41.
98. Ibid. 51-2.

Devlin, em sua réplica[99], partiu da crítica que Hart fazia à posição de Stephen sobre a gradação das sentenças: se um poder concedido para certa finalidade (na hipótese de Hart, a simples repressão do crime prejudicial aos outros) fosse usado para outra (a saber, na mesma hipótese, para a defesa dos padrões morais), isso infringiria um dos princípios centrais do direito; segundo Devlin, ao contrário, o processo penal inteiro, em seu decurso, deve ser considerado instruído por esses padrões. A explicação de Hart para várias leis penais como meros exercícios de paternalismo, para Devlin, "dilacera o próprio coração de sua doutrina"; era impossível separar de modo significativo a noção de paternalismo da defesa da moral, visto que em todo ato paternalista reside necessariamente uma convicção moral – como escreveu Neil MacCormick, um admirador de Hart, "ao decidir o que é 'prejudicial' a uma pessoa, nós fazemos necessariamente uma avaliação, e a avaliação pertence à categoria da moral"[100]. Uma lei dirigida contra o abuso de drogas obviamente baseia-se na convicção de que a indução indiscriminada da narcose é moralmente errada.

A crítica mais geral de Hart a Devlin, de que uma mudança nas convicções morais não equivale a uma subversão da sociedade, quase não precisou ser respondida, visto que Devlin, em sua afirmação inicial, tinha reconhecido que "os limites da tolerância mudam", o que não é exatamente a mesma coisa que admitir que as convicções morais crescem e diminuem, mas basta, na qualidade de um "princípio elástico" prático, para inibir o policiamento moral intrusivo ou a imposição de leis depois que o consenso moral que outrora as apoiou se dissolveu. O debate (ao qual se juntaram muitos outros)[101] arrastou-se durante algum tempo; mas,

---

99. O último capítulo ("Morals and Contemporary Social Reality") in *Enforcement of Morals* (vide n. 93).

100. *H. L. A. Hart*, 153.

101. Bibliografia in R. W. M. Dias, *Bibliography of Jurisprudence* (3. ed., Londres, 1979), 70-6; K. Greenwalt, *Conflicts of Law and Morality* (Oxford, 1987).

como as afirmações iniciais de Devlin haviam sido modestas, no fim elas pareceram ter se mantido de pé muito bem. Um último argumento é particularmente revelador:

> A doutrina de Mill existe há mais de um século e ninguém jamais tentou pô-la em prática... [John Morley, discípulo de Mill] teve oportunidades, raramente obtidas por um filósofo racionalista, de pôr suas teorias em prática. Foi membro do Parlamento durante muitos anos e foi um dos quatro homens que formaram o grupo dominante no último gabinete do sr. Gladstone. Mas não parece ter feito uso nenhum dessas oportunidades.[102]

O direito penal e as penas

Vimos que, ao longo da história do Ocidente, o propósito predominantemente atribuído à punição era a intimidação; a vingança ou a regeneração do delinquente são, de hábito, muito menos mencionados. Na década de 1950, com as percepções que a criminologia moderna então tinha, toda a ideia de infligir punição sob qualquer justificativa estava sendo posta em cheque pelo grau em que o comportamento criminoso parecia precondicionado por fatores não imputáveis, na justiça, ao delinquente, como a herança genética, o ambiente e a educação na infância. Isso, por exemplo, sugeriu a Barbara Wootton, uma reformadora penal britânica que fora magistrada durante muitos anos, a futilidade de continuar a fundamentar a justiça penal na suposta culpa dos delinquentes; ela defendeu, em vez disso, um sistema de responsabilidade objetiva que traria para dentro do alcance do direito penal qualquer pessoa que fosse a autora imediata de atos proibidos, independentemente da culpa. Essa pessoa seria encaminhada para uma junta de avaliação que indicaria posteriormente tratamento apropriado, talvez médico, talvez de reabilitação, talvez termi-

---

102. *Enforcement of Morals* (vide n. 93), 125, 127.

nando com a liberação sem tratamento algum, segundo o caso[103]. Sua ideia de que a noção de responsabilidade penal poderia assim ir desaparecendo tem evidente afinidade com a escola "positivista" italiana da teoria criminal da primeira parte do século.

Mas desde 1970, aproximadamente, começou-se a ouvir uma nota totalmente incomum e, na época anterior, malvista: a retribuição como elemento legítimo da punição criminal foi aceita por escritor após escritor. Talvez isso se enquadre no panorama mais amplo que assistiu, na década de 1970, ao ressurgimento da ala direita do pensamento econômico e político. Naturalmente, sempre houve vozes que refutaram a fundamentação da punição num cálculo utilitário do valor da intimidação: uma dessas vozes famosas na Grã-Bretanha era a de Lorde Denning, que em seu depoimento na Comissão Real sobre a Pena Capital, cujo relatório foi publicado em 1953, tinha dito:

> A punição para crimes graves deve refletir adequadamente a revolta sentida pela maioria dos cidadãos diante deles. É um erro considerar que o objetivo da punição é a intimidação, ou a regeneração, ou a prevenção e nada mais. A justificativa final de qualquer punição não é a intimidação, mas a condenação enfática de um crime pela comunidade.[104]

Essa teoria da "condenação" foi por sua vez condenada por Hart em *Law, Liberty, and Morality*[105]. Mas a nova onda retributivista que se estabeleceu poucos anos depois tinha fundamentos filosóficos mais sólidos. De Kant, ela tirou o princípio de que nunca é permitido tratar um ser humano como um meio e não como um fim; aplicado a esse contexto, o princípio destrói as bases da intimidação como um pretexto respeitável para a punição. Segundo Jeffrie G. Murphy,

---

103. *Crime and the Criminal Law* (Londres, 1963), 41 ss.
104. Relatório, § 53.
105. Vide acima, n. 95: pp. 60-9.

Se levarmos a sério a exigência kantiana de que as pessoas (inclusive as condenadas por um crime) sejam tratadas com o devido respeito, certamente temos o dever de justificar o tratamento duro que lhes infligimos por razões que elas (na medida em que são seres racionais) possam entender e aceitar. É aqui que a teoria utilitarista parece encontrar dificuldades, porque ela deve dizer ao criminoso: "Estamos punindo você para apresentá-lo como exemplo para os outros e assim inibir o crime." Mas o criminoso, nesse momento, poderia muito bem perguntar: "O que dá a vocês o direito de me usar desse modo?... Vocês estão simplesmente propondo me usar apenas como um meio, como um instrumento para o bem social; e, como um ser racional, não tenho o direito de não ser usado?"[106]

O princípio kantiano da retribuição simplesmente como algo exigido pela justiça – afirmado, de forma memorável, pela exigência de execução de todos os prisioneiros condenados remanescentes, antes que um Estado seja dissolvido – agora também reaparece. "Algumas de nossas conclusões podem parecer ultrapassadas", disse o Relatório do Comitê (americano) para o Estudo do Encarceramento, "[mas] nós levamos a sério a opinião de Kant de que a pessoa deve ser punida porque ela o merece."[107] Finnis chegou à mesma conclusão prática a partir de uma consideração muito diferente. Em seu *Lei natural e direitos naturais*, ele apresenta o crime mais como uma forma de enriquecimento sem causa, um desequilíbrio produzido pela falta de consideração do criminoso pelos direitos dos outros, que deve ser retificado pela punição (e, assim, curando o amesquinhamento de sua personalidade que ele causou a si mesmo); o processo inteiro soa como um mecanismo corretivo de hidráulica:

> As sanções são punições porque são necessárias para evitar a injustiça, para manter uma ordem racional de igualdade proporcionada, isto é, da imparcialidade, entre todos os

---

106. *Philosophy of Law* com Jules L. Coleman (Totowa, NJ, 1990), 121.
107. *Doing Justice: The Choice of Punishments* (1976), 6.

membros da sociedade. Porque quando alguém, que realmente poderia ter escolhido outra coisa, manifesta na ação uma preferência... por seus próprios interesses, sua própria liberdade de escolha e ação, contra os interesses comuns e o meio de ação comum definido pela lei, então, com essa mesma ação, e por meio dela, ele obtém um certo tipo de vantagem sobre aqueles que se contêm, que refreiam a busca de seus próprios interesses para se conformarem à lei... Se o criminoso voluntário retivesse essa vantagem, a situação seria tão desigual e injusta quanto seria para ele reter os benefícios tangíveis de seu crime... A punição, então, procura caracteristicamente restaurar o equilíbrio distributivamente justo das vantagens entre o criminoso e os que cumprem a lei... O que foi feito não pode ser desfeito. Porém, a punição retifica o padrão perturbado da distribuição de vantagens e desvantagens para toda a comunidade, privando o criminoso condenado de sua liberdade de escolha, proporcionalmente ao grau em que exercitou sua liberdade, sua personalidade, no ato ilegal.[108]

Uma percepção muito semelhante é a de Wojciech Sadurski, que vê a lei como a imposição do ônus do autocontrole a cada cidadão, para que todos os outros cidadãos possam ter o benefício de seus direitos dentro de sua esfera de proteção. Um malfeitor "toma para si parte dos benefícios de sua vítima e renuncia a parte de seu ônus [de autocontrole]" e, assim, merece uma punição; o objetivo da punição não é nem intimidar nem corrigir, mas "restaurar o equilíbrio dos benefícios e dos ônus", aumentando os ônus que o malfeitor deve suportar[109]. Se há uma relação de comensurabilidade entre uma sentença de prisão (para não falar da sentença de morte) e o crime de, digamos, estupro ou de causar uma explosão, ou, em geral, se todo esse assunto pode ser apresentado realisticamente em termos de desequilíbrios, é outra questão.

---

108. *Natural Law* (vide n. 41), 262-3.
109. "Distributive Justice and the Theory of Punishment", *Oxford Journal of Legal Studies*, 5 (1985), 47, 53.

Crime e criminologia

A criminologia é a ciência cujo trabalho de campo, aliado às intuições de outras ciências, produz teorias referentes às raízes da desordem social que chamamos de crime: teorias "constitucionais", que enfocam os dados que dão a entender que existe uma predisposição genética para a delinquência; teorias que procuram explicações patológicas em termos de debilidade ou doença mental; teorias que situam as raízes da delinquência no desajustamento que uma educação deficiente pode causar em uma criança; teorias ambientais, que atribuem importância a condições sociais e econômicas como a densidade populacional, a subcultura de guetos, e assim por diante[110]. Esse não é, em si mesmo, o material sobre o qual a teoria opera, a menos que se admita alguma forma de ceticismo, como a afirmação de que todos os homens são igualmente responsáveis, no mesmo grau, por suas ações, em que ninguém acredita. A única qualificação que precisa ser feita aqui baseia-se na interpretação geral marxista do Estado e do direito, que leva necessariamente a uma visão do crime, e da criminologia tal como adotada no Ocidente, que diverge da percepção ocidental geral de modo previsível. O autor marxista americano Richard Quinney reafirmou, em 1977, a posição marxista tradicional de que "o crime é essencialmente um produto das contradições materiais e espirituais do capitalismo"; enquanto o controle do crime seria essencialmente uma forma de domínio capitalista[111]. Essa afirmação, por sua vez, ocasionou uma estimativa desfavorável da criminologia ocidental e dos que a adotam:

> A criminologia foi, e continua sendo em larga medida, um conjunto de pensamentos e práticas que procuram controlar qualquer coisa que ameace o sistema capitalista de produção

---

110. A tipologia das teorias relacionadas aqui baseia-se em Walker, *Crime and Punishment* (vide cap. 9, n. 69).
111. *Class, State and Crime* (vide n. 12), 176.

e suas relações sociais... O objetivo da tarefa do criminologista [na sociedade capitalista] é transmitir a ideologia burguesa para a classe trabalhadora como um todo, para assegurar relações harmônicas entre a classe trabalhadora e a classe capitalista de acordo com os interesses da última... Somente com uma consciência trabalhista, vinda de uma associação com a classe operária, é que poderá se estabelecer uma criminologia socialista-marxista.[112]

Como uma doutrina desse tipo sobreviverá aos eventos de 1989-90 nos Estados da Europa Oriental – ou como explicará a recente explosão da criminalidade na União Soviética –, ainda não se sabe.

O direito internacional

Concluiremos este capítulo com um breve relato da aplicação do *Conceito de direito* de Hart ao direito das gentes. Na seção final de seu livro, ele trata de dois obstáculos que a concepção de direito de Austin – ordens de um soberano respaldadas por ameaças – tradicionalmente criava, impedindo que o "direito internacional" pudesse de algum modo ser chamado de "direito": primeiramente, a diferença óbvia, no que diz respeito à possibilidade de imposição forçada, entre as normas desse campo e as normas primárias de um sistema jurídico interno (uma diferença que tinha feito com que o direito internacional fosse classificado, conforme o princípio de Austin, como mera "moral positivada"); e, em segundo lugar, o absurdo manifesto da proposição de que um Estado *soberano* deveria se *submeter* a um sistema superior que lhe imporia obrigações.

Hart transpõe o primeiro obstáculo relembrando simplesmente como ele refutara a posição de Austin, em particular o fato de ver na obrigação legal não somente uma previsão de sanção em caso de desobediência, mas também

---

112. Ibid. 177, 180.

uma afirmação normativa interna: "Uma vez que nos libertamos da análise previsiva e da concepção que lhe deu origem, do direito como essencialmente uma ordem respaldada por ameaças, parece não haver mais motivo para limitar a ideia normativa de obrigação às normas apoiadas por sanções organizadas."[113] Nesse sentido, é cabível imputar uma obrigação ao Estado, embora ninguém tenha ordenado seu cumprimento ou tenha condições de impô-lo. Quanto ao problema da "soberania" dos Estados, tudo começa com a preconcepção injustificável de que essas entidades são as unidades básicas da ordem internacional. De fato, as entidades chamadas informalmente de "Estados" apresentam uma grande variedade de graus de independência. E, em vez de deixar que essa preconcepção imponha nosso entendimento do direito internacional, seria mais racional partirmos do outro extremo:

> Porque, se de fato encontrarmos entre os Estados uma determinada forma de autoridade internacional, a soberania dos Estados será limitada nessa mesma medida, e terá apenas a extensão que as normas permitirem. O uso acrítico da ideia de soberania disseminou a mesma confusão tanto na teoria do direito interno como na do direito internacional, e requer em ambos um corretivo semelhante... Em ambos os casos, a crença na existência necessária do soberano não sujeito a qualquer limitação jurídica prejulga uma questão que só podemos responder quando examinamos as normas tais como são.[114]

Quanto à relegação do direito internacional à condição de mera "moral positivada" – exigida pela fórmula de Austin –, isso também surge da pouca atenção que se presta a algo que está implícito na noção de moral, em seu uso comum. O conteúdo da maioria das normas do direito internacional é moralmente indiferente (por exemplo, a exten-

---

113. *Concept* (vide n. 14), 213.
114. Ibid. 218.

são das águas territoriais) até ser fixado pela convenção ou pela prática; e, do mesmo modo (como já vimos), conquanto seja verdade que as normas morais não são suscetíveis de revogação deliberada ou emenda repentina, as normas do direito internacional não existem nesse plano transcendente, mas antes se assemelham às normas convencionais do direito interno, como as leis do trânsito, que podemos alterar legislativamente à vontade[115].

A principal preocupação de Hart, todavia, é desvincular o direito internacional de debates cuja forma esteja precondicionada por qualquer teoria originalmente surgida no contexto do direito interno (e que culmina num entendimento ou definição de direito no qual o direito internacional não se encaixará). Para ele, o fato de o direito internacional não se encaixar no esquema de Kelsen é tão pouco significativo quanto o de não se encaixar no de Austin. Não há, certamente, uma *Grundnorm* evidente no direito internacional; mesmo a ideia de que "os Estados devem se comportar como têm se comportado habitualmente diz apenas que aqueles que aceitam certas normas devem observar a norma segundo a qual as normas devem ser observadas. Isso é mera reafirmação tantológica do fato de que um grupo de normas é aceito pelos Estados como normas obrigatórias"[116]. Uma vez descartado o fetiche de que todas as normas devem fazer parte de uma cadeia que leva de volta à norma fundamental que dá validade às demais, o que nos impede de ver o direito internacional simplesmente como um "grupo" de normas, todas obrigatórias (e sobre as quais falamos e pensamos como tais, refletindo assim seu aspecto interno), mas às quais ainda falta uma norma fundamental ou uma norma de reconhecimento, que podem ser consideradas "não uma necessidade, mas um luxo, encontrado em sistemas sociais avançados" aos quais a ordem internacional ainda não se iguala plenamente?

---

115. Ibid. 223-4.
116. Ibid. 230.

Não há aqui um mistério referente ao porquê de as normas em tal estrutura social simples serem obrigatórias, mistério esse que a existência de uma norma fundamental, se pudéssemos encontrá-la, resolveria. As normas de estruturas simples, à semelhança da norma fundamental dos sistemas avançados, são vinculantes se forem aceitas e funcionarem como tais. Essas verdades singelas sobre formas diferentes de estrutura social são, contudo, facilmente obscurecidas pela busca obstinada de uma unidade e um sistema lá onde esses elementos desejáveis de fato não podem ser encontrados.[117]

Para Hart, o ponto principal sobre o direito internacional, que ele consegue compreender porque não busca uma definição, mas um *conceito* de direito – em outras palavras, uma estrutura de uso linguístico com um núcleo de significados típicos, que em seus limites se mistura das mais diversas maneiras com uma penumbra de outros usos menos típicos –, é a forte *analogia* que ele apresenta com as normas de um sistema jurídico nacional:

> Bentham, o inventor da expressão "direito internacional", defende-a simplesmente dizendo que tal sistema era "suficientemente análogo" ao direito interno. Sobre isso, talvez valha a pena acrescentar dois comentários. Primeiro, que a analogia é de conteúdo, não de forma; segundo, que, nessa analogia de conteúdo, nenhum outro conjunto de normas sociais está tão próximo do direito interno quanto as normas do direito internacional.[118]

---

117. Ibid.
118. *Concept* (vide n. 14), 230.

ÍNDICE REMISSIVO

Alemanha:
   Código Civil 467, 473-4
   código legal 345-6
   Código Penal 475-6
   colônias 401
   Constituição 466
   direito natural e prática 349-52
   escola histórica, nascimento da 422-9
   Estado nacional 207
   final da Idade Média, no 233-4
   inflação no século XX 460
   migrações, época das 148
   movimento do direito livre 473-81, 500
   Pandektisten 428, 473
   Partido Nacional Socialista 460, 475
   povos 109-10
   Primeira Guerra Mundial, consequências da 460
   razão, direito fundado na 424-5
   realeza, conceito de 125
   rei, poder do 121, 129
   República de Weimar 461
   século XVII, no 268-9
   século XVIII, no 326
   século XIX, no 398
   teoria política 121-3
   terras de origem, ocupação das 113
Alighieri, Dante 165
América:
   Congresso Continental 365
   século XVIII, no 327
   vide também Estados Unidos
antropologia:
   do direito 503-7
   trabalho de campo, crescimento do 505
Aquino, São Tomás de 162-4, 172, 175, 177-9, 185-7, 194, 197, 201, 556
Aristóteles 6, 14, 16, 22-8, 31, 33-8, 44-5, 48-9, 61
associação organizada:
   a natureza humana tende à 15-6
astronomia 213
Atenas:
   importância de 5-6

Augusto 56-7
Austin, J. L. 531
Austin, John 22, 381, 413-5, 507, 531
Áustria:
    código legal 346-7
    Constituição 523
    Império Habsburgo, últimas fases do 492

Babilônia:
    civilização 1
Bacon, Francis 271
Beccaria, Cesare 387-8, 391
Bélgica:
    colônias 401
Bentham, Jeremy 22, 348, 363-4, 377-82, 390, 394, 402, 413-21, 447, 452, 531, 600
bispos:
    Querela das Investiduras 126-7, 152
Bizâncio:
    capital do Império 105-6
    fundação de 105-6
Blackstone, Sir William 340, 388-90
Bobbio, Norberto 585
Bodin, Jean 227, 242
borgonheses:
    território dos 111
Burke, Edmund 360-1, 387, 422

Calvino, João 217
Câmera Estrelada (*Star Chamber*):
    abolição da 306
capitalismo 528
celtas 3-4, 51
Ceticismo 482
    céticos em relação aos fatos 484
    céticos em relação às normas 484, 569
Cícero 54, 61, 69, 74-8, 84-7, 90-2, 99-100
Cipião 60-1
citas 3
Civil Law:
    aparecimento do 233
clero:
    imunidade do 192
Coing, Helmut 553
coletivismo:
    transição para o 404
Comitê Wolfenden 587-8
Common law:
    na Europa continental 233-4
    surgimento da 233
Comte, Augusto 436-7
Comunidades Europeias:
    soberania nacional, invasões da 521-3
Connon, François 241
Constantinopla:
    administração, língua da 106
    fundação de 105
    turcos, capturada pelos 210
Constituições:
    austríaca 523
    escritas, surgimento de 364
    Estados Unidos 365-71, 383
    primeira metade do século XX, na 466
contrato, liberdade de 403
contrato social:
    América, na 335
    Bentham, ataque de 402
    Espanha, na 275
    Estado, teoria e origem do 85-6
    justo, sociedade aceitou como 548-9

Rousseau, de 337-8
século XVII, no 278-85
século XVIII, no 334-6
século XIX, no 402
teoria do 17
controle judicial de constitucionalidade:
  Constituição dos Estados Unidos, não dispõe sobre 369-70
  surgimento do 367-70
Corporações:
  Baixa Idade Média, na 151
costume:
  direito grego, noção no 10
  domínio do 132
  elaboração de normas pelo 181
  final da Idade Média, no 240-25
  legislação, afetando a 179-84
  papel do, argumentos sobre o 179-80
cristianismo:
  Baixa Idade Média, na 152
  Estados, atitudes para com os 115-6
  Império Romano, no 104, 108
  mundo romano tardio, no 115-6

Darwin, Charles 429, 437
de Soto, Domenico 238, 256-7
de Suarez, Francisco 221, 231, 262-3, 276
de Vásquez, Fernando 243, 254
Declaração de Direitos 354-5, 364
Del Vecchio, Giorgio 499
Denning, Lorde 593

Deus:
  direito natural, como o último elo no 557
  força abstrata, como 132
  judeus, dos 132-3
Devlin, Sir Patrick 587-9
dialética 405, 408, 410
Diamond, A. S. 506
Dicey, A. V. 404
dinheiro:
  função do 49
direito:
  análise econômica 577-83
  análise funcional 585-6
  bem comum, relação com o 176
  codificação 344-9, 411-5
  comando, como 413
  correto, receita para 123-5
  costume, domínio do 131-2
  definição do século XVIII 380-2
  dimensão moral 177
  disputas 481
  e a filosofia da história 501-3
  e os tribunais 481-6
  entendimento marxista do 433-6
  fatores sociais, existentes junto com 479
  juristas 479
  justiça legislativa, critérios de 240
  lei injusta 560
  movimento "direito e economia" 577-83
  natureza do, no século XVII 310-2
  natureza e propósito do: no fim da Idade Média, no 238-40; Baixa Idade Média, na 175-9

poderes diretivos, exclusão do soberano do 176-8
razão, ligação com a 178
São Tomás de Aquino, teoria de 177
segunda metade do século XX, conceito na 531-40
validade, base da: século XVII, no 287-90
direito canônico 160
direito das gentes:
  Bentham sobre 394
  século XVII, no 317-9
  significado 260-1
  teoria do 142-4
direito grego:
  análise da justiça em Aristóteles 33-6
  códigos 430
  comando, como 22-4
  conselheiros e professores 63
  convenção, como fundamento do dever 20
  costume, noção de 10-1
  devido processo legal 39-40
  dike 9-10
  direito natural 25-7
  direito romano, efeitos sobre o 62-7
  direitos e deveres naturais, envolvendo parentesco 27
  direitos fundamentais 25
  elementos condicionadores 24-5
  Estado de direito 12-5
  fontes 6-8
  governantes 30
  homicídio, categorias de 42
  igualdade 38-9
  interesse da classe dominante, como expressão do 25-6
  legislação 11-2
  legisladores 11
  leis escritas, aparecimento de 12
  natureza ideal do 86-7
  nomos 10-1, 18, 22
  ordem, como 22
  ordem do superior político, relacionada com a 22-4
  padrão mais alto, relação com 25-8
  perfeição, treinamento do Estado para a 29
  propósito e alcance 28-31
  propriedade, teoria da 46-50
  punição, teoria da 41-6
  resoluções 14
  significado 5
  teoria do direito 6-7; aparecimento do 15-22
  themis 9-10
  transações voluntárias e involuntárias 35-6
direito internacional:
  Austin, papel atribuído por 456
  campo econômico, no 455
  final da Idade Média, no 259-63
  Grundnorm 599
  Kant, opiniões de 394
  moral positivada, como 599
  na teoria do direito romano 100
  Público 455-7
  século XVIII, no 392-5
  século XIX, no 454-7
  segunda metade do século XX, na 597-600

teoria da nacionalidade 456
teórico 455
direito natural:
  Alta Idade Média, na 132-5
  ambientes católicos, nos
    493-6
  Baixa Idade Média, na 185-90
  bem comum, elementos do
    559
  Cícero, escritos de 74-8
  conteúdo mínimo 555
  Decálogo, ligação com o 185
  Deus, como o último elo 557
  direito interno extraído do
    341-2
  doutrinas do 188; vocabulário
    do 74
  existência humana,
    características centrais do
    554-5
  final da Idade Média, no
    242-6
  Grócio, sistema de 294-5
  Hart, refutado por 545
  imperativos, reconhecimento
    dos 553
  inclinações humanas naturais,
    preceitos ligados às 187
  Irlanda, na 493-4, 561
  ius gentium 80-2
  juristas, dos 78-9
  justiça, princípios da 77
  lei de Deus, identificação com
    a 132-5
  lei humana positiva, relação
    teórica com a 134-5
  leis que infringem o 25-6, 78
  mundo católico, fora do 497
  ordem mais alta, negação da
    existência de 292
  padrões eternos 341

percepção grega do 25-7
prática do direito, influência
  na 349-52
primeira metade do século
  XX, na 493-51
razão: linguagem da 291;
  relacionada com 186
razoabilidade prática 558
século XVII, no 292
século XVIII, no 340-4,
  349-52
século XIX, no 439-40
Segunda Guerra Mundial,
  depois da 500
segunda metade do século
  XX, na 552-61
sobrevivência, objetivo da 556
teoria, reação contra 356-64
teoria romana do 74-82
violações deliberadas do 553
direito penal:
  Alta Idade Média, teoria na
    144-7
  Baixa Idade Média, na 202-4
  características físicas, relação
    com tendências criminosas
    514
  criminologia 596-7
  e a moral 586-92
  elemento mental 258
  escola positiva 515
  final da Idade Média, no
    257-9
  Hobbes, ideias de 319
  igualdade no contexto do
    192
  inglês, reforma do 453
  Locke, ideias de 315
  Mill, ideias de 447-8
  primeira metade do século
    XX, na 513-7

regime nazista, crimes
    durante o 500
São Tomás de Aquino, teoria
    de 202-4
século XVII, no 312-7
século XVIII, no 386-92
século XIX, no 446-54
segunda metade do século
    XX, na 586-92
sistemas de justiça europeus
    386
Stephen, ideias de 449-51
direito romano:
    Alemanha, na 235
    Augusto, no tempo de 56-7
    Baixa Idade Média, estudo na
        157-8
    código comercial
        internacional, composição
        do 81
    código escrito, elaboração do
        60
    conselheiros e professores 63
    contribuições gregas diretas
        para o 65
    defesas especiais 71-2
    devido processo legal,
        estabelecimento do 97-9
    direito natural, teoria do
        74-82
    equidade distinguida 69
    Estado de direito 90-2
    estatuto da realeza 88-9
    estudo comparativo 80
    França, na 235-7
    fraude, imputação de 93
    Hagerstrom, obra de 487
    impacto grego no 62-7
    Império do Oriente, *Digesto*
        editado no 107
    judicatura 55

juízes 55
juristas 63-4
legislação, concepção da 90-2
leis, interpretação das 66-8
magistrados 55
método dialético 65
natureza ideal do 86-7
novas ações, criação de 73
obrigações legais, fonte das
    87-90
palavras, sentido das 66
praticidade do 63-4
pretor, papel do 71
princeps, vontade do 122
profissionais do direito 63
promulgação, poder de 54
propriedade, teoria da 99
punição, teoria da 95-7
resgate do 234
teoria do direito internacional
    71
validade do direito, fontes da
    88
vínculo de obrigação, criação
    de 81-2
direitos humanos:
    Convenção Europeia 466,
        521, 563
    vide também direitos naturais
direitos naturais:
    à legítima defesa 298
    América do Norte, na 562,
        566
    bem comum, sujeitos ao 563
    conceito de Locke 355
    conceito emergente dos 188-9
    Declaração dos Direitos do
        Homem e do Cidadão 355
    declarações dos 352-3
    doutrina da penumbra dos
        direitos 565-7

final da Idade Média, no 246
Irlanda, na 565
Rousseau, declaração de 354
século XVII, no 297-9
século XVIII, no 352-6
segunda metade do século
  XX, na 562-9
Wolff, derivados por 353
Domesday Book 150
Drácon 11-2, 45, 96
Duguit, Leon 468-9
Dworkin, Ronald 537-9, 551,
  562-5

economia:
  direito, análise do 577-83
educação:
  progresso no século XX 464
Eekelaar, J. M. 543
Ehrlich, Ernst 477, 479
Engels, Friedrich 410, 434-5
equidade:
  Baixa Idade Média, na 190-3
  final da Idade Média, no
    246-8
  percepção dos gregos 36-8
  romana, vide equidade
    romana
  São Tomás de Aquino, teoria
    de 202
  textos medievais 142
equidade romana:
  distinção entre direito e 67-8
  e filosofia grega 67-74
  palavras e intenção, contraste
    67-8
  papel da 68
  significado 67-8
  tribunais, prática dos 68-9
  valores importados para o
    direito 71-2

vontade, interpretação da
  69-70
Erasmo 216
Ervig, código de 124
Escandinávia:
  realistas 486-90
escola antropológica 429-33
escravidão:
  Baixa idade Média, na 193-5
  final da Idade Média, no
    193-5
escravos:
  ensinamento cristão, prática
    divergente do 137-8
  propriedade dos 48
  tratamento, envolvimento do
    direito no 135
Espanha:
  declínio da 267-8
  Estado e império, surgimento
    do 207-9, 212
  Guerra Civil Espanhola 461
  invasão dos árabes 112
  século XVIII, no 325
Esser, Josef 537
Estado:
  Baixa Idade Média, teoria na
    161-7
  base contratual do 222, 277
  civil 406
  classe operária, dependente
    da exploração da 409-10
  como entidade realmente
    existente 334
  conceito romano de 83-6
  controles formais, submissão
    aos 524
  Dante, visão de 165
  emprego 462
  estruturas da responsabilidade
    social 466

fim da Idade Média, teoria no
    219-24
João de Paris, visão de 166
Lucrécio, exposição de 83-4
marxista: filosofia do 527,
    visão 490-3
monopólios 464
mundo pós-romano,
    concepção no 116-9
natureza humana dominada
    pelo temor, baseado na
    277, 279
ordenação divina do 162
papel social 525
poder soberano 227
político 406
primeira metade do século
    XX, na: teoria do 466-72;
    ocidental 463-6
São Tomás de Aquino, teoria
    de 162-4
secular autônomo, conceito
    de 166
século XVII, base no 272-87
século XVIII, no 333-40
século XIX, concepção no
    401-10
segunda metade do século XX,
    características na 521-31
soberania externa 166
sociedade civil, como produto
    do instinto para a 167-9
teoria da origem do contrato
    social 85-6
teoria de Hegel 405-7
teoria liberal do 405
Estado, emprego da população
    pelo 462
estado de bem-estar:
    começo do 465
Estado de direito:

Alta Idade Média, na 128-30
Baixa Idade Média, na 171
percepção grega do 30-4
período do Renascimento e
    Reforma, no 231-2
primado do direito, *vide*
    Estado de direito
século XVII, no 304-9
século XVIII, no 371-3
segunda metade do século
    XX, na 540-5
teoria inglesa comum 307
Estado nacional:
    avanço para 207
Estado romano:
    república, como 54
Estados Unidos
    Constituição 365-71, 383
    direitos naturais nos 562, 566
    Primeira Guerra Mundial,
        influência nos 460
estruturalismo, doutrina do
    583-5
estudos do direito:
    Bolonha 157
    clérigos, teoria jurídica dos
        160
    comentaristas 160
    críticos 569-73
    direito romano, estudo do
        158-9
    glosadores 160
    inícios 157
    objeto dos 483
etruscos 51
Europa:
    Baixa Idade Média, na 148-50
    civilização urbana,
        aparecimento da 152-4
    Comunidades Europeias:
    Congresso de Viena 397

ditaduras do século XX 460-1
Primeira Guerra Mundial,
   consequências da 458-9
soberania nacional, invasões
   da 521-3
união, 522
universidade, nascimento da
   156

filosofia:
   Baixa Idade Média, na 157
   Escola de Paris 157
Finnis, J. M. 557-60, 563-6, 576,
   594
Fiss, Owen M. 576
Flandres:
   civilização urbana,
      surgimento da 152-4
Fortescue, Sir John 220, 226,
   230
França:
   Código Civil 345, 347
   colônias 401
   Declaração dos Direitos do
      Homem e do Cidadão 355
   direito penal 387
   escola da exegese 412
   final da Idade Média, no
      235-7
   Iluminismo 328-33
   século XVIII, no 323-4
   validade do direito,
      fundamentos da 427
Francos:
   divisão do império 111-2
   reino dos 111
   significado 111
   território dos 111
Frank, Jerome 483-4
Freud, Sigmund 514
Fuller, Lon 547-8, 555

Gény, François 478-9, 498, 553
Goring, Charles 514
governo:
   Alta Idade Média, noções na
      123
   arbitrário 304
   contrato, fundamentado no
      169
   direito de governar, teoria
      contratual do 125-8
   fontes do direito ao 119-23
   início da Europa moderna, no
      226
   natureza fiduciária do 284
   padrão ideal de 123-5
   poder do soberano, limitação
      do 123
   século XVII, base no 272-87
   teorias descendente e
      ascendente de 119-21, 130
   tradição germânica 121-3
   vontade da maioria, de
      acordo com a 283
Grã-Bretanha:
   celtas 114-5
   colônias 401
   conquista normanda 114
   forças políticas 464
   leis sobre a segurança dos
      operários 432
   ocupação romana, fim da 114
   posses coloniais na Índia 401
   referendos na 524
   reinos da 114
   voto, direito ao 399
Grande Cisma 214
Grécia antiga:
   Atenas, a importância de 5-6
   cidades 4-6; sistemas
      políticos 6
   cronologia comparativa 2-4

direito e justiça, ideias
   arcaicas sobre 8-11
Estados 4
estrutura política 4-6
existência urbana na 15
filosofia e equidade romana
   67-74
geografia 3
história da civilização, sua
   situação na 1
macedônios, ascensão dos 59
poesia épica 8
Roma, encontro com a cultura
   grega 59-62
Senado romano, argumentos
   perante o 61
gregos:
   pensamento reflexivo 1
Grócio 262, 295-6, 298-9, 317-9,
   388, 557
Guerra da Crimeia 397
Guerra dos Cem Anos 208-9
Guerras Púnicas 52
Guilherme de Ockham 189-90,
   205, 243

Hägerström, Axel 487
Hart, H. L. A. 23, 36, 176, 498,
   531-8, 540, 545-6, 554-5, 558,
   569-71, 585-93
Hegel, Georg Wilhelm Friedrich
   403, 405-7, 441, 455, 501
Heródoto 3, 13
Hobbes, Thomas 272, 277-9,
   292-4, 310-1, 337, 388
Holmes, Oliver Wendell 489,
   497
homens do norte 113
homossexualidade:
   direito penal 586-8
Honoré, A. M. 543

Hood Phillips, O. 495
Hooker, Richard 238, 249
Hume, David 356, 470
Hus, Jan 214

Idade da Razão 332
Idade das Trevas:
   significado 103-4
Idade Média:
   Alta: direito penal e punição,
      teoria do 144-7; equidade,
      teoria da 142, direito das
      gentes, teoria do 142-4;
      legislação e costume 130-2;
      direito natural 132-5;
      propriedade, teoria da
      138-41; Estado de Direito
      128-30; soberania, noções
      de 123; mudança
      tecnológica, pouca 212
   Baixa: direito penal e
      punição 148-52; costume e
      legislação 179; igualdade
      190-3; equidade 190-3;
      Europa, estabilidade na
      148; civilização urbana
      europeia 152-4;
      corporações 151-2; ordem
      jurídica internacional
      204-6; latim, uso do 156;
      direito, natureza e
      propósito do 175-9; ordens
      monásticas 150; direito
      natural 185-90; autoridade
      política e legislativa, base
      da 167-71; subordinação
      política 195-6; propriedade,
      conceito de 197-200; fervor
      religioso 155; elementos
      republicanos, aparecimento
      dos 170; romance 155;

Estado de direito 411-4;
    escravidão 193-4; Estado,
    conceito de 161-7;
    comércio, crescimento do
    150
  final: direito penal e punição
    257-9; costume e legislação
    240-2; atividade econômica
    210; igualdade 248-51;
    equidade 246-8; direito
    internacional 259-63;
    desenvolvimentos jurídicos
    233-8; direito natural
    242-36; natureza e
    propósito do direito 238-40;
    propriedade, conceito da
    254-7; escravidão 251-4;
    desordens sociais 211-2;
    Estado, teoria do 219-24;
    inovações técnicas 212-3
  significado 103
igualdade:
  Baixa Idade Média, na 190-3
  clero, imunidade do 192
  direito grego, no 38-9, 92-5
  direito penal, no contexto do
    192
  escravidão, explicação da
    137-8
  fundamento da justiça, como
    374
  humana, origem da noção de
    464
  parentesco da humanidade
    com Cristo, surgida do 135
  século XVII, no 309-10
  século XVIII, no 382-3
  subordinação política, efeito
    da 141
  teoria da 135-6
  utilitarismo, valor no 421

Iluminismo 328-33
Império Romano:
  cristianismo, adoção do 104
  cristianização do 108
  divisão do 104-8
  Ocidental, queda do 109-11
  Oriental 104-5
  querela das investiduras
    126-7
imprensa:
  invenção da 213
Inglaterra:
  codificação, falta de 413
  common law, não codificação
    do 348
  Declaração de Direitos 354-5,
    364
  divisão anglo-saxônica 114
  século XVII, no 268
  século XVIII, no 320-8
Irlanda:
  assentamentos 114
  Constituição 466
  direito natural: sobrevivência
    do 560; teoria do 493-4
  direitos naturais 565
  independência 461
  plebiscito 523-4
  reforma política 398-9
  século XVIII, no 322
  tribunais, teoria jurídica dos
    565
Itália:
  civilização urbana,
    revivificação da 152-4
  conquista bizantina 113
  conquista dos bárbaros 112
  Constituição 466
  Estado nacional 207-8
  francos, nas mãos dos 113
  habitantes da 51

ius civile 80, 233
ius gentium 80-2
partido fascista 461
século XVII, no 268-9
século XVIII, no 327
século XIX, no 398
Ivo de Chartres 190

Jackson, Bernard 584
João de Paris 166
João de Salisbury 176
judeus:
   comércio e finanças, no 154
justiça:
   análise de Aristóteles da 33-6
   corretiva 34
   critérios da 547, 555
   distributiva 34, 546, 559
   divisões da 546
   igualdade como fundamento da 374
   legislativa 454-52; critérios para 240
   padrões elementares da 39-40
   proporção, como 34
   transações voluntárias e involuntárias 35-6
Justiniano 107, 130

Kant, Immanuel 340, 344, 384, 388, 394, 438, 455, 593
Kantorowicz, Herman 474
Kelsen, Hans 469-70, 473, 507-9, 534, 540
Kenny, C. S. 515

legislação:
   afetando o costume 179-84
   controle judicial da 523
   decisão judicial, reversão da 376

Grécia antiga, da 11-5
   importância, aumento da 182-3
   padrão ideal para a 123-5
   romana 89-90
   século XVIII, no 373-9
legítima defesa:
   direito à 298
Lévi-Strauss, Claude 584
literatura grega:
   significado 5
Llewellyn, Karl 481, 485-6
Locke, John 272, 281-3, 286, 299-304, 307-8, 315, 337, 352-6, 371, 384, 441, 550
Lombroso, Cesare 454, 514
Lucrécio 83-5, 99
Luhmann, Nuklas 585-6
Lundstedt, Vilhelm 488-9
Lutero, Martinho 217, 227

MacCormack, Neil 531, 591
Maine, Sir Henry 429-33, 445, 503-4, 515
Malinowski, Bronislaw 504, 506
Mancini, Pasqual Estanislau 456
Maquiavel, Nicolau 223, 230
Marcuse, Herbert 528
Marx, Karl 403, 408-10, 433-6, 443, 501
Marxismo:
   ciência jurídica 371-4
   crime, visão do 596
   Estado, filosofia do 527
   ideologia sobre o direito, afastamento da 528-9
   segunda metade do século XX, na 517-9
Mill, John Stuart 416-22, 447-51, 588; 592

ÍNDICE REMISSIVO 613

Monarquias:
  constitucionais 399
  vide também reis
Montesquieu 312, 359-60, 366-7, 372
moral:
  e direito penal 586-92
More, Thomas 216, 255-6
movimento do direito livre '473-81, 500
Murphy, Jeffrie G. 594

Napoleão, derrota de 397-8
natureza:
  significado 18-9
negligência:
  definição 579
Nicolau de Cusa 225, 230
niveladores (*levellers*) 288, 301, 316
Normandia 113-4
  Grã-Bretanha, conquista da 114
normas:
  de julgamento 534
  que conferem poder 532
  reconhecimento, de 239, 533-6, 540, 569
  secundárias e primárias 534
  sentido amplo das 539
Normas:
  Grundnorm 509, 599
  relação mútua das 509
Nova Política Econômica 429-30
Nozick, Robert 527, 416-17

Olivecrona, Karl 488, 544
ordem jurídica internacional:
  Baixa Idade Média, na 204-6
ostrogodos:
  reino dos 112

Pacto do Mayflower 275
Países Baixos:
  reino dos 209-10
Palestina:
  reino franco na 148
Pashukanis, Yevgenyi 471, 491
Peste Negra 210
Platão 6, 15, 21, 28-9, 41-3, 45-7, 83
plebiscitos 523-4
Portugal:
  colônias 401
  Espanha, absorção pela 267
  império, surgimento do 212
positivismo analítico 507-13
Posner, Richard M. 578-9
Pound, Roscoe 479-81, 526
povos antigos:
  natureza humana e preceitos morais, percepções da 1
premissas:
  procura de 371
Primeira Guerra Mundial:
  consequências da 458
  origens da 458
  restabelecimento da paz 460
propriedade:
  Alta Idade Média, na 139-40
  Baixa Idade Média, na 197-200
  comércio 49
  conceito de Locke da 283-4
  concepção de Aristóteles 48-9
  contrato, liberdade de 403
  escravos, nos 48
  final da Idade Média, no 254-7
  occupatio, doutrina da 301
  papel político da 385
  privada: como criação da lei humana 141; princípio da 385; respeito à 47

Proudhon, examinada por 441-2
roubo, como 441
saque 300
século XVII, teoria no, 300-4
século XVIII, no 384-5
século XIX, no 440-6
teoria baseada no trabalho 302
teoria de São Tomás de Aquino 201-2
teoria do direito romano 99
teoria grega da 46-50
visão marxista 433-4, 443
prostituição:
  direito penal 586-92
protestantismo:
  surgimento do 217-8
Proudhon, Pierre-Joseph 441-2
Prússia:
  soberano, processar o 373
Pufendorf, Samuel 280, 295-7, 319
punição:
  Alta Idade Média, teoria na 144-7
  Baixa Idade Média, na 148-52
  Bentham, ideias sobre 452
  código penal alemão 475-6
  com conhecimento de causa, agir 92-3
  crime, adequada ao 45-6
  delito, proporcional ao 390-1
  doutrina grega 41
  eras primitivas, nas 41
  estado mental, importância do 391
  final da Idade Média, no 257-9
  Hobbes, ideias de 319
  intenção, relação com a 42-4
  justiça penal, fins da 516
  Locke, ideias de 315
  Platão, razões dadas por 41-2, 95
  primeira metade do século XX, na 513-7
  reforma penal 387
  retributivismo 594-5
  sanções 595
  São Tomás de Aquino, teoria da 202-4
  século XVII, no 312-7
  século XVIII, no 386-92
  século XIX, no 446-54
  segunda metade do século XX, na 592-6
  seriedade dos delitos, proporcional à 44-5
  Stephen, ideias de 449-51
  teoria da condenação 593
  teoria romana da 95-7

Quinney, Richard 529, 596

Radbruch, Gustav 500, 552
Rawls, John 548-9, 551, 558, 562, 581
realismo:
  céticos em relação aos fatos 484
  céticos em relação às normas 484, 569
  e função judicial 569-71
  escandinavo 486
referendos 523-4
Reforma:
  anticlericalismo 209
  consequências da 207
  Contrarreforma 219
  Erasmo, carreira de 216
  Estado, teoria do 219-24

ÍNDICE REMISSIVO

Estado de direito 229-33
história externa 207
humanismo 216
Igreja, crise na 214
Lutero, campanha de 217
reinos, força dos 208-9
validade do direito, fontes da 225-9
reis:
  aplicação da lei aos 172-3, 229-33, 249
  arbítrio fora dos limites da lei 308
  Baixa Idade Média, na 154-5
  bispos, nomeação dos 152
  definição de Santo Isidoro dos 124
  juízes em causa própria, como 274
  juramentos 125
  leis, na elaboração de 184
  mau comportamento dos 273
  papas, delegação pelos 161-2
  período do Renascimento e Reforma, no 208-9
  poder, limites do 121
  rebelião contra 127
  represália, direito de 388
  século XX, desaparecimento no 464
  teoria teocrática da realeza 130
Renascimento:
  Alemanha, na 235
  consequências do 207
  escravidão no 251-2
  espírito clássico, do 212-9
  Estado de direito 229-33
  França, na 235-7
  história externa 207
  reinos, força dos 208-9

significado 215
validade do direito, fontes da 225-9
Renner, Karl 492
revoltas camponesas 211
revolução:
  ano da 398
  científica 270-1
  era da 265
  política 270
  psicologia, em termos de 545
  sistemas jurídicos, problemas com 544
Revolução Americana 327-8
  características da 56
Revolução Diplomática 334
Revolução Francesa 397
  características da 56
Revolução Russa 460
  características da 56
riqueza:
  maximização da 577
Rodésia:
  declaração de independência 541
Roma:
  administração da justiça 55
  contexto cronológico 51
  cronologia comparativa 2-4
  cultura grega, encontro com a 59-62
  desenvolvimento intelectual 60
  distúrbios civis, período de 55
  Estado, conceito de 83-6
  filosofia estoica 61
  monarquia, virtual 54
  plebe 55
  poder, crescimento do 52
  pretores: valores equitativos, importância para o direito 74;

estrangeiros 81-2; questões esclarecidas diante dos 71; poder legislativo 71; novas ações, criação de 73; defesas especiais, desenvolvimento de 71-2
Romilly, Samuel 389, 513
Rosmini, Antonio 439-40
Ross, Alf 488
Rousseau, Jean-Jacques 332, 337-8, 354, 384
Ryle, Gilbert 531

Sacro Império Romano: surgimento do 113-4
Sadurski, Wojciech 595
Salmond, Sir John 516
sanções:
   punição, como 595
século XVII:
   direito, natureza do 310-2
   direito das gentes 291-9
   direito natural 297-9
   direito penal e punição 312-7
   Espanha, declínio da 267-8
   Estado de direito 304-9
   Estado e governo, base do 272-87
   igualdade 309-10
   propriedade, teoria da 300-4
   Reforma, conflitos da 265-6
   revolução, época da 265
   revolução científica 270-1
   revolução política 270
século XVIII:
   bem comum, doutrina do 373
   códigos europeus 344-9
   direito, definição de 380-2
   direito internacional 392-5
   direito natural 340-4; reação contra 356-64
   direito penal e punição 386-92
   direitos naturais 352-6
   doutrinas constitucionais 364-71
   Estado, concepção e base do 333-40
   Estado de Direito 371-3
   igualdade 382-3
   Iluminismo 328-33
   introdução histórica 320-8
   legislação, princípios de 373-9
   propriedade, conceito de 383-6
século XIX:
   abordagem antropológica 429-33
   ciência jurídica sociológica 436-9
   codificação 411-5
   comunicações, progresso nas 400
   contrato, liberdade de 403
   direito internacional 454-7
   direito natural 439-40
   escola histórica, nascimento da 422-9
   Estado, concepção de 401-10
   ferrovias 400
   leis sobre segurança dos operários 404
   liberalismo econômico 402-3
   livre comércio internacional 400
   mudança econômica 399
   mudança política 398-9
   mudança tecnológica 399
   panorama histórico 397-401
   propriedade, conceito de 440-6
   revoluções, ano das 398

utilitarismo, influência do 416-22
século XX:
  arranjo global de forças 462-3
  ditaduras europeias 461-2
  primeira metade:
    positivismo analítico 507-13; direito penal e punição 513-7; direito e tribunais 481-6; direito e filosofia da história 501-3; antropologia jurídica 503-7; teoria do direito 472-3; direito natural 493-501; teorias do 493-501; Estados ocidentais 463-6
  segunda metade:
    comunicações 519; conceito de direito 531-40; direito penal e moral 586-92; direito penal e punição 592-6; criminologia 596-7; estudos jurídicos críticos 571-7; análise funcional do direito 585-6; direito internacional 597-600; ciência jurídica 531; movimento "direito e economia" 577-83; justiça legislativa 414-9; direito natural 552-61; direitos naturais 562-9; novos estudos 583-5; armamentos nucleares, movimento contra 519; realismo e função judicial 569-71; Estado de Direito 540-5; Estado, características do 521-31; estabilidade mundial 518
  tendências econômicas 462

Segunda Guerra Mundial:
  vítimas 461
semiótica 584-5
Senado:
  Augusto, no tempo de 56-7
  poder, residência do 83
  significado 54
separação dos poderes:
  doutrina da 366-7
sistema epicurista 81
sistema jurídico:
  conjuntos de regras que mudam, como 544
  declaração de independência, após 541
  estrutura de normas, como 470
  norma de reconhecimento 533-6, 540, 569
  normas 510
  normas de julgamento 534
  primeira metade do século XX, na 472-3
  princípios gerais 537
  revoluções, problemas das 544
soberania:
  Escócia, na 228-9
  interna, mudança da 522
  leis, capacidade de decretar 227
  nacional, invasões da 521-3
soberania do Estado:
  conceito, início do 171
soberanos, *vide* reis
Sócrates 6, 21, 24, 28
sofistas:
  movimento dos 18
  natureza humana, visão da 20
Sólon 12, 40, 45, 60
Spencer, Herbert 437

Spengler, Oswald 501-2
St. Germain, Christopher 241, 245
Stammler, Rudolf 499
Stephen, James Fitzjames 449-51, 516, 586, 589-90
subordinação política:
    Baixa Idade Média, na 195-6
    desigualdade representada pela 141
    final da Idade Média, no 248-51
subsidiaridade 526
Suécia:
    constituição 365
sufrágio:
    universal 464

teoria do direito:
    árabe 504
    conceitos de 473-4
    ensino da 413
    igual proteção 573
    marxista 371-4
    segunda metade do século XX, na 531
    sociológica 436-9, 479-81
    tribunais irlandeses, dos 565

Ulpiano 86-8, 90-1, 167, 171, 180
Unger, Roberto 572-6

União Soviética:
    Estado, teoria do 470-1
    forças, arranjo de 463
    liberdade pessoal, aumento da 518
Universo:
    interdependência no 405
utilitarismo 377-8
    direito penal, aplicação no 447
    igualdade, valor da 421
    influência do 416-22
    Mill, contribuição de 416-22

Vázquez, Gabriel 244
Vico, Giambattista 357
Villey, Michel 190, 553
Vinogradoff, Paul 504
visigodos:
    território dos 111
Voltaire 358, 375, 387
von Gierke, Otto 467-8
von Jhering, Rudolf 438

Wittgenstein, Ludwig 531
Wolff, Christian 342-3, 353, 382, 393, 429
Wootton, Barbara 592
Wycliffe, John 214

Zasio, Ulrich 232, 237
Zippelius, Reinhold 525